Wolfgang Reinhard

Geschichte der europäischen Expansion

Band 3

Die Alte Welt seit 1818

Verlag W. Kohlhammer
Stuttgart Berlin Köln Mainz

CIP-Kurztitelaufnahme der Deutschen Bibliothek

Reinhard, Wolfgang:

Geschichte der europäischen Expansion / Wolfgang Reinhard. –
Stuttgart ; Berlin ; Köln ; Mainz : Kohlhammer.
Literaturangaben
Bd. 3. Die Alte Welt seit 1818. – 1988
ISBN 3-17-008470-4

Umschlagbild: »Amerikaner amüsiert sich« (japanisch, 19. Jahrhundert)
British Museum, London

Stuttgart Berlin Köln Mainz
Verlagsort: Stuttgart
Umschlag: hace
Gesamtherstellung:
W. Kohlhammer Druckerei GmbH + Co. Stuttgart
Printed in Germany

Inhalt

Vorwort

Der dritte Band der »Geschichte der europäischen Expansion« ist wie der erste Asien, Australien und der Inselwelt des Indischen und Pazifischen Ozeans gewidmet. Er bildet mit jenem eine Einheit, was auch durch das gemeinsame Schlußkapitel »Orient und Okzident. Eurasiatische Wechselwirkungen« zum Ausdruck kommt. Dennoch wurde der zweite Band über »Die Neue Welt« mit Bedacht dazwischen geschoben, hat doch erst der Besitz und dann der Verlust Amerikas die europäische Expansion auch im Osten entscheidend geprägt – und Amerika selbst ist jetzt daran beteiligt.

In diesem dritten Band waren noch größere wissenschaftliche Schwierigkeiten zu überwinden als bisher. Wie kein anderer hatte er eine Vielzahl von Schauplätzen und Akteuren zu integrieren, wobei sich aber das dem ganzen Werk zugrundeliegende Gliederungsprinzip nach kulturgeographischen Einheiten erneut bewährt hat. Dafür mußte eine entmutigende Flut von Veröffentlichungen berücksichtigt werden, denn zum 19. und 20. Jahrhundert in China und Japan, in Indien und im Nahen Osten scheint inzwischen die Druckgeschwindigkeit die Lesegeschwindigkeit zu übertreffen. Dazu kommt, daß für diesen Band als einzigen größere Mengen von Publikationen in außereuropäischen Sprachen vorliegen, die dem Verfasser nicht zugänglich waren. Schließlich hat sich das Buch auch noch mit dem kontroversen Thema »Hochimperialismus« zu befassen. Schon die bewußte Beschränkung auf dessen asiatische Hälfte könnte Anstoß erregen, wenn man nicht bereit wäre, auf die gewohnte eurozentrische Sicht zu verzichten. Aus asiatischer Perspektive handelt es sich nämlich tatsächlich um etwas anderes als in Afrika, vor allem im Hinblick auf die Kontinuität zu früheren Expansionsphasen. Doch wie immer man den »Hochimperialismus« des späten 19. und frühen 20. Jahrhunderts interpretieren mag, evident ist, daß er eine erhebliche Beschleunigung des historischen Ablaufs bewirkt hat. Daher war das bisherige Verfahren, hauptsächlich geographisch abgegrenzte historische Längsschnitte in loser chronologischer Ordnung aufzureihen, nicht länger zweckmäßig. Statt dessen wird vom sechsten Kapitel an, das dem »Hochimperialismus« gewidmet ist, dazu übergegangen, zeitlich begrenzte historische Querschnitte chronologisch aufeinander folgen zu lassen. Dieses Prinzip wird auch im vierten Band beibehalten, der Afrika im 19. und 20. Jahrhundert behandelt.

Erneut möchte ich meinen Mitarbeitern danken, dank deren zuverlässiger Unterstützung mir die rasche Fertigstellung dieses Bandes möglich war. Reinhard Wendt hat nach meinen Angaben die Abbildungen beschafft und die Legenden erstellt. Außerdem war er mir dabei behilflich, die Schlußseiten des zehnten Kapitels auf den aktuellen Stand zu bringen. Susanne Braun, Wolfgang Reitberger und Christa Sedlmeir haben mit Hilfe der Fernleihestelle der Universitätsbibliothek Augsburg meine unersättlichen Bücherwünsche erfüllt. Christine Lippus hat das Register angefertigt.

Hongkong, im August 1988 *Wolfgang Reinhard*

Erstes Kapitel
Britisch Indien

Die East India Company war im 18. Jahrhundert von der bisher am Indischen Ozean üblichen Form europäischer Präsenz in einem System von Handelsstützpunkten abgegangen und hatte die Herrschaft über Teile Vorderindiens erworben. Nachdem dieser Weg einmal eingeschlagen war, ergaben sich weitere Verwicklungen in die indische Politik, die dank des Machtwillens maßgebender Engländer, infolge der Dauerrivalität mit den Franzosen und wegen wirtschaftlicher Erwägungen dazu führten, daß die Kompanie bis 1818 den gesamten Subkontinent bis zum Indus direkt oder indirekt kontrollierte. Damit wurde Indien nach Verlust der bisher wichtigsten britischen Besitzung in Nordamerika zur größten und reichsten Kolonie und für knapp anderthalb Jahrhunderte zum eigentlichen Herzen des Britischen Empire. Vieles von der britischen Rußland-, Nahost- und Afrika-Politik läßt sich vom Bedürfnis nach Sicherung Indiens ableiten; das britische Afrika wurde geradezu als »gigantische Fußnote des indischen Reiches«[1] gedeutet. Und was in Indien geschieht, bis hin zur Erringung der Unabhängigkeit, wird maßgebend nicht nur für das Britische Empire[2], sondern angesichts der englischen Führungsrolle in Sachen Expansion auch in Kolonien anderer Mächte. Das beginnt damit, daß die Ablösung des amerikazentrierten »Old Empire« durch das indienzentrierte »New Empire« den Übergang von der weißen Siedlungskolonie zur Herrschaft über »Farbige« als maßgebendem Typ des 19. und 20. Jahrhunderts einleitet. Die amerikanischen Besitzungen aller Mächte waren Einwanderungskolonien gewesen, wenn auch in unterschiedlichem Ausmaß. Künftig aber kommt der einzelne Weiße meist nur vorübergehend zum Regieren und Geldverdienen ins Land, wo die Europäer stets eine verschwindende Minderheit bleiben, selbst dort, wo sie sich auf Dauer als Siedler niederlassen. Demgemäß gibt es im »New Empire« und seinem Modell Indien zunächst keinerlei Selbstverwaltungsinstitutionen, wie sie im »Old Empire« verbreitet waren, sondern nur uneingeschränkte Herrschaft von Vertretern des Mutterlandes.

Dieser Veränderung der Herrschaftsverhältnisse entspricht eine Veränderung des Bewußtseins: die wachsende Übermacht des Weißen findet Ausdruck und Rechtfertigung in gesteigerter Geringschätzung des Anderen. Europa vergaß seine Bewunderung für die Inder und Chinesen und hielt die Kulturvölker des Ostens hinfort für inferior und korrupt. Auf der viktorianischen Wertskala rangieren sie noch unter den katholischen

Südeuropäern; nur die Iren leisten ihnen auf der untersten Stufe der Wertpyramide Gesellschaft. James Mills »History of British India«, eine Art Pflichtlektüre jedes britischen Indienbeamten, betrachtete die Inder als unzivilisiert, weil sie es am angemessenen Streben nach Nutzen (»utility«) fehlen ließen. Die Hindu-Religion galt ohnehin als barbarisch. Freilich wird solche Minderwertigkeit noch nicht auf die Rasse, sondern auf das prinzipiell verbesserungsfähige kulturelle Milieu zurückgeführt; bei Bekehrung nicht so sehr zum Christentum als zur Moral des Utilitarismus berechtigt sogar der Inder zu Hoffnungen. Erst gegen Ende des 19. Jahrhunderts setzten sich biologischer Determinismus und sozialdarwinistischer Rassismus durch[3].

England ist mehr als ein Modell solcher Entwicklungen, es ist zunächst die einzige Kolonialmacht, die nach 1815 diesen Namen verdient. Was andere noch haben, besitzen sie von Englands Gnaden, dessen Politiker einen Teil der Kriegsbeute dem europäischen Gleichgewicht und der Sicherung des Ärmelkanals »geopfert« haben. Frankreich erhielt Martinique, Guadeloupe und Cayenne, die Senegalmündung, die Insel Bourbon im Indischen Ozean zurück sowie die »comptoirs« in Vorderindien, die aber nicht mehr befestigt werden durften. Das neugeschaffene Königreich der Vereinigten Niederlande sollte ein starker Schutzwall gegen Frankreich werden, daher wurden ihm etliche westindische Inseln und ein Teil von Guayana (Surinam) zurückerstattet, vor allem aber Java und die anderen Besitzungen in Indonesien. Nur das Kapland und Ceylon blieben gegen fünf Millionen Pfund Entschädigung in britischer Hand[4]. Von den iberischen Imperien ließ die Dekolonisation Amerikas nicht viel übrig. Spanien behielt Kuba und die Philippinen, Portugal seine Stützpunkte an den Küsten Afrikas und Asiens. Vom alten Empire Großbritanniens hingegen waren noch Kanada und ein Teil Westindiens vorhanden, der aber rasch an Bedeutung verlor. Rohrzucker war nicht mehr wichtig und ein Einfallstor nach Lateinamerika wurde nicht benötigt, denn im Gegensatz zu früher standen die neuen iberoamerikanischen Republiken dem britischen Handel weit offen.

In der Alten Welt hingegen gab es jetzt ein Empire von Stützpunkten, die in höchst sinnvoller Weise auf Kontrolle der Seewege nach Indien ausgerichtet waren. Gambia, Sierra Leone und Goldküste sind zwar Überbleibsel aus der Zeit des Sklavenhandels, aber das Kapland und die Atlantikinseln Ascension, St. Helena und Tristan da Cunha beherrschen die Segelrouten nach Indien. Der Indische Ozean ließ sich von Mauritius, den Seychellen und von Ceylon aus kontrollieren. Zur Sicherung des Chinahandels besaß die East India Company seit 1786 einen Stützpunkt an der Westküste der Malayischen Halbinsel, 1819 wurde an deren Südspitze Singapore gegründet, 1824 Malakka gegen britische Stützpunkte in Südsumatra von den Niederländern eingetauscht. Dazu kamen 1788–1836 Siedlungen in verschiedenen Teilen Australiens. Ebenso sorgfältig wurde die alternative Indien-Route durch Mittelmeer und Rotes Meer gesichert, auch wenn es noch keinen Suezkanal gab. Das 1704 eroberte Gibraltar wurde jetzt um Malta und die Jonischen Inseln ergänzt und schließlich kam 1839 Aden an die Reihe, das Tor zum Roten Meer, das sich die Portugiesen nie hatten aneignen können. Bezeichnenderweise wurde Aden fast hundert Jahre von Bombay aus verwaltet[5].

Auf den ersten Blick nimmt sich dieses »New Empire« aus wie eine Rückkehr zur Handelsherrschaft durch Stützpunkte, wie Portugiesen und Holländer sie praktiziert hatten, jedoch ohne deren Monopolanspruch. In der ersten Hälfte des 19. Jahrhunderts setzte sich nämlich die Einsicht durch, daß die nunmehr unangefochtene britische Seemacht und der britische Vorsprung in der Erzeugung industrieller Massenwaren Freihandel zur besten Wirtschaftspolitik gemacht hatten, weil er automatisch zum Vorteil der höher entwickelten englischen Wirtschaft ausschlagen mußte. Kolonialbesitz wurde damit zu einer überflüssigen Belastung des Budgets und daher im England der Jahrhundertmitte heftig bekämpft. Erst die sogenannte »Große Depression« 1873–1896

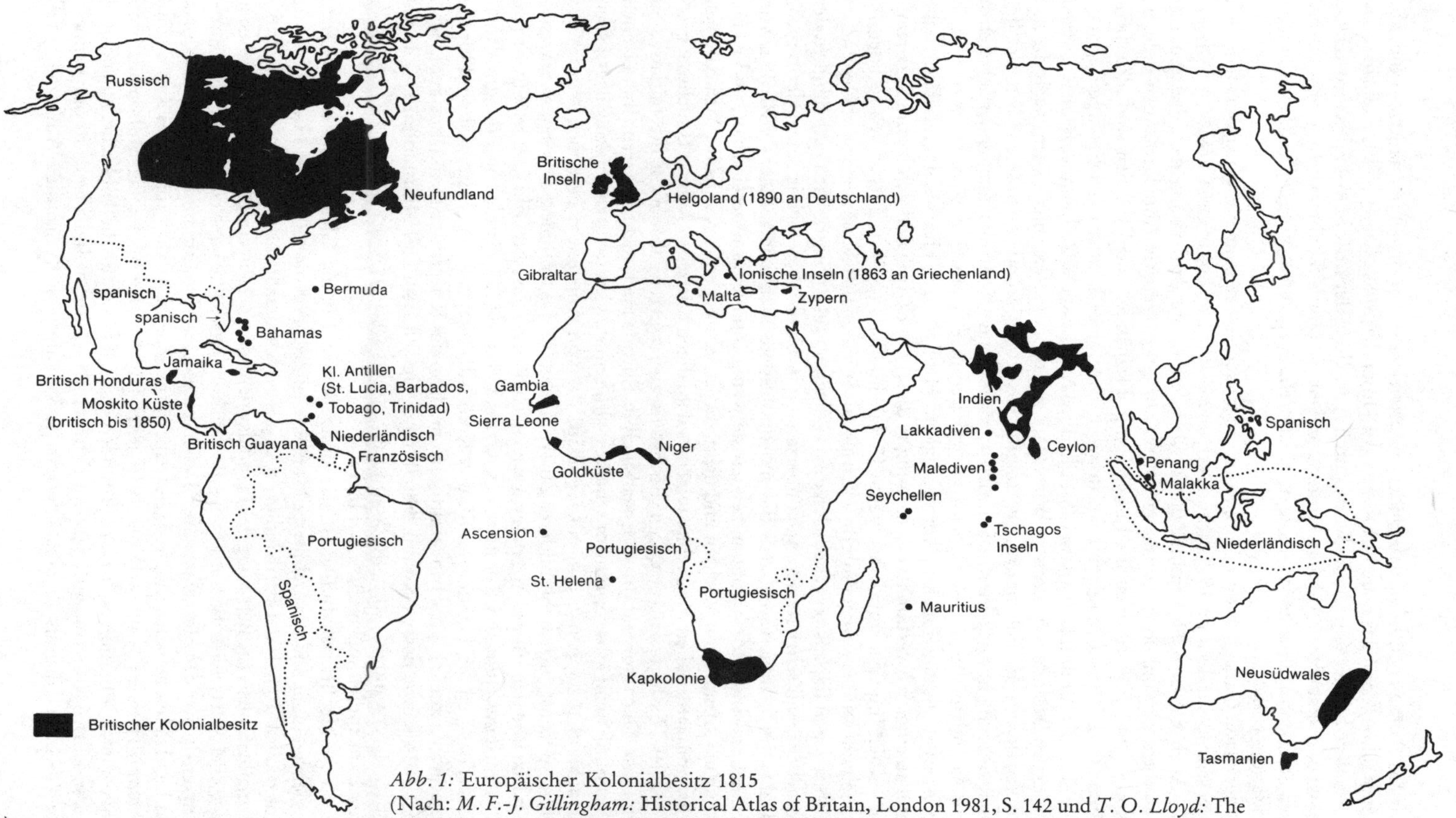

Abb. 1: Europäischer Kolonialbesitz 1815
(Nach: *M. F.-J. Gillingham:* Historical Atlas of Britain, London 1981, S. 142 und *T. O. Lloyd:* The British Empire 1558–1983, Oxford 1984, S. 119)

und das Auftauchen konkurrierender Industrieländer auf dem Weltmarkt um dieselbe Zeit brachten dann das neue Phänomen des »Imperialismus« hervor, als Großbritannien und andere Länder sich um die Wette durch Aufteilung der Erde in Kolonien ihre Märkte zu sichern versuchten. Auf dem Hintergrund eines kolonialfeindlichen 19. Jahrhunderts[6] wird der »Imperialismus« seiner letzten Jahrzehnte zu einem Vorgang, der aufwendiger Erklärung bedarf.

Anders laut Gallagher und Robinson[7], nach denen England nie expansionsfeindlich gewesen ist, sondern im 19. Jahrhundert einen »Imperialism of Free Trade« praktiziert hat. Auch auf dem Höhepunkt der Freihandelsära wurden ständig neue Besitzungen erworben, obwohl doch damals wie später nur ein begrenzter Anteil der Auswanderer, Exporte und Investitionen ins Empire ging. Freihandel und Kolonien sind also nicht Alternativen, zwischen denen ein Kurswechsel erfolgte, sondern gleichzeitige Bestandteile eines Kontinuums britischer Politik, die das einheitliche Ziel, immer neue Regionen der expandierenden britischen Wirtschaft zu unterwerfen, mit einem nach Bedarf differenzierten Instrumentarium verfolgte. Aus Kostengründen wurde zur Gewalt oder gar Eroberung nur gegriffen, wenn sich wirtschaftliche Kontrolle nicht anders erreichen ließ, nach dem Motto: »trade with informal control if possible, trade with rule when necessary«. Die zunehmende Notwendigkeit, Handel durch Herrschaft zu sichern, habe dann zu einer Schwerpunktverschiebung in diesem Spektrum und damit zum sogenannten »neuen Imperialismus« des späten 19. Jahrhunderts geführt. Tatsächlich rechnet die Forschung seither weniger mit Brüchen als mit Schüben und Varianten in der Geschichte der britischen Expansion[8]. Freilich haben Gallagher und Robinson die Planmäßigkeit des Vorgehens englischer Regierungen überschätzt. Obwohl diese sich je länger desto mehr darüber im klaren waren, daß die innenpolitische Stabilität auf dem Gedeihen von Handel und Industrie beruhten, zeigten sie wenig Interventionsbereitschaft, und wenn, dann zur Öffnung von Märkten und nicht zur Errichtung einer Kontrolle. Man darf sich ja die innovatorischen Möglichkeiten eines damaligen britischen Kabinetts nicht zu groß vorstellen. Es hatte zu verwalten, höchstens zu reagieren, aber nicht die Initiative zu ergreifen. Der Interventionsstaat war auch in Europa noch nicht geboren. Immer noch war Politik nicht »the forming of schemes with remote views, but the making use of such incidents that happen«[9], und ein Geschäft, das von Amateuren betrieben wurde[10]. Es fehlte zunächst auch an besonderer Zuständigkeit für die Kolonien. Das eigene Staatssekretariat und der »Board of Trade« waren nach dem Verlust Amerikas aufgelöst worden. 1784 entstand ein neues Komittee des »Privy Council« für »Trade and Foreign Plantations«, das sich mit Handelspolitik und Kolonialgesetzgebung befaßte, während für die Verwaltung zunächst das Innenministerium, dann das Kriegsministerium zuständig war. Erst 1854 wurde dessen Kolonialabteilung in ein selbständiges Ministerium (»Colonial Office«) verwandelt, dem aber kein großes politisches Gewicht zukam, nicht zuletzt, weil es in Indien nichts zu sagen hatte[11].

Doch gerade Britisch-Indien ist der beste Beweis für die Gleichzeitigkeit angeblich ungleichzeitiger und unvereinbarer Momente englischer Kolonialpolitik. Hier endete die Kolonialfeindschaft der Freihändler; statt dessen wurden Staatseingriffe und Infrastrukturmaßnahmen »zur Befreiung des Handels« gefordert[12]. Kein einigermaßen angesehener britischer Wirtschaftstheoretiker des 19. Jahrhunderts hat je bezweifelt, daß die Kosten-Nutzen-Bilanz der Herrschaft über Indien zugunsten Großbritanniens ausfiel und man das Land daher behalten müsse. Handelsgewinne, Zinsen für dort angelegtes Kapital und direkte »Tribute« – »unser Volk zieht jedes Jahr sechzig bis siebzig Millionen Pfund Einkommen aus Indien«[13]. Dazu kommen die Chancen für die englische Jugend und unverzichtbar »the romantic interest that the possession of India lends to our national life«[14] – Imperialismus als nicht-literarische Variante von Romantik[15]. Außerdem muß

Abb. 2: Britisch-Indien
(Aus: *L. Bianco (Hg.):* Das moderne Asien. Fischer Weltgeschichte, Bd. 33, Frankfurt/M. 1969, S. 47)

man die Inder schützen, vor sich selber, denn sie würden ohne ihre britischen Herren im Rassen- und Religionenstreit versinken, und vor anderen Mächten wie Rußland, Deutschland oder Frankreich, deren Regiment sehr viel despotischer ausfallen würde als das britische[16].

Britisch-Indien, das unmittelbar von der Ostindischen Kompanie beherrschte Gebiet, umfaßte seit 1818 die gesamte Küste außer Travancore im Südwesten; die maritime Machtgrundlage ist unverkennbar. Im Hinterland war im Süden nur Mysore autonom geblieben, während im Norden des Dekkan britische »Korridore« die verbliebenen einheimischen Herrschaften umklammert hielten. Die größte von ihnen war Hyderabad. Im Gebiet der großen Ströme befanden sich Bengalen, Bihar und die Umgebung der Kaiserstädte Agra und Delhi in englischer Hand, während Oudh und die Fürstentümer Zentral- und Westindiens ebenfalls selbständig, aber durch Schutz- oder Bündnisverträge der britischen Kontrolle unterworfen waren. Jenseits der Landgrenzen Britisch-Indiens gab es entweder keine ernsthaften Gegner oder man hatte stabile vertragliche

Arrangements mit den Nachbarn getroffen, so 1809 mit dem Sikh-Reich im Punjab und 1816 mit Nepal (was über 1947 hinaus Bestand haben sollte). Rechtsgrundlage der britischen Herrschaft war im 18. Jahrhundert die Verleihung durch den Moghul-Kaiser gewesen, trotz dessen faktischer Ohnmacht immer noch eine Legitimationsinstanz. Doch bei weiteren britischen Eroberungen war von seiner Oberhoheit nicht mehr die Rede, 1816 stellte die Kompanie ihre Zahlungen an ihn ein, obwohl sein Herrschertitel bis 1835 auf ihren Münzen auftauchte, und ermunterte schließlich den Herrscher von Oudh, den Königstitel anzunehmen, um ein schiitisches Gegengewicht zum sunnitischen Kaisertum zu schaffen[17]. Die allmähliche Auflösung der alten Ordnung war unverkennbar, auch wenn niemand wußte, was an ihre Stelle treten sollte.
Die traditionelle Indienpolitik eines behutsamen Konservatismus voll Respekt vor der einheimischen Kultur hatte in den Gouverneuren Elphinstone in Bombay (1819–1827) und Munro in Madras (1820–1824) ihre letzten wichtigen Vertreter. Hinfort dominierte missionarisches Überlegenheitsbewußtsein mit dem Willen zu mehr oder weniger radikalen Innovationen auf allen Gebieten, die gleichermaßen zum Nutzen der Inder wie der Briten ausfallen sollten[18]. Maßgebender Vorkämpfer solcher Reformpolitik wurde der Generalgouverneur William Cavendish Bentinck (1828–1835), der sich der Unterstützung des 1830 an die Macht gekommenen Reformkabinetts Grey erfreute. Bis zum Schluß blieb es ein Grundgesetz anglo-indischer Politik, daß stets nur solche Generalgouverneure erfolgreich sein konnten, die über soliden Rückhalt in der Regierung verfügten. Deshalb waren aus dem Mutterland importierte Prominente trotz geringerer Landeskenntnis Karrierebeamten der indischen Verwaltung stets überlegen. Daran änderte die große Selbständigkeit der indischen Zentrale wenig, selbst vor der Herstellung einer Telegrafenverbindung im Jahre 1870[19], als Nachrichten von London nach Calcutta Monate brauchten.
Bentincks Ruhm beruht aber weniger auf seinen wirtschaftspolitischen Erfolgen als auf seinen kulturpolitischen Maßnahmen, die konsequent auf eine Verwestlichung Indiens hinauswollten. Dazu gehörte die Unterdrückung indischer Sitten, die Engländern besonders zuwider waren, weil sie im Widerspruch zu dem als universal begriffenen abendländischen Moralkodex standen. Da war zunächst die »suttee«, die treue Hindu-Witwe, die ihrem Gatten in den Tod folgen und sich daher lebendig mit seiner Leiche verbrennen lassen mußte. 1817–1826 wurden in Bengalen 500–850 Fälle im Jahr gezählt, wobei die Freiwilligkeit des Opfers bezweifelt werden konnte. Der frühere Generalgouverneur Wellesley war von Traditionalisten am Einschreiten gehindert worden; jetzt aber hatte sich die englische öffentliche Meinung gewandelt, so daß Bentinck den Brauch 1829 verbieten konnte[20]. Weniger strittig war die 1830 forcierte Unterdrückung der »thugs«, die Menschenopfer für die Göttin Kali mit Raubmord zu verbinden pflegten[21] sowie die von einem späteren Generalgouverneur 1843 verfügte Abschaffung der Sklaverei. Da die Sklavenhalter im Gegensatz zu Westindien keine britischen Wähler waren, konnte man sich dieses scharfe Vorgehen leisten[22].
Neugestalten wollte die Sprachen- und Bildungspolitik. 1835 wurde die vom Moghulreich ererbte Amtssprache Persisch vor den Untergerichten durch einheimische Sprachen und Englisch, bei Obergerichten und der Regierung ausschließlich durch Englisch ersetzt. Da gleichzeitig der europäische Grundsatz der Gleichheit vor dem Gesetz eingeführt und das Streben von Indern nach Stellungen in der Justiz ermuntert wurde, stieg das Interesse an englischer Bildung rasch an. Das war beabsichtigt, denn hinfort sollten die inzwischen für das Bildungswesen bereitgestellten Mittel nicht mehr für die Vermittlung traditioneller Kenntnisse und Fertigkeiten »verschwendet«, sondern für Unterricht in englischer Literatur und Naturwissenschaft im Medium der englischen Sprache genutzt werden. Daraufhin entstand rasch ein ziemlich dichtes Netz »engli-

scher« Schulen und Colleges, die teils von der Regierung, teils von Privaten getragen wurden. Bei dieser Bildungsoffensive durften auch die Missionen ihre Rolle spielen, die 1813 im Zeichen des »evangelical revival« endlich in Britisch-Indien zugelassen wurden, nachdem die Konservativen sie bis dahin als Störenfriede ferngehalten hatten[23]. Es fehlte nicht an negativen Reaktionen von indischer Seite, die aber weniger ins Gewicht fielen als die Entstehung einer neuen indischen Mittelklasse aus Geschäftsleuten und Juristen, die ihren Vorteil in der Anpassung an die englische Kultur fand[24]. Solche pragmatische Haltung erfuhr ihre ideale Überhöhung in Versuchen, durch eine spirituelle Synthese von West und Ost eine kulturelle Erneuerung Indiens zustande zu bringen, wie sie schon damals von dem hinduistischen Reformer und Bildungspolitiker Ram Mohan Roy (1772–1833) begonnen wurden[25].

Pläne für eine weitere Expansion Britisch-Indiens bestanden damals nicht, im Gegenteil, 1823 wurde dem Generalgouverneur ausdrücklich Zurückhaltung eingeschärft, sein Reich sei ohnehin schon gefährlich groß[26]. Bis 1839 gab es nur einen größeren Grenzkonflikt, der allerdings eine Erweiterung des Empire nach Osten einleiten sollte. In Birma war wieder eine selbstbewußte und expandierende Monarchie entstanden[27], die alsbald am Golf von Bengalen der Ostindischen Kompanie ins Gehege kam. Da der Birma-Handel erheblich angewachsen war, bemühte sich Calcutta um gute Beziehungen, bis die schrittweise Besetzung von Assam durch Birma 1812–1824 einen Angriff auf Bengalen selbst in greifbare Nähe rückte. Der erste Birma-Krieg 1824–1826 endete mit der Bedrohung der Hauptstadt durch die Engländer, so daß der Hof sich zur Abtretung von Arakan, Assam und Tenasserim, einer Kriegsentschädigung von 1 Mio Pfund und einem Handelsvertrag sowie der Zulassung eines britischen Residenten verstehen mußte. Die Sieger haben diesen Gewinn aber nur zögernd realisiert, die Besetzung von Assam zog sich bis 1838 hin und Tenasserim wäre man bis 1830 gerne wieder los geworden. Erst danach führte sein Wert als Produzent von Reis und Teakholz sowie als Tor zum Siam-Handel dazu, daß man die Verwaltungskosten in Kauf nahm[28].

Auch an der Nordwestgrenze kamen die politischen Interessen vor den wirtschaftlichen. Im Gegenteil, ursprünglich sollte wirtschaftliche Durchdringung mittels Dampfschiffen auf dem Indus dazu dienen, den britischen Einfluß sicherzustellen, und politische Intervention überflüssig machen. Daß es doch dazu kam, ergab sich aus politischer Desintegration bei einigen Nachbarn, die deshalb besonders gefährlich erschien, weil man seit den späten zwanziger Jahren dahinter die russische Bedrohung wahrzunehmen glaubte. »I feel confident we shall have to fight the Russians on the Indus« schrieb der Indienminister Ellenborough 1829[29], wohl unter dem Eindruck des Buches »On the Designs of Russia« von G. Evans (1828). Tatsächlich mußte der wachsende russische Einfluß auf das Osmanische Reich und Persien in London Beunruhigung hervorrufen. Der eben erst besiegte Sultan wurde durch den Vertrag von Hünkar Iskelesi 1833 geradezu zum Schützling des Zaren. Im Bereich des Kaukasus und des Kaspischen Meeres war Rußland siegreich gegen Persien vorgedrungen, bis 1834 ein rußlandfreundlicher Schah auf den Thron kam, so daß Persien als Pufferstaat für Britisch-Indien erst einmal ausschied. Würde Afghanistan einen Ersatz bieten können?

Bentincks indische Regierung sah die Dinge weniger dramatisch. Für ihn und andere bestand die wirkliche Gefahr nicht in einem russischen Angriff, sondern in dem Eindruck, den eine russische Bedrohung auf Englands indische Untertanen machen würde[30]. Im Vorfeld hatte man ja 1838 mit den Teilfürsten von Sind am unteren Indus Handelsverträge abschließen und ihnen einen Residenten schicken können, was eine Art von Oberherrschaft bedeutete. Und der Herrscher der Sikhs, der das Fünfstromland und Kashmir kontrollierte, hatte sich in realistischer Einschätzung der Machtverhältnisse seit 1809 als zuverlässiger Partner erwiesen.

Die Sikhs entstanden als synkretistische Sekte des Hinduismus, die einen kasten- und bilderlosen Monotheismus propagierte, ursprünglich unter der Leitung eines Guru, der jeweils von seinem Vorgänger berufen wurde, angefangen mit dem Sektengründer Guru Nanak, der um 1500 lebte. Als die Gemeinschaft in Nachfolgekonflikte des Moghulreiches verwickelt wurde, gab ihr der zehnte und letzte Guru Govind Singh um 1700 eine straffe Sozialstruktur und einen militanten Charakter. Er hat die Integrationssymbole langes Haar, Turban und Dolch sowie den Namen »Singh« für alle männlichen Mitglieder kreiert. In den Kleinkriegen des 18. Jahrhunderts standen die Sikhs unter der Führung rivalisierender Häuptlingsfamilien, bis Ranjit Singh (1780–1839) beim Zerfall der Moghulherrschaft um Lahore und Amritsar ein einheitliches Reich schaffen konnte, dessen Stärke in einer hervorragenden, von europäischen Offizieren ausgebildeten Armee lag[31].

Einen solchen Alliierten zugunsten des mit ihm verfeindeten Afghanenherrschers zu brüskieren, um letzteren für ein Bündnis gegen Perser und Russen zu gewinnen, kam nicht in Frage; also hielt sich der Afghane an Rußland. Dem meinte Generalgouverneur Auckland mit Gewalt begegnen zu sollen. Aber die Expedition nach Kabul endete mit einem Fiasko; ein einziger Engländer überlebte sie. Trotz eines erfolgreichen Rachezugs blieb dann nach diesem ersten afghanischen Krieg 1838–1842 alles beim alten; Persien hatte sich zurückgehalten und Rußland hatte sich kaum gerührt[32]. Aucklands Nachfolger Ellenborough und sein frustrierter Kommandeur Napier wußten sich demgegenüber einen billigen Erfolg zu verschaffen, indem sie unter offen zugegebener Rechtsverletzung ebenso unmotiviert wie zynisch 1843 Sind annektierten[33].

Unterdessen war 1839 Ranjit Singh, der Herrscher der Sikhs gestorben. Faktionskämpfe waren die Folge und die Armee drohte jeder Kontrolle zu entgleiten. 1845 führte man sie als Ausweg zu einem Angriff über den Sutlej; seit Afghanistan war das britische Ansehen erheblich gesunken. Aber die Briten siegten dennoch. 1846 mußten die Sikhs Kashmir abtreten, das ein selbständiges Fürstentum unter britischer Hoheit wurde, und einen reformeifrigen Residenten akzeptieren. Schon 1848 kam es zu einem Aufstand gegen diese Regelung. Nach einem erneuten britischen Sieg wurde 1849 das Punjab annektiert, obwohl aus London keine derartige Weisung vorlag[34].

Der entscheidungsfreudige Generalgouverneur hieß J. A. B. Ramsay Marquis Dalhousie (1848–1856). Unter ihm geriet auch das Birma-Problem erneut in ein kritisches Stadium. Die vereinbarten diplomatischen Beziehungen funktionierten schlecht, der britische Handel wurde schikaniert und die Grenze nicht respektiert, weil Grenze als Linie im Weltbild Birmas nicht vorkam. Dennoch waren Dalhousie wie der Königshof an sich kompromißbereit, aber die Scharfmacher beider Seiten vor Ort in Rangoon wußten eine Eskalation auszulösen, die im zweiten Krieg 1852–1853 endete. Dieses Mal waren die Briten entschlossen, die Häfen von Martaban mit ihrem Hinterland zu behalten. Um Verhandlungsmasse zu gewinnen, drangen sie weiter landeinwärts vor. Aber Birma verhandelte nicht und schloß auch nicht Frieden. Auf diese Weise wurde ganz Unterbirma oder Pegu britisch, während Rest-Birma vom Meer abgeschnitten von Englands Gnaden weiterexistierte, hauptsächlich deshalb, weil seine Eroberung sich nicht lohnte[35].

Die Verwaltung der neuerworbenen Gebiete wurde direkt von den Briten in die Hand genommen, streng, aber mit Verbesserungen für die Bevölkerung. Im Punjab führten Abgabenminderung und Bewässerungsmaßnahmen dazu, daß die eben noch feindliche Bevölkerung beim Aufstand gegen die Engländer 1857 loyal blieb. Das entspricht dem Stil Dalhousies, der mit der Absicht energischer Verwestlichung nach Indien gekommen war. Auch Konservative wie er waren inzwischen Anhänger einer umfassenden Modernisierungspolitik geworden, so daß Dalhousie zum Vollender von Bentincks Werk und zum eigentlichen »Vater« des modernen Indien werden konnte. Jetzt wurde der Ausbau des Bildungswesens in ganz Indien vereinheitlicht und auf den Grundschulbereich ausgedehnt. Das grant-in-aid-System ermunterte Privatinitiativen zur Neugründung von Bildungsstätten. 1857 entstanden die ersten drei indischen Universitäten; Dalhousie fügte ein technisches College hinzu. Nachdem er bereits im Mutterland in der Regierung für Eisenbahnbau zuständig gewesen war, wurde er jetzt zum Schöpfer des indischen Bahnnetzes sowie des Post- und Telefgrafensystems.

Im neuen Indien Dalhousies war für die zahlreichen noch vorhandenen Fürstentümer kein Platz mehr; waren sie nicht inhuman, dann wenigstens fortschrittsfeindlich. Infolgedessen wurde die bisher in einzelnen Problemfällen angewandte Annexionspolitik jetzt planmäßig in großem Stil betrieben, auf dreifacher »Rechtsgrundlage«. Wenn ein Fürst keinen Leibeserben hatte und die Kompanie als Oberherrin der nach Hindurecht üblichen Adoption die Zustimmung verweigern konnte, wurde die »doctrine of lapse« angewandt[36], was in den Fällen Satara, Jhansi und Nagpur Ressentiments bei den Hindus hervorrief. Ferner konnte der Vorwurf des »misgovernment« erhoben werden, wie in Oudh[37], dessen Annexion 1856 bei den Moslems böses Blut machte. Schließlich beseitigte Dalhousie traditionelle Herrschertitel, wenn direkte Erben fehlten, im Austausch gegen Anerkennung anderer Rechtsansprüche[38].

Kaum hatte Dalhousie das Land verlassen, kam die Reaktion auf die forcierte Modernisierung mit der Meuterei, »*the* Mutiny«, von 1857, deren letzte Ausläufer erst 1859 niedergeschlagen waren. Auf den ersten Blick handelt es sich um einen Aufstand großer Teile der Bengalen-Armee. Jede der drei »Presidencies« Calcutta, Madras und Bombay hatte nämlich ihre eigenen Truppen, zusammen 38000 Europäer und 200000 Inder, davon Calcutta 23000 Europäer und 134000 Inder. Die Europäer waren überwiegend in Bengalen selbst und im Punjab stationiert, wo alles ruhig blieb, im Aufstandsgebiet zwischen Benares und dem Sutlej standen fast nur Inder, darunter fast 40000 Mann aus Oudh. Viele davon waren Angehörige der obersten Kasten, vor allem Brahmanen, die besonders empfindlich und mißtrauisch waren, was die Bedrohung ihrer soziokulturellen Identität durch westliche Tabuverletzungen anging. Und nun mußten Rekruten seit 1856 Bereitschaft zum Dienst in Übersee schwören, was rituelle Unreinheit bedeutete. Vor allem ging das nicht ganz unbegründete Gerücht, die Patronen für das neue Lee-Enfield-Gewehr, die abgebissen werden mußten, seien mit Rindertalg und Schweineschmalz eingefettet, wo doch das eine Tier den Hindus als heilig, das andere den Moslems als unrein galt. Als im Mai 1857 in Meerut nördlich Delhi »Patronen-Verweigerer« festgenommen wurden, erhob sich die Garnison, brachte ihre Offiziere um und zog auf Delhi, um den verdatterten alten Moghul-Kaiser wieder in seine Rechte einzusetzen. Diese Aktion hatte Signalwirkung auf andere Garnisonen und über die Armee hinaus; von einer Verschwörung kann keine Rede sein. Grausamkeit auf beiden Seiten heizte den Konflikt weiter an. Aber im Gegensatz zu den Aufständischen, die sich nur in der Abneigung gegen Neuerungen einig waren, wußten die Briten genau, was sie wollten. Es war also nur eine Frage der Zeit, bis sie wieder die Oberhand gewinnen konnten, zumal große Teile der Bevölkerung und der Eliten sich passiv oder sogar, wie die Sikhs, ausgesprochen englandfreundlich verhielten.

Man hat aus der »Mutiny« den ersten nationalen Unabhängigkeitskrieg Indiens machen wollen[39], zu Unrecht. Gewiß, die Meuterei fand Anklang bei Teilen der traditionellen Eliten, die durch das Verwestlichungsprogramm in ihrer Führungsrolle und ihrer kulturellen Identität bedroht waren. Mit jedem Fürstentum verschwanden zahlreiche Positionen für sie; in der neuen britischen Verwaltung konnte man sie nicht brauchen. Und das Vordringen westlicher Bildung und Rechtsgrundsätze stellte nicht nur die Bedeutung der traditionellen Priester, Lehrer und Juristen, sondern die Grundlagen des vertrauten Lebens in Frage. Was sollte aus einer Hindu-Gesellschaft werden, in der Witwen wieder heiraten und Abtrünnige nicht enterbt werden durften? Wer sich hingegen mit der westlichen Kultur arrangiert hatte, stand damals auf der Seite Englands. Und wenn es als Reaktion auf ökologische Probleme als dritte Komponente neben der Armeemeuterei und der Revolte traditioneller Eliten Bauernaufstände gegeben hat, so fehlt diesen der einheitliche Charakter, von einer nationalen Motivation ganz zu schweigen[40].

Aber die Engländer hatten hinfort einen »mutiny complex«; eine Wende der Indienpolitik war die erste Folge. Die East India Company war finanziell und politisch am Ende; am 1. November 1858 übernahm die Krone die Regierung Indiens. Der Moghulkaiser wurde abgesetzt und nach Birma verbannt, der Titel abgeschafft. Statt dessen hieß der Generalgouverneur künftig »Vizekönig«. Für die Armee sollte ein Schlüssel von zwei zu eins für das Zahlenverhältnis zwischen Indern und Europäern gelten, in Bengalen sogar eins zu eins. In den ehemaligen Aufstandsgebieten waren die Europäer in der Überzahl[41], außerdem blieben ihnen die schweren Waffen reserviert. Einheimische Truppen wurden hinfort weniger in Zentralindien als im Punjab oder gar in Nepal rekrutiert; man setzte auf traditionelles Kriegertum. Denn liberaler Weltverbesserungswille hatte nun sein Ende erreicht. Statt dessen steigerte man Herrenmenschentum mit Heldenmythen, in denen der »Mutiny« eine Schlüsselrolle zukam. Da man jetzt an der Entwicklungsfähigkeit des Inders zweifelte, strafte man die verwestlichte neue Elite für ihre Anhänglichkeit und Schwäche mit Verachtung und setzte auf die »natural leaders«, die ihre Stärke bewiesen hatten. Ansätze zur Agrarreform wurden abgebrochen und der Großgrundbesitzer wieder zum Ideal erhoben. Die Annexionspolitik gegenüber den Fürsten wurde beendet, ihr Besitz garantiert und höchstens einmal ein Herrscher ausgetauscht, doch wenn irgend möglich nach einheimischem Recht. Mysore, das sich ohne ausdrückliche Annexion seit 1831 unter direkter britischer Verwaltung befand, wurde 1881 einem einheimischen Fürsten zurückgegeben[42]. Statt Förderung der christlichen Mission wurde nun religiöse Toleranz zum obersten Grundsatz der Verwaltung erhoben. Die Bedeutung dieser Wende zu einem Herrschaftssystem, in dem britische Aristokraten oder häufiger Möchte-gern-Aristokraten aus der Mittelklasse mit Hilfe einheimischer Aristokraten über Massen herrschten, in deren Leben sie möglichst wenig eingriffen, die sie aber im Grunde verachteten, kann für die gesamte britische Kolonialpolitik gar nicht hoch genug eingeschätzt werden! Sie blieb freilich auf das politische System begrenzt, denn der sozio-ökonomische Strukturwandel lief weiter. Es sei nur an den Eisenbahnbau erinnert oder ganz besonders an den weiteren Ausbau eines westlich geprägten Bildungssystems infolge indischer Nachfrage[43]. Dieser Gegensatz sollte ebenfalls noch große Bedeutung bekommen. Informelle imperialistische Penetration ebenso wie formelle Kontrolle über die neuen Herrschaftskolonien funktioniert nur mit der Kollaboration einheimischer Eliten, das war spätestens bei der »Mutiny« klar geworden. Doch was wird die Folge sein, wenn eine Kolonialmacht ausschließlich auf die traditionellen Eliten setzt und die modernen planmäßig frustriert[44]?

Die Annahme eines indischen Kaisertitels, zu der der konservative Premier Disraeli Königin Victoria 1876 überredet hatte, änderte nichts am System, ebensowenig das Regiment liberaler Vizekönige 1880–1899. G. F. Robinson Marquis Ripon (1880–1884) versuchte vergebens, Anfänge politischer Partizipation der Inder zustande zu bringen. Doch im Grunde hielten auch die britischen Liberalen »benevolent despotism« für die Indien angemessene Regierungsform. Und an den Grenzen beugten sie sich der »imperial necessity«, wenn rivalisierende Mächte auftauchten[45]. So kam der Nordwesten erneut in Bewegung, als Rußland sich in den sechziger Jahren der Unterwerfung Mittelasiens zuwandte und immer näher an Afghanistan heranrückte. Der zweite afghanische Krieg

1879–1881 war die Folge. Es gelang, dort einen englandfreundlichen Fürsten einzusetzen, und 1887, als die russische Expansion die afghanische Nordgrenze erreicht hatte, einen russisch-afghanischen Grenzvertrag zustande zu bringen. In diesem Zusammenhang wurde Belutschistan endgültig Teil des Empire und im Nordwesten kamen nacheinander verschiedene Bergzonen unter englische Kontrolle, bis schließlich im Jahre 1900 dieser Raum zu einer neuen »North West Frontier Province« zusammengefaßt werden konnte[46]. Auch das vorübergehende Ausgreifen nach Tibet 1903–1907 stammt aus derselben Wurzel[47]. Und im Osten kamen die auf Annexion Rest-Birmas drängenden Handelsinteressen trotz Verschlechterung der Beziehungen nach einem Herrscherwechsel erst 1886 zum Zug, als der *politische* Rivale Frankreich aus Indochina überzugreifen drohte[48].

Unter dem konservativen Vizekönig George N. Curzon (1899–1905) erreichte die britische Herrschaft in Indien ihre endgültige Gestalt und ihren Höhepunkt. Er verkörpert den Paternalismus der Herrenrasse gegenüber Mündeln, die, wenn überhaupt, dann erst in ferner Zukunft zur Selbständigkeit fähig sein werden. Der Dichter Rudyard Kipling ist der Prophet dieses politischen Programms[49]. Curzon versuchte ihm nicht nur durch Bau von Eisenbahnen und Bewässerungsanlagen, sondern vor allem durch organisatorische Reformen auf allen Gebieten gerecht zu werden, insbesondere im Bereich der Verwaltung[50].

Das britische Herrschaftssystem in Indien änderte freilich durch solche Reformen nicht seinen konservativen Charakter. Das will zunächst besagen, daß die Übernahme durch die Krone 1858 Grundstrukturen aus der Zeit der East India Company nicht angetastet hat. Zum Teil wechselten nur die Namen, während die Sache bis mindestens 1947 weiterexistierte.

Von Haus aus war die East India Company einerseits private Aktiengesellschaft, andererseits als Staatsgläubigerin Inhaberin eines staatlichen Monopols des britischen Asienhandels, zu dessen Realisierung sie eine königliche »Charter« mit politischen Rechten zur Kriegsführung, zum Vertragsabschluß und zum Landerwerb ausgestattet hatte. Daraus hatte sich die Herrschaft über Indien ergeben, aber die Folge war eine Krise gewesen, zu deren Behebung die Kompanie 1773/84 durch Gesetze staatlicher Kontrolle unterworfen wurde. Sechs Mitglieder des königlichen Rates bildeten als »Commissioners for the Affairs of India« den »Board of Control«, zu dem stets einer der Staatssekretäre als Vorsitzender und außerdem der Schatzkanzler gehörten. Der Vorstand der Aktiengesellschaft, der »Court of Directors«, wurde gestärkt insofern die Aktionärsversammlung außer der Direktorenwahl keine Rechte mehr besaß, hatte aber Politik und Finanzgebarung mit dem »Board of Control« abzustimmen. Faktisch wurde die Indienpolitik zwischen den wenigen Direktoren des »Secret Committee« und dem Vorsitzenden des »Board of Control« gemacht.

Die Charter mußte alle zwanzig Jahre erneuert werden, wobei dann aktuelle Innovationen anfielen. 1793 wurde die Regierung Indiens vom Handelsgeschäft abgetrennt und ein gutbezahltes Beamtenkorps geschaffen, das auf Geschäfte verzichten mußte. 1813 verlor die Kompanie ihr Monopol für Indien, behielt aber dasjeinige des Chinahandels. 1833 mußte sie auch auf dieses verzichten und ihren gesamten indischen Besitz der Krone übergeben, von der sie ihn als »trust« zurückerhielt. Da Handelsgewinne künftig entfielen, wurde ihr für Dividenden ein Jahreseinkommen aus Steuern und Zöllen Indiens von 630000 Pfund zugewiesen[51]. War es nur die Lobby der Interessenten und der Respekt vor dem Privateigentum, die verhinderten, daß die Herrschaftsbefugnisse der Kompanie schon damals als dysfunktional beseitigt wurden? Keineswegs, denn die Kompanieherrschaft hatte eine doppelte Funktion behalten. Die Kompanie konnte sich

als Lehensträger des Moghulkaisers legitimieren, die britische Krone aber kaum. Und »dual government« durch Direktoren und Kabinett galt als Sicherung gegen Despotie; die indischen Einkünfte hätten sonst die Krone vom britischen Parlament unabhängig machen und damit die Grundlagen der englischen Verfassung untergraben können[52]. Nach der »Mutiny« war das erste Problem gelöst, dem zweiten wußte man sich gewachsen. 1858 entfiel die Mitwirkung der Direktoren. Der »President of the Board of Control« wurde »Secretary of State for India« und saß in *dieser* Eigenschaft im Kabinett, ausgestattet mit einem »India Office« unter einem »Under Secretary of State«. Wichtigere Entscheidungen waren allerdings mit einem besonderen »Council of India« mit 15 Mitgliedern zu treffen, das sich mehr und mehr aus ehemaligen Indienbeamten rekrutierte. Allerdings nahm seine Bedeutung ab, bis es 1935 beseitigt wurde[53]. Theoretisch war der Minister mit dem Kabinett dem englischen Parlament verantwortlich, faktisch wurde das Parlament in Indien-Angelegenheiten aber selten aktiv, vor allem bei Grundsatzentscheidungen wie Verfassungsreformen. Diese außergewöhnliche Selbständigkeit der Indienverwaltung beruhte darauf, daß ihre Kosten einschließlich jener der Londoner Indien-Behörden von Indien bestritten wurden und nicht aus Mitteln, die das Parlament zu bewilligen hatte. So behielt Indien stets sein eigenes Ministerium und hatte nichts mit dem Kolonialministerium zu tun, wie auch die Indienbeamten immer vom Korps der übrigen Kolonialbeamtenschaft getrennt blieben[54].
In Indien waren die drei gleichberechtigten »presidencies« Bombay, Fort St. George/Madras und Fort William/Calcutta erst 1773 dem Gouverneur von Calcutta als Generalgouverneur unterstellt worden, der freilich noch Jahrzehnte brauchte, bis er sich vollständig durchsetzen konnte, da Bombay und Madras nach wie vor direkt mit London verkehren konnten. Erst die Zentralisierung des gesamten Finanzwesens in seiner Hand 1833 brachte den Durchbruch. Außerdem erfolgte fast der ganze Gebietszuwachs im unmittelbar vom Generalgouverneur kontrollierten Gebiet des Nordens. Nur Sind wurde 1847–1935 zu Bombay geschlagen. Das von Calcutta aus regierte Gebiet hatte jetzt aber unzweckmäßige Ausmaße angenommen. Daher wurde 1833 ein besonderer Lieutenant-Governor für Bengalen geschaffen. Gleichzeitig entstand stromaufwärts die damalige Nordwestprovinz mit der Hauptstadt Agra. Sie wurde 1877 mit dem inzwischen annektierten Oudh vereinigt, 1902 erhielt das Gebilde den Namen »The United Provinces of Agra and Oudh« (heute immer noch U. P., nämlich Uttar Pradesh). Hauptstadt wurde Allahabad. Seit 1854 hatte der Generalgouverneur das Recht, territoriale Reorganisationsmaßnahmen durchzuführen[55]. 1859 wurde das Punjab zur selbständigen Provinz mit der Hauptstadt Lahore erhoben, 1861 aus großenteils erst von Dalhousie in Besitz genommenen Gebieten die Einheit »Central Provinces and Berar« mit Nagpur als Hauptort gebildet. Von der neuen »North West Frontier Province« mit Verwaltungssitz Peshawar und der ihretwegen erforderlichen Neubenennung der nunmehrigen »United Provinces« war die Rede. 1901 war auch der Rest Bengalens mit 78 Mio Einwohnern gegenüber 48 Mio in der nächstgrößten Provinz für eine effektive Verwaltung zu groß geworden. Mit einer Teilung der Provinz wollte man außerdem den Einflußbereich der aktiven neu-indischen Elite Calcuttas einschränken und obendrein das bisher getrennt verwaltete Assam stärker einbinden. So wurde aus einer Provinz Bengalen (67,5% Hindus, 32,5% Moslems) ein West-Bengalen um Calcutta (83,6% Hindus, 16,4% Moslems) und ein Ost-Bengalen mit Assam (Hauptstadt Dacca; 41,9% Hindus, 58,1% Moslems). Obwohl die Maßnahme keine Spaltung zwischen Hindus und Moslems hatte bringen sollen, war es genau das, was sie bewirkte[56]. Was administrativ vernünftig war, erwies sich als schwerer politischer Fehler, so daß die Teilung nur 1905–1912 Bestand hatte. Dann wurden die Landschaften Bihar und Orissa im Westen als eigene Provinz mit der Hauptstadt Patna abgetrennt und Assam erhielt seine

Tafel 1: William Cavendish Bentinck (1774–1839)
Generalgouverneur von Britisch-Indien
1828–1835

Tafel 2: J. A. B. Ramsay Marquis Dalhousie
(1812–1860)
Generalgouverneur von Britisch-Indien
1848–1856

Tafel 3: George N. Curzon (1859–1925)
Vizekönig von Indien 1899–1905

Tafel 4: Rudyard Kipling (1865–1936)

Selbständigkeit wieder. Das wiedervereinigte Bengalen zählte nun 48% Hindus und 52% Moslems, während die beiden anderen Provinzen Hindu-Mehrheit hatten. Neben diesen »major provinces« gab es verschiedene »minor administrations« unter »Chief Commissioners«, etwa der direkt verwaltete Teil Belutschistans. Britisch Birma, das ebenfalls ein Chief Commissioner verwaltet hatte, wurde 1937 von Indien abgetrennt und selbständige Kronkolonie im Empire wie Ceylon, das diesen Status von Anfang an, seit 1798, besaß[57]. 1936 wurde außerdem Orissa als selbständige Provinz von Bihar getrennt und Sind mit der Hauptstadt Karachi aus Bombay ausgegliedert.

In dieses Britisch-Indien waren die Fürstenstaaten als Enklaven eingesprengt, 562 im Jahre 1939, die damals auf zwei Fünfteln des Territoriums ein knappes Viertel der Bevölkerung, 90 von 380 Mio, aufzuweisen hatten. Hyderabad mit 18 Mio Einwohnern standen Kleinherrschaften aus wenigen Dörfern gegenüber. Sie waren vertraglich an die Krone gebunden und unterstanden direkt dem Vizekönig, der durch einen manchmal für mehrere Fürstentümer zuständigen Residenten vertreten war. Die auswärtigen Beziehungen wurden von England wahrgenommen, das dafür zum äußeren und inneren Schutz des Fürsten verpflichtet war. Außerdem hatten sie sich in die gesamtindische Zoll- und Verkehrspolitik einzufügen. Ansonsten aber blieben sie außerhalb britisch-indischer Gesetzgebung und Jurisdiktion. Obwohl über ihre Entwicklung weniger bekannt ist als über Britisch-Indien im engeren Sinn[58], kann man sich doch fragen, ob der orientalische Märchenprunk, den verschiedene Maharadschas entfaltet haben, nicht ein Spätphänomen in der Geschichte Asiens ist, erst ermöglicht durch die britische Herrschaft, die die Fürsten vor den Unbilden der politischen Wechsellagen schützte und ihre Existenz garantierte[59]. Das unabhängige Indien hat sie nämlich in zwei Jahren hinweggefegt[60].

An der Spitze stand der Generalgouverneur und Vizekönig, der theoretisch als »Governor-General-in-Council« eingebunden blieb in Beschlüsse eines Rates von drei, dann sechs, schließlich 14 Mitgliedern, in Wirklichkeit aber zumindest in Sachen Exekutive sich fast immer über diesen Rat hinwegsetzen konnte. Indienpolitik wurde in der Regel zwischen dem Staatssekretär in London und dem Vizekönig in Indien entschieden. Ursprünglich hatte der Sekretär alle Akten zuerst dem Generalgouverneur vorzulegen und sie dann bei den Ratsmitgliedern in der Reihenfolge des Dienstalters umlaufen zu lassen. Aber das Anwachsen der Geschäfte führte dazu, daß seit 1862 jedes Mitglied des Rates für ein bestimmtes Gebiet zuständig wurde und der Vizekönig nach Konsultation mit diesem die Entscheidung fällte. Es gab also ein »Home Member«, »Law Member«, »Finance Member« usf. Problematisch war höchstens die Zuständigkeit für das Militär und die Stellung des Oberbefehlshabers für Indien im oder zum Council. Die eigentliche Verwaltung war in »Departments« unter Sekretären gegliedert, deren Verhältnis zu dem zuständigen Ratsmitglied etwa dem des Staatssekretärs zum Minister entspricht. 1898 gab es folgende Abteilungen: (1) Home Department, (2) Department of Revenue and Agriculture (zuständig für die bedeutsame Land Revenue), (3) Foreign Department, (4) Department of Finance and Commerce (zuständig für den Rest des Finanzwesens), (5) Military Department (wobei aber 1906 dem Military Member nur die Versorgungsangelegenheiten blieben, während die eigentlichen Militärsachen dem Oberkommando unterstanden), (6) Public Works Department, (7) Legislative Department; dazu kamen dann: (8) Industry and Commerce Department (1905), (9) Education Department (1911), und später noch mehr[61].

Die Legislative lag ebenfalls beim »Governor-General-in-Council«. Allerdings mußte der »Executive Council« zwecks Verwandlung in den »Legislative Council« um zusätzliche Mitglieder erweitert werden und konnte dann weniger leicht übergangen werden. Die »Indian Councils Acts« des britischen Parlaments von 1861 und 1892 legten Zahl und Status fest; ab 1892 mußten es zehn bis sechzehn sein, wobei der Generalgouverneur bei

ihrer Ernennung verschiedene Gebiete berücksichtigen und nicht nur Beamte berufen sollte. Bei der weitgehenden Abwesenheit indischer Vertreter und dem geringen Sachverstand mutterländischer Instanzen hieß das aber, daß die britische Indienbürokratie überwiegend ihr eigener Gesetzgeber war, auch wenn der Staatssekretär in London wenigstens theoretisch stets das letzte Wort behalten konnte[62]. 1861 erhielten auch Provinzen, deren Chef den höchsten Rang eines »Governor-in-Council« besaß, begrenzte Gesetzgebungsbefugnis zurück; das waren zunächst nur Bombay und Madras.
Eine wichtige Leistung dieser Legislative war die Kodifizierung des Rechts für Indien. 1859 der »Code of Civil Procedure«, 1860 der »Indian Penal Code«, 1861 der »Code of Criminal Procedure« folgten englischen Grundsätzen, waren aber indischen Bedürfnissen angepaßt und mit Anleihen beim französischen Recht angereichert. Damit war Rechtsgleichheit auf dem Subkontinent hergestellt, freilich nicht vollständig, denn das Zivilrecht ließ sich mit Rücksicht auf die verschiedenen religiösen Gemeinschaften nicht vereinheitlichen. Es wurden aber durchaus vereinheitlichende Gesetze erlassen, insbesondere zum Erbrecht[63].
Die Justiz kannte bis 1861 königliche Gerichte für die in Indien lebenden Engländer und indischer Tradition folgende Gerichte der Kompanie für Einheimische. Dann wurden beide durch einheitliche »High Courts« in den Provinzhauptstädten ersetzt, die zu mindestens einem Drittel mit britischen Juristen und mit indischen Zivilrechtlern zu besetzen waren. Richterliche Unabhängigkeit wurde gewährleistet. Die Appellationsinstanz von den »High Courts« befand sich aber nicht in Indien, sie war das »Judicial Committee« des »Privy Council« in London[64].
Unterhalb der Provinzebene ließ die Trennung von Exekutive und Jurisdiktion zu wünschen übrig – weil sie nicht gewünscht wurde. Der britische Bezirksvorsteher des späten 18. Jahrhunderts war ursprünglich nichts als Steuereinnehmer. Neben ihm gab es einen Bezirksrichter mit Polizeigewalt. Doch da der Verwaltungsbeamte ständig mit Eigentumsstreitigkeiten und Polizeifällen zu tun hatte, deren Entscheidung durch einen besonderen Richter zeitraubend und schwerfällig gewesen wäre, kam man von diesem System wieder ab. Der anglo-indische »District-Officer« wurde ein für alle Mal zum »Collector-Magistrate«, das heißt, er besaß für seine Aufgabe, die sich von der Steuererhebung zur Sorge für Ruhe, Ordnung und öffentliche Wohlfahrt ausgeweitet hatte, richterliche und Polizeigewalt für begrenzte Fälle. Für die eigentlichen Prozesse blieb der Distriktrichter zuständig. Diese »District Officers« bildeten das Rückgrat der britischen Indienverwaltung, auch wenn ihnen später technische Dienste (Landwirtschaft, öffentliche Arbeiten) und ein besonderer »Superintendent of Police« zur Seite standen. Die Distrikte waren in Subdistrikte mit britischen »Subdivisional Officers«, meist jungen Beamtenanwärtern, gegliedert, diese in kleinere Einheiten von mehreren Dörfern mit indischen Vorstehern. Aber die Distrikte, die weitgehend den »sarkars«, den Steuer- und Herrschaftsbezirken des Moghulreichs, entsprachen, waren sehr groß, zwischen 5000 und 17000 km^2 waren die Regel[65] (was einem Regierungsbezirk in der BRD entspricht). Die Verwaltung erfolgte daher aus dem Sattel, später aus dem Fahrzeug, war wenig intensiv und daher unbedingt auf eine Zwischenschicht von indischen Kollaborateuren angewiesen, die dabei ihren Vorteil fanden, nicht immer zum Nutzen der Untertanen. Aber dies war wohl das Geheimnis des Erfolgs, denn sonst bliebe es unverständlich, wie Großbritannien mit so wenigen Beamten ein Riesenreich regieren konnte. Das System fand jedenfalls ebenso wie jenes der indirekten Herrschaft über Fürsten in anderen Teilen des Empire Nachahmung[66].
Der engere Kreis der Indienbeamten, der »Indian Civil Service« (I.C.S.) umfaßte auch zur Blütezeit kaum mehr als 1000 Personen, die sich als exklusive Elite verstanden, und zwar nicht nur, weil ihnen die höheren Positionen reserviert waren. Zur Ausbildung

dieses »covenanted service« (»covenant« hier die Verpflichtung, auf Handelsgeschäfte zu verzichten) wurden die Beamtenanwärter zunächst auf einer Schule in Calcutta, seit 1806 in Haileybury in England in orientalischen Sprachen, Recht und politischer Ökonomie unterrichtet. Das Ergebnis war nicht nur Korpsgeist, sondern auch Prägung im Sinne der utilitaristischen Kolonialideologie. Die Anwärter wurden von den Kompaniedirektoren nominiert, die dafür sorgten, daß nur ein begrenzter Kreis von Personen in den Genuß dieser gutdotierten Posten kam. Trotz theoretischer Gleichberechtigung hatten Inder keine Chance. Daran änderte sich zunächst nichts, als liberale Kreise 1854 die Abschaffung der Ämterpatronage und eine offene Aufnahmeprüfung durchsetzten. Haileybury wurde 1858 geschlossen. Die Prüfung fand nämlich in England statt und trotz gewisser Wahlmöglichkeiten konnte man zumindest am Anfang mit Latein und Griechisch doppelt soviel Punkte erzielen wie mit indischen Sprachen. Dennoch haben 1864–1868 fünf Inder die Prüfung bestanden, 1868–1875 sogar elf von vierzehn indischen Bewer-

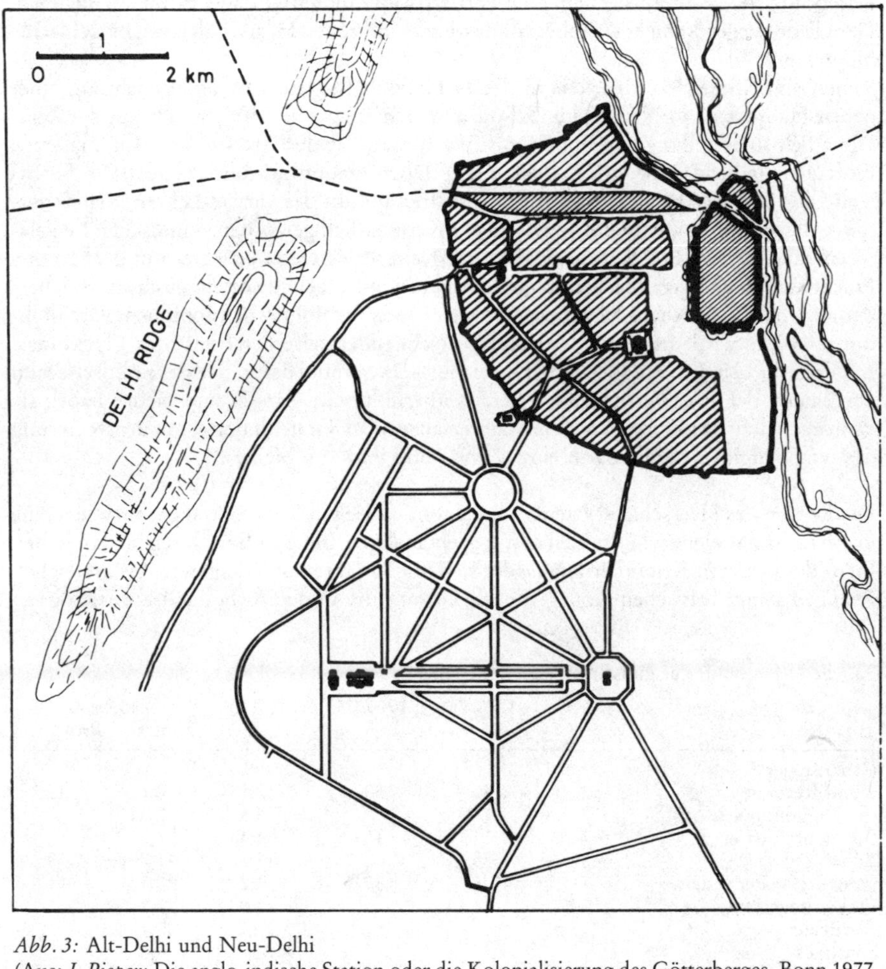

Abb. 3: Alt-Delhi und Neu-Delhi
(Aus: *J. Pieper:* Die anglo-indische Station oder die Kolonialisierung des Götterberges, Bonn 1977, S. 224)

bern, ein stolzes Ergebnis. Aber das anglo-indische Beamtenkorps wußte sich gegen »Überfremdung« so erfolgreich zur Wehr zu setzen, daß 1909 von 1142 Angehörigen des I.C.S. nur 60 Inder waren[67]. Erst nach dem Ersten Weltkrieg war der Bann gebrochen, aber jetzt war diese Karriere für beide nicht mehr so attraktiv wie früher. Als eine Art Trostpreis hatte man den »Provincial Civil Service« geschaffen, dem 1893 1827 durchweg indische Beamte und Richter angehörten – aber die höheren Stellen waren auch in den Provinzen dem I.C.S. reserviert! Auch gegenüber den vordringenden Spezialisten der technischen Dienste wußte der I.C.S. den Vorrang des allgemein und vor allem charakterlich gebildeten »gentleman« zu behaupten. Im Ergebnis hinterläßt der I.C.S. trotz seiner unbestreitbaren Verdienste daher einen zwiespältigen Eindruck. Auf der einen Seite spielte eine derartige durch Leistungsprüfung rekrutierte Elite eine Pionierrolle – im Mutterland wurde ein solches Beamtenkorps erst nach 1870 und dann nach dem Vorbild des I.C.S. eingeführt[68]. Auf der anderen Seite war das Korps mit seiner geschlossenen Orientierung an der traditionellen Herrenrolle des »gentleman« nicht besonders geeignet, politische Modernisierung und Partizipation Indiens in die Hand zu nehmen. Gerade deswegen kann es als Inbegriff des anglo-indischen Herrschaftssystems schlechthin gelten[69].

Seinen sinnfälligen Ausdruck fand dieses Herrschaftssystem in der Errichtung einer neuen Hauptstadt in Neu-Delhi. Schon immer hatte die alte Kaiserstadt zur symbolischen Selbstdarstellung des Imperiums in »durbars«, einer Art von (vize-)königlichen Hoftagen, gedient (1858, 1877, 1903, 1911). Doch Hauptstadt blieb Calcutta in Reichweite der Flotte. Aber Calcutta wurde ein Brennpunkt des verwestlichten Neu-Indertums, dessen Einfluß man die inzwischen unvermeidlich gewordenen indischen Legislatoren entziehen wollte. So wurde 1912–1931 ein neues Delhi errichtet mit großartigen Prachtstraßen und gigantischen Regierungsgebäuden in gelinde orientalisch angereichertem neo-palladianischem Klassizismus, wie er stets für politische Monumentalarchitektur geschätzt wird. Im Zentrum stand bezeichnenderweise der Palast des Vizekönigs. Zufällig war Gandhi einer der ersten Besucher – ein Symbol dafür, daß der politische Sinn der Bauten bei ihrer Fertigstellung bereits überholt war. Gandhi und Nehru haben sie dann auch heftig kritisiert, was den letzteren aber nicht daran hinderte, mit der Regierung des unabhängigen Indien darin einzuziehen und darin zu bleiben[70].

Die Kosten des Herrschaftssystems waren vom indischen Volk zu tragen, auch jene, die in England anfielen, wie die Pension des ehemaligen Indienoffiziers, jener klassischen Figur des besseren Kriminalromans, der sich mit 50 Jahren und den zwei- bis dreifachen Bezügen seiner britischen Kollegen nach Devonshire in den Ruhestand zurückzog.

Tabelle 1: Herkunft der indischen Staatseinnahmen in Prozent

	1858/59	1870/71	1900/01	1919/20	1939/40	
					Zentrale	Provinzen
Grundsteuer (Land Revenue)	50	40	53	12,5	0,1	30,7
Opiummonopol	17	16	?	3,5	0,4	
Salzmonopol/steuer	7	12	16	4,4	8,6	
Zölle	8	5	10	17,1	41,7	
indirekte Steuer (Excise)	4	6	10	4,2	0,3	13,6
Einkommensteuer	0,3	4	3	13,6	13,2	
Eisenbahn	13 (Eisenbahn und Sonstiges)	18 (Eisenbahn und Sonstiges)	9 (Eisenbahn und Sonstiges)	24,0	27,1	
Sonstiges				20,7	8,6	55,7

(Nach: *CEHI* 2, S. 916, 926; *Tomlinson:* Political Economy, S. 155f.)

Die hohe Bedeutung der Monopole, indirekten Steuern und Zölle kennzeichnet die indische Staatsfinanz als vormodern. Als die 1860–1886 eingeführte Einkommensteuer mit progressivem Tarif endlich zu greifen begann, war die Bedeutung der Zölle infolge der formellen Finanzautonomie, die Indien nach dem Ersten Weltkrieg erhielt, noch weiter gewachsen. Und die Einkommensteuer galt nicht für Landbesitz, denn dieser war bereits besteuert. Seit vorbritischen Zeiten bildete die Besteuerung der Landwirtschaft das Rückgrat des Fiskus. Indien blieb Agrarland, das heißt unter anderem auch, die ländlichen Besitzverhältnisse bestimmen das Gesicht der Gesellschaft. Die Frage nach den Auswirkungen der konservativen Übernahme des vorenglischen Steuersystems, aber kombiniert mit den Prinzipien des europäischen Privateigentums und der liberalen Ökonomie ist wahrscheinlich *die* Grundfrage der indischen Geschichte überhaupt!
Hauptnahrungsmittel sind Getreideprodukte, im Osten und an den Küsten Reis, im Nordwesten und im trockenen Inneren Weizen oder die besonders trockenheitsbeständige Hirse, in einigen Randgebieten sogar Mais. Dazu kommen die Handelspflanzen: Baumwolle im Nordwesten und Westen, Ölfrüchte im Inneren, Zuckerrohr im Norden und Westen, Indigo, solange er nicht von den Produkten der chemischen Industrie Europas verdrängt wurde, im Norden, Jute in Bengalen, Tee in Assam, die fast durchweg, mit Ausnahme des Tees[71], ebenfalls von indischen Bauern erzeugt wurden. Von ihren vor-englischen Herren wurden die Bauern um ein Drittel bis die Hälfte ihres Ernteertrags erleichtert, aber jenes System hatte Sicherheitsventile, die unter britischer Herrschaft geschlossen wurden, mit bedenklichen Folgen. Der Bauer war früher Besitzer, aber nicht Eigentümer des Bodens; er konnte also nicht gezwungen werden, zu verkaufen, um für Schulden aufzukommen. Außerdem war Land noch nicht knapp; ein bedrängter Bauer konnte auf Neuland ausweichen. Daher war nur eine anteilige Besteuerung des Ertrags durchführbar; bei Mißernten ließ der Steuerdruck automatisch nach. Außerdem wurden solche Angelegenheiten von der Dorfgemeinde selbständig geregelt; der Herrscher war nur am Ergebnis interessiert. Jedoch sollte man trotz Gandhi und anderen Ideologen das vorkoloniale Dorf in Indien und anderswo nicht idealisieren. Sowenig wie im frühneuzeitlichen Europa bedeutete hier Autonomie Gleichheit oder Demokratie. In Indien wurde die hergebrachte innerdörfliche Hackordnung durch das Kastensystem sogar noch verschärft.
Die Moghulzeit kannte Steuerpächter, die zugleich Polizei- und Herrschaftsbefugnisse innehaben konnten, ein System, mit dem die East India Company als Herrin Bengalens nicht zurecht kam. Da sie sich aber auch keinen umfangreichen Beamtenapparat leisten wollte, verfiel sie auf eine eigentümliche »Europäisierung« des indischen Systems: durch das »Permanent Settlement« wurden die Steuereintreiber, die »Zamindars«, 1793 zu Grundeigentümern europäischen Rechts erklärt und mit einem gleichbleibenden Grundsteuerbetrag belastet. Man glaubte damals an die ökonomisch und politisch heilsame Rolle des Großgrundbesitzers britischen Zuschnitts. Die Bauern wurden zu Pächtern europäischen Rechts. Doch der geplante Pächterschutz hielt sich in Grenzen und den neuen Großgrundbesitzern fehlten Anreize, um sich wie britische Squires zu verhalten. So wurde das Land zum Spekulationsobjekt und der Pächter zum Objekt von Ausbeutung. Der Staat erhielt zwar regelmäßig seine Steuern – sonst wurde der Zamindar enteignet –, aber keinen Anteil am Ertragszuwachs. Bezog er ursprünglich 90% der Grundrente, so waren es zum Schluß 28% oder weniger[72]. Aus diesem Grund, und weil die inzwischen maßgebenden Utilitaristen nichts vom Großgrundbesitz hielten, wurde in Bombay und Madras im frühen 19. Jahrhundert als Alternative das Ryotwari-System eingeführt: der einzelne Bauer wurde Eigentümer und auf Grund eines Katasters für einen fixen, meist viel zu hoch angesetzten Steuerbetrag haftbar gemacht. Man folgte dabei der auf Adam Smith zurückgehenden Vorstellung, die Grundrente sei allein von

der Bodenqualität und nicht von Produktionskosten und Preisen abhängig und könne daher unbedenklich in gleichbleibender Höhe besteuert werden[73]. Die Folge war, daß der Bauer bei Mißernten in Bedrängnis geriet, weil er als uneingeschränkter Eigentümer des Bodens auch uneingeschränkt haftbar war. Ähnliche Folgen konnte das Mahalwari-System zeitigen, das ab 1822 im Norden eingeführt wurde. Dabei war der Einzelbauer Besitzer, aber das Dorf haftete kollektiv für die Steuer.

Das Ergebnis war eine verschärfte Verschuldung und ein stiller Strukturwandel der ländlichen Gesellschaft, über dessen Ausmaß sich die Forschung allerdings nicht einig ist – kein Wunder bei den Ausmaßen des Subkontinents! Schon früher hatte der Bauer bei besonderen Anlässen und bei Mißernten Kredite beim Geldverleiher aufgenommen, aber bei Insolvenz beschränkte sich dessen Zugriff auf den Ernteertrag, das Land blieb ihm entzogen, außerdem wirkte das schuldnerfreundliche Hindurecht zugunsten des Bauern. Jetzt aber erweiterte sich die Verschuldung durch den häufig auf Kreditbasis betriebenen

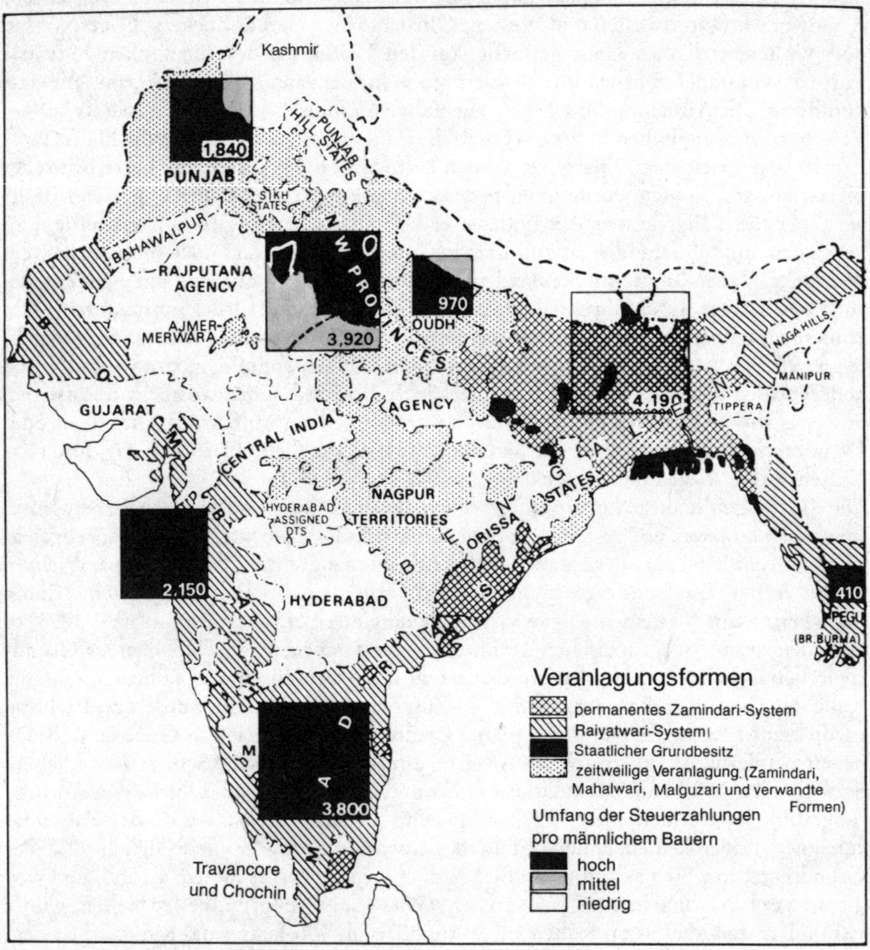

Abb. 4: Besteuerung der indischen Landwirtschaft
(Nach: *D. Kumar:* The Cambridge Economic History of India, Vol. 2: c. 1757–c. 1970, Cambridge 1983, S. 38)

Anbau von Handelsfrüchten, der Bauer haftete mit seinem Land und konnte vor einem Gericht verklagt werden, wo das gläubigerfreundliche englische Recht galt. Verschuldung und hypothekarische Belastung des Grundbesitzes stiegen, ebenso vermutlich die Landverkäufe, obwohl das Interesse des Geldverleihers diesem keineswegs immer die vollständige Übernahme des Landes gebot. Unter den Bedingungen der Landwirtschaft im unberechenbaren Monsunklima konnte eine breite Streuung des Risikos unter viele kleine Bauern gewinnträchtiger sein[74]. Aber im Jahr 1900 wurden im Distrikt Surate nördlich Bombay 85% der Grundsteuer von Geldverleihern bezahlt und zwischen den beiden Kriegen soll kaum ein Drittel der indischen Bauern schuldenfrei gewesen sein[75]. Kritisch wurde die Lage, als in der Weltwirtschaftskrise ab 1929 die Agrarpreise zusammenbrachen, weil die Steuer-, Pacht- und Schuldverpflichtungen der Bauern infolge der seit 1850 steigenden Preise ein sehr viel höheres Einkommensniveau voraussetzten[76].

Man sollte sich freilich nicht unbesehen den Standpunkt britischer Beamter des 19. Jahrhunderts zu eigen machen und *jede* Verschuldung eo ipso für bedenklich halten, so wenig wie deren selbstverständlich übernommene Unterstellung zutrifft, es habe sich stets um Konsumtions- und nicht um Produktivdarlehen gehandelt. Der Agrarkapitalismus, der das platte Land durchdrungen hat, war vielleicht doch nicht so steril, wie behauptet wurde. Sollten sich die von den liberalen britischen Politikern freigesetzten Kräfte des Marktes etwa doch zum Vorteil der Inder ausgewirkt haben, zumindest einiger Inder? Neuere Regionalforschung hat, wie nicht anders zu erwarten, ein höchst differenziertes Bild der indischen Agrargeschichte ergeben, das freilich auch die eine oder andere vorläufige Generalisierung gestattet. Demnach waren die Briten, und mit ihnen frühere Historiker, ziemlich unzulänglich über die Verhältnisse auf dem Dorf informiert, und

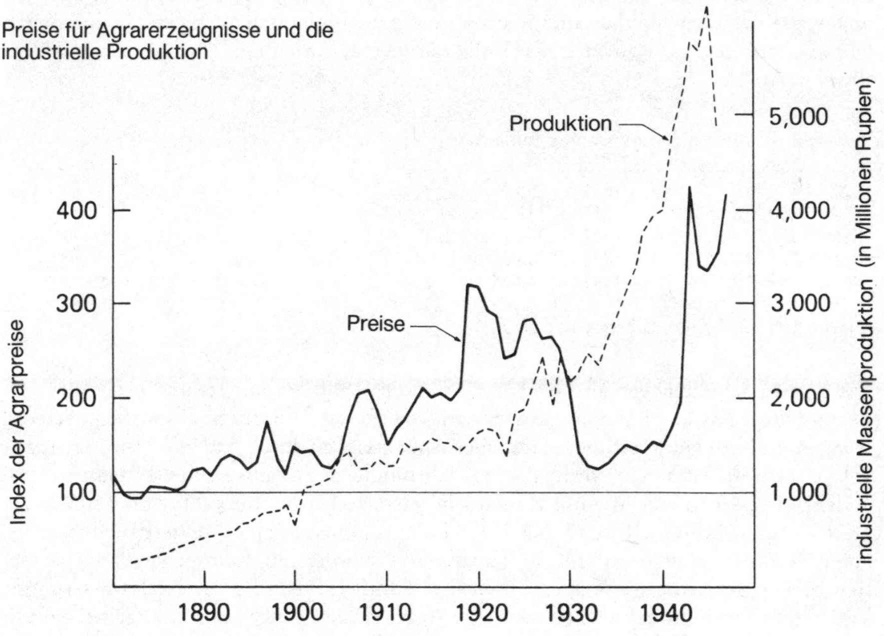

Abb. 5: Agrarpreise und Industrieproduktion in Indien
(Nach: *D. Kumar:* The Cambridge Economic History of India, Vol. 2: c. 1757–c. 1970, Cambridge 1983, S. 898)

ihre Eingriffe haben dieses Dorf weniger verändert, als sie sich (und sei es selbstkritisch) geschmeichelt haben. Und wenn tatsächlich eine neue Schicht wohlhabender Bauern (die »dominant peasants« nach D. A. Low) entstanden ist, die als Anhänger der Congress-Partei den Ton angaben und -geben, dann rekrutierte sich diese Gruppe aus erfolgreichen Angehörigen der etablierten Bauernschaft und weniger aus neuen Leuten. Die Entstehung einer landlosen Arbeiterschaft aus expropriierten Bauern scheint keine generelle und keine neue Erscheinung zu sein, eine ländliche Sozialrevolution mit allgemeiner Proletarisierung der Bauern hat nicht stattgefunden. Kurzum, der indische Bauer hat sich der kapitalistischen Herausforderung besser gewachsen gezeigt, als früher angenommen wurde[77]. Das könnte freilich auch bedeuten, daß kein Strukturwandel der Produktion stattgefunden hat, daß die beobachtete Produktionssteigerung lange Zeit nur durch Ausweitung der Anbaufläche und Einsatz zusätzlicher Arbeit erzielt wurde[78]. Das Kastensystem mag dafür mitverantwortlich sein, vielleicht auch die britische Politik selbst, die dann doch vor den Folgen eines konsequenten Agrarkapitalismus zurückschreckte[79].

Der britische Liberalismus war freilich ernsthaft genug, auch die langfristige Lösung des Problems der Hungersnöte von den Kräften eines freien Lebensmittelmarktes zu erwarten, deren Wirksamkeit man höchstens durch Verbesserung des Verkehrsnetzes (Eisenbahnen) steigern müßte. Es könnte sein, daß auch diese Rechnung aufgegangen ist und die großen Mortalitätskrisen nach 1900 eher auf Seuchen als auf Hunger zurückzuführen sind – Seuchen, die mittels Eisenbahn verbreitet wurden[80]! Umstritten ist allerdings noch, ob der Rückgang der Mortalitätskrisen oder die allgemeine Verminderung der Sterblichkeit infolge besserer Gesundheitsfürsorge, die im 20. Jahrhundert zu greifen beginnt, für die Bevölkerungsexplosion verantwortlich ist. Die Fertilität war zwar dank Frühehe und fehlender Empfängnisverhütung hoch, erreichte aber wegen der Folgen der Kinderehe und wegen des Wiederverheiratungsverbots nicht das biologisch mögliche Maximum. Es gibt aber erst seit 1871 zuverlässige Volkszählungen, vorher sind wir auf Schätzungen angewiesen.

Tabelle 2: Bevölkerungsentwicklung Indiens

1800	120 Mio	1871	255 Mio
1834	130 Mio	1891	282 Mio
1845	130 Mio	1911	303 Mio
1855	175 Mio	1921	306 Mio
1867	194 Mio	1941	389 Mio

(Nach: *Albertini:* Kolonialherrschaft, S. 32)

Die großen Schübe liegen also nach der Mitte des 19. Jahrhunderts und nach 1921[81].

Damit wurde das Land knapp; ein weiteres Sicherheitsventil des traditionellen Systems war geschlossen. Der Gewinn zusätzlicher Anbauflächen durch Bau von Bewässerungsanlagen wurde nach der Mitte des 19. Jahrhunderts zugunsten des Eisenbahnbaus verlangsamt. Doch stieg die mit Kanälen bewässerte Fläche immerhin von 4,3 Mio ha 1878/79 auf 6,2 Mio ha 1896/97. Nach den Hungersnöten der Jahrhundertwende kam es dann zu neuen Initiativen. Im 20. Jahrhundert wurden im Indusgebiet die größten Bewässerungssysteme der Welt errichtet, so daß Indien 1940 20,2 Mio ha Bewässerungsland zählte, ein Fünftel bis ein Viertel der Anbaufläche, freilich nur zur Hälfte mittels Kanälen bewässert[82].

Abwanderung in die Städte wäre ein Ausweg. 1901 lag der Anteil der Bevölkerung von Siedlungen mit mehr als 5000 Einwohnern im Süden, Westen und Nordwesten zwischen

10 und 15 Prozent, um gelegentlich 20 Prozent zu überschreiten, in Zentralindien und im Osten aber zwischen 5 und 10 Prozent oder darunter. Dieses Gebiet hatte zwar ebenso viele oder mehr Städte als der Rest Indiens, aber vor allem im Bereich der großen Ströme war auch die ländliche Siedlungsdichte so hoch wie in westeuropäischen Industrieländern insgesamt. Die indischen Städte waren weitgehend mit den entstehenden Industriezentren identisch und wurden unter diesem Aspekt vom Eisenbahnnetz erschlossen, doch hielt sich die Zuwanderung vom Land zunächst in Grenzen. Sie setzt mit Macht erst nach 1921 ein[83].

Auswanderung war an sich bei Hindus tabuisiert, aber die unteren Kasten besaßen anscheinend doch genug Bewegungsfreiheit, um in akuten Krisensituationen als Kontraktarbeiter in andere Gebiete des britischen Empire auszuwandern. Allerdings hat es stets zahlreiche Rückwanderer gegeben. 1834–1937 sind 30,2 Mio Inder ausgewandert und 24,1 Mio zurückgekehrt, 6,1 Mio sind also in der Fremde geblieben. Zwei Drittel gingen zwischen 1870 und 1937, der Höhepunkt lag zwischen 1891 und 1900. Hauptherkunftsgebiet war der Osten; besonders Madras war ein Auswanderungshafen. 1896–1928 waren die wichtigsten Zielländer Ceylon (mit 519000 Einwanderern), Malaya (387000), Natal (86000), Britisch-Westindien (58000), Fidschi-Inseln (49000), Britisch-Guayana (44000), Ostafrika (39000), Mauritius (17000). Obwohl der Status des Kontraktarbeiters bis zu den Regelungen des 20. Jahrhunderts häufig wenig besser war als jener des Negersklaven, den er manchmal ersetzen mußte, hatte die indische Einwanderung zum Teil doch bemerkenswerte Folgen für die Zielländer. Schon 1961 war die Bevölkerung von Mauritius zu 69%, diejenige von Britisch-Guayana zu 64% und jene der Fidschi-Inseln zu 49% indischer Herkunft[84]. Indiens soziale Probleme wurden dadurch aber so wenig gelöst wie durch die Binnenwanderung. Außerdem führte die Anwerbung von Kontraktarbeitern für die Teeplantagen von Assam auch dort zu Mehrheit-Minderheit-Problemen[85].

Wie aber steht es mit industriellen Arbeitsplätzen? Die Frage der unter britischer Herrschaft ausgebliebenen oder verspäteten Industrialisierung im Zusammenhang mit dem Außenhandel ist schon lange kontrovers, früher zwischen »Nationalists« und »Imperialists«, heute zwischen »Dependenztheoretikern« und »Revisionisten«, wobei die Fronten nicht mehr nach nationaler Herkunft verlaufen. 1876 hat Dadabhai Naoroji die Theorie des »Drain of Wealth« aufgestellt, nach der Indien 1835–1872 für 1288 Mio Pfund exportiert und für 150 Mio Kredite aufgenommen, aber nur für 943 Mio Pfund importiert hat, so daß knapp 500 Mio »abgeflossen« sind[86]. Außerdem hat nach Autoritäten wie dem legendären Wirtschaftshistoriker R. C. Dutt, Karl Marx und Mahatma Gandhi Großbritannien im Interesse der Baumwollindustrie von Lancashire das hochentwickelte indische Textilgewerbe ruiniert und Indien vom Exporteur von Baumwollfertigwaren zum Importeur und zum Exporteur von Rohstoffen, nicht zuletzt Rohbaumwolle »umgedreht«, von »De-Industrialisierung« und »Re-Ruralisierung« ist die Rede. Tatsächlich nahm der Export indischer Textilien nach 1820 ab, um sich zunächst nicht mehr zu erholen, während England 1814 818000 yards Baumwollwaren nach Indien einführte, 1821 19 Mio yards, 1835 51,8 Mio, 1850 314 Mio, 1896 2038 Mio, was damals 39% des britischen Baumwollwarenexports darstellte, der nächstbeste Kunde, ganz Lateinamerika, nahm damals 15,7% ab[87]. Diese Entwicklung wurde durch die Zollpolitik gefördert, wobei sich Handelsinteressen der zeitweise recht einflußreichen Lancashire-Lobby und fiskalische Interessen der Indien-Regierung ins Gehege gerieten, vor allem als diese nach dem Ersten Weltkrieg Zollautonomie erhalten hatte. Während des größeren Teils des 19. Jahrhunderts kosteten englische Baumwollwaren in Indien 5% Einfuhrzoll, Garne 3,5%. Indische Baumwollwaren in England hingegen waren 1812 mit 27,5–71⅔% Zoll belegt, 1824 mit 50–67%, erst 1832 mit nur noch 10–20%, doch als

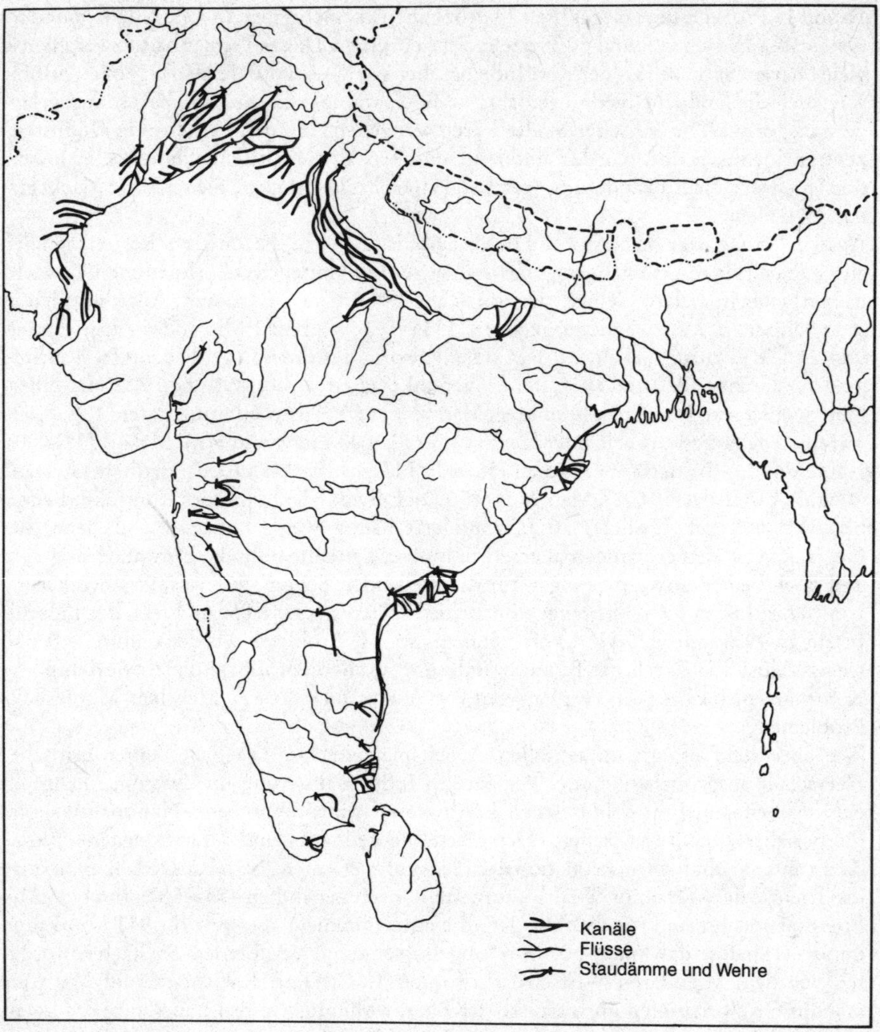

Abb. 6: Bewässerungskanäle in Indien 1901
a) Indien

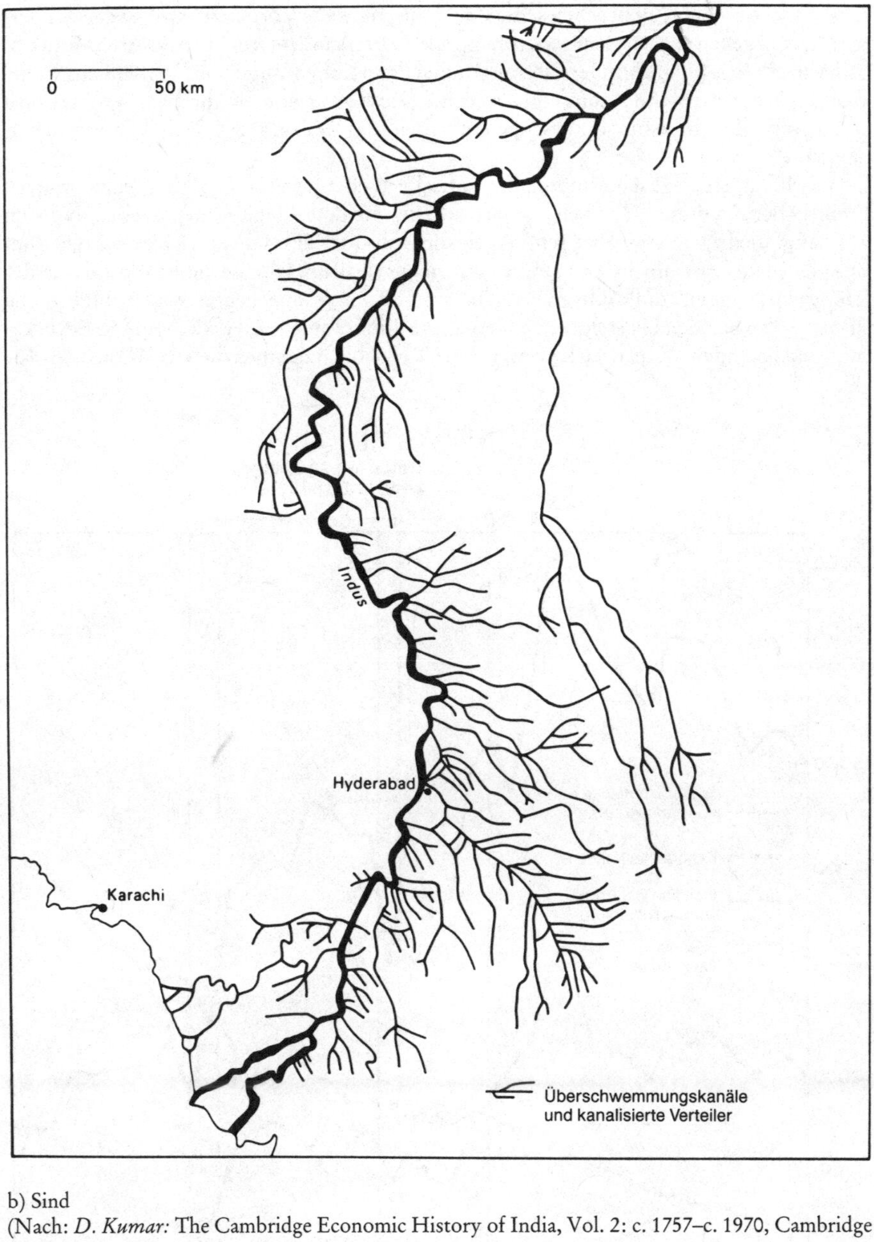

b) Sind
(Nach: *D. Kumar:* The Cambridge Economic History of India, Vol. 2: c. 1757–c. 1970, Cambridge 1983, S. 685, 715)

Freihandel sich Bahn zu brechen schien, war die englische Vorherrschaft bereits etabliert und die Quellen lassen klar erkennen, daß »Freihandel« für Lancashire Monopol bedeutete[88]. Im 20. Jahrhundert konnte Indien dann hohe Importzölle verhängen, wobei aber 15% auf britische Baumwollwaren im Jahre 1930 immer noch ein Vorzugstarif waren, obwohl Lancashire inzwischen nicht mehr das Rückgrat der britischen Wirtschaft darstellte[89].

Dennoch hat der englische Import das indische Webergewerbe zunächst nicht ruiniert. Freilich beruht diese Selbstbehauptung auf der Leidensfähigkeit der Weber und den vorläufig niedrigen Agrarpreisen. Aber die Importe des Jahres 1837 reichten zum Beispiel nicht aus, um jeder Familie nur einen yard im Jahr zu liefern, während der Jahresbedarf einer fünfköpfigen Familie mit 80 yards angegeben wird[90]. Haben die Importe also nur den bei steigendem Pro-Kopf-Einkommen einer wachsenden Bevölkerung entstehenden Mehrbedarf abgeschöpft? Tatsächlich nehmen die »Revisionisten« für

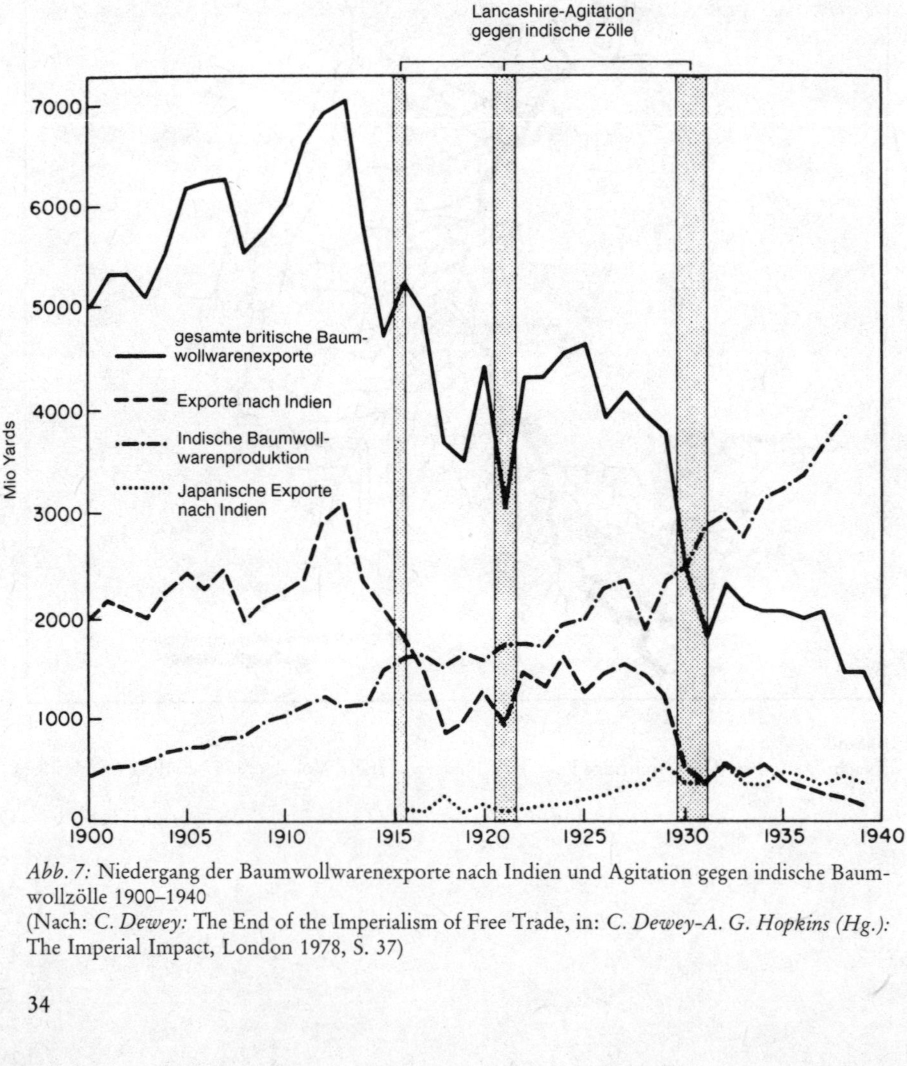

Abb. 7: Niedergang der Baumwollwarenexporte nach Indien und Agitation gegen indische Baumwollzölle 1900–1940
(Nach: *C. Dewey:* The End of the Imperialism of Free Trade, in: *C. Dewey-A. G. Hopkins (Hg.):* The Imperial Impact, London 1978, S. 37)

1860–1920 einen jährlichen Zuwachs des Pro-Kopf-Einkommens von 0,5% an – wie der Ausgangspunkt sehr bescheiden, aber doch etwas anderes als die Katastrophe der »Nationalisten«. Erst nach 1920 hat die Bevölkerungsexplosion dann den Zuwachs an Volkseinkommen aufgezehrt, so daß man mit stagnierendem oder fallendem Pro-Kopf-Einkommen rechnen muß[91]. In diesem Rahmen erst könnte dann der Aufstieg einer eigenen indischen Baumwollindustrie dem traditionellen Webergewerbe den Rest gegeben haben[92].

Immerhin stand diese Baumwollindustrie 1914 bereits an vierter Stelle in der Welt, ihre Spinnereien produzierten dreimal mehr als die japanischen. Viele der 264 Fabriken mit 260 800 Beschäftigten konzentrierten sich in Ahmedabad und vor allem Bombay. Kapital und Unternehmer waren größtenteils indisch[93]. In der bengalischen Juteindustrie hingegen, die eine Art Weltmonopol für Verpackungsstoffe hatte, dominierte in den 64 Fabriken mit 216 000 Arbeitern im Jahre 1914 der schottische Unternehmer; auch 1930 war erst die Hälfte der Aktien in indischer Hand[94]. Kohleabbau wurde zwar schon 1774 eingeleitet, einen Aufschwung nahm die Förderung aber erst mit steigender Nachfrage, insbesondere der Eisenbahn. Mit 16 Mio to 1914 war Indien nach Japan der größte Kohleproduzent Asiens. Obwohl Eisen und Stahl in Indien eine große Tradition hatten, war die moderne industrielle Produktion zunächst gar nicht erfolgreich, denn die Indienregierung bezog ihren Bedarf, insbesondere für den Eisenbahnbau, zum großen Teil aus dem Mutterland. So kam es erst 1907 zum Start der »Tata Iron and Steel Company« in Jamshedpur/Bihar. Die Familie Tata aus Bombay hatte ihr Geld ursprünglich in der Baumwollindustrie gemacht; weiteres Kapital wurde in einer Art nationalem Aufschwung in Indien aufgebracht[95].

Aber die Tata-Werke wären ohne die Kriegskonjunktur nach 1914 gescheitert. Wenn die indische Industrie im 20. Jahrhundert sehr beachtliche Wachstumsraten aufzuweisen hat und mit Importsubstitution erfolgreich war, so verdankt sie dies nicht zuletzt den beiden Weltkriegen. Allerdings fehlten wichtige Zukunftsindustrien, die chemische, elektrische, der Maschinenbau bis 1914 fast ganz; sie haben erst 1937–1947 ein bemerkenswertes Wachstum zu verzeichnen. Insgesamt dürfte das Ausgangsniveau der indischen Wirtschaft zu niedrig gewesen sein, um genug Nachfrage und Überschüsse für einen grundlegenden Wandel hervorzubringen. Hier wäre massive Regierungsintervention nötig gewesen[96], halbherzige und weithin fiskalisch motivierte Zollpolitik genügte nicht.

Doch der von dem Eisenbahn-Fan Dalhousie 1853 initiierte Bahnbau konnte in Indien weniger als anderswo zum Motor der Industrialisierung werden, weil er viel zu sehr an die Interessen des Mutterlandes gekoppelt blieb. Zwar entstand bis 1914 ein Streckennetz von 56 300 km Länge, das größte in Asien, Rußland eingeschlossen. Aber die Initiative kam von außen, getragen von einer Koalition aus Politikern, Strategen, Handels- und Schiffahrtsinteressen, denen an einer Erschließung Indiens von den Häfen aus lag, aus Herstellern von Eisenbahnmaterial, das samt den Schienen fast ausschließlich von England bezogen wurde, und aus Investoren, denn die Eisenbahngesellschaften blieben eine englische Angelegenheit. 1870 gab es 368 indische gegenüber 51 519 englischen Eisenbahnaktionären[97]. Wenn um 1900 ca. 300 Mio Pfund, ein Fünftel der britischen Überseeinvestitionen[98], in Indien angelegt waren, dann steckten 236 Mio Pfund davon in den Eisenbahnen. Da Indien den Aktionären eine Dividende von 5% garantiert hatte, kostete das infolge der defizitären Situation der Bahnen 50 Mio Pfund. Als die Gewinne dann anstiegen, wurden sie ein wichtiger Einnahmetitel des indischen Budgets und standen den Eisenbahnen nicht zu Unterhalt und Ausbau zur Verfügung. Streckenführung, Einkauf des Materials im Mutterland und tarifliche Bevorzugung der Exportgüter haben die indischen Eisenbahnen auf die Interessen der britischen, nicht der indischen

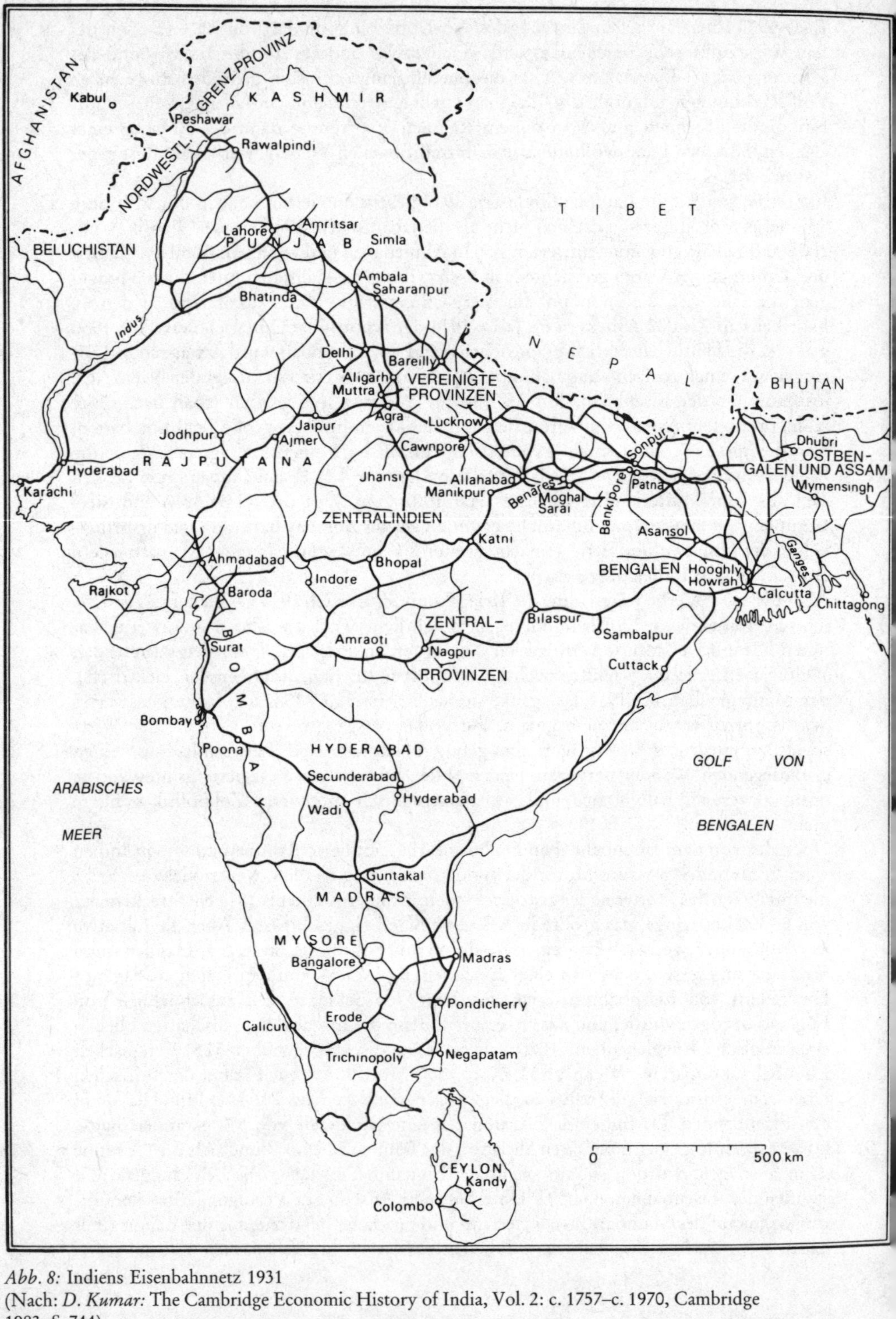

Abb. 8: Indiens Eisenbahnnetz 1931
(Nach: *D. Kumar:* The Cambridge Economic History of India, Vol. 2: c. 1757–c. 1970, Cambridge 1983, S. 744)

Wirtschaft ausgerichtet. Aus dependenztheoretischer Perspektive handelt es sich um Erschließung der Peripherienation für die Metropole und Anbindung an deren Zentrum[99].

Tabelle 3: Anteile der Güter am Wert des indischen Außenhandels

	1811/12	1828/29	1850/51	1870/71	1890/91	1910/11
Exporte						
Rohbaumwolle	4,9	15,0	19,1	35,2	16,5	17,2
Baumwollwaren	33,0	11,0	3,7	2,5	9,5	6,0
Indigo	18,5	27,0	10,9	5,8	3,1	0,2
Rohseide	8,3	10,0				
Opium	23,8	17,0	30,1	19,5	9,2	6,1
Zucker	1,5	4,0	10,0			
Getreide			4,1	8,1	19,5	18,4
Rohjute			1,1	4,7	7,6	7,4
Jutewaren			0,9	0,6	2,5	8,1
Häute			1,8	3,7	4,7	6,2
Samen			1,9	6,4	9,3	12,0
Tee			0,2	2,1	5,5	5,9
Importe						
Baumwollgarn		7,8	9,0	10,1	5,2	2,3
Baumwollstoffe		22,0	31,5	47,0	37,9	31,2
Metalle		16,0	16,8	8,1	8,4	11,2
Maschinen					3,0	3,7
Eisenbahnmaterial				4,4	4,5	4,6
Alkoholika		8,6				
Wollwaren		4,9				
Mineralöle					3,3	2,5

(Nach: *CEHI* 2, S. 842, 844, 857f.)

Von der bereits bekannten Entwicklung einzelner Güter abgesehen, ergibt sich insgesamt in der Tat ein halb-koloniales Gesamtprofil mit Überwiegen der Rohstoffe bei den Exporten, der Fertigwaren bei den Importen. Aber Indien hatte dabei bis zum Schluß eine aktive Handelsbilanz, wenn auch im 20. Jahrhundert infolge der »terms of trade« mit fallender Tendenz. Allerdings ist dabei zu beachten, daß die Handelsbilanz gegenüber Großbritannien in der Regel negativ, gegenüber Drittländern aber positiv ausfiel. Großbritannien kam dadurch in die Lage, seine eigene passive Handelsbilanz gegenüber Drittländern mittels Indien auszugleichen.

Tabelle 4: Indiens Handelsbilanz 1913/14 in 10 Mio Rupien

	Importe aus	Exporte nach	Saldo
Großbritannien	117	58	– 59
übriges Empire	11	36	+ 25
Britisches Empire	128	94	– 34
Rest-Europa	30	85	+ 55
USA	5	22	+ 17
Japan	5	23	+ 18
andere Länder	15	25	+ 10
übriges Ausland	55	155	+ 100
Summe	183	249	+ 66

(Nach: *Albertini:* Kolonialherrschaft, S. 424)

Dazu bezog England direkte Zahlungen aus Indien, die sogenannten »home charges«, die eine steigende Tendenz aufwiesen.

Tabelle 5: Ausgaben der indischen Regierung in England 1913/14 in Mio Pfund

Zinsendienst		11,347
davon: Eisenbahnen	9,000	
Bewässerung u. öffentliche Arbeiten	0,198	
Sonstiges	2,149	
Ausgaben verschiedener Departments		0,174
Militärlasten		4,512
Zivile Lasten und Urlaub		0,698
Pensionen und Renten		2,066
Einkäufe für Indien		1,503
Verschiedenes		0,012
Summe		20,312

(Nach: *Tomlinson:* Political Economy, S. 18)

Die 20 Mio »home charges« des Jahres 1913/14 machten immerhin 24% der Ausgaben der Indien-Regierung aus[100]. Schließlich gab es noch »invisibles«, Transfer von Gewinnen ins Mutterland und Einnahmen aus dem Seefracht- und Versicherungsgeschäft, das fest in britischer Hand blieb. Zusammen konnten diese Leistungen bis zu 50% des Wertes der indischen Exporte ausmachen[101], so daß 1898/99 einem Handelsbilanzüberschuß von 355,6 Mio Rupien ein Zahlungsbilanzdefizit von 396,5 Mio Rupien und ein Enddefizit von 40,9 Mio gegenüberstanden[102].
Besonderes Ärgernis haben die Militärlasten erregt, die ja auch im indischen Budget nocheinmal mit 40–65% der Ausgaben zu Buche schlugen[103]. Das bedeutet aber, die Herrschaft über Indien lohnte sich für England nicht nur durch Kontrolle eines indischen Marktes ohne wirksamen Zollschutz, durch das Monopol der indischen »invisibles«, durch Bau eines Verkehrsnetzes auf indische Kosten, das auf die Häfen ausgerichtet und damit für die britische Kontrolle des Handels geschaffen war, sie lohnte sich auch durch Unterhalt der Hälfte der gesamten britischen Streitkräfte ohne jede Kosten für das Mutterland[104]. Ob ein »drain of wealth« stattgefunden hat, bestimmt sich ja nicht nach dem Abfluß von Waren und Geld, wie man früher gut merkantilistisch gemeint hat, sondern danach, was ein Land dafür erhält. Indien aber hat neben Einheit, Ordnung und westlicher Bildung von Großbritannien viel Nutzloses erhalten und vieles zu überhöhten Preisen[105].
Schließlich hat die neuere Forschung herausgefunden, daß die Briten auch durch ihre Kontrolle der indischen Währung ihren Vorteil gefunden haben. In Indien herrschte Silberstandard, die 1835 eingeführte einheitliche Rupie, auf dem britisch beherrschten Weltmarkt Goldstandard. Als nach 1874 die Silbermenge anwuchs, wurde sie von der indischen Nachfrage angesaugt, mit inflationären Folgen. Indien exportierte jetzt billig, importierte teuer und mußte die »home charges« – in Gold – zu einem ungünstigen Wechselkurs bezahlen: 1876 kosteten 13,5 Mio Pfund 147 Mio Rupien, 1893 15,8 Mio Pfund aber 270 Mio Rupien, während die Grundsteuer nur von 200 auf 250 Mio angestiegen war[106]. So ging es nicht weiter, daher wurde 1898/99 der Goldstandard mit einem vom Londoner Indienminister festzusetzenden Wechselkurs für die Rupie eingeführt, einstweilen 1 sh 4 d. Kriegsbedingte Silberknappheit führt zu einer Aufwertung der Rupie, danach hält London am hohen Wechselkurs fest, der bei der Rückkehr zum Goldstandard 1925 auf 1 sh 6 d festgesetzt wird, gegen wütenden indischen Widerstand,

denn dadurch wurde ein Bonus auf britische, ein Malus auf indische Waren gesetzt. Auch in der Weltwirtschaftskrise blieb London bei diesem Kurs; die Freigabe des Pfundkurses galt nicht für die Rupie. Die angeblich fiskalisch autonome Indienregierung wurde übergangen. Doch da der Goldpreis in Indien so um 20% gestiegen war, strömte nun 1931–1936 bislang privat gehortetes Gold für 3 Mia Rupien nach London ab. Die indische Zahlungsbilanz war gerettet, aber London hatte den Vorteil[107]. Nach dem Ersten Weltkrieg wurde ohnehin die finanzielle Abhängigkeit Indiens von Großbritannien sehr viel wichtiger als die kommerzielle. Krieg und Militärkosten ließen Verschuldung und »home charges« gewaltig anschwellen, dem Abfluß nach England stand aber nicht wie vor 1913 ein höherer Kapitalzufluß aus Großbritannien gegenüber; im Gegenteil, die Wechselkurse ließen jetzt Gewinntransfer nach England lohnender erscheinen. So war diese letzte Phase des Imperialismus vermutlich die sterilste[108]. Im Zweiten Weltkrieg finanzierte Großbritannien den Einsatz der indischen Wirtschaft für den Krieg mit Krediten, so daß Indien schließlich in London 16 Mia Rupien gut hatte. Einen Gläubiger, dessen Konten man verwaltet, entläßt man aber lieber in die Unabhängigkeit als einen Schuldner, von dem man möglicherweise sein Geld nicht mehr bekommt[109]. Wie das fiskalische war auch das kommerzielle Interesse Englands an Indien zurückgegangen; die neuen britischen Industrien hatten wenig Verwendung für das Land, es sei denn, es wäre wirtschaftlich entwickelt gewesen. Genau dies konnte aber ein Herrschaftssystem nicht leisten, das primär auf einen florierenden Handel angewiesen war, um seine Verpflichtungen gegen London erfüllen zu können[110]. So lief die Logik der ökonomischen Entwicklung auf ein unabhängiges Indien hinaus, aber ein Indien, das von dem weitgehenden Verzicht seiner früheren Herren auf Entwicklungspolitik stärker geprägt ist als durch wie immer geartete »Ausbeutung« durch sie[111].

Noch deutlicher ist koloniale politische Ökonomie in den Indien benachbarten Ländern Birma und Ceylon zu beobachten. Weniger die Errichtung einer verhältnismäßig intensiven direkten Verwaltung europäischen Zuschnitts wirkt gesellschaftlich desintegrierend als die Einführung moderner Marktwirtschaft samt den ihr entsprechenden Rechtsverhältnissen, insbesondere die Bindung an den Weltmarkt durch »cash crops«. Birma, wo Reisexport verboten gewesen war, wurde nach der Annexion in den achtziger Jahren rasch zu einem wichtigen Exporteur dieses Getreides. In bisweilen abenteuerlicher Weise wurde durch bäuerliche Siedlung nach den neuen Privatrechtsgrundsätzen Land erschlossen, mit erheblicher Verschuldung nach denselben Grundsätzen als Folge. Zur Auflösung der Dorfgemeinschaft konnte Landverlust oder eine Art Schuldknechtschaft kommen. 1937 gehörte die Hälfte des Ackerlandes im Reisgebiet Unterbirma absenten Landbesitzern, darunter vielen Angehörigen der südindischen Geldverleiherkaste der Chettiars, die nach 1886 ins Land geströmt waren. Als die Reispreise in der Weltwirtschaftskrise fielen, gerieten viele Reisbauern unter die Grenze des Existenzminimums; Unruhen waren die Folge. Die britische Kolonialverwaltung hatte zwar schon 1908 eine Bauernschutzinitiative ergriffen, sich aber auf gesamtindischer Ebene nicht durchsetzen können. Erst die Abkoppelung von Indien 1937 erlaubte einen bescheidenen Erfolg, obwohl sie von englischen Wirtschaftsinteressen getragen war, die sich der Aufsicht Delhis entziehen wollten[112].

Ceylon war einst als Zimtinsel berühmt gewesen, im 19. Jahrhundert trat der Kaffee an diese Stelle. Die traditionellen Dorfgemeinschaften wurden aber davon zunächst kaum berührt, denn die Plantagen lagen im noch nicht gerodeten Bergland, das der »Staat« sich aneignete und an Unternehmer weitergab. Die Dorfbewohner fanden sich auch nicht zur Plantagenarbeit bereit, so daß Tamilen eingeführt wurden (die von den altansässigen

Tamilen Nord-Ceylons zu unterscheiden sind). Als der Kaffee in den achtziger Jahren des 19. Jahrhunderts durch Pilzbefall vernichtet wurde, konnte der rasch eingeführte Tee seine Stelle auf dem Weltmarkt einnehmen. Am System änderte sich nichts. Doch als die Bevölkerung im vernachlässigten traditionellen Sektor zunahm, fehlte dort die Bodenreserve für Neulandrodung, statt dessen hatte man Plantagen. Überbesetzung des Landes und Engpässe waren die Folge, während die Gewinne der Teeplantagen in britischer Hand blieben und oft genug abflossen, die Krisen aber in Gestalt von Arbeitslosigkeit an die Arbeiter weitergegeben wurden[113].

Zweites Kapitel

Niederländisch Indien und die Philippinen

Niederländisch-Indien (der Begriff »Indonesien« ist eine neuere Kreation) war wie Britisch-Indien ursprünglich in der Hand einer privilegierten Aktiengesellschaft, der »Vereinigten Niederländisch-Ostindischen Kompanie« (V.O.C.), die aber nur Java und die Gewürzinseln direkt kontrollierte, anderswo war ein Stützpunktsystem billiger[1]. Als Hort konservativer Kreise wurde sie mit ihrer extremen Verschuldung als Begründung 1799 von den frankophilen »Patrioten« liquidiert, ihr Besitz von der »Batavischen Republik« übernommen und schließlich zusammen mit Holland von Frankreich annektiert. Reformversuche napoleonischen Zuschnitts führten nicht weit, denn 1811–1816 wurden die Inseln von England besetzt. Der britische Gouverneur Thomas Stanford Raffles versuchte nun, auch in Java einer Modernisierung nach den Grundsätzen der Politischen Ökonomie zum Durchbruch zu verhelfen. Das bisherige »Regenten-System«, in dem die javanischen Bauern unter dem harten Regime einheimischer Aristokraten Naturalsteuern plus Zwangslieferungen zu niedrigen Festpreisen erbringen mußten, sollte durch direkte Verwaltung und durch Markt- und Geldwirtschaft ersetzt werden. Würden die Bauern erst einmal Geld verdienen, könnten sie auch englische Textilien kaufen ... Die Einführung einer direkten Grundsteuer auf Bauernland wie in Indien sollte den Impuls geben. Damit wären dem Fiskus seine Einkünfte sicher und die Bauern würden sich unter dem Zwang, die Steuer in Geld entrichten zu müssen, an Verkaufen und Kaufen, an Geld- und Marktwirtschaft gewöhnen. Doch es fehlte an kompetenten Beamten zur Durchführung, zumal die Javaner allzu sehr an die hergebrachten Verhältnisse gewöhnt waren. Außerdem wurden diese im wichtigen Kaffeegebiet von Priangan um Bandung nicht angetastet; sie waren zu vorteilhaft.

Doch obwohl der britische Handel im ehemaligen niederländischen Monopolgebiet Fuß fassen konnte, wurde Indonesien aus europapolitischen Erwägungen den Holländern zurückgegeben. Raffles hatte Bedenken; daher erwarb er vom Sultan von Johore 1819 die Insel Singapore an der Südspitze der Halbinsel Malaya zum Schutz der englischen

Abb. 9: Südostasien
(Nach: *D. J. M. Tate:* The Making of modern South-East Asia, Vol. 2: Economic and Social Change, Oxford 1979, S. XII, XIII und *A. J. Eijkman-F. W. Stapel:* Leerboek der Geschiedenis van Nederlandsch Oost- Indië, Groningen 1922, S. 208)

Handelsinteressen in Indonesien, vor allem aber der ungleich wichtigeren China-Route, zum Verdruß der Regierung in London, aber mit Rückendeckung durch den Generalgouverneur in Calcutta[2]. 1824 wurden die Interessensphären vertraglich bereinigt. Die Niederlande erhielten das britische Bencoolen in Südsumatra und andere Vorteile, wofür sie ihre Besitzungen in Indien und Malaya (Malakka!) aufzugeben und Singapore anzuerkennen hatten. Das heißt die malayische Halbinsel wurde britische, die Inselwelt niederländische Einflußzone, obwohl beide Nationen dort freien Handel treiben durften, womit der Ausschluß dritter Mächte gemeint war, was diese aber möglichst nicht merken sollten[3]. Nur in ihren engeren Besitzungen sollten die Holländer dieselben Schutzzölle erheben dürfen wie die Engländer in Indien, was die Niederländer zusammen mit ihrer Kontrolle über die Inselwelt weiter ausdehnten. Die Engländer nahmen das hin, weil ihnen ein unfreundliches, aber schwaches Holland dort lieber war als ein stärkeres und aggressiveres Frankreich[4]. Sie hatten aber ihrerseits keine Bedenken, den Vertrag auch zu ihren Gunsten zu dehnen und sich an der südlichen Gegenküste der China-Route in Nord-Borneo festzusetzen. James Brooke hatte sich seit 1840 dort im Dienste einheimischer Fürsten etabliert und wurde schließlich selbst Raja von Sarawak[5]. Auf der 1846 erworbenen Insel Labuan am Golf von Brunei errichteten die Engländer eine Marinestation; Glasgower Kaufleute hatten gedrängt, und es hatten sich Franzosen und Amerikaner dort blicken lassen[6]. Niederländische Proteste konnten abgewiesen werden[7].

Nach 1814 befanden sich wie früher nur Java, das dichtbesiedelte Herzland des Archipels, der Süden von Celebes und einige Gewürzinseln im Osten unter direkter niederländischer Herrschaft. Der für die indirekte Kontrolle erforderliche Respekt vor der holländischen Macht war aber infolge der englischen Besetzung erschüttert. Doch wenn die Holländer sich Landesprodukte wie das Zinn von Bangka (vor SE-Sumatra) oder den Kaffee und Pfeffer von Süd-Borneo sichern, ihre gewinnbringenden Opium- und Salzmonopole wieder einführen und die übliche Piraterie unterbinden wollten, mußten sie zu militärischen Maßnahmen greifen. So wurde in den zwanziger Jahren zunächst die Kontrolle über das Sultanat Palembang in SE-Sumatra, über West-Borneo mit seinen in Piraterie engagierten Chinesensiedlungen und über Celebes (wieder)hergestellt. Um die Engländer fernzuhalten, gründete man 1828 sogar einen Stützpunkt in dem vom »niederländischen« Molukkensultanat Tidore beanspruchten West-Neuguinea[8], der aber wegen der hohen Sterblichkeit rasch wieder aufgegeben werden mußte. Der Versuch, Zentralsumatra, insbesondere Menangkabau, unter Kontrolle zu bringen, verlief ebensowenig erfolgreich, und zwar nicht nur wegen des heftigen Widerstandes der islamischen Fundamentalisten, der »Orang Putih« (»weißen Männer« nach ihrer überkorrekten Moslemkleidung). Der Islam war und ist die maßgebende Religion Indonesiens. Nun war aber durch Mekka-Pilger das radikale Gedankengut der arabischen Wahabiten nach Sumatra gelangt und hatte Konflikte mit den einheimischen Fürsten wie den Niederländern ausgelöst. Strengen Moslems war nicht nur das Betelkauen, sondern vor allem das von Holland begünstigte Opiumrauchen ein Greuel[9].

Aber die Entfaltung der niederländischen Kräfte auf Sumatra war vor allem durch den Java-Krieg 1825–1830 behindert, wo ebenfalls eine islamische Erweckungsbewegung eine Rolle spielte. Vom alten Reich Mataram hatten die Holländer im 18. Jahrhundert die beiden Sultanate Jogjakarta und Surakarta in Südjava übrig gelassen, die sich unter Kontrolle eines Residenten einer bescheidenen Unabhängigkeit erfreuten, was aber Eingriffe in die Wirtschaft wie erzwungene Verpachtung von Plantagenland oder ein ziemlich mißbräuchliches Zollpachtsystem nicht ausschloß. Ein frustrierter Thronprätendent von Jogjakarta wurde 1825 im Sinne des hergebrachten und bis ins 20. Jahrhundert weiterlebenden Chiliasmus zum Herrscher und religiösen Erneuerer proklamiert.

Dank geschickter Guerilla-Taktik konnten seine Anhänger beachtliche Erfolge erzielen und die wichtigsten niederländischen Kräfte binden, die freilich weniger im Mutterland als auf anderen Inseln des Archipels rekrutiert wurden. Die Kosten beliefen sich auf die für damals erkleckliche Summe von 20 Mio Gulden. Nach dem niederländischen Sieg wurden aus Gleichgewichtsgründen *beide* Sultanate erheblich verkleinert; die Ungerechtigkeit gegen das loyale Surakarta suchte man durch Entschädigung wettzumachen[10].
Jetzt erfolgte eine weitere Schwächung der Niederlande durch die Trennung von Belgien, das damals das wichtigere Industrierevier war. So wurden die Niederlande 1830 endgültig zum Kleinstaat, der nur mit Verzögerung auf Sumatra zurückkommen konnte, das man als vielversprechenden Rohstoffproduzenten und Absatzmarkt für Textilien ins Auge gefaßt hatte. In den dreißiger Jahren wurden die zentralen Hochländer unterworfen, während man die damals besetzten Positionen an der Nordostküste 1842–1844 mit Rücksicht auf englische Handelsinteressen wieder räumte, nachdem der niederländische Generalgouverneur den ökonomischen Wert jener Gebiete ohnehin geringer einschätzte als die Handelskammer von Penang[11]. Grundsätzlich war den Gouverneuren damals ja nicht-expansive »Enthaltungspolitik« vorgeschrieben, Ausnahmen sollten nur bei vielversprechenden Objekten und Rivalität mit England gemacht werden, in Sumatra, Borneo, Celebes. Aber die ehrgeizigen »men on the spot« begannen seit den vierziger Jahren doch die Unterwerfung des gesamten Archipels ins Auge zu fassen, beobachteten sie doch mit Sorge, daß Brookes Beispiel Schule machte. So führte der Versuch eines anderen britischen Abenteurers, sich in Siak an der Nordostküste Sumatras festzusetzen, 1858 zur Rückkehr der Holländer in diesen Raum[12]. Aber alle derartigen Aktionen zwischen den vierziger und sechziger Jahren mochten zur Unterwerfung der Fürsten und Beruhigung der Verhältnisse, insbesondere der Unterdrückung der Piraten beitragen, direkte europäische Herrschaft war damit in der Regel nicht verbunden, selbst nicht auf dem Java benachbarten Bali, das in den fünfziger Jahren unterworfen wurde. Auch eine 1854–1859 mit Portugal getroffene Vereinbarung, die Portugal den Osten, Holland aber den Westen der Insel Timor nebst dem Rest der kleinen Sunda-Inseln überließ, wurde erst durch ein zweites Abkommen 1904–1916 vollständig realisiert[13].
Doch seit den sechziger Jahren kam es zu folgenreichen Auseinandersetzungen auf Sumatra. Die Handelskammer von Singapore fühlte sich von den Niederländern ausgeschlossen, zu Unrecht, wie sich zeigen sollte, während die Holländer endlich freie Hand gegen das durch den englisch-niederländischen Vertrag von 1824 geschützte Moslem-Sultanat Atjeh an der Nordspitze der Insel haben wollten, das ihren Anstrengungen, die Sicherheit der Schiffahrt in diesen Gewässern zu garantieren, im Wege stand. Die Eröffnung des Suezkanals 1869 mußte eine gewaltige Steigerung des Schiffsverkehrs nach Ostasien bringen. Es lag aber nicht im Interesse Großbritanniens, die anfallenden Ordnungsaufgaben selbst zu übernehmen, und schon gar nicht, sie einer dritten Macht zu überlassen. Daher erhielten die Niederlande 1871 freie Hand auf ganz Sumatra gegen Zulassung britischer Kaufleute in Indonesien zu den für Niederländer geltenden Bedingungen. Zusätzlich wurde der Import indischer Kulis nach Niederländisch-Guayana und die Abtretung der niederländischen Stützpunkte an der Goldküste an England vereinbart[14].
Zum Schutz gegen die Niederländer ließ sich Atjeh auf allerhand Intrigen mit Amerikanern, Franzosen, Italienern und Osmanen ein, die im Welthafen Singapore saßen. Auch wenn die entsprechenden Regierungen zum Teil gar nichts davon wußten, war die Aufregung darob bei den Niederländern so groß, daß der Generalgouverneur 1873 ultimativ die Anerkennung der niederländischen Oberhoheit forderte und die ausweichende Antwort mit der Kriegserklärung quittierte. Der Krieg sollte bis 1908 dauern, denn nach der Niederlage des Sultanats ging die Führung an die islamischen Schriftge-

lehrten, die Ulamas, und die lokalen Häuptlinge über, die den Heiligen Krieg proklamierten und dank dezentralisierter Guerilla-Taktik kaum zu schlagen waren. Die Holländer suchten sie mittels Kontrolle der Küste von äußerer Hilfe, etwa Moslems aus Malaya, abzuschneiden. Dauerhafte Erfolge erzielte aber erst Johannes Benedictus van Heutsz, der 1898 das Kommando erhielt und von dem Islamisten Christiaan Snouk Hurgronje beraten wurde. Dieser hatte in Mekka gelebt, dort die indonesischen Pilger studiert und schließlich 1892 ein wissenschaftlich fundiertes Programm zur Bewältigung des Konflikts entworfen – ein klassischer Fall der vielberufenen »kolonialistischen Wissenschaft«[15]. Der Einsatz einer für den Dschungelkampf ausgebildeten Spezialtruppe, die Beseitigung des Sultanats und die Unterdrückung der Ulamas als der eigentlichen Kriegspartei waren dabei nur die eine Seite. Die andere hieß, den von dieser Kriegspartei zurückgedrängten Aristokraten ihren traditionellen Einfluß wiedergeben sowie das Volk durch ernsthafte Wohlfahrtspolitik und vor allem durch Respektieren des Islam gewinnen. Zu diesem Zweck wurde die Mekka-Pilgerfahrt ermutigt und ein niederländisches Vizekonsulat in Dschiddah eingerichtet.
Diese Maßnahmen griffen freilich nicht sofort. Bezeichnenderweise kam es zum letzten größeren Widerstand, als 1905 der Sieg der Japaner über die Russen bekannt wurde. Die Atjeher haben sogar versucht, mit Japan Kontakt aufzunehmen. Der Krieg in Atjeh gehört zwar wie die indische Meuterei noch zur Reaktion des traditionellen Systems, wie sich an Führung und »Programm« erkennen läßt. Da aber anders als in Indien hier bereits Lehren aus der Entwicklung gezogen und moderne Formen des Widerstands gesucht wurden, und wegen des Aufsehens, das der Krieg in der islamischen Welt erregte, beginnt hier doch die Vorgeschichte der Dekolonisation. Auf der anderen Seite war es keineswegs zufällig gerade van Heutsz, der Sieger von Atjeh, der 1904–1909 als Generalgouverneur zum eigentlichen Eroberer Indonesiens wurde. Die Befürworter der bisherigen Nichteinmischungspolitik bekamen zu hören, nicht nur die niederländische Erfahrung habe gelehrt, daß Kolonialherrschaft eine Tendenz zur weiteren Expansion und Intensivierung in sich trage, weil man sich den Folgen jeweils neu entstehender Verwicklungen nicht einfach entziehen könne[16].

Wie die britische Herrschaft in Indien war die niederländische in Indonesien die einer Minderheit. 1856 gab es 20000 Europäer auf Java, 1905 waren es 80000, denen im niederländischen Machtbereich 560000 Chinesen, 30000 Araber und 37 Mio »Eingeborene« gegenüberstanden, von denen 30 Mio auf Java und Madura, 7 Mio auf den übrigen Inseln lebten. Demgemäß betrug die Bevölkerungsdichte hier 226 E/km², dort 4 E/km², was die ökonomische und politische Gewichtsverteilung evident macht[17]. Die Kolonialhoheit lag nach 1815 zunächst ausschließlich beim Monarchen, erst mit den liberalen Verfassungsreformen von 1848 wurde der Kolonialminister dem König *und* dem Parlament verantwortlich[18]. Faktisch wurde die Kolonialpolitik wie für Britisch-Indien vor allem zwischen Minister und Generalgouverneur abgemacht, wobei dem letzteren infolge der Entfernung und kraft des »Regeerings-Reglement« von 1854 ausschlaggebende Bedeutung zukam. Es stand ihm zwar ein Rat mit fünf Mitgliedern zur Seite, doch war er an dessen Beschlüsse nur bei der Legislative und Fällen von Landesverweisung halbwegs gebunden. Schaltstelle war das zentrale Sekretariat, auch als Verbindungsinstanz zu den verschiedenen Fachbüros unter ihren Direktoren. Eine Reform 1866 ließ von den älteren Büros nur das Finanz- und das Verwaltungsdepartement übrig und schuf ein neues für Erziehung, Kult und Industrie; dazu kamen ein Justizdepartment und andere. Die Direktoren hatten aber keine politische Verantwortung und waren nur ranghöher, nicht aber Vorgesetzte der Provinzchefs, der Residenten, oder, in einigen Außenprovinzen, Gouverneure, die direkt dem Generalgouverneur unterstanden. Der

Resident war ein Allroundbeamter, der in Java für eine Million Menschen verantwortlich sein konnte. Seine Residentur gliederte sich in Abteilungen unter »Assistenten«, weiter in Distrikte unter »Kontrolleuren«, der untersten Europäer-Stellung, die für Kontakte zu den eingeborenen Mitarbeitern verantwortlich waren. Soweit dieser Apparat in den Außenprovinzen überhaupt vorhanden war, hatte er im Gegensatz zu Java häufig nur das weiterfunktionierende einheimische Herrschaftssystem zu überwachen. Hauptaufgabe der Beamten war ursprünglich sowieso nur die Abgabenerhebung, daher die Bezeichnung »controleurs«. Demgemäß handelte es sich häufig um ausgediente Unteroffiziere. Doch seit 1843 gab es eine Ausbildung für Kolonialbeamte in Delft und seit 1863 eine Aufnahmeprüfung in den Dienst. Wer sie bestanden hatte, mußte als »controleurs-aspirant« Erfahrungen sammeln.
Daneben gab es eine parallele Hierarchie einheimischer Notabeln, eine Art Bürokraten-Dienstadel, die »priyayi«, mit besonderen Ausbildungsstätten. Ein vom Generalgouverneur ernannter »Regent« hatte auf der Ebene des Assistenten unter Aufsicht des Residenten die einheimischen Häuptlinge zu überwachen, für die allgemeine Wohlfahrt zu sorgen und in Zivilfällen Recht zu sprechen. Das Finanzwesen war ihm aber entzogen. Auf der Ebene der Distrikte hatten »Wedonos« den Kontrolleuren zuzuarbeiten, Subdistrikte waren Wedono-Assistenten anvertraut[19].
Um die Jahrhundertwende wurde eine Trennung von Verwaltung und Justiz durchgeführt. Für Europäer galt modifiziertes niederländisches Recht, für die Eingeborenen ein erstmals 1873 promulgiertes Strafgesetzbuch, während im Zivilrecht das regional unterschiedliche Gewohnheitsrecht (»adat«) in Geltung bleiben sollte. Nur die Chinesen unterstanden dem europäischen Zivilrecht. Die Gerichte blieben für beide Bevölkerungsteile getrennt, obwohl 1918 ein gemeinsames Strafgesetzbuch für alle Bewohner Indonesiens in Kraft gesetzt wurde. Zusätzlich gab es die einheimische Justiz, die überwacht, und die zivilrechtlichen Entscheidungen der islamischen Schriftgelehrten, die mißtrauisch beobachtet und eher eingeschränkt wurden[20], freilich aus juristischen und nicht aus religiösen Gründen.
Die Mission unter Moslems war bis 1854 verboten, danach nur mit staatlicher Lizenz und Kontrolle zulässig. Doch hat unter dem Einfluß der evangelischen Erweckungsbewegung eine ganze Reihe protestantischer Denominationen beachtliche Aktivität entfaltet. Besonders bemerkenswert ist die 1861 beginnende Tätigkeit der 1828 gegründeten Rheinischen Mission unter den heidnischen Batak Zentralsumatras, weil daraus eine seit 1940 selbständige einheimische lutherische Kirche hervorgegangen ist[21]. Ansonsten wurde nach holländischer Tradition 1817 eine protestantische Staatskirche für Niederländisch-Indien geschaffen, die erst 1935 wieder vom Staat getrennt wurde. Die später auftauchenden Katholiken sollten einem entsprechenden Regime unterworfen werden, was zu beträchtlichen Konflikten führte, die aber beachtliche Missionserfolge auf Timor und Flores nicht verhinderten[22].
Rücksicht auf die religiösen Gefühle der Moslemmehrheit hatte schon zur Politik der V.O.C. gehört, denn Mission drohte die Profite zu gefährden. Diese Orientierung blieb zunächst auch für die neue staatliche Kolonialpolitik maßgebend. Zunächst gedachten die Niederländer Raffles' System beizubehalten, das jedoch nicht oder nur zum Vorteil des englischen Handelskapitals funktionierte. Die Einnahmen blieben unzureichend und spätestens im Java-Krieg wurde die Kolonie zur Belastung für das Mutterland[23]. König Wilhelm I. aber sah es dagegen als seine Aufgabe an, mittels der Kolonie der Wirtschaft des Mutterlandes zum Aufschwung zu verhelfen. Da nun belgische Textilindustrie und niederländischer Schiffsraum zusammengehörten, sollten die niederländischen Schiffe künftig belgische Textilien nach Indonesien bringen und so England aus dem Felde schlagen. Weil Privatinitiative ausblieb, wurde 1824 die »Nederlandse Handel Matschap-

Tafel 5: Sir James Brooke von Sarawak (1803–1868)

Tafel 6: Christiaan Snouk Hurgronje (1857–1936) niederländischer Islamist

Tafel 7: Joannes Benedictus van Heutsz (1851–1924) Generalgouverneur von Niederländisch Indien 1904–1909

Tafel 8: Hong Xiuquan (1814–1864) Gründer der Taiping

pij« (N.H.M.) geschaffen, zu der der König ein Drittel des Grundkapitals von 12 Mio Gulden und die Garantie einer Dividende von 4,5% beisteuerte, woraufhin das Kapital sofort auf 37 Mio aufgestockt werden konnte.

Doch als sich die finanzielle Lage noch weiter verschlimmerte, entschloß sich der König, zu einer Variante des früheren Naturalienmonopolsystems zurückzukehren. Der Urheber des Programms, Graf Van den Bosch, sollte es 1830–1833 als Generalgouverneur in die Tat umsetzen und anschließend als Kolonialminister in Zusammenarbeit mit seinen Nachfolgern weiterentwickeln. Dieses »Kultursystem« (»cultuurstelsel«) übernimmt das seit 1720 praktizierte Preanger-System für Kaffee und kombiniert es mit Raffles' Grundsteuer. Der Eingeborene, der in der Regel über kein Bargeld verfügte, konnte statt einer Steuer von zwei Fünfteln seines Bodenertrags die Verpflichtung wählen, ein Fünftel seines Bodens und seiner Arbeit zugunsten der Regierung auf eine Handelspflanze zu verwenden, Zuckerrohr, Indigo, Tabak im Tiefland, Kaffee, später Tee im Hochland. Mehrleistungen sollten bezahlt werden. Das Ganze lief aber doch auf Zwang hinaus, umsomehr als die Verträge dorfweise abgeschlossen werden mußten. 1831 erhielten die Beamten eine zehnprozentige Gewinnbeteiligung zugesichert, 1832 wurde festgesetzt, wieviel jede Residentur zu produzieren hatte, 1835 wurde ein Resident auf halbes Gehalt gesetzt, weil bei ihm der Indigoanbau mißglückt war. Außerhalb Javas ließ der dort übliche Ladang-Feldbau, ein Brandrodungssystem, der Bevölkerung Fluchtmöglichkeiten offen, die auf Java entfielen. Außerdem wurde das System mit Prügeln und anderen Strafen gegen die Dorfvorsteher durchgesetzt, die von diesen dann weitergegeben wurden. 1862/63, kurz vor Abschaffung der Prügelstrafe, wurden angeblich 474375 Stockschläge ausgeteilt, davon 376206 auf Java – auch ein Gradmesser für wirtschaftliche Bedeutung. 1840 waren auf Java 57% der Bevölkerung und 6% des Landes in Dienst genommen, 1850 46 und 4%[24].

Doch das System war anscheinend trotz seiner Härte nicht nur von Nachteil für Java. Immerhin hat sich die Bevölkerung 1820–1860 verdoppelt[25], angeblich auch infolge der erhöhten Nachfrage nach Arbeit. Zahlreiche neue Arbeitsplätze und das Vordringen der Geldwirtschaft können als modernisierende Folgen des Systems verbucht werden. Und die möglichen Alternativen scheiden weitgehend aus: Experimente mit privatem Kapital waren wenig erfolgreich verlaufen, das vorderindische System freien Landbesitzes hat ebenfalls bedenkliche Folgen gezeitigt, und die autonome und harmonische vor-koloniale Dorfgemeinschaft dürfte ohnehin hier wie dort ein reines Konstrukt von heile-Welt-Ideologen sein[26]. Bedenklich war allerdings der Übergang von Landfläche und Arbeit als Bemessensgrundlage zu hoch angesetzten Mengen von Produkten. Bedenklich war die Abhängigkeit der ländlichen Unterschicht von diesen Arbeitsplätzen, wenn ein Überangebot ihrer Arbeitskraft mit einer Absatzkrise der Produkte zusammenfiel. Dazu kam die Abhängigkeit von Chinesen und Europäern als Mittelsmännern und weiterverarbeitenden Unternehmern im Rahmen des Systems, die sich später fast nahtlos in ein liberales Unternehmersystem überführen ließ. Langfristig arbeitete das System zugunsten der Europäer und nicht der Javaner.

Aus mutterländischer Sicht wurde es sogar zum »Rettungsring der niederländischen Wirtschaft« nach ihrer Schwächung durch die Trennung von Belgien. Die N.H.M. erhielt das Transport- und Vertriebsmonopol gegen 11% Kommission sowie das Exportmonopol nach Indonesien mit Regierungssubventionen und Verlustgarantie bis 12%. Englische Waren wurden mit Zoll belegt, und als die Engländer dasselbe für die niederländischen erzwangen, erhielt die N.H.M. diese Summen heimlich als »Extrakosten« zurückerstattet. Sie konnte 1839 eine Spitzendividende ausschütten, obwohl überschießende Gewinne an die Staatskasse abgeführt werden mußten. Diese erhielt außerdem reichliche Überschüsse der Regierungskasse von Batavia. 1831–1840 bekam

Holland im Jahresdurchschnitt 9,3 Mio Gulden, 1841–1850 14,1 Mio, 1851–1860 26,7 Mio, 1861–1870 22,4 Mio, 1871–1877 noch 9,8 Mio, alles in allem 823 Mio Gulden[27]. Damit wurde die niederländische Staatsschuld saniert, der Aufbau einer eigenen Baumwollindustrie in Twente subventioniert und der Grundstock zum Eisenbahnnetz gelegt. Außerdem ergaben sich Impulse für den Schiffbau und Amsterdam wurde erneut zum wichtigen Handels- und Finanzplatz[28].

Diese Kolonialpolitik war in den Niederlanden umstritten, zunächst aber nur, weil sie dem autokratischen König parlamentsunabhängige Einkünfte bescherte. Unter parlamentarischer Kontrolle waren Extraeinnahmen aber auch den Liberalen recht. Doch sie wollten mehr Bewegungsfreiheit für das Unternehmertum, weiße Plantagenbetriebe anstelle des Kultursystems und dazu Land aus Staatsbesitz oder von den Eingeborenen. Das war aber bei diesem System mit seinen getrennten Rechtssphären kaum möglich. Da kam der kolonialkritische autobiographische Roman »Max Havelaar« von »Multatuli« (E. D. Dekker) zur Beeinflussung der öffentlichen Meinung wie gerufen, dazu verschiedene Korruptionsskandale, so daß sich die Regierung zum Abbau des Kultursystems entschloß. Ab 1862 wurde es für ein Produkt nach dem anderen abgeschafft, zuerst für Gewürze, zuletzt 1917 für Kaffee, der am gewinnbringendsten war. Dazu kam ein Zollabbau, dem die N.H.M. vorsorglich durch Umsteigen ins Bankgeschäft begegnet war, und vor allem eine »liberale« Agrargesetzgebung. Allerdings wurde bei der Einführung des privaten Landeigentums auf den Schutz der Eingeborenen geachtet. Sie durften von ihnen bebautes Land nur für begrenzte Zeit (ab 1918 maximal 21,5 Jahre) verpachten; die Errichtung einer Plantage auf Grund solcher »rotierender« Pachten war genehmigungspflichtig. Unbebautes Land konnte die Verwaltung aber für 75 Jahre in Pacht geben. Doch damit wurden ähnlich wie auf Ceylon Landreserven aufgezehrt und der Aktionsradius des Brandrodungsfeldbaus nach dem Ladangsystem eingeschränkt[29].

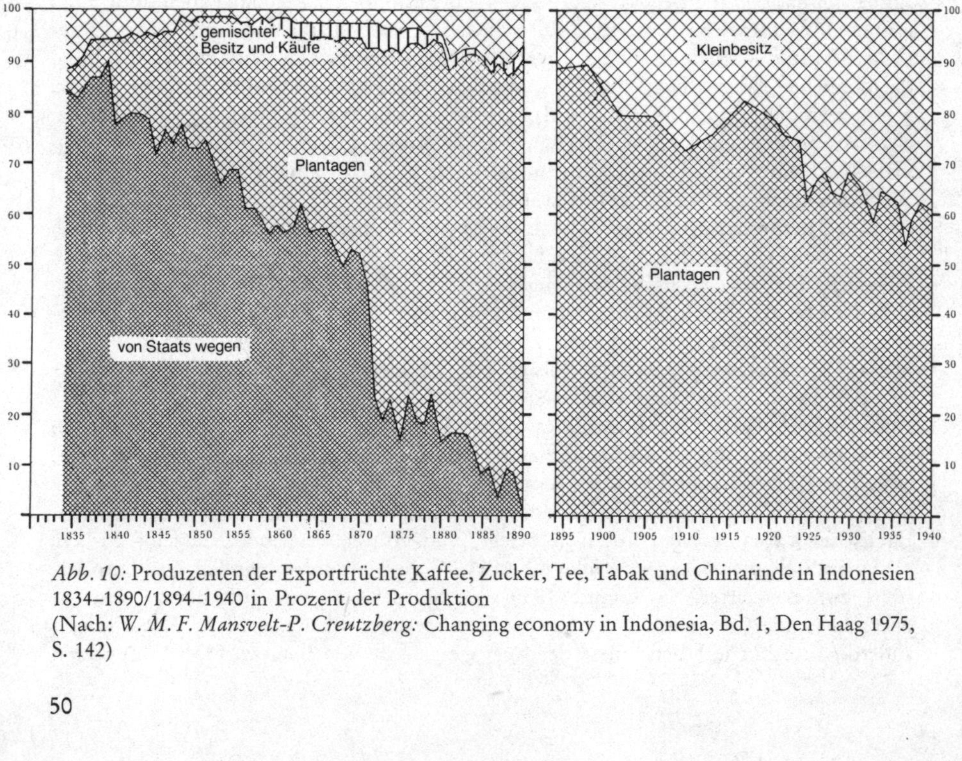

Abb. 10: Produzenten der Exportfrüchte Kaffee, Zucker, Tee, Tabak und Chinarinde in Indonesien 1834–1890/1894–1940 in Prozent der Produktion
(Nach: *W. M. F. Mansvelt-P. Creutzberg:* Changing economy in Indonesia, Bd. 1, Den Haag 1975, S. 142)

Der nun einsetzende Aufschwung der Plantagenwirtschaft zeitigte Arbeitsprobleme. Denn obwohl auf Java theoretisch ein gutes Arbeitsangebot herrschte, wußten manche Unternehmer durch Arrangements mit der Verwaltung oder Dorfhäuptlingen, die statt Steuer oder für das Dorf geschuldete Fron in Zwangsarbeit auf Plantagen umzumünzen. Auf den äußeren Inseln herrschte dagegen Arbeitermangel, dem man durch Import von Javanern und Chinesen abzuhelfen suchte. Da aber besonders die beweglichen Chinesen als Händler und dgl. sehr viel mehr verdienen konnten, wurden die Arbeiter bisweilen wie Gefangene gehalten. Und Bruch des Arbeitsvertrags war bis nach 1940 ein kriminelles Delikt[30]. Jetzt erst kam es zur Entwicklung einzelner Gebiete auf den äußeren Inseln. 1870 trugen sie 13% zum Wert des indonesischen Exports bei, 1900 30% und 1930 über die Hälfte, wobei jetzt neue Produkte wie Kautschuk und Erdöl ihre Rolle spielten[31].
Klar wie selten läßt sich hier die Frage nach der Ausbeutung durch Kolonialherrschaft beantworten, zumindest für die Periode des Kultursystems. Das holländische Parlament hat sich ja noch 1870 ausdrücklich geweigert, die Indonesiengewinne wieder für die Kolonie auszugeben. Statt dessen wurde die niederländische Wirtschaft damit entwikkelt, wobei zu den oben genannten Beträgen noch ca. 40 Mio Gulden für die überhöhten Preise der Textilien aus Twente und mannigfache Multiplikatoreffekte geschlagen werden müssen. Doch 1875 war es mit den Überschüssen zu Ende; die Kolonie benötigte ihr Geld für den Atjeh-Krieg und die mutterländische Staatskasse hatte immer wieder Batavias Defizit auszugleichen. Außerdem ging mit der Liberalisierung der holländische Anteil am indonesischen Außenhandel zurück, er sank 1870–1913 bei den Exporten von 76,6% auf 28,1%, bei den Importen von 40,6% auf 33,3%. Dennoch gab es weiter beträchtlichen Transfer nach Holland. 1925 sollen an Zinsen, Dividenden und Gewinntransfer 414 Mio Gulden aus Indonesien abgeflossen sein, an »Home Charges« und Kosten für Mekkapilger 77 Mio, allerdings davon insgesamt 130 Mio in Drittländer. Die verbleibenden 361 Mio hätten dann 6,7% des damaligen Nationaleinkommens der Niederlande ausgemacht. Nach einer anderen Berechnung waren es 1938 8,4%, mit den Ausgaben der Empfänger dieser Gelder in den Niederlanden 13,7%. Ein beträchtlicher Anteil, doch im Gegensatz zur Zeit des Kultursystems nur noch von begrenzter Bedeutung. Der Verlust der Kolonie brachte nämlich keinen wirtschaftlichen Niedergang Hollands mit sich, im Gegenteil, mit Marshallplanhilfe kam es 1945–1955 zu einem Boom. Der Verlust wurde durch stärkere Industrialisierung ausgeglichen.
Anders sieht die Bilanz für Indonesien aus, trotz der erforderlichen Abstriche an einem reinen Negativbild. Gewiß, die wirtschaftliche Entwicklung brachte Modernisierung und zusätzliche Lebenschancen mit sich. Je länger desto mehr wurden Anläufe zum Schutz der Eingeborenen unternommen. Der reichere Europäer wurde hier auch höher besteuert, während die Eingeborenen nach ihren eigenen Begriffen kaum unterbezahlt waren. Aus Weltmarktperspektive nimmt sich ihr Lohn freilich anders aus. Vor allem aber scheint hier wie anderswo strukturelle Fehlentwicklung das eigentliche Problem geworden zu sein. Die geschilderte sozio-ökonomische Entwicklung hat dem Javaner die Arbeiterrolle fest zugewiesen; wirtschaftliche Eigeninitiative wäre, wenn in Konkurrenz mit Europäern und Chinesen überhaupt möglich, zunächst gar nicht erwünscht gewesen. Dann aber brauchte die »cash crop«-Produktion immer mehr Arbeiter, immer mehr Arbeiter benötigten immer mehr Reis, die expandierende Reisproduktion ermöglichte ein weiteres Bevölkerungswachstum – bis in Krisen die Weltmarktabhängigkeit nach ganz unten durchschlug; bei der erforderlichen Rückkehr zur Subsistenzwirtschaft erwies sich, daß das überfüllte System »Dorf« die Grenzen seiner Belastbarkeit erreicht hatte, ohne daß das Sicherheitsventil Neulandgewinnung geöffnet werden konnte[32].

Auch die Philippinen wurden im 19. Jahrhundert durch »cash crop«-Produktion in den Weltmarkt eingefügt, freilich in weniger organisierter Form als Indonesien. Auch sie sind wie Indonesien bereits als Begriff ein Kunstprodukt, benannt nach König Philipp II. von Spanien, unter dem sie besetzt wurden, nicht um ihrer selbst willen, sondern als Hintertür zu den Gewürzinseln. Daraus wurde aber rasch die Hintertür des Silberlandes Mexiko zum silberdurstigen China, deren Handel von den einmal im Jahr zwischen Manila und Acapulco verkehrenden Monopol-Schiffen abgewickelt wurde. Die Philippinen waren eine Subkolonie Mexikos und nicht eigentlich eine spanische Kolonie. Dennoch wurden sie hispanisiert, nach oder neben der militärischen Unterwerfung vor allem von Missionaren, wobei die Kirche zum großen Landbesitzer wurde. Allerdings konnten bis zum 19. Jahrhundert weder Nord-Luzon, noch Mindanao, der Sulu-Archipel und Palawan endgültig in den spanischen Machtbereich einbezogen werden. Hier im Süden dominierte der Islam, der kurz vor den Europäern diesen Raum erreicht hatte. Sein Zentrum war das Sultanat von Jolo auf den Sulu-Inseln, das von den Spaniern 1578–1876 mindestens sechzehnmal angegriffen und dreimal eingenommen wurde, aber erst beim letzten Mal auf Dauer. Mittels eines in England gekauften Dampf-Kanonenboots und moderner Feldartillerie gelang es, bis Ende des 19. Jahrhunderts wenigstens die Küsten zu kontrollieren, während im Inneren weiter gekämpft wurde[33].
Inzwischen hatten sich auch die wirtschaftlichen Grundlagen verändert. Der Mexikohandel rentierte sich bereits im 18. Jahrhundert nicht mehr richtig, aber es bedurfte der Erschütterung durch die englische Besetzung Manilas im Siebenjährigen Krieg 1762–1764, damit Reformversuche der spanischen Bourbonen zum Zug kommen konnten. 1785 wurden die Philippinen ökonomisch teilweise von Mexiko abgekoppelt; eine *spanische* Philippinen-Kompanie wurde gegründet, die direkt um das Kap der Guten Hoffnung mit den Inseln verkehren sollte, was bisher nicht möglich war. Dazu kam landwirtschaftliche Entwicklungspolitik der Gouverneure aus dem Geist des aufgeklärten Absolutismus. Neben Gewürzen sollten Seide, Indigo, Manila-Hanf, Zucker und Tabak für den Weltmarkt produziert werden. Doch nur das ähnlich wie das spätere niederländische Kultursystem betriebene Tabak-Monopol wurde ein Erfolg. Die neue Monopol-Kompanie konzentrierte sich doch auf den Handel China–Amerika und wurde 1834 aufgelöst. Damals wurde nämlich infolge der Unabhängigkeit Amerikas, die die Rest-Bindung an Mexiko gelöst hatte, das Monopolsystem beseitigt und mit Erklärung Manilas zum Freihafen eine Liberalisierung des Handels begonnen. Die Folge war ein Exportboom, der einen Entwicklungsimpuls für die »cash crop«-Produktion mit sich brachte. 1839–1870 wuchs der Wert der philippinischen Exporte um das Vierundvierzigfache. Aber das Geschäft geriet stark in die Hände nicht-spanischer Firmen, die nicht nur als Händler, sondern auch als Kreditgeber für Kleinbauern eine wachsende Kontrolle über die Wirtschaft ausübten. Neben Engländern, Amerikanern und anderen Weißen spielten dabei die Chinesen eine beträchtliche Rolle. 1879 glichen die Philippinen einer »anglo-chinesischen Kolonie unter spanischer Flagge«[34], wobei der spanische Staat aber durchaus auf seine Kosten kam und erstmals Infrastrukturmaßnahmen wie die Verbesserung der Verkehrswege der Inseln in Angriff nehmen konnte. Spanische Unternehmer errichteten mit ausländischen Krediten Zuckerplantagen. Daneben wurden chinesisch-philippinische Mischlinge und die hispanisierte einheimische Aristokratie wichtige Elemente der neuen Großgrundbesitzergruppe, neben der Kirche wohlgemerkt. Soweit es sich nicht um quasi-industrielle Plantagenproduktion handelte, scheint das Pachtsystem vorgeherrscht zu haben, wobei im Zeichen der Geldwirtschaft die Verschuldung des Pächters beim Großgrundbesitzer durch Vorschüsse, für Überlassung von Produktionsmitteln und dgl. eine zentrale Rolle spielte[35]. Im Gegensatz zu großen Teilen des britischen und niederländischen Indien findet die »cash crop«-Produktion für den

Weltmarkt auf den Philippinen in der Organisationsform des Großgrundbesitzes statt, der stark an lateinamerikanische Verhältnisse erinnert. Die Filipinos wurden ja unter der jahrhundertelangen Herrschaft Spaniens vor allem durch die Kirche in einem Ausmaß christianisiert und hispanisiert, das ebenfalls eher eine Parallele in Lateinamerika hat, während die Akkulturationserfolge des Westens, falls er überhaupt auf solche ausging, in Vorderindien und Indonesien, erst recht aber in China und Japan sehr viel bescheidener ausfallen oder einen ganz anderen Charakter haben. Zumindest haben sich Hinduismus, Islam und die ostasiatischen Weltanschauungssysteme als sehr viel widerstandsfähiger gegen westliche Einflüsse erwiesen.

Drittes Kapitel

Australien, Neuseeland und der Pazifik

An der Ostküste Australiens war 1788 die Sträflingskolonie New South Wales gegründet worden[1], mit dem nach dem Innenminister Sydney benannten Hafen als Mittelpunkt. Der Name »Australien« für den Kontinent, den sein Umsegler Mathew Flinders Anfang des 19. Jahrhunderts vorgeschlagen hatte, bürgerte sich nur langsam ein[2]. Da eine reine Sträflingskolonie nicht lebensfähig war, wurden bald freie Siedler und ein gewinnbringender Handel zugelassen, dazu kam 1805 die Wollschafzucht[3]. 1810 gab es fünf Siedlungen in New South Wales sowie zwei weitere in Van-Diemens-Land/Tasmanien mit 11942 Einwohnern, davon 1701 Sträflinge. Sydney begann städtischen Charakter anzunehmen. Doch die neureichen respektablen Bürger der Kolonie wehrten sich gegen die soziale Integration von Ex-Sträflingen, wie sie Gouverneur Lachlan Macquarie (1809–1821) förderte[4]. Da der Gouverneur als eine Art Gefängnisdirektor im Gegensatz zu anderen weißen Kolonien Englands fast unumschränkte Vollmachten besaß, reklamierten sie ihre Rechte als britische Untertanen, besonders »trial by jury« und Mitwirkung an der Gesetzgebung. Tatsächlich wurde nach einer Untersuchung 1823 ein Legislative Council aus fünf bis sieben ernannten Mitgliedern eingerichtet. Doch die Gesetzesinitiative blieb beim Gouverneur, die Krone konnte australische Gesetze binnen Dreijahresfrist aufheben und die erste Jury bestand aus Offizieren. Dieses britische Gesetz gilt zu Recht als der Übergang Australiens vom Gefängnis zur Kolonie. 1828 wurde es wiederholt und auf das 1825 zur selbständigen Kolonie erhobene Tasmanien ausgedehnt. Die Legislativräte umfaßten nun bis zu 15 ernannte Honoratioren[5].

Die Furcht vor den Franzosen, die sich ja an der Erforschung der australischen Küsten beteiligt hatten, veranlaßte britische Politiker, nach verschiedenen wenig lebensfähigen Stützpunkten schließlich 1829 im Bund mit Asienhandelsinteressen aus London und Sydney am Swan River in Westaustralien beim heutigen Perth eine neue Kolonie, und zwar ohne Sträflinge, zu schaffen. Doch der Arbeitskräftemangel brachte die Siedler selbst dazu, im Jahre 1846 die Krone um Sträflinge zu bitten. Dennoch blieb West-Australien noch lange die schwächste Kolonie auf dem Kontinent[6].

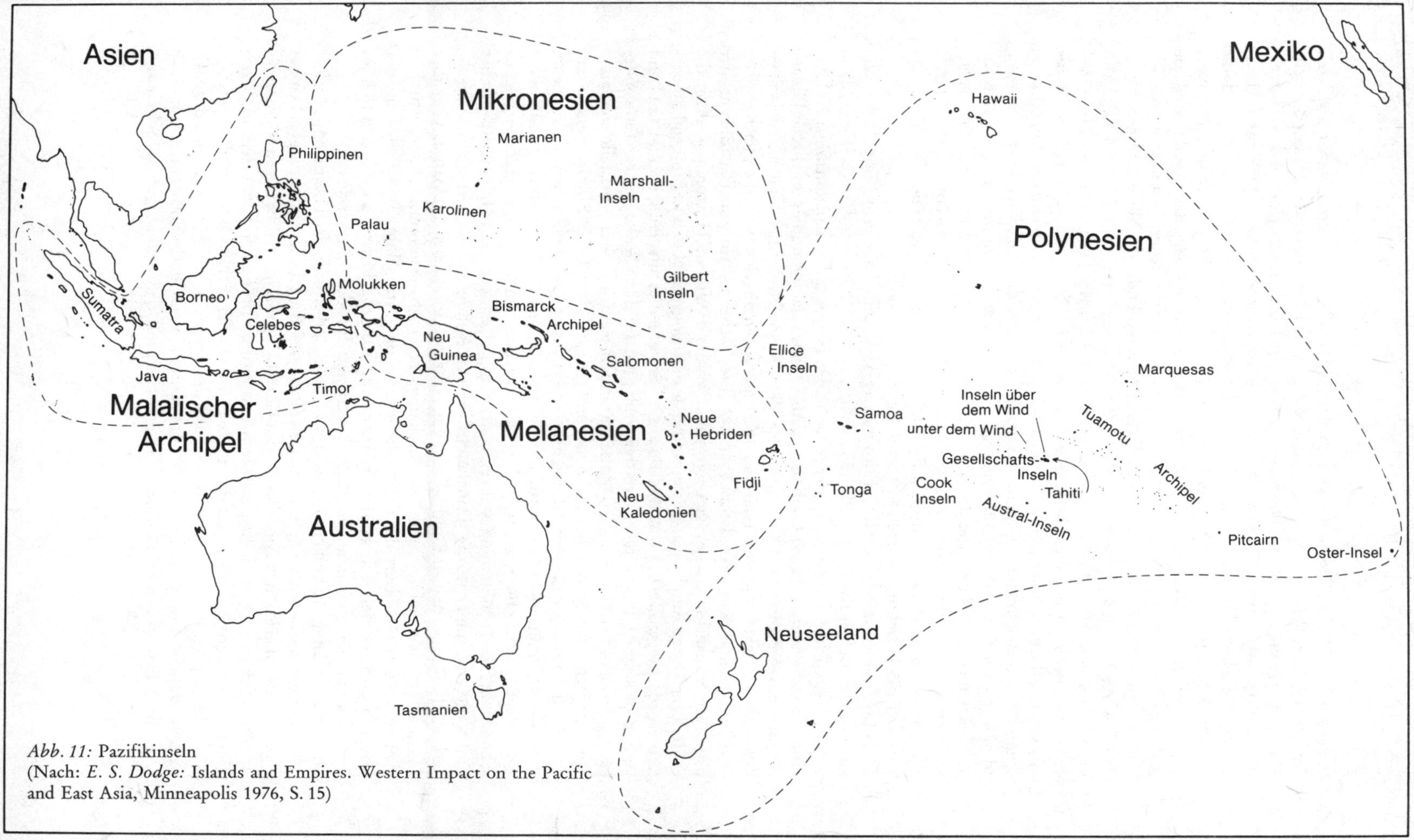

Abb. 11: Pazifikinseln
(Nach: *E. S. Dodge:* Islands and Empires. Western Impact on the Pacific and East Asia, Minneapolis 1976, S. 15)

In New South Wales gehörte die wirtschaftliche Macht schon in den zwanziger Jahren den großen Landbesitzern und Kaufleuten, die in den Dreißigern auch die politische Macht dazugewinnen sollten[7]. Die bisher großzügige Landzuteilung durch den Gouverneur wurde eingeschränkt, statt Ex-Sträflingen, den »emancipists«, wollte man kapitalkräftige Neueinwanderer ermutigen. Die Sträflinge selbst sollten aus den Städten entfernt und den Siedlern im Innern zugeteilt werden. Unverbesserliche wurden in einer neuen Strafkolonie in der Moreton Bay beim heutigen Brisbane konzentriert – das sind die Anfänge der Kolonie Queensland[8]. Das große Geschäft jener Jahrzehnte war die Schafwollproduktion für die unersättliche englische Wollindustrie, die um 1805 105 Mio Pfund Wolle im Jahr verbrauchte, 1845–1849 209,5 Mio Pfund und 1860–1864 312,2 Mio Pfund. Davon mußten 1805 31% importiert werden, 1845–1849 43% und 1860–1864 49%. 1850 lieferte Australien die Hälfte dieses Bedarfs[9]. Das benötigte Land fanden die »squatters«, die mehr oder weniger großen Schafzüchter, jenseits der »Blauen Berge«, die schon 1813 überschritten wurden. Versuche Londons, diese Expansion im Interesse administrativer Kontrolle zu bremsen, erwiesen sich als undurchführbar. Als die Bewohner Tasmaniens das Weideland ihrer Insel erschlossen hatten, setzten sie auf die Gegenküste über und schufen an der Port Phillip Bay eine Ansiedlung, die Anfänge des Staates Victoria. 1828 hatte New South Wales 36598 Einwohner, Tasmanien 20265, davon waren 17986 beziehungsweise 7449 Sträflinge[10].

1832–1842 kamen dazu 70000 freie Einwanderer, vier Fünftel davon mit einer Unterstützung der britischen Regierung. Bis 1850 sollten es 200000 Einwanderer werden[11]. 1836 wurde zusätzlich Süd-Australien gegründet, wobei Propagandisten planmäßiger Kolonisation, insbesondere Edward Gibbon Wakefield, Spekulanten und evangelische Philanthropen zusammenwirkten. Die »Schule« der »Kolonialreformer« hat aus derselben liberalen Wirtschaftstheorie etwas andere Folgerungen abgeleitet als die gleichzeitigen »Freihandelsimperialisten«, damit aber auf ihre Weise ebenso zur Fortführung der britischen Expansion beigetragen wie jene. Während Wilmot Horton vor allem die englischen Armen durch staatsgestützte Auswanderungsprojekte nutzbringend zu entfernen gedachte, wollte E. G. Wakefield ausgewählte Siedler mit genug Kapital, um Land kaufen zu können, das verteuert werden sollte, um auf diese Weise weitere Einwanderung zu finanzieren und so das Arbeitskräfteproblem zu lösen. Anstelle des alten aristokratisch-korrupten sollte ein neues integres »Middle Class-Empire« entstehen, wozu auch koloniale Selbstverwaltung gehörte. So wurde Wakefield zu einem Propheten des *weißen* Commonwealth[12]. In Südaustralien plante man ein Bauernland und außerdem eine Zufluchtsstätte für Dissenters. Im übrigen Australien dominierte ja die anglikanische Kirche, die 1836 in Sydney ihren ersten Bischof erhielt, der 1847 Erzbischof über fünf weitere Bistümer wurde. Daneben gab es von Anfang an eine beträchtliche irisch-katholische Minderheit, die infolge der englischen Katholikenemanzipation 1829 ihre eigene Hierarchie gleichzeitig mit der anglikanischen aufbauen konnte[13]. Süd-Australien aber wurde eine Hochburg des Freikirchentums. Zur Enttäuschung Wakefields und der Philanthropen setzten sich zwar Schafzucht und Landspekulation auch hier durch, es hielt sich aber daneben eine bäuerliche Lebensmittelproduktionswirtschaft[14].

Diese Entwicklung Australiens mußte unweigerlich auf Kosten der Ureinwohner erfolgen, auch wenn es Ansätze zu einer wohlwollenderen Eingeborenenpolitik gegeben hat als seinerzeit im britischen Amerika. Als im Jahre 1838 im Zuge des ständigen Kleinkriegs im Busch Schwarze von Weißen willkürlich ermordet worden waren, wurden sieben der Täter zu ihrer großen Überraschung trotz Protesten der weißen Bevölkerung gehängt. Aber dergleichen änderte nichts daran, daß die Ureinwohner zunächst einmal quasi-naturgesetzlich zum Untergang bestimmt waren, wie Charles Darwin schon 1839 feststellte[15]. Erstens war die kulturelle Differenz so groß, daß auch Missionare Schwierigkeiten mit der Kommunikation hatten. Zweitens benötigten die Weißen immer mehr Land, das sie nur den Schwarzen wegnehmen konnten. Diese wehrten sich mit ihren unzulänglichen Mitteln, überfielen Siedlungen, stahlen Schafe oder zündeten den Busch an. Dafür wurden sie vergiftet, totgeprügelt oder erschossen. Außerdem übten Infektionskrankheiten und Alkohol ihre verheerende Wirkung, vor allem aber nahm ihnen die Ausbreitung der Weißen Lebensraum und Nahrung. Was sollte in Tasmanien geschehen, wo kein Ausweichen möglich war, nachdem das Wild katastrophal dezimiert war? Von etlichen tausend Tasmaniern lebten 1830 noch 300, 1876 soll der letzte gestorben sein[16]. Auf dem Festland wurden 1981 144665 »aborigenes« gezählt; ihre Zahl nimmt zu. 1976 hat man ihnen Reservationen von der Ausdehnung Großbritanniens zugewiesen, die allerdings durch Uranvorkommen gefährdet sind. Die 15 Mio weißen Australier legen Wert auf die Feststellung, daß es sich um ein sozio-kulturelles und nicht etwa um ein Rassenproblem handle. Eine Apartheid gibt es bei ihnen nicht – das ist angesichts der Zahlenverhältnisse auch nicht nötig[17].

Rassismus als Defensivmechanismus für die soziale Position weißer Herrenmenschen einerseits, weißer Arbeiter andererseits fehlt aber keineswegs. Als 1843 verschiedene Schafzüchter den Arbeitskräftemangel durch Einfuhr von Schäfern aus Indien und von den pazifischen Inseln beheben wollten, erhob sich ein solcher Sturm der Entrüstung, daß sie reumütig zur Sträflingsarbeit zurückkehrten. Der Verwaltungschef des Londoner Kolonialamts schrieb damals, man müsse den in Amerika begangenen Fehler vermeiden, wo man das Land mit Negern bevölkert habe, und darauf achten, daß keine Rassenmischung den edlen weißen Stamm verderben könne[18]. Auch wenn dieser »edle Stamm« sich aus Sträflingen rekrutierte und daher bei den moralischen Engländern als»Sumpf von Verworfenheit« galt, übrigens wahrscheinlich nicht einmal zu Recht[19]. Doch nach den entsprechenden Untersuchungsergebnissen wurde die Deportation nach New South Wales 1840 eingestellt; für Süd-Australien war sie von Anfang an verboten. Aber in den kritischen vierziger Jahren benötigte Großbritannien mehr denn je eine Strafkolonie; Tasmanien war zu klein. Doch obwohl die im Legislativrat einflußreichen großen Landbesitzer die Wiederaufnahme der Deportationen wenigstens in den Norddistrikt von New South Wales, das spätere Queensland, gerne gesehen hätten, setzte sich die öffentliche Meinung durch. 1852 wurde das System auch in Tasmanien und damit für alle östlichen Kolonien abgeschafft, nur in West-Australien existierte es noch bis 1868, als es für das Mutterland unrentabel geworden war. Insgesamt mögen 160000 Personen nach Australien deportiert worden sein. Doch da eine beträchtliche Zahl nach Strafverbüßung wieder nach England zurückkehrte und man überdies mit einer geringen Nachkommenschaft der Sträflinge rechnen muß, haben diese nur eine Minderheit der Australier ausgemacht[20]. 1850 zählte New South Wales 265503 Einwohner, Van-Diemens-Land/Tasmanien 70130, Süd-Australien 63700 und West-Australien nur 4600[21].

Die Abhängigkeit von Entscheidungen des Mutterlandes in der Sträflingsfrage verstärkte vor allem in New South Wales den Ruf nach Selbstregierung. Man hätte gerne selbst Gesetze über Landbesitz, Einwanderung und Zölle erlassen und sie durch parlamentarisch verantwortliche Minister durchgeführt – ein System, das sich strenggenommen auch im Mutterland eben erst ganz durchgesetzt hatte! Das Gesetz von 1842, nach dem in New South Wales 24 von den jetzt 36 Mitgliedern des Legislative Council von Wählern mit hohem Zensus gewählt wurden, während es in Tasmanien und Süd-Australien bei ernannten Councils blieb, überließ die genannten Gegenstände weiter dem Mutterland und die Exekutive dem Gouverneur. 1844 forderte der Legislativrat von New South Wales Ministerverantwortlichkeit nach Vorbild Kanadas – obwohl sie dort noch gar nicht offiziell bestand. Erst Earl Grey als Kolonialminister des liberalen Kabinetts Russell (1846–1852) hat sie akzeptiert, während er die australischen Kolonien für noch nicht hinreichend entwickelt hielt. Außerdem machte er sich ebenso wie der damalige Permanent Under-Secretary James Stephen nach der Lektüre von Tocquevilles »De la démocratie en Amérique« Gedanken darüber, wie sich Mehrheitstyrannei in einem Land ohne Aristokratie vermeiden lasse[22]. Ferner gedachte er dem Selbständigkeitsdrang des späteren Victoria Rechnung zu tragen – Melbourne ist 1000 km von Sydney entfernt, aber als Korrektiv sollte eine gemeinsame Versammlung aller Kolonien mit Gesetzgebungsbefugnis entstehen, zum Beispiel für die zu bauenden Eisenbahnen. Doch die bereits kräftig entwickelten Regionalinteressen lehnten diese Pläne ab, später wurden tatsächlich Eisenbahnen mit unterschiedlicher Spurweite gebaut. 1850 brachte Grey die »Australian Colonies Government Act« durch, die Victoria als selbständige Kolonie von New South Wales abtrennte und die Abtrennung von Queensland vorsah, die 1859 stattfand. Die vier östlichen Kolonien erhielten Verfassungen nach dem Muster von 1842, West-Australien würde später um eine solche nachsuchen dürfen, was 1870 geschah. Die Legislativräte durften nicht nur ihre eigene Größe und das Wahlrecht für zwei Drittel der Mitglieder festsetzen, sondern vorbehaltlich der Zustimmung Londons sogar neue Verfassungen entwerfen und darin eine Zwei-Kammer-Legislative vorsehen. Die kolonialen Oligarchien waren aber enttäuscht, weil sich England immer noch umfassende Kompetenzen in der Landpolitik und im Finanzwesen vorbehalten hatte. Darum, und nicht etwa um die ebenfalls fehlende Ministerverantwortlichkeit ging der Kampf in den nächsten Jahren. Umgehend wurden neue Verfassungen entworfen, die zur Sicherung der etablierten oligarchischen Herrschaft gegen die demokratischen Tendenzen des Zeitalters jeweils ein ernanntes Oberhaus (»Legislative Council«) neben einem gewählten Unterhaus (»Assembly«) vorsahen, aber bewußt auf die Ministerverantwortlichkeit verzichteten. Diese wurde aber von London gewünscht, um nach kanadischen Erfahrungen späteren australischen Wünschen zuvorzukommen. Die neuen Verfassungen, die endlich auch die Gesetzgebung über das Bodenrecht den Kolonien übertrugen, wurden entsprechend abgeändert und durch englische Gesetze in Kraft gesetzt, für New South Wales und Victoria 1855, für Tasmania, wie die Kolonie jetzt definitiv hieß, 1856, für Queensland mit dessen Verselbständigung 1859, für Western Australia aber erst 1890. Die London vorbehaltenen Rechte wurden diskret behandelt, was theoretisch deren unbegrenzten Umfang bedeuten konnte, faktisch aber ihren weiteren Abbau erleichtert hat[23].

Wichtige Triebkraft für die äußere Verselbständigung und die innere Demokratisierung Australiens war eine gewaltige Bevölkerungsvermehrung von 405 000 auf 1 146 000 in nur zehn Jahren (1851–1861). Grund waren die Goldfunde seit 1851 in New South Wales und Victoria, später auch in Queensland und West-Australien. 1858 befanden sich 155 000 Goldgräber in den Minen. 1852–1870 war Gold der wichtigste Ausfuhrartikel des Landes. Der Boom saugte Einwanderer an und löste Multiplikatoreffekte in Landwirtschaft und verarbeitender Industrie aus, freilich vor den siebziger Jahren noch keine massiven britischen Investitionen, so daß auch der 1854 beginnende Eisenbahnbau auf lokale Linien beschränkt blieb. Hingegen entwickelte sich die Schiffahrt, was dann der Wolle und später dem Weizen zugute kommen sollte. Seit 1850 hatten die Kolonien eine eingeschränkte Zollhoheit, auch gegenüber dem Mutterland, aber ohne die Möglichkeit von Vorzugszöllen, auch nicht untereinander. Diese Einschränkung fiel 1873, die allgemeine 1895[24].

Mit Gold und Masseneinwanderung wurde die Vorherrschaft der Großkaufleute und Schafbarone erschüttert. Die Einwanderer unterschieden sich abgesehen von ca. 40 000 Chinesen der Herkunft nach kaum von den bisherigen; die Mehrzahl kam aus dem britischen Machtbereich[25]. Doch entfalteten gerade die Goldgräber beträchtliche politische Dynamik mit Forderungen nach gleichem und geheimem Wahlrecht, Abschaffung der Besitzqualifikation für das passive Wahlrecht und der Einführung von Diäten. Bereits 1856 konnten die liberalen Kräfte in Victoria, dessen Bevölkerung 1851–1861 von 97489 auf 539764 angestiegen war, das allgemeine und geheime Wahlrecht für Männer durchsetzen, 1858 in New South Wales, 1902 für Frauen, lange vor dem Mutterland. Die konservativen Landbesitzer und liberalen Städter schlossen sich gegenüber der aufsteigenden Labour-Party 1891 zu einer einzigen Partei zusammen. Die Liberalen hatten aber nach 1860 noch eine Agrargesetzgebung geschaffen, die auch dem kleinen Landwirt Erwerbschancen bot[26].

In jenen Jahren gingen die Kolonien jeweils ihren eigenen Weg, Vorschläge zu einer Gesamtorganisation Australiens mit Neuseeland, wie sie seit 1842 immer wieder vorgebracht wurden, scheiterten an den ausgeprägten Regionalinteressen. Das sollte sich aber gegen Ende des Jahrhunderts ändern. Bezeichnenderweise wurde eine Föderation im Jahre 1883 und vom Premier des nördlichen Queensland wieder zur Diskussion gestellt, angesichts bedrohlicher deutscher und französischer Aktivitäten in der Nachbarschaft (Neue Hebriden, Neu-Kaledonien, Neu Guinea)[27]. Dazu kam das Problem der Arbeitereinfuhr aus China und der Südsee[28], das nicht nur Rassisten, sondern vor allem die Gewerkschaften beunruhigte. Schon in den fünfziger Jahren hatte es Ausschreitungen gegen Chinesen gegeben, 1879 und 1884 befaßten sich gesamtaustralische Gewerkschaftskongresse mit dem Fremdarbeiterproblem und 1892 unterband das Parlament von Queensland die Beschäftigung von farbigen Arbeitern auf den Zuckerplantagen im Norden des Landes. Auf der anderen Seite veranlaßte die Wirtschaftskrise 1890–1894 die Unternehmer nach gemeinsamer Bankenpolitik und Maßnahmen gegen die ausgedehnte Streikwelle zu rufen. Und dies alles lief parallel zum Aufschwung des australischen Nationalismus. 1861 waren noch mehr als 50% der Einwohner in Großbritannien geboren, 1901 hingegen waren bereits 82% im Lande zur Welt gekommen[29].

Nach mehreren Anläufen einigten sich schließlich die australischen Premierminister auf Einrichtung eines vom Volk zu wählenden Ausschusses mit zehn Mitgliedern, der 1897 die Arbeit an einer Bundesverfassung aufnahm. 1899/1900 wurde sie in einem komplizierten Verfahren vom Volk angenommen. Westaustralien hatte sich Sonderbedingungen ausgehandelt, unter anderem den Bau einer Bahnverbindung auf Bundeskosten. Neuseeland trat wegen Interessendivergenzen in der Militär-, Eingeborenen- und Handelspolitik nicht bei[30]. Mit dem britischen Kolonialminister Joseph Chamberlain mußte ein Kompromiß für Berufungen vom australischen Bundesgericht nach Großbritannien ausgehandelt werden, anscheinend als Sicherheit für englische Investoren. Dann stimmte das britische Parlament der »Commonwealth of Australia Act« zu, die 1901 in Kraft trat[31].

Die Australier haben sich eher die USA als Kanada zum Vorbild genommen; »Commonwealth« klingt republikanischer als das kanadische »Dominion«. Und die australischen »Staaten« sind im Vollbesitz aller Rechte, die nicht dem Bund übertragen wurden, während in Kanada die Befugnisse der »Provinzen« aus den umfassenderen des Bundes ausgegrenzt wurden. Die Gouverneure werden weiter von der Krone ernannt, was die Stellung des Generalgouverneurs schwächer macht. Der australische Senat als Hüter der Rechte der Staaten hat eine starke Stellung; die sechs, später zehn Senatoren eines Staates werden von dessen gesamter Bevölkerung gewählt. Und in zwei Punkten ging australischer Selbständigkeitswille erheblich über Kanada hinaus: hier wie dort konnte das Verfassungsgesetz *als Ganzes* nur vom britischen Parlament geändert werden, nicht aber die eigentliche Verfassung, die als Artikel 9 in das Gesetz inseriert war. Für sie war ein eigenes binnenaustralisches Verfassungsänderungsverfahren vorgesehen. Ferner lag die verbindliche Verfassungsauslegung nicht wie bisher im Empire üblich beim »Judicial Committee« des »Privy Council« in London, sondern beim australischen »High Court«.

Der erwähnte Kompromiß mit dem Kolonialminister beschränkte sich auf Appellationen, die vom »High Court« selbst zugelassen würden, was bisher erst ein einziges Mal vorgekommen ist!
Das britische Parlament war sich über die Tragweite dieser Entwicklung vollkommen im klaren; Chamberlain hatte in seiner Rede unmißverständlich zum Ausdruck gebracht, daß die Beziehungen Englands zu solchen Selbstverwaltungskolonien jetzt nur noch von deren gutem Willen abhängig waren. Die zweite Dekolonisation, die Emanzipation der weißen Kolonien Großbritanniens, war über ihr kanadisches Vorbild hinausgegangen. Chamberlains Versuche, die Konsultativkonferenz der Regierungen der Kolonien mit Selbstverwaltung im Jahre 1897 (die erste hatte 1887 stattgefunden) zur Errichtung einer Empire-Föderation anstatt oder oberhalb der australischen zu nutzen, waren zum Scheitern verurteilt. Ungeachtet der Entstehung eines »British Commonwealth of Nations« führte der Weg der Dominions zu immer größerer Selbständigkeit[32].
Beinahe die erste Maßnahme des neuen Bundesstaates war der Erlaß einer »Immigration Restriction Act« noch im Jahre 1901. Der liberale Premierminister sprach vom weißen Nationalcharakter und dem Erbe der Freiheit, das es zu bewahren gelte, der Führer der Arbeiterbewegung vom weißen Australien als Voraussetzung eines hohen Lebensstandards für die Masse. Da sich Chamberlain 1897 jede Diskriminierung nach Rasse und Hautfarbe verbeten hatte, griff man zu dem auch anderswo genutzten Mittel eines »dictation test«: potentielle Einwanderer mußten ein Diktat von 50 Wörtern einer europäischen Sprache fehlerlos zu Papier bringen, wobei die Behörde die Sprache wählen konnte. Dieses Gesetz wurde erst 1958 aufgehoben, als es seinen Zweck, Australien weiß zu erhalten, erfüllt hatte. Die Zahl der Chinesen ist geringer als im 19. Jahrhundert[33].

Auch Neuseeland ist um dieselbe Zeit ein weißes Dominion geworden, obwohl der Ausgangspunkt ein ganz anderer war. Niederländer haben die 1642 von Abel Tasman entdeckten Inseln nach ihrer zweitwichtigsten heimatlichen Provinz benannt (aus ihrem Neu-Holland wurde später Australien). Aber sie hatten kein Interesse an Ländern ohne Handelsgüter, so daß den Eingeborenen eine Gnadenfrist von 150 Jahren blieb. Freilich unterscheiden sich die Maori Neuseelands erheblich von den schwarzen Ureinwohnern Australiens. Sie gehören zu den eher hellhäutigen Polynesiern, deren Vorfahren vor einigen tausend Jahren von Südostasien her den Kernraum des heutigen Polynesien zwischen den Fidji- und den Gesellschafts-Inseln besetzt haben. Erst von dort drangen sie dann zu den Eckpunkten des polynesischen Dreiecks vor, nach Hawaii, zur Osterinsel und während des europäischen Mittelalters auch nach Neuseeland, wobei nicht ganz klar ist, ob die Maori als Nachkommen der ersten Einwanderer oder als spätere Ankömmlinge gelten sollen[34]. Ihr kultureller Besitz war reicher und ihre soziale Organisation differenzierter als jene der Alt-Australier. Sie betrieben den üblichen polynesischen Gartenbau, wobei aber aus klimatischen Gründen die tropischen Pflanzen entfielen und die Süßkartoffel stärker in den Vordergrund trat; ebenso mußte der Flachs als Textilpflanze den Bastbaum ersetzen. Dazu wurden Schweine gehalten und der Speisezettel durch Jagd und Fischfang ergänzt. Der Verzehr von Menschenfleisch dürfte hingegen eher rituellen Charakter gehabt haben. Wie die meisten Polynesier waren auch die Maori Meister in den Künsten des Bootsbaus und der Tätowierung. Ihre steinzeitlichen Waffen waren für den Nahkampf bestimmt; Rivalität und bewaffnete Auseinandersetzung der Gruppen war anscheinend ein fester Bestandteil der Maori-Kultur. Die gesellschaftliche Organisation in Großfamilien, Unterstämme, Stämme und Stammesverbände folgte der Abstammung in männlicher Linie. Aber die Gruppen waren relativ klein; aus ökonomischen Gründen dürften Siedlungen kaum mehr als ein paar hundert Menschen gezählt haben. Schätzungen der Gesamtzahl der Maori beim Eintreffen der

Europäer bewegen sich zwischen 100000 und 250000 Menschen[35], nicht viel für 269000 km². Doch da die meisten auf der Nordinsel lebten und seßhaft waren, ergibt sich doch eine größere Dichte und andere Kontaktsituation als in Australien.
Die Besitzergreifung durch Cook, der 1769 die exakte Vermessung der Inselküsten in Angriff genommen hatte, blieb ebenso folgenlos wie eine französische. Regere wirtschaftliche Aktivität setzte in den neunziger Jahren des 18. Jahrhunderts ein, als Bewohner der neuen australischen Kolonie mit Franzosen und Amerikanern um den von Cook entdeckten neuseeländischen Flachs, um Robbenjagd und Walfang rivalisierten. Händler, Robbenjäger und Walfänger errichteten Stützpunkte, die anscheinend nicht gerade mit einer positiven Auslese der weißen Menschheit besetzt waren. Die Maori lieferten Kartoffeln, Schweine, Frauen und getrocknete Menschenköpfe[36], dafür erhielten sie Wolldecken, Messer, Gewehre und, wie in solchen Fällen üblich, Infektionen mit katastrophalen Folgen. Im Konfliktfall massakrierte man sich gegenseitig; bei den Maori galt das Prinzip der Blutrache. Aber Europa hatte doch mehr zu bieten: 1814 kamen die Missionare, und zwar zunächst die anglikanische »Church Missionary Society« von Australien her; Methodisten und französische Katholiken folgten 1822 und 1838. 1845 hatte die »British and Foreign Bible Society« bereits eine Bibel in der Maorisprache für jeden zweiten Eingeborenen ins Land gepumpt. Bekehrungserfolge kamen aber erst allmählich zustande, was von manchen Autoren mit der Auflösung der Maorikultur durch europäischen Einfluß synchronisiert wird, vielleicht zu Unrecht, denn die einheimische Gesellschaft scheint sich besser behauptet zu haben, als lange angenommen wurde. Sie hat nicht nur immer wieder einzelne Europäer als »Pakeha-Maori« vollständig in ihre Reihen integriert, angeblich bis zur Beteiligung am Kannibalismus, sondern alsbald auch synkretistische religiöse Bewegungen hervorgebracht, die mit antichristlicher Zielrichtung Teile der christlichen Botschaft den hergebrachten Vorstellungen assimiliert und sich zum Teil bis ins 20. Jahrhundert behauptet haben[37].
Anfang des 19. Jahrhunderts haben die Maori die Muskete übernommen. Es läßt sich aber nicht beweisen, daß die endlosen Kämpfe zwischen den Stämmen in den folgenden Jahrzehnten auf europäischen Einfluß und europäische Waffen zurückzuführen sind. Vielleicht wirkten letztere sogar entschärfend, denn der Kampf mit den ziemlich unzulänglichen Schießprügeln war zwar geräuschvoller, aber weniger blutig als mit den alten Nahkampfwaffen[38]. Außerdem scheinen sich die Verhältnisse in den dreißiger Jahren stabilisiert zu haben, bis dann in den Vierzigern Kämpfe mit den Europäern ausbrachen. Es fehlt weder an Zeugnissen für die Stabilität der Maori-Kultur noch an solchen für ihre Desintegration. Vermutlich wird man regional differenzieren und im übrigen beachten müssen, daß britische Quellen, die von einem Chaos sprechen, häufig dazu bestimmt waren, die englische Regierung zur Annexion zu bewegen[39]. Auf Drängen des Gouverneurs von New South Wales war 1832 ein englischer Resident nach Neuseeland gekommen, der sich mit wenig Erfolg um Ruhe und Ordnung bemühte und entsprechend berichtete. Die Missionare waren aber gegen eine Annexion, denn sie hofften auf eine christliche Maori-Regierung, die unter ihrem Einfluß alles zum Besten wenden werde. Dafür gab es bereits das Vorbild Tahiti. Als eine 1837 gegründete »New Zealand Association« eine Mustersiedlung plante, fiel das Projekt auf Betreiben der Mission im Parlament durch. Doch die 1838/39 unter maßgebender Mitwirkung von E. G. Wakefield gegründete »New Zealand Company« schickte alsbald ein Schiff aus, das sich des nötigen Siedlungslandes bemächtigen sollte, obwohl oder gerade weil ihr eine Charter verweigert worden war[40]. Es gab ja schon 2000 Weiße in Neuseeland; 1830/31 waren es noch 300 gewesen[41]. Außerdem mochten die steigenden Landpreise in Australien auch von dort einen Zuwandererstrom auslösen.
Jetzt entschloß sich London zum Handeln. Aber der evangelikale Under-Secretary James

Stephens instruierte den als Lieutenant-Governor ausgesandten Kapitän William Hobson, die Maori-Häuptlinge als souverän zu behandeln und das benötigte Land von ihnen vertraglich zu erwerben. Der Weiterverkauf habe dann durch die Krone zu erfolgen, den Maori aber seien die Rechte britischer Untertanen zu gewähren und ihr Besitzstand zu garantieren. In diesem Sinn wurde am 6. Februar 1840 in Waitangi auf der Nordwestspitze der Nordinsel ein Vertrag über Souveränitätsabtretung gegen Besitzgarantie geschlossen[42]. Am 21. Mai proklamierte Hobson die britische Hoheit über die Nordinsel kraft Vertrag, über die Südinsel nach Entdeckerrecht, hatten doch Franzosen verdächtiges Interesse gezeigt, obwohl inzwischen britische Siedler im Süden gelandet waren[43]. Der von Missionaren erstellte Maori-Text des Vertrags von Waitangi ist mißverständlicher formuliert als der englische, doch darf man im Gegensatz zu vergleichbaren Fällen Täuschungsabsicht wohl ausschließen. Dennoch haben die Häuptlinge vermutlich für Tragweite und Feinheiten dieses Rechtsgeschäfts wenig Verständnis gehabt. Außerdem war auch nach weißem Völkerrecht seine Geltung zweifelhaft, weil die Häuptlinge nicht souverän in dem Sinn waren, daß sie ihr Volk binden oder gar Land abtreten konnten. Denn wie immer rückte die Landfrage umgehend in den Mittelpunkt der weiteren Entwicklung. Die britische Regierung hoffte zwar, durch strikte Kontrolle ein Nebeneinander einer christlichen Maori-Gesellschaft mit einer weißen Kolonie erreichen und die schlimmen Folgen der Kolonisation, die anderswo aufgetreten waren, vermeiden zu können. Sie übersah aber, daß nicht nur die weißen Siedler mit allen Mitteln alles Land erwerben würden, das sie wollten, sondern auch die Maori sich nicht hindern lassen würden, günstig zu verkaufen. Weisheit hat Gier nie aufgehalten. Die New Zealand Company jedenfalls betrachtete den Vertrag von Waitangi als ärgerliches Hindernis für ihre Bestrebungen und tat ihr Bestes, ihn zu untergraben[44].
Doch die Ansprüche von Weißen aus Landkäufen *vor* dem Vertrag hielten häufig der amtlichen Überprüfung nicht stand, einschließlich der 8 Mio ha, die die Company erworben zu haben behauptete. Als Maori 1843 eigenmächtige Landvermesser kurzerhand umbrachten, wurde die Sache zur Erbitterung der Siedler vom Gouverneur nicht weiter verfolgt. Aber auch viele Maori waren unzufrieden, weil sie von der Krone am Landverkauf an Private gehindert wurden, während der Gouverneur keine Mittel hatte, um selbst zu kaufen. Eine parlamentarische Untersuchungskommission in England kam 1844 zu dem Schluß, die Anerkennung des Eigentums der Maori sei ein Fehler gewesen. Statt dessen solle die Krone alles nicht genutzte Land beanspruchen und für die Eingeborenen Reservate einrichten. Daraufhin griff der erste Unterzeichner des Vertrags von Waitangi gegen die Weißen zu den Waffen[45].
Unter dem energischen Gouverneur George Grey[46] wurde die Ruhe militärisch wiederhergestellt, aber auch die vorübergehende Lockerung des Landverkaufs wieder aufgehoben. Allerdings sollte jetzt statt Bewahrung der Maori-Kultur rasche Assimilation das Ziel sein, mit einem Netz von Gerichten unter einem Obergericht als erstem Mittel, denn diese sollten über die Landkonflikte befinden, unter Mitwirkung und zum Nutzen der Maori, aber nach britischem Recht! Freilich versuchte der neue liberale Minister Earl Grey, der Vorsitzender der Kommission von 1844 gewesen war, Politik im Sinne der »Company« zu machen. Eine »New Zealand Government Act« sollte 1846 den Siedlern, die immer noch eine Minderheit waren, weitgehende Selbstverwaltung bringen und eine Instruktion an den Gouverneur die landpolitischen Grundsätze von 1844 statt des »treaty of Waitingi nonsense« in Kraft setzen[47]. Doch einhelliger Widerstand von Gouverneur, Oberrichter und Bischof führte zur Suspendierung von Verfassung und Landpolitik bis 1852.
1851 gab es sechs weiße Ansiedlungen mit zusammen 26707 Einwohnern in Neuseeland, Auckland, Wellington, Taranaki auf der Nordinsel, Nelson, Canterbury, Otago auf der

Südinsel[48]. Wolle war wie in Australien das Hauptprodukt geworden; man zählte gegen 250000 Schafe. Noch bis in die siebziger Jahre bildete die Schaffarm mit mindestens 4000 ha so etwas wie die ökonomische Grundeinheit Neuseelands. Die weiße Wirtschaft hat wie schon in Australien und früher Amerika zu massiven Veränderungen in der Pflanzen- und Tierwelt geführt; das überschaubare Neuseeland ist geradezu zum Paradebeispiel dieses »ökologischen Imperialismus« geworden[49]. 1853 wurde eine neue Verfassung proklamiert, mit sechs Provinzversammlungen und einer »General Assembly«, die auch das Verfügungsrecht über nicht genutztes Land ausübte. Ministerverantwortlichkeit war nicht vorgesehen, wurde aber 1854 anstandslos gewährt. Der Versuch, die Eingeborenenangelegenheiten dem Gouverneur zu reservieren, scheiterte binnen eines Jahrzehnts.

1858 hatte die Zahl der Weißen die der Maori überholt. Daß es dennoch erst 1860 zum Krieg kam, hängt damit zusammen, daß sich die weiße Expansion großenteils auf der Südinsel abspielte, wo es wenig Eingeborene gab, und mit den Konflikten unter den Stämmen der Nordinsel. Doch als Reaktion auf das Vordringen der Siedler entstand so etwas wie ein Maori-Nationalismus, so daß schließlich verschiedene Häuptlinge bis 1858 nicht ohne alttestamentarische Inspiration einen der ihren als Potatau I. zum König wählten, ursprünglich durchaus in defensiver Absicht[50]. Genau das war aber für den Landhunger der Siedler untragbar. Entsprechend sah der Kriegsgrund aus: ein Maori versucht Land zu verkaufen, wird von seinem Häuptling daran gehindert und von den Briten mit Gewalt unterstützt, obwohl der Oberrichter dem Häuptling recht gegeben hatte[51]. 1863 hatte der Gouverneur 5000 Mann britische Linientruppen und ebenso viel Kolonialmiliz unter dem Krimkriegveteranen General Cameron beisammen. Trotz bemerkenswerten militärischen Innovationen wurden die Maori geschlagen, gingen aber daraufhin zur Guerilla über. London war entsetzt, vor allem über die Kosten. Da man den Kolonien Selbstverwaltung nicht zuletzt deswegen gewährt hatte, daß sie ihre Probleme auf eigene Kosten lösen sollten, wurden die britischen Truppen bis 1870 vollständig abgezogen. Militärisch wie politisch blieb der Konflikt mehr und mehr den Neuseeländern selbst überlassen[52] – mit entsprechenden Ergebnissen. 1864 wurden fast 1,3 Mio ha enteignet; freilich hat man die Hälfte dieses Landes später zurückgegeben oder wenigstens bezahlt[53]. Gegen den nun gewaltsam aktivierten »freien« Landmarkt halfen keine Boykottversuche der Anhänger des Maorikönigs mehr.

1892 besaßen die Maori, deren Zahl zurückging, noch ein Sechstel des Landes, aber hauptsächlich ödere Gebiete der Nordinsel. Die vier Sitze, die ihnen von den 74 des Parlaments von 1867 reserviert wurden, mochten knapp ihrem Bevölkerungsanteil von 7% entsprechen, waren aber zu wenig nutze. Obwohl die Regierung in den siebziger Jahren zu Versöhnungspolitik überging, wurde das 1890–1902 existierende Maoriparlament nie anerkannt. Von der anderen Seite wurde das Entgegenkommen zwar gerne angenommen, es blieben aber bis ins 20. Jahrhundert nativistische und synkretistische Bewegungen keineswegs aus. Langfristig wichtiger sind aber wohl die zunehmenden Integrationsphänomene, darunter Mischehen nicht nur zwischen weißen Männern und Maori-Frauen, sondern auch von Maoris und weißen Frauen, was von stärker rassistischen Gesellschaften infolge einer Art von kollektiver Eifersucht nicht geduldet wird. 1896 bei nur noch 42113 Maori sprachen Darwinisten von einer sterbenden Rasse; seither ist die Zahl aber wieder angestiegen, auf 115676 im Jahre 1951. Inzwischen geht die hohe Fruchtbarkeit aber zurück, ihr generatives Verhalten gleicht sich dem der Weißen an – auch ein Symptom der Integration[54].

Neuseeland ist mit 2 Mio Einwohnern 1951 längst ein weißes Land geworden, eine Kolonie Großbritanniens in strengerem Sinn als irgendeine andere, wurde doch programmgemäß im Gegensatz zu Australien ein möglichst getreues Abbild der englischen Gesellschaft geschaffen[55]. 1858–1885 verzeichnete Neuseeland einen Wanderungsgewinn von 300000 Personen, fast nur Weiße, obwohl es erst in den achtziger Jahren zu gesetzlichen Beschränkungen kam[56]. Der große Anteil an Arbeitern einerseits, die besonders intensive politische Partizipation andererseits dürften dazu beigetragen haben, daß Neuseeland unter liberaler Führung 1891–1912 und erneut unter der Labour-Regierung seit 1935 Gesetze geschaffen hat, die der sozialen Entwicklung im Mutterland weit voraus waren. 1893 hat Neuseeland als erstes Land der Welt das Frauenstimmrecht eingeführt[57]. Es folgte die Schul-, Arbeits- und Sozialgesetzgebung eines modernen Wohlfahrtsstaates[58]. Man verstand sich als britisch; schließlich war man dank der Gefriertechnik seit den neunziger Jahren zum wichtigen Lieferanten von Milchprodukten und Fleisch für das Mutterland geworden. Dabei wollte man aber möglichst unabhängig bleiben, auch und gerade von Australien, demgegenüber der neuseeländische Nationalismus beachtliche Blüten treiben konnte. Die Reichskonferenz von 1907 stellte also nur eine längst gegebene Tatsache fest, als sie Neuseeland zu den »self-governing Dominions beyond the seas« rechnete[59].

1873 legte der neuseeländische Premierminister Sir Julius Vogel in London eine Denkschrift vor, die dem Mutterland vorschlug, zusammen mit seinem Ebenbild, dem »Großbritannien des Südens ... die fruchtbaren Inseln des Pazifik der Zivilisation zuzuführen ... wenn Polynesien nicht fremden Nationen preisgegeben werden soll ...«[60]. Auch wenn Vogel vom Kabinett Gladstone als imperialistischer Wichtigtuer abgetan wurde, so war das Programm eines neuseeländischen wie eines australischen Sub-Imperialismus doch keineswegs unrealistisch. Was im wirtschaftlich wie strategisch für das Mutterland wenig interessanten Südpazifik geschah, betraf den »natürlichen« Einflußbereich dieser beiden Dominions[61].

Die Anfänge weißer Präsenz gleichen auf vielen Inseln denjenigen in Neuseeland; mit Händlern, Walfängern und Missionaren fing alles an. Entlaufene oder von kostenbewußten Kapitänen nach getaner Arbeit weggejagte Matrosen stellten einen beträchtlichen Anteil der »beachcombers« (»Strandgutjäger«), zum Teil friedliche Aussteiger, die sich der milden Gaben der Natur und der Eingeborenen erfreuten, solange es ging. Zum anderen Teil hartgesottene Kriminelle wie jener Charles Savage auf den Fidji-Inseln, der sich 1808 einen Vorrat an Musketen und Schießpulver aus einem Schiffbruch verschaffte, eine Bande von 20 Halsabschneidern um sich sammelte und im Dienste eines machtwilligen Häuptlings die Bevölkerung terrorisierte, bis er von einem feindlichen Stamm gefangen und aufgegessen wurde[62].

An Handelsgütern gab es nur Guano und Waltran, neuseeländischen Flachs und Schweinefleisch aus Tahiti. Die großen Walfängerstützpunkte waren Papeete auf Tahiti, die Bay of Islands der neuseeländischen Nordinsel und vor allem Honolulu auf Hawaii. Aber es ging nicht nur um den europäischen oder auch australischen Bedarf, sondern auch um Belieferung des chinesischen Marktes. Da dieser kaum westliche Güter benötigte, mußte Europa seine dortigen Einkäufe, vor allem den Tee, entweder bar bezahlen, oder anderswo Artikel finden, deren Einfuhr nach China sich lohnte. Das waren zunächst Pelze von der amerikanischen Nordwestküste. Dann wurde auf Hawaii und den Fidji-Inseln Sandelholz entdeckt, das in China zum Parfümieren von Räucherstäbchen begehrt war. In Hawaii blieb das seit ca. 1800 blühende Sandelholzgeschäft Monopol des Herrschers, während es auf den Fidji-Inseln als Raubbau von rivalisierenden Häuptlingen und Händlern betrieben wurde[63]. Dadurch kam diese Inselgruppe erst richtig in den westlichen Einzugsbereich. Als die Bestände gegen 1825 weitgehend erschöpft waren, entdeckte ein Amerikaner das Trepang-Geschäft: die im Bereich des

Fidji-Archipels besonders reichlich gedeihenden Seegurken waren geräuchert in China eine begehrte Delikatesse[64].
Wo sich Missionare festsetzen konnten, neigten sie bisweilen dazu, die anderen Europäer möglichst fernzuhalten, da sie sich vom Einfluß der Händler und »Beachcombers« auf ihre Schäflein wenig Gutes zu versprechen hatten. Selbst formelle Annexion durch eine europäische Macht kam ihnen ungelegen, wo sie ihre Botschaft durch einen folgsamen einheimischen Herrscher verbreiten konnten. In der Mission dominierten zunächst die Protestanten, denn die verschiedenen Richtungen der Erweckungsbewegung hatten seit dem 18. Jahrhundert missionarische Energie freigesetzt wie nie zuvor im Protestantismus, während die früher tonangebenden Katholiken sich vom Zusammenbruch des Ancien Regime erholen mußten. Als sie wieder auftauchten, waren ihre Missionare nicht selten Franzosen, die wie ihre protestantischen Konkurrenten englischer Herkunft auch eine politische Lobby im Mutterland hinter sich hatten. Insofern tendierte die konfessionelle Rivalität zwischen den Missionen im Pazifik und anderswo dazu, in die politische Rivalität zwischen den Mächten einzumünden, zunächst zwischen England und Frankreich, wobei es aber nicht bleiben sollte[65].
Die »London Missionary Society« wurde 1795 mit gemein-evangelischer Zielrichtung gegründet, kam aber bald in die Hand kongregationalistischer Puritaner, die sich als eines der ersten Ziele ihrer Aktivität Tahiti wählten. Entdeckerberichte hatten diese Insel in Europa populär gemacht, nicht zuletzt durch Schilderungen eines recht freien Liebeslebens. Doch während Philosophen wie Diderot darin eine Offenbarung erblickten, sahen die Missionare hier Satan am Werk, dem es entgegenzutreten gelte. Außerdem gab es anders als in China hier keine missionsfeindliche Regierung. 1797 trafen 30 Missionare der L.M.S. in Tahiti ein, darunter vier Prediger, alles ebenso idealistische wie beschränkte Leute. Wie andere Europäer auch unterstützten sie das Streben der ursprünglich überhaupt nicht hervorragenden Familie Pomaré nach Oberherrschaft über die Gesellschaftsinseln. 1812 wurde Pomaré II. Christ, vielleicht weil ihm ein Missionar bedeutet hatte, daß seine jüngste Niederlage auf Ohnmacht seiner Götter zurückzuführen sei. Schon sein Vater war ein Freund der Europäer gewesen, hatte aber am alten Glauben festgehalten. Freilich zögerten die braven Missionare mit der Taufe, denn ihr Gönner war ein notorischer Säufer und Homosexueller[66]. Aber 1815 wurde die »heidnische« Partei definitiv besiegt und 1818–1822 konnten die Missionare daran gehen, mit königlicher Hilfe und Strafandrohung die traditionelle Sitte und Religion auszumerzen. Ihr Codex zeigt, daß sie so etwas wie Calvins Hierokratie in Genf im Sinn hatten: Mord, besonders Kindstötung: Todesstrafe – Götzendienst: Todesstrafe – Polygamieverbot mit rückwirkender Kraft – Kuppelei, vor allem Preisgabe der eigenen Frau, und Unzucht: Zwangsarbeit und/oder Geldstrafe – Verbot der Arbeit oder des Spazierengehens am Sabbat – Verleumdung der Missionare oder Nicht-Anzeigen einer solchen: Zwangsarbeit oder Strafe nach Belieben – Übernahme fremder Lehren, Kenntnis oder Verheimlichung fremder Schriften: Strafe nach Belieben der Missionare – Taufe Voraussetzung für Häuptlings- oder Richteramt – Tätowierung: Zwangsarbeit – Laszive Vergnügungen, Blumen im Haar beim Gottesdienst: Zwangsarbeit – Landstreicherei: Zwangsarbeit und/oder Prügel – Denunzianten wurden automatisch für höhere Ränge in Staat und Kirche wählbar. Nachdem die Missionare handstreichartig den dreijährigen Sohn ihres verstorbenen Freundes gekrönt hatten, waren sie unter diesem und anschließend dessen Schwester für runde zwanzig Jahre die Herren der Insel. Europäische Kleidung und Wohnsitten bürgerten sich ein, Landbau und Viehzucht wurden verbessert, die Sprache wurde zur Schriftsprache und in den Schulen wurde Lesen und Schreiben gelehrt. Doch neben anderen europäischen handwerklichen Fertigkeiten und dem Gebrauch der entsprechenden Geräte erlernte man auch die Kunst des Schnapsbrennens, mit Erfolg

und Folgen. So läßt sich bezweifeln, ob die gründliche *Veränderung* der Sitten auch eine *Verbesserung* gewesen ist, selbst wenn man die Perspektive der Missionare zugrunde legt.

Der Missionar Pritchard, der zugleich englischer Konsul war, scheint auf eine britische Herrschaft hingearbeitet zu haben. 1836 wurden auf sein Betreiben zwei neu eingetroffene französische katholische Missionare des Landes verwiesen. Frankreich hatte kaum konkrete Interessen im Pazifik, war aber auf der Suche nach »points d'appui« für Walfang und Handel, Mission und Marine; die Pariser Regierung stand unter kommerziellem, klerikalem und wohl auch anti-britischem Einfluß. 1838 kamen Kriegsschiffe unter Dupetit-Thouars und erzwangen die Zulassung der Franzosen, die Missionare und einen Konsul eingeschlossen. Nun forderten die englischen Missionare Annexion durch Großbritannien, wurden aber abgewiesen, in London hatte man von Neuseeland genug. Doch da dort die Franzosen verdrängt worden waren, scheinen sie anderswo Kompensation gesucht zu haben. Unter Überschreitung seiner Vollmacht errichtete Dupetit-Thouars im Zusammenspiel mit Gegnern der englandfreundlichen Königin 1842 ein Protektorat über Tahiti. Bis 1847 gelang es, mit Hilfe von Alexandre Salmon, der mit führenden Familien verschwägert war, auch die Königin zu gewinnen und das Protektorat zu stabilisieren, so daß sich London und Paris im selben Jahr auf gegenseitige Anerkennung der Ansprüche in Neuseeland und Tahiti einigen konnten[67].

Die Tahiti-Affäre wurde in Australien sorgfältiger beobachtet als in England; 1844 kam es sogar zu einer Protestversammlung in Sydney. Doch als Napoleon III. 1853 das viel näher gelegene Neu-Kaledonien besetzen ließ, war die Reaktion viel schwächer. Die australischen Interessen waren hier zu gering, während das Mutterland damals Frankreich für ein Bündnis gegen Rußland brauchte – 1854–1856 fand der Krimkrieg statt. So konnte eine französische Sträflingsinsel und nach Entdeckung von Nickel, Chrom und Phosphat auch eine Bergbaukolonie Neu-Kaledonien entstehen[68].

Doch haben australische Stimmen, u. a. eine Resolution des Parlaments von New South Wales 1859, als Kompensation dafür die britische Annexion der Fidji-Inseln gefordert, nicht nur den Missionaren, sondern vor allem dem wachsenden ökonomischen Engagement Australiens auf den Inseln zuliebe. In den fünfziger und sechziger Jahren gingen die Weißen im Pazifik nämlich vom Handel mit den Eingeborenen zur Erzeugung von Handelspflanzen für den westlichen Markt auf Plantagen unter eigener Leitung über. Dabei handelte es sich zum einen um das vom fettbedürftigen Europa immer stärker nachgefragte Öl der Kokosnuß, das sich günstiger gewinnen ließ, wenn man die Palmen auf Plantagen anbaute, dort das Halbprodukt Kopra (zerschnittene getrocknete Kokosnußkernmasse) herstellte und erst in Europa daraus Öl erzeugte. Zum anderen stieg infolge des amerikanischen Bürgerkriegs schlagartig die Nachfrage nach Baumwolle. So kam es kurzfristig zu einem Plantagen-Boom auf den günstigen Fidji-Inseln, unter australischer Führung vor Briten, Franzosen und Amerikanern, so daß die Übernahme der Inseln durch Victoria, New South Wales oder das Empire diskutiert wurde. Nur ein solcher Schritt schien geeignet, dem investierten Kapital genug Sicherheit zu gewähren, weil der Fürst, der die Oberherrschaft beanspruchte, keineswegs allgemein respektiert wurde, trotz Experimenten mit westlichen Verfassungsmodellen. Nur – zunächst war niemand von den dreien bereit, die Kosten zu übernehmen. Aber nach erheblichen Meinungsverschiedenheiten in den britischen Kabinetten Gladstone und Disraeli kam es dann 1874 doch zur Annexion, u. a. mit der Begründung, daß *ein* Stützpunkt im West-Pazifik für die *informelle* Kontrolle dieses Raumes nur nützlich sein könne[69]. Diese erschien nicht nur zum Schutz der in zunehmender Zahl in diesem Raum engagierten britischen Untertanen erforderlich, sondern auch zur Unterbindung des Handels mit melanesischen Arbeitskräften, der sich häufig nur wenig vom Sklavenhandel unterschied.

Auf der anderen Seite war es nicht zuletzt der Bedarf an Arbeitskräften, der Queenslands Interesse an Ost-Neu-Guinea und den Neuen Hebriden stimulierte, freilich zunächst ohne Ergebnis, weil die Australier sich nicht an den Kosten beteiligen wollten. Die britische Regierung verbot aber auch den großzügigeren Neuseeländern unter ihrem Premier Vogel die Annexion Samoas – sie fühlte sich anderweitig hinreichend belastet[70].

Auch in Samoa wurde das »Königtum« nicht soweit respektiert, wie für Ruhe und Ordnung und die Sicherheit ausländischer Interessen erforderlich gewesen wäre. Aber hier komplizierte sich die Lage durch die Rivalität verschiedener westlicher Nationen, neben Australiern und Neuseeländern vor allem Amerikaner und Deutsche. Die Hamburger Firma J. C. Godeffroy war seit 1845 im Pazifik tätig, seit 1857 mit Hauptquartier in Apia auf Samoa. Zusammen mit anderen deutschen Firmen stieg sie massiv in das Plantagengeschäft ein; ihr Vertreter Theodor Weber war es gewesen, der das Verfahren entdeckt hatte, Kopra nach Europa zu transportieren, statt an Ort und Stelle Öl zu erzeugen. Faktisch wurde die Unabhängigkeit Samoas zerstört, aber die anscheinend von den Eingeborenen selbst gewünschte Annexion wurde durch die Mächterivalität verhindert. Parallele Verträge Deutschlands, Großbritanniens und der USA mit Samoa bedeuteten praktisch die Herrschaft der drei Konsuln über die Inselgruppe, ein prekärer Gleichgewichtszustand, der jederzeit ins Wanken geraten konnte[71].

Auf Tonga hingegen hatte George I. Tupou mit Hilfe australischer Methodistenmissionare bis 1845 ein hinreichend starkes Königtum etabliert, das nach Erlaß einer Verfassung 1875 von den Großmächten anerkannt wurde. Obwohl es aus weltpolitischen Gründen 1900 unter britisches Protektorat gestellt wurde, hat es bis heute überlebt[72].

Auch Hawaii schien zunächst den Weg erfolgreicher Verwestlichung und politischer Unabhängigkeit zu gehen. Die von Kapitän George Vancouver 1794 entgegengenommene Unterwerfung unter Großbritannien war nie realisiert und von London abgelehnt worden. Statt dessen hatte Kamehameha I. um 1810 die gesamte Inselgruppe unterworfen und mit Hilfe britischer Berater in ein Königreich verwandelt. Er hatte aber strikt an der alten Religion festgehalten, die doch längst dadurch untergraben war, daß die Hawaiier täglich beobachten konnten, wie die in ihrer Mitte lebenden Fremden ungestraft alle Regeln und Tabus mißachten konnten. So kam es nach dem Tod des Königs 1819 zu einer feministischen Revolte unter einer seiner Witwen und seiner Schwiegertochter gegen die ritualistische Benachteiligung der Frau, was schließlich zur Zerstörung des alten Glaubens durch den neuen König führte. Das dadurch entstandene soziokulturelle Vakuum wurde von Puritanermissionaren aus Neuengland ausgefüllt, die gerade rechtzeitig 1820 ins Land gekommen waren. Besser ausgebildet und intelligenter als ihre britischen Kollegen auf Tahiti leisteten sie hervorragende Erziehungsarbeit und vermochten schließlich in den dreißiger Jahren in einer regelrechten Massen-Erwekkungsbewegung zahlreiche Eingeborene zu gewinnen. Um 1840 war Hawaii eine gebildete und eine christliche Nation. Missionare als Minister hatten sogar die Anerkennung durch europäische Mächte zuwege gebracht. Doch da Hawaii anders als Tonga nicht im Windschatten der ökonomischen und politischen Interessen leben konnte, sollte es dabei nicht bleiben[73].

Viertes Kapitel
China und Japan

In Britisch-Indien, Niederländisch-Indien und im Pazifik, überall war der Chinahandel präsent, und zwar in erster Linie der britische Chinahandel. Auch nachdem die East India Company 1833 als letztes Monopol dasjenige des Chinahandels verloren hatte, blieb es bei dessen strategischer Bedeutung für das britische Handelssystem und der Notwendigkeit indischer Opiumexporte für seine Finanzierung, wie uns eine Sachverständigenaussage vor einem Parlamentsausschuß im Jahre 1840 lehrt:

Tabelle 6: Das Handelsdreieck Großbritannien – Indien – China im Jahre 1840 (Mio Pfund)

Importe aus Indien und China nach Großbritannien		9,6
ausgeglichen durch		
Exporte von Großbritannien nach Indien		2,5
Exporte von Großbritannien nach China		0,6
Transfer privater Gewinne aus Indien		0,5
»Home Charges«		3,0
Export von Opium aus Indien nach China	3,4	
Export von Baumwolle aus Indien nach China	1,0	
Summe	4,4	
abzüglich Silberzahlungen Chinas an Indien	–1,4	
Summe	3,0	3,0
Gesamtsumme		9,6

(Nach: *CHBE* Bd. 2, S. 400)

Grob vereinfacht, für die wachsenden Importe chinesischen Tees nach England bedurfte es wachsender Exporte indischen Opiums nach China, denn dies war fast die einzige Ware aus dem Westen, für die in China Nachfrage bestand. Für die achtziger Jahre des 19. Jahrhunderts rechnet man mit 1–10% Opiumrauchern unter der Bevölkerung Chinas[1]. Das Rauschgift war seit 1620 in China im Gebrauch, seit 1729 war die Einfuhr verboten, lief aber über Macao diskret weiter. Die East India Company besaß zwar seit 1773 das indische Opiummonopol, stieg aber erst 1831 massiv in das Geschäft ein, als sich ein Boom abzeichnete und sie Ersatz für ihr allgemeines Chinahandelsmonopol brauchte. Wurden 1780–1810 im Jahresdurchschnitt 4–5000 Kisten zu 60–70 kg eingeführt, so waren es 1835–1840 40000 Kisten[2]. Das Verteilungssystem arbeitete mit Gangsterbanden wie der heutige Rauschgifthandel[3]. Voraussetzung war die Bestechung der chinesischen Beamten, wie sie in Kanton, wo der gesamte chinesische Außenhandel seit 1760 konzentriert war, ohnehin zum Geschäft gehörte[4].

Doch nahm der Abfluß von Silber durch die Opiumeinfuhr ein Ausmaß an, der das System ins Wanken brachte. Während China zu Beginn des 19. Jahrhunderts noch einen Zahlungsbilanzüberschuß von umgerechnet 26 Mio US-Dollar erzielt haben dürfte, flossen allein 1828–1836 38 Mio US-Dollar ab. Silber wurde zwar teurer, aber dennoch war Inflation die Folge, denn Zahlungsmittel des Volkes waren Kupfermünzen, von denen 1800 1000 auf die Unze Silber gingen, 1835 aber 2000. Da Steuern in Silber bezahlt werden mußten, erhöhten sie sich automatisch auf das Doppelte, während Löhne und Kleinverkaufserlöse zunächst gleich blieben. Da auch noch Mißernten dazu kamen, waren Steuerkrisen und Unruhen die Folge[5]. Daraufhin wurden endlich unbestechliche Beamte, die es natürlich auch in China gab, auf den Opiumhandel losgelassen. Ein Generalgouverneur und Sonderkommissar in Kanton verhaftete Händler und ließ 1839 über 20000 Kisten Opium im Wert von 9 Mio US-Dollar vernichten. Außerdem bedeutete er Königin Victoria in einem Brief, in ihrem eigenen Lande habe sie das Opiumrauchen schließlich auch verboten ...[6] Eine Eskalation von Zwischenfällen in der Folgezeit veranlaßte Peking, endgültig mit den Engländern Schluß zu machen.

Inzwischen war Dr. William Jardine, der wichtigste Opiumhändler, in London an der Spitze einer Gruppe von Kaufleuten mit einer »Kriegskasse« von 20000 Pfund um Genugtuung für die der britischen Flagge angetane Kränkung bemüht. Politiker und öffentliche Meinung wurden planmäßig bearbeitet. Außerdem forderten dreihundert Textilfirmen der Midlands eine Intervention, denn es ging nicht mehr nur um den Absatz von Opium, sondern um die Öffnung des chinesischen Marktes. Wenn jeder der 400 Mio Chinesen auch nur einen Zoll englischen Stoff kaufen würde, wären die damals gerade kriselnden englischen Fabriken für Jahrzehnte beschäftigt gewesen. Auf Betreiben von Außenminister Palmerstone entschied sich das Kabinett für Krieg und wehrte heftige parlamentarische Kritik mit dem Argument ab, es handle sich nicht um das Opium, sondern um Wiedergutmachung von Unrecht und um Öffnung Chinas für den Handel.

Traditionell betrachtete sich China nicht ohne Grund als autark und betrieb daher eine handelsfeindliche Politik, was nicht nur britischen Interessen, sondern auch den Grundsätzen des neueren europäischen Völkerrechts widersprach. Auf Anregung der East India Company hatte die englische Krone deswegen schon zweimal Gesandtschaften nach Peking geschickt, aber Macartney war 1793 ebenso gescheitert wie Amherst 1816. Autarkiebewußtsein war ein integrierender Bestandteil des politischen Weltbildes der Chinesen, nach dem der Kaiser für die ganze Menschheit Verbindungsmann zwischen Himmel und Erde und sein Reich der Mitte daher Inbegriff der Kultur und Maßstab für alle Völker war. Was konnten also westliche Barbaren zu bringen haben außer Tribut? Deshalb korrespondierte nicht der Kaiser, sondern der Gouverneur einer Grenzprovinz mit der englischen Königin. Deswegen war die Vorstellung diplomatischer Vertretungen in Peking undenkbar – man kannte nur Huldigungsgesandtschaften. Den Begriff »auswärtige Politik« gab es überhaupt nicht!

Aber England erwies sich mit seinen Dampfschiffen und modernen Schußwaffen als hoffnungslos überlegen und erreichte seine Kriegsziele. Im Vertrag von Nanking 1842 nebst Ausführungsabkommen erwarb Großbritannien den Stützpunkt Hongkong vor der chinesischen Küste, der umgehend zur Kronkolonie erklärt wurde. Das chinesische

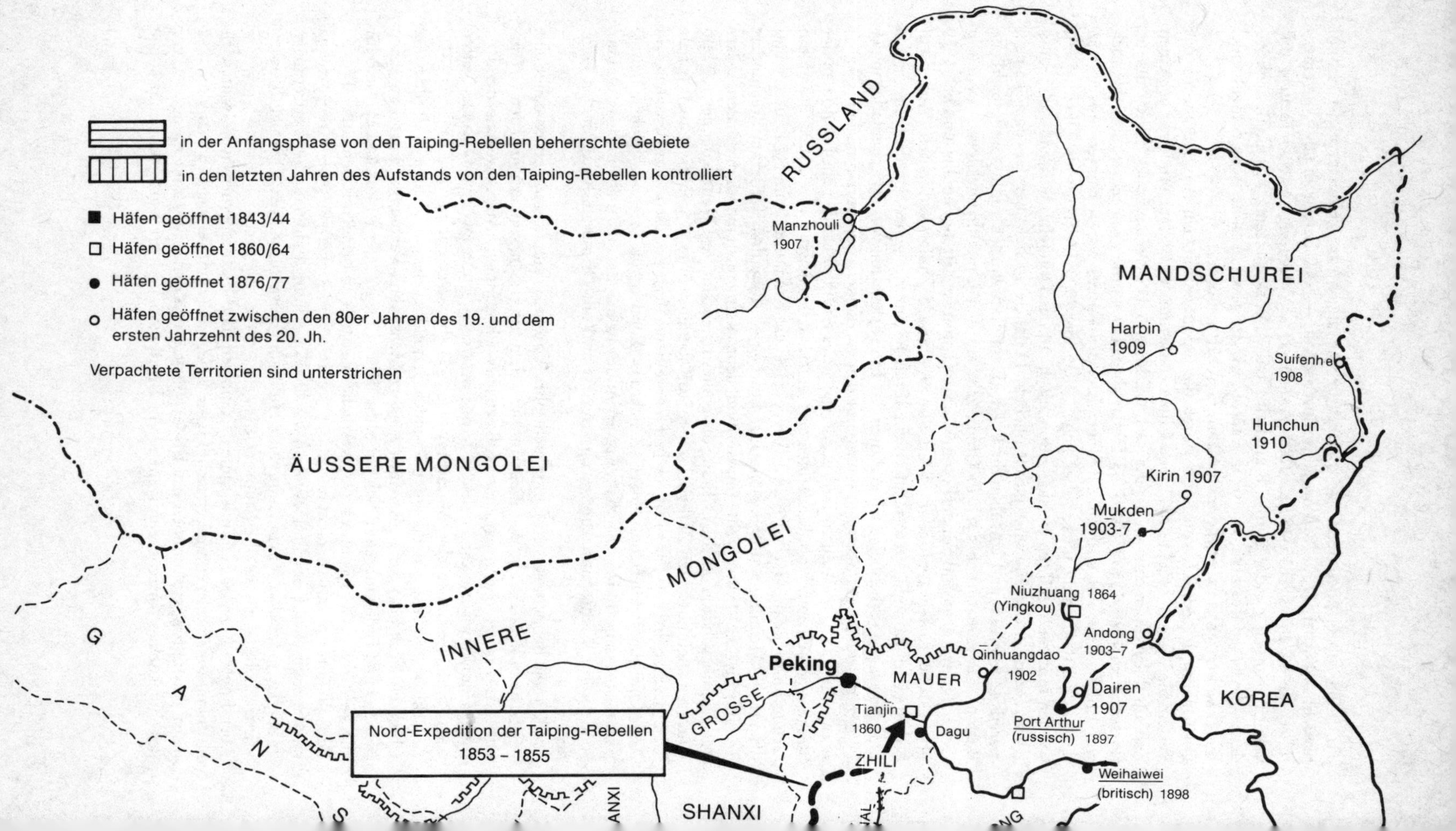
in der Anfangsphase von den Taiping-Rebellen beherrschte Gebiete
in den letzten Jahren des Aufstands von den Taiping-Rebellen kontrolliert
Häfen geöffnet 1843/44
Häfen geöffnet 1860/64
Häfen geöffnet 1876/77
Häfen geöffnet zwischen den 80er Jahren des 19. und dem ersten Jahrzehnt des 20. Jh.
Verpachtete Territorien sind unterstrichen
RUSSLAND
Manzhouli 1907
MANDSCHUREI
Harbin 1909
Suifenhe 1908
Hunchun 1910
Kirin 1907
Mukden 1903-7
ÄUSSERE MONGOLEI
INNERE MONGOLEI
Niuzhuang 1864 (Yingkou)
Andong 1903–7
Qinhuangdao 1902
Dairen 1907
Port Arthur (russisch) 1897
Weihaiwei (britisch) 1898
KOREA
Peking
GROSSE MAUER
Tianjin 1860
Dagu
ZHILI
SHANXI
Nord-Expedition der Taiping-Rebellen 1853 – 1855
G A N S

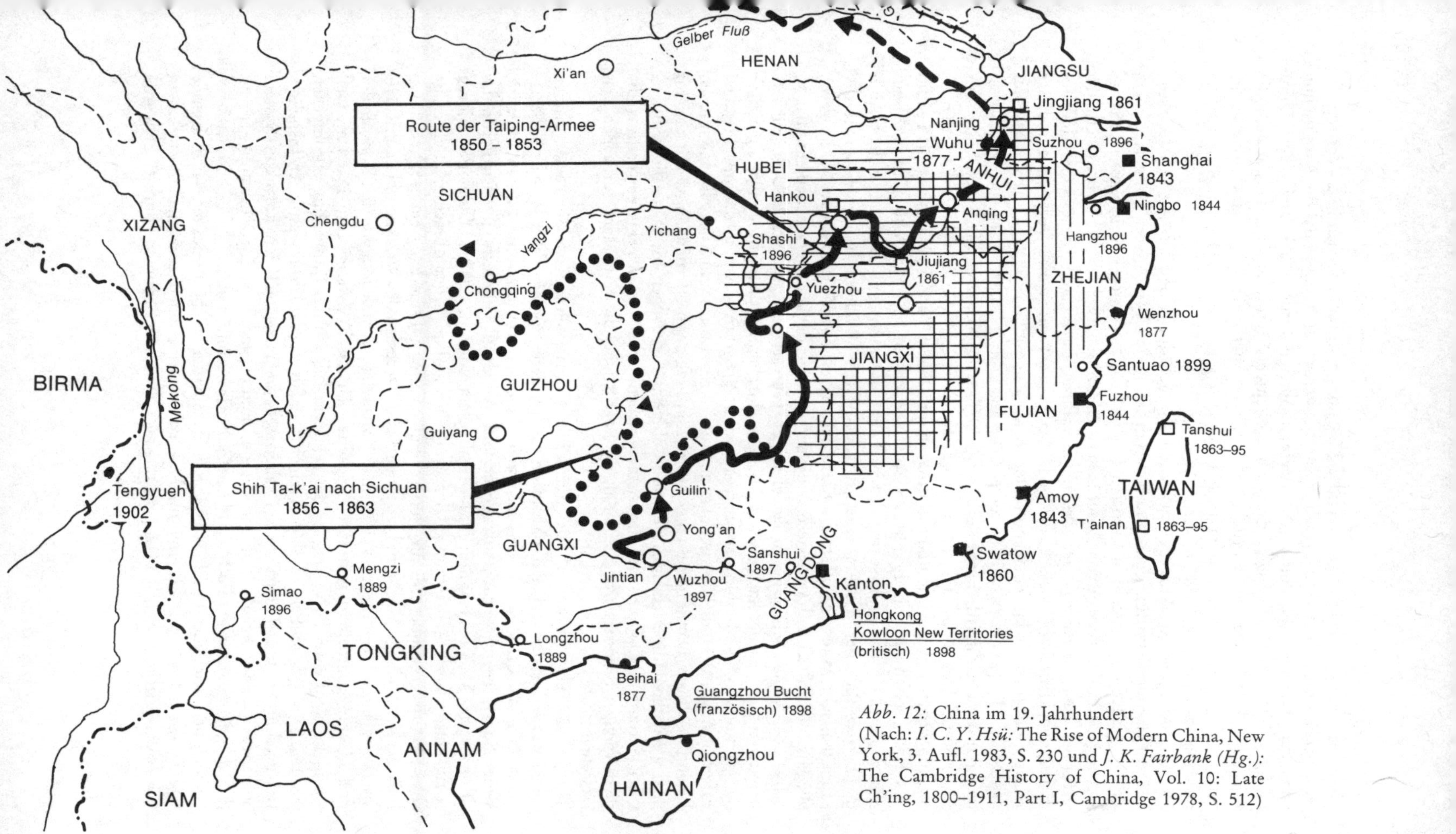

Abb. 12: China im 19. Jahrhundert (Nach: *I. C. Y. Hsü:* The Rise of Modern China, New York, 3. Aufl. 1983, S. 230 und *J. K. Fairbank (Hg.):* The Cambridge History of China, Vol. 10: Late Ch'ing, 1800–1911, Part I, Cambridge 1978, S. 512)

Handelsmonopol wurde aufgelöst und die Öffnung von fünf sogenannten »Vertragshäfen« (»treaty ports«) vereinbart, neben Kanton waren dies Amoy, Fuzhou, Ningbo und Shanghai. Britische und chinesische Beamte sollten künftig gleichrangig sein. China mußte sich zu Entschädigungszahlungen verpflichten. Vom Opiumhandel war nicht die Rede. Nichtsdestoweniger wurde er diskret weiterbetrieben[7] und stark ausgeweitet. Seine Höhepunkte erreichte er erst 1879 und 1888[8], um dann 1911 vertraglich beendet und allmählich unterdrückt zu werden[9].
Die amerikanische Konkurrenz der Briten sah sich durch den Vertrag von Nanking benachteiligt und erzwang daher mit Kriegsdrohung den Vertrag von Wangxia, in dem sie das Niederlassungsrecht in Vertragshäfen und extraterritoriale Konsulargerichtsbarkeit sogar für Verbrechen von Amerikanern an Chinesen erhielt. Außerdem sicherten sich Engländer wie Amerikaner vorsorglich in ihren Verträgen die sogenannte Meistbegünstigungsklausel, die besagt, daß eine Macht im Besitz eines Vertrags mit dieser Klausel automatisch in den Genuß aller neuen Zugeständnisse kam, die China einer dritten Macht gewähren mußte, eine Regelung, die geeignet war, eine Eskalation imperialistischer Zugriffe herbeizuführen[10]. 1836/37 importierten die Briten Waren für 34,5 Mio US-Dollar nach China und exportierten für 25,3 Mio aus China, die Amerikaner importierten für 3,2 Mio und exportierten für 9,5 Mio[11], andere Mächte spielten kaum eine Rolle, schon gar nicht Frankreich. Aber der französische Handel war im Wachsen; man wollte in China den Anschluß nicht verpassen. Außerdem befand man sich ohnehin in überseepolitischer Rivalität mit England. Mangels anderer Interessen spielte der protestantische Minister Guizot die Karte der katholischen Missionen aus. 1724 waren alle Missionare des Landes verwiesen worden; wenn sie illegal weiterarbeiten konnten, so gab es doch keinen Schutz gegen Verfolgungen. Nun setzte Frankreich 1845 als selbsternannter Schutzherr der katholischen Mission – kirchenrechtlich galt nämlich für China der portugiesische Missionspatronat, der erst 1856 durch Konkordat mit Portugal aufgehoben wurde! – die Wiederzulassung des Christentums und Rückgabe kirchlichen Eigentums durch. Damit begann die enge Verbindung der modernen China-Mission mit dem westlichen Imperialismus, der sie in chinesischen Augen bis heute diskreditiert. Christentum und Opium waren die Danaergeschenke des Westens, eine Verbindung, die nicht weniger brisant werden sollte als die begriffliche, die Karl Marx zur selben Zeit zwischen beiden hergestellt hat[12].
Theoretisch verfolgte der Westen mit seiner China-Politik ja das in seinen Augen lobenswerte Ziel, das »Reich der Mitte« in das westliche Völkerrechtssystem einzubeziehen, indem man das »Grundrecht« des freien Handels durchsetzte und China veranlaßte, seinen Superioritätsanspruch aufzugeben und sich als gleichberechtigter Partner in das »Konzert der Mächte« einzufügen. Doch abgesehen davon, daß die Chinesen von ihren sozio-kulturellen Voraussetzungen her wenig Verständnis dafür aufbrachten, mußte eine solche Politik gegenüber einem widerstrebenden China auf ständige weitere Schwächung hinauslaufen, solange Macht und wirtschaftliche Interessen des Westens weiter anwuchsen. Vor allem im wichtigsten Vertragshafen Shanghai, der faktisch von den Konsuln der drei Mächte kontrolliert wurde, entwickelte sich das Zollwesen zum Problem, weil westliche Kaufleute die vertraglich festgelegten Zölle durch Bestechung zu umgehen wußten. So wurde schließlich 1854 vereinbart, daß der Seezoll von westlichen Inspektoren in chinesischem Dienst zu verwalten sei, die tatsächlich ein korrektes System aufgebaut haben und großenteils aufrichtig in chinesischem Interesse tätig waren – soweit dies möglich war, wenn die Mächte den Zolltarif bestimmten[13].
An sich herrschte aber in China eher eine fremdenfeindliche Linie; die wechselseitige Gereiztheit nahm zu, bis Premierminister Palmerstone einen Zwischenfall mit einem chinesisch-britischen Schiff aus Hongkong als Casus belli benutzen konnte[14]. Er wurde

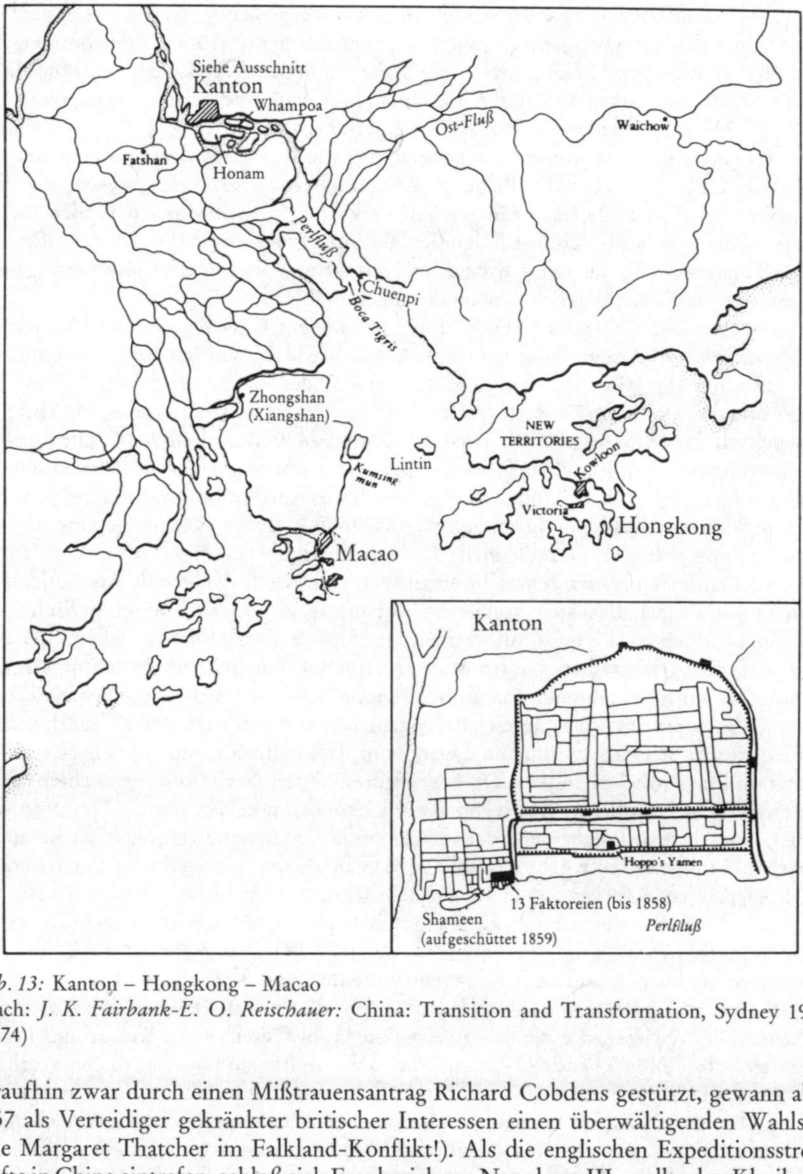

Abb. 13: Kanton – Hongkong – Macao
(Nach: *J. K. Fairbank-E. O. Reischauer:* China: Transition and Transformation, Sydney 1979, S. 274)

daraufhin zwar durch einen Mißtrauensantrag Richard Cobdens gestürzt, gewann aber 1857 als Verteidiger gekränkter britischer Interessen einen überwältigenden Wahlsieg (wie Margaret Thatcher im Falkland-Konflikt!). Als die englischen Expeditionsstreitkräfte in China eintrafen, schloß sich Frankreich an; Napoleon III. wollte den Klerikalen zulieb die Tötung eines Missionars rächen. Hinhaltender Widerstand des Hofes gegen die Forderungen der Sieger führte schließlich 1860 zum Einmarsch der um 2500 Mann aus der Unterwelt von Hongkong verstärkten Engländer und Franzosen in Peking[15], wobei der Sommerpalast niedergebrannt wurde, den Jesuitenmissionare im 18. Jahrhundert unter Verbindung barocker mit chinesischen Bauformen errichtet hatten. Jetzt aber dürfte ein französischer Missionar als Dolmetscher in den Vertrag mit Frankreich die Berechtigung für die Missionare eingeschmuggelt haben, »in allen Provinzen Land zu pachten und zu kaufen, um beliebig Gebäude darauf zu errichten«[16]. Die Verhältnisse hatten sich geändert! Die neuen Verträge sahen die Vermehrung der Vertragshäfen vor, die Öffnung des Yangzi für den Handel, vertraglich fixierte Außen- und Binnenzölle, westliche Botschaften in Peking, was eine Totalrevision der chinesischen »Außenpolitik« bedeutete und tatsächlich 1861 die Errichtung eines Außenamtes, des »Zongli yamen«, zur Folge hatte[17], ferner die freie Ausübung der christlichen Religion durch Chinesen unter Garantie der Mächte (!), schließlich die Legalisierung des Opium- und des neuentstandenen Kuli-Handels. Bisher war Auswanderung verboten gewesen, jetzt aber entsprach der Nachfrage nach billigen Arbeitskräften in britischen Kolonien und in Amerika das Angebot in China infolge Bevölkerungsdruck und Massenelend[18]. Formell blieb China souverän, faktisch wurde seine Souveränität aber durch diese Verträge und ihre zahlreichen Nachfolger immer mehr eingeschränkt[19].

Aber die Schwäche Chinas ist eben nicht nur auf exogene Ursachen wie den Opiumhandel und die westliche Aggression zurückzuführen. Vielmehr wurden die exogenen Kräfte nur wirksam infolge einer endogenen Systemkrise, in der eine fast unglaubliche Bevölkerungsexplosion eine zentrale Rolle spielte. Vom späten 17. Jahrhundert bis zur Mitte des 19. wuchs die Bevölkerung Chinas von ca. 150 auf ca. 430 Mio Menschen[20]. Die britische Bevölkerung hat zwar im selben Zeitraum proportional fast ebenso stark zugenommen, aber dort fand diese Entwicklung in der industriellen Revolution statt, während sie hier fast nur vom Agrarsektor aufgefangen werden mußte. Trotz Neulandgewinnung und Intensivierung – es gab ja auch mehr Dünger menschlicher Herkunft – wurden die landwirtschaftlichen Methoden nicht wesentlich verbessert. Anders als das okzidentale setzte dieses Wirtschaftssystem von jeher nicht auf Arbeitsersparnis durch tierische oder maschinelle Energie, sondern auf vermehrten Einsatz menschlicher Arbeit. Bei dem Überangebot an Menschen fanden sich also immer Bauern, die *noch* ungünstigere Pachtbedingungen annahmen, nur um überhaupt Land zu bekommen. Voraussetzung war allerdings ein intaktes Herrschaftssystem. Aber die Kaiser des 19. Jahrhunderts wurden immer schwächer und unfähiger, zum Teil einfach deshalb, weil es sich um Kinder und Jugendliche handelte. Und die Figuren hinter dem Thron vermochten diesen Leerraum nicht zu füllen, selbst wenn sie Interesse daran gehabt hätten. Das politische System war aber so konstruiert, daß es zumindest in Krisenzeiten eine starke Spitze benötigte. Infolgedessen wuchs das übliche Maß an »Korruption«, das zu einem derartigen Regierungssystem gehört, in staatsgefährdendem Umfang an. Wurde bislang das Vier- bis Fünffache des nach Peking abgeführten Steuerertrags aus der Bevölkerung herausgepreßt, so stieg dieses Verhältnis im Yangzi-Gebiet nunmehr auf das Zehnfache. Steuerpächter, Beamte und örtliche »Gentry« teilten sich in den Gewinn.

Als »Gentry« werden von angelsächsischen Forschern die sogenannten »Literaten« (»Shenshi«) bezeichnet, die die Schlüsselstellungen in Gesellschaft, Kultur und Politik innehatten. Tatsächlich handelte es sich dabei ja wie in England weder um eine geschlossene Aristokratie noch um eine rein ökonomisch konstituierte Klasse, sondern um eine Art Mischung aus beidem. Formal gab das staatliche Prüfungswesen den Ausschlag. In drei Stufen (Präfektur – Provinz – Hauptstadt) konnte man sich durch ein schriftliches Literaturexamen zum Staatsdienst qualifizieren. Es gab vielleicht 1 Mio Inhaber des untersten Grades, mehr oder weniger Anwärter, denn China wurde von nicht mehr als ca. 27000 höheren Beamten regiert. Den zweiten Grad besaßen vielleicht 18000, den höchsten nur 3000 Leute. Diese Gruppe, die aus ihren Reihen bestellten höheren Beamten und die Ruhestandsbeamten bildeten die eigentliche Führungsschicht. Theoretisch war sozialer Aufstieg möglich, und sei es durch Kauf eines Grades, was vorgesehen war. Mobilität blieb aber Ausnahme wegen der ausschlaggebenden Rolle der Großfamilie in dieser Gesellschaft. Die Examensvorbereitung verlangte Entsagung und beträchtliche Mittel, so daß sie nur einem Kandidaten möglich war, der von einer wohlhabenden

Familie getragen wurde. Kam er in Amt und Würden, hatte er wiederum Status und Wohlstand seiner Familie zu sichern. Durch ihre Beziehungen zu den hohen Beamten, durch ihre verwandtschaftliche Verflechtung und ihren Reichtum beherrscht die »Gentry« Gesellschaft und Lokalverwaltung. Außerdem war sie die alleinige Trägerin der literarischen Bildung, die mit der neo-konfuzianischen Staatsideologie identisch war. Auf diese Weise konnte China zwar mit wenigen Beamten auskommen, aber die Herrschaft des Kaisers war trotz ihrer sakralen Begründung nur im Einklang mit der »Gentry« möglich[21].

Auch die Wirtschaft stand bis zu einem gewissen Grad unter Kontrolle der »Gentry«. Es bestand zwar keine völlige Identität von Literaten und Grundbesitzern, aber doch genug für eine Interessengemeinschaft. Vor allem im Süden waren viele Bauern Pächter der »Gentry«. Ihre konfuzianische Ideologie produzierte eine Sozialethik, die Gelehrsamkeit und Muße am höchsten, danach den Landbau noch relativ hoch, Kaufmannschaft und Soldatentum aber ziemlich niedrig einstufte, obwohl in zunehmendem Maße auch Handelskapital die Grundlage zum Aufstieg in die »Gentry« gebildet haben dürfte. China hat ja durchaus bereits *vor* dem Zusammenstoß mit dem Westen einen Aufstieg des Kaufmanns in Richtung auf Entstehung eines Handelskapitalismus und einer Handelsbourgeoisie erlebt, der sich dann an der Küste durch Zusammenarbeit mit dem westlichen Handel zunächst rapid beschleunigte. Freilich scheint es sich nur um quantitative Vermehrung und nicht etwa um qualitative Veränderung der Märkte gehandelt zu haben. Auch die chinesische Technik war zwar relativ hoch entwickelt, aber immer noch so handwerklich-einfach, daß sie in optimaler Kosten-Nutzen-Relation zu den arbeitsintensiven Produktionsverhältnissen blieb. Und sie konnte von Ideologen sogar der als inhuman denunzierten wissenschaftlichen Technik des Westens vorgezogen werden, weil sie anders als jene im menschlichen Maß blieb. Und als mit der Bevölkerungsexplosion die Pro-Kopf-Nachfrage sank, Arbeit billiger, Kapital aber teuerer wurde, schien erst recht kein Anlaß zu systemtransformierenden Innovationen zu bestehen. Kurzum, das chinesische System modernisierte nicht, weil es keinen Bedarf an Modernisierung erkannte. Man hat geradezu von einer »Gleichgewichtsfalle auf hohem Niveau« (»high-level equilibrium trap«) gesprochen, aus der China nur schwer ausbrechen konnte[22].

Dieses geschlossene System wurde nun weniger durch die Aggressionen des Westens als durch das Zusammentreffen der latenten Subsistenzkrise mit der Krise des Herrschaftssystems aufgebrochen. Das brauchte aber keine endgültige Agonie zu bedeuten, sondern blieb im Rahmen des in der chinesischen Geschichte Üblichen. Wenn Schwäche der Herrscher und Korruption der Beamten mit Naturkatastrophen und Angriffen von außen zusammentrafen, bedeutete dies, daß sich ein dynastischer Zyklus seinem Ende näherte, weil das »Mandat des Himmels« für eine Dynastie abgelaufen war[23]. So hatte im 14. und im 17. Jahrhundert jeweils eine neue Dynastie die Macht ergriffen, die Ming und die Qing. Das schien sich jetzt zu wiederholen, denn Chinas äußere Konflikte nehmen sich geradezu harmlos aus neben den inneren Unruhen, die damals das Reich erschütterten[24].

Die Taiping-Revolution hat im Süden Chinas 1850–1864 über 100 Mio Menschen in Bewegung gebracht und 20–30 Mio Tote gefordert. Und sie übernahm genau die historisch vorgegebene Rolle der Stiftung eines neuen Regimes. Die Mandschu sollten als fremde Barbaren vertrieben werden. Statt dessen wurde das »große Reich des himmlischen Friedens« (»Taiping tianguo«) unter der neuen Dynastie des »Himmelskönigs« (»Tianwang«) Hong Xiuquan mit der an Vor-Mandschu-Traditionen anknüpfenden Hauptstadt Nanking gegründet. Gleichzeitig aber stellt die Taiping-Bewegung eine eigentümliche Form der Auseinandersetzung mit dem Westen und einen Anlauf zur Modernisierung der chinesischen Gesellschaft dar. Wahrscheinlich ist sie sogar an diesen radikalen Innovationen gescheitert, weil dadurch weite Kreise der »Gentry«, auf die in China immer noch alles ankam, gründlich verschreckt wurden und ihr die Mitarbeit versagten. Die Bewegung beruht auf der Grundlage religiöser Visionen, die beim Gründer Hong Xiuquan krankhaften, bei anderen Führern betrügerischen Ursprungs gewesen sein dürften. Diese Visionen wurden nun im Sinne eines gemäß dem Informationsstand des Gründers unvollständigen und chinesisch überformten evangelischen Christentums interpretiert, das z. B. die Taufe, nicht aber das Abendmahl kannte. Die Taiping betrachteten die evangelischen Abendländer als Glaubensbrüder, während sie deren Abneigung gegen Katholiken mitübernahmen. Sie fühlten sich aber als Glaubensbrüder eigenen, wenn nicht besseren Rechts, hielt sich doch ihr Gründer für den jüngeren Bruder Jesu Christi, eine *sehr* chinesische Einkleidung seines Anspruchs.

Auf dieser Grundlage einerseits, durch Rückgriff auf die idealisierten Zustände der Zhou-Dynastie (1122–221 v. Ch.) andererseits stellte die Taiping-Doktrin wesentliche Bestandteile der hergebrachten chinesischen Weltordnung in Frage. Vielleicht aufgrund persönlicher Ressentiments lehnte der Gründer die etablierte Hierarchie ab – er war als potentieller Aufsteiger mehrfach durch die Beamtenprüfung gefallen, wobei dieser Schock die Visionen ausgelöst haben dürfte. So wurde radikale Gleichheit verkündet, freilich mit den in solchen Fällen üblichen Ausnahmen für Führer. Diese Gleichheit der Gotteskinder sollte nicht nur Abschaffung des Privateigentums bedeuten, Landzuweisung nach Kopfzahl und nur zur Nutzung mit Versorgung aus öffentlichen Vorräten, sondern was noch revolutionärer war, die vollständige Gleichberechtigung der Frau, bis hin zur Aufstellung weiblicher Kampfverbände. Damit ging aber puritanischer Rigorismus einher mit Verbot von Opium, Tabak, Alkohol und für die Kampfzeit auch Geschlechtsverkehr – außer für Führer. Strenger Monotheismus löste einen hypercalvinistischen Bildersturm gegen die Götter- und Ahnenverehrung wie gegen den Katholizismus aus. Die Verwendung der Umgangssprache in der Verwaltung sollte ein weiteres Monopol der »Gentry« zerstören.

Da die Bewegung sich samt ihren Führern vorwiegend aus den bedrängten Unterschichten des Südens rekrutierte, waren weiterreichende Verwestlichungsversuche erst möglich, als 1859 Hong Ren'gan, ein Vetter des Gründers, mit genaueren Kenntnissen aus Hongkong zurückkam und in bedrängter Lage sofort zum Premierminister ernannt wurde – das chinesische Familienprinzip hat die Taiping-Revolution offenbar ebenso überlebt wie die kommunistische. Der Glaube an die Bewegung nahm bei Hong Ren'gan schon die Gestalt eines chinesischen Nationalismus an. Seine Modernisierung sollte bei Eisenbahnen, Dampfschiffen und Telegrafen beginnen und über eine Industrialisierung nebst Bankwesen bis zu einer neuen Gesellschaft mit sozialer Fürsorge und einem rigorosen Arbeitsethos reichen. Die Verwirklichung solcher Ideen konnte nicht mehr in Angriff genommen werden. Wegen der Schwäche des Gründers hatte es bereits verlustreiche gegenseitige Abrechnungen unter den Führern der Taiping gegeben. 1864–1868 wurde die Bewegung dann von ihren Gegnern vernichtet. Die westlichen Mächte hatten sich zunächst eher neutral verhalten; standen sie doch selbst im Konflikt mit Peking. Seit 1860 ließen sie sich aber zur Mitwirkung an der Niederschlagung der Taiping gewinnen. Es entstand sogar eine gemischte Söldnertruppe, die »Ever Victorious Army«, zuletzt unter dem Engländer Charles George Gordon (1833–1885), aus dem dann der Held von Khartum werden sollte[25].

Ausschlaggebend für die Selbstbehauptung des Qing-Regimes war aber weder das Eingreifen des Westens noch die innere Schwäche der Taiping, ausschlaggebend war die Entscheidung der »Gentry« für Peking, denn eine Revolution konnte in China nur Erfolg haben, wenn sie sich für die neue Dynastie gewinnen ließ. Dieses Mal aber sah sie ihre Interessen bei der alten Dynastie in besseren Händen, was zugleich eine Absage an

radikale Modernisierung bedeutete. Der Kampf wurde nicht mehr von der Mandschu-Armee geführt, sondern von chinesischen Truppen unter chinesischer Führung, Truppen, die die »Gentry« unter Ausnutzung von Provinz-Gegensätzen rekrutiert hatte. Da man den bevollmächtigten Kriegsherren ihre regional begründete Macht nach Kriegsende nicht mehr ohne weiteres entziehen konnte, zeichnete sich seit der Niederlage der Taiping die politische Desintegration Chinas in Machtbereiche regionaler Militärbefehlshaber ab, das System der »Warlords«, das zwischen den beiden Weltkriegen seinen Höhepunkt erreichen sollte. Zeng Guoquan in Hunan, Li Hongzhang an der Yangzi-Mündung, Zuo Zongtang südlich davon – sie alle schufen sich ihre »Hausmacht«[26].
Das hinderte diese Leute aber keineswegs, eine maßgebende Rolle in der sogenannten »Tongzhi-Restauration«der sechziger Jahre (für die Kaiser Tongzhi 1862–1874 nur den Namen hergegeben hat) zu spielen. Um »Selbststärkung« sollte es gehen, nach dem Motto »chinesische Bildung als Grundlage – westliche Lehren zur praktischen Anwendung«, war man doch der Überzeugung, es genüge, die hergebrachten Prinzipien besser zu realisieren und ihnen Feuerwaffen, Schiffe und andere technische Errungenschaften aufzupfropfen, um allem gewachsen zu sein. Zunächst wurde vom Prinzen Gong als Chef des Zongli yamen eine Außenpolitik des Entgegenkommens getrieben; beim Außenamt entstanden eine Sprachenschule und ein Übersetzerzentrum. Mehr oder weniger mit der Zentrale abgestimmt schufen die »Provinzfürsten« Waffen- und Tuchfabriken, Schiffswerften und Dampferlinien, Kohlenminen und Arsenale, Eisenbahnen und Telegrafenlinien. Nach Ansicht von damaligen westlichen Beobachtern wie von heutigen Historikern befand sich China nach 1870 nicht weniger auf dem Weg zur erfolgreichen Modernisierung als das gleichzeitige Japan.
Aber diese Reformbewegung sollte scheitern, zunächst an der notorischen Führungsschwäche der Zentrale. Die Mutter des Tongzhi-Kaisers, Cixi oder Xiaoqin, war von 1862 bis 1908 die eigentliche Regentin Chinas. Dieser Meisterin der Hofintrige fehlte aber jeder Sinn für die Notwendigkeit der Modernisierung des Landes und die Erfordernisse der westlich beherrschten internationalen Politik. Ihr Schwager Gong konnte sich nicht gegen sie durchsetzen. Diese Konstellation war aber nur möglich, weil das reaktionäre Regime in dieser Hinsicht von einer breiten Mehrheit der Führungsschicht getragen wurde. Die Reformen blieben Sache verschiedener hoher Beamter, die genug Einsicht hatten und dabei ihren Vorteil fanden – Li Hongzhang soll ein Vermögen von 40 Mio US-Dollar Gegenwert gesammelt haben[27] –, die aber weder von der Zentrale noch von der Mehrheit ihrer Standesgenossen gedeckt wurden. Diese Mehrheit blieb bei der traditionellen Auffassung, es gelte die richtige Gesinnung zu entwickeln, statt wertlose Künste der Barbaren zu übernehmen. Und in einer Hinsicht sahen die Reaktionäre sogar richtiger als die Reformer: es ist nicht möglich, sich in breiterem Umfang Hervorbringungen der westlichen Kultur anzueignen, ohne wenigstens einen Teil ihrer intellektuellen Grundlagen mitzuübernehmen. Doch da weder die vielberufene westliche Rationalität noch das Christentum mit einem Konfuzianismus vereinbar waren, der alles auf Probleme der traditionellen Sozialmoral reduzierte, und eben dieser Konfuzianismus den Inbegriff der Machtstellung der »Gentry« ausmachte, war ihr dieser Schritt nicht möglich[28].
Verhängnisvolle Folgen ließen nicht auf sich warten, vor allem Konflikte mit der christlichen Mission und außenpolitische Mißerfolge trotz Teilmodernisierung, wobei Missionszwischenfälle als Vorwand und Auslöser für Zusammenstöße mit dem Westen gedient haben. Die Missionare, deren Verhalten häufig genug die zeitübliche Verachtung für alles Chinesische widerspiegelte, waren nicht nur unter dem Schutz der Kanonenboote ins Land gekommen, sondern stellten vor allem deswegen eine ständige Provokation dar, weil sich der Schutz der Mächte auch auf ihre chinesischen Gemeinden

erstreckte. Das zog genug »Reischristen« an, die geeignet waren, die antichristlichen Vorurteile der Chinesen zu bestätigen. Die Gentry nahm die Herausforderung an und beantwortete sie mit planmäßiger und teilweise meisterhafter antichristlicher Propaganda unter den Massen, wobei die krassesten Verleumdungen bereitwillig Glauben fanden. Die Arroganz der Missionare machte es ihren Gegnern leicht, die Zwischenfälle häuften sich. Die entsprechenden Akten des Zongli yamen bilden die mit Abstand umfangreichste Gruppe. In Tianjin, einer 1858–1860 zutiefst gedemütigten Stadt, wurde auf dem Platz eines Tempels eine Kathedrale »Notre Dame de Victoire« errichtet. Dem Volke aber wurde weisgemacht, im katholischen Waisenhaus würden den Kindern zu magischen Zwecken Herzen und Augen ausgeschnitten. Der französische Konsul versuchte 1870, einen Konflikt mit Beschimpfungen und Schüssen beizulegen – er wurde vom Pöbel zerrissen, andere Europäer, darunter Missionare und Nonnen viehisch zu Tode geschunden. Die Reaktion der Mächte beendete den Versuch der Reformer, mit dem Westen auszukommen. Und für die Regierung endete jede Affäre mit Verlust an Gesicht, mochte sie sich auf die Seite des Volkes oder der Fremden stellen[29].
Die wirtschaftliche Modernisierung als Grundlage militärischer Stärke war denn doch bescheiden geblieben. In den Vertragshäfen sammelten zwar die chinesischen Mittelsmänner westlicher Firmen, die »compradores«, Sachverstand und Kapital, die Grundlagen späterer Industrialisierung. Es fehlte aber Initiative und Förderung durch die Regierung; einzelne Privatbetriebe und selbst das Industrie-Imperium des Li Hongzhang brachten nicht genügend Impulse. Es etablierte sich die übliche dualistische Wirtschaft, wo Kapitalmangel weiterer Entwicklung im Wege steht[30]. Der von der Führungsschicht angesammelte Reichtum war nicht zu mobilisieren und die Regierung hatte in der Regel nicht genug Mittel zur Verfügung, vor allem infolge der Entschädigungszahlungen nach verlorenen Kriegen – spätestens hier wirkt sich das Eingreifen der Mächte aus. Nach dem chinesisch-japanischen Krieg waren 200 Mio taels, gleich 150 Mio Dollar fällig, dreimal die Jahreseinnahmen Pekings, nach dem Boxer-Protokoll 450 Mio, gleich 333 Mio Dollar, Summen, die nur noch durch Anleihen aufgebracht werden konnten.
China hatte durchaus schon modernes Kriegsmaterial zur Verfügung, es fehlte aber an der notwendigen Ausbildung. Doch die sich häufenden Niederlagen gegen die Mächte und dann auch noch gegen Japan wurden als so demütigend empfunden, daß nun aus der »Gentry« selbst eine radikale Reformbewegung hervorging. Ihr Führer Kang Youwei nahm eine Neuinterpretation der klassischen konfuzianischen Texte vor und ging im Stillen sogar über sie hinaus. Auf den Einwand: »Die Einrichtungen der Vorfahren können nicht geändert werden« erwiderte er: »Wir können das Reich der Vorfahren nicht retten; was sollen dann ihre Einrichtungen noch nützen?« Das war unerhört, aber Kaiser Guangxu vertraute ihm und seinen Gesinnungsgenossen. Zwischen dem 11. Juni und dem 21. September 1898 ergingen über vierzig einschneidende Reformedikte – das waren die berühmten »Hundert Tage«. Doch dann wurde der Kaiser von seiner Tante Cixi, die er hatte entmachten wollen, gefangen genommen und für den Rest seines Lebens eingesperrt; einen Teil der Reformer ließ sie hinrichten[31].
Nun erfolgte eine Reaktion auf Chinas Bedrängnis von der anderen Seite, von den Reaktionären. Eine der in China seit eh und je als Refugium von Regimegegnern verbreiteten, bisweilen halbkriminellen Geheimgesellschaften, die zeitweise den schönen Namen »Fäuste für Recht und Harmonie« führte und daher von den Europäern schlicht als »Boxer« bezeichnet wurde, ergriff die Initiative mit der Parole: »Unterstützt die Qing-Dynastie, vernichtet die Fremden!« Obwohl ihre Bewegung durch Überschwemmungen und Hungersnöte ausgelöst wurde und insofern in die Tradition chinesischer Bauernrevolten gehörte, verfolgte sie keine sozialen Ziele, sondern betrachtete im

traditionellen Sinn die Anwesenheit der Fremden als Beleidigung des Himmels, der darauf mit Naturkatastrophen reagierte. 1899 wurden Europäer und chinesische Christen massakriert, 1900 unter anderem der deutsche Botschafter in Peking, von Ketteler, der sich eben noch mit Schießübungen auf die Aufständischen vergnügt hatte, getötet und das dortige Gesandtschaftsviertel belagert. Die Haltung der Provinzmachthaber war zwiespältig, der Hof aber unterstützte die Boxer. Eine europäisch-japanische Expedition beendete die Affäre und fügte neue Demütigungen zu den alten hinzu[32].
Jetzt erst war das Maß voll; die alte Kaiserin mußte sich nun zu Reformen verstehen, für die sie vor wenigen Jahren den Kaiser gestürzt hatte. 1905 wurde sogar das ehrwürdige Prüfungswesen abgeschafft, 1906 mit regelrechter Verfassungspolitik begonnen. Aber nach ihrem Tod war die Dynastie mit einem Kinderkaiser ohne Führung, das Ende nur noch eine Frage der Zeit. Aus den Reformern waren unterdessen Revolutionäre geworden, bis die Studentenbewegung vom 4. Mai 1919, eine Reaktion auf neue Demütigungen durch Versailles, endgültig mit Chinas Vergangenheit brechen wollte. Aber die Republik von 1911 knüpfte ebenso bei den Taiping an wie die chinesischen Kommunisten, die die Erneuerung Chinas nach den Krisen des 20. Jahrhunderts schließlich zum Ziel geführt haben. Nach rund hundert Jahren und ungeheueren Opfern hat die chinesische Modernisierung endlich Erfolg gehabt[33]. Die Frage läßt sich nicht vermeiden, warum das eng verwandte Japan einen anderen und erfolgreicheren Weg der Auseinandersetzung mit dem Westen gehen konnte.

Auf den ersten Blick hat die Ausgangssituation in Japan sehr viel Ähnlichkeit mit derjenigen in China. Seit 1637 hatte sich auch Japan vom Westen abgeschlossen; Auslandsaufenthalte waren verboten[34]. Die begrenzten und sorgfältig überwachten Außenbeziehungen und der Handel blieben weitgehend auf China und Korea beschränkt sowie auf die streng reglementierte Station der Niederländisch-Ostindischen Kompanie in Nagasaki. Und auch in Japan kann man Mitte des 19. Jahrhunderts von »Wirren im Innern und Bedrohung von außen« (»naiyū-gaikan«) sprechen. Warum aber ist dann im Gegensatz zu China die »Modernisierung« im ersten Anlauf gelungen? Bei genauerem Zusehen erweist sich die Ausgangslage eben doch als verschieden, denn zum einen war Japan kleiner als China und daher leichter zu kontrollieren und auch zu aktivieren als jenes Riesenreich, zum anderen unterschied es sich in seiner sozio-politischen Struktur von China. Deren wichtigste Eigentümlichkeiten waren die zweigipflige Spitze des Landes und das Feudalsystem. Auch Japan besaß ein auf kosmologische Mythen gegründetes Kaisertum, das aber von der Politik weitgehend ausgeschlossen blieb. Der Kaiser und eine besondere, rein zivile Hofaristokratie lebten zurückgezogen in Kyoto und widmeten sich rituellen und kulturellen Aufgaben. Die militärische und politische Macht lag beim »Shōgun« und seiner Regierungszentrale, dem »Bakufu«. Der Titel des Shōgun ist ein militärischer und seine Macht beruht auch auf einem kriegerisch geprägten Feudalsystem, dessen Spitze er und nicht etwa der Kaiser darstellte. Seine Vasallen waren die 260–270 »Daimyō«, die in ihren Herrschaftsgebieten (»han«) eine fast unumschränkte Gewalt ausübten. Deren Lehensleute wiederum waren die Samurai, von denen es vielleicht 570000 gab, mit Familien ca. 2 Mio, etwa 6% einer auf 30 Mio geschätzten Bevölkerung, wobei ihr Anteil im Süden höher lag. Sie bildeten den ersten Stand einer streng hierarchischen Gesellschaft und besaßen einen exklusiven, auf Treue und kriegerische Tugenden ausgerichteten Ehrenkodex. Obwohl die Ideologie dieses Herrschaftssystems bewußt mit Konfuzianismus angereichert worden war, unterschieden sich die Samurai als seine tragende Schicht doch erheblich von der chinesischen »Gentry«: anstelle abstrakter ethischer Normen band sie feudale Treue an die Zentralgewalt, ihre Ausrichtung war nicht zivil, sondern militärisch und ihr Anteil an der Bevölkerung sehr viel größer.

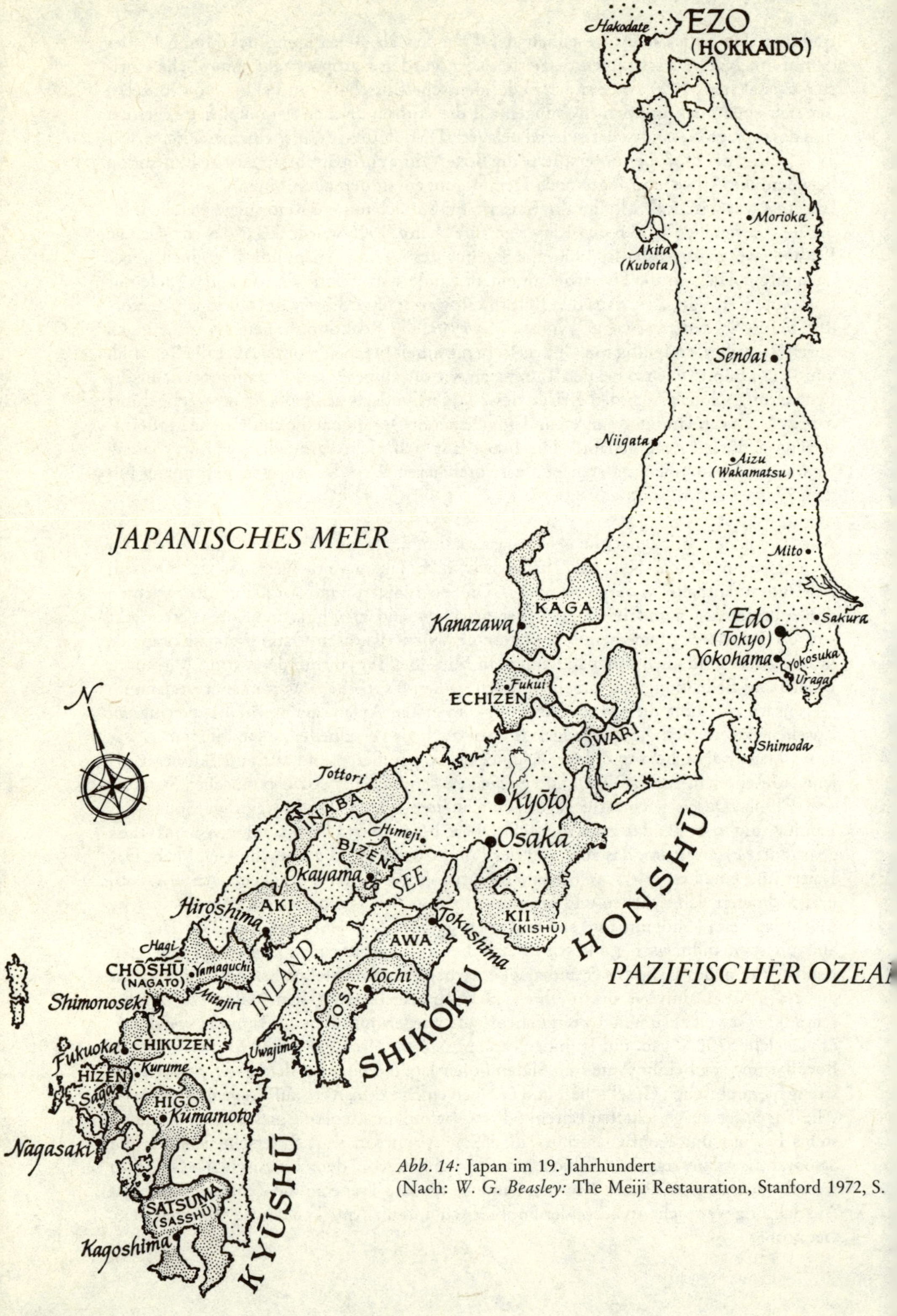

Abb. 14: Japan im 19. Jahrhundert
(Nach: *W. G. Beasley:* The Meiji Restauration, Stanford 1972, S.

Tafel 9: Kang Youwei (1858–1927)
Chinesischer Reformer von 1898

Tafel 10: Iwakura-Mission

Tafel 11: Ito Hirobumi (1841–1909) erster Premierminister Japans, Hauptautor der Verfassung von 1889

Tafel 12: Fukuzawa Yukichi (1834–1901) Japanischer Reformer

Macht wurde in Reisertrag des jeweils zur Verfügung stehenden Landes gemessen, die Maßeinheit »koku« umfaßte 180 Liter. Von einem »Nationalprodukt« von 26 Mio koku bezogen der Kaiser und sein Hof nur 130000. Der Shōgun kontrollierte 4,2 Mio unmittelbar, 2,6 Mio durch seine eigenen Kleinvasallen, zusammen 25%. Drei Nebenzweige des herrschenden Hauses Tokugawa und die 145 »Fudai Daimyō«, die schon vor 1615 zu dessen Anhängern gehört hatten, besaßen zusammen 9,3 Mio (36%). Die restlichen 9,8 Mio (38%) waren in der Hand von etwa 100 »Tozama Daimyō«, den »äußeren Lehensfürsten«, die jedes zweite Jahr am Hof des Shōgun zu verbringen und ansonsten Angehörige als Geiseln zu hinterlassen hatten. Das vom Shōgun mehr oder weniger direkt kontrollierte Gebiet konzentrierte sich im wirtschaftlichen und politischen Herzen des Landes um seine Residenz Edo oder Yedo (heute Tokyo) und die Kaiserstadt Kyoto. Darum gruppierte sich der Besitz der ihm näherstehenden Familien, während die der »Tozama Daimyō« am Rande, vor allem im Süden zu suchen sind. Wichtig wurden Chōshū (Hauptstadt Yamaguchi) an der Südspitze der Hauptinsel (369000 koku) sowie auf der Südinsel Kyūshū Hizen (Hauptstadt Saga; 357000 koku) und Satsuma (Hauptstadt Kagoshima; 770000 koku). Die Samurai als Aftervasallen waren höchst unterschiedlich ausgestattet, mit Bezügen zwischen 4 koku und 3000.
Dieses System unterlag nun Mitte des 19. Jahrhunderts schon längere Zeit erheblichem sozialem Wandel. Die Samurai als Kriegerkaste waren funktionslos geworden, denn Japan war längst befriedet; Ausweichen in Verwaltungsdienst oder Studium kam angesichts ihrer Zahl nicht für alle in Frage. Gerade im Süden, wo sie bis zu einem Drittel der Bevölkerung ausgemacht haben sollen, bestand so etwas wie ein demographischer Druck der Samurai, eine Quelle militärischer Stärke wie sozialer Unruhe, die manches erklärt. Obwohl sie auf ihren Vorrechten als erster Stand (Samurai – Bauern – Handwerker – Kaufleute) beharrten, waren sie in großem Umfang von den Kaufleuten abhängig geworden, die nur noch in der Theorie der letzte und verachtetste der vier Stände waren. Die in Reis erhobene Grundrente konnte in der Regel von ihren Beziehern nicht ganz verzehrt werden; man mußte sie zu Geld machen und den Reisüberschuß in Gebiete schaffen, wo er gebraucht wurde. Und die Samurai brauchten Geld für viel andere Dinge, die geliefert werden mußten. In entsprechend größerem Maßstab gilt dasselbe für die Daimyō und vor allem für das Bakufu selbst. Alle diese Probleme lösten die Kaufleute, mit erheblicher Verschuldung der Herrenkaste und ihrem eigenen sozialen Aufstieg als Ergebnis, so daß trotz starrer Ständeordnung der Übergang vom Samurai zu den Kaufleuten oder sogar das Umgekehrte vorkam. Handel, Kredit und Geldwirtschaft waren höher entwickelt als in China, eine wesentliche Voraussetzung für »Modernisierung«, selbst wenn deren Träger dann zum geringeren Teil aus den Reihen des Kaufleutestandes kommen sollten[35]. Auch die Landwirtschaft war inzwischen stark kommerzialisiert, was zur Ausbildung einer Klasse wohlhabender Bauern führte, die sich sozial den Samurai annäherten. Dem stand aber eine erschreckende Verelendung von Kleinbauern, Pächtern und Landlosen gegenüber. Die Abgabenlast hatte inzwischen 65% des Ernteertrags überschritten. Familienplanung durch Kindsmord und Verpfändung oder Verkauf von Angehörigen wurden üblich, neue Sekten fanden Anhänger und Bauernaufstände kamen häufig vor. Aber trotz der kritischen Lage der ländlichen Unterschicht und zahlreicher Samurai ist Japan in der Tokugawazeit wohlhabend geworden. Wirtschaftliches Wachstum bei stagnierender Bevölkerung hat einen hohen durchschnittlichen Lebensstandard hervorgebracht. Das bedeutet, Japan beginnt seine Modernisierung und Industrialisierung von einem qualitativ wie quantitativ vergleichsweise hohen Entwicklungsniveau – eine günstige Startposition[36].
Allerdings führte die geschilderte Entwicklung zu einer relativen Schwächung des Bakufu und einer relativen Stärkung der äußeren Daimyate. Sie waren unterbesteuert,

weil sie im konventionellen Reisbau eine höhere Zuwachsrate hatten als das Kernland des Shōgun, wo wirtschaftliches Wachstum vor allem im merkantilen Bereich stattfand, der sich dem Zugriff der Herrschenden aber weitgehend entzog. Dazu kam selbständige wirtschaftliche Expansion des Südwestens nach den Ryukyu-Inseln, deren Zuckerproduktion den Einnahmen von Satsuma zugute kam. Chōshū und Satsuma gewannen an Gewicht. Hier war die Mittelschicht der Samurai zur politischen Mitarbeit herangezogen worden, so daß jetzt eine Samurai-Elite den Ton angab; die Daimyō waren bloße Gallionsfiguren geworden. Anderswo suchte sich die soziale Frustration der Samurai einen ideologischen Ausweg. Der Tokugawa-Seitenzweig von Mito hatte sich stets als Hüter der Loyalität zum Kaiser im Rahmen des shogunalen Systems verstanden. Jetzt sollte von hier die um das Kaisertum zentrierte nationale Ideologie ausgehen, die das moderne Japan prägen würde[37].

Seit dem späten 18. Jahrhundert tauchten wieder Schiffe der »haarigen Barbaren mit den Tieraugen« vor Japan auf, nicht nur Briten, sondern vor allem Russen, die im Zuge ihrer nordpazifischen Expansion Interesse für die Kurilen, Sachalin und Japan selbst an den Tag legten. Nicht zuletzt diese russische Bedrohung hat die Japaner dann veranlaßt, im Zuge ihrer Modernisierung ihre Nordinsel Hokkaido unter Zurückdrängung der Urbevölkerung, der Ainu, zu kolonisieren und zu japanisieren[38]. Schließlich kamen Chinakaufleute und Walfänger aus Nordamerika. Aber es gelang den Japanern zunächst, alle Fremden mehr oder weniger gewaltsam von ihrem Land fernzuhalten. Doch als die Kontinentalexpansion der USA 1848 Kalifornien erreicht hatte, begann eine planmäßigere Expansion im Pazifik, nicht zuletzt auch in Rivialität mit Rußland[39]. So lief denn 1853 Commodore M. G. Perry in die Bucht von Yedo ein und überreichte ein Schreiben des Präsidenten, in dem ein Vertrag gefordert wurde, wie man ihn mit China hatte, wohin Perry dann weiterfuhr.

Bemerkenswerterweise stellte der leitende Minister des Bakufu die Angelegenheit unter den Daimyō zur Diskussion. Aber trotz heftiger Gegenstimmen schloß der Shōgun 1854 dann doch den Vertrag von Kanagawa mit Perry, der den Amerikanern zwei Häfen als Versorgungsstationen öffnete und einen Konsul zuließ – von Handel war (noch) nicht die Rede, aber die »chinesische« Meistbegünstigungsklausel fehlte nicht. Entsprechende Verträge mit England (1854), Rußland (1855) und den Niederlanden (1856) folgten[40]. Rußland hatte sich dabei den größten Teil der Kurilen gesichert, während Sachalin beiden offenstehen sollte. Als der amerikanische Konsul 1858 dann endlich einen regelrechten Handelsvertrag durchsetzte, der feste Zollsätze und Ausländerkolonien in den in zunehmender Zahl zu öffnenden Häfen vorsah, zogen die anderen Mächte umgehend nach und weitere folgten: Frankreich, Portugal, Preußen, Belgien, die Schweiz, Italien und Dänemark. Japan war im selben Netz ungleicher Verträge gefangen wie China[41].

Die durch die Befragung der Daimyō eingeleitete und durch Nachfolgeprobleme im Shogunat verschärfte Fraktionsbildung in der Führungsschicht brachte eine Gruppe harter Nationalisten hervor, die die Kompromißbereitschaft des Bakufu ablehnten, selbst wenn sie nur auf Zeit gemeint war, und zur Vertreibung der Fremden entschlossen war. »Begeisterte Männer« (»shishi«) verbreiteten die Mito-Ideologie eines nationalen Kaisertums über das Land. 1858 konnte diese Fraktion zwar die Autorität des Kaisers für die fremdenfeindliche Linie gewinnen und gegen den Shōgun ausspielen, aber die Gegenmaßnahmen des Bakufu hatten zunächst durchaus Erfolg, zumal drei Missionen, die 1860, 1862 und 1864 nach Amerika und Europa geschickt wurden[42], nicht nur beeindruckt von den westlichen Errungenschaften zurückkamen, sondern auch mit bemerkenswert klarer Einsicht in die weltpolitischen Konstellationen und Machtverhältnisse[43]. Aber der wohlbegründete Realismus des Bakufu galt nicht nur als schwächlich, sondern auch als schädlich. Die Fremden schleppten Seuchen ein: 1858 soll die Cholera

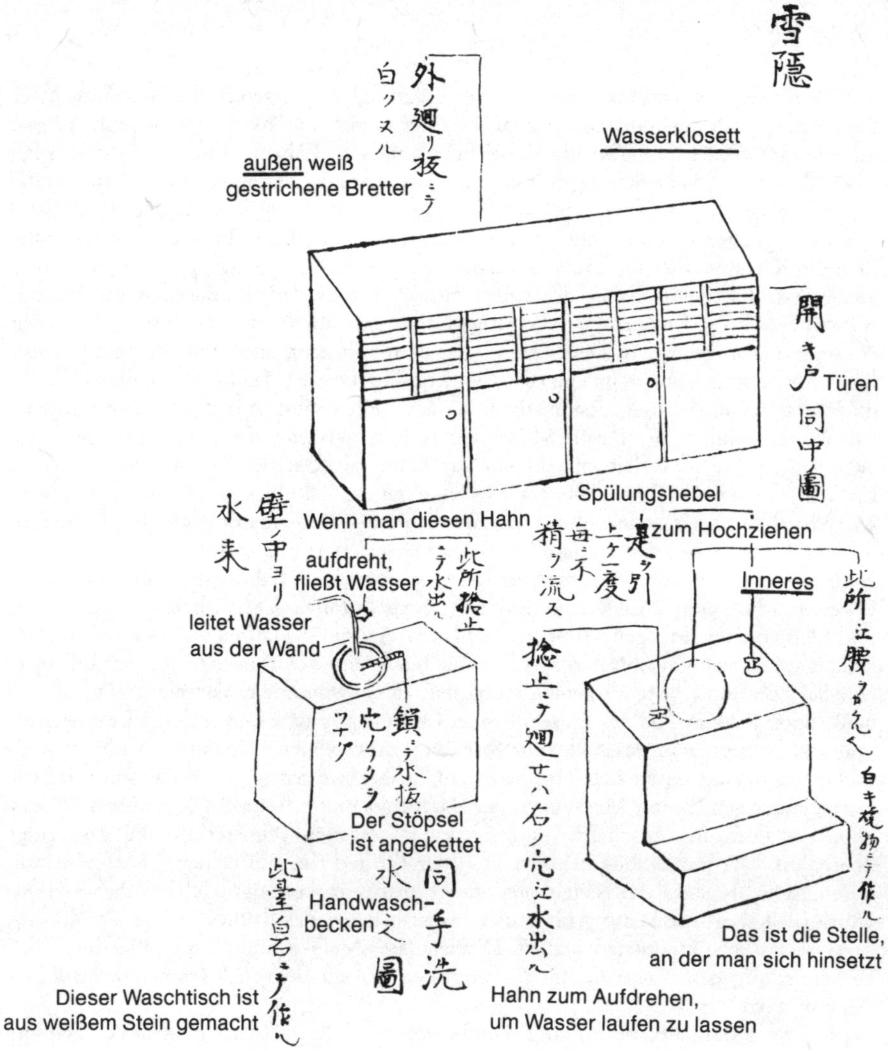

Abb. 15: Japaner vor einem Wasserklosett
(Aus: *M. G. Mori (Hg.):* The First Japanese Mission to America (1860). Being a Diary Kept by a Member of the Embassy, New York 1938)

allein in Yedo 200000 Opfer gefordert haben. Ihr Handel rief nicht nur eine nachfragebedingte Teuerung hervor, sondern auch einen Abfluß der Goldreserven des Landes. Da die Preisrelation Gold zu Silber in Japan bei 5 : 1, in der übrigen Welt aber bei 15 : 1 lag, machten sich manche Kaufleute nicht die Mühe des Warenhandels, sondern tauschten vertragsgemäß Silber gegen Gold, das sie dann mit phantastischen Gewinnen im Ausland verkauften[44]. Der verantwortliche Minister des Shōgun wurde 1860 ermordet. 1862 mußte die Residenzpflicht der Vasallen am Hof von Yedo aufgehoben werden, eine Abwanderung der Führungsschicht nach Kyoto zum Tennō war die Folge. Die Macht begann sich zu verlagern, während gleichzeitig die »shishi« die Initiative an sich gerissen hatten: Fremde wurden getötet, Schiffe beschossen und anderes mehr, alles nach dem Motto »Ehrt den Kaiser, vertreibt die Barbaren!« (»sonnō jōi«). Da beschossen die Westmächte Kagoshima (1863) und Shimonoseki (1864).

Für die rivalisierenden Fraktionen der Elite ergab sich aus diesen neuen Niederlagen der zwingende Schluß, daß man die militärische Verwestlichung forcieren und nicht zuletzt zu diesem Zweck eine starke und einheitliche politische Führung finden müsse. Das fiel einer durch Feudalbeziehungen und Kriegertugenden geprägten Militäraristokratie leichter als den konfuzianischen Literaten Chinas – ein wesentlicher Unterschied, denn ansonsten glichen sich Lage und Ziele der Reformer weitgehend. In beiden Fällen wollte man die Rettung eines modifizierten Status quo, die in China scheitern, in Japan aber gelingen sollte. Rührt daher der spätere Radikalismus der chinesischen Revolution, während in Japan eine erfolgreiche »Revolution von oben« die Revolution von unten verhindern konnte, wie in Deutschland, das man sich dann auch zum Vorbild gewählt hat[45]? Zunächst gewannen im eingespielten Konflikt-Dreieck Tennō – Shōgun – Daimyō die Han von Chōshū und Satsuma die Oberhand. Die jetzt dort maßgebenden Samurai-Bürokraten wußten die Parole »Ehrt den Kaiser, vertreibt die Barbaren!« der Lage entsprechend zu modifizieren. »Macht das Land reich, stärkt die Armee!« (»fukoku kyōhei«)[46] hieß es bei ihnen, aber auch »Vernichtet das Bakufu!« (»tōbaku«). Dank ihrer wirtschaftlichen Stärke und hohen Samuraidichte konnten sie mit englischer Hilfe ihre Streitkräfte nach Ausrüstung und Taktik modernisieren. England wollte damit Frankreich ausstechen, dessen Vertreter gerade dabei waren, dem Bakufu denselben Dienst zu erweisen. Mit wenig Erfolg, denn dessen Strafexpeditionen gegen Chōshū wurden 1865 und 1866 von den dortigen Truppen geschlagen, ein seit 250 Jahren unerhörtes Ereignis! Nun einigten sich Chōshū und Satsuma, die bisher um den Kaiser rivalisiert und sogar eine Schlacht um Kyoto ausgefochten hatten, zu gemeinsamem Vorgehen. Und als ein neuer Shōgun beim Tod des Kaisers Komei 1867 die populäre Parole der Wiederherstellung der Kaisermacht geschickt zur Stärkung seiner eigenen Stellung zu nutzen versuchte, da bemächtigten sich Truppen aus Chōshū und Satsuma des Palastes mit dem vierzehnjährigen Tennō Mutsuhito, der daraufhin mit Edikt vom 3. Januar 1868 das Shogunat endgültig abschaffte und mit einem eigenen Ministerium die Regierung übernahm. Der letzte Shōgun fügte sich; der Bürgerkrieg mit seinen Anhängern war schon 1869 beendet. »Hilfsangebote« von Europäern wurden abgelehnt. Schon 1868 wurde die kaiserliche Hauptstadt an den bisherigen Sitz des Bakufu verlegt, der künftig Tokyo (»östliche Hauptstadt«) hieß. Das war die »Meiji-Restauration«, wie die »Wiederherstellung der Kaisermacht« (»ōsei fukko«) nach dem Ära-Namen Mutsuhitos genannt wird[47].
Bei den neuen Machthabern hinter dem unsicheren jungen Kaiser handelte es sich um eine Gruppe von etwa 30 Leuten, im Kern Samurai-Bürokraten aus den südlichen Han, aber auch etliche Hof- und Hochadelige sowie »Experten«. Bezeichnenderweise stammen von den sieben Premierministern zwischen 1885 und 1913 drei aus Chōshū, zwei aus Satsuma und nur je einer aus Hizen und dem Hofadel, wobei die beiden letzteren aber erst nach 1898 zum Zug kommen und nur drei von 27 Jahren im Amt sind. 1868 betrug das Durchschnittsalter wenig über 30 Jahre. Trotz des gemeinsamen Gesamtzieles gab es durchaus verschiedene Vorstellungen in diesem Kreis, der zunächst eher aus traditionellen als aus westlichen Lehren schöpfte und sich dann unterschiedlich weit für Anregungen von außen öffnete. Konflikte und Revirements waren die Folge[48].
Die neue Regierung setzte die Politik des Bakufu fort, die sie eben noch bekämpft hatte, aber konsequenter und auf der Basis eines breiteren Konsenses. Die fünf Artikel des kaiserlichen Eides vom 6. April 1868 waren das Regierungsprogramm. Darin wurden proklamiert: 1. die öffentliche Diskussion der Staatsangelegenheiten, 2. gemeinsame Anstrengungen aller Schichten zum Wohl des Landes, 3. Glück und Zufriedenheit des Volkes, 4. Abschaffung schlechter Einrichtungen und Neuordnungen nach Gerechtigkeit, 5. Sammeln von Kenntnissen in der ganzen Welt zur Stärkung der kaiserlichen

Herrschaft[49]. Ausschlaggebend im Vergleich zu China war die wirksame Zentralisierung, die sofort in Angriff genommen wurde. Nachdem sich die Führer der Loyalität ihrer Truppen und der Zustimmung ihrer eigenen Daimyō versichert hatten, schritten sie 1871 zur Abschaffung des Feudalsystems, die Fürstentümer wurden durch 75, seit 1889 45 Präfekturen ersetzt, bis heute die Verwaltungseinheiten eines zentralisierten Japan[50]. Angesichts fetter Abfindungen ergaben sich die Daimyō in ihr Schicksal. Mit dem Feudalsystem fiel auch die Vier-Stände-Ordnung. Schon 1870 wurde gewöhnlichen Leuten die Annahme eines Familiennamens, die Wahl des Berufes und des Wohnsitzes freigestellt und damit modernisierungsträchtige soziale Mobilität erst ermöglicht. Die Samurai erhielten statt ihrer Feudalbezüge eher knapp bemessene Staatspensionen. 1873 wurden sie mit der Einführung der allgemeinen Wehrpflicht vollends überflüssig. Da die Pensionen für die Aristokratie zunächst ein Drittel der Staatsausgaben verschlangen, ersetzte man sie durch Pauschalzahlungen und schließlich 1876 durch Staatsschuldverschreibungen; 170 Mio Yen, im Durchschnitt 550 Yen pro Familie. Zugleich wurde den Samurai das Tragen ihres Statussymbols, der beiden Schwerter, verboten. Tausende von Ex-Samurai bildeten daher nicht zufällig den Kern des reaktionären Satsuma-Aufstandes von 1877.

Die Abfindungen gehören in den größeren Zusammenhang der Neuordnung der Finanzen, die weniger spektakulär, im Grunde aber noch wichtiger war. Die neue Regierung hatte zwar den Besitz des Shōgun wie der Daimyō übernommen, damit aber auch deren Schulden und die Abfindungen. Sie war aber klug genug, den auftretenden Schwierigkeiten nicht mit dem bequemen Weg größerer Auslandsanleihen zu begegnen. Zwar wurden 1869 in London 930000 Pfund zu 9% für den Eisenbahnbau aufgenommen, 1878 2,4 Mio zu 7% für die Abfindungszahlungen, aber dabei blieb es für Jahrzehnte, bis zu den Kriegen gegen China und Rußland. Aber das Vertrauen in das neue Regime war bald so groß, daß es umfangreiche Anleihen im Inland plazieren konnte[51]. Die Währungsreform von 1871 führte das Dezimalsystem und den Yen als Einheit ein. Ein Yen entspricht einem mexikanischen Dollar, dem seit Jahrhunderten in Ostasien umlaufenden »Peso fuerte« oder »Real de a ocho«, von dem sich auch der nordamerikanische Dollar herleitet[52]. So war der Yen 1874–1881 0,94 US-Dollar wert, 1913 noch 0,5, aber Japan war 1897 zum Goldstandard übergegangen. Bereits 1872 war ein Staatsbankensystem nach dem Vorbild der USA geschaffen worden. Der eigentliche Angelpunkt der Finanzreform war aber die neue Grundsteuer, denn Japan blieb einstweilen noch Agrarland, so daß sie bis ca. 1880 vier Fünftel der Staatseinnahmen zu erbringen hatte. Sie war jetzt nur noch an den Staat zu entrichten, nicht mehr vom Ertrag, sondern vom Landwert, und nicht mehr vom Dorf, sondern vom einzelnen Besitzer. Daher mußte der individuelle Landbesitz erst festgestellt oder gar eingeführt werden. Fester Steuersatz und Individualbesitz wirkten zwar als Anreiz zur Ertragssteigerung und Modernisierung: von 1878/1882 bis 1888/1892 hat die Anbaufläche um 7%, der Reisertrag aber um 21% zugenommen[53]. Zugleich stieg aber auch das Risiko mit den entsprechenden Folgen: 1873 waren 25% der Bauern Pächter, 1890 bereits 40%. Die Bauern hatten die Kosten der Modernisierung und Industrialisierung Japans zu tragen; ihre Belastung ist zunächst sogar angestiegen[54]. Doch im Gegensatz zu früher gab es jetzt nicht nur Repression, sondern auch Sicherheitsventile, nicht nur Arbeitsplätze in der Industrie, sondern auch eine Massenarmee und später eine mit ihr betriebene imperialistische Politik, was beides zur nationalen Integration der Massen beigetragen haben dürfte.

Die politische Priorität hatte der rasche Aufbau moderner Massenstreitkräfte. Aus einer kaiserlichen Garde von 10000 Mann wurde eine Armee nach französischem Vorbild, aus Marineeinheiten des Shogunats und Satsumas eine Kriegsflotte nach englischem Muster. In den achtziger Jahren ging die Armee dann vom französischen zum preußischen

Modell über, nicht nur unter dem Eindruck der französischen Niederlage von 1870/71, sondern auch infolge der durch eigenen Augenschein genährten Begeisterung maßgebender Leute für das konservative Preußen, das der politischen Linie jener Jahre mehr entsprach als der Westen. Der preußische Major, später General Jacob Meckel war dabei 1885–1888 ein wichtiger Lehrer für Taktik und Organisation[55].
Die Förderung von Industrieentwicklung und Technologie stand zunächst auch unter militärischem Vorzeichen. Das begann noch unter dem Bakufu mit der Eisen- und Stahlproduktion und dem Schiffsbau. Nach vierjähriger Bauzeit lief schon 1866 das erste von Japanern gebaute Dampfschiff vom Stapel. 1887 gab es 444 Dampfschiffe verschiedener Größe[56]. Und im Interesse strategischer Zentralisierung wurde der Eisenbahnbau in Angriff genommen, denn Japans Landwege waren notorisch schlecht. Gerade deswegen entpuppte sich die 1872 fertiggestellte Bahnlinie Tokyo-Yokohama als glänzendes Geschäft. Aber der Staat ergriff nicht nur auf dem Gebiet der Schwerindustrie und des Bergbaus die Initiative, sondern gezielt auch bei Verbrauchsgütern zum Zwecke der Importsubstitution, als die steigende Nachfrage nach westlichen Waren unter den niedrigen Zollsätzen der ungleichen Verträge zu einer bedenklichen Entwicklung der Zahlungsbilanz und zur Inflation führte[57]. Das 1870 gegründete Industrieministerium begann mit Wolltuchfabrikation zur Einkleidung der Armee, schaltete sich aber dann auch in die Industrialisierung des Baumwoll- und Seidengewerbes mit im Ausland erworbenen Maschinen ein. Dank günstiger Rohstoffversorgung war die Seidenindustrie rasch erfolgreich; sie bestritt am Anfang 45% des japanischen Exports. Die Baumwollindustrie konnte sich dagegen zunächst nur schwer gegen die westliche Konkurrenz durchsetzen. Der endliche Erfolg ist umso bemerkenswerter, als Japan erst nach Revision der ungleichen Verträge 1899 seine Zollhoheit zurückgewonnen hatte[58], seine Industrialisierung also zunächst unter aufgezwungenen Freihandels- und Meistbegünstigungsbedingungen durchführen mußte, die zum Nachteil des weniger entwickelten Handelspartners auszuschlagen pflegen und dessen Industrialisierung eher blockieren. Auch insofern kommt der Regierungsinitiative ausschlaggebende Bedeutung zu.
Privates Kapital engagierte sich nämlich zunächst eher zögernd, zuerst im erfolgversprechenden Seidengewerbe, dann im Bergbau und schließlich auch in Baumwolle – alles Sektoren, die entweder nicht kapitalintensiv oder aber traditionsnah waren. Die Kaufleute blieben bei ihren konservativen Methoden und erwiesen sich eher als Hindernis denn als Vorkämpfer der Modernisierung – mit bemerkenswerten Ausnahmen. Das Haus Mitsui, ein seit dem 17. Jahrhundert aufgestiegenes System von Familienunternehmen, das mit Reisschnaps begonnen hatte und dann durch billige Gebrauchsartikel für die Großstädte und durch Geldgeschäfte gewachsen war, setzte beizeiten auf die neue Regierung. Es war ihr bei den ersten finanziellen Schwierigkeiten behilflich, schickte dann 1872 fünf Söhne der Familie und zwei Angestellte zum Studium moderner Methoden in die USA, um anschließend groß ins Bankgeschäft und sukzessive in andere Branchen einzusteigen – einer der Finanz- und Industriegiganten, der »zaibatsu«, war geboren, die Japans Wirtschaft bis in die Gegenwart beherrschen sollten. Kennzeichnend ist dabei die Finanzierung durch eigene Banken im Zentrum des Netzes. Von den anderen »zaibatsu« geht Mitsubishi auf eine Samurai-Familie zurück, die schon in Tosa in Schiffbau und Reederei investiert hatte, was dann ihr großes Geschäft im neuen Japan werden sollte. Andere Firmengründer waren sehr bescheidener Herkunft. Das unternehmerische Modernisierungspotential, das seit den achtziger Jahren immer wichtiger wurde, kam eher aus dem Milieu ehemaliger Aristokraten oder wohlhabender Bauern (»gōnō«) als aus der traditionellen Kaufmannschaft[59].
Doch von Anfang an gab es ein hohes Niveau der Kapitalbildung und in den achtziger Jahren war das private Unternehmertum bereits weit genug, daß die von Kostendruck

und Inflation bedrohte Regierung ihre Muster-Staatsbetriebe verkaufen und sich hinfort auf Verkehrswesen, öffentliche Arbeiten und Rüstung konzentrieren konnte[60]. Der entscheidende Wachstumsschub kam aber erst in den neunziger Jahren, wobei die zweimalige Kriegskonjunktur 1894/95 und 1904/5 ihre Rolle spielte. Dank umfangreicher, inzwischen problemlos zu plazierender Auslandsanleihen expandierte dabei der öffentliche Haushalt beträchtlich und nach den Siegen standen umfangreiche Kriegsentschädigungen Chinas und Rußlands zur Verfügung. Japan hatte unterdessen seine wirtschaftspolitische Souveränität wiedererlangt. Nachdem noch 1886 eine Zwölf-Mächte-Konferenz zur Revision der ungleichen Verträge gescheitert war, konnte das so erfolgreiche Japan statt dessen in bilateralen Verhandlungen bis 1898 seine Gleichberechtigung durchsetzen[61]. Das Volumen des Außenhandels verdoppelte sich von 1889/1893 bis 1899/1903 und ein zweites Mal bis 1913. Der Kohleverbrauch, damals ein wichtiger Indikator, stieg 1893–1913 von 2 auf 15 Mio to, die Lebensmittelerzeugung wuchs um 35–40%, das Eisenbahnnetz verdreifachte sich im selben Zeitraum. Dank massiver staatlicher Subsidien war die Handelsflotte aus modernen Schiffen bis 1913 auf 1,5 Mio Bruttoregistertonnen angewachsen, während japanische Werften pro Jahr ca. 100 neue Schiffe vom Stapel ließen. Der mit japanischen Schiffen abgewickelte Anteil am Außenhandel hatte sich in zwanzig Jahren von 10 auf 50% erhöht[62]. Der private Verbrauch hat sich 1868–1933 zwar nachfragewirksam versechsfacht, war aber dennoch relativ niedrig geblieben, was seinen Anteil am Sozialprodukt angeht. Die erstaunlichen japanischen Sparraten sind allerdings erst ein Phänomen der jüngsten Zeit; vorher waren die Einkommen zu niedrig[63]. Die ebenfalls höchst wachstumswirksamen paternalistischen Arbeitsbeziehungen reichen hingegen weiter zurück[64].

Inzwischen hatte sich politisch eine konservative Wendung weg von radikaler Verwestlichung und Demokratisierungsversuchen vollzogen. Die siebziger Jahre waren durch begeisterte Übernahme westlicher Lebensformen gekennzeichnet gewesen. Am augenfälligsten waren natürlich Haarschnitt und Kleidung, aber das Ideal »Zivilisation und Aufklärung« (»bummei kaika«) wirkte tiefer. Westliche Vorbilder in Kunst und Literatur, westliche Ideen wie Individualismus und Liberalismus, ein westlich orientiertes Erziehungswesen wurden rezipiert und das jahrhundertelang verfemte Christentum erfreute sich nun als westliches Erzeugnis beträchtlicher Beliebtheit. Im politischen Bereich forderte die »Volksrechte-Bewegung« (»jiyū minken undō«) parlamentarische Repräsentation. Und der wichtige Aufklärer Fukuzawa Yukichi (1834–1901), dessen Bücher wohl von jedem »modernen« Japaner gelesen wurden, vertrat sogar die naturrechtlichen Ideen von Volkssouveränität und Herrschaftsvertrag, freilich im Sinne der japanischen Harmonie zwischen Volk und Regierung[65].

Doch als eine Krise im Regime mit Unruhen zusammentraf, kam es in den achtziger Jahren zur konservativen Wende. Jetzt wurde den Japanern gepredigt, sie hätten gegenüber westlichen Einflüssen ihre eigenen nationalen Werte zu wahren. Westliche Technik sei zwar äußerst nützlich, an geistigen und sittlichen Werten sei Japan aber der übrigen Welt weit überlegen! Inbegriff dieser Werte wurde die angeblich unvergleichliche japanische Sprache[66], vor allem aber ein vor dem aus China importierten Konfuzianismus wiederbelebter Staatsshintoismus. Die alten Naturmythen wurden umstilisiert zu Stützen des neuen National-Mythos »kokutai«, die spezifisch japanische Lebensform der Kaiserherrschaft, eine von der Meiji-Restauration hervorgebrachte Ideologie, die ihre verhängnisvolle Rolle aber erst später spielen sollte. Begreiflicherweise konzentrierte sich die ideologische Auseinandersetzung auf das Erziehungswesen, wo 1890 ein kaiserliches Edikt die inzwischen eingeführten westlichen Formen und Inhalte erneut den klassischen Tugenden Gehorsam, Eintracht und Pflichterfüllung unterordnete und das Ganze auf den »Glanz des kaiserlichen Thrones, der so alt ist wie der Himmel und die

Erde« ausrichtete – bis 1945. Eilfertig wurden regierungskonforme Schulbücher produziert[67], während Zensur und Selbstzensur Presse und Literatur auf Linie zu bringen wußten[68].

Auch die damals geschaffene Form des politischen Lebens sollte bis 1945 dauern. Trotz Unterdrückung der Volksbewegung wollte die Regierung nicht auf eine Verfassung verzichten, aus vier Gründen: 1. zur Mobilisierung durch Partizipation, 2. zum Auffangen der Bürgerrechtsbewegung, 3. um Regeln für das Austragen bedrohlicher Konflikte in der Elite zu schaffen, 4. um im Zeitalter des Konstitutionalismus international für voll genommen zu werden[69]. Maßgebende Persönlichkeiten inspirierten sich 1882 auf einer Europareise bei den konservativen Staatstheoretikern Rudolph Gneist, Lorenz von Stein und Albert Mosse. Vor allem aber läßt sich der Einfluß von Hermann Roesler nachweisen, der 1878–1893 in Japan weilte, das japanische Handelsgesetzbuch verfaßte und auch in anderen Bereichen japanische Kodifikationen mitgestaltete, bei denen in jenen Jahren der deutsche den bis dahin maßgebenden französischen Einfluß verdrängte. Roesler war ein konservativer Bismarck-Gegner, der die preußische Verfassung dem Scheinkonstitutionalismus der Reichsverfassung vorzog, zugleich aber einer der Protagonisten des modernen Sozialstaates. Seine Anregungen waren viel fortschrittlicher als die Fabrikgesetzgebung, die 1911 in Japan endlich geschaffen wurde. Und das Fehlen der sozialstaatlichen Komponente ist einer der beiden Punkte, wo seine Vorstellungen von der 1889 nach dem Entwurf von Ito Hirobumi erlassenen Meiji-Verfassung abweichen; der andere ist der mythische Charakter des Kaisertums[70].

Der Kaiser ist ja laut Meiji-Verfassung Inhaber aller drei Gewalten. Er übt jedoch die Gesetzgebung nur mit Zustimmung eines Zwei-Kammer-Parlaments aus, das vor allem das Budgetrecht besitzt. Er respektiert die Grundrechte der Untertanen, außer in Notzeiten. Die Rechtsprechung wird in seinem Namen, aber durch unabhängige Richter ausgeübt. Die Minister hingegen sind nur ihm allein verantwortlich. Und die Wählerschaft für das Unterhaus war zunächst durch Zensus auf ca. 1% der Bevölkerung beschränkt. Diese Verfassung war konservativ, aber auf dem Hintergrund des ehemaligen japanischen Herrschaftssystems gesehen alles andere als reaktionär. Die Grundsätze der Verfassungsmäßigkeit, der Rechtsstaatlichkeit und der parlamentarischen Mitwirkung waren neu und boten Ansatzpunkte für weitere Demokratisierung. Allerdings waren auch die entgegengesetzten Tendenzen bereits vorprogrammiert. Das Militär unterstand nur dem Kaiser, besaß aber über den betreffenden Minister Einfluß auf die Regierung. Vor allem aber erwartete diese Verfassung vom Kaiser selbst politische Führung, ohne ihn jedoch dafür verantwortlich zu machen. Da die Kaiser aber dieser Aufgabe nicht gewachsen waren, wurden sie zu unverantwortlichen Werkzeugen einer ebenfalls unverantwortlichen Oligarchie, die in Gestalt von allein dem Kaiser zugeordneten, parlamentarisch unbeeinflußbaren Gremien wie dem Staatsrat in die Verfassung bereits eingebaut waren.

Der Umgang mit ausländischen Vorbildern und Beratern dokumentiert eines der japanischen Erfolgsrezepte: Bereitschaft zu lernen, aber Kontrolle des Lehrstoffs und der Lehrer. Während China westliche Ideen erst einmal abgestoßen hat, haben die Japaner schon zur Tokugawa-Zeit die planmäßige selektive Übernahme westlicher Errungenschaften durch holländische Vermittlung geübt. Während ein Chinese, der zum Wohl seines Landes in den Westen fuhr, bei seiner Rückkehr Schlimmes zu erwarten hatte, schickte die japanische Regierung selbst die Leute auf Reisen. Höhepunkt war die »Iwakura-Mission«, als 1871–1873 48 führende Beamte und 59 Studenten, darunter fünf Mädchen, was in China undenkbar war, Europa und die USA bereisten. Ebenso wußten die Japaner ihre »Entwicklungshelfer« optimal zu nutzen. 1868–1912 hat der Staat ca. 4000 Ausländer beschäftigt, Private vielleicht zwei- bis dreimal so viele. Ein rundes

Drittel waren Engländer, der Rest vor allem Franzosen, Amerikaner und Deutsche[71]. Man versuchte jedoch, sie so rasch wie möglich durch Japaner zu ersetzen, unter anderem auch, weil sie zu teuer waren. Und nicht nur, um das jeweils Beste zu bekommen, wählte man Angehörige verschiedener Nationen für verschiedene Aufgaben, Briten für die Flotte, die Eisenbahn, die öffentlichen Bauten und die Telegrafen, Amerikaner für Diplomatie, Post, Volksschulen und Landwirtschaft, Franzosen und Deutsche für Armee und Recht, die letzteren dazu für Medizin und höhere Bildung, einschließlich der Geschichtswissenschaft. Für die Kunst verschrieb man sich Italiener. Alle blieben aber Berater und wurden nie Leiter japanischer Einrichtungen[72].

So hat Japan bei aller Aufgeschlossenheit keine Überfremdung erlebt, sondern ist kulturell mit sich identisch geblieben. Die Rezeption hat den Kernbereich der Kultur nie berührt, zumindest vor 1945[73]. Diese Kultur war aber nie so selbstgenügsam gewesen wie die chinesische, sondern war daran gewöhnt, gerade chinesische Einflüsse zu rezipieren. Diese bemerkenswerte Verbindung von Geschlossenheit und Offenheit ist der Grund für den japanischen Erfolg, während China beides nur als Alternativen kannte. Auf der Seite der Offenheit spielte dabei die bereits angelaufene dynamische Wirtschaftsentwicklung die ausschlaggebende Rolle, auf der Seite der Geschlossenheit die erfolgreiche Selbstbehauptung des politischen Systems, wurde doch der japanische Nationalismus zum »eigentlichen« Erfolgsrezept des Landes erklärt[74]. Man muß allerdings hinzufügen, daß dieser Nationalismus sich einer Besonderheit des Systems bedienen konnte, seiner doppelten Spitze in Tennō und Shōgun. Während es in China keine echte Alternative zu der verkommenden Dynastie gab, konnte in Japan eine entschlossene Gruppe von Nationalisten das ebenfalls verbrauchte Shogunat beseitigen, das politisch unabgenutzte und dazu noch hochverehrte Kaisertum aus dem politischen Wartestand hervorholen und in seinem Namen das Land durch eine Revolution von oben weltpolitisch konkurrenzfähig machen.

Fünftes Kapitel

Russische Kontinentalexpansion gegen Asiatischen Imperialismus

Die russische Expansion, die uns in Indien als Phantom, in Japan als Realität begegnet ist, war schon seit dem 16. Jahrhundert in hohen Breiten entlang der eurasischen Nadelwaldzone von West nach Ost vorgedrungen, bevor sie in Mittel- und Ostasien nach Süden umschwenkte und sich mit den dortigen Mächten einließ. Als Kontinentalexpansion gehört sie zu einem anderen Typ als alles, was uns außer in Australien in der Alten Welt begegnet; am ehesten ist sie der Unterwerfung des nordamerikanischen Kontinents durch die USA vergleichbar. Nichtsdestoweniger handelt es sich aber um Kolonialexpansion im strengsten Sinn des Wortes, denn hier entstanden Siedlungskolonien wie in der Neuen Welt, die nicht mehr dekolonisierbar sind, vielleicht von islamischen Randzonen in Mittelasien abgesehen. In der Sowjetunion wird begreiflicherweise bestritten, daß es sich hier um russische Kolonien handle, was zu wechselnden offiziellen Interpretationen der russischen Expansion nach Asien geführt hat[1].

Wie anderswo entstand in Rußland aggressiver Nationalismus im Orientierungsnotstand einer Transformationskrise[2]. Die schockierende Niederlage im Krimkrieg ließ den Machteliten schlagartig deutlich werden, daß die Autokratie der ersten Hälfte des 19. Jahrhunderts das Land gegenüber dem Westen in bedenkliche Rückständigkeit geführt hatte. Damit wurde die längst diskutierte Aufhebung der Leibeigenschaft 1861 endlich unvermeidlich. Knapp die Hälfte der russischen Bauern war bis dahin Eigentum der adeligen Gutsherren gewesen. Doch da die Bauern das Land, das sie erhalten hatten, ablösen mußten, zog sich ihre wirkliche Freisetzung noch lange hin. Von bäuerlicher Massenauswanderung in »Kolonialgebiete« konnte noch keine Rede sein.

Der Krimkrieg hatte außerdem die Rückständigkeit des Transportwesens offenbar gemacht; der Nachschub war am Fehlen von Eisenbahnen gescheitert. Daher wurde trotz des geringen Industrialisierungsgrades des Landes der Eisenbahnbau vom Regime gefördert, dank westeuropäischer Investitionen mit Erfolg. Das Streckennetz wuchs 1850–1910 von 601 auf 76 946 km, davon 17 390 km in Asien[3]. Aber westliche Anlagebereitschaft reagierte empfindlich auf Nachrichten über die Instabilität des Regimes, ein Grund mehr für verunsicherte Machteliten, Selbstbestätigung in außenpolitischen Erfolgen zu suchen. Dabei zählte aber fast nur der Punktgewinn neben oder gegen die Westmächte, vor allem in Europa. Asien war unter diesem Aspekt ein Nebenschauplatz. Doch in Turkestan ließen sich mit den beschränkten Mitteln der russischen Militärmacht nach innen wie außen eindrucksvolle Erfolge erzielen, die auf risikolose Gewinne gegenüber dem britischen Rivalen hinausliefen. Allerdings haben sich solche Vorstellungen nie zu einer zusammenhängenden Planung der Petersburger Zentrale verdichtet. Wichtiger waren Initiativen machtwilliger Militärs vor Ort, die die Regierung keineswegs immer begeistert zur Kenntnis genommen hat. Wirtschaftliche Aspekte wie die Ausweitung des Handels oder die Versorgung mit Rohbaumwolle wurden diskutiert, dürften aber den politischen Entscheidungsprozeß *damals* kaum beeinflußt haben[4].

Anders in einer zweiten Phase, die nach jener wirtschaftlichen Depression und politischen Stagnation einsetzt, die vom Berliner Kongreß 1878 bis zur Hungersnot und Choleraepidemie von 1892 reicht. Sie ist mit dem Namen des Finanzministers Sergei Witte (1892–1905) verbunden. Er setzte zur Wiederherstellung der internationalen politischen Konkurrenzfähigkeit Rußlands auf Industrialisierung hinter Zollmauern von durchschnittlich über 30% und mittels staatlicher Initiativen, vor allem im Eisenbahnwesen. 1896–1901 konnten fast 20 000 Streckenkilometer eingeweiht werden; 1891–1905 entstand die Transsibirische Eisenbahn. Durch Übergang zum international üblichen Goldstandard im Jahre 1897 (im selben Jahr wie Japan) und rigorose Budgetsanierung wurde Rußland wieder für das dringend benötigte westliche Kapital attraktiv. Das Ergebnis konnte sich sehen lassen. Steinkohleförderung und Roheisenproduktion verzehnfachten sich 1880–1913, der Ausstoß der Textilfabriken versechsfachte sich 1880–1910[5]. Die Zahl der Arbeiter in Industrie und Verkehrswesen stieg 1865–1900 von 380 000 auf 3 Mio[6]. In der Hochkonjunktur der neunziger Jahre übertrafen die Wachstumsraten sogar die Nordamerikas. Die Lebensmittelproduktion stieg an und ermöglichte Getreideexporte, obwohl der Produktionszuwachs teilweise nur dadurch zustande kam, daß Getreide durch den Steuerdruck aus dem Subsistenzsektor auf den Markt gedrängt wurde. Die Landwirtschaft hatte aber zusätzlich noch eine Bevölkerungsexplosion zu tragen, die von der Industrialisierung nicht entfernt aufgefangen werden konnte. Die Einwohnerzahl Rußlands stieg 1880–1913 von 97,7 auf 170,9 Mio; um 1900 stand rechnerisch nur noch die Hälfte der Ackerfläche pro Kopf zur Verfügung wie 1860[7]. Jetzt erst wurde die Besiedelung Sibiriens zum Sicherheitsventil für den Geburtenüberschuß und die drohende Agrarrevolution, wenn auch mit unzulänglichen Auswirkungen für das Herrschaftssystem.

Darüberhinaus ließ sich nach Wittes Auffassung die nachgeholte Industrialisierung Rußlands nur dauerhaft sichern, wenn das Zarenreich in Asien weitere Märkte zur Verfügung hätte, die noch nicht von der übermächtigen Konkurrenz der weiter entwickelten Industrieländer besetzt wären. Das war der Sinn seiner Ostasienpolitik, deren Risiken er aber bedenklich unterschätzt hat. Rußland wurde dadurch in Auseinandersetzungen verwickelt, denen es nicht gewachsen war. Die Niederlagen sollten der Anfang vom Ende des Regimes werden. Doch auch wenn die nachgeholte Industrialisierung dann unter ganz anderen Vorzeichen zu Ende geführt wurde, so hat sich Wittes entwicklungspolitisches Konzept für die »Halbkolonie« Rußland[8] durchaus bewährt und die damals kolonisierten Gebiete Asiens wurden zu den »Schatzkammern« seiner späten Nachfolger.

Wichtigste Triebkraft für die russische Eroberung Sibiriens, die schon im 17. Jahrhundert den Stillen Ozean erreicht hatte, ebenso wie für das russische Ausgreifen von dort nach Amerika war das Pelzgeschäft. Entsprechend dünn war die russische Präsenz; erst 1708 schuf Peter der Große ein Gouvernement Sibirien in Tobolsk. Im 18. und 19. Jahrhundert wurde die Zahl der Gouvernements dann mehrfach erhöht; dazu kam abweichend vom europäischen Rußland die Einrichtung von Generalgouverneuren. Die Südgrenze folgte im Fernen Osten dem Argun und dem Stanowoigebirge; sie war durch den Vertrag von Nertschinsk mit China 1689 ausdrücklich festgelegt worden. Im Westen blieben zunächst die mittelasiatischen Steppengebiete ausgeklammert, aber im 18. Jahrhundert schoben Kosaken die Grenze bis in den Bereich von Altai und Irtysch vor. Um 1700 gab es nur ca. 25 000 russische Haushalte in diesem weiten Raum von 6–7 Mio km^2, davon 11 000 Bauernstellen – man konnte sich jetzt wenigstens selbst ernähren. Die Deportation von Verbannten seit 1735 und das Einsickern von freien Siedlern ließen die russische Bevölkerung bis 1797 aber doch auf 575 756 Seelen anwachsen, was damals 81% der Einwohner Sibiriens gewesen sein sollen[9]. Die Einheimischen wurden in solchem Ausmaß majorisiert, daß von Kämpfen nordamerikanischen Zuschnitts hier nicht die Rede sein konnte.

Das heißt aber nicht, daß es sich aus russischer Perspektive um eine Masseneinwanderung gehandelt hätte, im Gegenteil. Leibeigenschaft und Autokratie waren nicht gerade mobilitätsfördernd, auch wenn die Regierung »wilde« Siedlungen relativ großzügig legalisierte und um 1800 im Interesse des Grenzschutzes Siedlungsprogramme im Kaukasus und jenseits des Baikalsees in Angriff nahm, mit wenig Erfolg. Die gesetzliche Regelung der Wanderung im Jahre 1822 änderte ebenfalls wenig, erst die Einrichtung eines Domänenministeriums, das für die freien, die staatlichen Bauern zuständig war, führte zu einer Siedlungspolitik, die der drohenden Überbesetzung des Landes im europäischen Rußland abhelfen sollte. Da unter diesen Umständen vor allem Arme abwanderungswillig waren, denen das nötige Kapital vom Staat gestellt werden mußte, hielt die notorisch kritische Finanzlage diese Aktivitäten in Grenzen. Von seiner Gründung 1838 bis zur Bauernbefreiung 1861 hat das Ministerium etwa 200 000 männliche Bauern verpflanzt und dafür 2,5 Mio Rubel ausgegeben. Dazu mögen 60 000 heimliche Zuwanderer kommen[10]. Auch die Bauernbefreiung hat keineswegs eine Massenwanderung ausgelöst; das war gar nicht erwünscht, erstrebte man doch Beruhigung und nicht etwa Mobilisierung der ländlichen Massen. Infolgedessen wurden vor der Auswanderung hohe bürokratische Hürden errichtet. Und wer damals wanderte, zog vor allem nach Kaukasien; nach Sibirien dürften nur einige tausend Illegale gekommen sein[11].

Doch seit den siebziger Jahren wurde der Bevölkerungsdruck so spürbar, daß in der öffentlichen Meinung wie der Verwaltung die Forderung nach organisierter Massenauswanderung mehr Gewicht bekam. Auf der anderen Seite mehrten sich Initiativen für eine Erschließung Sibiriens durch Eisenbahnen und durch Behebung des notorischen Arbeitskräftemangels in den dortigen bescheidenen Gewerbebetrieben. Dazu kamen schließlich politische Überlegungen im Hinblick auf eine mögliche bedrohliche Entwicklung der chinesischen oder japanischen Macht. Rußland hatte 6 000 km gemeinsame Grenze mit China, das seinerseits die Kolonisation seiner Nordgebiete forcierte. Doch seit den achtziger Jahren erhöhte sich die Zahl der Sibirienauswanderer erheblich. Ein

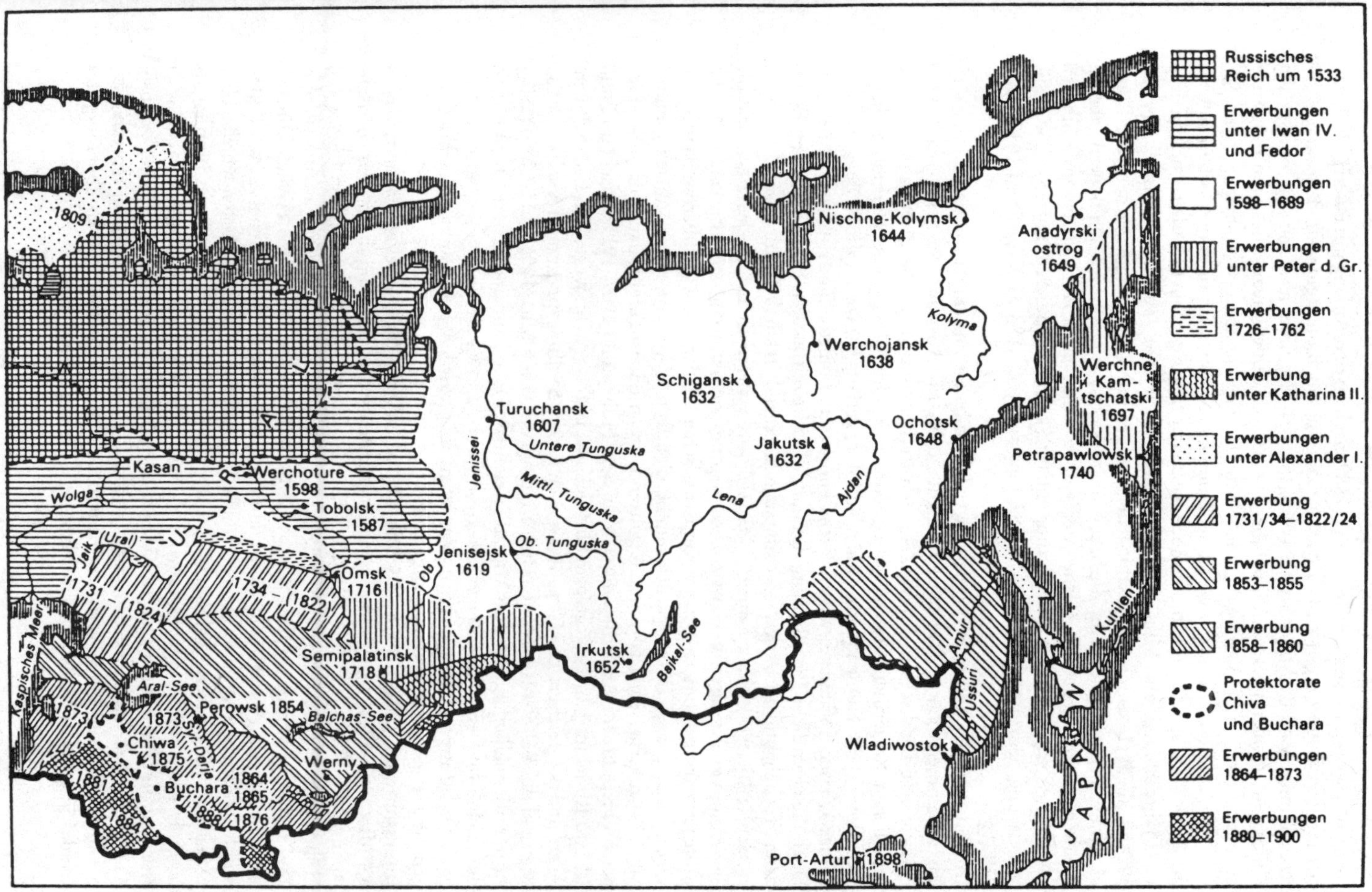

Abb. 16: Rußland in Asien
(Aus: *W. Kessler:* Rußland-Ploetz. Russische und sowjetische Geschichte zum Nachschlagen, Freiburg 1985, S. 81)

Reglement von 1881 und ein Gesetz von 1889 machten den Anfang mit einer Teilliberalisierung der Wanderungspolitik. Zwar war offensichtlich die rigide administrative Kontrolle immer noch wichtiger als die Förderung der Mobilität, aber seit 1881 konnte der Bauer seine Ablösungslasten mitnehmen, um sie von seinem neuen, besseren Besitztum zu entrichten. Und 1889 wurde nicht nur das Genehmigungsverfahren vereinfacht, sondern dem Bewerber sogar gestattet, Wünsche für seinen Bestimmungsort zu äußern, dessen Festsetzung freilich immer noch Sache der Behörden blieb. Außerdem erhielt er zwei Jahre Steuer- und Militärdienstbefreiung sowie zwei Jahre Steuerermäßigung auf 50%. Schließlich konnte er verschiedene Beihilfen zur Gründung einer neuen Existenz beantragen, eine Bestimmung, die bezeichnenderweise zum Teil vor den Bauern geheimgehalten wurde[12]. Doch im Zeichen der sich verschärfenden Agrarkrise wurde Sibirien für den russischen Bauern zum Mythos einer besseren und freieren Existenz. Die große Wanderung begann. 1882 kamen 10082 Einwanderer, 1888 31077, 1894 72612, 1900 219265[13].

Die Zunahme der Zahlen in den neunziger Jahren hängt aufs engste mit dem Eisenbahnbau zusammen. Schon 1881 hatte man Billigtarife für Auswanderer geschaffen[14]. 1884 erklärte eine Denkschrift des Verkehrsministeriums die sibirische Eisenbahn zur vordringlichen Regierungsaufgabe[15]. 1885 wurde die Uralbahn von Jekaterinburg (heute Swerdlowsk) bis Tjumen (südwestlich Tobolsk) verlängert, womit durch den Anschluß an das Wasserstraßennetz Westsibiriens ein neues Haupttor Sibiriens entstanden war. Doch die eigentliche Erschließung des Landes sollte mittels der Transsibirischen Eisenbahn Tscheljabinsk-Omsk-Nowosibirsk-Krasnojarsk-Irkutsk-Wladiwostok erfolgen, an der 1891–1905 gebaut wurde[16]. Für sie waren strategische Überlegungen wie die Sicherung von Russisch-Fernost ebenso wichtig wie ökonomische[17]. Entlang der Bahn sollte jetzt »eine ununterbrochene Kette russischer Dörfer vom Ural bis zum Pazifischen Ozean entstehen«[18]. Dafür wurden nun beträchtliche Mittel eingesetzt, zunächst einmal für die Neuvermessung von hunderttausenden von Bauerngütern, dann für Subventionen und Kredite für Ansiedler, die sich auf dem Höhepunkt 1907–1913 zwischen 10 und 12 Mio Rubel im Jahr bewegten, schließlich auch für Verkehrswege, Kirchen, Schulen, Ärzte und dergleichen. Die Gesamtausgaben für das Siedlungsprogramm wuchsen schon während des Bahnbaus kontinuierlich an, um dann von 5 Mio (1906) auf 13 Mio (1907) emporzuschnellen und 1912 26 Mio zu erreichen[19]. Dazu kam eine bessere Organisation durch eine 1896 errichtete Zentraldirektion für das Einwanderungswesen einschließlich gezielter Informationskampagnen. Vor allem aber wurden die Mobilitätsbeschränkungen bis 1905/6 fast vollständig abgebaut[20].

Insgesamt sind 1801–1914 ca. 6,4 Mio Menschen nach Sibirien eingewandert, davon 5,4 Mio 1887–1913. Nach einer vorübergehenden Abschwächung durch den russisch-japanischen Krieg erreichte die jährliche Anzahl mit 758812 im Jahre 1908 ihren Höhepunkt. Die Bevölkerung Sibiriens stieg 1815–1863 von 1,5 auf 3 Mio, um sich bis 1897 fast zu verdoppeln auf 5,75 Mio und 1914 10 Mio zu erreichen[21]. Freilich konzentrierte sie sich im Westen und Süden, am Altai, am oberen Ob und Jenessei, wo Böden und Klima am besten waren. Das nördliche Waldland und der Ferne Osten wurden eher vernachlässigt. Letzteres galt angesichts der chinesischen Infiltration nach Norden als besonders besorgniserregend, zumal die Chinesen und die im Ussurigebiet siedelnden Koreaner mit ihren intensiven Anbaumethoden den vierfachen Ertrag der eher extensiv wirtschaftenden russischen Bauern erzielten[22]. Die russischen Einwanderer reproduzierten in Sibirien die ihnen vertraute bäuerliche Welt; die industrielle Erschließung des Landes in großem Maßstab sollte noch auf sich warten lassen.

Siedlungskonzentration im Westen wurde unter anderem dadurch möglich, daß hier bereits unter Nikolaus I. die Grenzen weiter nach Süden vorgeschoben worden waren. So konnten sich 29% der Zuwanderer der Jahre 1896–1916 bereits im Norden des heutigen Kasachstan niederlassen[23]. Dieser Raum war schon zur Zeit des europäischen Mittelalters durch mongolische Herrschaftsbildung mit dem europäischen Rußland einerseits, mit Persien und Nordindien andererseits verklammert gewesen. Im 16. Jahrhundert bewegten sich hier russische Gesandtschaften auf den Wegen eines wohletablierten Handelsverkehrs. 1723–1732 war nach einem Sieg Peters des Großen über die Perser das Südufer des Kaspischen Meeres in russischer Hand. 1731 und 1740 unterstellten sich große Teile der nomadisierenden Kasachen der russischen Oberhoheit, um Schutz vor den damals energisch nach Nordwesten expandierenden Chinesen zu finden[24].

Als erstes Gebiet wurde jedoch Kaukasien dem russischen Reich einverleibt, das dem Schauplatz der europäischen Politik am nächsten lag. Seit dem 18. Jahrhundert standen die Russen hier mit Persern und Osmanen in Konkurrenz. 1801–1829 wurde jenen Mächten fast ganz Kaukasien und Transkaukasien abgenommen. Allerdings wußten die Tscherkessen im Westen und die Tschetschenen im Osten in heftigen, im Zeichen des islamischen »Heiligen Krieges« geführten Kämpfen zunächst ihre Unabhängigkeit zu behaupten[25]. Erst nach dem Krimkrieg, in dem sie Kontakte zu Rußlands Gegnern unterhalten hatten, konnten sie mit einer Übermacht von bis zu 200 000 Mann bis 1864 endgültig unterdrückt werden. Teile Kaukasiens blieben bis 1917 unter einem militärischen Kolonialregime außerhalb der normalen Verwaltungsorganisation[26]. Dem russischen Einfluß auf Persien stand nun der Weg offen, was alsbald für Britisch-Indien als bedrohlich empfunden wurde.

Umgekehrt fürchteten auch die Russen die britische Expansion von Indien her und gedachten ihr zuvorzukommen, ein Gesichtspunkt, der schon 1839 bei der gescheiterten Expedition gegen das Khanat Chiwa südlich des Aralsees eine Rolle spielte[27]. Zunächst allerdings ging es in Mittelasien um das alte Problem der Sicherung einer seßhaften Bevölkerung am Rande einer Steppe gegen die Nomaden, die aus diesem weiten Raum vorstoßen und wieder darin verschwinden konnten. Die Irtysch-Grenze war im 18. Jahrhundert durch einen Gürtel von Kosakensiedlungen gesichert worden. 1834–1854 wurde nun in einer Art Zangenbewegung die kasachische Steppe mit befestigten Stützpunkten und Kosakendörfern eingekreist[28]. Nach einer Pause infolge des Krimkriegs konnte die Zangenbewegung dann 1864 mit einer raschen Militäraktion zu Ende geführt und 1865 ergänzt werden, indem man dem Khanat Buchara die wichtige Festung Taschkent abnahm[29]. Die Kasachen waren damit umzingelt und konnten bis zum Ende des Jahrhunderts mehr oder weniger geruhsam befriedet werden. An russische Siedlung in größerem Umfang war nicht gedacht. Und die Regierung in St. Petersburg hielt die Aufgabe der Grenzsicherung für erledigt; weiteres Ausgreifen würde nur neue kostspielige Verwicklungen mit sich bringen[30].

Doch auch hier waren die Instanzen vor Ort, vor allem ehrgeizige Militärs, häufig anderer Ansicht und verstanden es durchaus, ihre Regierung vor vollendete Tatsachen zu stellen. Außerdem wurde von Interessenten heftig dafür geworben, mit der wirtschaftlichen Erschließung Mittelasiens und der Kontrolle über seine Märkte England zuvorzukommen und zusätzlich die Versorgung der russischen Textilindustrie mit kostengünstiger Rohbaumwolle aus diesem klimatisch geeigneten Gebiet sicherzustellen. Es läßt sich aber nicht nachweisen, daß diese Argumente bei den damaligen politischen Entscheidungen den Ausschlag gegeben hätten[31]. Viel eher nutzten die Militärs die Möglichkeiten wirtschaftlicher Erschließung, um ihre Eroberungen im Nachhinein zu rechtfertigen – und zu finanzieren. Für Petersburg hingegen war die Mittelasienpolitik eine Funktion der europäischen Mächtepolitik. Nur hier konnte man nach dem Krimkrieg England noch wirksam treffen. 1869 wurde geradezu von einer »Antwort auf die Eröffnung des Suezkanals« gesprochen[32]. Ziel waren die Khanate des Ackerbauernvolks der Usbeken, das im Bereich der Flüsse Syr-Darja und Amu-Darja Bewässerungslandwirtschaft trieb und in seinen Städten Brennpunkte islamischer Kultur geschaffen hatte. 1866–1876 wurden die Khanate Chiwa, Buchara und Kokand in mehreren Anläufen unterworfen, Kokand annektiert, Chiwa und Buchara verkleinert indirekter Herrschaft unterstellt. Damit waren der russische und der britische Machtbereich näher zusammengerückt, die wechselseitige Empfindlichkeit und Aggressivität verstärkte sich. Die Ausdehnung des britischen Einflusses auf Afghanistan 1879–1881 beantwortete Rußland mit der Unterwerfung des Turkmenen-Gebiets südlich des Aral-Sees als »Kompensation«[33]. Die russische Grenze mit Persien konnte daher schon 1881 festgelegt werden, während sie gegen Afghanistan noch so unklar blieb, daß ein russischer Vorstoß 1884/85 an den Rand eines englisch-russischen Krieges führte (das war die Krise, die Bismarck zur Errichtung des deutschen Kolonialreiches nutzte, solange die beiden Weltmächte sich gegenseitig in Schach hielten). Das Ergebnis war aber kein Konflikt, sondern eine Grenzregelung zwischen den beiden Mächten oder ihren Satelliten, die hinfort ohne neutrale Pufferzone unmittelbar aneinanderstießen[34]. Der Modus vivendi von 1888 wurde allerdings 1892 durch einen russischen Vorstoß ins Pamir-Hochland noch einmal in Frage gestellt, doch konnte 1895 auch hier eine Lösung gefunden werden: ein Streifen afghanischen Gebiets sollte zwischen Rußland und Britisch-Indien erhalten bleiben.

Das russische Vordringen nach Süden führte außerdem zu einer Wiederbelebung der englisch-russischen Rivalität in Persien, das nun zum unmittelbaren Nachbarn Rußlands geworden war. Hatte die eine der beiden Mächte vom Shah eine Konzession für den Straßen- und Eisenbahnbau oder für den Aufbau einer Tabakregie erhalten, so mußte diese anfänglich regelmäßig auf Betreiben der anderen widerrufen werden, während beide gemeinsam Drittländer wie Deutschland, Frankreich oder die USA fernzuhalten strebten. Doch geriet der Shah schon 1879 unter den Einfluß einer an seinem Hof stationierten, von russischen Offizieren befehligten Kosakenbrigade. Solche politische Kontrolle sollte auch dem ökonomischen Zweck dienen, der anderswo nicht konkurrenzfähigen russischen Industrie den persischen Markt zu sichern, der sich aber als wenig aufnahmefähig erwies. Umgekehrt dienten die Finanzoperationen der von Rußland betriebenen Persischen Diskont- und Darlehensbank in Teheran weniger wirtschaftlichen als politischen Zwecken. Es galt, den persischen Hof durch Darlehen in Abhängigkeit zu halten bzw. die Annahme britischer Darlehen zu verhindern. Gegen diese russische Position in Nordpersien bauten die Briten die ihre im Süden auf; die ihnen 1901 gewährte Ölkonzession, aus der sich die bis nach dem Zweiten Weltkrieg vom Westen kontrollierte persische Ölförderung entwickeln sollte, konnte trotz russischen Drucks nicht widerrufen werden. Im Zeichen der Annäherung der beiden Weltmächte seit 1887 zeichnete sich die gegenseitige Anerkennung von »Einflußsphären« ab, die 1907 vertraglich bestätigt wurde. So hat die pathologische Furcht, irgendwo ein Vakuum zu lassen, in das die rivalisierende Macht eindringen könnte, dem Pufferzonenkonzept das Ende bereitet, aber Persien eine prekäre formelle Unabhängigkeit erhalten[35].

Gründlicher war die russische Penetration natürlich in den besetzten Gebieten Mittelasiens. Das ursprüngliche Militärregime hatte Ansiedlungen nur am Nordrand der Steppe und an ausgewählten Punkten zugelassen und sich ansonsten um die Loyalität der Einheimischen bemüht. Sie wurden gleichberechtigte Bürger, die Steuerlast wurde nicht erhöht, die Sitten und das islamische Recht nicht angetastet, es gab weder Zwangsarbeit noch Wehrpflicht. Aber im Zuge der Erschließung Sibiriens kamen 1896–1916 über eine Million Siedler in die Steppengebiete des nördlichen Mittelasien. Das war zwar selbst

1911 noch eine Minderheit, aber eine Minderheit mit höherer Zuwachsrate durch Wanderung *und* Geburtenüberschuß[36]. Außerdem engten ihre Bauernsiedlungen den Lebensraum der Nomaden immer weiter ein. Entschlossen sich letztere dann auch, seßhaft zu werden, war das beste Land bereits vergeben. Dennoch kam es erst 1916 anläßlich der Aushebung von Zwangsarbeitern für die Front zu ausgedehnten Aufständen. Anders im Süden. Hier gab es 1910 nur 380 000 Russen auf 6,5 Mio Moslems. Hier entwickelte sich unter dem Militärregime eine andere Art kolonialer Abhängigkeit: die ökonomische Entwicklung des Landes zum Erzeuger von Rohbaumwolle und zum Absatzmarkt für die russische Industrie in einer an Britisch-Indien erinnernden Weise. Die Auflösung der hergebrachten Wirtschaftsform und Verelendung der bald hochverschuldeten Bauern waren die Folgen[37]. Die Sowjetunion hat dann die Russifizierung auch im Süden weiter vorangetrieben; der Anteil der Moslems an der Bevölkerung ganz Mittelasiens ist 1926–1965 von 78 auf 55% gesunken, in den Städten sind sie in der Minderheit[38].

Dem Fernen Osten war in Wittes Entwicklungskonzept ebenfalls die Rolle eines Absatzmarktes für russische Industrieprodukte zugedacht. Hier hatten sich die Russen schon zweihundert Jahre früher festgesetzt, waren aber auf den Widerstand des damals weit überlegenen China gestoßen. Sie wurden von den Chinesen aus dem Amur-Gebiet verjagt, mußten im Vertrag von Nertschinsk 1689 darauf verzichten und ziemlich restriktive Regelungen ihres China-Handels hinnehmen. Freilich war das Amur-Gebiet von Haus aus sowenig chinesisches Land wie russisches, so daß man hier mit einigem Recht schon im 17. Jahrhundert vom Zusammenprall zweier Expansionsprozesse sprechen kann. Wenn heute 7% der Einwohner der Volksrepublik China »nationale Minderheiten« sind, deren Siedlungsgebiete nicht weniger als 55% der Fläche des Landes ausmachen, dann ist das ein Ergebnis chinesischer imperialer Expansion und Kolonisation zwischen dem 17. und 19. Jahrhundert. Diese weist durchaus strukturelle Verwandtschaft mit der russischen oder amerikanischen Kontinentalexpansion auf, doch spielten hier regelrechte Feldzüge eine größere Rolle, weil die Gegner sehr viel gefährlicher waren als jene, mit denen es die Russen oder Amerikaner zu tun bekamen. Schließlich hatten die Mongolen früher China unterworfen, und die in China regierende Dynastie stammte selbst aus der Mandschurei. Aber das Einsickern chinesischer Kolonisten in diese Räume ging weiter, auch als China politisch geschwächt war, es setzte sich sogar noch fort, als einige Gebiete unter russische Kontrolle gekommen waren, denn der Bevölkerungsdruck in China war noch größer als in Rußland, und China lag näher! Dabei haben die chinesischen Siedler und Händler die von ihnen verachteten tungusischen Barbaren durchaus in eine Art von kolonialer Abhängigkeit gebracht, durch Kredite, Alkohol, Opium und gelegentlich auch Terror, mit dem Ergebnis, daß jene ihre Muttersprache zugunsten des Chinesischen aufgaben, dabei aber zu einem ethnisch konstituierten Subproletariat verkamen[39].

Wie die Westmächte hatten sich auch die Russen seit 1805 vergebens um Erweiterung ihres Chinahandels bemüht[40]. Der erste Opiumkrieg 1839–1842 wurde aber in St. Petersburg mit gemischten Gefühlen betrachtet. Würde China nun britische Einflußsphäre werden? Könnte man mit Peking als Helfer gegen den Westen ins Geschäft kommen (wobei an Landerwerb zunächst nicht gedacht war)? Andere Pläne hegte der »Mann vor Ort«, Graf Nikolai Murawjow, später mit dem wohlverdienten Beinamen »Amurski«, seit 1847 Generalgouverneur von Sibirien. Der baltische Gelehrte Alexander Middendorf hatte nach einer Forschungsreise in den vierziger Jahren wieder auf die agrarischen Entwicklungsmöglichkeiten und die Bodenschätze des Amurgebiets aufmerksam ge-

macht. So erschien es Murawjow hervorragend geeignet zur weiteren wirtschaftlichen Entwicklung Ost-Sibiriens und als Gegenposition zum sich ausweitenden englischen Einfluß auf China. Geschickt nutzte er seine mit der weiten Entfernung vom Hof gegebene Selbständigkeit, um St. Petersburg vor vollendete Tatsachen zu stellen, die man dort dann aus Gründen des nationalen Prestiges nicht mehr revidieren wollte. So im Falle der Gründung von Nikolajewsk an der Amurmündung im Jahre 1850. Im Krimkrieg konnte er sich auf die britische Bedrohung der russischen Stellung im Nordpazifik berufen und bis 1855 die Zustimmung zur Besetzung des Landes am linken Amur-Ufer erhalten. China allerdings verweigerte die geforderte Abtretung. Erst während des zweiten Opiumkrieges erreichte Murawjow von einem chinesischen Bevollmächtigten 1858 im Vertrag von Aigun die Abtretung des bereits besetzten Amurgebiets. Peking allerdings lehnte 1859 die Ratifizierung ab und erst recht die geforderte zusätzliche Abtretung des Ussuri-Gebiets, war aber durch die weitere Entwicklung des Krieges gezwungen einzulenken. 1860 wurde im Vertrag von Peking alles Land nördlich des Amur und östlich des Ussuri russisch. Im selben Jahr gründete Murawjow am nunmehr erreichten Japanischen Meer einen eisfreien Hafen mit dem programmatischen Namen Wladiwostok, »Beherrscher des Ostens«[41].
Investitionen und Einwanderung in Russisch-Fernost ließen aber bis zur Ära Witte sehr zu wünschen übrig. Entscheidend sollte die Fertigstellung der Transsibirischen Eisenbahn werden. Mit ihr wollte man russische Güter zu konkurrenzfähigen Preisen auf den chinesischen Markt werfen, wozu man Anschlußlinien nach China hinein ins Auge faßte. Natürlich sollte China auf diese Weise von Rußland abhängig werden, aber informell durch »friedliche Durchdringung«. Deshalb lag es in Rußlands Interesse, die territoriale Integrität Chinas gegen Konkurrenten zu schützen – vor allem, solange die Transsib noch nicht fertig war. Dabei gerieten die Russen aber in Gegensatz zu einem neuen nichtweißen Imperialismus, dem japanischen.

Der nationale Ehrgeiz des neuen japanischen Regimes ging auf Revision der ungleichen Verträge und Gleichberechtigung im Kreis der Mächte. Beides war nur durch außenpolitische, insbesondere militärische Demonstration der Ergebnisse der japanischen Modernisierung unter Beweis zu stellen. Außerdem stand die neue Führung natürlich auch innenpolitisch unter Erfolgsdruck. Schließlich begann die aufblühende japanische Textilindustrie nach Märkten in Übersee zu streben; derartige Gesichtspunkte haben aber für die Regierung nur eine untergeordnete Rolle gespielt. Der erste Schritt des japanischen Imperialismus führte natürlich ins nahegelegene Korea. Dieses Land, das sich seiner zudringlichen westlichen »Besucher« seit den dreißiger Jahren halbwegs erfolgreich erwehrt hatte, wurde 1876 von Japan nach dem Muster des westlichen Vorgehens in China »geöffnet«. Die üblichen Verträge mit anderen Mächten folgten, darunter 1888 einer mit dem im Ussurigebiet benachbarten Rußland, der von Berlin vermittelt wurde (angeblich um Rußland in Asien zu beschäftigen), aber von China, das die Oberhoheit über Korea beanspruchte, blockiert werden konnte. Auch mit Japan vermochten sich die Chinesen 1885 zu verständigen, doch als sie 1894 anläßlich eines Aufstandes in Korea intervenierten, schickten auch die Japaner Truppen, woraus sich der chinesisch-japanische Krieg 1894–1895 entwickelte. Dieser endete mit einem überraschend schnellen, leichten Sieg der Japaner. Im Frieden von Shimonoseki mußte China Korea freigeben, 200 Mio taels Kriegsentschädigung übernehmen, Japan Handelskonzessionen wie den Westmächten gewähren sowie Taiwan und die Halbinsel Liaodong in der Südmandschurei mit den beiden Häfen Port Arthur und Dairen abtreten[42]. Doch die letztgenannte Bestimmung erregte die Besorgnis anderer an China interessierter Mächte, so daß Japan noch 1895 durch die diplomatische »Tripelintervention« Rußlands, Frankreichs und

Deutschlands gezwungen wurde, auf Liaodong zu verzichten. Zusätzlich konnte Rußland, das 1896 mit China ein Bündnis gegen Japan schloß, Tokyo auch noch eine Erklärung zugunsten der Unabhängigkeit Koreas abnötigen[43].
Damit war in Japan ein anti-russischer Revanchismus ins Leben gerufen und eine massive Aufrüstungskampagne in Gang gesetzt worden. Rußland aber vermittelte China zur Bezahlung der Kriegsentschädigung an Japan eine französische Anleihe von 400 Mio Francs zu sehr günstigen Bedingungen (98% Auszahlung bei 4% Zins). Zur Abwicklung wurde eine Russisch-Chinesische Bank gegründet, die dann 1896 die Konzession für den Bau einer »Ostchinesischen Eisenbahn« erhielt, die Tschita in Ostsibirien fast in Luftlinie quer durch die chinesische Mandschurei mit Wladiwostok verbinden würde[44]. Das bedeutete nicht nur eine gewaltige Abkürzung und entsprechende Ersparnis gegenüber einer Trasse entlang Amur und Ussuri auf russischem Boden, sondern schien auch erfreuliche Perspektiven für die »friedliche Durchdringung« der Mandschurei durch die »Retter« Chinas zu eröffnen. Es entsprach daher gar nicht Wittes Konzeption, als auf Initiative des Außenministers Murawjow (eines Großneffen des »Amurski«), der zu den aggressiv-rassistischen neuen Männern in St. Petersburg gehörte, 1897 als Reaktion auf den Erwerb von Jiaozhou durch die deutsche »Weltmachtpolitik« handstreichartig Liaodong mit Port Arthur von der russischen Flotte besetzt wurde. Damit hatte sich Rußland ebenfalls unter die imperialistischen Aggressoren Chinas eingereiht.
Im Boxeraufstand gelang es mit Hilfe regulärer chinesischer Truppen, die Russen weitgehend aus der Mandschurei zu vertreiben. Doch im Gegenzug wurde eine russische Armee von 170 000 Mann ins Land gebracht und ein Militärregime errichtet, das in harten Verhandlungen mit Peking in dauernde Kontrolle verwandelt werden sollte. Wittes Konzept der »friedlichen Durchdringung« Chinas war gescheitert, übrigens auch wirtschaftlich. Der Handel mit China wuchs nur geringfügig, die Bilanz blieb für Rußland passiv. Selbst in der Mandschurei wurden von chinesischen Zwischenhändlern vermittelte englische oder amerikanische Waren bevorzugt, von Tabak und Wodka abgesehen. Dem standen die exorbitanten Kosten der Ostasienpolitik gegenüber, die im Zeichen eines aggressiven Imperialismus eher noch anwuchsen. Die russische Führung beabsichtigte, die übrigen Mächte aus der Mandschurei auszuschließen, verlangte aber für sich in China und Korea »offene Tür«. Sie war nicht bereit, Korea in derselben Weise japanische Einflußsphäre werden zu lassen, wie die Mandschurei russische werden sollte. Schließlich wurde die jahrelang hinhaltende Verhandlungsführung der Russen von den Japanern mit einem Torpedobootüberfall auf Port Arthur ohne Kriegserklärung beantwortet. Im damit ausgebrochenen russisch-japanischen Krieg siegten die Japaner 1904 in einer großen Schlacht bei Mukden, eroberten im selben Jahr die belagerte Festung Port Arthur und vernichteten 1905 bei Tsushima die zum Entsatz herangeführte russische Ostseeflotte. Im Frieden von Portsmouth/USA zog sich Rußland zugunsten Chinas aus der Mandschurei zurück, Japan erhielt Liaodong mit seinen Häfen, außerdem die Südhälfte der Insel Sachalin, die es 1875 gegen die Kurilen ganz an Rußland überlassen hatte. Korea wurde japanisches Protektorat. Schon 1910 wurde es annektiert und zu einer japanischen Kolonie gemacht, was es bis 1945 bleiben sollte. Rußland behielt zwar die ostchinesische Bahn quer durch die Mandschurei, konnte damit aber keine Verbesserung der wirtschaftlichen Beziehungen und schon gar nicht eine Art Protektorat wie ehedem erreichen. Die Südmandschurei hingegen blieb japanisches Einflußgebiet, wobei sich rasch eine russisch-japanische Interessengemeinschaft gegen westliche, insbesondere amerikanische Initiativen zu einer Internationalisierung dieses Raumes einspielte[45].
Der japanische Sieg hat das sich schon vorher abzeichnende Scheitern der Witte'schen Expansionspolitik besiegelt. Er hat Rußland die Revolution von 1905 und damit den Anfang vom Ende seines politischen und sozialen Systems gebracht. Japan hingegen war

durch seinen Sieg zur ersten nicht-weißen Großmacht geworden, was nicht nur bei den kolonisierten Völkern gewaltigen Eindruck machte. Nachdem es seine Fähigkeit zur modernen Massenschlächterei unter Beweis gestellt hatte, galt es auch im Westen als zivilisiert (Okakura Tenshin)[46]. China hingegen, das noch im Boxeraufstand vom Westen als die »Gelbe Gefahr« hingestellt wurde[47], hat damals nur den japanischen Imperialismus für den russischen eingetauscht.

Sechstes Kapitel

Imperialistische Rivalität der Seemächte

Häufig wird übersehen, daß die Gebiete, um die im russisch-japanischen Krieg gekämpft wurde, eigentlich keiner der beiden Mächte gehörten, sondern einem »unbeteiligten« Dritten, nämlich China. Aber die Eskalation der internationalen Mächterivalität in den Jahrzehnten um die Jahrhundertwende, im sogenannten »Zeitalter des Imperialismus«, ist nicht nur in diesem Fall durch Anwendung des Konvenienz- und Kompensationsprinzips gekennzeichnet, der Einigung zweier Kontrahenten auf Kosten eines machtlosen Dritten und des selbstverständlichen Anspruchs auf Ausgleich für alle anderen, falls ein Staat einen Zugewinn zu verzeichnen hat. Diese Art, Politik zu machen, ist wie vieles andere keine Besonderheit des damaligen »Imperialismus«. Aber dieses seit dem 18. Jahrhundert bewährte Rezept europäischer Gleichgewichtspolitik war hervorragend geeignet, die im Zuge der europäischen Expansion entstehenden Konflikte zu lösen, die in zunehmender Zahl entstehen mußten, als sich neben den USA und Japan auch immer mehr europäische Länder daran beteiligten[1]. Da China als die lohnendste Beute galt, die noch zu haben war, drängten sich hier besonders viele Mächte in besonders heftiger Rivalität. Dabei hatte sich eine Konstellation entwickelt, in der jeder Konflikt mit einer fremden Macht unweigerlich zu einer weiteren Schwächung der Regierung Chinas führen mußte. Beugte sie sich den Forderungen der Fremden, verlor sie Gesicht bei den Untertanen, leistete sie Widerstand, war eine neue Niederlage unvermeidlich und sie verlor auch Gesicht bei den Untertanen. So gingen zunächst die Hoheitsansprüche über die benachbarten Tributfürstentümer verloren, 1885 Annam nach einem kurzen Krieg mit Frankreich, 1895 Korea nach dem Krieg mit Japan. Anschließend konnte der Griff des Siegers nach Liaodong in der Mandschurei nur dank der Eifersucht der Europäer abgewehrt werden. Offensichtlich war China am Ende seiner Widerstandskraft angelangt und seine Aufteilung unter die Mächte nur noch eine Frage der Zeit. Vorsorglich hatte sich Frankreich für den Fall japanischer Annexionen bereits entsprechende Schritte vorbehalten[2].

Doch der nächste Anstoß kam von einem anderen der »Retter« Chinas von 1895, vom Deutschen Reich. Der deutsche Chinahandel hatte sich seit dem 18. Jahrhundert langsam, aber erfreulich entwickelt, seit 1843 im Schutze einer Klausel des englischen Vertrags mit China, die die Vertragshäfen auch den anderen am bisherigen Kanton-Handel beteiligten Ländern öffnete. 1858 aber war von englisch-französischer Seite eine Erneuerung dieser Klausel nicht mehr vorgesehen. Auf der anderen Seite hatten die

Tabelle 7: Außen- und Küstenhandel Chinas 1875–1915 (in 1000 taels bzw. to)

		Import	Export	Küste	Summe	Schiffe	Tonnage
1875	Summe	69 994	71 104	225 306	366 404	16 994	9 868
	davon						
	Amerikanisch	2 174	4 204	77 708	84 086	3 836	2 777
	Britisch	55 916	48 429	104 506	208 851	8 277	5 167
	Französisch	5 373	9 515	1 263	16 151	239	166
	Deutsch	3 062	3 037	12 349	18 448	1 577	562
	Japanisch	876	1 382	–	2 258	92	97
	Russisch	414	3 792	139	4 345	30	34
	Chinesisch	775	133	27 084	27 992	2 411	871
1885	Summe	89 407	66 213	295 026	450 646	23 440	18 068
	davon						
	Amerikanisch	1 401	454	46 740	48 595	2 524	2 262
	Britisch	76 339	49 914	179 454	305 707	13 522	11 842
	Französisch	1 928	4 893	131	6 952	46	73
	Deutsch	5 147	2 091	13 141	20 379	2 230	1 218
	Japanisch	2 849	3 411	–	6 260	286	212
	Russisch	131	3 334	8	3 473	44	55
	Chinesisch	302	1 315	52 646	54 263	4 345	2 244
1895	Summe	179 947	151 543	475 266	806 756	37 132	29 737
	davon						
	Amerikanisch	1 176	557	116	1 849	92	86
	Britisch	115 702	78 415	287 831	481 948	19 579	20 526
	Französisch	3 329	13 212	3	16 544	266	341
	Deutsch	18 769	11 443	28 744	58 956	2 684	2 442
	Japanisch	849	1 846	10	2 705	108	122
	Russisch	98	12 878	103	13 079	90	130
	Chinesisch	30 465	27 729	155 243	213 437	13 014	5 220
1905	Summe	461 195	241 982	939 665	1 642 842	223 835	63 775
	davon						
	Amerikanisch	22 107	5 845	1 966	29 918	689	1 293
	Britisch	280 367	116 708	437 081	834 156	30 442	35 096
	Französisch	12 449	21 110	317	33 876	6 184	1 699
	Deutsch	54 130	34 483	74 358	162 971	7 337	8 188
	Japanisch	9 103	4 421	54 179	67 703	25 850	6 239
	Russisch	1	3 108	42	3 151	36	82
	Chinesisch	43 848	34 144	332 352	410 344	148 755	16 407
1915	Summe	477 064	441 449	1 240 254	2 158 770	206 887	90 663
	davon						
	Amerikanisch	4 824	11 745	7 828	24 397	3 148	804
	Britisch	205 408	157 319	535 991	898 718	33 339	37 676
	Französisch	8 559	25 336	1 386	35 281	537	562
	Deutsch	3 595	–	1 997	5 592	979	58
	Japanisch	157 676	132 257	212 812	502 745	20 141	23 873
	Russisch	14 770	55 547	10 907	81 224	4 873	1 922
	Chinesisch	68 460	48 818	457 294	574 572	141 965	24 159

(Nach: *Liang-Lin Hsiao:* China's Foreign Trade Statistics, 1864–1949, Cambridge 1974, S. 202–262 zusammengestellt vom Verfasser)

deutschen Wirtschaftsinteressen an Gewicht gewonnen und Preußen war daran interessiert, sich nicht nur außenpolitisch als Führungsmacht des Zollvereins zu profilieren, sondern auch durch Prestigegewinn von inneren Problemen abzulenken. So wurde 1860 eine Expedition von drei Schiffen unter Graf Friedrich von Eulenburg nach Ostasien gesandt, die 1861 mit China und Japan die üblichen ungleichen Verträge abschließen konnte, die für die deutschen Länder kumulativ galten, während sie die diplomatische Vertretung Preußen überließen; das Reich konnte sie daher sofort übernehmen. Den zweiten Auftrag, in Ostasien, im Pazifik oder in Südamerika eine preußische Kolonie zu gründen, konnte Eulenburg nicht ausführen, auch nicht auf Taiwan, wie geplant. Die Einrichtung einer »Ostasiatischen Station« im Dienste des Handels und zur ständigen Stationierung von Kriegsschiffen verschwand aber seit den sechziger Jahren nicht mehr aus der Diskussion, obwohl sie im Rahmen der Bismarck'schen Außenpolitik nicht zu verwirklichen war. Aber nicht nur die Ziele, auch die Akteure deutscher Ostasienpolitik wurden von jener Expedition nachhaltig geprägt. Der spätere Gesandte in Peking Max von Brandt hat ihr angehört, der in der Chinapolitik einflußreiche Geograph Ferdinand von Richthofen[3] und 23 spätere Admirale und Generale, die als Kadetten teilgenommen hatten[4].
Der deutsche Chinahandel nahm unterdessen einen schönen Aufschwung, nicht zuletzt weil China dank der aufrüstenden »Provinzfürsten« zum größten ausländischen Abnehmer deutscher Rüstungsgüter wurde, mit Krupp an der Spitze. Die 1885 eingeführten Reichssubventionen für eine Postdampferlinie gaben weitere Impulse und 1889 kam es auf Regierungsinitiative (!) zur Gründung der »Deutsch-Asiatischen Bank« in Shanghai durch ein Konsortium deutscher Großbanken (Disconto-Gesellschaft, Deutsche Bank, Darmstädter Bank, Bleichröder, Oppenheimer, Rothschild, Bayerische Hypo). Sie sollte nicht nur dem Handel dienen, sondern gegebenenfalls massiv ins chinesische Eisenbahngeschäft einsteigen. Wie im Falle der Dampfersubvention ging es dabei um Bodengewinn gegen andere Nationen. Die aggressive neue Außenpolitik Wilhelms II. meinte, sich durch ihr Eingreifen 1895 den »Dank Chinas« verdient zu haben und daher endlich die wohlverdiente Überlassung eines Stützpunkts fordern zu dürfen. Der Hafen von Qingdao in der Bucht von Jiaozhou auf der Halbinsel Shandong hatte sich bereits als geeignetes Objekt herauskristallisiert, aber China verhielt sich abweisend. Da ein offener Rechtsbruch die deutsche Politik zu sehr kompromittiert hätte, entschied man sich 1896 für die bewährte Taktik, auf eine chinesische Provokation zu lauern, die Gelegenheit bieten würde, im Zuge von Repressalien eine entsprechende Abtretung zu erzwingen. Natürlich taten die Chinesen den Deutschen den Gefallen, am 1. November 1897 in Shandong zwei katholische Missionare zu ermorden. In Zusammenarbeit mit dem »kühnen teutonischen Priester« Johann Baptist Anzer, dem ebenso ehrgeizigen wie nationalistischen Bischof der Shandong-Mission, hatte das Reich bereits 1890 das Protektorat dieser Mission von Frankreich übernommen. Wilhelm II. war begeistert, denn jetzt konnte er den Chinesen »mit brutalster Rücksichtslosigkeit ... endlich zeigen, daß der Deutsche Kaiser nicht mit sich spaßen läßt und es übel ist, denselben zum Feind zu haben«[5]. Außerdem könnten die deutschen Katholiken jetzt erkennen, wie energisch ihre Interessen vom Reich wahrgenommen würden. Der neue Vertrag mit China enthielt aber keine Zeile über die durchaus ebenfalls erzwungene Genugtuung für die Missionen, sondern wichtigere Dinge: die Verpachtung des Jiaozhou-Gebiets unter Verzicht auf die chinesische Souveränität auf 99 Jahre sowie das Recht zum Bahnbau und zur Ausbeutung der Bodenschätze der Provinz Shandong durch deutsch-chinesische Kapitalgesellschaften[6]. Das »deutsche Hongkong« Qingdao ist zwar gediehen, aber nur dank riesiger Reichszuschüsse, während vom Shandong-Geschäft allein die Eisenbahn ein Erfolg wurde. Das lag teils am durchaus erfolgreichen Widerstand der Chinesen, teils an

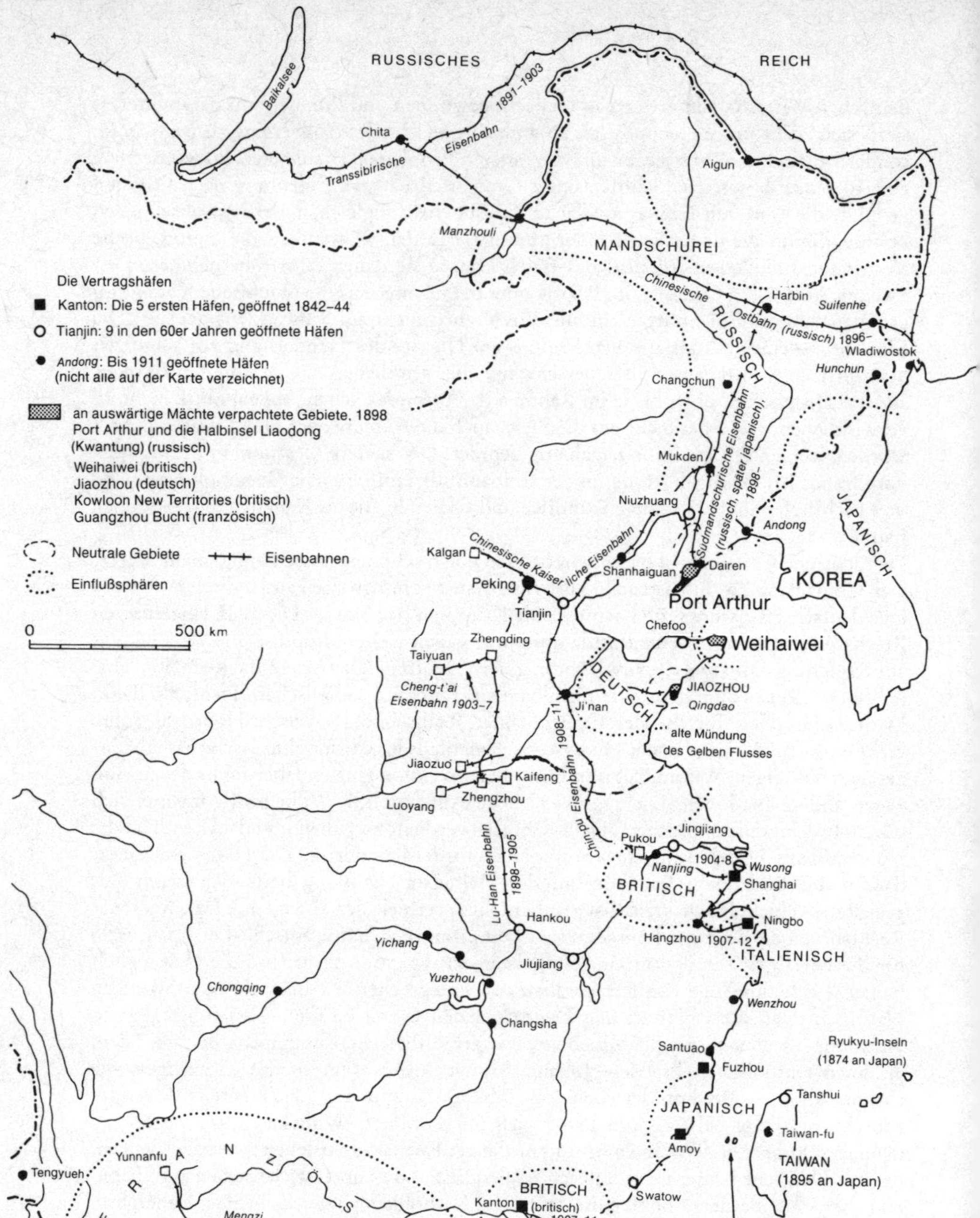

Abb. 17: China im Zeitalter des Hochimperialismus
(Nach: *J. K. Fairbank-K.-Ch. Liu (Hg.):* The Cambridge History of China, Vol. 11: Late Ch'ing, 1800–1911, Part II, Cambridge 1980, S. 55, 114)

politischen Rücksichten auf andere Mächte, um auch die übrigen Regionen Chinas für Deutschland offen zu halten[7].

Widerstand gegen den Vertrag kam zunächst aus St. Petersburg, doch gab Rußland schließlich nach, besetzte zur Kompensation die Halbinsel Liaodong und ließ sich das Recht zum Bau einer »Südmandschurischen Eisenbahn« Harbin-Port Arthur übertragen. Frankreich verlangte und erhielt seinen Stützpunkt auf 99 Jahre in der Guangzhou-Bucht, dazu Eisenbahnkonzessionen in Südchina und die Zusicherung, daß die Insel Hainan sowie die Provinzen Guangdong, Guangxi und Yunnan an keine dritte Macht abgetreten werden würden. Japan bekam eine ähnliche Erklärung für die Südostprovinz Fujian[8]. Ob diese Kompensationsgeschäfte auf eine Teilung Chinas hinauslaufen würden, hing weitgehend von England ab, das die deutsche Aktion hingenommen hatte, weil sie sein Interessengebiet nicht berührte, die russische aber als bedrohlich empfand. Zunächst regte London die Aufteilung Chinas in eine englische und eine russische Interessensphäre bei Weiterbestehen der chinesischen »Souveränität« an. Doch als Rußland auf seiner Exklusivposition in der Mandschurei bestand, wurde zur Machtdemonstration gegenüber Rußland der Flottenstützpunkt Weihaiwei gegenüber Port Arthur auf 25 Jahre erworben. Ferner nutzte Großbritannien die Gelegenheit, Hongkong auf 99 Jahre um die sogenannten »New Territories« zu vergrößern, und ließ sich das Yangzi-Becken »reservieren«, wie andere Mächte dies für andere Regionen durchgesetzt hatten. 1900–1941 unterhielten die Briten eine zeitweise recht beachtliche Kanonenbootflottille auf dem Yangzi[9]. Diese Maßnahmen hatten aber eher defensiven Charakter, denn es lag nicht im Interesse Großbritanniens oder einer anderen Macht außer Rußland und Japan, eine regelrechte Aufteilung Chinas in exklusive Einfluß- oder Herrschaftsbereiche anzustreben. Die USA, die infolge des spanisch-amerikanischen Krieges nicht an den geschilderten Transaktionen beteiligt waren, machten sich mit Erfolg zum Sprecher einer »Open Door Policy«. Keine Macht sollte künftig eine andere in ihrem Machtbereich in China ökonomisch diskriminieren dürfen, vor allem nicht durch Zölle. Deswegen sollten die Zölle in bewährter Weise unter chinesischer Hoheit bleiben. Rußland und Japan schlossen sich dieser Übereinkunft aber nicht an[10].

Die gelegentlich prekäre, insgesamt aber auf die solide Grundlage gemeinsamer Interessen gegründete Zusammenarbeit der Mächte sollte sich im Boxer-Konflikt erneut auf Kosten Chinas bewähren, obwohl der deutsche Beitrag zur gemeinsamen Aktion ebenso teuer und großspurig wie ineffizient und peinlich ausgefallen ist. Im sogenannten »Boxer-Protokoll« von 1901 wurden nicht nur Wiedergutmachung und eine exorbitante Entschädigung von 450 Mio tael oktroyiert, sondern faktisch die Botschafter der Mächte als eine Art von »Überregierung« etabliert – fast wie auf Samoa. In der Folgezeit konnten dann die Interessensphären weiter ausgedehnt und die Vertragshäfen auf 48 vermehrt werden. China hatte den Gipfelpunkt seines Weges zur »Halbkolonie« erreicht[11]. Und nachdem die Mächte eben noch in der »battle of concessions« heftig miteinander rivalisiert hatten, fanden sie bald zur wirtschaftlichen Kooperation zurück, die in einem regelrechten Chinakonsortium kulminierte. Die Überführung Chinas in eine »Vollkolonie« wäre unter diesen Umständen sinnlos gewesen, weil sie sich politisch nur durch Aufteilung hätte realisieren lassen, die Wirtschaftsinteressen der verschiedenen Nationen sich aber in unauflösbarer Gemengelage befanden. Das System der Vertragshäfen war in seiner Anlage international, auch wenn es zuvörderst den Interessen der führenden Handelsmacht Großbritannien entsprach, die überall den größten Anteil am Handel hatte und so bei einer Teilung nur verlieren konnte. Aber auch der expandierende deutsche Handel beruhte ebenso wie die Ansprüche der Amerikaner und Franzosen auf der Praxis der »offenen Tür«.

Auf den ersten Blick hätte der Eisenbahnbau mit seinen regionalen Linien und dem nicht selten damit verbundenen Privileg zur Ausbeutung der benachbarten Bodenschätze die Grundlage für die Entstehung getrennter Wirtschaftsimperien abgeben können. Nachdem China sich aus ideologischen Gründen dem Bahnbau lange versagt hatte, bestand seit den achtziger Jahren ein enormer Nachholbedarf, der angesichts des notorischen Kapitalmangels der chinesischen Regierung zu einem großen Geschäft indischen Zuschnitts zu werden versprach. Einige Linien wurden direkt von Ausländern unter Ausschluß Chinas gebaut: die Ostchinesische Bahn der Russen, die Yunnan-Bahn der Franzosen, die Shandong-Bahn der Deutschen. Meistens jedoch handelte es sich formell um chinesische Staatsbahnen, die aber einem Konsortium oder Land mit allen Einnahmen und Rechten verpfändet blieben, bis China die dazugehörige Anleihe zurückbezahlt hatte, deren Konditionen unter politischem Druck meist ziemlich ungünstig auszufallen pflegten. China erhielt in der Regel nur 89–92% der Anleihesumme tatsächlich ausbezahlt, mußte aber binnen 20–50 Jahren 100% tilgen und solange mit 4,5–9,5% verzinsen. Die Geldgeber konnten die Anleihe aber auf europäischen Kapitalmärkten zu mehr als 92% plazieren, außerdem erhielten sie einen Teil der Anleihe und/oder Gewinnbeteiligung. Sie durften die Industrie ihres Heimatlandes bei der Vergabe der Aufträge bevorzugen und für eine gewisse Zeit die wichtigsten Verwaltungsposten mit Europäern besetzen. Als Sicherheit diente zunächst eine chinesische Staatsgarantie, anschließend die Bahn selbst. Auch wenn diese Konsortien nicht international in ihrer Zusammensetzung gewesen sind, hatten sie doch als Zeichner chinesischer Staatsanleihen ein massives Interesse am Weiterbestehen des chinesischen Staates. Von den ausländischen Investitionen in China bestanden 1895–1901 36,1% in solchen Staatsanleihen, 1901–1913 wurden es sogar 57,9%.

Tabelle 8: Chinesische Staatsanleihen und ausländische Investitionen in China (in Mio US-Dollar)

	1902				*1914*			
	Anleihen		Investitionen		Anleihen		Investitionen	
England	110,3	39,4%	150,0	29,8%	207,5	41,8%	400,0	36,9%
Japan	–	–	1,0	0,2%	9,6	1,9%	210,0	19,4%
Rußland	26,4	9,4%	220,1	43,7%	32,8	6,6%	236,5	21,8%
USA	2,2	0,8%	17,5	3,5%	7,3	1,5%	42,0	3,9%
Frankreich	61,5	22,0%	29,6	5,9%	111,4	22,5%	60,0	5,5%
Deutschland	79,3	28,4%	85,0	16,9%	127,6	25,7%	136,0	12,5%
Summen	279,7	100,0%	503,2	100,0%	496,2	100,0%	1084,5	100,0%

(Nach: *D. K. Fieldhouse:* Economics and Empire, London 1976, S. 433, 435)

Es war lohnender, vom Weiterbestehen des *ganzen* Reiches zu profitieren und sich den Zugang zu *all* seinen Märkten offenzuhalten. In der Regel wurden private Wirtschaftsinteressen dabei von der politischen Führung ihrer Herkunftsländer unterstützt, allerdings nach Ländern, Firmen und politischer Richtung der jeweiligen Regierung in unterschiedlichem Umfang. Außerdem hatten manchmal politische Interessen die Vorhand, denen die wirtschaftlichen weichen oder sich unterordnen mußten. Und die internationale Zusammenarbeit von Politik und Kapital war ebenfalls keineswegs geradlinig. Es konnte vorkommen, daß politische Freunde in Europa in China ökonomisch miteinander rivalisierten, während die wirtschaftliche Zusammenarbeit mit politischen Gegnern ausgezeichnet war, so zwischen England, Frankreich und Deutschland nach 1905. Die Zeche zahlte China. Trotz der jüngeren These, daß die westliche Intervention marginal geblieben sei und die sozio-ökonomische Entwicklung des Landes nicht *entscheidend* beeinflußt habe, wird nach wie vor die Auffassung vertreten, daß die massiven Eingriffe des Westens 1897–1911 durch Abschöpfen des zur Kapitalbildung benötigten Einkommens und durch Untergraben der Regierungsautorität das Scheitern der bis dahin verheißungsvollen chinesischen Modernisierungsanstrengungen herbeigeführt hätten. Sicher ist, daß dieses System kurzfristig das bestehende politische Regime Chinas am Leben erhielt, langfristig aber seine Existenz gründlich untergraben hat[12].

Die eskalierende Mächterivalität um China ist neben der gleichzeitigen Teilung Afrikas die klassische Verkörperung von »Imperialismus«. Eine Strategie der Markterschließung und -beherrschung zur Rohstoffversorgung und Absatzsicherung der heimischen Industrie, die Verschärfung, bisweilen sogar Durchkreuzung der zu diesem Zweck angestrebten informellen Kontrolle durch Macht- und Militärpolitiker, sich argwöhnisch beobachtende Großmächte, die für jeden Zugewinn einer anderen sofort Kompensation für sich selbst suchen, dabei aber eine Gemeinsamkeit von Investoren-Interessen, die sogar politisches Konfliktpotential zu entschärfen vermag – dies alles gilt als typisch für den »(Hoch-)Imperialismus«, für ein »Zeitalter des Imperialismus« ca. 1870–1914. Dabei ist uns doch das meiste davon aus der früheren Geschichte der europäischen Expansion in der Alten Welt längst vertraut. Häufig genug handelt es sich nur um die Fortsetzung bereits länger andauernder Prozesse wie der Mächtekonkurrenz um China und der russischen Kontinentalexpansion in Rivalität mit England, oder die Übertragung bewährter Aktivitäten wie des Eisenbahngeschäfts in neue Räume. Neu ist eigentlich nur das gegen früher stärkere staatliche Engagement in der Wirtschaftspolitik und der nervöse, bisweilen fast hysterische Charakter, den die Mächtebeziehungen dabei angenommen haben. Unverändert suchen die Nationen des Westens auch im Zeichen wachsender Industrialisierung ihren wirtschaftlichen und politischen Einflußbereich zum eigenen Nutzen auszudehnen, wobei unterschiedliche Akteure ein differenziertes Instrumentarium ziemlich planlos benutzen und die ausgesprochene Indienstnahme der Staatsgewalt durch Wirtschaftsinteressen keineswegs die Regel darstellt; auch das Umgekehrte kommt vor. Es gibt ohnehin selten genug ein einheitliches Wirtschaftsinteresse; Textilindustrie, Schwerindustrie, »moderne« Industrien der Chemie- und Elektrobranchen, Banken, Handel und Verkehr ziehen nicht oft am selben Strang. Die vielberufenen Konzentrationsphänomene sind ja keineswegs überall gleichstark ausgebildet. Aber die Sorge um die nationale Prosperität gehört mehr als früher zu den Pflichten des Politikers, weil sich in einer Phase verlangsamten Wachstums zugleich die wirtschaftliche wie die politische Konkurrenz verschärft hat. Großbritanniens Vorsprung gegenüber seinen bisherigen Rivalen schrumpft und dazu treten neue Mitbewerber auf, nicht zuletzt das Deutsche Reich. Der Unterschied zwischen dem sogenannten »Freihandelsimperialismus« früherer Jahrzehnte und dem neuen »Hochimperialismus« ist eher quantitativer als qualitativer Art; höchstens daß im vorgegebenen politischen Spektrum einmal neue Akzente gesetzt werden. Bevölkerung und Produktion, Außenhandel und Auslandsinvestitionen nehmen nicht überall gleich, aber doch allerorten zu, mit der Folge, daß die Spielräume in Übersee enger werden und, wo es getrennte Machtbereiche gibt, die Grenzen aufeinander zurücken. Da ein Ende der Expansionsmöglichkeiten abzusehen ist, entsteht eine Art von Torschlußpanik, in der Besitzstände zementiert und möglichst viele Optionen auf die Zukunft gesichert werden, solange noch welche zu haben sind. Es wäre zu prüfen, ob nicht diese aggressivste Phase der europäischen Expansion mehr als jede andere von defensiven Motiven beherrscht wurde! Machtpolitik ist jedenfalls mehr gefragt als früher, ein Sachverhalt, für den kritische Zeitgenossen um 1900 die denunziatorische Vokabel »Imperialismus« geprägt haben[13].

Aus jener Kritik sind einflußreiche Erklärungsversuche erwachsen, Imperialismus-Theorien, die häufig, vor allem wenn sie sozio-ökonomisch argumentieren, bis heute ihren ursprünglichen Zusammenhang mit politischer Polemik nicht verloren haben.

Genau genommen handelt es sich ja um Anti-Theorien, die von Haus aus Theorie und Praxis zeitgenössischer Kolonialexpansion durch Erhellung ihrer Tiefenstruktur entlarven wollen. Eine solche Perspektive ist Stärke und Schwäche zugleich, denn Haß macht scharfsichtig und Haß verblendet! Wer als Historiker Wahrheit will, hat seine Schwierigkeiten damit, aber er kann auf den mit ihrer Hilfe zu erzielenden Erkenntnisgewinn nicht verzichten, auch wenn seine Vorstellungen von unbefangenen heuristischen Entwürfen anders aussehen mögen. Aber die spezifisch historische Fragestellung veranlaßt ihn, solche Theorien nicht als absolute Größen, sondern als Reaktionen auf Probleme ihrer historischen Umwelt zu behandeln und sie durch Rekonstruktion ihrer jeweiligen Bezüge ganz wörtlich zu »relativieren«.

In Großbritannien haben zwei Wahlrechtsreformen 1867 und 1884 das Zeitalter der Massenpolitik eingeleitet, das hier wie anderswo für den neuen Imperialismus grundlegend wurde[14]. Massenpresse und populäre Literatur, kolonialpolitische Massenverbände und organisierte Pressure Groups spielen im Gegensatz zu früher eine immer wichtigere Rolle. Politiker sind darauf angewiesen, in wirksamer Form an die Massen zu appellieren und können auf diese Weise Gefangene ihrer eigenen Scharfmacherei werden, die dann auch ihr Bild in der Geschichte über Gebühr prägt. So war vieles an dem angeblichen kolonialpolitischen Gegensatz des liberalen Premierministers Gladstone (1868–1874, 1880–1885) und des konservativen Disraeli (1874–1880) bloßer Theaterdonner. Der eine dachte sowenig an Auflösung des Empire wie der andere an planmäßige Expansion. Außerdem handelte es sich immer noch fast ausschließlich um die weißen Siedlungskolonien und um Indien. Und auch diese hatten für Regierungen wie Wähler keineswegs die Priorität, den einen ging es in erster Linie um die Beziehungen zu den anderen Großmächten, den anderen um innenpolitische Probleme. Über der Irlandfrage brach die liberale Partei 1886 auseinander, was ein konservatives Regime 1885–1892 und 1895–1905 ermöglichte, 1885–1902 unter Salisbury als Premier. Jetzt erst beginnt der Einfluß des imperialistischen, rassistischen, sozialdarwinistischen Gedankenguts auf die Politiker und die Massen. Um 1888 »bekehrten« sich die maßgebenden Konservativen zum Imperialismus, 1899 konnte der liberale Rosebery feststellen: »Wir sind jetzt alle Imperialisten«[15]. Der Kolonialminister Joseph Chamberlain (1895–1903) und der Premier zeigten jetzt viel Sinn für die Massenwirksamkeit ökonomischer Argumente. Imperialistische Politik galt als notwendig im Kampf der Nationen auf Leben und Tod, waren doch Englands Anteile an der Weltindustriekapazität und am Welthandel drastisch im Sinken begriffen, während Deutschland und die USA mehrfach höhere Wachstumsraten aufweisen konnten. Im Burenkrieg 1899–1902 steigerte sich die Popularität des Empire bei den Massen zu nationalistischen Exzessen. Sein beschämender Verlauf hat aber nicht nur nationale Erneuerungsbewegungen ausgelöst, sondern auch Besinnung auf andere Traditionen. In wenigen Jahren war das imperialistische Fieber vorüber und die »normale« politische Prioritätenliste wiederhergestellt[16].

Die Erfahrung des Burenkrieges gab auch den Anstoß für die erste umfassende kritische Imperialismusanalyse von Hobson 1902[17], deren Grundgedanken freilich verstreut schon bei den britischen Kolonialreformern[18] und den französischen Frühsozialisten zu finden sind[19]. Imperialismus ist nach Hobson ein schlechtes Geschäft für die Nation, aber ein gutes für bestimmte »Klassen und Gewerbe«, die Rüstungsindustrie, das Militär, das Transportgewerbe, die aus den Oberschichten rekrutierte Verwaltung, vor allem aber für die Investoren und (jüdischen) Geldhändler. Wegen Überproduktion und Unterkonsumption von Waren und Kapital infolge geringer Nachfrage auf dem mutterländischen Markt müssen diese im Ausland Absatz und Anlage suchen, was durch imperialistische Expansion erleichtert werden soll. Dies wäre aber überflüssig, wenn man die Inlandsnachfrage durch eine dynamische Lohnpolitik und steuerliche Abschöpfungen zu Reformzwecken steigern würde. Aber die imperialistische Politik versteht es, die Aufmerksamkeit der Massen von inneren Mißständen nach außen abzulenken, obwohl doch die sozialimperialistische und sozialdarwinistische Begründung der imperialistischen Doktrin auf allen Beinen hinkt.

Lange hat sich die Imperialismus-Diskussion von Hobson und seinen Nachfolgern wegbewegt. Zunächst wurde seine These von der Bedeutung der Investitionen für das »New Empire« in Afrika falsifiziert[20], dann folgte der Nachweis, daß die konkreten Expansionsvorgänge überhaupt nicht aus mutterländischer Perspektive allein, sondern nur mit Berücksichtigung der Entwicklung an der Peripherie erklärt werden können[21]. Jüngste Interpretationen scheinen aber wieder zu ihm zurückzukehren. Cain und Hopkins stellen erneut die mutterländische Politik in den Mittelpunkt, suchen aber die komplexen Ergebnisse der seitherigen Forschung mit einzubringen. Danach bedeutet die ohnehin ungleichmäßig verlaufende Industrialisierung in Großbritannien keineswegs automatisch politische Dominanz von Industrieinteressen, wie meist unterstellt wird, auch wenn Konsens darüber besteht, daß für eine Politik, die die Staatseinkünfte, die Arbeitsplätze und die Stabilität des Herrschaftssystems sichern muß, Förderung des Kapitalismus das Beste ist. Doch konkret wird diese Politik gemacht in wechselnden Allianzen von Gruppen mit unterschiedlicher regionaler und sektorieller Basis unter wechselnden weltwirtschaftlichen Bedingungen. Dabei dominiert nun in England nicht der sozial wenig angesehene Industriekapitalismus des Nordens, sondern der Rentenkapitalismus der »gentlemen« des Südens, wobei die Führung erst Mitte des 19. Jahrhunderts vom »landed interest« an den Finanz- und Service-Kapitalismus der City übergeht. Offensichtlich hat neben Hobson die Erfahrung des Großbritannien der Margaret Thatcher bei diesen Überlegungen Pate gestanden, die Hobson neue Aktualität beschert[22].

Während in England Nationalismus und Imperialismus einigermaßen am selben Strang zogen, bestand in Frankreich Konkurrenz zwischen ihnen, weil französischer Nationalismus nach 1871 zunächst Revanchismus blieb. Koloniale Expansion konnte geradezu als Verrat ausgelegt werden, wie Ministerpräsident Ferry erfahren mußte, der 1881 wegen Tunesien, 1885 wegen Tongking gestürzt wurde, trotz einer Rede, in der er die Sicherung kolonialer Absatzmärkte für eine seit 1881 durch Zölle geschützte Industrialisierung zur Voraussetzung nationaler Größe erklärte. Eugène Etienne, Unter-Sekretär für die Kolonien 1887–1892, legte dann 1890 ein regelrechtes Expansionsprogramm vor. 1892 wurde als Zusammenschluß der kolonialpolitisch engagierten Abgeordneten der »groupe colonial« gegründet. Die Tätigkeit von Gabriel Hanotaux im Außenministerium 1894–1898 leitete den Höhepunkt ein, allerdings handelte es sich vorwiegend um Afrika. Doch blieb die »Kolonialpartei« stets eine Minderheit und bald nach der Jahrhundertwende kam es auch hier zur kolonialpolitischen Baisse. Die öffentliche Meinung konnte nur vorübergehend, wenn nationales Prestige auf dem Spiel stand, mobilisiert werden. Dennoch ist der französische Imperialismus keine rein nationalistische Angelegenheit, wie behauptet wurde. Handels- und Industrieinteressen waren von Anfang an im Spiel, und das Kolonialreich wurde schon vor 1914 einer der wichtigsten Handelspartner. Aber die engagierten Wirtschaftsinteressen beschränkten sich auf einzelne Gruppen; Schwerindustrie und Hochfinanz hielten sich lange zurück, die Geldanlage in den Kolonien blieb anteilmäßig gering. Wirtschaftlich wichtig wurden die Kolonien für Frankreich erst nach dem Ersten Weltkrieg[23].

Auch in Deutschland blieb Bismarcks Außenpolitik dezidiert europäisch ausgerichtet, obwohl sich im Zeichen der wirtschaftlichen Expansion in der politischen Literatur seiner Zeit bereits sämtliche Argumente der klassischen Imperialismusdoktrin finden, einschließlich der Sicherung der Rohstoffversorgung, der Absatzmärkte und der Investi-

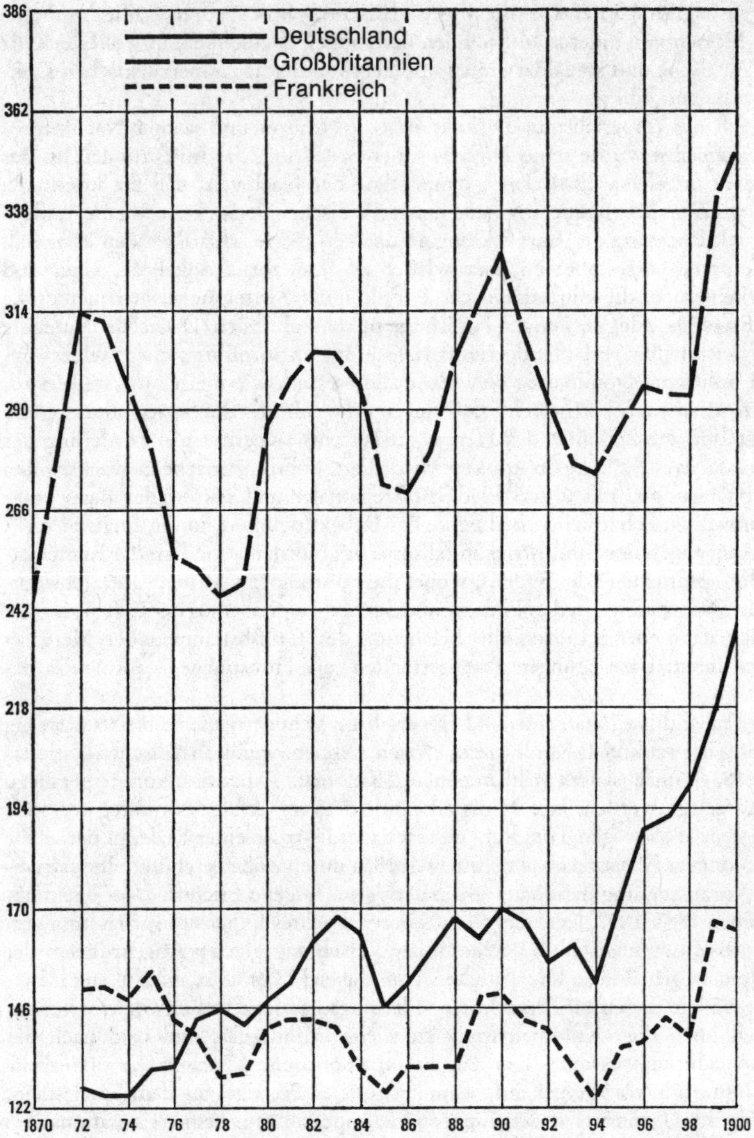

Abb. 18: Britische, deutsche und französische Exporte 1870–1900 in Mio englische Pfund (Nach: *D. K. Fieldhouse:* Economics and Empire, 1830–1914, London 1976, S. 18)

tionsfelder angesichts enger werdender Spielräume. Doch blieb seine Kolonialpolitik Episode, als innenpolitische Bedürfnisse mit einer günstigen außenpolitischen Konstellation zusammentrafen. England war durch Konflikte mit Frankreich und Rußland gelähmt, so daß Bismarck Kolonialpolitik benutzen konnte, um durch Ableitung innerer Konflikte nach außen das System zu stabilisieren, um kurzfristig mit ihrer Hilfe Wahlen zu gewinnen und durch eine Art antizyklische Konjunkturpolitik die Wirtschaft anzukurbeln – die Handelsentwicklung spricht eine deutliche Sprache. Dergleichen blieb aber vorübergehende Aushilfe im Instrumentarium des Listenreichen, während in der Wilhelminischen Zeit imperialistische »Weltpolitik« seit 1897 zum offiziellen Programm gehörte, zumindest verbal auch noch nach 1906, als sie faktisch keine große Rolle mehr spielte. Es bestand ohnehin ein Mißverhältnis zwischen großen Entwürfen und bescheidenen Erfolgen. Wichtiger als weiterer Kolonialerwerb war die informelle wirtschaftliche Expansion in China und im Osmanischen Reich, vor allem aber die Flottenrüstung[24].

Die Expansionspolitik der USA litt unter einem anderen Widerspruch, demjenigen zum antikolonialistischen Impuls ihrer Ursprünge. Die Eroberung des eigenen Kontinents ließ sich damit in Einklang bringen, indem man neuerworbene Gebiete rasch zu Unionsmitgliedern machte. Das kam aber für die dunkelhäutige katholische oder heidnische Bevölkerung Lateinamerikas und Asiens nicht in Frage. Doch in Ostasien sollte es sich ohnehin nur um Stützpunkte zur Erschließung der Märkte handeln. Die USA sind grundsätzlich bei diesem Imperialismus des Freihandels und der freien Investitionen geblieben, der abermals eine problemlose Verbindung von Ideologie und Interesse gestattete. Notfalls gehörten aber durchaus auch militärische Interventionen und Okkupationen zu diesem freihandelsimperialistischen Programm, was im spanisch-amerikanischen Krieg 1898 zur selben Zeit wie anderswo zum vorübergehenden Übergang vom »informellen« zum »formellen Imperialismus« führen sollte. Wirtschaftliche Krisen mit sozialen Spannungen in einer Zeit vermehrter internationaler Konkurrenz erzeugten gesteigerte Erwartungen an überseeische Märkte. In diesem Zusammenhang wurden auch in den USA rassistisch-sozialdarwinistische Parolen verkündet, vor allem in dem Kreis um Theodore Roosevelt und Admiral Mahan, dem Begründer der während des imperialistischen Zeitalters höchst einflußreichen Doktrin des »Navalismus«, nach der Flottenstärke machtpolitisch den Ausschlag geben sollte[25].

Als das kurzlebige hochimperialistische »Fieber« der Jahre um die Jahrhundertwende bereits wieder vorüber war, entzündete sich im deutschsprachigen Sozialismus eine Debatte darüber, warum der Kapitalismus entgegen Marx' Vorhersage nicht zusammengebrochen sei und was für eine Rolle dabei seine neue, die imperialistische Überlebensstrategie spiele. Nach den Beiträgen von Hilferding 1910 und Luxemburg 1913 hat der Emigrant Lenin 1916 seine populäre, aber ungeheuer einflußreiche Zusammenfassung geschrieben. Danach wird der Kapitalismus durch Selbstorganisation in Kartelle und Monopole zum Imperialismus, wenn das Finanzkapital das gesamte Wirtschaftsleben kontrolliert. Jetzt kommt es nicht mehr auf den Waren-, sondern auf Kapitalexport an, zu welchem Zweck Riesenkonzerne die Welt unter sich aufteilen. Das muß unausweichlich zu Konflikten führen, zum Widerstand der unterdrückten Völker, vor allem aber zu Kriegen der rivalisierenden Finanzmächte, in denen der Kapitalismus trotz des Auswegs, den er im Imperialismus gefunden hat, schließlich untergehen wird. Damit ist für Lenin vor allem der Erste Weltkrieg erklärt[26], während seine Epigonen eher die Bedeutung des antikolonialistischen Widerstands zu betonen pflegen. Sie haben allerdings mit dem Problem zu ringen, daß der zum Untergang verurteilte Kapitalismus abermals einen Ausweg gefunden hat, die Entwicklung seiner inneren Märkte, was schon Hobson gefordert, Lenin aber kategorisch für unmöglich erklärt hatte. Auf diese Weise benötigt

das kapitalistische System die übrige Welt weniger denn je, von etlichen Rohstoffen wie Erdöl abgesehen, während deren offensichtlich so leicht nicht aufzuhebende Abhängigkeit von den kapitalistischen Metropolen zu ihrem eigentlichen Schicksal wird[27].
Mit den »Dependenztheorien« hat sich die längst überfällige Wende zur Perspektive der Peripherie vollzogen. Logisch wäre es eigentlich selbstverständlich gewesen, daß zu einem Prozeß wie der europäischen Expansion neben den sicherlich maßgebenden Schub-Kräften des Zentrums auch Sog-Kräfte der Peripherie gehören *müssen*. Doch sind auch kritische Theoretiker bis vor kurzem im üblichen Eurozentrismus befangen geblieben! Schub wie Sog beruhen auf einem Ungleichgewicht der Kräfte, das sich immer weiter zugunsten des Westens verschoben und eben im »Zeitalter des Imperialismus« seinen Höhepunkt erreicht hat. Neben dem wirtschaftlichen Potential ganz allgemein kommt dabei der Verkehrs- und der Waffentechnik die größte Bedeutung zu, den Dampfschiffen und Eisenbahnen, den Kanälen und Telegraphen, vor allem aber dem 1880–1884 entwickelten Maschinengewehr, nach dem Motto von Hilaire Belloc:
»Whatever happens, we have got
the Maxim-gun, and they have not.«
Die Peripherie reagiert mit Kollaboration; nur so und nicht mit nackter Gewalt konnte eine häufig erstaunlich geringe Zahl von Europäern dort ihre Ziele erreichen. Sie wurden dadurch in einem solchen Umfang von ihren einheimischen Helfern abhängig, daß Kollaborationsverweigerung und ihre Begründung zum kritischen Moment ihrer Herrschaft werden mußte und zum Anfang der Dekolonisation werden konnte[28]. Diese Männer vor Ort mit ihrem »Sub-Imperialismus« haben häufig genug die Expansion weiter vorangetrieben als die Metropolen und die letzteren einfach vor vollendete Tatsachen gestellt, auch noch im Zeitalter von Funk und Telegraphen! Dabei können ökonomische, militärische oder auch einmal missionarische Motive maßgebend gewesen sein. Eine zusammenfassende Untersuchung der Vorgänge an der Peripherie durch Fieldhouse hat zwar, wie nicht anders zu erwarten, ein ziemlich diffuses Bild ergeben, aber doch zu der Faustregel geführt, daß der Zusammenhang von ökonomischem Interesse und politischer Entscheidung in der europäischen Expansion seltener durch direkte Einflußnahme wirtschaftlicher Interessengruppen auf die Politik hergestellt wird, als dadurch, daß durch ökonomische Aktivitäten an der Peripherie Probleme geschaffen werden, für die dann eine politische Lösung gefunden werden muß[29].

In Indochina, wie die Osthälfte der hinterindischen Halbinsel von den Franzosen genannt wurde, waren diese sogar schon seit dem 17. Jahrhundert aktiv, nicht ohne wirtschafliche Interessen, aber primär durch Missionare vertreten. Die beiden Flußlandschaften Tongking im Norden und Cochinchina im Süden, verbunden durch das Küstenland Annam, bildeten zusammen das Reich Annam, das unter chinesischer Oberhoheit stand und stark von chinesischer Kultur geprägt war. Die westlich angrenzenden Länder Laos und Kambodscha standen unter der Vorherrschaft von Thailand/Siam und dem Einfluß der indischen Kultur. Nach Siam hat Ludwig XIV. sogar eine offizielle Gesandtschaft geschickt, der Schwerpunkt der Arbeit der französischen Missionare hingegen lag eher in Annam, wo sie Mitte des 17. Jahrhunderts statt der chinesischen Schrift für das Vietnamesische die lateinische Schrift mit diakritischen Zeichen eingeführt haben, die heute noch in Gebrauch ist[30]. Anfang des 19. Jahrhunderts wollten die Herrscher Annams durchaus weiter gute Beziehungen zu Frankreich pflegen, aber keine kulturelle Beeinflussung dulden. Die Mission wurde verboten und 1833 setzte eine schwere Christenverfolgung ein. Da Frankreich ohnehin in China die Karte der Missionen ausspielte und Napoleon III. die über seine Italienpolitik verärgerten Katholiken beruhigen wollte, lag ein Eingreifen nahe. Schließlich wurde 1859 Saigon besetzt, um

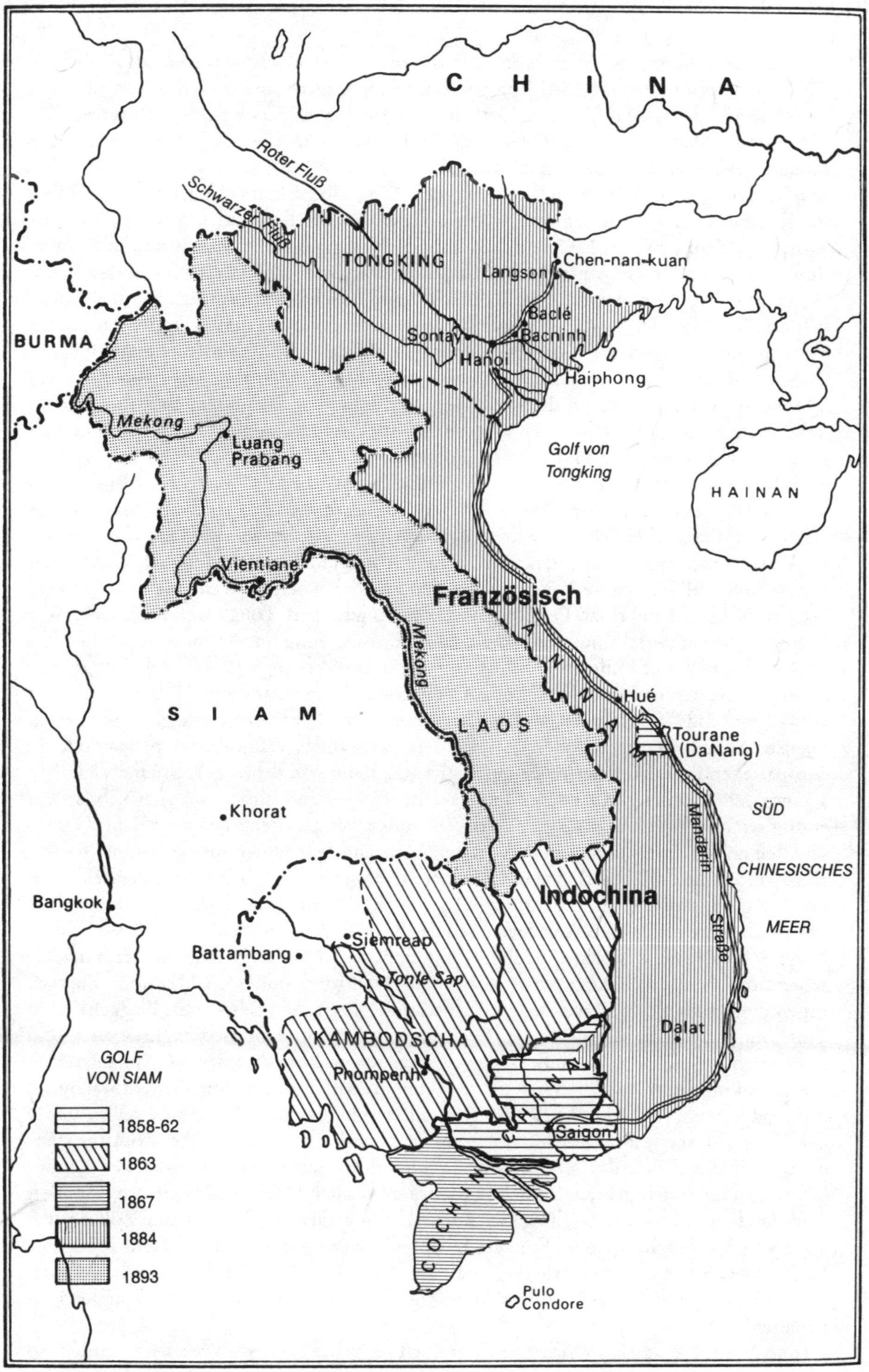

Abb. 19: Französisch-Indochina
(Nach: *J. K. Fairbank-K.-Ch. Liu (Hg.):* – The Cambridge History of China, Vol. 11: Late Ch'ing, 1800–1911, Part II, Cambridge 1980, S. 98 und *D. K. Fieldhouse:* Economics and Empire, 1830–1914, London 1973, S. 486)

für die Erpressung von Verträgen chinesischen Musters ein Faustpfand zu haben. Tatsächlich mußte Annam 1862 Religionsfreiheit gewähren und drei Häfen öffnen, vor allem aber Saigon und die drei östlichen Bezirke von Cochinchina abtreten. Die französische Marine wollte und bekam ihr Hongkong. Die Franzosen kamen wegen der Mission und blieben wegen der Flotte[31].

Zur Sicherung ihrer Position in Cochinchina dehnten die Militärs in Saigon ihren Einfluß auf Kambodscha aus, dessen Fürst statt bei Annam bei Frankreich Schutz gegen die Ansprüche Siams suchte. 1863 wurde Kambodscha französisches Protektorat mit einem Residenten, der für die Außenpolitik zuständig war, was 1867 durch Vertrag mit Siam bestätigt wurde. Saigon sollte statt Bangkok Kambodschas Exporthafen werden. Ebenfalls 1867 wurde der Rest von Cochinchina erobert[32]. Unterdessen hatten sich auch Handelsinteressen gemeldet, die einen günstigen Zugang nach China suchten; vor allem die Seidenindustrie von Lyon hoffte auf billigen Rohstoff. 1866 ging eine Expedition den Mekong aufwärts, um einen direkten Weg nach Südchina zu finden. Vergebens, doch stellte sich heraus, daß Tongkings Roter Fluß aus Yunnan kam[33]. Eine Welle französischer Tongking-Begeisterung war die Folge, zumal gleichzeitig England von Westen nach Südchina vorzudringen schien. Verwicklungen um den Waffenhändler Dupuis führten 1873 zur Besetzung Hanois, wobei die Instanzen vor Ort die Weisungen aus Saigon und Paris erheblich überschritten. Die Aktion wurde zwar beendet, aber Annam 1874 zu einem neuen Vertrag veranlaßt, der die Abtretung Cochinchinas bekräftigte, den Roten Fluß und drei Städte Tongkings für den Handel öffnete und ein unklar formuliertes politisches Protektorat Frankreichs über Annam und Tongking errichtete[34]. Wie manchmal im Imperialismus hängt die weitere Entwicklung mit Annams Versuchen seit 1876 zusammen, mit Hilfe seines Oberherren China das europäische Protektorat wieder loszuwerden. China hatte die Öffnung Yunnans auf dem Landweg 1880 ausdrücklich verweigert und die chinesische Banditenarmee der »Schwarzen Flaggen« sorgte im Dienste Annams dafür, daß der Rote Fluß gesperrt blieb. Dazu drohte neben anderen europäischen Initiativen der Bau einer englischen Bahn von Birma her. Erstmals kam ein agitatorisch angeheiztes breiteres Interesse im Mutterland hinzu, wo sich neben dem einflußreichen Kolonialideologen Leroy-Beaulieu verschiedene geographische Gesellschaften und Handelskammern hervortaten, während sich Schwerindustrie und Hochfinanz zurückhielten[35]. Doch wenn 38% der in Frankreich verarbeiteten Rohseide aus China kam und die Seidenindustrie von Lyon 1880 7% des französischen Exporterlöses bestritt, konnte man sich einen Weg zu billiger Rohseide schon etwas kosten lassen. Dazu kamen die lockenden Märkte Südchinas angesichts einer Handelsbilanz, in der französischen Importen aus China für 4 Mio englische Pfund nur 136 000 Pfund Exporte gegenüberstanden[36]. 1882 wurde eine Expedition gegen die »Schwarzen Flaggen« nach Tongking geschickt, die nach der Eroberung von Hanoi in Bedrängnis geriet und militärisch entsetzt werden mußte. Das Ergebnis waren zwei Verträge mit Annam, durch die Tongking bei formaler Souveränität Annams als französisches Protektorat unter mehr oder weniger direkte Verwaltung durch Residenten kam. In Annam selbst wurde der Generalresident am Hof der Außenminister und informell eine Art Ministerpräsident, weil die Zölle, das Verkehrswesen und die öffentlichen Arbeiten des Landes Franzosen unterstellt waren. Schließlich anerkannte auch China nach weiteren Kämpfen 1885/86 die französische Stellung in Annam und gewährte Frankreich eine Zollermäßigung von 5% gegenüber dem Seeweg. Die hohen Kosten des Unternehmens haben bei Rückschlägen trotz deren Geringfügigkeit den Sturz des Kabinetts Ferry herbeigeführt, und es gab 1885 nur vier Stimmen Mehrheit für den Kammerbeschluß, Tongking zu behalten[37].

Dennoch war die französische Expansion noch nicht beendet. Siam reagierte nämlich ab

1884 mit Reaktivierung seiner Hoheitsansprüche über das gesamte Mekong-Tal und schob bis 1888 durch Unterwerfung der Fürstentümer von Laos auf dem östlichen Mekong-Ufer seine Position weiter gegen das schmale Annam vor. Und Siam schien unter britischen Einfluß zu geraten, so daß die ökonomischen und politischen Aktivitäten der Franzosen in Laos in den achtziger und neunziger Jahren eigentlich gegen England gerichtet waren. Aber das britische Kabinett duldete die 1893 mit einer Seeblockade Bangkoks erzwungene Abtretung von Laos an Frankreich unter der Bedingung, daß Kern-Siam als Pufferstaat zwischen England und Frankreich erhalten bleibe. Diese Regelung von 1896 wurde 1907 vertraglich festgeschrieben[38], so daß Thailand seine eigene Modernisierung relativ ungestört durchführen konnte[39].

Um 1900 hatten die Franzosen lokalen Widerstand gebrochen und ihre Kolonie etabliert. Die bereits 1887 geschaffene »Union indochinoise« wurde unter Verletzung des Protektoratsstatus dem Außenministerium entzogen und dem 1894 neugeschaffenen Kolonialministerium unterstellt. Ihre Organisation erhielt sie vor allem durch den Generalgouverneur Paul Doumer 1897–1902[40]. Sie bestand ja aus fünf nach Status und Struktur höchst unterschiedlichen Teilen: Cochinchina, Annam, Tongking, Laos und Kambodscha. Alleiniger Vertreter des Mutterlandes war der Generalgouverneur in Hanoi. Er hatte eine Zentralverwaltung mit Abteilungen für Landwirtschaft, Handel, Justiz, Zölle, öffentliche Arbeiten und Inneres zur Verfügung, die aus Zöllen finanziert wurde, während direkte Steuern den fünf Ländern zustanden. Ein »Conseil supérieur de l'Indochine« aus Beamten, Vertretern der Handelskammern und einheimischen Notabeln hatte nur beratende Stimme, vor allem in Budgetangelegenheiten. Vom Generalgouverneur erhielten der Gouverneur von Cochinchina und die »Résidents supérieurs« der vier Protektorate ihre Direktiven, deren Verwaltung allerdings höchst unterschiedlich organisiert war. Laos und Kambodscha unterschieden sich eigentlich nur durch stärkere französische Durchdringung von britisch-indischen Fürstenstaaten, während der Herrscher von Annam fast völlig entmachtet wurde[41]: der neugeschaffene Ministerrat tagte unter Vorsitz des »Résident supérieur« und seine Beschlüsse brauchten dessen Zustimmung. In Tongking bestand zwar Selbstverwaltung der Dörfer unter dem hergebrachten Regime annamitischer Mandarine, aber unter straffer Kontrolle durch zahlreiche Residenten, so daß das Ganze fast auf direkte Herrschaft hinauslief, wie sie in Cochinchina herrschte, wo man geradewegs auf sozio-kulturelle Assimilation setzte. Das traditionelle Herrschaftssystem wurde durch französische Beamte ersetzt, in der Justiz galt das französische Recht des Mutterlandes. 1879 hatte Cochinchina einen zivilen Gouverneur statt der Militärverwaltung erhalten, 1880 folgte ein »Conseil colonial«, 1881 ein Abgeordneter im Pariser Parlament. Der Conseil, von dessen 16 Mitgliedern 10 Franzosen waren, hatte Budgetrecht und setzte die Steuern fest. Da von den 2 000 wahlberechtigten Franzosen 1 500 Beamte waren, konnte dies auf Selbstbedienung hinauslaufen. Doch auch nachdem der Generalgouverneur die Macht dieses Conseil beschnitten hatte, blieben die Interessen der Beamten und Geschäftsleute von Saigon wichtig, zumal sie durch deren Abgeordneten direkt in Paris zur Geltung gebracht werden konnten.

Die direkten Steuern, zunächst die in Kolonien übliche Kopf-, später eine Grundsteuer waren höher als in vorkolonialer Zeit, aber Paris hatte 1900 festgelegt, daß die Kolonien sich selbst finanzieren mußten. Skandalös waren die indirekten Abgaben, soweit sie durch das französische Salz-, Alkohol- und Opiummonopol erzielt wurden, denn die Verwaltung bekämpfte nicht nur das übliche Schwarzbrennen, sondern förderte den Rauschgiftkonsum. Außerdem wurden Franzosen von diesem Steuersystem weniger belastet. 1913 betrug die Bevölkerungszahl Vietnams 17 Mio, dazu kamen 23 000 Franzosen[42]. Im Gegensatz zur generell dünnen Besiedelung herrschte im Delta des Roten Flusses, in der Küstenebene von Annam und im Mekong-Delta eine enorme Bevölkerungsdichte bis zu 1 000 Einwohnern pro km^2 auf rein agrarischer Grundlage. In Tongking spielte bei den Reisbauern Kleinbesitz eine wichtige Rolle. Aber Bevölkerungsdruck und Steuerlast verstärkten die Verschuldung und dank des gläubigerfreundlichen französischen Rechts den Trend zum Landverlust der Kleinen und Landgewinn der Großen, der freilich nicht allein der Kolonialherrschaft zuzuschreiben ist, da er im benachbarten Thailand ebenso auftrat[43]. In den neuerschlossenen Reisgebieten Cochinchinas herrschte französischer und vietnamesischer Großgrundbesitz vor[44].

Entwicklungspolitik war damals vor allem Eisenbahnpolitik. Abgesehen vom üblichen Geschäft mit Investitionen, die aus dem nicht zuletzt zu diesem Zweck von Doumer sanierten Etat der Kolonien verzinst werden mußten, erwartete man Großes von einer verkehrsmäßigen Integration der Kolonie und der Erschließung Südchinas durch die Yunnan-Bahn. Doumer hat noch 1902 die berühmte Eisenbahnbrücke über den Roten Fluß gebaut. Bis 1914 haben die Franzosen in Indochina 1 600 Streckenkilometer, in China 464 km fertiggestellt, aber die von Anfang an geplante Nord-Süd-Bahn konnte erst 1936 vollendet werden[45]. Sowenig wie in Indien hat der Bahnbau hier einen Industrialisierungsschub ausgelöst; er sollte das auch gar nicht, denn koloniale Industrien, die den mutterländischen Konkurrenz machen konnten, waren unerwünscht; schließlich hatte man einen Absatzmarkt erwerben wollen. Dem entsprach auch die Zollpolitik. 1892 wurde der Freihandel auch für Chochinchina abgeschafft, für Einfuhren Dritter galten die mutterländischen Zollsätze, während der Austausch mit Frankreich zollfrei erfolgte, so daß die Metropole diesen Markt beherrschen konnte, während Indochina Rohstoffe lieferte. Dazu zählten auch Bergbauprodukte wie die in Tongking unter frühindustriellen Arbeitsbedingungen mit Frauen- und Kinderarbeit unter Tage gewonnene Kohle, die vor allem nach Japan exportiert wurde. Hier haben die Franzosen frühzeitig investiert. Es gelang ihnen aber nicht, aus Indochina eine Goldgrube indischen oder indonesischen Zuschnitts zu machen[46].

Auch in Malaya, das seit 1824 britische Interessensphäre war, wurde die Welt im Zeitalter des Imperialismus enger. Zunächst hatte es nur winzige britische Besitzungen gegeben, die 1826 zu den »Straits Settlements« zusammengefaßt wurden, seit 1832 mit der Hauptstadt Singapore. Die malayischen Fürstentümer der Halbinsel standen zum Teil unter siamesischer Oberhoheit; die britische Einflußnahme, die sich vor allem auf Johore an der Südspitze erstreckte, enthielt sich der Einmischung in innere Angelegenheiten, um weitere Verwicklungen zu vermeiden. Das hätte sich nicht gelohnt, denn die englischen Stützpunkte waren ja nicht Selbstzweck, sondern zur Sicherung der Chinaroute geschaffen worden. Das änderte sich aber, als die »Straits Settlements« 1867 der Zuständigkeit Calcuttas und des India Office entzogen und mit einem eigenen Gouverneur dem Colonial Office unterstellt wurden. Nun hatten lokale Interessen, vor allem solche aus Singapore, das Sagen, die sich schon 1868 in London einen regelrechten Lobbyistenverband schufen[47].

Dabei ging es weniger um den üblichen Regionalhandel als um das in den Fürstentümern Perak, Selangor und Sungei Ujong (später ein Teil von Negri Sembilan) an der Westküste im Tagebau gewonnene Zinn, das seit den sechziger Jahren auf dem Weltmarkt immer stärker nachgefragt wurde. Konservenbüchsen bestehen aus Zinn und außerdem wird es für verschiedene technische Legierungen benötigt. Die Zinnerzeugung war aber fest in der Hand chinesischer Unternehmer, die sich rivalisierender Geheimgesellschaften bedienten, um ihre ebenfalls chinesischen Arbeiter niederzuhalten und die Konkurrenz zu bekämpfen[48]. Zu diesen mörderischen Auseinandersetzungen kamen ständige Konflikte in den Fürstentümern und die übliche Piraterie, um ziemlich chaotische Verhältnisse zu erzeugen. Dennoch sollen in den Zinn-Minen von Selangor um 1870 schon

Britisch-Malaya

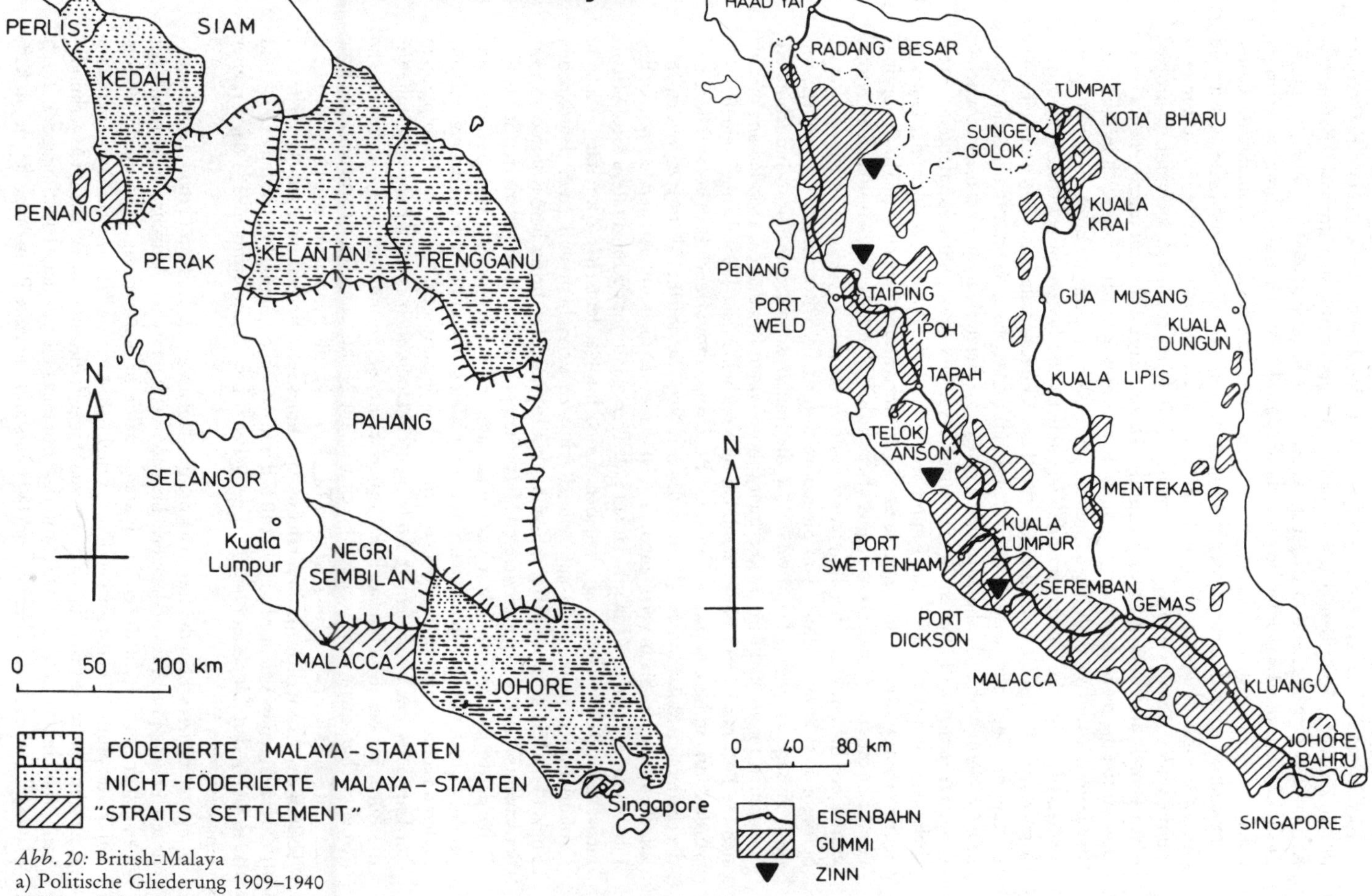

Abb. 20: British-Malaya
a) Politische Gliederung 1909–1940
b) Wirtschaft 1940
(Aus: *R. v. Albertini:* Europäische Kolonialherrschaft 1880–1940, Zürich 1976, S. 489)

200 000 Pfund Kapital aus den Straits Settlements angelegt gewesen sein und 1873 wurde in Singapore die »Selangor Tin Company« gegründet, die sich um mutterländisches Kapital und eine mutterländische Intervention für Sicherheit und Ordnung bemühte. Doch obwohl die Engländer vor Ort bereits 1871 in einen Bürgerkrieg in Selangor hineingezogen worden waren, zeigte London wenig Interesse. Da veranlaßte die Company eine Anfrage ihrer malayischen Partner in London, ob »die englische oder irgend eine andere Regierung« wohl zum Schutz der Kaufleute und Investoren intervenieren würde, und ergänzte sie mit der Information, die Fürsten planten, sich einem europäischen Protektorat, wahrscheinlich dem des Deutschen Reiches zu unterstellen.
Das wirkte, denn London hatte mit Sorge beobachtet, wie sich Frankreich in Hinterindien festsetzte und die USA ihren Einfluß im Pazifik ausweiteten. Durch die Öffnung des Suezkanals waren die Meerengen eine Zone hoher Sicherheitsempfindlichkeit geworden. Atjeh erregte Bedenken, vor allem aber das Deutsche Reich, das sich eben im Dreikaiservertrag mit Englands russischem Erzfeind verbunden hatte. Ganz offensichtlich blieb keine andere Wahl, als die britische Präsenz zu verstärken, wollte man möglichen Konkurrenten zuvorkommen. Warum nicht das in Indien bewährte Residenten-System auch hier einführen[49]? Doch das Tempo bestimmte nicht London, sondern der Gouverneur von Singapore, der im Gegensatz zu seinen Instruktionen nach dem Motto vorging: »to act in the first place and to report afterwards«[50]. Und als 1875 ein Resident getötet wurde, erschien militärisches Eingreifen als unausweichlich. Von nun an wurden Perak, Selangor und Sungei Ujong von Singapore unterstellten Residenten kontrolliert, um nicht zu sagen regiert[51]. Dann veranlaßte die französische Expansion in Indochina ein Ausgreifen an die Ostküste. 1885 erhielt Johore seinen Residenten, 1888 Pahang und als sich die Föderation von Negri Sembilan bildete, bekam sie 1895 ebenfalls einen. 1896 wurde dann ein bereits von der liberalen Regierung entworfener Plan verwirklicht und die »Federated Malay States« (Perak, Selangor, Negri Sembilan, Pahang) gegründet. 1897 verpflichtete sich Siam vertraglich, in den seiner Hoheit unterstehenden nördlichen Fürstentümern Perlis, Kedah, Kelantan und Trengganu ohne Konsultation Großbritanniens keine Konzessionen zu vergeben. Doch infolge deutscher Aktivität veranlaßte Großbritannien Siam, 1909 auf seine Rechte zu verzichten und auch den Norden England zu überlassen. Malaya bestand künftig aus der britischen Kolonie »Straits Settlements«, aus den vier »Federated Malay States« und fünf nicht föderierten Staaten[52].
Folge der britischen Expansion war ein gewaltiger Aufschwung der malayischen Zinnproduktion, die 1883 an der ersten Stelle in der Welt stand und 1890 mehr erzeugte als alle anderen Länder zusammen, wobei technische Verbesserungen, vor allem Dampfpumpen zur Entwässerung, eine wichtige Rolle spielten. Doch blieb es trotz Regierungshilfe für die Europäer bei der chinesischen Vorherrschaft, unter anderem weil die chinesische Arbeiterschaft nicht ohne weiteres bereit war, für Nicht-Chinesen zu arbeiten. Doch als die weitgehende Erschöpfung der dem Tagebau zugänglichen Lagerstätten kostspieligere Techniken erforderlich machte, reichte das chinesische Kapital häufig nicht mehr aus. 1906 erzeugten westliche Minen erst 10% des malayischen Zinns, 1920 waren es 30% und 1936 waren den Chinesen noch 36% geblieben, obwohl immer noch 81% der Arbeiter Chinesen waren[53].
Hingegen beherrschten die Europäer die Plantagenwirtschaft, die nun dank Regierungsunterstützung und Ausbau des Verkehrswesens einen raschen Aufschwung nahm. Nach Versuchen mit verschiedenen Produkten brachte in den neunziger Jahren die »Kautschuk-Revolution« einen großen Durchbruch. 1874 wurde *Hevea brasiliensis,* der beste Kautschukbaum, aus Brasilien herausgeschmuggelt; die mit dem Saftabzapfen verbundenen Probleme konnte der Direktor des Botanischen Gartens von Singapore durch planmäßige Forschung überwinden. 1895 entstand die erste Pflanzung, der Boom kam

1905–1912 – 1903 hatte Henry Ford seine Autofabrik gegründet. Die Ausbreitung der Kautschukpflanzungen folgte den Eisenbahnen; sie begann im Westen, erfaßte dann den Osten und zuletzt den Norden. Zur Versorgung mit Arbeitskräften wurde die Einwanderung freigegeben; seit 1906 förderte man die Immigration von Indern. So dominierten im Nordwesten die Tamilen, im Süden und Osten hingegen die Chinesen unter der Arbeiterschaft. Jetzt wurde Malaya auch von den mutterländischen Investitionen bevorzugt: 1914 waren hier 27,3 Mio Pfund angelegt, mehr als in jeder anderen Kolonie außer Indien und den weißen Dominions. Malaya war zu einem wichtigen Bestandteil des Empire aus eigenem Recht geworden[54].

Im benachbarten Indonesien waren die Kräfte der Kolonialmacht zunächst durch den Krieg gegen Atjeh gebunden, obwohl der Generalgouverneur schon 1881 von der Gefahr gesprochen hatte, daß nicht nur britische Unternehmer, sondern auch Deutsche und Italiener sich auf den äußeren Inseln festsetzen könnten[55]. Tatsächlich wurde 1888 ein britisches Protektorat über Brunei und das Gebiet der »North Borneo Company« (Sabah) errichtet[56]. Aber der erforderlichen Verdichtung der niederländischen Präsenz standen die höchst differenzierten Verträge mit den unzähligen Fürsten im Wege. Nach den Erfahrungen in Atjeh ging man auf Hurgronjes Vorschlag dazu über, statt Verträgen auf Gegenseitigkeit von den Fürsten eine einseitige Unterwerfungserklärung zu fordern, die nur noch drei Punkte enthielt: die Anerkennung der niederländischen Hoheit, den Verzicht auf Beziehungen zu dritten Mächten und die Verpflichtung, allen Anordnungen der Kolonialregierung Folge zu leisten, auch in der inneren Verwaltung. Diese 1898 eingeführte »Korte Verklaring« bildete 1927 die Grundlage der Beziehungen zu 267 Fürsten; nur 15 hatten einen anderen Vertrag erhalten[57]. Hinfort handelte es sich bei Äußerungen der niederländischen Beamten nicht mehr um Ratschläge an die Fürsten, sondern um Weisungen, die notfalls mit Waffengewalt durchgesetzt werden würden. Vor allem aber wurden den Fürsten die Einkünfte des Landes entzogen, auch wenn sie daraus noch ihren Unterhalt bekamen; sie flossen in eine »landschapskas« zur Verfügung der Beamten. Die Entscheidung für die lückenlose Kontrolle über den gesamten Archipel fiel 1904 in einem Gespräch des Siegers von Atjeh, General Van Heutsz, mit dem Ministerpräsidenten und dem Kolonialminister, die beide wie Van Heutsz Berater Colijn der calvinistischen Partei angehörten[58]. Daraufhin wurde in zahlreichen Expeditionen das gesamte heutige Indonesien diesen Grundsätzen unterworfen. Die Länder besonders »aufsässiger« Fürsten wie des Sultans von Jambi auf Sumatra oder einiger Radjas auf Bali wurden dabei in direkte holländische Verwaltung übernommen, sonst kam die »Korte Verklaring« zur Anwendung. Sogar die Kontrolle über West-Neu-Guinea wurde jetzt hergestellt, nachdem die britischen Besitzer des Südostens sich über Einfälle aus dem von den Niederlanden beanspruchten Teil beschwerten und mit eigenen Maßnahmen drohten. Getragen wurde die Aktion ebenso wie die ersten Jahre des neuen Verwaltungssystems von der Armee; nur 5–6 000 Mann alles in allem, aber jetzt sehr effizient, mit Spezialeinheiten für Buschkrieg und Guerillabekämpfung[59]. Mancherorts dauerte es bis in die zwanziger Jahre, doch im wesentlichen war der Archipel vor dem Ersten Weltkrieg tatsächlich zu »Niederländisch-Indien« geworden!
Dieser niederländische Imperialismus stand im Zeichen einer neuen politischen Wende, einer Abkehr vom Liberalismus, der sich erst vor wenigen Jahrzehnten in der Kolonialpolitik durchgesetzt hatte, und einer Wendung zu »ethischer Politik«, die stärker auf die Wohlfahrt der Eingeborenen ausgerichtet sein sollte. Daß liberale Kolonialpolitik in der Regel zum Nachteil der Eingeborenen auszuschlagen pflegt, hatte sich auch hier bestätigt. Daher sollte das liberale Prinzip der Nichteinmischung in innere Angelegenheiten der Fürstentümer aufgegeben und statt dessen zum Wohl der Eingeborenen die Mißwirt-

schaft ihrer Herrscher entweder ganz beseitigt oder durch holländische Kontrolle unterdrückt werden. Die Unterwerfung der Einheimischen sollte also zu deren eigenem Besten erfolgen, ein »ethischer Imperialismus«, der auch bei anderen Mächten vorkommt, aber dort keinen so großen Einfluß gewonnen hat[60]. Van Vollenhoven, Professor für indonesisches Recht an der Universität Leiden[61], suchte einer ganzen Generation von Kolonialbeamten seine Auffassung von einer auf das Wohl der Eingeborenen ausgerichteten Verwaltung bei gleichzeitiger Respektierung ihrer Lebensformen einzuprägen. Diese Fakultät war ja die Ausbildungsstätte der höheren Grade des »Binnenlandsch Bestuur«, der Kolonialbeamtenschaft. Nun konnte es sich zum Vorteil der Indonesier auswirken, daß die Kolonialverwaltung im Rahmen der vom Parlament erlassenen Gesetze weitgehend selbständig arbeitete. Selbst der Minister war in der Regel ein aus derselben Gruppe hervorgegangener Berufsbeamter und nicht Politiker wie in anderen Ländern. Die Plantageninteressen suchten der »ethischen Politik« an der Wurzel beizukommen, indem sie eine konkurrierende indologische Fakultät an der Universität Utrecht ins Leben riefen, vergebens, denn der Beamtennachwuchs zog Leiden vor, wo er Anschluß an die etablierte Elite finden konnte. Außerdem fanden immer mehr Mischlinge, die sogenannten »Eurasier«, den Weg in die Verwaltung, während ihnen Führungspositionen in der Wirtschaft verschlossen blieben. Das heißt der Konflikt zwischen »Ethikern« und »Liberalen« vermischte sich mit dem Konflikt zwischen »Eurasiern« und »Europäern«. Die Verwaltung war jetzt nicht mehr gesonnen, freies Land für Plantagen zurückzuhalten und so den Bevölkerungsdruck vollständig in Richtung auf billige Lohnarbeit zu kanalisieren. Statt dessen machte sie Versuche zur Gründung neuer Dörfer und unternahm sogar Anstrengungen zur Verbesserung der Lage der Kontraktarbeiter. Freilich alles nicht übermäßig erfolgreich; die Strafandrohung für Bruch des Arbeitskontraktes fiel zum Beispiel erst 1931, nachdem 1929 in den USA eine Gesetzesinitiative ein Importverbot für unter solchen Bedingungen erzeugte Waren angestrebt hatte – dabei könnte es sich aber um einen Schachzug amerikanischer Tabakpflanzer von den Philippinen handeln, die die Konkurrenz auf Sumatra schädigen wollten[62].

Auch weiter östlich, selbst in den Weiten des Pazifik war die Welt im Zeitalter des Imperialismus enger geworden, denn die Mächte engagierten sich stärker und der australische und neuseeländische Subimperialismus gewann an Gewicht, wie sich in Ost-Neu-Guinea und Melanesien zeigen sollte. Die deutschen Südseefirmen waren nicht nur im Handel mit diesem Raum engagiert, sondern pflegten hier auch ihre Arbeiter für die Plantagen auf Samoa zu rekrutieren. Um sich diese Möglichkeiten und Plantagenland für die Zukunft offen zu halten, regten sie die Gründung einer Kolonie in Neu-Guinea an, stießen aber beim Reich zunächst auf Ablehnung. Auch die Australier, insbesondere die Queensländer, die aus ähnlichen Gründen Interesse zeigten, konnten Großbritannien nicht für eine Okkupation gewinnen, weil sie die Kosten nicht übernehmen wollten[63]. Da erschien am 27. November 1882 in der »Augsburger Allgemeinen Zeitung« anläßlich der Gründung des Kolonialvereins ein Beitrag, der eine deutsche Kolonie Neu-Guinea forderte und in leuchtenden Farben ausmalte[64]. Das ließ die Deutschen einstweilen kalt, merkwürdigerweise aber nicht die Australier, wo dieser Vorschlag nach heftigen Diskussionen schließlich im April 1883 zur Besitzergreifung von ganz Neu-Guinea östlich des 155. Längengrades durch Queensland führte, um der deutschen Gefahr zuvorzukommen. Allerdings war eine koloniale Regierung dazu nicht ohne Zustimmung Londons berechtigt, dort aber erklärte man die Annexion für nichtig, denn man wollte erst einmal hören, was die Kolonien dafür aufzubringen gedächten. Daraufhin machte eine Konferenz der australischen Kolonien 1883 Finanzierungsvorschläge und proklamierte zugleich eine Art »Monroe-Doktrin« für den Südpazifik: zwischen Australien und Südamerika sollte künftig keine neue nicht-britische Macht mehr geduldet werden. Nun fühlten sich wiederum die deutschen Handels- und Plantageninteressen bedroht, gründeten 1884 zwecks Besitzergreifung eine »Neu-Guinea-Kompanie« und baten um Reichsschutz, der angesichts der frischen australisch-britischen Entschlossenheit, ganz Ost-Neu-Guinea zu besetzen, auch gewährt wurde. Nun kam es zu heftigen diplomatischen und publizistischen Auseinandersetzungen zwischen Berlin und London, bis 1885/86 durch zwei Abkommen eine Teilung Ost-Neu-Guineas und Melanesiens in eine deutsche Nordhälfte mit Nauru und den Marshall-Inseln und eine »britische« Südhälfte mit den Gilbert-Inseln zustande kam[65].

Es waren aber nicht nur die Deutschen, von denen sich die Australier in Melanesien und die Neuseeländer in Polynesien bedroht fühlten, sondern auch die Franzosen. Das französische Neu-Kaledonien hatte dank seiner Nickelproduktion einen raschen Aufschwung genommen; 1891 gab es neben 33 000 Eingeborenen 20 000 Franzosen (Sträflinge eingeschlossen) und 2 500 importierte Arbeiter, hauptsächlich von den nördlich benachbarten Neuen Hebriden. Wegen dieser Arbeiterimporte betrieben Wirtschaftsinteressen die Annexion jener Gruppe durch Frankreich, seit 1881 mit wohlwollender Duldung durch Paris. 1882–1884 wurden Verträge mit Häuptlingen abgeschlossen, was heftige Reaktionen in Australien auslöste. Außerdem hatte Frankreich seine Einflußsphäre in Polynesien von Tahiti nach Westen bis zu den Cook-Inseln ausgedehnt, um deutscher Expansion von Samoa her zuvorzukommen. Neuseeland aber fürchtete die französische Flotte und sah seine Handelsinteressen bedroht. Also mußte die britische Regierung etwas für ihre weißen Kolonien tun und Frankreich Halt gebieten. 1901 konnte sich Neuseeland dann die Cook-Inseln angliedern, nachdem Großbritannien 1900 vorsorglich sein Protektorat über Tonga errichtet hatte. Die Neuen Hebriden wurden durch die englisch-französischen Verhandlungen 1887/88 neutralisiert, womit aber die Rivalitäten nicht beendet waren. Das neue »Commonwealth of Australia« betrieb ja nach 1901 eine eigene imperialistische Politik, die Appetit auf ganz Neu-Guinea verspürte und auf den Cook- und Fidji-Inseln dem neuseeländischen Imperialismus ins Gehege kam, obwohl beide wegen der fortdauernden Kuratel des Mutterlandes wenig erfolgreich waren. Die Franzosen hatten so die Durchdringung der Neuen Hebriden fortsetzen können, mußten aber im Zeichen der europäischen »Entente cordiale« 1906 einem britisch-französischen Kondominium zustimmen, das bis zum Schluß Bestand haben sollte[66].

Das 1878/79 eingerichtete informelle amerikanisch-britisch-deutsche Kondominium über die Samoa-Gruppe schien sich zunächst zu bewähren, obwohl sich am deutschen wirtschaftlichen Übergewicht nichts änderte[67]. Die Firma Godeffroy allerdings war 1878 wegen europäischer Geschäfte faktisch pleite und die Nachfolgerin, die »Deutsche Handels- und Plantagengesellschaft«, fand sowenig Anklang bei den Anlegern, daß Bismarck 1880 eine staatliche Zinsgarantie für 4,5% einführen wollte, damit aber im Reichstag durchfiel. Nun kamen die Aktien der D.H.P.G. an die englische Bank Baring, von der sie 1884 durch ein deutsches Konsortium zurückerworben werden mußten. Die Samoa-Frage war ja jetzt für Deutschland eine Sache nationaler Empfindlichkeit geworden, sodaß eine heftige Reaktion erfolgte, als Neuseeland 1883 eine britische Besitzergreifung bewerkstelligen wollte, war doch Auckland zum maßgebenden Umschlagplatz des britischen Samoa-Geschäfts geworden. Aber London hatte damals bekanntlich andere Sorgen und beließ es bei dem Kondominium mit faktischer deutscher Vorherrschaft. Der Wandel kam 1898 mit einer Nachfolgekrise und dem Übergang der USA zum aktiven Imperialismus. 1899 einigte man sich auf eine Teilung zwischen dem Deutschen Reich und den USA, wobei Deutschland den Verzicht Großbritanniens auf dieses deutsche Prestigeobjekt mit Zugeständnissen in Afrika bezahlen mußte[68]. Im selben Jahr

hatte das Reich zur Abrundung seines westpazifischen Besitzes vom besiegten Spanien die Karolinen und die Marianen kaufen können[69].
Das amerikanische imperialistische Ausgreifen in den Pazifik hatte sich bereits vor dem Krieg gegen Spanien in Hawaii angekündigt, wo amerikanische Interessen der Unabhängigkeit dieser erfolgreichen Nation ein Ende bereitet haben. 1884 erhielten die USA den Marinestützpunkt Pearl Harbour, was einen Protest von England und Frankreich auslöste, ohne daß Washington zu einem Arrangement wie in Samoa bereit gewesen wäre. Vor allem aber ruinierte der McKinley-Schutzzoll von 1890 die von amerikanischen Pflanzern betriebene Zuckerindustrie auf Hawaii, die bisher dank eines Gegenseitigkeitsabkommens hatte ungehindert in die USA exportieren können. Annexion durch Amerika war der einfachste Ausweg, denn obendrein drohte den Amerikanern eine patriotische Reaktion, die eine Krise der Monarchie 1891 ausgelöst hatte. Die amerikanischen Siedler übernahmen die Macht und schufen 1894 eine Republik Hawaii, die 1898 als Territorium in die USA aufgenommen wurde. Seit 1959 ist Hawaii der 50. Staat der USA[70].

Die Eroberung der Philippinen war keineswegs eine spontane Aktion des dynamischen Marineministers Theodore Roosevelt; sein Vorprellen wurde von Präsident McKinley gerne abgesegnet und entsprach der imperialistischen Stimmung des Landes, wie der Wahlsieg von 1900 zeigen sollte. Natürlich hätte für die Zwecke der USA der ausgezeichnete Hafen von Manila als »amerikanisches Hongkong« genügt, dann mußte man Spanien aber die gesamte Inselgruppe abnehmen, denn sonst wäre die Festsetzung einer fremden Macht möglich gewesen oder eine selbständige philippinische Republik hätte ständig nach dem Wiedererwerb Manilas getrachtet. Denn der im Gegensatz zu den anderen westlichen Kolonien in Asien schon Jahrhunderte andauernde Akkulturationsprozeß hatte auf den Philippinen eine halbwegs moderne Elite westlichen Zuschnitts, aber einheimischer Herkunft hervorgebracht, die wesentliche Voraussetzung für eine erfolgreiche Dekolonisation. Also entstand nach lateinamerikanischem Vorbild eine Unabhängigkeitsbewegung, die vor allem von einer neuen Mittelschicht getragen wurde und sich in Geheimgesellschaften organisierte. Drohende Aufdeckung veranlaßte die Verschwörer 1896 zum Losschlagen. Nachdem der Vordenker José Rizal schon 1896 hingerichtet worden war, etablierte sich nach blutigen inneren Auseinandersetzungen Emilio Aguinaldo als Führer. 1897 wurde eine philippinische Republik mit einer Verfassung nach dem Muster der kubanischen von 1895 gegründet. Die Spanier gewannen aber die Oberhand, so daß die Rebellen sich Ende 1897 zu einem Vertrag mit General Primo de Rivera bereitfanden, nach dem die Führer ins Exil zu gehen hatten, während die Anhänger Amnestie erwarten konnten. Doch die Exulanten konstituierten sich alsbald in Hongkong als revolutionäre Junta und der General verzichtete keineswegs auf die Bestrafung von Aufständischen, die sich ergaben. Sofort nach ihrem erfolgreichen Angriff auf die spanische Flotte vor Manila holten sich dann die Amerikaner Aguinaldo und seine Leute ins Land, die alsbald 1898 eine neue Republik mit einer Verfassung amerikanischen Stils und Tagalog, der wichtigsten Sprache von Luzon, neben Spanisch als Amtssprache schufen, vor allem aber erfolgreich an der Seite der Amerikaner gegen die Spanier kämpften. Doch als 1899 der letzte spanische Widerstand bezwungen war, wurden die Filipinos rasch in ihrer Hoffnung auf amerikanische Unterstützung ihrer Unabhängigkeit enttäuscht. Sie blieben von den Friedensverhandlungen zwischen den USA und Spanien ausgeschlossen, wo die Übergabe des Landes an Amerika beschlossen wurde, was dessen Präsidenten zu der Erklärung veranlaßte, daß die USA die Philippinen behalten würden. Allerdings wurde der Friedensvertrag mit Spanien vom US-Senat nach heftigen Auseinandersetzungen mit nur einer Stimme Mehrheit ratifiziert; die Anti-

Imperialisten waren in den USA, aus welchen Gründen auch immer, selbst damals keineswegs ohnmächtig. Aguinaldo aber hatte 1899 den USA den Krieg erklärt, der bis 1902 dauerte, aber keine Aussicht auf Erfolg mehr hatte, nachdem Aguinaldo seinen besten Kommandeur hatte umbringen lassen und 1901 selbst gefangengenommen wurde. Jetzt konnten die Amerikaner darangehen, die auch von den Spaniern nie endgültig bezwungenen Moslemgebiete des Südens zu unterwerfen. Tatsächlich waren Sulu und Mindanao bis 1915 erstmals vollständig in die Philippinen integriert[71].

Unterdessen war im Norden schon 1901 die Militärregierung durch eine Zivilverwaltung ersetzt worden, und 1902 wurde durch amerikanisches Gesetz eine philippinische Volksvertretung eingerichtet und die Geltung der Grundrechte der US-Verfassung auf die Philippinen ausgedehnt. Außerdem wurde bereits 1902 das soziale Hauptproblem des Landes in Angriff genommen, die Bodenreform, wobei der Schaffung neuer Bauernstellen auf Kirchenland gegen Entschädigung besondere Bedeutung zukommen sollte. Sogar der Papst mußte bemüht werden, bis die Kirche endlich zum Nachgeben bereit war. Derartige Anstrengungen der amerikanischen Verwaltung zusammen mit ihren unbestreitbaren Erfolgen in Bereichen wie dem Bildungs-, Gesundheits- und Verkehrswesen gewannen ihr eine aufrichtige Anhängerschaft, die sich die Aufnahme der Philippinen als Staat in die USA zum Ziel setzte. Insgesamt dürften die USA auf den Philippinen mehr für die Wohlfahrt ihrer Untertanen und deren zukünftige Selbständigkeit getan haben als jede andere Kolonialmacht in Asien, eine Aussage, die freilich in mehrfacher Hinsicht relativiert werden muß. Erstens durch ihre Bezugsgröße, zweitens weil vieles vom unbestreitbaren amerikanischen Idealismus faktisch engherziger Interessenpolitik geopfert wurde, drittens weil in gewissem Widerspruch dazu neuerdings auch hier (wie für Indien und vor allem China) eine Schule von »Marginalisten« mit der These operiert, der amerikanische Einfluß auf die Philippinen sei im Gegensatz zu offiziellen Mythen und kritischen Anti-Mythen in Wirklichkeit äußerst gering geblieben. Die überkommenen Strukturen hätten sich weitgehend behauptet. Nicht einmal richtige Ausbeutung hätten die Amerikaner zuwege gebracht[72], obwohl es einflußreichen Interessen am Willen dazu ja nicht gefehlt hat.

Zunächst ging der Kampf um die Zölle, die am Anfang 25% Zollreduktion für philippinische Produkte gegenüber solchen von Drittländern in den USA, aber Zollfreiheit für amerikanische Waren auf den Philippinen vorsahen. Aber bis 1913 setzten sich die Freihändler durch, deren Interesse in der Entwicklung der bereits vorhandenen philippinischen »cash crop«-Produktion für den amerikanischen und den Weltmarkt bestand. Tatsächlich nahmen die Rohrzuckerplantagen, die Kokosfett-, Manilahanf-, Tabak- und Kautschukerzeugung einen raschen Aufschwung. Voraussetzung war allerdings eine liberale Landpolitik zugunsten von Unternehmern und Investoren. Demgegenüber wurde eine restriktive Landpolitik, die Grund und Boden möglichst den Filipinos reservieren wollte, nicht nur von philippinischen Nationalisten und amerikanischen Philanthropen befürwortet, sondern auch von solchen Liberalen, die das Eindringen des Kapitals dritter Mächte fürchteten, vor allem aber von der mächtigen amerikanischen Rübenzuckerindustrie, die die Konkurrenz des Rohrzuckers durch Beschränkung des Produktionsfaktors Land kurz halten wollte. Tatsächlich gelang es ihr, nachdem sie in der Zollpolitik eine Niederlage einstecken mußte, die Bodenpolitik zum Hebel ihrer Interessen zu machen. Riesige amerikanische Plantagen konnten sich nur in Ausnahmefällen entwickeln. Aber die Absicht, aus den Filipinos eine Nation von unabhängigen Bauern zu machen, scheiterte ebenso. Die Stellung der philippinischen Großgrundbesitzer wurde unter amerikanischer Herrschaft sogar noch stärker, nicht nur dank besserer Kenntnis der Verhältnisse und skrupellosen Manövern, sondern auch infolge der Regeln der Marktwirtschaft, die durch die unvermeidliche Verschuldung des kleinen Bauern dessen Besitz doch wieder in den Händen der Reichen landen ließ. Wenn bis 1925 drei Viertel des Kirchenlandes verkauft worden waren, so waren sie schließlich doch wieder an Amerikaner, philippinische Großgrundbesitzer oder sogar die Kirche selbst gekommen. So sind auch unter amerikanischer Herrschaft die auf den Philippinen seit eh und je endemischen agrarischen Unruhen nicht ausgeblieben. Auch hier entpuppte sich die Landfrage als das Kernproblem der kolonialen Ökonomie[73].

Tafel 13: Sergei J. Witte (1849–1915)
Russischer Minister 1892–1906

Tafel 14: José Rizal (1861–1896)
Führer der philippinischen
Unabhängigkeitsbewegung

Tafel 15: Feisal ibn Hussein (1883–1933)
Führer des Araberaufstandes, König des Irak

Tafel 16: Thomas E. Lawrence (of Arabia) (1888–1935)
Britischer Agent

Tafel 17: Mustafa Kemal Pascha (Atatürk) (1881–1938)
Gründer des türkischen Nationalstaates (links), m
Ismet Inönü

Siebtes Kapitel

Orientalische Frage und Erster Weltkrieg

Wenn die »Fernöstliche Frage«[1] der Zukunft Chinas galt, so bezog sich die »Orientalische Frage« auf das Osmanische Reich. In beiden Fällen wurde danach gefragt, was unter den Bedingungen steigender Mächterivalität aus den großen »Halbkolonien« des Westens werden würde. Im Gegensatz zu China wurde die Frage im Falle des Osmanischen Reiches mit dessen Auflösung nach dem Ersten Weltkrieg beantwortet, so daß man ihn aus dieser Perspektive den »Osmanischen Erbfolgekrieg« nennen könnte[2]. Zu den Eingriffen der Mächte kam hier die desintegrierende Wirkung der erwachenden Nationen eines Vielvölkerreiches, die sich vor allem auf dem Balkan bemerkbar machte, von der inneren Autonomie für Serbien 1812 bis zur Unabhängigkeit Albaniens 1913. Bis dahin gehörte die Geschichte des von den Osmanen kontrollierten Raumes nicht zur europäischen Expansion; bis ins 17. Jahrhundert sind es die Osmanen, die gegen Europa expandieren, während sich die Europäer auf eng begrenzte Handels- und Kulturkontakte mit dem Nahen Osten beschränken müssen. Der Umschlag beginnt nach der zweiten osmanischen Belagerung Wiens 1683, obwohl das Reich trotz Verlusten im 18. Jahrhundert weiter intakt bleibt. Das Ende setzt erst mit dem russischen Vordringen nach Süden ein, mit dem Zugeständnis einer nicht genau definierten Schutzherrschaft über die christlich-orthodoxen Untertanen des Sultans im Frieden von Kütschük Kainardschi 1774, einem Freibrief zur Einmischung auf dem Balkan. Auch wenn der Begriff »Orientalische Frage« wahrscheinlich erst 1822 entstanden ist[3], so läßt er sich doch sinnvoll auf die gesamte Desintegrationsphase des Osmanenreiches 1774–1923 anwenden[4]. Doch wie kam es zur Desintegration einer Weltmacht, die einst ganz Europa das Fürchten lehrte? Zu Recht wird auf Degeneration und Korruption am Sultanshof verwiesen, denn ein System, das ganz auf die despotische Gewalt der Spitze ausgerichtet ist, reagiert empfindlich auf Defekte an dieser Spitze. Doch da es vom 17. bis 19. Jahrhundert keineswegs an tüchtigen Sultanen und Großveziren gefehlt hat, die sich nur nicht endgültig durchsetzen konnten, muß der Fehler wohl in der mangelnden Wandlungsbe-

reitschaft des Gesamtsystems gesucht werden – bis es zu spät war. Der osmanische »Militärstaat« war für ständige Expansion geschaffen und zu diesem Zweck in einer Weise organisiert, die sich Europa zunächst überlegen erwiesen hatte. Doch als die Europäer aufgeholt hatten und der osmanischen Expansion Halt zu gebieten wußten, da blieb die lebenswichtige Zufuhr von Beute aus und die Eliten verlegten sich auf innere Ausbeutung des Reiches, ohne dessen Reformbedürftigkeit zu erkennen. Gleichzeitig waren die Einnahmen infolge der Inflation des 16. Jahrhunderts zurückgegangen, ohne daß die Regierung von der traditionellen Niedrigpreispolitik für Lebensmittel abgerückt und zu einer »merkantilistischen« Entwicklungspolitik europäischen Zuschnitts übergegangen wäre. Auf diese Weise wurde das Osmanische Reich zum Exporteur billiger Agrarerzeugnisse, während gleichzeitig das Gewerbe infolge europäischer Importe zurückging. Als sich dann im 19. Jahrhundert größere Reformbereitschaft unter den Eliten durchsetzte, war der Entwicklungsunterschied schon zu groß geworden, um im Rahmen des hergebrachten Systems noch korrigierbar zu sein. Im Gegenteil, zur ökonomischen Penetration kam jetzt die politische[5].
Wegen einer ganzen Reihe von Verträgen (»Kapitulationen«) seit einem nie ratifizierten Handelsabkommen von 1535[6] betrachteten sich die Franzosen nicht ohne Grund als die ältesten »Partner« der Osmanen[7]. Tatsächlich waren es zunächst französische Sprache und Kultur, die sich im Zeichen des westlichen Einflusses im Osmanischen Reich verbreiteten. Über seine Handelsinteressen hinaus strebte Frankreich aber auch nach politischem Einfluß, um seinem englischen Rivalen am Landweg nach Indien das Leben schwer zu machen. Solchen Zwecken sollte Napoleons ägyptischer Feldzug 1798/99 dienen. Und so konnte sich auch Mehmed Ali französischer Unterstützung erfreuen, ein albanischer Truppenführer, der sich 1806 zum Herrscher Ägyptens aufgeschwungen hatte. 1811–1818 unterwarf dieser im Einverständnis mit dem Sultan, seinem Oberherrn, Teile der arabischen Halbinsel, dann unterstützte er ihn gegen die rebellierenden Griechen. Doch er wollte mehr. 1831 nahm sein Adoptivsohn Ibrahim den Osmanen Syrien ab und konnte 1832 nur durch eine russische Intervention kurz vor Istanbul aufgehalten werden. Ein zweiter Angriff auf den Sultan 1839 scheiterte an England. 1840/41 mußte Mehmed Ali Syrien herausgeben, wurde aber erblicher Statthalter Ägyptens. Vielleicht wäre das Osmanische Reich von einer französisch-ägyptischen Hegemonie abgelöst worden, hätten nicht andere Mächte zugunsten des Sultans eingegriffen. England war zwar ebenfalls schon seit den Zeiten Elisabeths I. präsent, doch führten erst die erwähnten französischen Initiativen zu einem politischen Engagement Großbritanniens, dem die Erhaltung eines ihm wohlgesonnenen Osmanischen Reiches für seine Zwecke am dienlichsten schien. So wurde England zur wichtigsten Stütze des Sultans, freilich bald weniger gegen Frankreich als gegen Rußland.
Rußland stand in London im Verdacht, nach dem Besitz Konstantinopels mit den Meerengen und der Zerschlagung des Osmanischen Reiches zu streben, jedoch keineswegs immer zu Recht. Denn im Zuge des russischen Vordringens war St. Petersburg bis 1830 zu der Einsicht gelangt, daß die Auflösung des Osmanischen Reiches gar nicht im russischen Interesse liege, weil sie nur zu Gewinnen Englands und Frankreichs führen müsse. Als vorteilhafter galt ein selbständiges, aber schwaches Reich bei gleichzeitiger Verstärkung des russischen Einflusses. Eine günstige Gelegenheit bot der ägyptische Angriff 1832, als sowohl das pro-ägyptische Frankreich als auch das mit inneren Reformen beschäftigte England dem Sultan die Hilfe versagten. Daraufhin schwang sich der russische Retter im Defensivbündnis von Hünkar Iskelesi 1833 zum Protektor des Sultans auf, begann aber auch um das mißtrauische England zu werben, das sein Indien bedroht wähnte. So kam es schließlich zur vertragswidrigen Zurückhaltung Rußlands in der Krise von 1839 und zur Meerengenkonvention der fünf Großmächte mit dem Sultan

von 1841, nach der kein fremdes Kriegsschiff die Meerengen passieren durfte, solange sich Istanbul im Frieden befand. Das bedeutete zwar eine Einschränkung der osmanischen Souveränität, zugleich aber eine Art von Existenzgarantie für das Reich durch seine Aufnahme ins europäische Völkerrecht[8].

Nun beginnt eine Epoche britischer Vorherrschaft, die natürlich mit einer Expansion des englischen Handels zusammenfällt, der die Konkurrenz weit hinter sich läßt. Großbritannien verzollte 1825/26 Importe ins Osmanische Reich für 600 000 Pfund, 1835 für 1,6 Mio, 1850 für 3,46 Mio. Davon waren jeweils drei Viertel Baumwollwaren[9]. Ein 1838 von Großbritannien durchgesetzter, aber für alle Mächte geltender Vertrag schuf einheitliche Zollsätze von 3% für Importe, 12% für Exporte und 2% für Transithandel. Da diese Sätze bis zum Ersten Weltkrieg weiter gesenkt wurden, entwickelte sich Vorderasien zu einem der wichtigsten Niedrigzollgebiete des Welthandels. Daß die Fremden von den osmanischen Steuern befreit waren, bedeutete einen weiteren Wettbewerbsvorteil für sie. Die Folge war eine teilweise De-Industrialisierung wie in Indien, obwohl hier wie dort Einschränkungen gelten. Wegen der schlechten Verkehrsverhältnisse behauptete sich vielerorts zunächst die Produktion für die lokale Selbstversorgung, Weber arbeiteten mit importiertem Garn oder suchten auf Kosten ihres Lebensstandards konkurrenzfähig zu bleiben. Dadurch wurde der Prozeß verzögert, so daß er sich bis ins 20. Jahrhundert hinzog[10].

Die Privilegien der westlichen Kaufleute gehen zum Teil auf das traditionelle Regime der »Kapitulationen« zurück, die von Haus aus bloße Privilegien eines allmächtigen Sultans für nützliche Fremde gewesen sind. Erst die westliche Übermacht hat sie zu »ungleichen Verträgen« im umgekehrten Sinn werden lassen, zu Instrumenten der imperialistischen Durchdringung des Landes ohne Rücksicht auf dessen eigene Interessen. Neben Steuerbefreiungen und Zollregelungen, Niederlassungs- und Religionsfreiheit für die Ausländer ist vor allem wichtig, daß sie ausschließlich der Gerichtsbarkeit ihrer Konsuln unterstanden und bei Konflikten mit Einheimischen nur unter Mitwirkung der Konsuln zur Rechenschaft gezogen werden durften, was die osmanische Beamtenschaft angesichts der geänderten Machtverhältnisse zur Zurückhaltung veranlaßte. Dazu kam die Möglichkeit, den Genuß dieser Vorrechte auf »Schützlinge« auszudehnen, die das Osmanische Reich als seine Untertanen betrachtete, wirkliche oder fiktive Konsulatsangestellte sowie Angehörige von Gruppen, die ausländische Herkunft für sich beanspruchten, wie Griechen, Juden, Armenier. Dann war der Schutz sogar erblich[11]. Es besteht ja ohnehin ein enger Zusammenhang der Ausländerprivilegien mit dem hergebrachten System der »millet«, der inneren Selbstverwaltung religiöser Minderheiten im Rahmen des Reiches. Mehmed II. hatte den islamischen Grundsatz, daß Bekenner von »Buchreligionen« bei Wohlverhalten unter dem Schutz des rechtgläubigen Gemeinwesens stehen, dadurch institutionalisiert, daß er den orthodoxen Griechen und später auch den Armeniern und den Juden den Status besonderer Rechtsgemeinschaften unter ihren religiösen Oberhäuptern verliehen hat. Doch was ein geschicktes Kontrollinstrument gewesen war, wandelte sich zum Ferment der Dekomposition, sobald die Fremden den Schutz bestimmter »millet« übernahmen und deren Zahl bis 1914 auf 17 vermehrten. Seit 1740 standen die Katholiken unter dem Schutz Frankreichs, seit 1774 die Orthodoxen unter dem Rußlands. 1850 wurde die Anerkennung der Protestanten als »millet« unter englischem Schutz durchgesetzt, denn inzwischen hatte sich dank der Kapitulationen eine Flut von Missionaren über den Nahen Osten ergossen, die sich angesichts der bekannten Immunität der Moslems gegen christliche Bekehrungsversuche vor allem den einheimischen Christen zuwandten. Daher rührt ihre besondere Konzentration im Libanon, wo Frankreich zugunsten der katholischen Maroniten intervenierte, während England sich auf andere Gruppen zu stützen wußte. So wurden die Missionare trotz ihrer unbestreitbaren Verdienste durch Errichtung zahlreicher Bildungs- und Fürsorgeeinrichtungen doch wieder zu Instrumenten imperialistischer Mächterivalität[12].

Für die Christen von zentraler Bedeutung waren natürlich ihre heiligen Stätten in Palästina, die sich seit 1516 unter osmanischer Herrschaft befanden. Seit alters lebten hier lateinische (katholische) Geistliche unter französischem Schutz, aber die Orthodoxen beanspruchten die Kontrolle über die heiligen Stätten, unterstützt von ihrem russischen Schutzherrn. Nicht ohne Grund, denn es kamen wenig lateinische Pilger ins Heilige Land, wohl aber zahlreiche Russen. Und als 1808 die Grabeskirche abbrannte, wurde sie unter Leitung des Patriarchen von Konstantinopel mit einer Sondersteuer seiner Gläubigen und einer Spende des Sultans wieder aufgebaut. Doch als 1842 die Kuppel reparaturbedürftig wurde, gab es Streit, denn inzwischen waren die Lateiner mit französischer Hilfe aktiver geworden. Als dann 1843 der Kandidat Rußlands zum griechisch-orthodoxen Patriarchen von Jerusalem gewählt wurde und seinen Sitz von Istanbul dorthin verlegte, erhielt 1847 der lateinische Patriarch von Papst Pius IX. den Befehl, ebenfalls von Rom nach Jerusalem umzuziehen. 1850 drängte dann Louis Bonaparte im Rahmen seiner zum Zwecke weitreichender innenpolitischer Pläne wohlkalkulierten katholikenfreundlichen Politik in Istanbul auf »Rückgabe« der heiligen Stätten an die Lateiner, woraufhin der lateinische Patriarch 1852 von den Osmanen den Schlüssel zur Geburtskrypta von Bethlehem erhielt. Jetzt forderte der Zar 1853 nicht nur die Revision der Regelungen im Heiligen Land zugunsten der Orthodoxen, sondern über die bisherige ungenau formulierte Regelung hinaus die ausdrückliche Schutzherrschaft über die orthodoxe Religion. Es bedurfte nur wenig bösen Willens – wie ihn natürlich der britische Botschafter an den Tag legte –, um dies als Forderung nach Schutzherrschaft über alle orthodoxen Untertanen des Sultans erscheinen und damit scheitern zu lassen. Der Zar antwortete mit der Besetzung der rumänischen Fürstentümer, der Sultan mit englisch-französischer Rückendeckung mit der Kriegserklärung. Der Krimkrieg (1854–1856) war da[13].

Da sich das Osmanische Reich auf der Seite der Sieger befand, endete der Krieg mit seiner Anerkennung als europäischer Macht und der Garantie seines Besitzstandes im Frieden von Paris[14], nachdem der Sultan sich auf britisches Drängen durch ein Dekret vom 18. Februar 1856 als dieser Anerkennung würdig erwiesen hatte. Darin wurde nicht nur den christlichen und jüdischen Untertanen volle bürgerliche Gleichberechtigung zugesichert, sondern auch ein Programm von Justiz-, Polizei- und Strafvollzugsreformen, mit Abschaffung der Steuerpacht, öffentlichen Arbeiten und einem modernen Bankwesen angekündigt[15]. Das war keine bloße Augenwischerei gegenüber den Westmächten, vielmehr handelte es sich um ein entscheidendes Dokument des innerosmanischen Modernisierungsprozesses der sogenannten »Tanzimat«-Periode 1839–1876. Deren Vorgeschichte reicht bis zu Sultan Selim III. (1789–1807) zurück, der mit französischer Hilfe eine kleine moderne Berufsarmee und als flankierende Maßnahme dazu Bildungseinrichtungen westlichen Zuschnitts geschaffen hatte. Obwohl er daraufhin als Glaubensfeind gestürzt wurde, gedachte sein Nachfolger Mahmud II. (1808–1839) die Europäisierung weiterzutreiben – soweit ihm die außenpolitische Lage Spielraum ließ! 1826 wurden die Janitscharen abgeschlachtet, die sich längst aus einer Elitetruppe des Alleinherrschers in eine mit konservativen Kräften verfilzte gewalttätige Lobby verwandelt hatten. Nachdem auch die Lehensreiterei abgeschafft war, konnte ein modernes Heer aufgebaut werden. 1836–1839 hat Helmuth von Moltke, der Schöpfer des preußischen Generalstabs und Stratege der deutschen Einigungskriege, als Instrukteur daran mitgewirkt[16]. Auch Regierung und Verwaltung kamen an die Reihe: Ministerien wurden eingerichtet und der Großvezir aus einem Vize-Alleinherrscher in einen Ministerpräsidenten verwandelt. Justiz, Provinzstatthalter und die islamische Geistlichkeit wurden diszipliniert, Volkszählungen und eine Landvermessung in Angriff genommen. Unter einem besonderen Erziehungsministerium entstanden moderne Schulen und der Lebensstil der städtischen Bevölkerung verwestlichte sich mehr und mehr. Die Männer trugen jetzt statt des Turbans den Fez, ansonsten aber westliche Kleidung. 1831 erschien die erste türkische Zeitung. 1839 erließ der neue Sultan Abdülmecid I. (1839–1861) eine öffentliche Proklamation, in der den Untertanen Rechtssicherheit sowie gerechte Steuerveranlagung und Aushebung zum Militär versprochen wurden[17]. Damit begann die Wirkungszeit des anglophilen Reshid Pascha. Jetzt entstand eine moderne Bürokratie von Gehaltsempfängern statt Lehensträgern oder Amtspächtern. Ein Strafgesetzbuch (1840) und ein Handelsrecht (1850) wurden veröffentlicht, eine »Banque ottomane« gegründet, die erste Oberschule für Jungen (1841) und sogar für Mädchen (1858) geschaffen. Unter Abdülaziz (1861–1876) wurde der Kurs mit stärker französischer Orientierung fortgesetzt, bis mit der Reform der Provinzeinteilung 1864 (28 Vilayets mit Sandschaks als Untergliederung) der Verwaltungsmann Midhat Pascha in den Vordergrund trat. Angesichts der erneut kritischen Lage auf dem Balkan erreichte er die Absetzung des Sultans und konnte den Nachfolger Abdülhamid II. (1876–1909) mit Rücksicht auf die Westmächte zur Proklamation einer von ihm und seinen Freunden ausgearbeiteten Verfassung veranlassen, die proportionale Vertretung der Nationalitäten in einem gewählten Parlament und eine Art von Grundrechtegarantie vorsah. Doch das Verfassungsexperiment erwies sich als ungeeignet zur Krisenbewältigung. Statt dessen leitete Abdülhamid eine heftige konservative Reaktion ein. Midhat Pascha wurde entlassen und 1884 im Gefängnis von Taif im fernen Arabien erwürgt[18].

Der Erklärung von 1856 »fehlte nichts als die Ausführung« meinte ein bissiger Beobachter[19]. Das ist zwar übertrieben, der Erfolg ließ aber tatsächlich zu wünschen übrig. Das lag nicht nur an Unfähigkeit, Korruption und Konservatismus, sondern vor allem an der kritischen Finanzlage des Reiches. Wie will man eine effiziente Bürokratie schaffen, wenn man die Beamten nicht regelmäßig bezahlen kann? Wie will man moderne, und das heißt teuere Politik machen mit einer veralteten finanziellen Infrastruktur, und das in einer Umwelt, in der Staaten mit einer hochentwickelten öffentlichen Finanz den Ton angeben? Die Einnahmen des Sultans um 1800 werden auf 2,25–3,75 Mio britische Pfund im Jahr geschätzt, während England schon *vor* den Kriegen mit Frankreich 16,8 Mio einnahm. Nichtsdestoweniger kann man damit rechnen, daß die Untertanen des Sultans infolge des Steuerpacht- und Lehenssystems vielleicht 20 Mio aufbringen mußten, damit 3 Mio in die Kasse des Herrschers gelangten. Von den Haupteinnahmequellen Grundsteuer, Monopole (Tabak) und Zölle waren die letzteren der Verfügung der Osmanen entzogen und die ersteren nicht unbegrenzt zu erweitern[20]. Infolgedessen waren die Osmanen im Krimkrieg auf Anleihen im Ausland angewiesen. 1854 wurde eine Anleihe von 3,3 Mio türkischen Pfund (damals über 3,8 Mio englische Pfund) auf dem Londoner Kapitalmarkt plaziert, zu Bedingungen, wie sie in diesem Geschäft üblich werden sollten: Der Sultan mußte den vollen Betrag zu 6% verzinsen und tilgen, erhielt aber nur 80% minus Spesen, genau 2514913 türkische Pfund. Wenn man den Käufern eine Anleihe zu 80% des Nominalwerts mit realer Verzinsung von 7,9% anbot, wurde sie rasch abgenommen. Der Tiefpunkt war 1874 erreicht, als 41 Mio Pfund zu 5% aufgenommen werden mußten, um 43,5% davon, 16,6 Mio Pfund, zu erhalten, die demnach mit 12,3% verzinst werden mußten. Insgesamt hat das Osmanische Reich 1854–1874 nominell 241,9 Mio türkische Pfund aufgenommen, davon aber nur 127,57 Mio wirklich erhalten, die also mit über 10% verzinst werden mußten, denn der Nominalzins lag in der Regel bei 5–6%. Bezeichnenderweise gab es nur eine Ausnahme: die zweite Kriegsanleihe von 1855 dank einer Garantie der westlichen Verbündeten! Diese Summen wurden keineswegs in erster Linie für die extravaganten Bauten des Sultans Abdülaziz ausgegeben, sondern in erster Linie für Heer und Flotte. Vor allem aber mußte man immer neues Geld aufnehmen, um Verbindlichkeiten aus früheren Anleihen nachkommen zu können. Es handelte sich um ein riesiges Umschuldungssystem, an dem europäische Banken und Investoren glänzend verdienten. Die Osmanen wurden ständig zu neuen Anleihen ermutigt, leistete ein Großvezir Widerstand, dann sorgte z. B. die Firma Dent, Palmer & Cie. für seinen Sturz[21]. Über die Bedingungen freilich wurde dann hart verhandelt und den Osmanen abgenommen, was der von Europäern beherrschte Markt hergab[22].

Bei gescheiterten Steuerreformen, bei Fehlen eines exakten Budgets und einer Rechnungskontrolle, bei Einnahmen von 24,81 Mio türkischen Pfund 1874/75 und Ausgaben von 25,13 Mio, davon 7,84 für den Zinsendienst, wurde 1875 ein Staatsbankrott unvermeidlich[23]. Schließlich mußte der Sultan 1881 die vom britischen Botschafter Goschen, einem Bankier, entworfene Lösung akzeptieren, die Errichtung einer vom Staate unabhängigen internationalen Schuldenverwaltung, der »Administration de la dette publique ottomane«. Sie unterstand einem Rat aus sechs Gläubigervertretern, für die Engländer und Niederländer, die Franzosen, die Deutschen, die Österreicher, die Italiener sowie die von Franzosen und Engländern kontrollierte »Banque impériale ottomane«; dazu kam siebtens ein Beobachter des Sultans. Umfangreiche Staatseinkünfte waren ihr fest überlassen und wurden von ihrem eigenen Apparat eingezogen, der in knapp 1 000 Direktionen und Außenstellen im Jahre 1912 169 ausländische und 5 625 einheimische Mitarbeiter nebst 3 250 Teilzeitbeschäftigten umfaßte[24]. 1895 machten ihre Einnahmen 54% der indirekten Steuern und 14% der Staatseinkünfte aus, 1912 waren es 9,9 Mio bei 28,6 Mio Einnahmen und 35,2 Mio Ausgaben (davon 12,6 Mio für das Militär), d. h. der Schuldendienst verzehrte 34,6% der Einnahmen und 28,1% der Ausgaben bei einem notorisch defizitären Budget, das mehr denn je durch neue Auslandskredite ausgeglichen werden mußte[25]. 1881–1914 nahm die Regierung weitere 166 Mio türkische Pfund an Krediten auf, von denen sie aber 147 Mio (89%) ausbezahlt erhielt[26], ein Verdienst der sehr effizienten Schuldenverwaltung, die als Vermittler fungierte. Darüberhinaus sind von ihr beträchtliche Entwicklungsimpulse für Verkehrswesen, Bergbau und Industrie ausgegangen[27].

Das ändert freilich nichts daran, daß wir mit ihr ein perfektes Instrument des klassischen Finanzimperialismus vor uns haben, einer »indirect rule«, die es hier nicht nötig hatte, wie in Tunesien oder Ägypten zum Schutz von Investoreninteressen zu intervenieren. Die Schuldenverwaltung arbeitete nämlich eng mit der französisch dominierten »Banque impériale ottomane« zusammen, später auch mit der 1888 gegründeten Filiale der »Deutschen Bank«. Diese beiden Banken gewährten der Regierung kurzfristige Darlehen; war dann eine Konsolidierung dieser schwebenden Schuld durch neue Anleihen fällig, machten sie teuere Angebote und verweigerten weitere kurzfristige Arrangements, so daß die Regierung mit Rücksicht auf die Schuldenverwaltung von jenen Angeboten Gebrauch machen mußte. Der Versuch, durch Gründung einer »National Bank of Turkey« 1909 eine Alternative zu schaffen, endete damit, daß die englischen Bankiers sich an dem Spiel beteiligten. Dieses bei allen nationalen Rivalitäten doch recht gut koordinierte System wurde auch dazu benutzt, für Gewährung einer Anleihe Konzessionen für Partnerfirmen zu erpressen oder sie von der Verwendung für bestimmte Investitionen, insbesondere im Bahnbau, abhängig zu machen. Zur Erschließung des Landes wurden Eisenbahnen benötigt, aber die Regierung verfügte weder über die finanziellen noch die technischen Mittel dazu. Viel mehr als die Hedschas-Bahn Damaskus–Medina konnte sie nicht zuwege bringen. Die übrigen Strecken wurden von Ausländern, besonders Franzosen und Deutschen, gebaut, aber mit osmanischer Staatsgarantie für die Rentabilität und nicht selten noch zusätzlichen Konzessionen, etwa Abbaurechten für Bodenschätze in einer Zone von 20 km beiderseits der Bagdad-Bahn.

Weiter befanden sich 1910 mehr als zwei Drittel der osmanischen Kohle-, Chrom- und Kupfererzeugung in ausländischen Händen. Konzessionen an Ausländer wurden schließlich auch für öffentliche Arbeiten vergeben, etwa für Straßenbahnen, Telefon, Gas, Wasser, Elektrizität in den Großstädten. Daß europäische Regierungen bisweilen mit politischem Druck nachhalfen, läßt sich durchaus beweisen. 1914 dominierte das französische Kapital bei weitem, doch hatten die deutschen Investitionen größere Zuwachsraten, während die britischen stagnierten[28].

Tabelle 9: Im Osmanischen Reich angelegtes Kapital 1914

a) Beträge in 1000 Francs

	Staatsschuld		Wirtschaft	
Frankreich	2 002 603	59,84%	843 819	47,6%
Großbritannien	458 309	13,69%	234 397	13,0%
Deutsches Reich	542 365	16,20%	510 787	28,6%
Andere	343 830	10,27%	195 337	10,8%
Summe	3 347 107	100,00%	1 784 646	100,0%

b) Anteile der Nationen nach Sektoren in Prozent

	Bank	Eisenbahn	Häfen	Minen	Öff. Dienste	Anderes
Frankreich	77,4	36,8	51,0	61,0	41,5	73,4
Großbritannien	20,0	12,6	17,7	19,0	4,3	17,0
Deutsches Reich	0,8	42,8	17,8	2,0	13,8	0,15
Andere	2,8	7,8	13,5	18,0	40,0	9,45

(Nach: *J. Thobie:* Intérêts et impérialisme français dans l'empire ottoman, Paris 1977, S. 305, 477, 482)

Die starke Vertretung der Deutschen im Eisenbahnbau hängt mit der »Bagdad-Bahn« zusammen, die eine breite Zone von Istanbul diagonal durch Anatolien bis in den oberen Irak zur deutschen Interessensphäre machen sollte. In den achtziger Jahren hatte die deutsche wirtschaftliche Aktivität im Osmanischen Reich sprunghaft zugenommen. 1869 hatte der bayerisch-belgische Bankier Von Hirsch eine Konzession zum Eisenbahnbau und -betrieb in der europäischen Türkei erhalten. Im selben Jahr 1888, in dem der Verkehr auf der Strecke Wien-Istanbul aufgenommen werden konnte, fiel nach einem umfangreichen Intrigenspiel die Entscheidung für die Übernahme der Hirsch'schen Bahnen durch ein deutsch-österreichisches Konsortium unter Führung der Deutschen Bank. Gleichzeitig engagierte sich die Deutsche Bank für den Bau der Strecke Istanbul-Ankara und gründete 1889 nach Erhalt der Konzession die »Société du chemin de fer ottoman d'Anatolie«. Ein deutscher Ingenieur hatte in den siebziger Jahren im Staatsdienst mit dem Bau einer solchen Strecke begonnen, durch den Bankrott von 1875 war aber alles liegengeblieben. Nun wurde die Strecke Haidarpascha–Ankara 1892 fertig, 1896 die Strecke Eskisehir–Konya. Längst hatte ein kompliziertes Durcheinander von Machenschaften eingesetzt, mit denen Engländer, Franzosen, Russen, nationalgesinnte Türken, vielleicht auch das Haus Rothschild, schließlich deutsche Konkurrenten die Erteilung weiterer Konzessionen für die Bagdad-Bahn an die von der Deutschen Bank geführte Gruppe zu verhindern suchten. Es dürfte weniger die Großzügigkeit der Deutschen Bank als die Unterstützung durch die Reichsregierung und Kaiser Wilhelm II. persönlich bei seinen Staatsbesuchen in Istanbul gewesen sein, was schließlich bis 1902 den Erfolg gebracht hat. Doch wurde das Unternehmen keineswegs als nationale deutsche Angelegenheit durchgeführt, sondern in Zusammenarbeit mit den Franzosen, mit denen man längst wegen deren Bahnen im syrischen Raum verhandelte. Die 1903 gegründete »Société impériale du chemin de fer de Bagdad« umfaßte ebenso wie die eigentlichen Baugesellschaften einen beträchtlichen französischen Kapitalanteil[29].

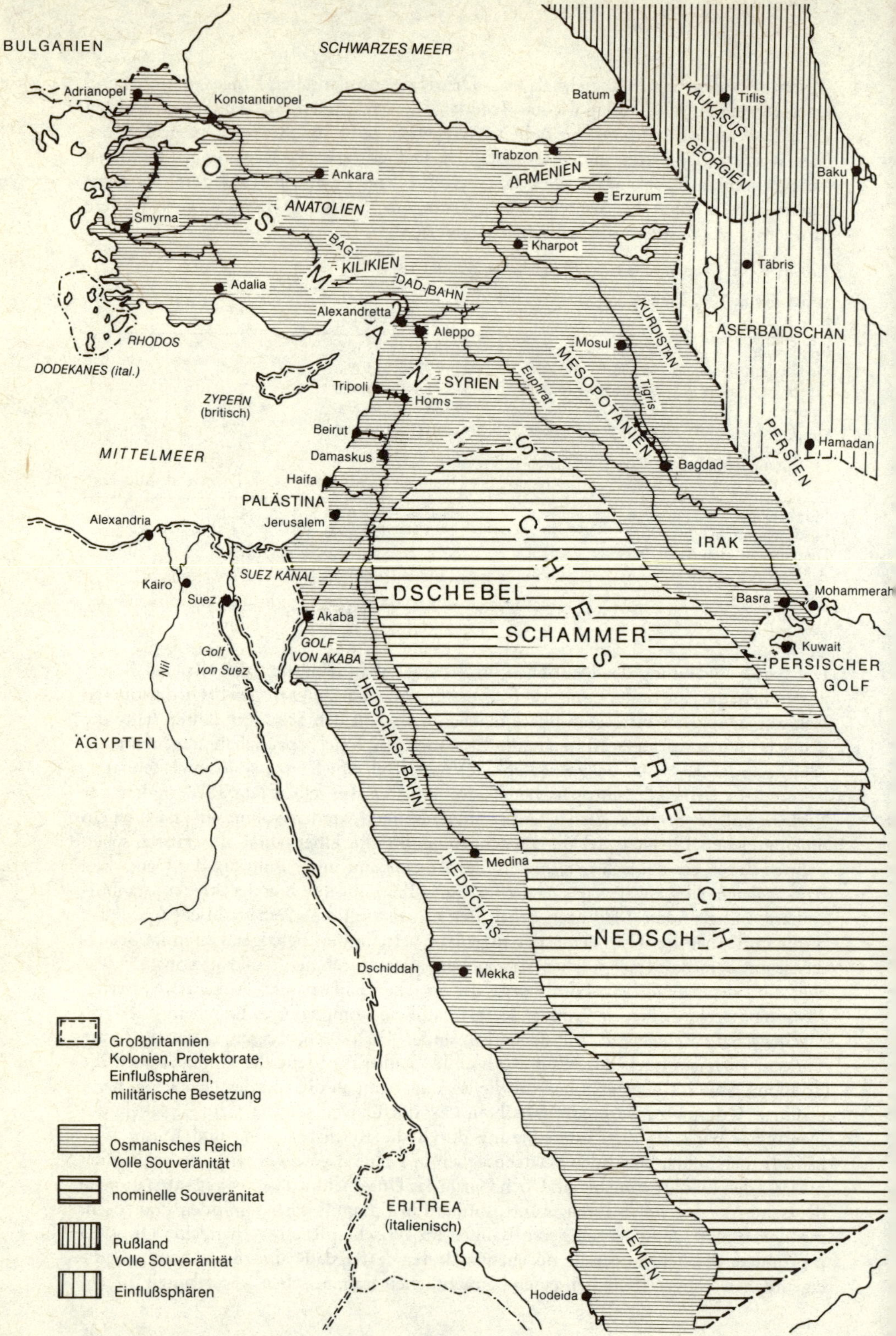

Abb. 21: Osmanisches Reich vor dem Ersten Weltkrieg
(Nach: *J. E. Mack:* A Prince of our Disorder. The Life of T. E. Lawrence, London 1976, Umschlaginnenseite und S. 149, sowie *M. Kent:* The Great Powers and the End of the Ottoman Empire, London 1984, S. XIII)

Tabelle 10: Anteile an der Bagdad-Bahn im Jahre 1914 (in Aktien zu 500 Francs)

Französische Gruppe		8 000
davon: Banque impériale ottomane	1400	
Régie générale des chemins de fer	1405	
(Türkische) Banque agricole		3 000
S.C.O.A.		3 000
Deutsche Bank		8 200
Deutsche Gruppe		4 000
Crédit Suisse Zürich		1 200
Wiener Bankverein		1 200
Banco commerciale italiano		470
Verschiedene		930
Summe		30 000

(Nach: *J. Thobie:* Intérêts et impérialisme français dans l'empire ottoman, Paris 1977, S. 347f.)

Die Aussicht auf eine deutsche Expansion zum Persischen Golf mußte vor allem auf Großbritannien erschreckend wirken, wobei allmählich nicht mehr nur Indien, sondern auch die Option auf das vorderasiatische Öl in Frage stand. Dennoch spielte die Indienregierung eine wichtige Rolle bei der Verstärkung der britischen Position am Golf gegenüber möglicher deutscher, französischer, osmanischer und russischer Bedrohung. 1899 übernahm die Indienregierung die Außenpolitik des Scheichtums Kuwait am Tor zu Mesopotamien. Nichtsdestoweniger ist es dann doch noch zu einer wirtschaftlichen und politischen Einigung Deutschlands und Englands über diesen Raum gekommen (mit einer Minderheitsbeteiligung der Deutschen Bank am Öl des Irak), kurz vor Kriegsbeginn 1914, so daß mit Recht von einer »tragischen Ironie« gesprochen wurde[30].
Ironie wohl auch durch den Gegensatz zum Theaterdonner wilhelminischer »Weltpolitik«, wie er etwa in der Morgenlandreise des Kaisers 1898 einen Höhepunkt erreichte, als Wilhelm sich in Damaskus zum Freund des Sultans und aller Moslems der Welt erklärte, was von Briten und Franzosen mit zahlreichen Moslem-Untertanen mit gemischten Gefühlen vernommen werden mußte. Doch die Reise war auch eine Demonstration des »christlichen Imperialismus« der Deutschen, denn es wurde dabei die vom Kaiser gestiftete imposante evangelische Erlöserkirche in Jerusalem eingeweiht. 1841 hatte sich Preußen noch als Juniorpartner Englands vertraglich an der Errichtung eines anglikanisch-lutherischen Bistums in der Heiligen Stadt beteiligt, 1886 wurde der Bistumsvertrag im Zeichen verschärfter Mächterivalität gekündigt und eine religiöse Expansion auf eigene Rechnung betrieben, an der sich auch die deutschen Katholiken beteiligten, die dafür vom Kaiser die »Dormitio Mariae«, das angebliche Sterbehaus der Gottesmutter in Jerusalem, als Geschenk erhielten. Schließlich hatten ihre Schwesternhäuser im Orient seit den achtziger Jahren demonstrativ die Reichsflagge gehißt und sich dem hergebrachten französischen Protektorat über die Katholiken entzogen. Die deutsche Palästinapolitik war eben nicht nur gegen neue russische Initiativen gerichtet, sondern vor allem gegen Frankreich. Die französische Republik hielt ja trotz ihres wachsenden Antiklerikalismus am Schutzanspruch für alle Katholiken im Orient fest und innenpolitisch stramm antiklerikale Politiker warfen außenpolitisch großzügig mit Subventionen für katholische Einrichtungen um sich – für französische notabene. Auf der anderen Seite war aber auch der Papst nicht bereit, wie in China eine Minderung des französischen Protektorats hinzunehmen und dadurch den französischen Antiklerikalismus noch weiter herauszufordern. So blieb der Ertrag der deutschen Palästinapolitik bescheiden und beschränkte sich hauptsächlich auf Verbesserung der Beziehungen zum Osmanischen Reich[31].
Auch aus den verschiedenen deutschen Siedlungsprojekten in Palästina wurde nicht viel, trotz gewisser Erfolge der schwäbischen »Templer«-Sekte seit den siebziger Jahren.

Ebensowenig gelang es, dort unter deutschem Protektorat einen autonomen Judenstaat im Rahmen des Osmanischen Reiches ins Leben zu rufen. Seit den siebziger Jahren gab es Versuche, über die ca. 24000 in den Städten Palästinas lebenden Juden hinaus für Zuwanderer ins alte Israel neue landwirtschaftliche Siedlungen zu schaffen. Infolge von Judenverfolgungen kam es dann zu zwei größeren Einwanderungswellen aus Osteuropa (1. Alijah 1882–1903, 2. Alijah 1904–1914), so daß die jüdische Gemeinde 1914 etwa 85000 Menschen zählte, 12,3% der Einwohner Palästinas. Der Zionismus mit seinem Ziel einer »öffentlich-rechtlich gesicherten Heimstätte in Palästina« trat 1897 bei einem Kongreß in Basel ins Leben. Sein Initiator Theodor Herzl konnte Wilhelm II. 1898 für die Idee interessieren[32], denn dies erschien als ein Weg für das Deutsche Reich, in Palästina Fuß zu fassen und zugleich zu Hause die Juden loszuwerden. Aus eben diesem Grund ist übrigens der Zionismus stets auf heftigen Widerstand jener Juden gestoßen, die auf konsequente Assimilation setzten. Doch das kaiserliche Interesse erhielt rasch politische Dämpfer, denn eine solche Initiative hätte die Beziehungen zu anderen Mächten belastet, zu denen die Juden ohnehin mehr neigten als zum Deutschen Reich, und die Osmanen wären nicht bereit gewesen, sich durch massive jüdische Einwanderung ein weiteres Minderheitenproblem aufzuhalsen[33].
Probleme der Minderheiten und Nationalitäten machten dem Osmanischen Reich nämlich inzwischen nicht mehr nur auf dem Balkan zu schaffen, wie gewohnt, sondern auch in Asien. Dabei waren zunächst traditionelle religiöse und soziale Gruppengegensätze das Substrat des Nationalismus, bis dann in moderner Weise Sprache, Rasse und Kultur in den Vordergrund traten. Blutige Auseinandersetzungen zwischen Maroniten und Drusen waren nach Intervention der Mächte 1861 durch Errichtung einer halbautonomen Bergprovinz Libanon unter einem christlichen, aber ortsfremden Statthalter mit einem Beirat aus den verschiedenen Sekten im Ganzen erfolgreich beigelegt worden[34]. Bedrohlich erschien jetzt die Unruhe unter den Armeniern im Osten Anatoliens, denn diese standen unter britischem und russischem Einfluß. Auf eine solche Bedrohung nahe dem Herzen des Reiches reagierte Istanbul besonders empfindlich; 1894–1897 sollte der aufrührerische Geist durch türkischen und kurdischen Terror gebrochen werden, wobei mindestens 100000 Armenier ums Leben gekommen sein dürften. Den Höhepunkt erreichten die »Armeniergreuel« allerdings erst im Weltkrieg, als die Parteinahme für Rußland bzw. die von Großbritannien befürwortete Planung einer armenischen »Nationalheimat« von der Regierung 1915 mit massiven Umsiedlungsaktionen beantwortet wurden. Dabei sollen nach verschiedenen Berechnungen 600000–1 Mio umgekommen sein, freilich nicht nur durch Mord, sondern auch infolge Desorganisation, Hunger und Seuchen, von denen die Türken ebenfalls betroffen waren. Nach dem Krieg entstand dann die Armenische Sowjetrepublik, während ein größerer, ganz Ostanatolien umfassender armenischer Nationalstaat, der von der Pariser Friedenskonferenz vorgesehen war, im endgültigen Friedensschluß mit der Türkei 1923 angesichts der von dieser geschaffenen Tatsachen nicht verwirklicht werden konnte[35].
Nicht weniger gefährlich für das Osmanische Reich konnte das Erwachen der Araber werden, obwohl diese Bewegung zunächst kulturell-religiösen Charakter hatte und damit politisch mehrdeutig war. Ihre Zentren waren Beirut, Damaskus und Kairo, wobei die protestantische und die katholische Universität von Beirut (gegründet 1866 und 1875) durch Förderung der islam-wissenschaftlichen Studien ebenso eine Schrittmacherfunktion hatten wie die 1909 neben der traditionellen Hochschule der Azhar-Moschee gegründete moderne Universität von Kairo, an der zunächst westliche Orientalisten einer jungen intellektuellen Elite den Weg zur eigenen Vergangenheit wiesen. Doch schon 1871–1879 hatte der Perser Dschemal ud Din al-Afghani (1838–1897) als Lehrer an der Azhar-Hochschule das Programm eines islamischen Modernismus verkündet, das

Rückbesinnung auf religiöse Ursprünge mit Erneuerung durch westliche Wissenschaft und Technik verbinden wollte, um westliche Vorherrschaft durch pan-islamischen Zusammenschluß zu brechen. Sein wichtigster Schüler, der Ägypter Mohammed Abduh (1849–1905) wirkte 1892–1905 an derselben Hochschule und 1899–1905 als Großmufti von Ägypten. Er hat den Gedanken seines Lehrers den politisch-revolutionären Charakter genommen und statt dessen auf die kulturelle Evolution eines erneuerten Islam gesetzt[36]. Pan-Islamismus religiös-kultureller Richtung paßte aber durchaus ins Konzept des reaktionären Sultans Abdülhamid II., der seinen Despotismus nach Suspendierung der Verfassung ja durchaus mit militärischer, administrativer und sogar pädagogischer Teilmodernisierung zur Stärkung des Staates verbinden wollte. So wurde 1881 das Dezimalsystem übernommen, 1882 in Istanbul eine Handelskammer gegründet und der Ausbau eines westlichen Bildungssystems im Jahr 1900 durch Gründung der Universität Istanbul gekrönt. Es ist also nicht erstaunlich, daß Dschemal ud Din zeitweise von Abdülhamid gefördert wurde und daß der Sultan versuchte, die 1903 in London gegründete »Pan-Islamic Society« für seine Politik einzuspannen, obwohl oder gerade weil hier indische Moslems eine wichtige Rolle spielten. Dies sollte in Versuche münden, im Ersten Weltkrieg die traditionellen Vorstellungen vom Kalifen und »Heiligen Krieg« zu seinen Gunsten zu mobilisieren[37].

Es war aber gerade die Beseitigung des Despotismus, die das nationale Problem auch in Istanbul spruchreif machte und damit die Minderheitenfrage in ihre kritische Phase brachte. Seit 1889 gab es geheime Offiziersgesellschaften mit fortschrittlicher Zielsetzung, in denen am Rande auch ein gewisser Mustafa Kemal eine Rolle spielte. Nach etlichen Soldatenaufständen aus verschiedenen Ursachen forderte schließlich 1908 das 3. Armeekorps in Mazedonien die Wiederherstellung der Verfassung und drohte mit Marsch auf Istanbul. Nun gab der Sultan nach, die fortschrittlichen Offiziere, die »Jungtürken«, übernahmen die Macht. Das neue Parlament bestand aus 147 Türken, 60 Arabern, 27 Albaniern, 26 Griechen, 14 Armeniern, 5 Bulgaren, je 4 Serben und Juden, 1 Walachen. Würde sich eine Integration aller Völkerschaften im Zeichen einer übergreifenden neu-osmanischen Reichsidee durchsetzen? Föderationspläne und ein türkisch-arabischer Dualismus nach dem Vorbild Österreich-Ungarn waren im Gespräch. Doch nach Überwindung einer Gegenrevolution Abdülhamids, die zur Einsetzung des unbedeutenden Mehmed V. (1909–1918) als Sultan führte, setzte sich bei den »Jungtürken« statt der Nationalitätenpolitik der ersten Stunde die Idee einer nationalistischen Turkifizierung des gesamten Reiches durch. Sogar das rassistische Programm eines »Pan-Turanismus« aller Turkvölker gewann an Gewicht. Die Niederlagen des neuen Regimes in den Balkankriegen und gegen Italien 1911–1913 dürften seine nationalistische Aggressivität nur noch verschärft haben, wie vor allem die Armenier erfahren mußten[38].

1908 hatten die »Jungtürken« noch die Bestellung des Scherif Hussein aus der Familie der Haschemiten zum Statthalter des Hedschas und Hüter der heiligen Stätten von Mekka durchgesetzt, nachdem dieser 15 Jahre als eine Art Geisel in Istanbul gelebt hatte. Aber ihre neue Linie führte rasch dazu, daß unter den Arabern Unabhängigkeitsforderungen populär wurden, von England und Frankreich als Gegengewicht gegen den deutschen Einfluß in Istanbul gerne gesehen. Geheimgesellschaften arabischer Offiziere der türkischen Armee entstanden und die mehr oder weniger unabhängigen Fürsten der arabischen Halbinsel entfalteten mancherlei Aktivitäten. So hatte Mohammed abd el Wahhab schon im 18. Jahrhundert die Fürsten der zentralarabischen Landschaft Nedsch (seit 1821 Hauptort Er-Riad) für seine puritanische Erneuerung des Islam gewinnen können, deren Expansion in den Hedschas dann Anfang des 19. Jahrhunderts von Ägypten verhindert wurde. Jetzt eroberte der Wahhabitenfürst Ibn Saud die Landschaft Al Hasa am Persischen Golf. Aber die internen Reibungsverluste zwischen arabischen Stämmen und Dynastien waren noch zu stark; für das Osmanische Reich bedrohlich wurde die Entwicklung erst durch den Weltkrieg[39].

Die jungtürkische Führungsgruppe war keineswegs einheitlich prodeutsch, aber Kriegsminister Enver Pascha setzte 1914 ein Defensivbündnis mit Deutschland gegen Rußland durch[40]. Verhandlungen mit der Entente schienen freilich interessante Zugeständnisse zu versprechen. Doch die britische Beschlagnahme von Kriegsschiffen, die Istanbul dort bestellt hatte, brachte Wasser auf die Mühlen der deutschen Partei unter Enver. Kurz darauf trafen zwei deutsche Kreuzer ein, die als Ersatz dafür samt Besatzung und Admiral in die osmanische Marine übernommen wurden. Nachdem das Deutsche Reich 2 Mio türkische Pfund gezahlt und umfangreiche Materiallieferungen zugesagt hatte, begannen diese Schiffe auf Weisung der Kriegspartei einen Angriff auf russische Häfen am Schwarzen Meer, was Kriegserklärungen Rußlands und der Entente an das Osmanische Reich zur Folge hatte. Die »scramble for Turkey« (Lord Asquith) konnte beginnen[41]. Ein von Winston Churchill angeregter englisch-französisch-italienischer Großangriff auf die Meerengen scheiterte allerdings bis 1916 und an der Kaukasusfront schwankte die Lage bis zum Schluß[42]. In den arabischen Teilen des Reiches hingegen waren die Briten erfolgreich. Sie konnten Ägypten, das sie seit langem kontrollierten, bei Kriegsbeginn in ein regelrechtes englisches Protektorat verwandeln und unangefochten behaupten. Mit Ausnahme der südafrikanischen Opposition hatten sich sämtliche Dominions und Indien mit Hilfstruppen an der Seite des Mutterlandes engagiert. So waren es indische, australische und neuseeländische Verbände, die türkisch-deutsche Vorstöße auf den Suezkanal 1915 und 1916 scheitern ließen. Unterdessen hatten das India Office und die Indien-Armee in ihrer Interessensphäre einen eigenen Krieg begonnen, der hauptsächlich von Indien bestritten wurde. Es ging zunächst um die Sicherung der Ausfuhr von den damals am weitesten entwickelten persischen Ölfeldern, dann um die Eroberung der Provinzen Basra und Bagdad. Doch die Offensive rannte sich fest, die anglo-indischen Truppen wurden in Kut-el-Amara am Tigris eingeschlossen und mußten sich 1916 ergeben, nachdem der türkische Kommandeur eine Bestechung mit 2 Mio Pfund abgelehnt hatte. Eine Untersuchung und die Übernahme der Leitung durch das Kriegsministerium waren die Folge. 1917 konnte dann Bagdad genommen werden[43].

Weiter westlich konnte die Front zwar bis zur Südgrenze Palästinas vorgeschoben werden, doch im Hedschas standen starke türkische Verbände, die durch die Hedschas-Bahn mit dem Norden verbunden waren. In dieser Lage wußten sich die Briten die arabische Aufstandsneigung zunutze zu machen. In einer Korrespondenz mit dem ehrgeizigen Scherif Hussein in Mekka schrieb der britische Hochkommissar in Ägypten McMahon von der Errichtung eines arabischen Königreiches, allerdings mit unklar gehaltenen Einschränkungen hinsichtlich des Irak und der französischen Interessen in Syrien (14. Juli 1915–10. März 1916)[44]. Gleichzeitige Kriegszielgespräche mit Frankreich führten Anfang 1916 zu Abmachungen, die anschließend durch Vereinbarungen mit Rußland und Italien erweitert wurden. Laut diesen nach den Unterhändlern Sykes und Picot benannten Schriftstücken sollte Rußland die Meerengen und Armenien erhalten, Italien Süd-Anatolien bis Smyrna, Frankreich Südost-Anatolien mit Kurdistan und der syrischen Küste, England die Häfen Akko und Haifa, den südlichen Irak und die Golfküste, während Palästina um die heiligen Stätten internationalisiert werden sollte[45]. Als diese Geheimdokumente infolge der sowjetischen Aktenveröffentlichung 1917 bekannt wurden, ließen sich Hussein und seine Söhne dadurch nicht stören, während ein anderes Dokument jener Jahre nach Bekanntwerden 1920 heftige arabische Reaktionen auslösen sollte, die sogenannte Balfour-Declaration vom 2. November 1917, ein Schreiben des britischen Außenministers Balfour an den Zionistenvertreter Lord Rothschild, in dem es heißt:

»Die Regierung seiner Majestät betrachtet mit Wohlwollen die Errichtung einer nationalen Heimstätte für das jüdische Volk in Palästina und wird ihr Bestes tun, die Erreichung dieses Ziels zu erleichtern, wobei, wohlverstanden, nichts getan werden soll, was die bürgerlichen und religiösen Rechte der bestehenden nichtjüdischen Gemeinschaften in Palästina, oder die Rechte und den politischen Status, derer sich die Juden in irgendeinem anderen Land erfreuen, in Frage stellen könnte.«[46]

Der Schlußsatz war ein Zugeständnis an die assimilationsfreundlichen jüdischen Anti-Zionisten. Vom *politischen* Status der Araber war hingegen nicht die Rede; über sie wurde von den Briten unbedenklich verfügt, denn Selbstbestimmung war ihnen damals nicht versprochen worden und wurde ihnen 1918 nur aus Versehen verkündet. Der Zweck der Erklärung, deren wirkliche Urheber Sykes und Lloyd George gewesen sind, sollte erstens die Gewinnung der Zionisten sein. Deutsche pro-zionistische Äußerungen sollten ausgestochen, einflußreiche jüdische Kreise der USA zur Tätigkeit für deren Kriegseintritt motiviert und die russischen Juden veranlaßt werden, gegen ein Ausscheiden ihres Landes aus dem Krieg zu wirken. Zweitens sollte Großbritannien als Garant dieser Heimstätte Gelegenheit bekommen, sich in Palästina festzusetzen und so eine Landbrücke von Ägypten zum Irak zu schlagen.
Die britische Rechnung ging zunächst auf. Nach Anfangsschwierigkeiten konnte der 1916 begonnene arabische Aufstand mit britischer Untertstützung und »Militärberatern« aus dem Geheimdienstbüro in Kairo große Teile des Hedschas gewinnen, die Eisenbahn immer wieder unterbrechen, seine Basis nach Akaba verlegen und endlich 1917 bis Syrien vorstoßen, koordiniert mit der britischen Offensive im Westen, die ebenfalls 1917 zum Fall Jerusalems geführt hatte. Im Oktober 1918 durfte Husseins Sohn Feisal dann Damaskus einnehmen, wo seine Hoffnungen auf arabische Staatsbildung allerdings bald enttäuscht werden sollten. Der Aufstand ist literarisch verklärt durch die autobiographische Darstellung eines der Militärberater, der 1926 veröffentlichten »Sieben Säulen der Weisheit« von T. E. Lawrence, deren historische Zuverlässigkeit allerdings begrenzt ist. Ihr notorisch egozentrischer Held war keineswegs der einzige britische Agent; einzigartig war er hingegen als einer der ersten Theoretiker der modernen Guerilla.
Durch das Ausscheiden Rußlands hatte Großbritannien unterdessen die Kontrolle über ganz Persien erlangen und mit dieser Flankendeckung die mesopotamische Front weiter nach Norden vorschieben können. Als der türkische Krieg infolge des bevorstehenden deutschen Zusammenbruchs am 30. Oktober 1918 zu Ende ging, war fast das ganze arabische Vorderasien in britischer Hand[47].

Im Fernen Osten hingegen war der Erste Weltkrieg binnen weniger Monate zu Ende; zu eindeutig war die deutsche Unterlegenheit. Wenigen Stützpunkten mit Kontakten über fünf Funkstationen standen drei volkreiche britische Kolonien mit einem weiten britischen Kabelnetz gegenüber[48]. Dazu kam ein 1902 abgeschlossenes, 1905 und 1911 erneuertes britisches Bündnis mit Japan, das ursprünglich eher gegen Rußland gerichtet war, sich aber angesichts deutscher unfreundlicher Akte in früheren Jahren auch gegen das Deutsche Reich wenden ließ, wenn es sich lohnte. Demgemäß verlangte Japan am 15. August ultimativ die Übergabe von Qingdao und Shandong, erklärte nach Nichtbeantwortung den Krieg und eroberte den Stützpunkt am 7. November 1914. Als »Erben« der Deutschen richteten die Japaner 1915 einen Katalog von 21 Forderungen an China, der auf die Errichtung eines japanischen Protektorats über die junge Republik hinauslief. Die USA erreichten den Verzicht auf die weitreichendsten Forderungen[49], aber England hielt sich zurück, fürchtete man doch dort eine deutsch-japanische Einigung und meinte auf japanische Flottenhilfe angewiesen zu sein. Solche Behutsamkeit hatte bereits bei den pazifischen Dominions Verstimmung ausgelöst. Bereits im August und September 1914 hatte Neuseeland Samoa und Australien Neu-Guinea mit seinen deutschen Nachbarinseln besetzt. Doch bevor die Dominions ihre »Pacific Ocean Destiny« (!) weiter verfolgen konnten, hatte Japan sich im Einverständnis mit England der deutschen Inseln nördlich des Äquators bemächtigt und erklärt, daß es sie zu behalten gedenke. Die Bedenken der Dominions fielen gegenüber den Zielen des Mutterlandes wenig ins Gewicht. Aber der Krieg war vorüber – im Dezember 1914 wurde dann noch das deutsche Pazifik-Geschwader im Atlantik bei den Falkland-Inseln vernichtet[50].

Auf anderen Kriegsschauplätzen waren die Kolonien sehr viel stärker beteiligt, was nicht ohne politische Folgen bleiben sollte. 1918 bestanden die britischen Armeen aus 101 Divisionen, von denen 71 aus dem Mutterland, 12 aus den weißen Dominions und 16 aus Indien kamen, 2 waren gemischt. Zehntausende von Dominionbewohnern und über 62 000 Inder haben in Übersee ihr Leben für England gelassen. Dazu kamen beträchtliche Lieferungen und finanzielle Anstrengungen. Die Dominions haben ihren Kriegseinsatz selbst finanziert, während die indischen Truppen auf auswärtigen Schauplätzen von England bezahlt wurden, aber nachdem die Indien-Regierung dem Mutterland zu Kriegsbeginn 100 Mio Pfund zur Verfügung gestellt hatte[51]. Danach konnte es nicht dabei bleiben, daß die Dominions weder zu Politik noch Kriegführung konsultiert wurden, wie noch bei Kriegsausbruch geschehen. Sie mußten auch an der Friedenskonferenz beteiligt werden, wo Kanada, Südafrika, Australien und Indien je zwei, Neuseeland einen Sitz erhielten. Zugleich galten ihre Vertreter aber auch als Mitglieder der britischen Delegation und unterzeichneten den Vertrag nach Großbritannien. Das war zwar strenggenommen juristisch so wenig erforderlich wie die anschließend vorgenommene Ratifizierung durch die Dominion-Parlamente, politisch jedoch das eine wie das andere hochbedeutsam. Schließlich wurden die Dominions und Indien mit eigenen Sitzen in den Völkerbund aufgenommen, so daß das britische Empire dort mit sechs Stimmen vertreten sein würde[52]. Offensichtlich lief diese Entwicklung auf Souveränität für die Dominions hinaus, auf die »zweite Dekolonisation«. Unter Führung Kanadas und Südafrikas wurde dieser Weg in den nächsten Jahren weiterverfolgt und zunächst im Bereich der internationalen Beziehungen Erfolg erzielt, bis die Empire-Konferenz 1926 den faktischen Zustand sanktionierte und die britischen Dominions zu gleichberechtigten autonomen Mitgliedern des Empire erklärte, was dann im »Statute of Westminster« 1931 Gesetzeskraft erhielt[53]. Indien allerdings war an dieser Entwicklung nicht mehr beteiligt[54]!

Der Beteiligung am Krieg entsprach auch die Teilhabe an der Beute. Südafrika erhielt das deutsche Südwestafrika, Australien Neu-Guinea mit den Nachbarinseln, Neuseeland Samoa. Sie mußten es aber hinnehmen, daß England Mitsprache auf der Phosphatinsel Nauru beanspruchte und Japan die Inseln nördlich des Äquators endgültig überließ. Um dem Treuhandprinzip entwickelter Länder für Kolonien gerecht zu werden, das in Artikel 22 des dem Friedensvertrag von Versailles inserierten Völkerbundvertrags verankert war, wurde für diese Neuverteilung das C-Mandat erfunden, das auf kaum verschleierte Annexion durch die Mandatsmacht hinauslief[55].

Anders in Vorderasien. Hier hatte der Völkerbundvertrag für die ehemaligen Bestandteile des Osmanischen Reiches mit dem A-Mandat eine echte Treuhandschaft mit der Verpflichtung zur Entlassung in die Unabhängigkeit vorgesehen[56]. Im Friedensvertrag von Sèvres hatte der Sultan 1920 Syrien, Mesopotamien, Ägypten, Hedschas und Palästina freigeben müssen. 1919 waren noch rasch französische Truppen gelandet, um

Syrien und den Libanon zu besetzen, während England im übrigen nordarabischen Raum Besatzungsmacht blieb. Ein arabischer Kongreß in Damaskus, wo Feisal saß, reagierte, indem er Feisal zum König von Syrien und dessen Bruder Abdallah zum König des Irak wählte, während es Großbritannien fertigbrachte, durch einen komplizierten Vertrag mit Frankreich das kurz vor 1914 erschlossene Ölfeld von Mossul, das nach den Sykes-Picot-Vereinbarungen in die französische Zone fallen sollte, zum englisch kontrollierten Irak zu schlagen. Jetzt konnte Frankreich das ihm zugesprochene Mandat Syrien in Besitz nehmen. Als Feisal in Damaskus sich wider Erwarten einem Ultimatum beugte, wurde es nachträglich verschärft, woraufhin die zu seiner Vertreibung notwendigen Kämpfe nicht ausblieben. Nun wurde der syrische Raum aufgeteilt, vor allem aber der von den Maroniten und ihren französischen Freunden schon längst geforderte Groß-Libanon geschaffen. Da dadurch zur bisherigen drusischen neue starke schiitische und sunnitische Minderheiten kamen, wurden auf diese Weise erst die Bedingungen für den heutigen Libanon-Konflikt geschaffen. Syrien und vor allem der Libanon erlebten nun eine Spätphase intensiver imperialistischer Durchdringung. Im Zeichen der Franc-Bindung der libanesischen Währung fanden umfangreiche französische Investitionen statt und eine breitangelegte Presse-, Schul- und Sprachpolitik sollte zumindest den Libanon kulturell französisch machen. Bei gleichzeitiger Steigerung des Lebensstandards erschien dieses Programm durchaus attraktiv, zumal Frankreich je nachdem, wer in Paris regierte, trotz oder wegen der immer wieder aufflammenden Unruhen der libanesischen und syrischen Autonomie durchaus Raum gewährte. Schließlich schloß die Pariser Volksfrontregierung 1936 mit beiden Ländern Verträge, die eine volle Unabhängigkeit beider Mandate und deren Mitgliedschaft im Völkerbund vorsahen. Die konservative Reaktion in Paris und dann der Zweite Weltkrieg haben allerdings eine Verwirklichung bis auf weiteres verhindert[57].
Auch England behandelte seine »Mandate« zunächst wie sein Eigentum. Eine nahostpolitische Konferenz unter Kolonialminister Winston Churchill in Kairo »versetzte« 1921 den aus Damaskus vertriebenen Feisal als König in den Irak und schuf für dessen Bruder Abdallah, dem der Irak ursprünglich zugedacht gewesen war, aus Teilen des Mandats Palästina und der Syrischen Wüste ein neues Königreich Transjordanien, mit dem Nebenzweck, daß die Pipeline von Mossul zum Mittelmeer auf diese Weise in britisch kontrolliertem Gebiet blieb[58]. Hussein wurde als König des Hedschas anerkannt und sollte wie die anderen arabischen Herrscher, die damals noch nicht über Ölquellen verfügten, britische Subsidien beziehen. Doch da er die britische Stellung in Palästina und Mesopotamien nicht anerkannte und seine Söhne als eine Art von Vizekönigen ansah, wurde er sich selbst überlassen. 1923 kündigte Großbritannien den arabischen Fürsten die Einstellung der Subsidien an, versuchte sie aber auf die getroffenen Grenzregelungen festzulegen. Ibn Saud, der Herr des Nedsch, weigerte sich. Er hatte 1921 die nordarabischen Schammar-Stämme unterworfen, deren Fürsten aus dem Hause Raschid im Gegensatz zu ihm mit den Deutschen geliebäugelt hatten. Als der in seinen Augen »sündhafte« Hussein 1924 den freigewordenen Titel des Kalifen annahm, eroberte Ibn Saud den Hedschas, auch um sich mittels des entwicklungsfähigen Pilgergeschäfts finanziell zu sanieren. So war das moderne Saudi-Arabien entstanden, während Hussein seine Tage als Flüchtling auf Zypern beschließen sollte[59]. Nach der britischen Planung, die allmählich die Wichtigkeit des Öls berücksichtigen lernte, sollten das Mandat Irak wie der formell unabhängige Iran durch Verträge über Konzessionen, britische Experten an strategischen Stellen und Militärstützpunkte (wobei die Luftfahrt immer wichtiger wurde) in das englische Herrschaftssystem eingefügt werden, Persien gewann aber nach dem Staatsstreich Reza Pahlawis 1921 seine *politische* Unabhängigkeit zurück. Im Irak wurde das britische Mandat aus Kostengründen durch einen Konsultations- und Bünd-

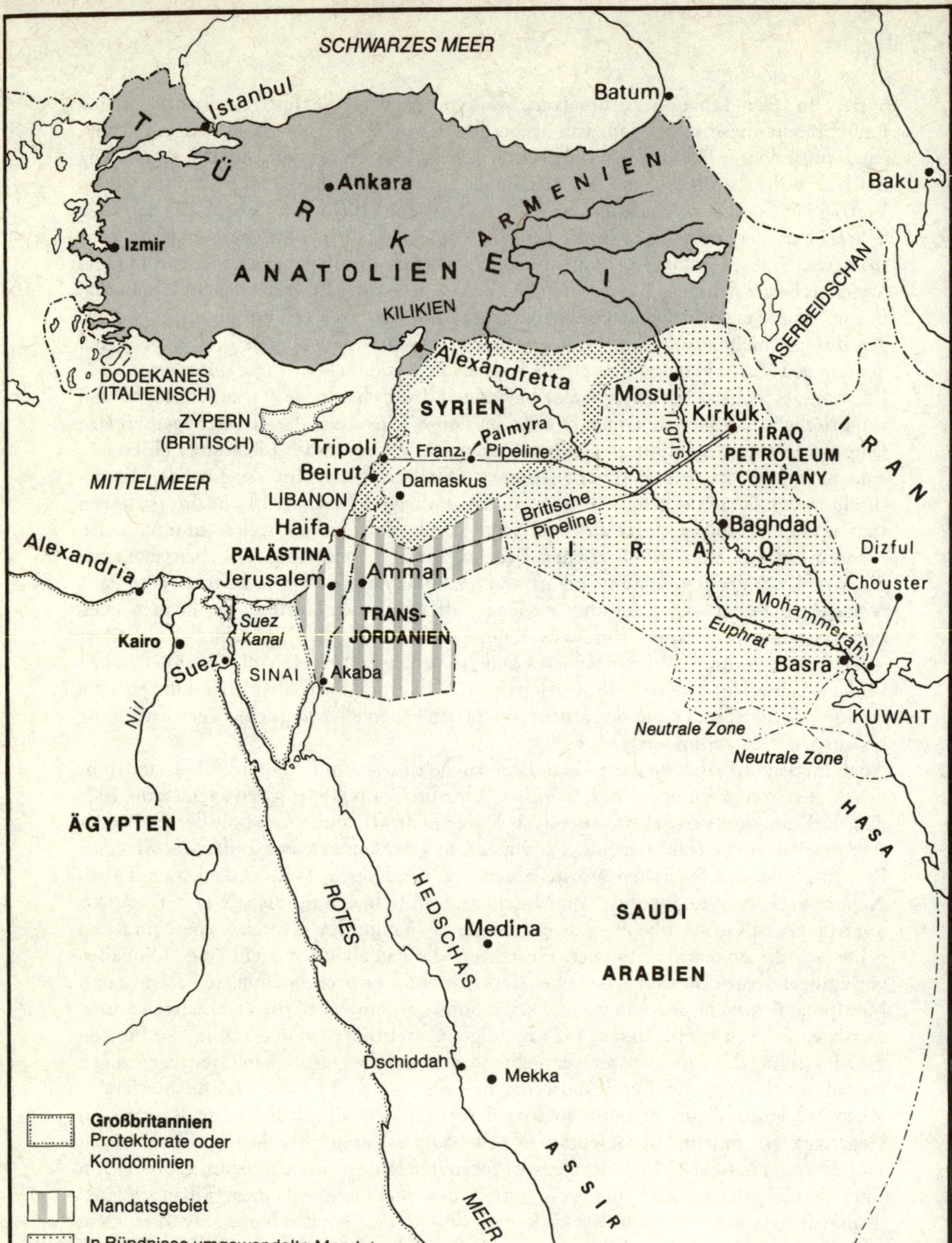

Abb. 22: Naher Osten nach dem Ersten Weltkrieg
(Nach: *J. E. Mack:* A Prince of our Disorder. The Life of T. E. Lawrence, London 1976, Umschlaginnenseite)

nisvertrag ersetzt, er blieb aber auch in der Unabhängigkeit nach 1932 britischer Satellit, wie sich beim Liebäugeln mit der Achse im Zweiten Weltkrieg zeigen sollte. Transjordanien hingegen blieb eine Art Protektorat mit innerer Selbstverwaltung; es gehörte ja zum Mandat Palästina, wobei es im Belieben der Mandatsmacht stand, welche Bestimmungen ihres Auftrags sie östlich des Jordan anwenden wollte[60].

Für das eigentliche Palästina war der Mandatsmacht eine Art Quadratur des Kreises aufgegeben: die Errichtung einer nationalen Heimstatt der Juden ohne Verletzung der Rechte der bisherigen Bewohner des Landes. Dazu kam erhebliches Eigeninteresse Großbritanniens wegen der Ölleitungen, der Deckung des Suezkanals und des damals noch zwischenlandungsbedürftigen Luftverkehrs nach Indien. Neben der britischen Mandatsverwaltung gab es mehrere »Nebenregierungen« für Palästina: einen Nationalrat der palästinensischen Juden, das Zionistische Komitee in London, dessen Einfluß auf Regierung und Parlament in England bisweilen größer war als jener der Mandatsverwaltung, eine Art Exekutivkomitee der palästinensischen Araber und ein von der Mandatsregierung geschaffener Moslemrat unter dem Mufti von Jerusalem. Hauptproblem war es, die von zionistischer Seite organisierte und finanzierte jüdische Einwanderung mit dem erklärten Ziel, die Juden zur Mehrheit im Lande zu machen, mit den wirtschaftlichen Möglichkeiten und Interessen der Araber in Einklang zu bringen. Die Mandatsmacht hat es dabei versäumt, den arabischen Bauern durch ländliche Entwicklungs- und Bildungspolitik zur Selbstbehauptung gegen den überlegenen jüdischen Einwanderer auszurüsten[61]. Denn dank internationaler Unterstützung waren die Juden ökonomisch in der Übermacht; das zionistische Programm in Palästina dürfte 1919–1939 ca. 400 Mio Dollar gekostet haben[62]. Obwohl 75% der Einwanderer ihrer Herkunft gemäß in die Städte zogen – damals nahmen das neue Tel Aviv und Haifa ihren spektakulären Aufschwung –, spielte die planmäßige und teilweise von eindrucksvollen sozialistischen Impulsen getragene Siedlung auf dem Land (1909 Gründung des ersten Kibbutz) eine zentrale Rolle, Hand in Hand mit der Entwicklung der Zitrus-Produktion. Nicht selten kaufte der »Jewish National Fund« absenten Großgrundbesitzern aus Damaskus oder Beirut Land ab, von dem dann arabische Pächter vertrieben werden mußten. Häufig genug handelte es sich aber um Kolonisation von fieberverseuchtem Ödland (vgl. Abb. 25c). 1918 hatte es in Palästina 620 000 Araber und 50 000 Juden gegeben, 1939 waren es 1 044 000 Araber und 445 000 Juden, ca. 30% der Bevölkerung. 1920–1939 dürfte sich die Wanderungsbilanz auf ca. 300 000 Menschen belaufen haben. Zunächst war die Zahl der Einwanderer angestiegen, um mit 35 000 im Jahre 1925 einen ersten Höhepunkt zu erreichen. Anschließend mögen sogar die Rückwanderer überwogen haben, bis die Zahlen nach 1933 wieder steil anstiegen, auf über 40 000 in manchen Jahren. Da das Gelingen der zionistischen Pläne mit einer möglichst starken Einwanderung stand und fiel, hat paradoxerweise Hitlers Machtergreifung den schließlichen Erfolg erst möglich gemacht. Demgemäß hat planmäßige Zusammenarbeit zwischen Nationalsozialisten und Zionisten 1933–1940 52 600 deutsche Juden und 105,9 Mio Mark Transferzahlungen nach Palästina gebracht[63]. Die pro-arabische Politik des Deutschen Reiches mit den Aktivitäten des exilierten Mufti von Jerusalem setzte erst mit der anti-englischen Wende der Kriegszeit ein.

Bisweilen gab es fast so etwas wie einen politischen Zyklus in Palästina: gesteigerte jüdische Einwanderung führte zu gesteigerten Konflikten, die Mandatsmacht bremste die Einwanderung und suchte die Araber zu beschwichtigen, die zionistischen Interessen, seit 1929 noch schlagkräftiger in der »Jewish Agency« organisiert, setzten sich in London durch und alles begann von neuem. Das Verfassungsprojekt des »White Paper« von 1922 mit seinem Legislativrat scheiterte am Widerstand der Araber gegen die bewilligte jüdische Einwanderung, ein zweiter Anlauf 1935 wurde von den Zionisten in

London zu Fall gebracht. Dann herrschte Bürgerkrieg in Palästina zwischen Arabern und Juden sowie zwischen beiden Gruppen und der Mandatsmacht. Terroraktionen beider Seiten und Repression durch die Briten waren Trumpf. Eine britische Kommission legte 1937 einen ersten Teilungsplan vor, den die Zionisten zögernd annahmen, die Araber aber ablehnten. Nun kehrten die Briten mit dem »White Paper« von 1939 zur Errichtung eines gemeinsamen Staates beider Gruppen zurück, dessen Problematik durch Beschränkung der jüdischen Einwanderung entschärft werden sollte. Vielleicht hätte dessen Annahme durch die Araber deren Sieg bedeutet[64]; für die Juden war es inakzeptabel. Doch inzwischen wurde auch die Zukunft Palästinas auf den Schlachtfeldern des Zweiten Weltkriegs entschieden[65].

Die Türken hatten mehr Erfolg als die Araber, denn sie konnten aus dem Zusammenbruch des Osmanischen Reiches einen modernen Nationalstaat »Türkei« retten, wahrscheinlich deswegen, weil sie es im Gegensatz zu den Arabern nicht nur mit einer, sondern mit einer ganzen Reihe von Mächten zu tun hatten, was zunächst ihr Verderben zu sein schien. Eine alliierte Flotte lag in Istanbul, die Franzosen beanspruchten das an Syrien grenzende Südost-Anatolien, die Italiener landeten zur Sicherung ihrer Ansprüche im Südwesten, und schließlich bemächtigten sich die Griechen, die im letzten Augenblick auf alliierter Seite in den Krieg eingetreten waren, im Jahr 1919 mit Unterstützung der Großmächte der Gegend um Smyrna im Westen, die einen starken griechischen Bevölkerungsanteil aufwies. Diese griechische Aktion löste heftige türkische Reaktionen aus; der Kriegsheld Mustafa Kemal Pascha, der als Gegner des gestürzten starken Mannes Enver Pascha und Vertrauensmann des neuen Sultans an der Schwarzmeerküste die 3. Armee demobilisieren und für Ruhe und Ordnung sorgen sollte, trat 1919 an die Spitze der Nationalbewegung, die Ankara zu ihrem Sitz wählte. Daraufhin besetzten die Briten Istanbul und veranlaßten, daß die Griechen mit der Wiederherstellung der Ordnung in Anatolien betraut wurden.
Das Friedensdiktat von Sèvres 1920 sah außer der bereits behandelten Abtretung der arabischen Teile des Reiches ein unabhängiges Armenien und ein autonomes Kurdistan mit Option auf Unabhängigkeit vor. Rhodos und die Dodekanes waren an Italien abzutreten und Thrakien bis vor die Tore Istanbuls an Griechenland, das auch die Gegend von Smyrna bis zu einer Volksabstimmung behalten durfte. Die Meerengen blieben zwar türkisch, wurden aber der Aufsicht einer internationalen Kommission unterstellt, in der die Türkei wenig zu sagen hatte. Außerdem war das Heer auf 50 000 Mann zu reduzieren, die 1914 gekündigten »Kapitulationen« traten wieder in Kraft und die internationale Schuldenverwaltung sollte die Kontrolle über die gesamte Wirtschafts- und Finanzpolitik übernehmen[66].
Aber das Diktat wurde nie wirksam. Mit der noch intakten 9. Armee trieb Mustafa Kemal die Franzosen auf Aleppo zurück und zerschlug im Zusammenspiel mit den Bolschewiki die armenische Unabhängigkeit, um sich dann nach Einigung mit den Italienern gegen die Griechen und die alliierte Besatzung von Istanbul zu wenden. Ein Regierungswechsel in Griechenland führte aber dazu, daß die Franzosen, die wegen der Rheinlandfrage ohnehin mit England im Streit lagen, 1920/21 mehr oder weniger offen auf türkische Seite übergingen. Doch auch die Briten mißtrauten der neuen griechischen Regierung und steckten zurück, nachdem ihre imperiale Konzeption für den Nahen Osten außer durch das Ausfallen einer folgsamen Türkei auch durch den Putsch in Persien ins Wanken gekommen war. Außenminister Lord Curzon wurde so ein Mann des Maßes, zumal sich sein Neffe in türkischer Hand befand. 1921/22 wurden die Griechen in Anatolien geschlagen und zogen sich unter schweren Verwüstungen zurück. Von Franzosen und Italienern im Stich gelassen, konnten oder wollten die Briten

Istanbul nicht halten; 1922 fiel es mit Ost-Thrakien an die Türkei zurück. 1922 schaffte die türkische Nationalversammlung das Sultanat ab, wählte aber noch einen Kalifen, bis auch dieses Amt 1924 beseitigt wurde (was unter anderem im Hedschas und in Indien Folgen haben sollte).
Im endgültigen Frieden von Lausanne 1923 verlor die Türkei zwar fast alle ägäischen Inseln an Italien und Griechenland, konnte aber ihren sonstigen Besitzstand behaupten, und zwar künftig mit uneingeschränkter Souveränität, die Entfestigung der Meerengen ausgenommen. Alle Vorrechte von Ausländern entfielen, die Schuldenverwaltung wurde aufgelöst, die Schuld anteilig zu normalen Bedingungen auf die Gläubigerländer verteilt. Britisch-französisches Interesse an wirtschaftlichen Konzessionen ließ nach, als amerikanische Konkurrenz auftauchte. Mit Griechenland wurde schließlich ein Bevölkerungstausch von je einer halben Million Menschen durchgeführt. Der Weg war frei für die Modernisierungspolitik des Staatsgründers[67].

Mit der Zerstörung des Osmanischen Reiches war die hergebrachte »Orientalische Frage« gelöst. Doch wurde jüngst geltend gemacht, die seit dem 18. Jahrhundert ausgebildeten Spielregeln nahöstlicher Politik seien nach wie vor in Geltung, nur mit einer Verlagerung des Schauplatzes nach Südosten und neuen Komponenten und Akteuren. Immer noch gebe es aber die Rolle der Waffenlieferanten und Ausbilder, immer noch die Interventionen der Großmächte oder das Phantom von solchen, immer noch den kleinen Krieg als kalkulierte Provokation einer solchen Intervention[68].
Für die Geschichte der europäischen Expansion als Ganzes hingegen sind die Vorgänge in Vorderasien nach dem Ersten Weltkrieg Höhe- und Wendepunkt zugleich. Durch die Kriegsbeute erhalten europäische Kolonialreiche ihre größte Ausdehnung überhaupt; die imperialistische Durchdringung mancher Länder wird erst jetzt richtig möglich. Dazu kommt das einzigartige Unternehmen der jüdischen »Kolonisation« in Palästina im Gefolge des britischen Imperialismus.
Auf der anderen Seite wäre der Sieg der Alliierten ohne die Hilfe der ehemaligen Kolonie USA und verschiedener englischer und französischer Besitzungen nicht so leicht möglich gewesen, was Folgen für das Verhältnis der Kolonien zu den Metropolen zeitigen mußte. Dazu ist auf Drängen der USA der Treuhandgedanke in Gestalt der Völkerbundsmandate erstmals offizielles politisches Programm geworden. Das dekolonisatorische Potential dieser Entwicklung ist unverkennbar, auch wenn zunächst nur die Weißen davon profitieren. Impulse für seine Anwendung auf die »farbige« Welt werden in der Zwischenkriegszeit von dem großen Benachteiligten jener Vorgänge ausgehen, von Indien.

Achtes Kapitel

Neue Impulse zwischen den Kriegen

Wegen seiner Rolle in und nach dem Ersten Weltkrieg war Indien dazu prädestiniert, als erste »farbige« Kolonie an der Dekolonisation teilzuhaben, wie als Kolonie, so auch in der Dekolonisation ein Fall, der Maßstäbe setzt[1], ja sogar durch seinen Protagonisten Gandhi politische Mythen entstehen läßt, die auf den Westen zurückwirken, wo man auf der Suche nach politischen Alternativen ist. Führend war Indien auch, weil es dank langdauernder britischer Herrschaft über eine moderne, aber in ihrem Partizipationswillen frustrierte Elite verfügte, die wichtigste Triebkraft für Dekolonisation. Der Kolonialismus bringt ja diesen Gegner, der ihn schließlich verdrängen wird, in einem dialektischen Prozeß selber hervor. Erst die Kolonialherrschaft hat den indischen Subkontinent zu einer politischen Einheit gemacht – es war zunächst nicht abzusehen, daß er 1947 in zwei, 1971 in drei feindliche Nationen zerfallen würde. Statt dessen dominierte eine ungeheuere regionale und soziale Differenzierung, wo der rassische und sprachliche Gegensatz zwischen dem indo-arischen Norden und dem dravidischen Süden nur von einer englisch erzogenen Oberschicht notdürftig überwunden werden konnte. Die 21,7% Moslems des Jahres 1921 zerfielen zumindest in Sunniten und Schiiten und die 68,5% Hindus bildeten überhaupt keine Einheit, sondern zerfielen in philosophische Richtungen, verschiedene Götterkulte, vor allem aber unzählige Kasten, und dies in komplizierter regionaler Differenzierung[2]. So blieb auch die neue verwestlichte Mittelschicht trotz einheitlicher Bildung doch in ihren regionalen Interessen verwurzelt, die ihr nach neueren Forschungen sehr viel wichtiger waren als die nationalen. Die indische Nationalbewegung erscheint dabei als eine ständig neu zu konstituierende Koalition auseinanderstrebender lokaler Machteliten[3]. Am frühesten hatten sich in Bengalen Hindus aus den oberen Kasten, die als Besitzer oder Oberpächter unter dem »Permanent Settlement« Land kontrollierten, auf dieser wirtschaftlichen Grundlage westliche Bildung erworben, um in Calcutta in freien Berufen, in der Justiz oder in der britischen

Verwaltung tätig zu werden. Diese Gesellschaft der »bhadralok« (Leute aus gutem Haus) war nur hier möglich, aber analoge Erscheinungen entwickelten sich überall[4].

Da die früher gesellschaftlich führenden und von den Briten zurückgedrängten Moslems aus religiösen Gründen zunächst weniger modernisierungswillig waren als viele Hindus, drohten sie gegenüber diesen aufstrebenden Hindu-Eliten ins Hintertreffen zu geraten. Das konnte aber zu stärkerer Anlehnung an die Kolonialmacht führen, nachdem diese seit 1857 gerade den verwestlichten Indern mit Vorbehalten gegenüberstand. Als der ehemalige Jurist Sayyid Ahmad Khan (1817–1898) auch in Indien einen rationalistisch angereicherten, durch Verbindung mit westlicher Kultur modernisierten Islam verkündete, hatte er erheblichen Widerstand seiner Glaubensgenossen zu überwinden, bis er 1875 das »Anglo-Arabic-College« von Aligarh mit seinem fortschrittlichen Curriculum gründen konnte. Er glaubte nicht an eine einheitliche indische Nation und lehnte daher auch das demokratische »one-man-one-vote«-Prinzip ab. Obwohl der bildungsmäßige Rückstand der Moslems bald überwunden wurde, neigten sie weiter dazu, »nationale« Initiativen eher den Hindus zu überlassen[5].

Deren Ziele waren zunächst systemkonform und pragmatisch; es handelte sich um eine angemessene Stellung der modernen indischen Elite *im* britischen Herrschaftssystem, wobei sich die in den siebziger Jahren geschaffenen Selbstverwaltungsinstitutionen der Städte Bombay und Calcutta als Übungsfelder erwiesen[6]. Es ging um die Zulassung der Inder zum »Indian Civil Service«, seit 1878 um die britische Pressezensur und um die »Ilbert Bill«, als 1883/84 unter dem liberalen Vizekönig Ripon geplant wurde, gegebenenfalls auch Europäer der Justiz indischer Richter zu unterwerfen, was an den Betroffenen scheiterte[7]. Schließlich ergriff ein englisches Mitglied des I.C.S., A. O. Hume, die Initiative zur Gründung eines nationalen Forums westlich orientierter indischer Notabeln. 1885 wurde »The Indian National Congress« gegründet, mit drei Zielen: Herstellung einer nationalen Einheit Indiens, vollständige Erneuerung dieser Nation, Konsolidierung der Verbindung mit England durch Beseitigung von Ungerechtigkeiten gegenüber Indien[8]. Seine Struktur wies bemerkenswerte Verwandtschaft mit der bis ins späte 19. Jahrhundert in England üblichen Honoratiorenpartei auf. Die zur Tagung einladende Stadt übernahm die Organisation und stellte den Präsidenten, während in der Zeit zwischen den Treffen eine informelle Führungsgruppe den Ton angab. Die maßgebenden Leute orientierten sich dabei an der liberalen Partei und erhofften sie als Partner. Nationale Solidarität kam ganz pragmatisch durch Interessengemeinschaft oder Interessenausgleich zustande. Auch wenn man weitreichende Reformen der Kastengesellschaft wie die Abschaffung der Kinderehe und die Wiederverheiratung von Witwen diskutierte, war doch für Honoratioren jeder Herkunft Platz[9].

Eine neue Art von Nationalismus kam durch Erneuerung des Hinduismus ins Spiel. Eine Art religiöser Erweckung und mystischer Vereinigung mit dem Geist der Nation sollte die Probleme der religiösen, sozialen und politischen Solidarität auf einmal und mit einem Schlag lösen. Die indische Nation war nun nicht mehr nicht-existent und durch politische Reformen erst zu konstituieren, sondern eine Art ewige Muttergöttin, die sich frommer Hingabe offenbarte. So wurde die Hymne »Bande Mataram« (»Ich verehre die Mutter«) zur inoffiziellen Nationalhymne Indiens. Sie stammte aus einem Roman in Bengali, der eine neuartig aktivistische, aber auch wieder stärker traditionalistische Art Hinduismus propagierte[10]. Ram Mohan Roy (1772–1833) hatte einst durch eine Neuinterpretation der Upanishaden, der klassischen philosophischen Texte Indiens, im Lichte anderer Religionen den Hinduismus in eine theistische Vernunftreligion verwandelt, woraus sich für seine Nacheiferer in der »Brahmo Samaj« (»Gottesgesellschaft«) nicht nur die Bekämpfung von »Mißbräuchen« wie Polytheismus und Witwenverbrennung ergab, sondern auch die Rezeption der westlichen Kultur[11]. Jetzt entstand bezeichnenderweise 1880 eine »Arya Samaj« (»Ariergesellschaft«), die weniger intellektualistisch statt auf die Upanishaden auf die Veden, die ältesten heiligen Schriften, und die darin gespiegelten einfachen religiösen und sozialen Verhältnisse zurückgreifen wollte und eine aggressive Feindseligkeit gegen Moslems und Christen pflegte[12]. Aber der wohl wichtigste Impuls kam von Narendranath Datta, genannt Swami Vivekananda (1863–1902), Schüler und Interpret des bengalischen Mystikers Ramakrishna Paramahansa (1836–1886). Von ihm und anderen wurden die Ideale der Französischen Revolution, vor allem aber der Wille zur Tat mit Hilfe der traditionellen Vedanta-Philosophie neubegründet und der jungen Generation für ihre Auseinandersetzung mit dem Westen auf den Weg gegeben. Schlüsseltext wurde das religiöse Lehrgedicht »Bhagavadgita« aus dem alten Epos »Mahabharata«. Hier entdeckte man den dritten Weg zur Vollkommenheit nach dem Pfad der Erkenntnis und dem Pfad der Verehrung: den Pfad der Tat. Die selbstlose Tat galt jetzt als die Botschaft der »Bhagavadgita«; sie sollte später Gandhis Leitmotiv werden; sie hat aber auch einen hinduistischen Terrorismus inspiriert, der in den neunziger Jahren einsetzte und im Kampf gegen die Teilung Bengalens 1905 seinen ersten Höhepunkt erreichte. Sogar die monistische indische Philosophie selbst konnte in nicht unbedenklicher Weise auf die Politik abfärben. Dieser religiöse Monismus ist einerseits ungemein tolerant, andererseits aber stets bereit, sich auf diese Weise alles zu assimilieren, ein Synkretismus, der für Bekenner eines einzigen eifersüchtigen Gottes wie die Moslems unannehmbar bleibt, auch als Säkularisat in Gestalt des späteren indischen Nationalkongresses. So konnte es dazu kommen, daß dessen Angehörige ihre Toleranz betonten und daher den Widerstand der Moslems gegen ihre Integration als böswilligen Separatismus verstanden, während die Moslems in eben dieser umfassenden Toleranz einen besonders hinterlistigen Anschlag auf ihre Gruppenidentität erblicken mußten. So bringt die neu-hinduistische Ideologie nicht nur eine Stärkung der Nationalbewegung mit sich, sondern auch den Keim ihrer Spaltung, der Spaltung zwischen Hindus und Moslems, aber auch zwischen liberalen Pragmatikern und radikalen Fanatikern[13].

Die Gemäßigten im indischen Nationalkongreß unter Führung von G. K. Gokhale (1866–1915)[14] setzten große Hoffnungen in den Wahlsieg der Liberalen in England im Jahre 1905 und auf den neuen Indienminister John Morley mit seinen Reformplänen. Aber die noch auf konservative Initiative durchgeführte Teilung Bengalens 1905 brachte den Nationalisten unter B. G. Tilak (1856–1920)[15] Oberwasser, bis es 1907 in Surate nach einer Saalschlacht zur Spaltung kam. Aber Tilak war 1908–1914 im Gefängnis. Unterdessen wurde von den Gemäßigten eine straffere Kontrolle des Kongresses geschaffen, unter anderem durch ein gewähltes »All-India Congress Committee« als Führungsgruppe[16]. Aber die liberalen Pläne verblaßten unter dem Einfluß des noch von den Konservativen bestellten Vizekönigs Minto und vor allem des maßgebenden Indien-Beamten H. H. Risley, eines Bewunderers von Ständestaat und Preußentum. Damals begann die britische Zusammenarbeit mit Moslem-Gruppen, die von einer stärkeren indischen Partizipation nach demokratischen Spielregeln Majorisierung durch die Hindus befürchteten und 1906 zum Kampf für ihre Forderungen die »All-India Muslim League« gründeten. Tatsächlich hat die anglo-indische Bürokratie die westlich gebildeten Hindu-Eliten bei der neuen Wahlkreiseinteilung und den Wählerlisten benachteiligt. Es ist aber immer noch umstritten, ob die Politik des »communalism«, der Rücksicht auf die verschiedenen besonderen Gemeinschaften, die künftig eine so große und vielleicht verhängnisvolle Rolle spielen sollte, britischer Strategie eines »divide et impera« entsprang, wie Nehru behauptet hat[17], oder der vielleicht unangemessenen, aber wohlmeinenden Absicht, Ordnungsprobleme durch Fairness zu bewältigen. Das Ergebnis der sogenannten Morley-Minto-Reform war in jedem Fall bescheiden: die »Legislative Councils« der Zentrale und in sechs, 1913 dann sieben Provinzen behielten alle außer in Bengalen eine Mehrheit ernannter Vertreter. Die übrigen wurden von Landbesitzern und Moslems (!) in einer Art von Wahlkreisen gewählt oder von Handelskammern, Pflanzerverbänden und Städten auf andere Weise bestimmt. Von den 60 Mitgliedern des zentralen Legislativrats waren 28 ernannte Beamte, drei ernannte Nicht-Beamte. Gewählt wurden zwei Vertreter von Handel und Gewerbe, sechs Landbesitzer, sechs Moslems und 13 »Sonstige«. An den Gesetzgebungsbefugnissen der Räte änderte sich nichts, aber ihr Beratungs- und Fragerecht wurde erweitert, vor allem hinsichtlich des Budgets[18].

Da Gokhale 1915 starb, konnte Tilak bei der Entlassung aus der Haft schließlich die Führung des Kongresses übernehmen, im Bund mit Annie Besant, einer irischen Sozialistin, die inzwischen zur Führerin der von Indien inspirierten theosophischen Bewegung geworden war und deren Sitz nach Indien verlegt hatte, wo sie unter anderem 1916 an der Gründung der Hindu-Universität Benares mitwirken sollte. 1915 gründete sie eine »All-India Home Rule League«, denn nach ihrer Meinung sollte sich Indien seine Loyalität im Krieg mit »Home Rule« nach irischem Muster bezahlen lassen. Da sich gleichzeitig das gute Verhältnis der Moslems zu den Briten trübte, weil diese mit dem Kalifen (!) Sultan Abdülhamid Krieg führten, näherten sich Liga und Kongreß einander an, wobei ein Doppelmitglied namens M. A. Jinnah eine Rolle spielte. Jinnah war kein besonders rechtgläubiger Moslem, sondern ein vollständig verwestlichter, für seine Eleganz bekannter englischer Rechtsanwalt[19]. Er und Tilak brachten 1915 parallele Tagungen von Kongreß und Liga in Bombay und 1916 nach einem Kongreß-Liga-Pakt einen gemeinsamen Verfassungsentwurf zuwege. Nach diesem sollten die Moslems in mehrheitlich gewählten und mit Budgethoheit ausgestatteten »Legislative Councils« für Provinzen, wo sie in der Minderheit waren, überproportional, für ihre Mehrheitsprovinzen aber unterproportional vertreten sein, z. B. im Punjab mit 50% der Abgeordneten bei 56,6% Bevölkerungsanteil, in den »United Provinces« mit 30% bei 14,8%[20]. Dergleichen war unproblematisch in einem System mit strikter Gewaltentrennung amerikanischer Art wie in diesem Entwurf, wurde jedoch konfliktträchtig bei jeder Art von Ministerverantwortlichkeit britischen Stils, wie sie in den nächsten Jahren auf der Tagesordnung stehen sollte[21].

Obwohl die rassistischen Herrenmenschenallüren nicht zuletzt in der Armee viel Hartnäckigkeit bewiesen[22], begannen doch viele Briten, sich in ihrer Rolle als Kolonialherren unbehaglich zu fühlen[23], so daß sich die Vorstellung verbreitete, man müsse auch »Farbigen« Selbstregierung zugestehen[24]. In kritischer Lage erklärte das Kriegskabinett am 20. August 1917, es beabsichtige, schrittweise »responsible government in India as an integral part of the British Empire« einzuführen[25], was auf Dominion-Status in nicht allzu ferner Zukunft hinauslief. Zu diesem Zweck sollte der Indienminister E. S. Montagu umgehend zu einem Informationsbesuch nach Indien reisen. Er fand dabei das Land noch nicht reif für Demokratie und griff daher erleichtert auf den Vorschlag des altimperialistischen Verfassungsexperten Lionel Curtis[26] zurück, einstweilen eine Dyarchie einzuführen, bei der bestimmte Ressorts parlamentarisch verantwortlich verwaltet, andere aber wie bisher der britischen Administration vorbehalten bleiben sollten. Als dies 1919 durch eine »Government of India Act« Gesetz geworden war, wählte die Indienregierung unter Vizekönig Chelmsford (daher »Montagu-Chelmsford-Reform«) eine besonders restriktive Form von Dyarchie. Statt erst einmal die »Minister« zu bestimmen, möglichst durch Wahl, und die Ressorts nach lokalen Gegebenheiten zuzuweisen, wurden die indischen Minister in den Provinzen von vorneherein auf Gesundheit, Bildungswesen, öffentliche Arbeiten, Landwirtschaft und Industrie festgelegt. Britisch blieben Finanz, Bewässerung, Inneres und Polizei[27], Zensur, Gefängniswesen, Industrie- und Arbeitsordnung, Justiz. Hingegen erhielten die »Provincial Legislative Councils« und die beiden Kammern der Zentrale, die »Central Legislative Assembly« und der »Council of State« jetzt regelrechten parlamentarischen Charakter; durchschnittlich 70% ihrer Mitglieder wurden gewählt, mit reservierten Sitzen für Moslems und andere »communities«. Von den 145 Sitzen der »Central Legislative Assembly« wurden 104 durch Wahl besetzt, davon waren 41 reserviert (30 für Moslems, neun für Europäer, zwei für Sikhs). Im Oberhaus waren es 33 von 60 bei 15 Reservationen (elf Moslems, drei Europäer, ein Sikh[28]). Wahlberechtigt waren für alle Provinzparlamente zusammen nur 5 Mio Personen, für das zentrale »Unterhaus« 1 Mio, für das »Oberhaus« ganze 14 886[29]. Vor allem aber erstreckte sich die Dyarchie nicht auf die Zentral*regierung*. Im Gegenteil, diese hatte die Gesetze auch der Provinzparlamente zu genehmigen und besaß ebenso wie die Gouverneure weitreichende Ausnahmebefugnisse, einschließlich Gesetzgebung[30].

Trotz aller Enttäuschungen und Meinungsverschiedenheiten rang sich der Kongreß noch zu einer Dankadresse an Montagu für die Reformen durch, auf Betreiben desselben Mannes, der im Begriff stand, an die Spitze einer zunehmend radikalisierten Nationalbewegung zu treten, Mohandas Karamchand Gandhi (1869–1947)[31]. Gandhi darf als einer der Großen der Weltgeschichte gelten, weniger wegen außergewöhnlicher Eigenschaften, deren Wirksamwerden ja sowieso eine Kommunikationsfrage ist, sondern weil sich in doppelter Hinsicht der historische Prozeß in seiner Person verdichtet. Zum einen hat er mit äußerst eindrucksvollen Methoden die indische Nationalbewegung aus einem Honoratiorenverein zu einer Angelegenheit der Massen vor allem auch des platten Landes gemacht. Dadurch ist er zum Vater des modernen Indien und zum wichtigen Protagonisten von Dekolonisation überhaupt geworden. Niemand trägt mehr Verantwortung für das Ende des Britischen Empire als er[32]. Zum anderen geschah dies auf der Basis einer geistigen Auseinandersetzung mit dem Westen, deren Ergebnisse schließlich dort selbst attraktiv wurden, weil sie sich in mancher Hinsicht als überlegen erwiesen haben. Gandhi ist durch und durch Vertreter der indischen Kultur – darauf beruht ja seine Wirkung bei den Massen –, aber eben keiner, der die westliche Kultur zurückgewiesen hätte, sondern der durch sie hindurchgegangen und ohne ihren Einfluß nicht denkbar ist. Nur so konnte es ihm gelingen, seinem Volk sozio-kulturelles Selbstbewußtsein wiederzugeben oder auch erst zu schaffen – bekanntlich der entscheidende Schritt zur Abnabelung von der Metropole!

Gandhi entstammte einer Händlerkaste aus Gujerat und einer Sekte strenger Vishnu-Verehrer, deren monotheistische Tendenzen, rigorose Reinheitsvorstellungen, Fastenpraxis und Vegetariertum er sein Leben lang beibehalten hat. Schon früh fühlte er sich trotz wenig bedeutender Leistungen auf allen Gebieten als etwas Besonderes, wahrscheinlich in Folge seines ethischen Rigorismus, dessen keineswegs nur latente Intoleranz zu Konflikten mit seiner ihm als Kind angetrauten Ehefrau führte und den einen oder anderen seiner Söhne zumindest im Sinne des Vaters mißraten ließ. 1888–1891 machte er die englische Juristenausbildung am Temple in London mit, die teuer, aber relativ leicht und vor allem sehr prestigeträchtig war[33].

Da seine Praxis als Barrister in Bombay nicht erfolgreich war, ging er als Rechtsbeistand für einen indischen Kaufmann nach Südafrika, für kurze Zeit, wie er meinte. In Wirklichkeit blieb er 23 Jahre dort (1893–1915), denn er hatte eine Aufgabe gefunden, die ihn erst zu dem gemacht hat, als der er dann in Indien auftreten konnte. Äußerlich war er 1893 der vollständig assimilierte Gentleman, als er wegen seiner Hautfarbe aus der 1. Klasse der Eisenbahn verwiesen und aus dem Zug geworfen wurde. Als diese traumatische Erfahrung der Rassendiskriminierung sein Engagement für seine Landsleute einmal geweckt hatte, konnte er leicht deren Führer im Kampf dagegen werden, denn von den Gujerati-Kaufleuten und Tamilen-Kontraktarbeitern besaß niemand soviel westliche Bildung. Dabei hat sich Gandhi nicht nur zum Meister in der Beeinflussung der öffentlichen Meinung entwickelt – ein sehr westlicher Aspekt, der gerne übersehen wird –, sondern vor allem seine Methode des gewaltlosen Kampfes erfunden, erprobt und zum (vorübergehenden) Erfolg geführt: 1914 wurden einige Diskriminierungsmaßnahmen gegen Inder zurückgenommen[34]. Gezielte, aber friedliche Provokation des Gegners, die allerdings mit unbedingter Leidensbereitschaft einherging, verfolgte ebenso wie absolute Fairness im Kampf letztlich das Ziel, den Gegner durch Beschämung zur Einsicht und Umkehr zu bewegen. Eine solche Kampfesweise setzt nicht nur das Bewußtsein der eigenen sittlichen Überlegenheit voraus, weil sie nur so Schwäche in Stärke verwandeln konnte, sondern sie entsprach auch taktisch der Lage einer unterdrückten Minderheit mit klaren Zielvorstellungen, und nicht der einer unterdrückten Mehrheit, eines ganzen Volkes, mit dem unscharfen Globalziel »Unabhängigkeit«. Außerdem setzt sie einen Gegner voraus, der durch sie zu treffen ist. Aber Gandhi kannte seine Briten ...

Er hatte bereits von ihnen übernommen, was ihm paßte, als er in London mit der Theosophie, der vegetarischen Bewegung und dem freikirchlichen Protestantismus in Berührung kam: vom Christentum die Bergpredigt, nicht aber Gotteslehre oder Sakramente. Jetzt kamen utopische Sozialisten und Lebensreformer hinzu, der Preis des einfachen Lebens und der körperlichen Arbeit. Gandhi gründete alternative Gemeinschaften, die schon damals in Südafrika auch für Europäer attraktiv wurden. Ausschlaggebend war für Gandhi jedoch stets die Einfügung in das Weltbild des Hinduismus seiner Kindheit. Dennoch ging der westliche Einfluß über eine bloß äußere Anreicherung eines vorhandenen geistigen Grundbestandes hinaus, insofern er Medium und Katalysator von Gandhis Entwicklung gewesen ist. Die »Bhagavadgita«, die mit ihrer neuen Botschaft vom aktiven Heilsweg der wichtigste Text seines Lebens wurde, hat er zuerst in englischer Übersetzung kennengelernt. Seine Sprache war auch nicht mehr die blumenreiche des Orientalen, sondern die knappere und präzisere des englischen Rechtsanwalts und Puritaners. Es handelte sich also durchaus um eine tiefergehende Synthese, aber eine nach Prinzipien des Hinduismus.

1906 legte Gandhi das Gelübde völliger sexueller Enthaltsamkeit (»Brahmacharya«) ab; auch für andere billigte er Geschlechtsverkehr nur zur Zeugung von Kindern. Asketische Selbstdisziplin, zu der auch das Fasten gehörte, war aber nicht Selbstzweck, sondern diente nicht zuletzt der Gewinnung von »Seelenstärke«, wie sie für gewaltlosen politischen Kampf erforderlich war. Das zweite Grundprinzip »Ahimsa« (»Nicht-Schädigung von Lebendigem«) verlangte von Gandhi den Verzicht, dem Gegner Leid zuzufügen. Letztinstanzlich aber ist alles im obersten Prinzip »Satyagraha« begründet, ursprünglich ein zur Bezeichnung seiner Aktionen neugeschaffenes Sanskrit-Wort, das »Festhalten an der Wahrheit« bedeutet, wobei Wahrheit und Gott identisch sind. Diese Wahrheit besitzt man nie endgültig, sondern muß sich ständig in fast wissenschaftlicher Methodik um sie mühen. Damit schließt sich der Kreis zur Askese. Gandhi war also Ethiker in der Tradition des indischen Asketentums. Doch während jenes egozentrisch auf die Befreiung des eigenen Ich aus dem Kreislauf der Dinge gerichtet blieb, hat Gandhi im Sinne der neuen Interpretation der »Bhagavadgita« eine Wendung zur Tat und zum Mitmenschen vollzogen[35].

Der Held von Südafrika hat sich in Indien zunächst durch regelrechte Kampagnen zugunsten ausgebeuteter Bauern 1917/18 einen Namen gemacht, so daß seine Vorschläge etwas galten, als man auf einen englischen Affront reagieren wollte. Damit war nicht etwa die klägliche Verfassungsreform gemeint, sondern die Verlängerung von Notstandsrecht der Kriegszeit durch die sogenannten »Rowlatt-Acts« von 1919 auch für den Frieden. Da diese Gesetze die Inhaftierung und das Verfahrensrecht betrafen, konnte man sie nicht übertreten wie seinerzeit die in Frage stehenden südafrikanischen. Gandhi veranlaßte statt dessen eine Art Generalstreik (»hartal«), der aber vielerorts alles andere als gewaltlos verlief. Besonders im krisengeschüttelten Punjab kam es zur Eskalation von Gewalt und Gegengewalt, bis der »schneidige« General Dyer, um ein Exempel zu statuieren, in Amritsar am 13. April 1919 eine auf einem Platz mit wenigen Ausgängen eingepferchte Menschenmenge von Gurkha-Soldaten zusammenschießen ließ, bis nach britischen Angaben 379 Tote und ca. 1200 Verletzte auf dem Platz blieben. Ein von Gandhi geschickt redigierter und *vor* dem amtlichen veröffentlichter Bericht des Kongresses denunzierte diese Vorgänge, während der letztere sie beschönigte. General Dyer erhielt einen Tadel, von seinen Landsleuten aber eine Ehrengabe. Das traf sich mit der Khilafat-Bewegung der indischen Moslems, die sich ohne viel Ahnung von den türkischen Verhältnissen mit dem im Frieden von Sèvres von den Briten gedemütigten Kalifen, dem osmanischen Sultan, solidarisierten. 1920 konnte Gandhi ihre Unterstützung für eine gemeinsame Aktion gewinnen, indem er auch ihre Sache zu der seinen machte[36]. Dazu kam die allgemeine Verbitterung über die britische Wechselkurspolitik, die dem Kongreß erstmals breitere Unterstützung von indischen Geschäftsleuten verschaffte, während man dem einfachen Mann die britische Ausplünderung daran klar machen konnte, daß wegen (kriegsbedingter) Silberknappheit Nickelmünzen geprägt werden mußten, denn der Inder sah stets auf den Metallwert der Münzen. Da Gandhi nicht nur neue Anhänger aus bisher wenig erfaßten Provinzen und sozialen Schichten einbrachte, sondern auch der einzige Politiker mit überregionaler Anhängerschaft war, konnte er 1920 die Führung des Kongresses übernehmen und mit knapper Mehrheit einen gesamtindischen »Satyagraha«-Feldzug durchsetzen.

Zunächst setzte er eine Reorganisation des Kongresses durch, die ihn zugleich demokratischer und zentralistischer machte und aus einem Honoratiorentreffen in eine Massenbewegung verwandelte, weniger eine Partei als ein Staat im Staat oder Anti-Staat. Grundlegend war die Neugliederung nach Sprachprovinzen (den Vorläufern der heutigen Unionsstaaten) statt nach britischen Verwaltungseinheiten. Damit wurde nicht nur Massenpropaganda in den Volkssprachen möglich, sondern der Schwerpunkt verschob sich aus den Gebieten mit den ältesten Eliten, Bengalen und Bombay, in solche mit Massenanhängerschaft wie die »United Provinces«. Die jährliche Vollversammlung und die Delegiertenkonferenz des »All-India Congress Committee« waren jetzt weniger wichtig als der vom ganzen Kongreß gewählte Präsident und ein von ihm ernannter Arbeitsausschuß, eine Art Politbüro, während wichtige Entscheidungen von einem Tagesordnungsausschuß getroffen und von der Vollversammlung nur noch ratifiziert wurden. Diese 1934 weiter gestraffte Verfassung führte dazu, daß der Kongreß von einer kleinen Gruppe mit dem Spitznamen »Oberkommando« geführt wurde, der Gandhi auch noch angehörte, als er aus dem Kongreß ausgetreten war. Praktisch bestimmten Gandhi und der Arbeitsausschuß, wer der neue Präsident wurde, und dieser bestätigte die Führungsgruppe, indem er sie umgehend wieder zum Arbeitsausschuß ernannte[37].

Für die gewaltlose Aktion hieß die Losung »Non-cooperation«: Boykott der englischen Justiz und Bildungseinrichtungen, Boykott der neuen Verfassung und der Wahlen. Da die britische Herrschaft weniger auf Gewalt als auf Zusammenarbeit beruhte, hätte sie nach Gandhis Rechnung durch deren Aufkündigung umgehend zusammenbrechen müssen, so daß er dem Kongreß »Swaraj (Selbstregierung) in einem Jahr« ankündigte, was immer damit gemeint sein mochte. Dazu hat Gandhi damals auch die Handspinnbewegung forciert, um den Bauern Selbstversorgung oder einen Nebenverdienst zu ermöglichen, um von englischen Importen unabhängig zu werden, um das einfache Leben zu fördern, zunächst ohne viel Rücksicht auf die indische Baumwollindustrie, die doch zu seinen Förderern gehörte. »Khaddar«, grober handgefertigter Baumwollstoff, wurde nun zur Uniform der Bewegung, das Spinnrad zu ihrem Wappen und das Spinnen zu einem Ritual – eines der wichtigsten populären Symbole, die Gandhis propagandistisches Genie geschaffen hat!

Der »Non-cooperation«-Feldzug wurde freilich kein Erfolg; die britische Herrschaft brach nicht zusammen, weil sie, mit Gandhi gesprochen, aus Eigennutz nicht hinreichend boykottiert wurde. Der Unterschied von südafrikanischer Minderheits- zu indischer Mehrheitspolitik machte sich bemerkbar. Die Briten konnten sich Abwarten leisten; Gandhi wurde erst verhaftet, als er die Aktion wegen eines Polizistenmassakers seitens seiner Anhänger abgeblasen hatte. Nach einem eindrucksvollen Prozeß verurteilte man ihn zu sechs Jahren Haft; doch wurde er bereits 1924 aus gesundheitlichen Gründen entlassen[38].

Unterdessen war die Allianz mit den Moslems zerbrochen; mancherorts kam es sogar zu blutigen Kämpfen zwischen Hindus und Moslems. Die Khilafat-Bewegung aber begann infolge der Entwicklung in Vorderasien gegenstandslos zu werden. Jinnah hatte sich enttäuscht von der Zusammenarbeit abgewandt[39]. Im Kongreß hatte sich unter Mitwirkung des einflußreichen Kashmir-Brahmanen Motilal Nehru eine »Swaraj-Partei« gebildet und erfolgreich an Wahlen teilgenommen, bis sie in den Schatten einer neuen, dieses Mal auch sozial motivierten Radikalisierungswelle geriet. Subhas Chandra Bose und andere Kongreßpolitiker Bengalens hatten die Industriearbeiterschaft entdeckt. Deren Mobilisierung war für Bhadralok-Politiker risikolos, denn die Arbeitgeber waren Briten oder Leute aus Bombay, während sie mit Aktivierung der Bauern ihre eigene Existenzgrundlage gefährdet hätten[40]. Um dieselbe Zeit kam auch Jawaharlal Nehru (1889–1964)[41], der an den feinsten englischen Bildungsstätten erzogene Sohn des erwähnten Kongreßführers, vom ersten Weltkongreß gegen Imperialismus in Brüssel und einer Reise durch Rußland als begeisterter Sozialist nach Indien zurück, wo er rasch zum Sprecher der radikalen jungen Generation avancierte[42]. 1928 lief eine Streikwelle über Indien hinweg, sinkende Weltmarktpreise trafen die Landwirtschaft, die Weltwirtschaftskrise kündigte sich an[43].

Zwei Jahre früher als 1919 vorgesehen, kam 1927/28 eine Verfassungskommission nach Indien, aber ohne ein indisches Mitglied. Daraufhin legte Motilal Nehru eine regelrechte Dominionverfassung vor, sein Sohn und die anderen Radikalen forderten Unabhängigkeit. Der Kongreß entschied sich für ein Ultimatum: Dominion-Status bis 31. Dezember 1929 oder Kampf für völlige Unabhängigkeit. Man darf aber nicht übersehen, daß »Dominion-Status« nach 1926 einen weiteren Inhalt hatte als noch 1917; damals konnte es sich wohl noch keine britische Regierung leisten, auf jede Unterstellung Indiens unter das Parlament von Westminster zu verzichten[44]! Vizekönig Irwin konnte zwar in einer vom britischen Kabinett redigierten Erklärung am 31. Oktober 1929 Dominion-Status versprechen, aber für einen unbestimmten Zeitpunkt[45]. Der Kongreß unterließ die Teilnahme an einer Round-Table-Conference in London, erklärte sich für Unabhängigkeit und beauftragte Gandhi mit einer neuen gewaltlosen Kampagne[46].

Der zweite Feldzug hatte einen aggressiveren Charakter als der erste; an die Stelle passiver „Non-cooperation« trat jetzt aktive »Civil Disobedience«, die massenhafte gewaltlose Übertretung von Gesetzen und Verordnungen. Nach Ablehnung eines Katalogs von elf Forderungen durch die Briten, der für jeden Inder etwas enthielt (auch den besseren Wechselkurs für die Geschäftsleute), unternahm Gandhi mit ausgewählten Anhängern auf Umwegen einen Marsch zum Meer, um dort als erster symbolisch ein bißchen Salz zu gewinnen und so die für alle drückende Salzsteuerpflicht zu verletzen – ein Meisterstück wohlkalkulierter Propaganda. Nach anfänglichem Zögern schlug die Regierung heftig zurück; Gandhi und andere Führer wurden eingesperrt. Aber die Bewegung behauptete sich, drohte allerdings im Zeichen der vom internationalen

Preisverfall ausgelösten Agrarkreditkrise zu einer gewaltsamen Bauernrevolution zu werden. Die schwache Labour-Regierung im ebenfalls krisengeschüttelten Großbritannien konnte Indien weder wirtschaftlich noch politisch entgegenkommen, denn ihre Gegner lauerten nur darauf, daß sie sich eine Blöße geben würde. Der Vizekönig Lord Irwin aber schloß mit Gandhi ein Stillhalteabkommen, der gegen Duldung privater Salzgewinnung und Freilassung der Gefangenen seine Kampagne auf dem Höhepunkt des Erfolgs suspendierte, um zur zweiten Round-Table-Conference Ende 1931 nach London zu fahren. Kritiker seiner Entscheidung übersahen den Erfolg, der darin lag, daß erstmals der Führer der Nationalbewegung gleichberechtigt mit dem Vizekönig verhandelt hatte. Winston Churchill, der gegen die Anmaßung des »halbnackten Fakirs« wetterte, hatte den schärferen Blick.

Die Konferenz wurde trotz der zwar wieder konservativen, aber dennoch gemäßigten britischen Leitung ein Fehlschlag, weil Gandhi nicht auf den Monopolanspruch des Kongresses als indische Nationalbewegung verzichten konnte. Vielleicht hätte sich ein Kompromiß über reservierte Parlamentssitze für Moslems und Sikhs erreichen lassen, nicht aber als der Führer der »Unberührbaren« B. R. Ambedkar für seine Gruppe dieselbe Forderung erhob. Als diese Regelung durch den »Communal Award« von 1932[47] für *alle* in Frage kommenden Gruppen oktroyiert wurde, kündigte Gandhi, der nach Indien zurückgekehrt und nach Wiederaufnahme der Kampagne erneut im Gefängnis gelandet war, dagegen sein Fasten bis zum Tode an. Für ihn gehörten die Parias zur Gemeinschaft der Hindus. Von ihrer Konstituierung als besondere politische Gruppe befürchtete er Zwietracht bis ins letzte Dorf, während er doch als großes Ziel hatte, das indische Dorf sittlich und sozial zu erneuern. Der Eindruck seines Schrittes war gewaltig, überall im Land öffneten Hindus Unberührbaren ihre Tempel und nahmen Kontakt mit ihnen auf, so daß Ambedkar nur noch nachgeben konnte. Im Poona-Pakt mit Gandhi wurden den »depressed classes« innerhalb des Kongresses statt durch britische Verfügung Sitze reserviert. Die »Civil Disobedience«-Kampagne aber wurde von den Briten so erfolgreich unterdrückt, daß sie ihre Gefangenen freilassen und den Kongreß zum Aufgeben zwingen konnten. 1934 war Gandhi aus der Politik ausgeschieden, um sich seinem Dorf-Programm zu widmen[48].

Die nach dem Simon-Bericht durch die »Government of India Act« 1935[49], das längste jemals vom britischen Parlament verabschiedete Gesetz[50], geschaffene Verfassung sah eine Dyarchie auch an der Spitze vor, freilich mit so vielen Vorbehalten für den Vizekönig und die ernannten Räte, daß die indischen Minister nur über ca. 20% des Budgets hätten verfügen können. Von Dominion-Status konnte nicht entfernt die Rede sein; statt dessen wurde ausdrücklich die Legislativbefugnis Westminsters für Indien bekräftigt. Doch jetzt sollte erstmals durch freiwilligen Beitritt der Fürstenstaaten eine gesamtindische Föderation entstehen; in den beiden Kammern der Legislative waren ihnen 125 von 375 und 104 von 260 Stimmen reserviert, 33,3% und 40% bei einem Bevölkerungsanteil von 23,6%[51]. Aber vielen Fürsten war der Beitritt zu gefährlich oder zu teuer. Infolgedessen traten die Bestimmungen für die Zentralregierung nicht in Kraft; Indien als Ganzes wurde noch 1947 nach dem Gesetz von 1919 regiert.

In den Provinzen hingegen herrschte jetzt das volle parlamentarische System, aus den Legislativen waren die ernannten Mitglieder verschwunden. Das Wahlrecht wurde auf 42% der Männer und 10% der Frauen ausgedehnt, 37 Mio Menschen statt 5 Mio im Jahr 1920. Der Kongreß entschloß sich zur Beteiligung an den Wahlen 1937 und gewann sie in den meisten Provinzen, so daß Madras, Bombay, Central Provinces, United Provinces, Bihar, Orissa und die North West Frontier Province Kongreßministerien erhielten. Schon nach dem Wahlerfolg des Kongresses für die alte Zentralversammlung 1934 wäre die Moslem-Liga zur Zusammenarbeit bereit gewesen, was an Widerständen auf beiden

Seiten scheiterte. Da sie 1937 schlecht abgeschnitten hatte und außerdem ganz und gar keine Einheitsfront der Moslems darstellte, wurden ihre Koalitionsangebote von Kongreßpolitikern abgewiesen. Der Kongreß, der sich mit der Nation identifizierte, konnte auf diese Weise in den Augen der Moslems zur reinen Hindu-Organisation werden, gegen deren drohende Übermacht nur eine Sammlungspolitik auf religiöser Grundlage helfen konnte. So entstand allmählich aus dem Bund der Benachteiligten eine zweite »Nation«, die der Moslems, eine Entwicklung, die von der »kommunalistischen« Politik der Briten begünstigt wurde. An den selbstgesetzten Zielen gemessen, war Gandhis Einheitspolitik ebenso gescheitert wie seine beiden großen Feldzüge. Nichtsdestoweniger hat er die Grundlage zu zukünftigen Erfolgen gelegt, denn er hat die Hindus zur Nation gemacht und den Moslems gezeigt, wie man es machen müsse[52].

Im Gegensatz zu den Briten in Indien hatten die Niederländer keine Perspektive für eine zukünftige Unabhängigkeit Indonesiens. Die Ersetzung des Begriffs »Kolonien« durch »Überseegebiete« in der niederländischen Verfassung von 1922 sollte nichts dergleichen ankündigen, im Gegenteil. Auch die Einrichtung von Selbstverwaltungs- und Repräsentativkörperschaften im Zeichen der »ethischen Politik« seit 1903, die in dem 1916 geschaffenen »Volksraad« gipfelte, sollte einer besseren Integration und nicht der Vorbereitung auf die Unabhängigkeit dienen. Die Wahl zum Volksrat war indirekt und die Vertretung ungleichmäßig. 1931–1942 gab es 20 gewählte und 10 ernannte indonesische Vertreter, 15 plus 10 holländische und 3 plus 2 chinesische, 60 insgesamt. Das heißt, ein Indonesier vertrat 2,25 Mio Menschen, ein Chinese 300 000, ein Niederländer 10 000. Dabei kamen noch 1939–1941 zwei Drittel der indonesischen Vertreter aus der einheimischen Beamtenklasse der »priyayi«. Und das Gremium hatte zunächst nur beratende Funktion; erst 1925 erhielt es eine beschränkte Mitwirkung an Budget und Gesetzgebung[53]. Trotz unbestreitbar guter Absichten mündete die »ethische Politik« infolge ihres paternalistischen Charakters seit den zwanziger Jahren mehr und mehr in eine konservative und in der Auseinandersetzung mit der Nationalbewegung ausgesprochen repressive Richtung[54].

Schon 1920/21 hatte eine Regierungsenquête festgestellt, daß die Bevölkerung bis an die Grenze des Möglichen besteuert sei. Aber die Steuern stiegen bei gleichbleibenden, ab 1930 sogar sinkenden Einkommen bis 1926 um 50%, bis 1932 um 100%, bis 1940 um 250% des Betrags von 1920/21, ein Druck, der zur Desintegration des indonesischen Dorfes beitragen mußte, obwohl die einheimischen Produzenten anders, als früher behauptet, anscheinend nicht zugunsten der Europäer diskriminiert wurden, als man der Überproduktionskrise in den dreißiger Jahren durch internationale Quotenregelungen für Zucker, Tee, Kautschuk und Zinn beizukommen versuchte[55]. Aber die beginnende Industrialisierung lag nur zum geringeren Teil in einheimischen Händen; sie war hingegen geeignet, das traditionelle Gewerbe zu beeinträchtigen. 1925 gehörten von Betrieben mit mehr als sechs Beschäftigten 2816 Europäern, 1516 Chinesen und 865 Indonesiern, von denen aber manche nur dem Namen nach Einheimische waren. Insgesamt scheint der Lebensstandard der Bevölkerung schon vor der Weltwirtschaftskrise gesunken zu sein, während ihre Belastung anstieg[56].

Eine Bildungspolitik für die Eingeborenen hat es zwar seit der Mitte des 19. Jahrhunderts gegeben, aber nur sehr geringe Mittel dafür. Erst die »ethische Politik« brachte hier einen Wandel. Das Volksschulwesen wurde gefördert; die Regierung bezahlte die Lehrer, verlangte aber Schulgeld von den Bauern. Dennoch stieg die Zahl der Grundschüler von ca. 100 000 im Jahre 1900 auf 1,5 Mio 1928 und 1,9 Mio 1940 – aber 1940 waren immer noch 93,6% der Bevölkerung Analphabeten. Der Unterricht erfolgte in einer lokalen Sprache oder Malayisch, das sich mehr und mehr zur allgemeinen Umgangssprache entwickelte. Die Holländer sahen durchaus, daß die Verbreitung einer einheitlichen Sprache anstatt der ca. 300 verschiedenen Idiome Indonesiens der Ausbildung eines Nationalgefühls förderlich sein mußte, waren aber nur zögernd bereit, die höhere Bildung in niederländischer Sprache in breiterem Umfang für Indonesier zu öffnen. Und was an westlich gebildeter Mittelschicht entstand, hatte wenig Entfaltungsmöglichkeiten. Die Stellen in der Wirtschaft wurden von Europäern und Chinesen besetzt, für Ärzte und Anwälte gab es nicht genug Klienten. Blieb die Verwaltung, in der verantwortliche Stellen noch 1938 im Regelfall Holländern oder höchstens altem Adel vorbehalten waren. 92,2% der höheren Posten waren damals mit Europäern besetzt; 1940 waren von 3039 höheren Beamten 221 Indonesier. Auf der anderen Seite konnten schon 1928/29 25% der Absolventen westlicher Bildungsanstalten keine ihrer Qualifikation angemessene Stellung finden. Man hat sogar die These aufgestellt, die stark sozialistische Orientierung der nationalistischen Elite Indonesiens hänge damit zusammen, daß ihr nicht nur die Verwaltung, sondern mehr noch die kapitalistische Wirtschaft selbst verschlossen geblieben sei[57].

Aber westliche Bildung einerseits, die von der Kolonialmacht geschaffene Einheit Indonesiens andererseits waren nicht die einzigen Grundlagen, auf denen eine Nationalbewegung aufbauen konnte. Ihr eigentlicher Ausgangspunkt war vielmehr der Einfluß eines erneuerten Islam, denn Religion war das einzige, was bei den Massen das Gefühl, einer größeren Gemeinschaft anzugehören, hervorbringen konnte; Religion war geradezu eine Art von Proto-Nationalismus. Niemand pilgerte so fleißig nach Mekka wie die Indonesier; 1911–1931 mögen sie nicht selten die Hälfte der Pilger gestellt haben. Nirgends fand die pan-islamische Botschaft der Kairoer Reformer so viel Anklang wie hier. Der imperialistische Islamist Snouk Hurgronje sah die Gefahr genau und riet 1936 kurz vor seinem Tod seinen Landsleuten noch, den Indonesiern großzügig den Weg zur Assimilation zu öffnen. Andernfalls »werden wir die Indonesier immer weiter von uns wegtreiben und die Kontrolle ihrer intellektuellen Entwicklung wird in andere Hände als die unserigen übergehen«[58].

Tatsächlich hat der Islam die erste nationale Massenbewegung Indonesiens hervorgebracht, die 1912 gegründete »Sarekat Islam« (»Islamische Vereinigung«), ursprünglich ein Interessenverband von Moslemkaufleuten gegen die übermächtige chinesische Konkurrenz[59]. Obwohl sie Gerechtigkeit für die eingeborene Bevölkerung auf ihre Fahnen geschrieben hatte und viel Popularität nicht einmal besonders erfolgreichen Selbsthilfeinitiativen verdankte, vermied die Bewegung direkte Angriffe auf die Kolonialherren, so daß diese nur der Gesamtorganisation, nicht aber den lokalen Vereinigungen die Anerkennung versagte – mit dem Ergebnis unkontrollierter Radikalisierung der Basis. 1918 soll »Sarekat Islam« 450 000, 1919 bereits 2,5 Mio Mitglieder gehabt haben. Die 1914 von einem Holländer gegründete »Sozialdemokratische Vereinigung«, die sich bis 1920 zur Kommunistischen Partei gemausert hatte, war Mitglied der »Sarekat Islam« und versuchte getreu der Kominterntaktik jener Jahre wie in China die nationale Volksbewegung von innen her zu unterwandern. Nach ihrer Trennung von »Sarekat Islam« 1921–1923 probierten die Kommunisten es voll revolutionärer Ungeduld 1926 mit einem bewaffneten Aufstand in eigener Regie, dessen Unterdrückung die Nationalbewegung erst einmal lähmte. Ein Teil der Moslems zog sich jetzt ganz in kulturelle und soziale Arbeit zurück, während der Nationalgedanke in zahlreichen kleineren, immer wieder unterdrückten, aber sich ständig neu formierenden Gruppen weiterlebte[60].

Wichtig wurden Anregungen, die von einer Vereinigung in Holland studierender Indonesier ausging, von denen Mohammed Hatta eine wichtige Rolle spielen sollte[61]. Wichtig wurde die 1927 in Bandung gegründete »Partai Nasional Indonesia«, mit dem Lehrersohn und Techniker Achmed Sukarno (1901–1970) als Vorsitzendem[62]. Er vereinte islamische und westliche Bildung in glücklicher Synthese und war vor allem ein glänzender Redner, der die Massen zu begeistern verstand. Schon 1928 gelang es ihm, eine Dachorganisation der Marxisten, Moslems und Nationalisten zustande zu bringen, freilich auf Kosten eines klaren Programms, abgesehen von einem vagen Anti-Imperialismus, ebensolchem Anti-Kapitalismus und einem angeblich spezifisch indonesischen Verfahren zur Herstellung von demokratischem Konsens, Elemente, die in seiner Ideologie nach 1945 wiederkehren sollten. 1929 wurde er verhaftet und zu Gefängnis verurteilt, obwohl ihm keine Aufstandspläne nachgewiesen werden konnten. Die P. N. I. überlebte ihren Führer sowenig wie die Dachorganisation, doch bildeten sich Nachfolgeparteien, die eine unter Hatta, stärker westlich orientiert, suchte eine Kaderorganisation aufzubauen und die Massen politisch zu erziehen, die andere unter dem bald begnadigten Sukarno hatte sozialrevolutionären Charakter. 1933 wurde er erneut verhaftet und bis 1942 verbannt; im nächsten Jahr kamen auch Hatta und seine Freunde an die Reihe[63]. Die verschiedenen gemäßigten Gruppen, die jetzt freie Bahn hatten, unternahmen zwei Anläufe, um die nationale Frage im Einklang mit der Kolonialmacht zu lösen. 1936 forderte der Volksrat Diskussion über Autonomie für Indonesien im Rahmen der niederländischen Verfassung binnen zehn Jahren, vergebens. 1939 einigten sich zahlreiche nationale Organisationen auf Sprache, Flagge und Hymne Indonesiens, boten aber im Hinblick auf die internationale Lage Zusammenarbeit an, wenn der Volksrat in ein vollberechtigtes Parlament verwandelt würde. Mit Rücksicht auf eben diese internationale Lage wurde auch dieser Vorschlag abgelehnt, womit die Kolonialmacht ihren Kredit bei den nationalgesinnten Indonesiern endgültig verloren hatte[64].

Wenn eine kulturell verwestlichte, aber politisch frustrierte einheimische Elite *die* Voraussetzung für die Auflösung der Kolonialreiche war, dann müßte die vergleichsweise junge französische Herrschaft in Indochina weniger Probleme gehabt haben als die Briten in Indien oder die Holländer in Indonesien, nachdem der Primärwiderstand erst einmal unterdrückt war. Aber die japanischen Errungenschaften, die chinesische Revolution von 1911 und die indische Nationalbewegung fanden rasch ein Echo in Vietnam. Abgesehen von der beschleunigenden Wirkung des Ersten Weltkriegs, zu dem auch Frankreich seine kolonialen Untertanen mit herangezogen hatte, könnte man die raschere Entstehung moderner Eliten mit der stärker assimilatorischen Einstellung der französischen Expansion in Zusammenhang bringen. Sie ging im Unterschied zum konservativen Pragmatismus der Briten von egalitären Ideen aus und wollte die Kolonien zu Bestandteilen der einen, unteilbaren Republik machen, ihre Bewohner aber zu Franzosen nach Sprache, Erziehung und Kultur, nach Kleidung und Verhalten, nach politischer Mentalität und politischen Rechten. Freilich unterlag die Geltung dieser Doktrin der »assimilation« erheblichen Schwankungen und Einschränkungen. Ihren Höhepunkt erreichte sie jeweils nach Revolutionen unter der Herrschaft radikalbürgerlicher oder sozialistischer Kräfte, während die Konservativen eher zum »assujetissement«, der bedingungslosen Unterwerfung der Kolonien unter das Mutterland, neigten, aber auch zu mehr Respekt vor einheimischen Kulturen. In erster Linie mußte »assimilation« aber an der Praxis scheitern, weil sie zur Selbstaufhebung der Kolonialherrschaft geführt hätte. Sie war ein ausgezeichnetes Instrument, um progressive Ideologie und repressive Praxis vereinbar zu machen, solange die Zahl der kulturell Assimilierten mit vollen französischen Bürgerrechten in den Kolonien gering blieb. Koloniale Assimilation auf breiter Front hätte aber längerfristig den Bewohnern der Kolonien das zahlenmäßige Übergewicht über das Mutterland gegeben, Frankreich zu einer »Kolonie seiner Kolonien« gemacht, wie 1946 gesagt wurde[65]. Unter diesen Umständen betrieben auch die Sozialisten und bisweilen sogar die Kommunisten in erster Linie eine an mutterländischen (Partei-)Interessen orientierte Kolonialpolitik mit erheblichen Schwankungen zwischen humanitärem Protest und brutaler Unterdrückung[66].

Zunächst hatte sich die neue kommunistische Weltbewegung freilich im Interesse ihrer Weltrevolution zur Vorkämpferin kolonialer Freiheitsbestrebungen entwickelt. Der Kominternkongreß von 1920 machte sich Lenins Thesen zu eigen, die die kommunistischen Parteien zur aktiven Unterstützung der Freiheitsbewegungen in den Kolonien und zu diesem Zweck zu Bündnissen mit den dortigen bürgerlichen demokratischen Kräften verpflichtete. Die Zusammenarbeit der französischen Kommunisten mit antikolonialen Gruppen von in Frankreich lebenden Vietnamesen und Afrikanern entsprach dem vollkommen[67]. So wurden Kommunisten neben bürgerlichen Idealisten führend in der 1927 in Brüssel unter Beteiligung Jawaharlal Nehrus gegründeten Internationalen Liga gegen den Imperialismus. Erst als die Entwicklung in China gezeigt hatte, wie gefährlich solche Bündnisse für die Kommunisten werden konnten, beschloß der sechste Kominternkongreß 1928 den Führungsanspruch der Kommunisten in nationalen Revolutionen, mit Unterstützung durch die Genossen der Metropolen. Während die indischen Kommunisten aber kaum aus dem Schatten des Nationalkongresses herauskamen, sollten die vietnamesischen und indonesischen Kommunisten tatsächlich eine wichtige Rolle in den dortigen Nationalbewegungen spielen, wobei der Frustration der Eliten durch die französische und niederländische Kolonialpolitik große Bedeutung zukam[68].

Da die Franzosen die in Cochinchina längst laufende Assimilation trotz Furcht vor deren Folgen nicht ohne weiteres rückgängig machen konnten, griffen sie zu Kompromissen, für die der nicht ganz zutreffende Begriff »politique d'association« geprägt wurde. Es entstand ein franco-annamitisches Bildungssystem, in der Grundschule rein annamitisch, auf höheren Stufen zweisprachig, was zu einem französischen oder einem zweisprachigen »baccalauréat« führen konnte. Die Abschlüsse der Universität Hanoi wurden denen französischer Hochschulen aber nicht gleichgeachtet, so daß nach Frankreich ging, wer es sich leisten konnte. Da aber Vietnamesen ungeachtet verschiedener Anläufe des Generalgouvernements infolge Widerstands der Kolonialfranzosen auch bei gleicher Qualifikation als Beamte, wenn überhaupt, dann nur in untergeordneter Position und mit schlechterer Bezahlung eingestellt wurden, bildete sich eine Art »akademisches Proletariat« und damit erheblicher sozialer Sprengstoff. Es gab zwar eine vietnamesische Bourgeoisie aus in der Stadt lebenden Grundbesitzern, Unternehmern und höheren Beamten, die aber um 1937 nur 10 500 Familien umfaßte, von denen 70% in Saigon, 15% in Hanoi, die übrigen in anderen Städten wohnten. Sie waren die Träger der 1917 gegründeten »Parti constitutionnaliste« ebenso wie seit 1932 des annamitischen Kaisertums des westlich erzogenen Bao Dai, beides vergebliche Versuche, in Zusammenarbeit mit der Kolonialmacht Autonomie zu erringen[69].

Von der Landbevölkerung hatten damals höchstens 30% einen Besitz, der sie ernähren konnte, während 70% Kleinbesitzer, Pächter oder Landarbeiter waren. Dazu kamen vielleicht 600 000 städtische Lohnarbeiter, nicht mehr als 2% der Bevölkerung, aber wegen ihrer Entwurzelung aus der Dorfgemeinschaft und ihrer Tätigkeit im unmittelbaren Interessenbereich der Franzosen politisch von hoher Bedeutung. Schließlich ein fluktuierendes Kleinbürgertum aus Händlern, Handwerkern, Angestellten, Lehrern und Technikern[70]. Dabei florierte die Wirtschaft nach dem Ersten Weltkrieg, zumindest aus französischer Perspektive. Zu Reis und Bodenschätzen war noch ein bemerkenswerter Kautschuk-Boom gekommen, von dem vor allem Großplantagen profitierten. Mehr als symbolisch war der Erfolg der Bank von Indochina, die ihre Gewinne 1895–1922 vervierzigfachen konnte und weltweit im Geschäft war. Sie wußte sogar die Weltwirtschaftskrise zum billigen Erwerb bankrotter Kautschukplantagen zu nutzen, so daß sie am Ende 110 Betriebe kontrollierte und 75% mehr wert war als zu Beginn der

Depression. Die Mehrheit der Bevölkerung hingegen litt schwer unter dem Verfall des Kautschuk- und des Reismarktes. Nicht nur daß Insolvenzen und Bankrotte sich häuften und französische Siedler Regierungshilfe verlangten, auch unzählige vietnamesische Pächter und Arbeiter verloren Stellung und Brot – eine explosive Situation[71].
Angesichts der gescheiterten Versuche, durch Zusammenarbeit mit der Kolonialmacht zur Emanzipation zu gelangen, war 1927 vom Kleinbürgertum von Hanoi unter dem Einfluß der Guomindang des benachbarten China die »Nationalpartei Vietnams« (»Viet Nam Quoc Dan Dang« = V.N.G.D.D.) gegründet worden. Sie versuchte in der kritischen Lage von 1930 den Aufstand – vergebens. Anders als sie stützte sich die im selben Jahr durch Zusammenschluß verschiedener Gruppen in Hongkong entstandene Kommunistische Partei auf Arbeiter und Bauern. Bereits damals spielte Nguyen Sinh Cung, der sich 1919–1940 Nguyen Ai Quoc, anschließend Ho Chi Minh nannte, eine wichtige Rolle. 1890 geboren, hatte dieser Abkömmling einer Mandarinfamilie nach einer franco-annamitischen Ausbildung den Weg nach Europa als Seemann gefunden, wo er sich 1920 in Tours als Gründungsmitglied der Französischen Kommunistischen Partei der damals radikalsten antikolonialistischen Gruppe anschloß. Seine Verantwortung für die Ereignisse von 1930/31 ist freilich noch unklar. Nach verschiedenen Streiks leiteten Großdemonstrationen zum 1. Mai 1930 einen kommunistischen Bauernaufstand ein; in Nord-Annam wurden ländliche Sowjets gegründet. Aber die Kolonialmacht schlug unter Einsatz von Bombenflugzeugen und Fremdenlegion mit aller Härte zurück. Zahlreiche Hinrichtungen folgten auf die Unterdrückung der Bewegung. 1931 war das Zentralkomitee ebenso in Haft wie Ho Chi Minh in Hongkong[72]. Die Ereignisse führten zu einer heftigen Debatte in der Kammer in Paris, wobei von der Linken energische Kritik geäußert wurde. Die Mehrheit zog es aber vor, sich an der niederländischen Unterdrückungspolitik statt an der Entwicklung der britischen Dominions zu orientieren und auf die Rückkehr der Prosperität sowie kleinere Reformen wie das neuetablierte Regime Bao Dais in Annam zu setzen. Aber die Linken hatten in Vietnam nach wie vor Wahlerfolge; offensichtlich genügten Alternativen wie der erneuerte Buddhismus und die äußerst erfolgreiche neue Cao-Dai-Religion (ein Taoismus mit spiritistischen Praktiken und katholischer Organisation) nicht, um die Desorientierung und Frustration der Massen aufzufangen[73].
Der Wahlsieg der Volksfront in Frankreich 1936 erweckte auf der einen Seite hohe Erwartungen, bei den Kolonialfranzosen aber eher Befürchtungen. Tatsächlich änderte sich einiges: politische Gefangene wurden entlassen, der Erwerb der französischen Vollbürgerschaft erleichtert, Parteien zugelassen, der Steuerdruck vermindert und vor allem die mutterländische Arbeits- und Sozialgesetzgebung eingeführt. Doch als nach indischem Vorbild, aber hier unter maßgeblicher Mitwirkung der Kommunisten ein »Congrès indochinois« als Nationalvertretung und Gegenregierung entstehen sollte, autorisierte der sozialistische Kolonialminister den Generalgouverneur heimlich zur Unterdrückung. Die Sozialisten hatten angesichts der Probleme im Mutterland ihre weiterreichenden Pläne aufgegeben. Die vietnamesischen Kommunisten aber hatten die neue Bewegungsfreiheit benutzt, gemäß der vom siebten Kominternkongreß 1935 beschlossenen Taktik in Tongking eine »demokratische Einheitsfront« zu schaffen, die Wahlerfolge erzielte und Massendemonstrationen veranstaltete, bis nach dem Hitler-Stalin-Pakt 1939 die französischen Gegenmaßnahmen in die Unterdrückung aller kommunistischen Organisationen mündeten[74].

Anders als in Indochina oder Indonesien schien auf den Philippinen eitel Harmonie zwischen der Kolonialmacht und ihren Untertanen zu herrschen, gab es doch eine starke philippinische Partei, die nach Aufnahme als Staat in die USA strebte. Da dies für

Washington nicht in Frage kam, arbeitete man beizeiten auf die politische Selbständigkeit der Inseln hin. Auf die Gemeindewahlen 1901 und die Provinzwahlen 1902 folgten 1907 Wahlen für ein Unterhaus und 1916 für ein Oberhaus. Schon 1903 gab es 49% Filipinos in der Verwaltung, 1928 aber war faktisch der gesamte Regierungsapparat vom Minister bis zum Postbeamten mit Einheimischen besetzt. Die 1907–1942 maßgebende Partei der »Nacionalistas« konnte ihr Ziel in enger Zusammenarbeit mit den USA erstreben. In der Wirtschaft dominierte Produktion für den amerikanischen Markt, was unter anderem einen Zuckerboom hervorbrachte, wobei aber anders als sonst in Südostasien Einheimische die maßgebende Rolle spielten. Diesen führenden Leuten war klar, daß nicht nur die latente Bedrohung durch Japan, sondern auch die Abhängigkeit vom amerikanischen Markt eine bleibende Anlehnung an die USA erforderlich machte. Demgemäß wurde den Schulkindern eine Art von doppeltem Patriotismus mit dem Kult von *zwei* Flaggen eingeimpft. Ungeachtet stabiler politischer Verhältnisse führte aber die Weltwirtschaftskrise dazu, daß aus Pflichtübungen in nationaler Rhetorik Ernst wurde, denn in den USA gewannen Interessengruppen an Gewicht, die die Philippinen los sein wollten: die Rübenzucker-Lobby und die Lobby für kubanischen Zucker, hinter der New Yorker Banken standen, sowie Gewerkschaftsinteressen, die die Zuwanderung von billigen Arbeitern unterbinden wollten. So wurde 1933 vom US-Kongreß ein autonomes »Commonwealth« und völlige Unabhängigkeit binnen zehn Jahren beschlossen. Im Hinblick auf die japanische Gefahr wurde die Trennung aber nicht forciert. Ein General mit alter Bindung an die Philippinen, Douglas Mac Arthur, wurde 1936 dort Feldmarschall, um die Verteidigung aufzubauen (unter anderem mit Hilfe von Oberst Dwight D. Eisenhower). Nach Abflauen der Weltwirtschaftskrise fanden sich die USA sogar zu einer Verschiebung des Termins bereit, zu dem die Philippinen für sie Zollausland werden würden, und zwar von 1946 auf 1960. Das sollte eine wirtschaftliche Umorientierung ermöglichen, um einen spektakulären Zusammenbruch zu vermeiden, wenn es nicht mehr möglich sein würde, 99% des philippinischen Zuckers, das waren 63% der Ausfuhr, in den USA abzusetzen. Ein anderer Abnehmer war nämlich nicht in Sicht[75].

Tafel 18: Bal Gandhakar Tilak (1856–1920)
»Vater der indischen Unruhe«

Tafel 19: Mohandas Karamchand (Mahatma) Gandhi (1869–1948)

Tafel 20: Muhammad Ali Jinnah (1876–1948)
Gründer Pakistans

Tafel 21: Bhimrao Rhamji Ambedkar (1893–1956)
Führer der Unberührbaren, indischer Justizminister 1946–1951

Tafel 22: Nguyên Ai Quôc alias Hô Chi Minh (1890–1969)
Führer des vietnamesischen Freiheitskampfes. Erster Präsident der Demokratischen Republik Vietnam

Tafel 23: Vo Nguyên Giap (* 1912)
Oberbefehlshaber des Viet Minh

Tafel 24: Achmed Sukarno (1901–1970)
Gründungspräsident Indonesiens

Tafel 25: Mohammed Hatta (1902–1980)
Erster Ministerpräsident Indonesiens

Neuntes Kapitel

Japanischer Imperialismus und Zweiter Weltkrieg

Deutsche sind gewohnt, beide Weltkriege als deutsche Kriege zu sehen und den Rest der Welt als Nebenkriegsschauplatz zu betrachten. Das nimmt sich aus asiatischer Perspektive etwas anders aus. Hier ist der Erste Weltkrieg der Kampf um das Osmanische Reich in Vorderasien, während es im Zweiten um das japanische Hegemoniestreben und die Schauplätze Ostasien und Pazifik geht. Beiden ist gemeinsam, daß sie in Asien entscheidende Dekolonisationsschübe ausgelöst haben, trotz kurzfristiger gegenläufiger Tendenzen, die im Falle Japans allerdings paradoxes Ausmaß angenommen haben. Das einzige Land, das sich erfolgreich dem imperialistischen Zugriff des Westens entzogen hatte und bewundertes Vorbild der unterdrückten Eliten Asiens geworden war, trieb eine schroff imperialistische Politik, wie sie im Westen nur noch beim Nachzügler Italien zu beobachten war. Sollte es sich um eine notwendige Phase im Modernisierungsprozeß gehandelt haben? Wie zuvor im Westen suchte jetzt im Osten ein Land mit begrenzter Rohstoffbasis, sich Rohstoffquellen und Absatzmärkte zu sichern, wobei im Zeitalter der Schutzzölle und der Weltwirtschaftskrise leicht ein Gefühl der Bedrohtheit entstehen konnte, das dann in nationalistische Hysterie umschlug. Dazu kommt in Japan eine sozialimperialistische Komponente der Rücksicht auf die nicht unbedingt gleichgerichteten Bedürfnisse der Bauern und Arbeiter, wobei die Armeeführung eine wichtige Rolle im Rahmen der Oligarchie spielen konnte, rekrutierten sich doch die Soldaten großenteils aus der bedrängten Bauernschaft und waren daher für militärische Lösungen sozialer Probleme ansprechbar. Ansprechbar auch infolge der kriegerischen Tradition des Landes; der japanische Imperialismus enthielt eine atavistische Komponente im Sinne Schumpeters[1], die durch die Stellung des Militärs außerhalb der Verfassung besonders gut wirksam werden konnte.

In den zwanziger Jahren herrschte in Japan aber (noch) nicht das Militär, sondern eine gegenüber der Meiji-Zeit erheblich erweiterte Oligarchie, deren Parteiführer weniger die 1925 von 3 auf 14 Mio erweiterte Wählerschaft als vielmehr die großen Konzerne vertraten[2]. Naturgemäß tendierten sie innen- wie außenpolitisch zu einem gemäßigten Kompromißkurs. Japan beteiligte sich 1921/22 an den Washingtoner Abkommen, durch die eine Begrenzung der Flottenrüstung im Pazifik, die »offene Tür« für alle in China und die Aufrechterhaltung der Souveränität dieses Landes vereinbart wurden. 1926 wurde Japan Mitglied des Völkerbundes, unterzeichnete 1928 den Pakt zur Ächtung des Krieges und schließlich sogar 1930 das Londoner Abkommen zur Begrenzung der Flottenrüstung, freilich nur nach heftigen inneren Auseinandersetzungen, denn die Gegenkräfte hatten sich formiert und drängten zur Macht. Von verschiedenen rechtsgerichteten Bünden, aber auch von führenden Militärs wurde die Idee einer radikalnationalistischen, antiparlamentarischen und antikapitalistischen Reaktion vertreten, die die Meiji-Restauration erst zum Ziel führen sollte. Durch Beseitigung der parlamentarischen Korruption und des Einflusses der Wirtschaftsführer sowie durch Förderung der Arbeiterschaft sollte eine neue innere Harmonie des um den Kaiser gescharten Volkes hergestellt werden, die es zur Verdrängung des Westens aus Asien und zur Errichtung der eigenen Hegemonie befähigen würde. Die Verwurzelung in der Kaiserideologie der Meiji-Zeit ist sowenig zu verkennen wie die innere Affinität zum westlichen Faschismus. Im Unterschied zu diesem hat es aber in Japan nie eine einheitliche Massenbewegung gegeben[3].
Hauptbetätigungsfeld japanischer Expansionspolitik war China, wo japanischer Handel und japanische Investitionen atemberaubende Zuwachsraten aufwiesen. Schon 1920 war China zu einem Hauptlieferanten von Kohle, Eisen und Rohbaumwolle für Japan geworden und gleichzeitig zum Abnehmer von 50% der japanischen Textilproduktion – ein Markt, um den es sich zu kämpfen lohnte, wenn anderswo, etwa in Indien, Zollmauern errichtet wurden, zudem Japan hier in der Südmandschurei und als Erbe der Deutschen in Shandong gute Ausgangsstellungen besaß. Auch gemäßigte Regierungen traten hier härter auf als anderswo. Da Japan gerne chinesische Dissidenten förderte, war es in Tokyo, wo 1905 der »Chinesische Revolutionsbund« unter dem Vorsitz von Sun Yatsen gegründet wurde. Dessen revolutionäre Aktionen führten aber erst zum Ziel, als sich handfeste Provinzinteressen gegen Pekings Anlauf zu zentralistischer Eisenbahnpolitik erhoben und mit rebellierenden Soldaten verbanden. Doch sobald sich die nordchinesischen Militärbefehlshaber unter Führung von Yuan Shikai der Revolution von 1911 anschlossen, konnte sich die am 1. Januar 1912 gegründete Republik Sun Yatsens behaupten; am 12. Februar dankte der Kaiser ab, allerdings zugunsten Yuan Shikais, der so nach Verzicht Sun Yatsens erster Präsident wurde. Er entmachtete umgehend die aus Sun Yatsens Revolutionsbund hervorgegangene Nationalpartei (»Guomindang«) und strebte schließlich von der Militärdiktatur zum Kaiserthron, bis er 1916 überraschend starb. Nun zerfiel China in Machtbereiche sich bekämpfender »Provinzfürsten«, von denen Sun Yatsen mit seiner 1917/18 ins Leben gerufenen südwestchinesischen Guomindang-Republik nur einer war. Das Ausland hat sich in der Regel an den gehalten, der gerade in Peking an der Macht war[4].
Peking ließ sich 1917 zum Kriegseintritt gegen Deutschland bewegen, aber die in Versailles vorgetragenen Forderungen nach Rückgabe der deutschen Rechte in Shandong und Beseitigung des gesamten imperialistischen Regimes wurden abgewiesen, die letzteren wegen Unzuständigkeit, die ersteren wegen geheimer Zusagen an Japan, die in Artikel 156–158 des Versailler Vertrages durch Überlassung der Beute eingelöst wurden. Chinas öffentliche Meinung reagierte mit der Bewegung vom 4. Mai 1919: Protestdemonstrationen von Studenten, Streiks der Arbeiterschaft, Boykotte japanischer Waren. Japanfreundliche Politiker wurden zum Rücktritt gezwungen und die Unterzeichnung

des Versailler Vertrags verweigert. Darüber hinaus aber wurde die Bewegung zum Ausgangspunkt einer geistigen Erneuerung Chinas, zur wahren »Kulturrevolution«. Jetzt erst fand die radikale Kritik der hohlen Heuchelei des Konfuzianismus breiteres Gehör. Jetzt wurden »Demokratie« und »Wissenschaft« begeistert aufgegriffene Parolen, wobei Wissenschaft vor allem im Sinne des amerikanischen Positivismus und Pragmatismus verstanden wurde. Jetzt wurde die Verdrängung der exklusiven überverfeinerten Schriftsprache durch die Umgangssprache in Angriff genommen. Jetzt wurde auch eine kommunistische Partei gegründet, angeblich am 1. Juli 1921[5]. Auch außenpolitisch schien sich eine Wende abzuzeichnen. 1922 in Washington wurde die Souveränität und territoriale Integrität Chinas bestätigt, und es kam zu einem Abkommen mit Japan, das Chinas Wünsche in Shandong weitgehend befriedigte. Doch wurden weder die ungleichen Verträge revidiert noch die Zollhoheit Chinas wiederhergestellt, denn das hätte den handelspolitischen Vorstellungen der Mächte widersprochen, die gelegentlich immer noch mit Machtdemonstrationen à la »Kanonenbootdiplomatie« durchgesetzt wurden. Hingegen kam es zu einer engen Zusammenarbeit der Guomindang mit Moskau, der eine Einheitsfront mit den chinesischen Kommunisten parallel lief. Rußland verzichtete 1924 auf alle Rechte aus den ungleichen Verträgen; nur die Ostchinesische Bahn in der Mandschurei sollte noch für begrenzte Zeit russisch bleiben und die Volksrepublik der äußeren Mongolei blieb bei inhaltsleerer chinesischer Oberhoheit ein russischer Satellit – bis heute. Doch als Sun Yatsens Nachfolger Chiang Kaishek 1926 mit den Kommunisten gebrochen und einen erfolgversprechenden Feldzug zur Eroberung Nordchinas begonnen hatte, kam es auch zu englischen und amerikanischen Initiativen zur Vertragsrevision, die allerdings nach schweren fremdenfeindlichen Ausschreitungen in dem zur neuen Hauptstadt bestimmten Nanking und bewaffneter Konfrontation in Shanghai in Interventionsforderungen umschlugen. Chiang Kaishek hatte auch erklärt, daß er trotz des Bruchs mit den Kommunisten den antiimperialistischen Kampf fortzusetzen gedenke[6].

Als die Guomindang-Armee 1928 Nordostchina mit Peking zurückeroberte und damit die japanische Interessensphäre berührte, kam es zu schweren Kämpfen zwischen chinesischen und japanischen Truppen. Fanatisch expansionistische Offiziere der japanischen Guandong-Armee[7] ermordeten anschließend den chinesischen militärischen Machthaber in der Mandschurei, um den Konflikt zu verschärfen. Obwohl die japanische Regierung mit dem Toten zusammengearbeitet hatte, brachte sie es nicht fertig, die Bestrafung der Mörder gegen den Generalstab durchzusetzen. Der neue chinesische Kommandeur aber erklärte Nanking seine Loyalität. Die Weltwirtschaftskrise vermehrte das japanische Aggressionspotential. Seidenpreise und -exporte fielen um die Hälfte. Zusammen mit sinkenden Reispreisen brachte sie die Bauern, die von Reis- und Seidenerzeugung lebten, in schwere Bedrängnis. Die Goldreserven schrumpften 1929–1931 von 1072 auf 470 Mio Yen. Nach Auffassung der Rechten hatten die auf den japanischen Inseln zusammengedrängten Menschenmassen nur drei mögliche Auswege, von denen ihnen zwei von einer feindlichen Umwelt verschlossen wurden, die Verstärkung des Exports durch die allerorten erhöhten Zollmauern, die Auswanderung durch das damals verabschiedete anti-asiatische Einwanderungsgesetz der USA. Damit blieb nur die Möglichkeit territorialer Expansion. Bei dieser Lage kam es zu Konflikten in der Mandschurei, wo die Chinesen verständlicherweise an der Untergrabung der japanischen Stellung arbeiteten. Schließlich eröffnete die Guandong-Armee auf Grund eines von ihr provozierten Zwischenfalls die Feindseligkeiten, die 1931/32 zur Besetzung der ganzen Mandschurei und 1933 auch der angrenzenden Provinz Jehol (Hebei) führten. Die Armee konnte es sich leisten, Gegenbefehle aus Tokyo zu ignorieren, denn die Regierung konnte es sich nicht leisten, von der Armee errungene Positionen aufzugeben. Angesichts

Abb. 23: Japanische Expansion im Zweiten Weltkrieg
(Aus: *J. W. Hall:* Das Japanische Kaiserreich. Fischer Weltgeschichte, Bd. 20, Frankfurt/M. 1968, S. 335)

ausländischer Kritik verstummte in Japan der letzte Widerstand. 1932 entstand der Satellitenstaat Mandschukuo unter dem letzten Kaiser der Mandschu-Dynastie, ein Land von 1,3 Mio km² Fläche mit 32 Mio Menschen, das in den nächsten Jahren im Interesse Japans eine beträchtliche wirtschaftliche Entwicklung erfuhr. Anerkannt wurde Mandschukuo außer von den faschistischen Ländern Europas nur von Thailand. Aus Washington und vom Völkerbund kamen strenge Worte, die in Japan übel vermerkt und 1933 mit dem Austritt aus dem Völkerbund beantwortet wurden. Frankreich und England blieben aus mancherlei Rücksichten zurückhaltender[8].
In China ließ der Polyzentrismus der »Kriegsfürsten« der Zentralregierung in Nanking nur begrenzte Ressourcen übrig und war schon deswegen nicht leicht zu überwinden. Dennoch ist eine Tendenz zur allmählichen Reintegration Chinas unter Chiang Kaishek unverkennbar, zumal auch außenpolitische Erfolge nicht ausblieben. 1928–1930 konnte durch Verträge mit dreizehn Mächten Chinas Zollhoheit wiedergewonnen werden; zugleich wurden verschiedene Konzessionen und Pachtgebiete wie Weihaiwei zurückgegeben. Auf die Extraterritorialitätsprivilegien ihrer Staatsangehörigen verzichteten außer

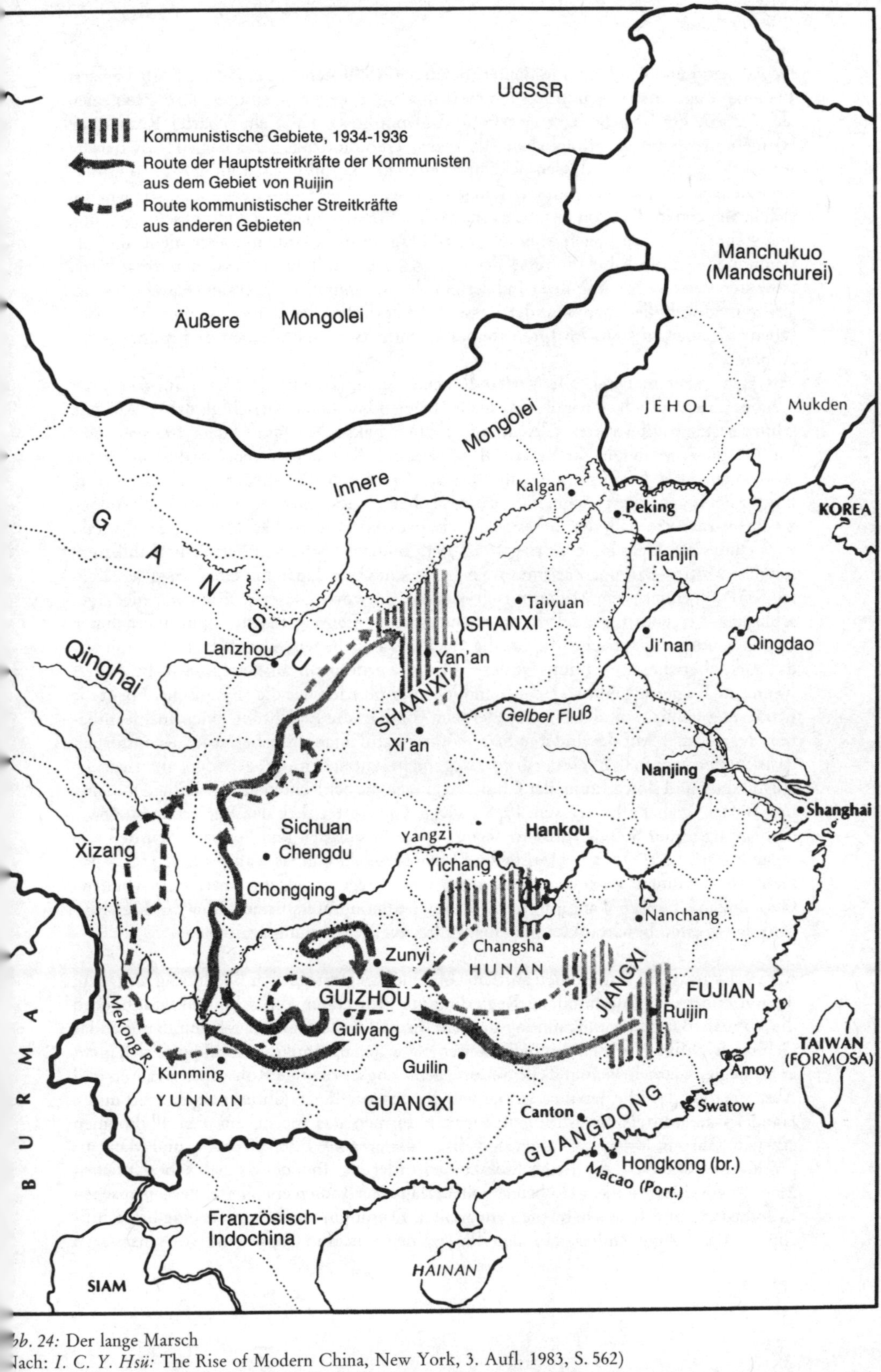

bb. 24: Der lange Marsch
Nach: *I. C. Y. Hsü:* The Rise of Modern China, New York, 3. Aufl. 1983, S. 562)

Deutschland und Rußland nur kleinere Staaten. Großbritannien und die USA haben erst 1943 im Zuge ihrer Bemühungen um China im Zweiten Weltkrieg ihre Privilegien aufgegeben, Frankreich sogar erst 1946[9]. Innenpolitisch hatte ein scharfer Rechtsruck stattgefunden, die ursprünglichen Pläne der Guomindang zur sozialen Erneuerung waren aufgegeben. Statt dessen bekämpfte man die Kommunisten immerhin so erfolgreich, daß sie auf dem berühmten »Langen Marsch« 1934/35 aus dem Süden wichen, um sich in Shaanxi im Norden festzusetzen, wo der Vorsitzende Mao Zedong seine Stellung und Lehre weiter ausbauen konnte[10]. Antikommunismus bedeutet aber nicht, daß die Guomindang Politik im Interesse der chinesischen Kapitalistenklasse betrieben hätte, trotz der Verschwägerung ihrer Führer mit der bekannten Plutokraten-Familie Soong. Teilweise durch die Knappheit der Ressourcen erklärbar, handelte es sich um fiskalistischen Staatsparasitismus im Interesse des Unterhalts des politischen und militärischen Apparats[11].
Mit Japan aber machten alle Verhandlungen nur aufs neue die Unvereinbarkeit der Standpunkte deutlich: Japan beanspruchte Hegemonie unter Ausschluß dritter Mächte, China bestand auf strikter Gleichberechtigung. Faktisch konnte Japan 1935/36 seine Einflußsphäre weiter in die innere Mongolei und die chinesischen Nordostprovinzen ausdehnen. Hier kam es am 7. Juli 1937 an der Marco-Polo-Brücke über einen Fluß unweit Peking infolge gleichzeitiger Anwesenheit chinesischer und japanischer Truppen zu einem Zwischenfall, der dieses Mal nicht provoziert war, aber dennoch den Auftakt zum chinesisch-japanischen Krieg 1937–1945 bildete. 1936 noch hatte ein Wahlkampf mit dem Motto »Parlamentarismus oder Faschismus?« in Japan mit einem Sieg gemäßigter Kräfte geendet – ein Militärputsch war die Antwort. Dieser wurde zwar niedergeschlagen, aber vom Heer selbst, das dadurch seine Stellung stärkte. Nun übernahmen Experten und pragmatische Militärs die Macht. Friedliche wirtschaftliche Expansion war das Ziel, aber die Anwendung anderer Mittel wurde nicht ausgeschlossen, besonders wenn eine Regierung eine so japan-feindliche Politik trieb wie die chinesische. Nicht die Eroberung Chinas sollte das Kriegsziel sein, sondern die Errichtung einer unanfechtbaren Hegemonie! Auf der anderen Seite konnte sich Chiang Kaishek trotz Kenntnis der Risiken der nationalen Herausforderung nicht entziehen. Wegen der unterlegenen Ausbildung und Bewaffnung der Chinesen gingen die Schlachten um Shanghai, Nanking und Wuchang aber alle verloren. 1938 verlegte Chiang Kaishek den Regierungssitz nach Chongqing in der Südwestprovinz Sichuan; der Nordosten und Südosten wurden von Japan kontrolliert. Doch bei Größe und Menschenzahl Chinas war der Krieg für Japan nicht zu gewinnen, auch nicht mit Hilfe einer Gegenregierung unter dem »linken« Guomindang-Führer Wang Jingwei. Die Sowjetunion unterstützte China mit Lieferungen; der Westen beschränkte sich einstweilen auf Vermittlungsaktionen[12].

In dieser Lage war Hinterindien ab 1938 von erhöhter strategischer Bedeutung für Japan, denn nachdem die Guomindang-Regierung von den Häfen abgeschnitten war, blieben die Yunnan-Bahn Hanoi-Kunming und die Birma-Straße Mandalay-Kunming über das Gebirge wichtige Nachschubmöglichkeiten. Aber Japans Interesse erschöpfte sich nicht in Strategie, vielmehr waren Teile Südostasiens längst wichtige Rohstofflieferanten und Absatzmärkte für die Japaner geworden. In den dreißiger Jahren bezogen sie durch Handel oder mittels Investition in eigenen Firmen das meiste auf den Philippinen erzeugte Chrom, Mangan, Kupfer und Eisen, die gesamte Eisen-, Bauxit- und Manganproduktion Malayas, die halbe Steinkohlenförderung Indochinas nebst beachtlichen Mengen von Kautschuk. 1935 lieferte Niederländisch-Indien ein Viertel des japanischen Erdölbedarfs und Britisch-Borneo ein Achtel. Damit ging mancherorts eine beträchtliche Einwanderung einher; auf den Philippinen entstand sogar eine von ansässigen

Japanern betriebene Manilahanfproduktion. Doch viel mehr als dies alles beunruhigte die Kolonialmächte die Überschwemmung Südostasiens mit billigen japanischen Textilien und anderen Industriewaren, die vor allem nach der Yen-Abwertung 1931 für die mutterländischen Lieferanten besorgniserregende Ausmaße annahm. 1929–1933 stieg Japans Anteil an Indonesiens Importen von 11% auf 31%, während der niederländische von 18% auf 12% absank. Nun griffen auch England und Holland zu Restriktionen, wie sie für Indochina und die Philippinen mit Zollbindung an die »Mutterländer« selbstverständlich waren. So konnten die Japaner vom malayischen Markt getrieben werden und in Indonesien sank ihr Importanteil 1933–1939 von 31% auf 18%, der holländische stieg von 12% auf 21%. Aber die europäischen Waren waren erheblich teurer, was von der Bevölkerung bitter vermerkt wurde[13].

Die Niederlagen der Westmächte gaben im Sommer 1940 den expansionsbegeisterten Kreisen in Japan weiter Auftrieb. Man trat nun der Verwirklichung einer »großostasiatischen Wohlstandssphäre« unter japanischer Führung näher, die neben dem bisherigen japanischen Reich und China die Philippinen, Siam, Malaya, Indonesien, Indochina, Birma und möglichst auch Vorderindien umfassen sollte. Den Südgebieten war dabei gut kolonialistisch die Rohstofferzeugung, Japan, Mandschukuo und China die Industrie zugedacht. Man rechnete mit einem Krieg gegen Großbritannien, nicht aber mit den USA, von deren ökonomischer Dominanz man sich eben durch Kontrolle Südostasiens befreien wollte[14]. Allerdings verlief die japanische Politik hier wie auch in ihrer Zusammenarbeit mit den Achsenmächten keineswegs in planmäßiger Geradlinigkeit, sondern war das Ergebnis wechselnder Kompromisse der an den Entscheidungen beteiligten Machtgruppen[15].

Aus den genannten strategischen Gründen mußte zunächst das Vichy-Regime noch 1940 eine japanische Besatzung in Tongking zwecks Eröffnung einer weiteren Front gegen China hinnehmen. Die Folge war ein Gesichtsverlust der Kolonialmacht, so daß umgehend neue Aufstände ausbrachen, darunter eine gegen die Warnungen Hos und des Zentralkomitees inszenierte Bauernrevolution in Cochinchina, die von den Franzosen mit noch nicht dagewesener Brutalität unterdrückt wurde. Schließlich nutzte das Japan nahestehende Militärregime Thailands die Gelegenheit, ganz Laos und Kambodscha zu fordern; 1941 mußten die Franzosen Teile davon gegen eine Entschädigung hergeben[16].

Nun verlangte Japan von Großbritannien die Schließung der Birma-Straße, der letzten Verbindung Chinas nach Westen, und zog der Deutlichkeit halber Truppen vor Hongkong zusammen. In seiner bedrängten Lage gab England nach, aber nur für drei Monate, um anschließend hier wie in Malaya hart zu bleiben, ohne daß viel geschah. Japan zauderte und war damals vor allem an Indonesien interessiert. Hingegen witterten die jungen Nationalisten Birmas Morgenluft. Sie waren mit dem Ausmaß der 1937 bei der Ausgliederung aus Indien gewährten Selbstverwaltung und ihrer Handhabung durch die alten Oligarchen unzufrieden. Außerdem hatte Großbritannien die Unterstützung im Krieg nicht durch Zugeständnisse, etwa den Dominion-Status, honoriert; statt dessen war von Churchill zu hören, die von der Atlantikcharta im August 1941 allen Völkern zugesagte Freiheit, ihre Regierungsform selbst zu wählen, gelte natürlich nicht für das Britische Empire. Unter solchen Umständen schlugen sich die Nationalisten auf die Seite der Japaner und ihr Führer Aung San begann unter deren Auspizien mit dem Aufbau einer »Burma Independence Army«[17].

In Indonesien hatte sich dieselbe Frustration ergeben, denn die Niederländer hatten den gegen bescheidene Zugeständnisse kooperationsbereiten gemäßigten nationalen Führern (die anderen waren inhaftiert oder verbannt) ebenfalls klargemacht, daß die Atlantikcharta für die von den Nazis unterdrückten Völker gelte, nicht aber für sie, denn sie seien ja nie unterdrückt worden. Dabei hätten die auf sich allein gestellten Holländer die

Unterstützung der Bevölkerung brauchen können, denn Indonesien war für Japan die lockendste Beute in Südostasien. Schon im September 1940 war eine japanische Delegation nach Batavia gekommen, um unter anderem eine Erhöhung der Erdöllieferungen von 600 000 auf 3,7 Mio to im Jahr durchzusetzen. Nach Einschaltung der Ölgesellschaften und deren politischer Partner in London und Washington mußten die Japaner schließlich mit einer Zusage von 1,8 Mio to für ein halbes Jahr abziehen. Doch Anfang 1941 kamen sie wieder mit weitreichenden Vorschlägen zur Beteiligung an der Kontrolle der Häfen, zur Erschließung des Landes durch japanisch-niederländische Firmen und dergleichen mehr. Abermals wußten die Niederländer mit Sturheit wie Gerissenheit die Gespräche zum Scheitern zu bringen[18]. Die Franzosen in Indochina befanden sich in bedrängterer Lage, denn die Verbindung zum Mutterland war abgerissen und mußte auch ökonomisch ersetzt werden. So kamen unter japanischem Druck 1941 Abkommen zustande, die Japan anstelle Frankreichs zur meistbegünstigten Nation in Indochina machten. Japaner konnten Firmen eröffnen und Bergbaukonzessionen erwerben; der Außenhandel ging weitgehend in ihre Hand über. Schließlich wurde der Vichy-Regierung im Sommer die Zustimmung zur Besetzung ganz Indochinas abgerungen. Dabei hatten die Japaner aber keine Verantwortung für die Verwaltung; diese blieb bei den weiterbestehenden französischen Instanzen[19].

Die Besetzung Indochinas bedeutete eine Wende im Verhältnis Japans zu den USA. Deren öffentliche Meinung lehnte jeden Krieg ab, so daß sich Washington bis 1940 auf diplomatische Aktionen beschränkte und Japan trotz allem weiter mit Schrott und Erdöl beliefern ließ, wobei die Öllieferungen 75% des japanischen Bedarfs ausmachten. Die Entwicklung in Europa und das weitere japanische Vordringen führten aber zu einer Verhärtung der amerikanischen Haltung, wobei die bis zuletzt geführten Verhandlungen erkennen ließen, daß die beiderseitigen Standpunkte unvereinbar waren. Japan erwartete die Anerkennung seiner Hegemonie in Ostasien, die USA den Rückzug aus China und die Respektierung der Integrität anderer Länder. Doch je mehr die USA, aus ihrer Sicht notgedrungen, zu Repressalien wie Teilembargos übergingen, um Japan von seiner aggressiven Politik abzubringen, desto mehr versuchte Japan, aus seiner Sicht notgedrungen, sich in Südostasien Ersatz zu schaffen und mit Gewalt aus dem »Würgegriff« der USA auszubrechen, vor allem seit Roosevelt die Besetzung Indochinas mit einem totalen Erdölembargo und dem »Einfrieren« aller japanischen Guthaben im Juli 1941 beantwortet hatte. Sofort kündigte Großbritannien ebenfalls sämtliche Handelsabkommen, auch für Indien und Birma, und sogar die Niederlande zogen mit Handelsbeschränkungen nach. Für Japan mußte eine solche Wirtschaftsblockade auf Kriegserklärung hinauslaufen. Die friedenswillige Gruppe im japanischen Kabinett konnte trotz Unterstützung durch den Kaiser im Hinblick auf die Kriegspartei mit Zugeständnissen nicht so weit gehen, wie von maßgebenden amerikanischen Politikern verlangt wurde. So fiel die Entscheidung für den Krieg; am 7. Dezember 1941 begann mit dem japanischen Überfall auf die amerikanische Flotte in Pearl Harbour der Zweite Weltkrieg im Pazifik. Am 8. Dezember erklärten die USA, Großbritannien und die Niederlande Japan den Krieg[20]. Nun wurde in einer glänzenden Operation in kürzester Zeit ganz Südostasien von den Japanern überrannt. Noch im Dezember wurden Indochina und Thailand zum Anschluß veranlaßt, Guam, Wake und Hongkong besetzt und Malaya angegriffen. Die Festung Singapore, die auf der Landseite schwach armiert war, mußte am 15. Februar 1942 kapitulieren, was soviel Aufsehen erregte, daß man auf diesen Tag den Anfang vom Ende des Britischen Empire und des europäischen Kolonialismus datiert hat[21]. Am 28. März 1942 mußte Niederländisch-Indien kapitulieren, im Mai die Amerikaner auf den Philippinen. Im selben Monat war die Eroberung Birmas abgeschlossen; die britischen Truppen entkamen mit knapper Not nach Indien. Es war aber nicht mehr möglich, auf

Britisch-Indien und Australien vorzustoßen, denn seit August 1942 hatte im Pazifik der amerikanische Gegenangriff begonnen. Doch Südostasien sollte immerhin zwei Jahre japanisch bleiben[22].

Trotz japanischer Versuche, Freunde zu gewinnen, und des Ausspielens pan-asiatischer, anti-westlicher Ideen unterschied sich die japanische Herrschaft kaum von der europäischen. Auch sie war Fremdherrschaft zum Nutzen eines anderen Volkes, wobei nicht einmal das Moment eines japanischen Rassismus fehlte. Unterschiede sind eher auf den Krieg als auf abweichende Pläne zurückzuführen. Zukunftsvorstellungen gab es kaum, außer daß Malaya und Indonesien zunächst einmal annektiert werden sollten[23]. Außer verschiedenen Marinedistrikten wurden alle Länder vom Heer verwaltet, von den Philippinen abgesehen unter dem Oberbefehlshaber Süd in Shonan (»Licht des Südens«), wie Singapore jetzt hieß. Die bisherigen Herren wurden in der Regel nicht mehr gequält, als im Krieg und bei Japanern üblich war, aber sofort enteignet, ihrer Aufgaben beraubt, isoliert und interniert, natürlich mit Ausnahme der Franzosen in Indochina. Wegen der geringen Anzahl der Europäer war davon aber nur in Indonesien ein größerer Personenkreis von ca. 120 000 Menschen betroffen. Die rasche Niederlage der unbesiegbaren Weißen war Demütigung genug! Sehr viel brutaler sprangen die Japaner mit den Chinesen um, denn die überall vorhandenen Auslandschinesen waren stets eine Stütze der Guomindang gewesen oder sogar Kommunisten. Im zur Annexion vorgesehenen Malaya, wo sie bedrohliche 34% der Bevölkerung ausmachten, wurden sie durch ein regelrechtes Terrorregime dezimiert[24].
Die einheimische Bevölkerung hingegen sollte für Japan gewonnen werden. Sie hatte sich meistens uninteressiert-neutral verhalten; nur die Filipinos waren entschieden gegen die »asiatische Fremdherrschaft« eingestellt, von der sie nur zu verlieren hatten. Doch spielte sich überall eine Art von Zusammenarbeit ein. Die Verwaltung wurde häufig nur in den höheren Rängen neubesetzt. Die nationalen Eliten kollaborierten, weil sie für sich und ihr Land darin eine Chance sahen, und um zu verhindern, daß reaktionäre japanfreundliche Kräfte ans Ruder kämen – überall das gleiche Programm, das der philippinische Präsident vor seiner Flucht sogar ausdrücklich verkündet hatte[25]. So hatten beide Seiten bei der Zusammenarbeit ihre Hintergedanken; erst das Kriegsende sollte zeigen, wer der betrogene Betrüger war. Die dezidiert anti-europäische Kulturpolitik der Besatzungsmacht, die die Schulen vom westlichen Einfluß reinigte, Holländisch verbot und Englisch diskriminierte, dagegen Birmanisch, Tagalog und Indonesisch zu Amtssprachen erklärte, wurde im Ergebnis teilweise durch die besonders in Malaya und Indonesien ziemlich penetrante Japanisierungspolitik wieder neutralisiert[26].
Vor allem aber entlarvte sich die japanische Herrschaft als Kolonialismus üblicher Art dadurch, daß ihre vorgeblichen oder wirklichen guten Absichten durch ökonomische Ausbeutung Lügen gestraft wurden. Südostasien war ja nicht zu seiner Befreiung, sondern wegen seiner Ressourcen besetzt worden! Die Exzesse freilich dürften kriegsbedingt gewesen sein. Kriegsbedingt waren nicht nur die umfangreichen Requisitionen, sondern auch das Versagen des neuen Wirtschaftssystems, in dem Südostasien völlig vom bisherigen Welthandel abgekoppelt und ausschließlich auf die »Metropole« Japan ausgerichtet wurde. Aber diese war im Krieg nicht in der Lage, die bisherigen Handelspartner zu ersetzen; weder konnte sie alle Rohstoffe abnehmen, noch ausreichend Fertigwaren liefern. Und als wegen des Krieges das Verkehrswesen zusammenbrach, blieben einzelne Länder auf sich allein angewiesen, so daß Niederbirma seinen Reis nicht absetzen konnte, während in Oberbirma und Tongking Hunger herrschte. Denn Gebiete mit innerer Autonomie wie Französisch-Indochina und Thailand waren ebenso betroffen. Thailand hatte sich 1942 zu ähnlichen Bedingungen wie Indochina an Japan binden müssen. Japan

nahm zwar Reis, Gummi und Bergbauprodukte Thailands und Indochinas ab, lieferte aber keine adäquate Menge der benötigten Fertigwaren. Daß dadurch eine aktive Handelsbilanz entstand, war für die betroffenen Länder nicht von Nutzen, denn ihre Yen-Guthaben wurden in Japan »eingefroren«. Dabei mußte die französische Verwaltung aber zusätzlich noch für den Unterhalt der japanischen Besatzung aufkommen.
Dazu kam die planmäßige Durchdringung mit japanischen Firmen; in den Ländern unter Militärverwaltung konnten sich das Heer oder die großen Konzerne wie Mitsui und Mitsubishi die ehemals europäischen Unternehmen direkt aneignen – vorausgesetzt, daß sie für Japan interessante Güter erzeugten. Sonst wurde gewaltsam umgestellt. So wurde die Zuckerproduktion von Java auf ein Fünfzehntel gedrückt und die Hälfte der Zuckerfabriken angeblich in Zementfabriken verwandelt, während man auf den Philippinen das Zuckerrohr durch Baumwolle zu ersetzen versuchte, denn Baumwolle brauchten Japans Fabriken dringend. Grundnahrungsmittel und kriegswichtige Güter wurden bewirtschaftet, durch Zwangslieferungen zu Festpreisen erworben oder schlicht beschlagnahmt. Japan bezahlte zwar alle Lieferungen, aber in deckungslosen und nach Belieben gedruckten Militär-Banknoten der bisherigen Währungen. Dieses Verfahren lief darauf hinaus, daß Japan die Landesgüter kostenlos, aber um den Preis einer örtlichen Inflation erwerben konnte. In Java wurde der Geldumlauf von 450 Mio Gulden auf 2 Mia erhöht, auf den Philippinen von 300 Mio Pesos auf 6 Mia. Auf den Gütern, die sie einst auf dem Weltmarkt abgesetzt hatten und die Japan nicht benötigte, blieben die Erzeugerländer jetzt sitzen. So sank die Zinnproduktion um 90%, die Tee-Erzeugung um 52% und sogar die Kohlenförderung von Tongking um die Hälfte; vom Zucker war schon die Rede. Wenn eine Mißernte die durch die japanischen Forderungen und die Verkehrsmisere beeinträchtigte Lebensmittelversorgung weiter verschlechterte, wurden Katastrophen unvermeidlich. In Tongking sollen Ende 1944/Anfang 1945 nach französischer Schätzung 600 000, nach vietnamesischer aber 2 Mio Menschen verhungert sein! Nimmt man noch die Rekrutierung zahlreicher Arbeiter hinzu, die unter unmenschlichen Bedingungen japanische Projekte wie die Birma-Thailand-Eisenbahn verwirklichen mußten, dann ist es nicht erstaunlich, daß die japanischen Versuche zur Gewinnung der Einheimischen wenig erfolgreich verliefen[27].
Bei der Eroberung Birmas hatten sich die Japaner der »Burma Independence Army« des Aung San bedient. Doch als diese anschließend zuviel Interesse an Unabhängigkeit zeigte und sich an nationalen Minderheiten, besonders den verhaßten Indern, vergriff, holte Japan die alten Oligarchen der Britenzeit zurück. Aber der Appell an die angebliche buddhistische Gemeinsamkeit verfing sowenig wie die pro-japanische Sammlungsbewegung der »Nationalen Front« ein Erfolg wurde, denn die Radikalen unterwanderten sie zu ihren Zwecken. Vom britischen Gegenangriff bedrängt, gewährte Tokyo 1943 Birma die Unabhängigkeit, aber mit einer Verfassung, durch die der alte und neue Premierminister Ba Ma eine Art Diktator wurde, während geheime Zusatzabkommen dem japanischen Militär unbegrenzte Notvollmachten einräumten[28]. In Malaya setzten die Japaner ähnlich wie die Briten zunächst auf das feudale malayische Element; erst als 1943 die Annexionsabsicht vom Projekt eines »Neuen Malaya« abgelöst wurde, beteiligten sie auch Chinesen an den neuen Konsultativgremien. Allerdings existierten hier keine einheimischen politischen Organisationen, oder nur in der Illegalität wie seit eh und je die kommunistische Partei[29].
In Indonesien hingegen wurden zwar die politischen Parteien verboten, der Volksrat aufgelöst und die Verfassungsdiskussion unterbunden, aber doch umgehend eine neue Massenorganisation unter indonesischer Führung gegründet, allerdings wegen deren pro-japanischem Charakter ohne viel Erfolg. Der japanische Oberbefehlshaber suchte

dem abzuhelfen, indem er im Juli 1942 Sukarno aus der Verbannung zurückholte. Aber der Charismatiker, seines Einflusses auf die Massen gewiß, war kein nach Belieben zu handhabendes Instrument der Besatzungsmacht. Er strebte nach einer echten Partnerschaft und brachte zu diesem Zweck eine neue Sammlungsbewegung aus Traditionalisten und Westlern zustande, die 1943 nach einigem Zögern von Japan anerkannt, aber am kurzen Zügel geführt und durch Ausspielen der konservativen Moslemorganisationen eingegrenzt wurde. Hier fand sich Japan im Gegensatz zu Birma und den Philippinen aber nicht zu Unabhängigkeitsversprechungen bereit. Nur die alten Provinzräte und der Volksrat wurden unter anderen Namen, ohne Europäer und als bloße Konsultativorgane wiederbelebt. Doch im nationalen wie persönlichen Interesse ließ sich Sukarno zur Mitarbeit gewinnen[30].

Auf den Philippinen war nach Auflösung der bestehenden Institutionen und Parteien eine neue einheimische Regierung aus um ihren Status besorgten Oligarchen geschaffen worden. Aber diese konnte nicht vorgeben, an der Spitze einer Nationalbewegung mit »Befreiern« zu verhandeln, denn hier war diese japanische Rolle vollkommen unglaubwürdig und die anti-japanische Einstellung der Bevölkerung stand außer Zweifel. Daran vermochte das Wohlverhalten der katholischen Hierarchie einschließlich einer päpstlichen Sympathieerklärung für die japanischen Kriegsziele 1942 wenig zu ändern. Die Japaner hatten sich das einige Mühe kosten lassen, ohne allerdings bei ihrer Aufhebung des kirchlichen Erziehungswesens Abstriche zu machen. Auch die Übertragung des im 17. Jahrhundert in Japan eingeführten Zellensystems, nach dem jeweils eine Gruppe von Familien gegenüber der hier besonders brutal vorgehenden Militärpolizei (»kempeitei«) für das Wohlverhalten ihrer Mitglieder verantwortlich sein sollte, fruchtete wenig. So mußte schon 1943 die letzte Trumpfkarte der Unabhängigkeit von Japans Gnaden ausgespielt werden, freilich mit Beschränkung des Wahlrechts auf Mitglieder der pro-japanischen Einheitsfront und diktatorischen Vollmachten für den Präsidenten, ähnlich wie in Birma. Immerhin konnte sich der Präsident aber erfolgreich weigern, den Alliierten den Krieg zu erklären wie andere japanische Vasallen; daß ihn dies den Rest Glaubwürdigkeit gekostet hätte, sahen sogar die Japaner ein[31].

In Indochina bemühten sich die Japaner nur diskret um die Gewinnung konservativer einheimischer Anhänger, denn in der zunehmend kritischen Lage waren die Franzosen der bei weitem nützlichere Partner. So behielten diese Spielraum genug, um nicht nur ein stramm faschistisches Regime von größerer Strenge als Vichy-Frankreich zu errichten, einschließlich Juden- und Gaullistenverfolgung, sondern auch für den Versuch, durch das Programm einer »indochinesischen Föderation« mit Beteiligung einheimischer Eliten deren Sympathie zu gewinnen. Manches davon war aber wohl nur aus schlichter Notwendigkeit geboren: die Vietnamesen in der Verwaltung, weil man keine Franzosen aus dem Mutterland bekommen konnte, die Öffnung der Erziehung, um der japanischen Propaganda eine attraktive Alternative gegenüberzustellen, der Aufbau einer eigenen Industrie, weil die Einfuhren ausblieben usf. Für die längst in den Untergrund gedrängten Radikalen, besonders die Kommunisten, schien diese Konstellation mit zwei Gegnern von rechts und dazu noch der Feindschaft bürgerlicher Nationalisten äußerst bedrohlich zu sein. Aber zumindest die Kommunisten verfügten auch über entscheidende Vorteile: sie wußten, was sie wollten, besaßen Disziplin und eine gute Organisation und waren Untergrundarbeit gewöhnt. Infolgedessen fiel ihnen die Führung im Kampf gegen die Japaner zu. So entstand auf ihre Initiative auf chinesischem Boden 1941 eine »Liga für die Unabhängigkeit Vietnams« (»Viet Minh«) mit einem demokratischen, aber keineswegs kommunistischen Programm. Maßgebend waren aber die kommunistischen Führer Nguyen Ai Quoc und Vo Nguyen Giap, wobei der letztere erfolgreich mit dem Aufbau von Guerilla-Zellen unter den verbitterten Bauern von Ober-Tongking begann. Die Guomindang unterstützte die Bewegung als Waffe gegen Japan, versuchte aber, bürgerlichen Kräften die Führung zu verschaffen. Es war in diesem Intrigenspiel, daß Nguyen Ai Quoc das neue Pseudonym Ho Chi Minh angenommen hat. Hauptgegner der Guerilla, die bis 1944 beachtliche »befreite Zonen« in Tongking zuwege gebracht hatte, waren die Franzosen der Vichy-Observanz. Es war daher eine bittere Enttäuschung, daß das »freie Frankreich« de Gaulles, das inzwischen eine Vertretung in Kunming in China hatte, zwar die Vichy-Franzosen bis aufs Blut befehdete, kolonialpolitisch aber mit ihnen einig ging und sogar zusammenarbeitete. Am 8. Dezember 1943 erklärte de Gaulle, Frankreich werde nach Indochina zurückkehren. Nun setzte Ho Chi Minh seine Hoffnung auf das erklärt antikolonialistische Amerika[32]. Übrigens standen auch die Dschungelkämpfer der »Malayan People's Anti-Japanese Army« unter kommunistischer Führung, was britische Kommandotrupps nicht an ihrer Unterstützung hinderte. Die fast rein chinesische Kommunistische Partei hatte dem Widerstand den einzigen brauchbaren organisatorischen Kern geboten[33].

Auf den Philippinen war die Guerilla keine Minderheit, sondern eine regelrechte Massenbewegung, die durch das japanische Terrorregime noch weiteren Auftrieb erhielt. Man rechnet mit insgesamt ca. 300 000 ohne einheitliche Führung in einzelnen Gruppen operierenden Kämpfern. Seit 1943 stand das amerikanische Hauptquartier unter Mac Arthur in Australien mit ihnen in Funkkontakt und ließ ihnen Unterstützung zukommen. Sie hatten kein weiterreichendes Programm außer Patriotismus und Tötung von Japanern, mit einer Ausnahme, den »Hukbalahap« (Tagalog-Abkürzung für »Antijapanische Volksarmee«) von Zentral-Luzon, die mit ca. 30 000 Mann ein befreites Gebiet behaupten konnten, wo sie Großgrundbesitzer als Kollaborateure verfolgten und eine Bodenreform zugunsten der Kleinbauern und Pächter zusammen mit der Gründung von Genossenschaften und Schulen durchführten. Ursprünglich eine Bauernbewegung, wie sie auf den Philippinen Tradition hatten, gerieten die »Huks« in schwer abzuschätzendem Maß unter kommunistische Führung[34].

In Birma hatte sich die Unabhängigkeit als bloßer Schein erwiesen, aber die Japaner wurden nach einer vergeblichen Offensive in Assam von den Alliierten langsam zurückgedrängt. Jetzt bildete sich aus vielerlei Gruppen eine antifaschistische nationale Front, in der hier nicht die Kommunisten, sondern die Führer der »Nationalarmee« maßgebend waren, die eigentlich eine Hilfstruppe der Japaner sein sollte, der Verteidigungsminister Aung San und der Oberbefehlshaber Ne Win. Ba Maw deckte die Bewegung gegenüber den Japanern, obwohl er sie mißbilligte. Aber sie hatte die Unterstützung der Bevölkerung und konnte durch eine Erhebung Ende März 1945 einen eigenen Beitrag zur Befreiung Birmas leisten[35]. Übrigens wurde auch in Thailand Politik nach dem Motto getrieben »Gegner ist, wer den Krieg verliert« und infolgedessen die japanfreundliche Regierung gestürzt, aber ohne einen offenen Konflikt mit der Hegemonialmacht zu riskieren[36].

Obwohl es in Indonesien keinen nennenswerten Widerstand gegeben hatte, mußte sich Japan im September 1944 doch auch hier zu einem Unabhängigkeitsversprechen entschließen, freilich ohne Datum. Sukarno und andere nationale Führer zogen es vor, auf diese Karte zu setzen, bevor die Wiederherstellung der westlichen Herrschaft spruchreif würde. Daher ihr Drängen auf konkrete Maßnahmen, dem die Japaner schließlich nachgaben, wohl in der Hoffnung, die Indonesier für die Verteidigung des Archipels zu gewinnen. Als im Mai 1945 die alliierte Invasion Indonesiens anlief, wurde die Unabhängigkeit für September 1945 in Aussicht gestellt und mit Verfassungsberatungen begonnen, bei denen sich die Nationalisten auf ein »größeres Indonesien« mit Britisch-Borneo, Portugiesisch-Timor und Malaya festlegten, was bei den dortigen Moslems keineswegs auf Ablehnung stieß[37].

Unterdessen wurde die Schlacht um die Philippinen geschlagen, wo Mac Arthur am 20. Oktober 1944 gelandet war. Obwohl der Ausgang bald klar war, dauerten die Kampfhandlungen noch bis Sommer 1945, wobei es bei der Schlacht um Manila im Februar 1945 zu einem japanischen Gemetzel an der Zivilbevölkerung kam[38].
Am kompliziertesten waren die Verhältnisse in Indochina, wo seit der Befreiung Frankreichs im Juli und August 1944 Mutterland und Kolonie auf verschiedenen Seiten der Front standen, ein Zustand, bei dem es angesichts des zu erwartenden japanischen Zusammenbruchs nicht bleiben konnte. Paris gedachte, möglichst risikolos sein Prestige in Asien wiederzugewinnen, während sich die Kolonialfranzosen auf das neue Regime einstellen mußten. Doch kaum zeigten sich Ansätze zur Auseinandersetzung mit den Japanern, da schlugen diese zu und übernahmen am 9. März 1945 das Land. Die Schlüsselpositionen wurden mit Japanern besetzt, im übrigen aber die traditionellen Fürsten veranlaßt, ihre Unabhängigkeit zu erklären. Das führte in Laos und Kambodscha zum Erfolg, in Vietnam aber blieb die Reiskammer Cochinchina unter direkter japanischer Kontrolle und Bao Dai wurde so stark bevormundet, daß er sich kaum die Unterstützung der traditionellen Eliten sichern konnte. Das Volk aber neigte zur Viet Minh, die nun weitgehend freie Bahn hatte, weil die Japaner sich auf die Städte und allenfalls die Bewachung der Verkehrswege konzentrieren mußten. Schon im Mai 1945 waren so große Teile von Tongking und Annam in der Hand der Viet Minh, daß kaum zweifelhaft sein konnte, wer nach Verschwinden der Japaner die Macht übernehmen würde[39].
1942–1945 hat Japan den Krieg im Pazifik verloren. Am 6. und 9. August 1945 explodierten die Atombomben über Hiroshima und Nagasaki, am 8. August erklärte die Sowjetunion den Krieg und marschierte in der Mandschurei ein, am 2. September wurde Japans Kapitulation unterzeichnet. Der japanische Imperialismus war am Ende.

Britisch-Indien war dem japanischen Zugriff knapp entkommen. Bei ihrem Siegeszug durch Südostasien hatten die Japaner es darauf angelegt, die Sympathien der in Malaya und Birma besonders zahlreichen Auslandsinder zu erwerben. Propagandistisch stellten sie sich als Feinde der Feinde Indiens und dessen potentielle Befreier dar. Nach Konferenzen mit Auslandsindern wurde 1942 eine »Indian Independence League« gegründet, und von den 55 000 Mann indischer Truppen, die in Singapore kapituliert hatten, ließen sich 40 000 für eine »Indian National Army« gewinnen. Der Erfolg blieb freilich gering, nicht nur weil aus dem Angriff nichts wurde, sondern weil die Japaner sich hinsichtlich der Zukunft Indiens ähnlich ausweichend verhielten wie die Engländer[40].
Einen vorübergehenden Auftrieb brachte Subhas Chandra Bose, der 1938/39 Kongreßpräsident geworden, aber wegen seiner für Gandhis Begriffe zu radikalen Politik wieder ausgebootet worden war[41]. Er besaß aber beträchtliche Popularität und seine Flucht nach Deutschland 1941 erregte soviel Aufsehen, daß er als der geborene Führer der I.I.L./I.N.A. erscheinen konnte. Doch Japan war mißtrauisch, denn Deutschland, Italien und Japan zogen asienpolitisch keineswegs immer am selben Strang. Erst 1943, als die Führungsschwäche der Auslandsinder offenkundig war und man keine Rücksicht auf Boses Gegner Gandhi und Nehru mehr zu nehmen brauchte, wurde er mit einem deutschen U-Boot in den japanischen Machtbereich geschafft, wo er eine beachtliche Aktivität entfalten konnte, bis er 1945 bei einem Flugzeugabsturz ums Leben kam. Vielleicht war seine Wirkung in Indien am größten nach seinem Tode, als bei Kriegsende Prozesse gegen Angehörige der I.N.A. geführt wurden, die eine nationale Volksbewegung bis zu Meutereien in den indischen Streitkräften auslösten[42].
Diese hatten wie im Ersten Weltkrieg einen beträchtlichen Beitrag zu den britischen Anstrengungen geleistet. Von den 12,18 Mio Mann Streitkräften des Empire waren

2,46 Mio Inder, von denen 180 000 getötet, verwundet oder gefangen wurden[43]. In Ost- und Nordafrika, im Irak und in Iran kamen indische Truppen zum Einsatz. Dabei war der forcierte Ausbau der indischen Streitkräfte sofort nach Kriegsbeginn damals im Hinblick auf einen möglichen sowjetischen Angriff erfolgt! Da dafür das englische Führungspersonal fehlte, brachte dieser Ausbau fast automatisch einen Indisierungsschub für das Offiziers- und Unteroffizierskorps mit sich; der Status der Inder mußte auch in der Besoldung aufgewertet werden. Oberkommando und Verfügung über den Einsatz blieben aber in britischer Hand, was bei der indischen Nationalbewegung jetzt besonderen Anstoß erregte. Schließlich wurde der Ausbau der Streitkräfte von Indien finanziert, nur ein Teil der importierten Ausrüstung und die Kosten des Übersee-Einsatzes wurden von Großbritannien bezahlt[44].

Freilich wurden Initiativen indischer Industrieller, im gemeinsamen Interesse des eigenen Profits, der indischen Rüstung und der Verteidigung des Empire den kriegsbedingten Konjunkturaufschwung zum Aufbau einer indischen Automobil-, Flugzeug- und Schiffsbauindustrie zu nutzen, trotz Unterstützung durch den Vizekönig von britischer Seite behindert. Erklärtermaßen wollte man sich keine Konkurrenz für die Nachkriegszeit heranziehen. Das hat viel Verärgerung über England ausgelöst, zumal es in der Textilindustrie auf indische Initiative zu sehr erfolgreicher Selbstorganisation kam. Die steigende Nachfrage bei gleichzeitiger Verknappung durch ausbleibende Importe (etwa aus Japan) war geeignet, einen Boom auszulösen, machte aber infolge Preisanstieg das indische Angebot für die Regierung uninteressant. Doch statt Zwangsbewirtschaftung konnte ein Industrieller als Mitglied des zentralen »Executive Council« Selbstkontrolleinrichtungen durchsetzen, die den Unternehmern ein vom Finanzministerium berechnetes »plus« von 7,5–10% über den Produktionskosten sicherte. Insgesamt aber verschärfte die englische Kriegswirtschaft die Versorgungsprobleme Indiens[45].

Auch politisch wurde die britische Kontrolle um beinahe jeden Preis aufrechterhalten, obwohl sich die Tatsachen doch in eine andere Richtung zu entwickeln begannen. Als der Vizekönig ohne jede Konsultation indischer Politiker am 3. September 1939 den Kriegszustand mit Deutschland erklärte, drohte der Kongreß mit Verweigerung der Unterstützung, wenn die Briten die Grundsätze der Demokratie und der Selbstbestimmung der Völker, für die sie in den Kampf gezogen seien, nicht auch in Indien zur Anwendung brächten. Die Antwort blieb unverbindlich; sie wurde im Grunde zwei Jahre später durch jene Unterhausrede des Premierministers Churchill gegeben, in der er erklärte, die gerade beschlossene Atlantikcharta gelte selbstverständlich nicht für Indien. Nun mußten die Kongreßministerien konsequenterweise zurücktreten; die Verfassung von 1935 funktionierte damit auch auf der Ebene der meisten Provinzen nicht mehr[46].

Die Moslem-Premierminister blieben allerdings im Amt. Damit beginnt die endgültige politische Aufwertung der Moslem-Liga und ihres Führers Jinnah, der schließlich für die weitere, zur Teilung Indiens führende Entwicklung den Ausschlag geben sollte. Hätte der Kongreß sich zur Zusammenarbeit mit den Briten bereitfinden können, wäre Jinnah ins politische Abseits geraten. Er hat sich daher zunächst dem Kongreß genähert, wurde aber abgewiesen und hat daraufhin den Rücktritt der Kongreß-Minister als »Tag der Befreiung« für die Moslems feiern lassen. Freilich war Jinnahs Kontrolle über die eigenwilligen »Provinzfürsten« des Punjab und Bengalens alles andere als absolut, so daß er ein Auseinanderdriften der Moslems nur verhindern und das Monopol der Liga unter seiner Führung nur sichern konnte, indem er das einzige gemeinsame Interesse hochspielte, die Autonomieforderung der Moslems, die sich ständig ungerecht behandelt fühlten. Am 24. März 1940 verabschiedete die Moslem-Liga in Lahore ihre sogenannte »Pakistan-Resolution«, in der zwar von Pakistan nicht die Rede ist, aber für die Gebiete mit Moslem-Mehrheiten »Independent States in which the constituent units shall be autonomous and sovereign« gefordert werden[47]. In einer gleichzeitigen Erklärung entwickelte Jinnah eine »Zwei-Nationen«-Theorie mit Forderung nach Autonomie für die Moslem-Nation, vermied aber wie die Resolution auch die Festlegung auf konkretere verfassungspolitische Zielvorstellungen. Damit hatte er ein Mandat, das sich bei künftigen Verhandlungen beliebig strecken ließ, vor allem als bis 1944 die eigenwilligen Moslem-Premiers von folgsameren Liga-Angehörigen abgelöst worden waren. Außerdem hatte sich der Vizekönig bei der Ablehnung eines neuen Kooperationsangebotes des Kongresses durch ein unzureichendes Gegenangebot ausdrücklich darauf festgelegt, daß eine zukünftige Verfassung Indiens keinesfalls den Moslems aufgezwungen werden dürfe. Das ließ sich zu einer Art von verfassungspolitischem Vetorecht ausbauen, sofern Jinnah es nicht vorzog, die Ablehnung britischer Initiativen dem Kongreß zu überlassen und so für die Liga den Eindruck von Kooperationsbereitschaft zu erwecken[48].

Für den Kongreß kam eine Massenkampagne im Krieg aus grundsätzlichen Erwägungen wie infolge der Erfahrungen mit britischer Repression zunächst nicht in Frage. In »individueller Satyagraha« hielten ausgewählte Kongreßpolitiker Reden gegen den Krieg und ließen sich dafür einsperren – wenig mehr als eine Demonstration[49]. Auf der Gegenseite produzierten auch die britischen Konservativen, die im Krieg den Ton angaben, wenig mehr als Worte, doch erweiterte der Vizekönig seinen Exekutivrat um indische Mitglieder[50]. Aber Ende des Jahres 1941 wurden plötzlich die politischen Gefangenen freigelassen; wenige Tage später begann der japanische Siegeszug in Südostasien. Da der Verteidigung Indiens ein ähnliches Desaster drohte wie in Singapore, mußte etwas geschehen. Außerdem drängte der antikolonialistische amerikanische Präsident Roosevelt auf Zugeständnisse an die indische Nationalbewegung. So nahm Churchill das Angebot des Labour-Politikers Stafford Cripps an, in Indien eine Lösung zu suchen. Cripps war mit Nehru persönlich befreundet. Seine Vorschläge liefen auf eine indische Regierung nach britischem Muster hinaus, in der der Vizekönig nur noch die Rolle eines Staatsoberhaupts gespielt hätte. Da ein solches Arrangement im Krieg aber zunächst nur informell zustande kommen konnte, mußte der Vizekönig mitspielen. Dieser, ein getreuer konservativer Gefolgsmann Churchills, weigerte sich aber. Außerdem konnte selbst Cripps den Indern nicht die Verfügung über die Armee zugestehen, die sie erstrebten. So mußte die Mission zu Churchills großer Erleichterung scheitern, aber er hatte vor Roosevelt guten Willen gezeigt[51].

Nun lag die Initiative wieder auf indischer Seite, wo man angesichts der kritischen Lage zauderte, obwohl Gandhi meinte, mit Satyagraha auch eine japanische Invasion bezwingen zu können. Im Juli 1942 wurden die Briten dann in einer von Nehru redigierten Erklärung aufgefordert, Indien umgehend freizugeben und sich selbst zu überlassen (»Quit India-Resolution«). Doch bevor eine neue Kampagne anlaufen konnte, wurde nach vorbereiteten Plänen Gandhi mit der gesamten Kongreßführung verhaftet und der Kongreß verboten. Dadurch waren Aktionen aber nicht zu verhindern; die Volksbewegung der sogenannten »August-Revolution« lief aber gar nicht gewaltlos ab. Doch obwohl der Regierungsapparat mancherorts vorübergehend außer Gefecht gesetzt war, behielt die Unterdrückungsmaschinerie die Oberhand. Es gab 826 Tote, 3953 Verletzte, 91 836 Verhaftungen und 5,7 Mio Rupien Sachschaden[52]. Da Gandhi von der Regierung, wie er meinte zu Unrecht, für die Ausschreitungen verantwortlich gemacht wurde, begann er ein Fasten bis zum Tode – die Regierung blieb dieses Mal ungerührt. Erst 1944 wurde er entlassen, anscheinend eher eine Geste der Verachtung als des Respekts; in der neuen Kriegslage meinten die Briten erst recht keine Zugeständnisse mehr nötig zu haben[53].

Da die Moslem-Liga von der Repression nicht betroffen war, konnte Jinnah unterdessen seine Position ausbauen. Künftig beherrschte er die politische Bühne und nicht mehr Gandhi. Mit ihm hatte Gandhi nach seiner Entlassung 1944 über die Zukunft zu verhandeln, konnte ihn aber auch mit Zugeständnissen nicht mehr zum Aufgeben seiner Autonomieforderung für die Moslems bewegen. Die Teilung Indiens ist das Werk seines Ehrgeizes[54], während Gandhi und der Kongreß gemessen an ihren Plänen vor dem Scheitern standen[55].

Tafel 26: Sun Yatsen (1866–1925)
Führer der chinesischen Revolution,
Gründer der Guomindang

Tafel 27: Chiang Kaishek (1887–1975)
Führer der Guomindang, Präsident der
chinesischen Republik, mit seiner Frau

Tafel 28: Mao Zedong (1893–1976)
Führer der chinesischen kommunistischen Revolution

Tafel 29: Aung San (1914–1947)
Führer der birmanischen Unabhängigkeitsbewegung

Tafel 30: Subhas Chandra Bose (1897–1945)

Tafel 31: Louis Earl Mountbatten (of Burma) (1900–1979) Oberbefehlshaber in Südostasien, 1947 Vizekönig von Indien

Tafel 32: Jawaharlal Nehru (1889–1964)
erster Ministerpräsident (rechts) und Vallabhai Patel (1875–1950) erster Innenminister Indiens (links)

Tafel 33: David Grün alias Ben Gurion
(1886–1973)
Gründer des Staates Israel

Tafel 34: Abdallah ibn Hussein
(1882–1951)
König von (Trans-)Jordanien

Zehntes Kapitel
Dekolonisation

Keine Kolonialmacht außer den USA hatte bisher Bereitschaft zu »dekolonisieren« gezeigt, obwohl die Sache seit Ende des Ersten Weltkrieges diskutiert wurde. 1932 war von dem in London lehrenden deutschen Emigranten M. J. Bonn der Begriff geschaffen worden, als er schrieb: »All over the world a period of countercolonization began, and *decolonization* is rapidly proceeding«[1]. Freilich war damals die Plötzlichkeit des Vorgangs noch nicht vorherzusehen. Entscheidend dafür wurden die Vorgänge im Zweiten Weltkrieg und der Macht- und Prestigeverlust, den die wichtigsten Kolonialmächte dabei hinnehmen mußten[2]. Dazu kam die Übernahme der Welthegemonie durch die USA, die anders als nach dem Ersten Weltkrieg ausdrücklich dazu bereit waren. Im Krieg und nach dem Krieg haben aber nicht nur die regierenden Demokraten, sondern auch ihre republikanischen Gegner aus ihrer Kolonialfeindschaft kein Hehl gemacht. Präsident Roosevelt und andere maßgebende Politiker betonten immer wieder, daß das Selbstbestimmungsrecht nach der Atlantikcharta für *alle* Völker gelte. 1943 wurde im State Department ein Treuhandschaftsprogramm entworfen, nach dem die geplanten Vereinten Nationen über den Zeitpunkt vollständiger Unabhängigkeit aller Kolonien entscheiden sollten. Aber diese klare Linie sollte unter dem Druck der Realität rasch einem weniger glaubwürdigen Zickzackkurs weichen. Die USA mußten abwägen zwischen ihrem Dekolonisationsprogramm und dem Wunsch, sich als Führungsmacht der »jungen Nationen« zu profilieren, einerseits, der Verfolgung ihrer eigenen strategischen und ökonomischen Interessen und der Rücksicht auf ihre Verbündeten im anhebenden »Kalten Krieg« andererseits. »Besser Kolonialismus als Kommunismus« konnte man jetzt im Kongreß hören. 1945 liebäugelte Washington mit den Viet Minh und versagte den französischen Re-Kolonialisierungsbemühungen die Unterstützung, 1949 unterstützte man sie, mit den bekannten Spätfolgen. Aber schon 1944 hatte Roosevelt seinen Ministern nachgeben und verschiedene Pazifikinseln von strategischer Bedeutung wie Guam und Wake von seinem Freiheitsprogramm ausnehmen müssen[3].

Auch auf den Philippinen wurde 1944 durch amerikanisches Gesetz die Zahl der Militärstützpunkte erhöht, bevor die Commonwealth-Verfassung 1945 wieder in Kraft trat. Im Gegensatz zu den Plänen des als Präsident zurückgekehrten ehemaligen Vizeprä-

sidenten Osmena förderte der Oberbefehlshaber Mac Arthur zum Zwecke der nationalen Versöhnung die am Ende erfolgreiche Präsidentschaftskandidatur des ehemaligen Kollaborateurs Roxas. Auf diese Weise sollte die Stellung der konservativen Eliten, die sich großenteils mit Japan eingelassen hatten, auch unter den USA intakt bleiben und der Führungsanspruch der Widerstandskämpfer, vor allem aber die Agrarrevolution der Hukbalahaps von Zentral-Luzon zunichte gemacht werden. Ihren gewählten Vertretern wurden die Parlamentssitze aberkannt und ihre Rebellion bis 1954 mit Vernichtung beantwortet, wobei der mit einer Großgrundbesitzerin verheiratete Roxas in der Wahl der Methoden nicht wählerisch war. Dafür verabschiedete der US-Kongreß 1946 die »Philippine Trade Act« (»Bell Act«), die weitere acht Jahre Freihandel mit den Philippinen vorsah; anschließend sollten die amerikanischen Zölle bis 1974 schrittweise die volle Höhe erreichen. Aber das Gesetz band den Peso an den Dollar und gab Amerikanern für Entwicklung und Ausbeutung des Landes dieselben Rechte wie den Filipinos, obwohl schon die Commonwealth-Verfassung eine philippinische Mindestbeteiligung von 60% an ausländischen Unternehmen zur Pflicht gemacht hatte. Doch zugleich wurde in Washington die »Philippine Rehabilitation Act« (»Tydings Act«) verabschiedet, die Kriegsentschädigungen in Höhe von 620 Mio Dollar vorsah – in voller Höhe freilich nur bei Ratifizierung der »Bell Act«! Unter solchen Umständen war mit etlichen Manipulationen die nötige Dreiviertelmehrheit für die Verfassungsänderung zustandezubringen. Dann wurden die Philippinen am 4. Juli 1946 wenigstens formal eine unabhängige Republik, ein Status, den die übrigen Kolonialmächte ihren Besitzungen in Asien weiter vorenthalten wollten[4].
Das Treuhandschaftsprogramm der USA war inzwischen erheblich geschrumpft. 48 Tage lang wurde bei der Erstellung der UNO-Charta 1944 in San Francisco darüber verhandelt, ob das Treuhandschaftsprinzip für alle abhängigen Gebiete und mit dem ausdrücklichen Ziel der Unabhängigkeit gelten sollte oder nicht. Diese Forderung wurde von China eingebracht und von der UdSSR sowie ehemaligen Kolonien unterstützt; von den 51 Gründungsmitgliedern der UNO waren 27 irgendwann einmal Kolonien gewesen! Wegen des Widerstands der Kolonialmächte sollten schließlich nur ehemalige Völkerbundsmandate, von der Herrschaft der Achsenmächte befreite und von ihren Kolonialherren freiwillig unterstellte Länder unter die Treuhandschaft fallen. Für die übrigen »Gebiete ohne Selbstverwaltung« (»non-self-governing territories«) – der anstößige Begriff »Kolonie« wurde umgangen – wurde nicht »Unabhängigkeit« (»independence«) als Ziel formuliert, sondern »Selbstverwaltung« (»self-government«). Das sollte dem Britischen Empire und der geplanten »Union française« Spielraum verschaffen. Die Kolonialmächte behielten zwar die volle Verfügungsgewalt, mußten aber der UNO jährlich über die Fortschritte ihrer Besitzungen berichten (Artikel 73 e). Dazu kam die Tätigkeit des Treuhandschaftsrats für die eigentlichen Treuhandschaftsgebiete, der nicht nur Petitionen entgegennehmen, sondern auch Untersuchungskommissionen entsenden konnte. Dazu kamen die anti-kolonialistischen Aktivitäten des Sicherheitsrats und vor allem der Vollversammlung, die sich mit ihrer ständig wachsenden Mehrheit aus ehemaligen Kolonien unter Führung ihrer 4. Kommission je länger desto mehr zu einem antikolonialistischen Forum entwickelte. Daraus ergaben sich nicht nur Worte, sondern auch Taten, aber nicht immer mit einem eindeutigen Ergebnis, wie sich etwa im Nahen Osten zeigen sollte[5].

Deutsche und italienische Infiltration des in der Hand der Vichy-Franzosen gebliebenen Mandats Syrien und Libanon führte 1941, als auch der Irak »umzufallen« drohte, zur Besetzung durch Briten und »freie« Franzosen, wobei die letzteren trotz Verfassungen und Wahlen keineswegs die Absicht hatten, die beiden Länder in die volle Unabhängigkeit zu entlassen. Darüber kam es 1943 und erneut 1945 zu Zusammenstößen mit den Briten. Aber nach der Anerkennung der beiden Länder durch die USA und die UdSSR sowie ihrer Einladung als Gründungsmitglieder der UNO blieb dann nur noch der Abzug übrig[6].

In Palästina gestattete die Entwicklung der Zwischenkriegszeit keine derartige »glatte« Lösung mehr. Im Krieg herrschte zwar halbwegs Ruhe, aber die Zionisten waren nicht gewillt, die britischen Einwanderungsbeschränkungen auf der Linie des »White Paper« von 1939 auf Dauer hinzunehmen. Freilich setzten sie nicht länger auf Großbritannien, sondern auf Amerika mit seinen reichen und mächtigen jüdischen Organisationen. 1942 wurde von Jerusalem aus zusammen mit amerikanischen Zionisten eine Konferenz im Biltmore-Hotel in New York veranstaltet, die ein Programm für die Nachkriegszeit verabschiedete, dessen Kernsatz lautete: »that Palestine be established as a Jewish Commonwealth«. Die Araber wurden freundlich erwähnt, ihre Rechte aber nicht[7]. Als die Briten mit Rücksicht auf ihre Araberpolitik nach Kriegsende nicht ohne weiteres bereit waren, von den Restriktionen abzugehen, griffen die jüdischen Wehrorganisationen zur Gewalt. Die wie die »Jewish Agency« eher sozialistisch orientierte »Haganah« und die kleineren rechtsstehenden Gruppen »Irgun« unter dem späteren Ministerpräsidenten Begin und »Lehi« unter Stern begannen im Oktober 1946 mit Guerilla und Terroraktionen gegen die Briten. Die Regierung der USA weigerte sich zwar, direkte Verantwortung zu übernehmen, beanspruchte aber ein Mitspracherecht im Interessse der Gewinnung jüdischer Wähler einerseits, einer expansiven Ölpolitik im Nahen Osten andererseits. Eine gemeinsame amerikanisch-britische Kommission empfahl die Zulassung von 100 000 jüdischen Einwanderern bei Aufrechterhaltung des Mandats im Interesse der Araber. Die britische Regierung zögerte, denn das Mandat erforderte bereits eine gewaltige Militär- und Polizeimacht, die sich England damals eigentlich finanziell nicht mehr leisten konnte – aber in Washington wurde gerade über einen Kredit für London verhandelt. Angesichts der weiteren Eskalation des Terrors wurde von der Kommission ein Teilungsplan mit einer gemeinsamen Zentralregierung in Jerusalem entworfen, dem die »Jewish Agency« zaudernd nähertrat. Da erhielten die radikaleren jüdischen Kräfte Auftrieb durch die 1946 gerade rechtzeitig zu den Kongreß- und New Yorker Gouverneurswahlen abgegebene Erklärung Präsident Trumans, die USA unterstützten die sofortige Einreise von 100 000 Juden nach Palästina, während die Briten weitere Schiffe mit illegalen jüdischen Einwanderern aufbrachten und zurückschickten (so 1947 die »Exodus« mit ihren 4554 Passagieren).

Da die Briten sich auf verlorenem Posten fühlten, beschloß das Unterhaus, die Palästinafrage der UNO zu übertragen und das Mandat nur noch bis zu deren Entscheidung zu halten. Im Sommer 1947 kam eine UNO-Kommission und erarbeitete einen komplizierten Teilungsplan mit Internationalisierung Jerusalems und Bethlehems. Am 29. November 1947 wurde der Plan mit 33 gegen 13 Stimmen bei 11 Enthaltungen von der UNO-Vollversammlung angenommen, nicht ohne Druck der USA. Nun begannen die Briten mit dem Abzug, indem sie Tel Aviv den Juden und Jaffa den Arabern überließen. Daraufhin brach der Bürgerkrieg aber erst richtig aus. Am 9. April 1948 griffen Irgun-Einheiten das Dorf Deir Yasin bei Jerusalem an und brachten 250 Araber um, zur Hälfte Frauen und Kinder. Obwohl es auch an arabischem Terror nicht fehlte, war die Wirkung Panik. Die arabische Bevölkerung floh vor der jüdischen Übermacht; sie brauchte nicht ausdrücklich vertrieben zu werden und folgte auch nicht Anweisungen der benachbarten arabischen Staaten, wie man immer noch lesen kann[8]. Schließlich proklamierte der Führer der jüdischen Arbeiterpartei David Ben Gurion inmitten der Anarchie am 14. Mai 1948 in Tel Aviv den Staat Israel[9]. Eine De-facto-Anerkennung durch Präsident Truman ließ nur Minuten auf sich warten. Die 1944/45 gegründete Arabische Liga hatte sich von

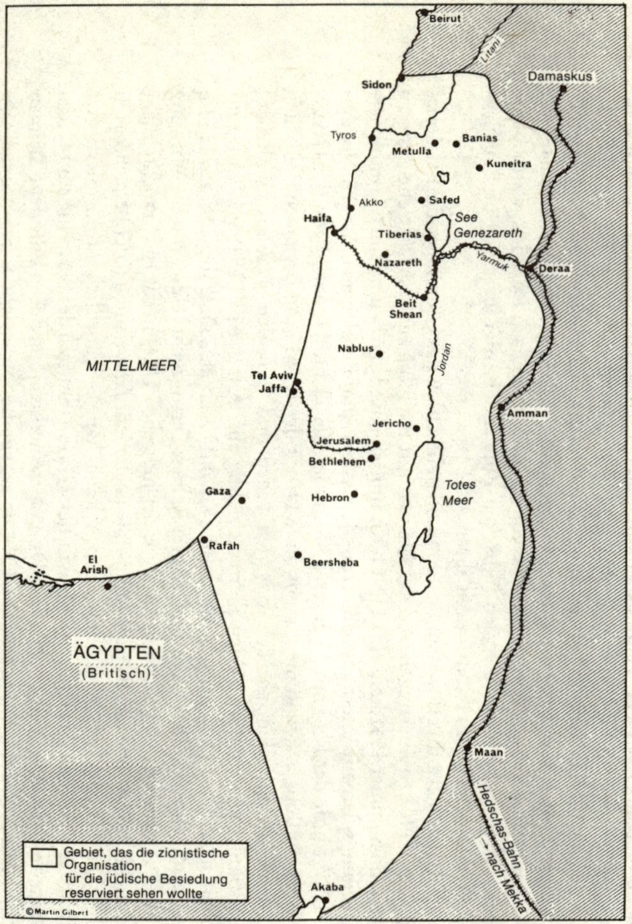

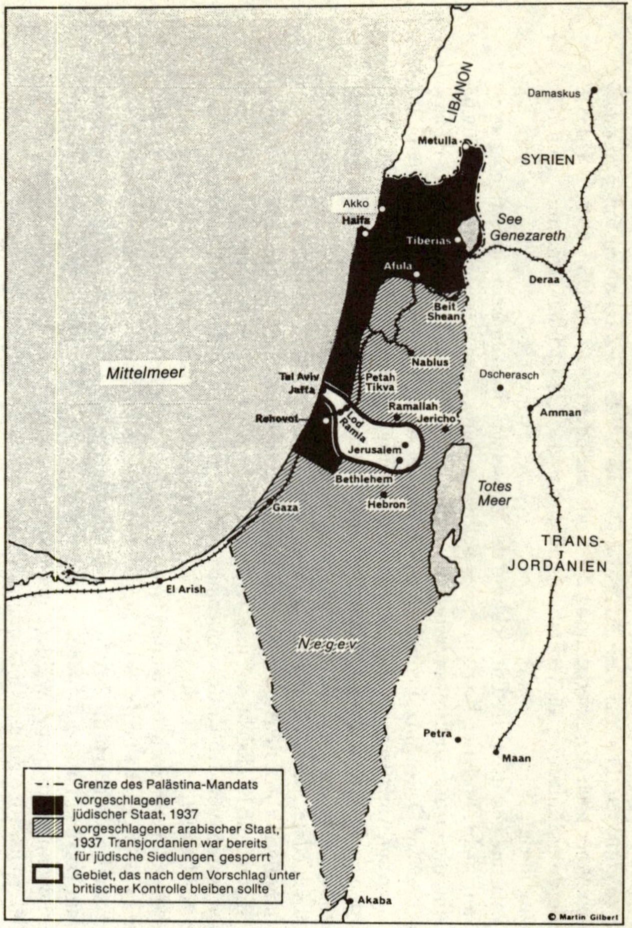

Abb. 25: Entstehung Israels
a) Zionistischer Plan 1919
(Nach: *M. Gilbert:* The Arab-Israeli Conflict. Its History in Maps,

b) Britischer Teilungsplan 1937
(Nach: *J. R. Gainsborough:* The Arab-Israeli Conflict, Aldershot

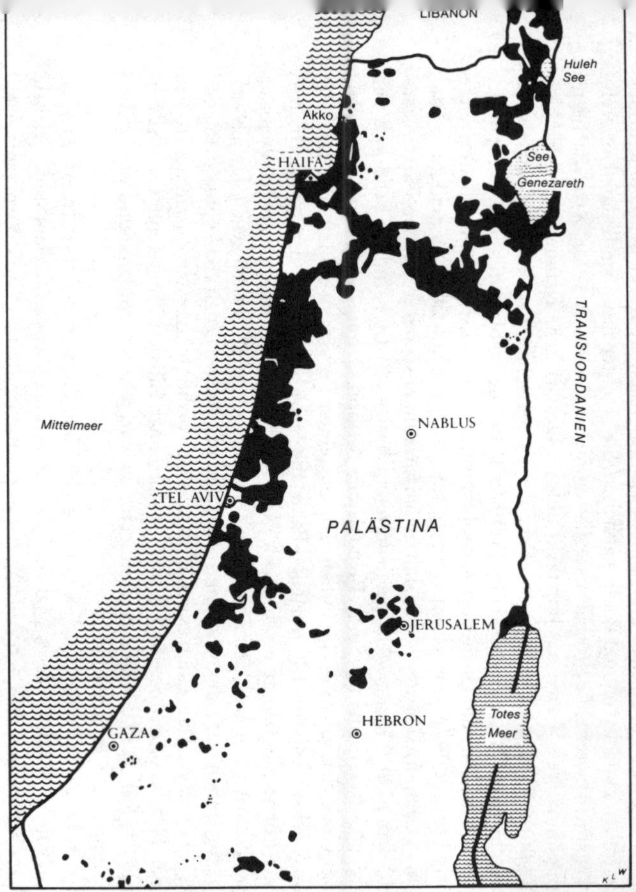

c) Jüdischer Landbesitz 1944
(Nach: *K. W. Stein:* The Land Question in Palestine, 1917–1939, Chapel Hill-London 1984, S. 210)

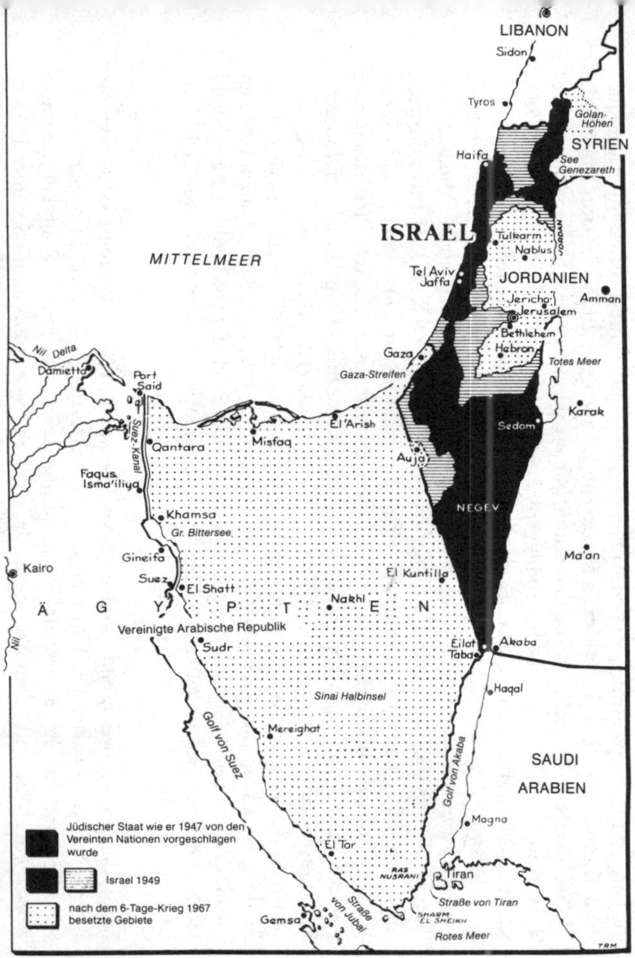

d) Israel 1947–1967
(Nach: *S. N. Fisher:* The Middle East. A History, New York, 3. Aufl. 1979, S. 396)

Anfang an für die palästinensischen Araber erklärt und die Intervention ihrer Mitgliedstaaten für den Fall einer jüdischen Staatsgründung angedroht. So begann am 15. Mai 1948 der erste Palästinakrieg, der den militärisch erfolgreichen Israelis ein weit größeres Territorium beschert hat, als der Teilungsplan vorsah. Nur in der Mitte und im Süden konnten die Araber Gebiete westlich der Jordan-Totes-Meer-Furche behaupten; Jerusalem blieb eine geteilte Stadt. Obwohl die UNO auf seiner Internationalisierung bestand, verlegte Israel 1950 seine Hauptstadt dorthin. Im selben Jahr erweiterte Abdallah von Transjordanien sein Land durch Eingliederung des arabischen Rest-Palästina zu Jordanien – bis 1967, als Israel auch diese Gebiete besetzen konnte. Die 1949 geschlossenen Waffenstillstandsabkommen um Israel haben inzwischen mehrfach ihre Instabilität erwiesen. Die Dekolonisation im Zeichen der UNO ist hier offensichtlich mißlungen[10]. Statt dessen haben Entscheidungen Englands und Frankreichs, die erst in der Ausgangsphase des Kolonialismus getroffen wurden, in Palästina und im Libanon neue Krisenherde geschaffen, die seither zu einem zusammengewachsen sind. Dabei hat sich Großbritannien der Bewältigung des von ihm selbst geschaffenen Problems auffallend rasch entzogen. Solche eilfertige Abgabe von Verantwortung mit schlimmen Folgen begegnet uns in noch größerem Maßstab in Britisch-Indien.

Sogar der wenig bedeutende konservative Vizekönig Wavell erkannte, daß den für Kriegsende zu erwartenden Unruhen nur mit Verfassungsreformen zu begegnen war. Sein Rezept war die informelle Verwandlung seines Exekutivrats in ein Kabinett ausschließlich aus indischen Ministern. Bei einer zur Vorbereitung im Sommer 1945 in Simla abgehaltenen Konferenz machte Jinnah zur Bedingung für die Mitarbeit der Liga, daß er alle Moslem-Minister nominieren dürfe. Angesichts des bedeutenden Kongreßpräsidenten Azad, der ebenfalls Moslem war, lehnte Wavell ab, wagte aber nicht, ein Kabinett ohne die Liga zu bilden. Damit hatte Jinnah seinen Alleinvertretungsanspruch so erfolgreich in Szene gesetzt, daß ihm dies umgehend von den Wählern honoriert wurde[11]. Das neu an die Macht gekommene Labour-Kabinett Attlee ließ nämlich Ende 1945 in Indien zunächst einmal Wahlen abhalten. Sie brachten fast überall klare Kongreß- oder Ligamehrheiten; die Verhältnisse hatten sich zu einer Art von Zwei-Parteien-System polarisiert – Wasser auf Jinnahs Mühlen[12]. Das britische Kabinett setzte auf eine Lösung durch Einigung, auch im Interesse der strategischen Position Großbritanniens am Indischen Ozean[13], und schickte im Frühjahr 1946 eine »cabinet mission« mit Stafford Cripps nach Indien, die ein höchst kompliziertes Föderationsprojekt erarbeitete: eine gesamtindische Union mit Kompetenzen nur für Außenpolitik, Verteidigung und Verkehrswesen, die sich aus vier Bestandteilen zusammensetzen sollte: den Fürstenstaaten und dem in drei »Sektionen« gegliederten bisherigen Britisch-Indien. Sektion B mit Punjab, Nordwestprovinz, Sind, Beluchistan, Sektion C mit Assam und Bengalen, Sektion A mit Zentral- und Südindien. Die einzelnen Provinzen sollten sich dann für Sektionswechsel entscheiden dürfen. »Pakistan« wäre damit auf der mittleren, der Sektions-Ebene möglich gewesen. Beide Kontrahenten stimmten mit Vorbehalten zu, doch als Nehru im Interesse einer starken Zentralregierung öffentlich gegen das Schema sprach, zog Jinnah seine Zustimmung zurück und proklamierte den 16. August 1946 zum »direct action day«. Dabei kam es in Calcutta zu den bisher schwersten Zusammenstößen zwischen Hindus und Moslems, die sich von dort nach Bihar ausbreiteten[14]. Gandhi, der längst in der Politik in den Hintergrund getreten war, eilte jetzt dorthin und verstand es noch einmal, Frieden zu stiften[15].
Nichtsdestoweniger veranlaßte London auf alle Fälle die Bildung einer Interimsregierung und neue Wahlen, dieses Mal für eine verfassunggebende Versammlung. Nehru erhielt im September 1946 den Auftrag zur Regierungsbildung, im Oktober traten nach

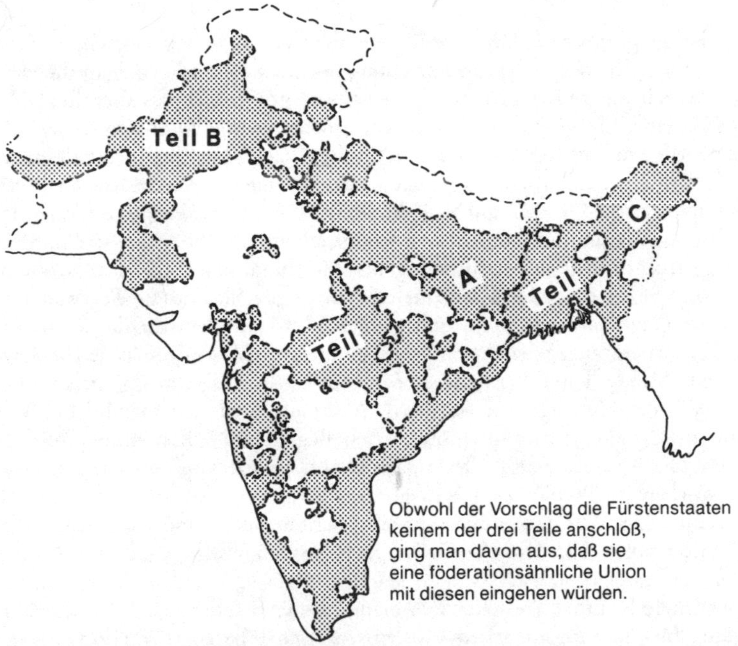

Abb. 26: Föderationsvorschlag der Kabinettsmission für Indien
(Nach: *J. E. Schwartzberg (Hg.):* A Historical Atlas of South Asia, Chicago 1978, S. 72)

anfänglicher Weigerung auch Ligaminister in sein Kabinett ein, aber nur, um für Pakistan zu arbeiten. Während der Innenminister Sardar Vallabhai Patel, neben Nehru der starke Mann des Kongresses[16], das Kunststück fertigbrachte, mit den anglo-indischen Bürokraten zurechtzukommen, blockierte der Liga-Finanzminister Liaqat Ali Khan, wo es ging. Ein Spitzengespräch in London zwischen Attlee, Jinnah und Nehru führte zu nichts; die Liga-Abgeordneten boykottierten die im Dezember 1946 eröffnete verfassunggebende Versammlung, der Kongreß setzte mehr denn je auf eine zukünftige starke Zentralgewalt. Die Aufrüstung der paramilitärischen Parteiverbände machte bedenkliche Fortschritte. Der Vizekönig war am Ende seines Lateins[17]. Attlee ersetzte ihn durch den Sieger von Birma, Lord Mountbatten, der mit dem Prestige eines Vetters des Königs ausgestattet war[18], und legte das Ende der britischen Herrschaft auf Juni 1948 fest. London und sein neuer Prokonsul verstanden es in der Endphase, die längst hoffnungslos auseinanderstrebenden indischen Politiker durch den Termindruck eines Countdown wenigstens notdürftig beisammen zu halten. Mountbatten erarbeitete zunächst einen Plan auf der Grundlage der Vorschläge der »cabinet mission«, ging aber infolge des Widerstandes seines Freundes Nehru im Mai 1947 dazu über, nur noch die Grenzziehung zweier neuer Dominions als britische Aufgabe anzusehen. Damit war endlich die vollständige Trennung von Indien und Pakistan offizielles Ziel geworden. Im Juni und Juli wurden Volksabstimmungen oder Beschlüsse der Provinzparlamente über die Zuordnung zu Pakistan abgehalten, nach denen Bengalen und Punjab geteilt, Sind, Beluchistan und die Nordwestprovinz aber vollständig dazugeschlagen wurden. Nach einem britischen Gesetz vom 18. Juli wurden Pakistan am 14. August in Karachi und Indien am 15. August 1947 in Delhi als Dominions in die Unabhängigkeit entlassen. Nicht einmal die letzte Klammer eines gemeinsamen Generalgouverneurs kam zustande; Jinnah forderte dieses Amt in Pakistan für sich[19].

Aber die Einigung in den Palästen bedeutete nicht Friede in den Hütten, im Gegenteil. Um die praktischen Details der Grenzziehung und die notwendigen Sicherheitsmaßnahmen hatten sich die neuen Herren noch weniger gekümmert als die alten. Die rund 40 Mio Moslems, die in Indien verblieben, erhielten vom Vater der Zwei-Nationen-Theorie Jinnah den Rat, sich als loyale Bürger ihres neuen Landes zu verhalten[20], und der Kongreß bemühte sich gemäß seiner Konzeption eines säkularen Nationalstaates um ihren Schutz. Für die Hindu- und Sikh-Minderheiten im dezidiert islamischen Pakistan sah bereits die Ausgangslage anders aus. Faktisch kam es in Bengalen wie im Punjab zu Flüchtlingsströmen in beiden Richtungen, bis 1951 mindestens 14,5 Mio[21], wobei sich die Zahlen beider Seiten etwa die Waage hielten. Nicht gezählt sind die Toten, denn häufig entartete der Bevölkerungstausch zum großen Morden, allein für das Punjab werden 500 000 Ermordete angegeben[22]. Entsprechende Ausschreitungen gegen die im Land verbliebenen Minderheiten der anderen Seite waren die Folge; in Calcutta und dann in Delhi begann die Hetzjagd auf Moslems. Abermals warf sich Gandhi der Volkswut entgegen. In Calcutta erzwang er durch den Beginn eines Fastens bis zum Tod die Beruhigung der Massen. Dann eilte er nach Delhi, um die Moslems vor der Vergeltung für das Morden im Punjab zu schützen. Damals gelang es ihm noch, durch bloßen Einsatz seiner Autorität das indische Kabinett unter Nehru und Patel zur Auszahlung von 550 Mio Rupien (125 Mio US-Dollar) an Pakistan zu zwingen, dessen Anteil an der britisch-indischen Staatskasse[23]. Dazu bestand wenig Neigung, denn inzwischen war der erste bewaffnete Konflikt zwischen den beiden neuen Staaten ausgebrochen, um Kashmir, dessen Bevölkerungsmehrheit Moslems, dessen Fürsten aber Hindus waren. Als Freischaren aus Pakistan einrückten, erklärte der Maharadscha seinen Anschluß an Indien, das auf dem Luftweg Truppen entsandte. Bis zu einem Waffenstillstand 1949 kamen der Norden und Westen des Landes unter pakistanische, der Süden und Osten unter indische Kontrolle, wobei es geblieben ist. Die von der UNO verordnete Volksabstimmung hat nie stattgefunden[24].

Gandhi mußte den letzten moralischen Sieg mit dem Leben bezahlen. Am 30. Januar 1948 wurde er vor einer Gebetsversammlung von einem Hindu als Verräter erschossen. Vielleicht war es gut so, denn sein letzter Triumph vermochte kaum zu verdecken, daß die Entwicklung ihn überholt hatte. Die geteilte Unabhängigkeit war nicht die, für die er gekämpft hatte[25] – er hat an der Feier des 15. August auch nicht teilgenommen. Die Zeit der Gewaltlosigkeit war längst vorüber, sie hatte ihren Zweck erfüllt, aber die indische Außenpolitik unter Nehru konnte nichts mehr damit anfangen. Und auch die innere Entwicklung Indiens ging andere Wege als Gandhi gewollt hatte. Unter Führung des konservativen Innenministers Patel (gest. 1950) wurde eine ziemlich zentralistische und autoritäre Verfassung erarbeitet, im Grunde eine Neuauflage der »Government of India Act« von 1935. Nehrus wichtigster Beitrag bestand in der Modernisierung des bisher beibehaltenen hinduistischen Ehe- und Familienrechts zugunsten der Frauen. Seine Idee einer sozialistischen Bodenreform konnte er aber nicht durchsetzen. Bereits die britische Pächterschutzgesetzgebung hatte die größeren Bauern begünstigt, die Unterpächter und Landarbeiter aber vernachlässigt. In den Auseinandersetzungen um die Pachten in der Weltwirtschaftskrise sind diese wohlhabenderen Bauern zum Rückhalt des Kongresses geworden. Patel stammte aus ihren Reihen. In ihrem Interesse wurde nun reformiert. Die Großgrundbesitzer wurden enteignet und entschädigt, die wohlhabenden Bauern wurden zu kleinen Grundherren, die das Dorf und seine politische Willensbildung für den Kongreß kontrollierten[26].

Patel war auch maßgeblich an der erstaunlich reibungslosen Eingliederung der Fürstenstaaten beteiligt, die von den Briten mehr oder weniger sich selbst überlassen worden waren. Großzügige Abfindung war das Geheimnis des Erfolgs, nur ausnahmsweise

Abb. 27: Indien 1967
(Aus: *L. Bianco (Hg.):* Das moderne Asien. Fischer Weltgeschichte, Bd. 33, Frankfurt 1969, S. 205)

mußte Gewalt angewendet werden wie in Hyderabad 1948, dessen Nizam unbedingt selbständiges Mitglied des Commonwealth werden wollte. Nun bestand Indien aus A-Staaten (ehemaligen britischen Provinzen), B-Staaten (ehemaligen Fürstenstaaten oder Zusammenschlüssen von solchen wie das 1949 geschaffene Rajastan), schließlich den stark von der Zentrale abhängigen C-Staaten und D-Territorien. Die »States Reorganization Act« von 1956 nahm dann eine Neugliederung nach Sprachgesichtspunkten vor; infolge weiterer Veränderungen beträgt die Staatenzahl seit 1975 zweiundzwanzig[27]. Pakistan hatte kaum Eingliederungsprobleme, litt aber von Anfang an unter der noch nie dagewesenen Tatsache, daß sein Staatsgebiet aus zwei fast 1500 km Luftlinie voneinander

entfernten, durch feindliches Territorium getrennten und von grundverschiedenen Volksgruppen bewohnten Teilen bestand. Das kleinere Bengalen stellte die Bevölkerungsmehrheit, wurde aber ständig von West-Pakistanis dominiert. Seit 1966 kam es daher zu massiven Autonomiebestrebungen, die 1970 mit Kriegsrecht beantwortet wurden. Im nun ausbrechenden Bürgerkrieg kam es zur Sezession Bengalens als Bangla Desh mit indischer und russischer Hilfe, während die USA und Großbritannien in passiver Sympathie für Pakistan verharrten[28].
1949–1956 waren die vier französischen Restbesitzungen an die indische Union übergegangen[29], 1961 besetzte sie Goa und die beiden anderen portugiesischen Enklaven. Symbolisch fand damit die Kolonialherrschaft in Indien dort ihr Ende, wo sie begonnen hatte. Obwohl bei diesem und anderen Anlässen keineswegs wählerisch in Anwendung von Gewalt, hat Nehru Wert darauf gelegt, die indische Politik als dem imperialistischen Westen überlegen darzustellen. Unter den seitherigen Herrschern Indiens aus seiner Dynastie haben sich aber die politischen Verhältnisse weiter »normalisiert«[30]!

Auch in Birma handelte es sich nicht um eine von britischer politischer Weisheit langfristig geplante Machtübergabe, sondern um kurzfristige Improvisation unter dem Druck der Nationalisten. Während der Oberbefehlshaber Mountbatten auf Zusammenarbeit mit den letzteren setzen wollte, seit diese auf die britische Seite übergegangen waren, arbeiteten der Gouverneur, britische Wirtschaftskreise und ältere einheimische Oligarchen im Sinne Londons auf Wiederherstellung des Status quo hin. Aung San und seine Antifaschisten-Liga, die führende politische Kraft des Landes, wurden mißtrauisch beobachtet und diskriminiert, bis Labour die Wende brachte. Attlee entschied sich auch hier für beschleunigte Dekolonisation und schloß Anfang 1947 ein Abkommen mit Aung San, das baldige Unabhängigkeit nach dem Westminster-Modell und Garantien für die nicht-birmanischen Minderheiten vorsah. Eine verfassunggebende Versammlung wurde gewählt. Da fiel der neue Premier Aung San mit sechs seiner Minister dem Mordanschlag eines Rivalen zum Opfer. Dennoch wurde die Unabhängigkeit planmäßig am 4. Januar 1948 erreicht, wobei Birma als einziges Land Asiens aus dem Commonwealth ausschied. Die sorgfältige Berechnung des Unabhängigkeitstags durch Astrologen hat die junge Republik aber nicht vor schweren inneren Konflikten bewahren können[31].

Die Entwicklung in Birma diente den einheimischen Führern Ceylons, heute Sri Lanka, als Argument für ihre Forderung nach vollem Dominion-Status. Obwohl Ceylon als Muster allmählicher konfliktloser Dekolonisation und kooperativer einheimischer Eliten gelten kann, mußte London auch hier gedrängt werden. Die Zahl der einheimischen Mitglieder im »Legislative Council« war schon lange immer wieder vermehrt worden; seit 1910 handelte es sich erstmalig in einer Kolonie um eine gewählte Vertretung[32]. 1931 wurde sie in einen »Staatsrat« verwandelt, von dessen 63 Mitgliedern 50 gewählt waren; die Exekutive lag hier bei Ausschüssen des Staatsrats. Auf dieser Basis konnte dann nach dem Krieg zunächst »responsible government« und am 4. Februar 1948 die Unabhängigkeit errungen werden[33].

Das Abtreten der Holländer und Franzosen vollzog sich weniger elegant als das der Briten, obwohl oder vielleicht gerade weil der Zweite Weltkrieg sie im Gegensatz zu jenen vor vollendete Tatsachen gestellt hat. Alsbald nach dem japanischen Kapitulationsangebot an die USA nahm Sukarno die für September versprochene Unabhängigkeit in Anspruch und proklamierte am 17. August 1945 die Republik Indonesien mit den fünf Grundsätzen (»pantja sila«) Nationalismus, Internationalismus, repräsentative Regierung, soziale Gerechtigkeit und Glaube an Gott. Sukarno war Präsident, Hatta Vizeprä-

sident, ein Nationalkomitee mit 135 Mitgliedern ersetzte das Parlament. Obwohl die Republik nur Java und Sumatra kontrollierte, ernannte sie Gouverneure für alle Provinzen. Die seit 1943 von den Japanern aufgestellten, dann aber wieder entwaffneten Territorialverteidigungsverbände wurden zum Kern einer Armee. Dazu kamen irreguläre Einheiten, die Ausbildung durch Begeisterung ersetzten[34]. Ihre Feuertaufe erhielten sie in der Schlacht um Surabaja im November 1945, als sie diese Stadt vergebens gegen britische und niederländische Truppen zu behaupten versuchten. Die Briten hielten sich in der Regel gegenüber der Republik zwar zurück, begünstigten aber das Nachrücken der Niederländer, deren teilweise aus ehemaligen Internierten und christlichen Ost-Indonesiern rekrutierten Verbände sich der von der Republik nicht kontrollierten äußeren Inseln und mit britischer Hilfe einiger Städte auf Java und Sumatra bemächtigen konnten. Im Januar 1946 wich die Regierung der Republik vor niederländischem Druck von Batavia/Djakarta nach Jogjakarta aus[35].
Die abziehenden Briten wie die UNO drängten auf Einigung, so daß schließlich am 15. November 1946 das Abkommen von Linggadjati (in Cheribon) zustande kam. Darin war die Errichtung der »Vereinigten Staaten von Indonesien« in Union mit den Niederlanden vorgesehen, die aus der Republik und den im niederländischen Machtbereich geschaffenen Staaten von Borneo und Ost-Indonesien bestehen sollten[36]. Diese Salami-Taktik wurde aber weder von der niederländischen öffentlichen Meinung geschätzt – die Wahlen 1946 und 1948 verstärkten das konservative Lager, während die Kolonialpolitik von Sozialisten und wohlmeinenden Paternalisten gemacht wurde[37] – noch konnte die Republik mit 85% der Einwohner Indonesiens sich auf diese Weise majorisieren lassen. Die Konflikte mündeten in die Eröffnung einer holländischen »Polizeiaktion« gegen die Republik am 21. Juli 1947[38]. Rasch besetzten die Niederländer den zentralen Teil Javas mit den Häfen und die wirtschaftlich wichtigen Gebiete Sumatras, als sie infolge der Anrufung des Weltsicherheitsrates durch Indien und Australien Halt machen mußten. Ihre Ablehnung der Einmischung in die »inneren Angelegenheiten« der Niederlande fruchtete nichts, sie mußten als Kompromiß wenigstens die »guten Dienste« eines UNO-Vermittlungsausschusses unter dem Vorsitz eines Vertreters der ihnen wohlgesonnenen USA annehmen. In den Vereinbarungen vom 17. Januar 1948 an Bord des amerikanischen Dampfers »Renville« vor Surabaja konnten sich die Niederlande weitgehend durchsetzen; die Existenz der Republik war aber einstweilen gerettet. Freilich gab deren Bedrängnis linken Kräften Auftrieb, die ihre Regierung der Amerika-Hörigkeit beschuldigen konnten. Doch gelang es der Regierung, des kommunistischen Aufstands von Madiun im Herbst 1948 Herr zu werden, zum Erstaunen der Niederländer, die mit Selbstzerfleischung der nationalen Kräfte gerechnet hatten, und zur Freude Amerikas, dessen Regierung unter dem Druck der eigenen öffentlichen Meinung jetzt von einer pro-niederländischen zu einer pro-indonesischen Haltung überging. Die amerikanischen Öl- und Handelsinteressen waren ja offensichtlich auch so zu sichern[39].
Die Republik konnte die amerikanischen Sympathien brauchen, als die Holländer das Scheitern ihrer Pläne mit einer Föderation aus eifrig weiter gegründeten indonesischen Staaten[40] am Widerstand der Republik nach einem Wahlsieg der Rechten zu Hause mit einer zweiten »Polizeiaktion« am 19. Dezember 1948 beantworteten. Jogjakarta wurde bombardiert, Fallschirmjäger nahmen die Regierung gefangen, niederländische Truppen besetzten die Städte der Republik. Aber die militärischen Erfolge wurden zur politischen Niederlage, weniger weil die 145 000 Mann der Holländer nun ständig von Guerilla bedrängt wurden[41], als vor allem wegen der heftigen Reaktion der Weltmeinung in Ost und West, vor allem aber der USA. Die UNO setzte einen regelrechten Indonesien-Ausschuß ein und die USA ließen durchblicken, daß die Marshall-Plan-Hilfe gefährdet

sein könnte. So mußten die Niederlande einlenken. Das Ergebnis der am 23. August 1949 eröffneten Konferenz am Runden Tisch in Den Haag war die Unabhängigkeit für neue, nicht mehr holland-hörige »Vereinigte Staaten von Indonesien« am 27. Dezember 1949, die umgehend Sukarno zu ihrem Präsidenten wählten; Hatta wurde erneut Ministerpräsident. Da der Föderalismus durch die niederländischen Manöver diskreditiert war, verwandelte sich der Bundesstaat schon am 17. August 1950 in eine unitarische Republik. Die holland-treuen kalvinistischen Südmolukker flohen in die Niederlande[42].
1956 wurde auch die 1949 vereinbarte Union mit den Niederlanden von Indonesien einseitig gekündigt, weil die Holländer nicht bereit waren, West-Neu-Guinea (indonesisch: West-Irian) herauszugeben, das sie 1949 hauptsächlich aus Gründen der nationalen Selbstachtung behalten hatten. Die melanesische Bevölkerung des Landes hatte ja mit den Malayen Indonesiens nichts gemein. Das Hochspielen der West-Irian-Frage durch den indonesischen Imperialismus, wie üblich nicht ohne Bezug auf innenpolitisches Krisenmanagement, führte 1957 vor der UNO noch nicht zum Erfolg, sondern erst 1963, als Präsident Kennedy Holland im Interesse seiner Indonesienpolitik unter Druck setzte. West-Irian kam an Indonesien. Die vorgesehene Volksabstimmung fiel 1969 für Verbleib aus; 1971 erhielt West-Irian Autonomie im Rahmen Indonesiens[43].
Eine ähnliche Kampagne zum Erwerb des ehemals britischen Nord-Borneo blieb 1963 ohne Erfolg, obwohl sie bis zum Austritt Indonesiens aus der UNO getrieben wurde. Nicht hingegen der Griff nach dem portugiesischen Ost-Timor, als der Umsturz in Portugal 1974 auch hier die Dinge in Bewegung brachte. Die marxistische »Fretilin« (»Frente revolucionaria social democrata timorese«) forderte Unabhängigkeit, andere Parteien waren für Autonomie im Rahmen Indonesiens. Statt dessen wurde Ost-Timor am 17. Juli 1976 durch Dekret des Präsidenten der jetzt in Indonesien herrschenden Militärregierung, Suharto, als Provinz integriert, ein Schritt, der Mißfallen erregte, aber infolge seiner anti-kommunistischen Komponente mancherorts legitimationsfähig war[44].

Ganz wie die Niederländer waren auch die Franzosen aller politischen Richtungen entschlossen zu re-kolonisieren, obwohl auch sie dabei eine im Schatten des japanischen Untergangs entstandene einheimische Staatsbildung zu »verdauen« hatten, die am 2. September 1945 in Hanoi vom Viet Minh ausgerufene »Demokratische Republik Vietnam«. Im August hatte der Viet Minh die nationale Erhebung gegen die Japaner proklamiert; seinem Befreiungskomitee unter Ho Chi Minh übergab das zusammenbrechende Kollaborateurregime Bao Dais die Staatssiegel. Damit ging in den Augen des Volkes das »Mandat des Himmels« auf den Viet Minh über. Aber wenig später landeten die Franzosen in Saigon und unterwarfen erst einmal Cochinchina wieder ihrer Kolonialherrschaft. Und im Norden marschierten die von den Japanern befreiten Nationalchinesen ein und brachten ihre anti-kommunistischen Freunde mit. Doch nach Kämpfen kamen im Februar 1946 durch Kompromiß Wahlen zustande, mit Einheitslisten, aber 20% der Sitze für Nicht-Kommunisten. Die Zustimmung war überwältigend. Doch nun griff Frankreich auch nach Norden aus. Durch Verzicht auf die Rechte aus den ungleichen Verträgen brachte es die Chinesen aus dem Land, konnte aber die junge Republik nicht ignorieren. Nach Verhandlungen wurde sie am 6. März 1946 als freier Staat in der »Fédération indochinoise« und der »Union française« anerkannt. Dies waren die Instrumente, mit denen die entstehende 4. Republik in einem neuen Aufschwung assimilatorischen, aber keineswegs anti-kolonialistischen »linken« Elans Indochina, Marokko und Tunesien seiner weiteren Kontrolle zu unterwerfen gedachte[45]. Im Sommer und Herbst verhandelte eine Delegation unter Ho Chi Minh in Frankreich, verbindlich in Einzelheiten, selbst hinsichtlich der Stationierung französischer Truppen im Norden, aber unnachsichtig in Sachen Unabhängigkeit und Einheit Vietnams – die Franzosen hatten inzwischen aus Cochinchina eine eigene Republik gemacht. Ho erhielt zwar keinerlei Unterstützung seitens der französischen Kommunisten, entschied sich aber doch für das Risiko einer Zusammenarbeit mit den Franzosen, obwohl er zu Hause schon als Opportunist angefeindet wurde. Es gelang ihm aber, nach seiner Rückkehr durch Säuberungen die Herrschaft seiner Gruppe fest zu etablieren – zur Besorgnis der Franzosen[46].

Infolgedessen wurden nach gebührender Vorbereitung in der französischen Presse Zwischenfälle zwischen französischen Soldaten und Vietnamesen zu Indizien einer bevorstehenden Aggression emporstilisiert und zum Anlaß einer Beschießung Haiphongs von See genommen, bei der es mindestens 6000 Tote gab. Der Versuch Hos, mit Paris Kontakt aufzunehmen, wurde von der Kolonialverwaltung sabotiert[47]. So fiel am 19. Dezember 1946 die Miliz des Verteidigungsministers Giap über die Franzosen her – der erste Vietnam-Krieg hatte begonnen. Bis 1947 hatten sich die Franzosen die Kontrolle der meisten wichtigen Plätze und Verbindungslinien verschafft, was aber nicht viel besagen will, denn ihr Gegner war gemäß der langfristigen Strategie Giaps in den Untergrund gegangen. Diese Strategie, die sich trotz aller Rückschläge bis 1975 noch mehrfach bewähren sollte, operierte in drei Phasen: (1) Guerilla, um den Gegner von der Bevölkerung abzuschneiden und diese durch gegnerischen und eigenen Terror auf die eigene Seite zu bringen, (2) Aufrichtung der eigenen politisch-militärischen Macht in einem möglichst großen Gebiet mit Aufstellung einer regulären Armee, (3) Angriff auf die dem Feind verbliebenen Enklaven. Aber Frankreich versuchte es auch mit einer politischen Offensive, gab die indonesischen Föderationspläne auf und errichtete 1948/49 ein wiedervereinigtes Vietnam unter dem abermals aufgetauchten Bao Dai. Es wurde zwar vorsichtshalber nie Wahlen ausgesetzt, aber 1950 zusammen mit Laos und Kambodscha in die »Union française« aufgenommen. Im Gegenzug wurde die Demokratische Republik Vietnam von China und der Sowjetunion anerkannt[48].

Inzwischen war nämlich auch in China das »Mandat des Himmels« an die Kommunisten übergegangen; auch wenn seine neuen Träger nicht im alten Sinn daran glaubten, so war der Mechanismus doch derselbe geblieben. Das Guomindang-Regime war in einem Ausmaß von Cliquenwirtschaft und Korruption geprägt, daß effiziente Administration ebenso unmöglich wurde wie die Bekämpfung des kommunistischen Rivalen, mit dem man ziemlich zwiespältig gegen Japan zusammengearbeitet hatte. Die Sympathien der Bauern und weiter Teile der Gentry gingen auf die tüchtigen, integren und anspruchslosen Kommunisten über, die eine erfolgreiche Landreform durchgeführt hatten. Die Sorge um das Eigentum konnte in den Hintergrund treten, denn viele Besitzende hatten im Krieg ohnehin alles verloren. So war es möglich, daß die chinesischen Kommunisten trotz amerikanischer Unterstützung für die Guomindang-Regierung aus der Position des eindeutig unterlegenen zum überlegenen Gegner anwuchsen und 1948/49 ganz China erobern konnten. Chiang Kaishek mußte nach Taiwan ausweichen. Xinjiang und Tibet wurden erneut unterworfen. 1955 verließen die Russen die Mandschurei. Mit der brutalen Verfolgung der westlichen Missionare und der chinesischen Christen als Agenten des Imperialismus sollten die letzten Spuren der Fremdherrschaft ausgemerzt werden, während die Volksrepublik China ihrerseits mit einer aktiven anti-imperialistischen Außenpolitik begann[49].

Für den Viet Minh bedeutete diese Entwicklung einen freundlichen Nachbarn im Norden, auch wenn dieser später gefährlich werden konnte. Auf der anderen Seite führte sie zu einem wachsenden Interesse der USA an Indochina, dessen Problem sie bisher infolge ihrer kritischen Einstellung gegenüber dem französischen Kolonialismus eher distanziert gegenübergestanden hatten. Aber 1950 kam es in dem 1945 entkolonialisier-

ten, aber zweigeteilten Korea zu jenem Krieg, in dem alsbald chinesisches Eingreifen die dort engagierten USA in Bedrängnis bringen sollte. So war Amerika jetzt zur Hilfe für ein nicht-kommunistisches Vietnam bereit, freilich um den Preis der Freiheit für die assoziierten Staaten. Demgemäß sprach man in Frankreich nun nicht mehr von den eigenen Rechten, sondern vom Kampf für die Freiheit und Sicherheit der Welt. Und es kam 1953 zu einer Krise in den Beziehungen Frankreichs zu den drei Ländern Indochinas, die bis 1954 zu deren formeller Unabhängigkeit und dem stillschweigenden Abschied von der »Union française« führen sollte[50]. Der auch als anti-kommunistischer Kampf immer noch von Frankreich allein geführte Krieg endete nach beträchtlichen Erfolgen bis 1951[51] schließlich mit einer schweren Niederlage. Als Giap den vietnamesischen Einfluß auch militärisch auf Laos auszudehnen begann, glaubte der französische Oberkommandierende durch Besetzung von Dien Bien Phu am Weg nach Laos Giaps Kerntruppen zum Kampf stellen und vernichten zu können. Das erstere gelang, aber mit dem unerwarteten Ergebnis einer Niederlage, unter anderem, weil die Vietnamesen Artillerie einsetzen konnten, die die Chinesen im Koreakrieg erbeutet hatten. Am 7./8. Mai 1954 kapitulierte Dien Bien Phu, nachdem ca. 20 Mia DM verpulvert worden waren, von denen allerdings die Hälfte aus Amerika gekommen war. Ein direktes amerikanisches Eingreifen, unter Umständen mit Atomwaffen, scheint aber am britischen Veto gescheitert zu sein[52].
Auf der durch Initiative des Berliner Außenministertreffens 1954 zustandegekommenen Genfer Indochina-Konferenz unter dem Ko-Präsidium Englands und Rußlands verstand es der französische Ministerpräsident Mendès-France, durch Drohung mit dem bisher vermiedenen massiven Einsatz französischer Wehrpflichtiger eine Grenze Nord-Vietnams am 17. Breitengrad und den Abzug von fast 1 Mio »Franzosenfreunden« aus dem Norden durchzusetzen. Dort hatte ja eine blutige Bodenreform und eine Schwenkung gegen die einheimischen Katholiken stattgefunden, mit denen man einst zusammen gekämpft hatte[53]. Die Waffenstillstandsvereinbarungen wurden allerdings von den USA und den immer mehr von diesen abhängigen wechselnden süd-vietnamesischen Regimes nicht anerkannt. 1956 weigerte sich Saigon, die vereinbarten gesamtvietnamesischen Wahlen unter internationaler Aufsicht zuzulassen – ein Grund mehr für Hanoi, die »Befreiungsfront« in Südvietnam zu unterstützen. Schließlich gingen die USA 1964 zum Angriff auf Nord-Vietnam über. Dieser zweite Vietnamkrieg, der wie der erste gegen eine feindliche Bevölkerung nicht zu gewinnen war, endete 1975 nach einer Wendung der amerikanischen Politik mit dem Zusammenbruch des süd-vietnamesischen Regimes und der Wiedervereinigung des Landes durch Hanoi. Dieser Sieg über den amerikanischen Neo-Kolonialismus sollte weltweit nicht weniger Aufsehen erregen als der frühere Sieg über den französischen Kolonialismus[54].

Zugleich mit den Franzosen in Indochina hatten die Briten in Malaya einen ganz ähnlichen »schmutzigen Krieg« gegen die aus kommunistischen Partisanen der Kriegszeit hervorgegangene »Malayan Races Liberation Army« geführt – und gewonnen. Dabei dürften weniger die später auch in Vietnam eingesetzten Methoden (Versprühen von Chemikalien, Umsiedlung etc.) den Ausschlag gegeben haben, als die Tatsache, daß es sich um eine fast ausschließlich chinesische Bewegung handelte, die bei anderen Bevölkerungsgruppen kaum Unterstützung fand[55]. Großbritannien beabsichtigte, nach dem Krieg in Malaya und Singapore zu bleiben, und zwar in erster Linie aus ökonomischen Gründen. Es ging um Singapore als Handelsplatz, vor allem aber um Profite aus Zinn und Kautschuk. Obwohl es wenig politische Aktivität im Lande gab, gedachten die Briten, den Zeichen der Zeit zu folgen und am 1. April 1946 eine Malayische Union ohne Singapore unter britischer Herrschaft ins Leben zu rufen, in der die traditionellen

Fürsten entmachtet und die drei Bevölkerungsgruppen Malayen, Chinesen (je ca. 40%) und Inder (ca. 20%) gleichberechtigt sein sollten. Doch die Malayen protestierten heftig, sie hatten Angst vor den Chinesen, und ihre Sultane wollten sich nicht ausbooten lassen. So wurde denn am 1. Juli 1948 eine »Federation of Malaya« mit einer revidierten Verfassung gegründet, die aus den neun Fürstentümern und den Kolonien Penang und Malakka bestand. Sie behielten innere Selbstverwaltung unter einem britischen »High Commissioner« in Kuala Lumpur. Das Bürgerrecht stand ohne weiteres jetzt aber nur noch Malayen zu; besonders für Chinesen galten erhebliche Einschränkungen. Deren kommunistische Partei hatte sich bisher ruhig verhalten. Immerhin war sie als einzige anti-japanische Partisanenbewegung von den Briten massiv unterstützt worden; ihr neuer Generalsekretär war sogar Träger des Ordens vom Britischen Empire (O.B.E.). Doch die im Jahre 1948 verständliche Furcht vor der kommunistischen Weltverschwörung auf der einen Seite, die Diskriminierung der Chinesen und die bedrängte Lage der Plantagen- und Minenarbeiter auf der anderen führten zu einer Eskalation der Beziehungen zwischen Kolonialmacht und Kommunisten, die 1948 in Ausnahmezustand und Guerilla mündete. Die Kommunisten hielten sich an die von Mao Zedong entworfene und von Vo Nguyen Giap vervollkommnete Strategie, kamen aber nie über die erste Phase, die Guerilla hinaus. 1960 waren sie niedergekämpft; der Ausnahmezustand konnte aufgehoben werden. Die Briten hatten zeitweise 120 000 Mann zur Verfügung und ließen sich einen der 1948–1959 getöteten Feinde 190 000 DM kosten (die Amerikaner in Vietnam 1965/66 angeblich 210 000 DM)[56].
Inzwischen hatte sich politisch eine bessere Lösung abgezeichnet. Malaya hatte ein »Legislative Council« mit einer steigenden Zahl gewählter Mitglieder und 1955 eine Art von parlamentarischem Kabinett erhalten. Dabei hatten gemäßigte bis konservative Gruppen an Gewicht gewonnen. Anläßlich der Wahlen von 1955 gelang es dem Prinzen, später Sultan von Negri Sembilan, Abdul Rahman, der zugleich ausgebildeter britischer Jurist war, aus den entsprechenden malayischen, chinesischen und indischen Parteien eine »staatstragende« Allianz zu bilden und in Verhandlungen mit England einzutreten. Das Ergebnis war die Unabhängigkeit der »Federation of Malaya« im Commonwealth am 3. August 1957. Die Sultane wählen einen aus ihrer Mitte abwechselnd für fünf Jahre zum Staatsoberhaupt.
Singapore war draußen geblieben, denn mit ihrer chinesischen Bevölkerungsmehrheit und ihrer strategischen Bedeutung war diese Stadt ein besonderer Fall. Infolgedessen wurden Unabhängigkeitswünsche zurückhaltend behandelt, bis 1957 die kommunistische Gefahr gebannt schien und die Umrüstung das alte Stützpunktsystem überholt hatte. Nun erhielt Singapore unter seinem dynamischen Premier Lee Kuan Yew 1958/59 Selbstverwaltung; für die Unabhängigkeit war ein Zusammenschluß mit Malaya vorgesehen. Um eine Majorisierung der Malayen durch die Chinesen zu verhindern und ein weiteres Bollwerk gegen den Kommunismus zu schaffen, hatten London und Abdul Rahman inzwischen das Konzept eines größeren Malaya aus der Halbinsel, Singapore sowie Sabah, Sarawak und Brunei auf Borneo entwickelt. Sarawak war 1946 von seinen Rajas aus der Familie Brooke an die britische Krone gefallen. Am 31. August 1963 wurde Malaysia geschaffen, unter Beibehaltung der Verfassung des Malayischen Bundes. Das reiche Protektorat Brunei versagte sich allerdings und wurde 1984 getrennt unabhängig. Der neue Staat Malaysia wurde von den Philippinen und Indonesien nicht anerkannt und 1963–1966 herrschte auf Borneo unerklärter Kriegszustand zwischen Indonesien und Malaysia, bei dem bis zu 10 000 Mann britischer, australischer und neuseeländischer Truppen zum Einsatz kamen. Erst nach der Entmachtung Sukarnos 1966 konnte der Konflikt beigelegt werden. 1965 schied Singapore aus der Föderation aus wegen Konflikten über die Rolle der Chinesen in ihr. Großbritannien wurde dabei nicht einmal

konsultiert. Und als 1971 die letzten englischen Truppen aus Singapore abgezogen wurden, war die britische Präsenz in Südostasien nur noch Geschichte[57].

Mit der Indochina-Konferenz 1954, spätestens der Unabhängigkeit Malayas 1957 war die Dekolonisation Asiens, die erste Welle der dritten, der »farbigen« Dekolonisation, im wesentlichen abgeschlossen. Im wesentlichen heißt, was die größeren Länder angeht. Daneben hat es aber zahlreiche kleinere Besitzungen der Kolonialmächte gegeben, nicht zuletzt die Inseln des Indischen und des Pazifischen Ozeans, die erst später oder noch gar nicht unabhängig geworden sind. Bei manchen kann man sich fragen, ob sie überhaupt dekolonisierbar sein werden. Ihr Geschick interessiert aber nur noch die Betroffenen. Eine der Ausnahmen bildet allerdings Hongkong, denn diese autoritär regierte Kronkolonie ist dank ihrer Lage zur Goldgrube geworden. Nach einem 1984 geschlossenen Abkommen wird sie 1997 an China zurückfallen, und zwar nicht nur die »New Territories«, deren Pacht dann ausläuft, sondern auch das seinerzeit vollständig abgetretene eigentliche Hongkong[58]. An der Rückgabe des portugiesischen Macao auf der gegenüberliegenden Seite des Perlflußästuars war China 1974 nicht einmal interessiert gewesen, 1987 wurde aber vertraglich eine ähnliche Lösung wie für Hongkong bis 1999 vereinbart: Rückgabe an China bei befristeter wirtschaftlicher Sonderstellung[59].

Im und am Indischen Ozean bietet sich ein bunteres Bild. Die 1802 besetzten Malediven erhielten 1948 innere Autonomie, wurden 1956 ein unabhängiges Sultanat im Commonwealth und 1968 Republik. Dann hat Großbritannien seine Restbesitzungen und Protektorate im Bereich der arabischen Halbinsel liquidiert. Kuwait, das 1899 unter britischen Schutz gestellt worden war, erhielt 1961 vollständige Unabhängigkeit. 1839 hatte Großbritannien Aden erworben und bis 1914 Verträge mit den verschiedenen Fürsten Südarabiens abgeschlossen. Experimente mit einer süd-arabischen Föderation 1959–1962 mündeten in einen Aufstand. Seit 1967 ist die Volksrepublik Südjemen ein unabhängiger Staat außerhalb des Commonwealth. An der arabischen Nordostküste kontrollierte England auf Grund von Verträgen die Außenpolitik der nach innen autonomen Emirate. 1971 schlossen fünf von ihnen einen Föderationsvertrag untereinander und verwandelten die Abhängigkeit von England in ein Bündnis, während Bahrein und Qatar die völlige Selbständigkeit vorzogen. Mauritius und die Seychellen waren 1914 in britische Hand gekommen. Mauritius wurde 1968 im Rahmen des Commonwealth unabhängig, die Seychellen 1976. Dort befindet sich aber der Verwaltungssitz der 1965 geschaffenen Kolonie »British Indian Ocean Territory«, die aus dem Tschagos-Archipel und einigen anderen Inselgruppen besteht; etliche davon sind Militärstützpunkte. Die südwestlich von Sumatra gelegenen Kokos-Inseln wurden 1984 nach Australien eingegliedert, dem auch die Christmas-Insel gehört. Die französische Insel Réunion hat seit 1946 den Status eines »Département d'Outre-Mer«, während die zum Teil recht unwirtlichen französischen Inseln weiter südlich »Kolonien« geblieben sind.

Am Rande des Pazifik wurden die britische und die australische Kolonie in Ost-Neuguinea zusammengeschlossen, erhielten 1973 innere Autonomie und 1975 als »Papua-Niugini« die Unabhängigkeit im Commonwealth, ebenso die Salomonen 1976 bzw. 1978. West-Samoa, ebenfalls ein Teil der deutschen »Erbschaft«, ist seit 1970 selbständiges Commonwealth-Mitglied, während Ost-Samoa 1960–1978 ein US-Territorium mit innerer Selbstverwaltung geworden ist. Einen ähnlichen Status haben die neuseeländischen Cook-Inseln seit 1965. Die seit dem Ersten Weltkrieg von England gemeinsam mit Australien und Neuseeland kontrollierte Phosphatinsel Nauru wurde 1947 Treuhandgebiet der UNO und 1968 unabhängig im Commonwealth, aber unter außenpolitischer Kuratel Australiens. Von den britischen Besitzungen und Protektoraten erhielten die

Fidji-Inseln 1970 die Unabhängigkeit im Commonwealth; die Konflikte zwischen der eingewanderten indischen Bevölkerungsmehrheit und der melanesischen Minderheit haben seither zum Umsturz und 1987 zum Ausscheiden aus dem Commonwealth geführt[60]. Das Königreich Tonga wurde 1970 im Rahmen des Commonwealth unabhängig, 1978 folgten die Ellice-Inseln als »Tuvalu« und 1979 die Gilbert-Inseln als »Kiribati«, nachdem beide zusammen 1963 innere Selbstverwaltung erhalten hatten. Schließlich ging auch das ehemalige britisch-französische Kondominium Neue Hebriden nach Einigung mit Frankreich 1980 als »Vanuatu« denselben Weg. Britische Kolonie ist heute nur noch die Pitcairn-Insel.
Die 1957 zur »Polynésie française« zusammengefaßten zentral-polynesischen Inselgruppen (vor allem die Gesellschafts-, Tuamotu- und Marquesas-Gruppen) haben den Status eines »Territoire d'Outre-Mer«, ebenso Neu-Kaledonien. Die vorhandenen Selbständigkeitsbestrebungen werden aber dadurch kompliziert, daß in Neu-Kaledonien die deportierten oder zugewanderten Weißen ebenso stark geworden sind wie die einheimischen oder als Arbeiter »importierten« Melanesier. Nach erheblichen Konflikten erhielt Neu-Kaledonien 1987 ein neues Statut mit Verwaltungsautonomie und regionaler Differenzierung, das aber von den Separatisten abgelehnt wird[61].
Die USA haben ihren antikolonialistischen Grundsätzen zum Trotz nach dem zweiten Weltkrieg den größten Teil Mikronesiens als »strategisches Treuhandterritorium« behalten. Davon hat Guam seit 1950 den Status eines »unincorporated US territory« wie Ost-Samoa, die Midway-Insel und Wake. Die Einwohner besitzen die Rechte von US-Bürgern, ohne Angehörige eines Bundesstaates zu sein und ohne Wahlrecht zum Kongreß, hingegen mit innerer Selbstverwaltung. Von den übrigen Inseln wurden die Marianen 1976 ausgegliedert und bis 1986 als »Commonwealth of the Northern Mariana Islands« ein assoziierter Staat der USA etwa wie Puertorico. Die Marshall-Inseln und die »Federated States of Micronesia« sind seit 1986 unabhängig »in free association with the US«, was vertraglich geregelte amerikanische Zuständigkeit für Außen- und Verteidigungspolitik beinhaltet[62].

Soweit die politischen Führer der dekolonisierten Länder weltpolitisch aktiv werden konnten, haben sie häufig einerseits die Tendenz gezeigt, sich vom Dauerkonflikt der beiden Weltmächte und ihrer Gefolgschaft möglichst fernzuhalten, andererseits aber den Dekolonisationsprozeß in anderen Weltteilen möglichst weiter voranzutreiben. Vor allem der indische Premier Nehru hat sich mit Hilfe des von Gandhi akkumulierten internationalen Prestiges zum Sprecher einer blockfreien Politik friedlicher Koexistenz gemacht. Im April 1955 traten auf Einladung von Indien, Pakistan, Ceylon, Birma und Indonesien die Vertreter von 29 asiatischen und afrikanischen Nationen in Bandung auf Java zu einer Konferenz zur Diskussion gemeinsamer Interessen und Probleme zusammen. Obwohl neben den Neutralisten auch westlich und östlich orientierte Staaten (China, Nord-Vietnam) vertreten waren, wurde im gemeinsamen Schlußkommuniqué der weiterbestehende Kolonialismus als fortschrittsfeindlich und dem von der UNO proklamierten Grundrecht der Völker auf Selbstbestimmung widersprechend denunziert und zu seiner schleunigen Beseitigung aufgerufen. Bloße Worte, gewiß, aber Worte, die insbesondere in Afrika wie ein Gewitter gewirkt und eine moralische Revolte gegen die weiterbestehende europäische Kolonialherrschaft ausgelöst haben. Und nicht nur dieses. So schlägt Bandung die Brücke zur zweiten, der afrikanischen Welle der dritten Dekolonisation. Asien weist Afrika den Weg[63].
Aus der neuen Weltordnung mit höherem sittlichem Anspruch ist freilich wenig geworden. Indien selbst wurde bald wie die anderen neuen Nationen in die üblichen machtpolitischen Konflikte verwickelt, so daß man sich fragt, ob der Gedanke der

friedlichen Koexistenz nicht eine ähnliche Rolle spielt wie Gandhis Gewaltlosigkeit: ein nützliches Instrument des Schwächeren, das dieser umgehend aufgibt, wenn er es nicht mehr nötig hat. Gewiß, die Führer der jungen Völker brauchen das Vorbild des Westens nicht, um das alte Spiel der menschlichen und politischen Schäbigkeit virtuos zu spielen. Aber sie haben von ihren ehemaligen Herren neue Instrumente übernehmen können, technische, wirtschaftliche, publizistische, ideologische.

Elftes Kapitel

Orient und Okzident
Eurasiatische Wechselwirkungen

Europa ist bloß eine Halbinsel Asiens mit einer höchst undeutlichen Ostgrenze, die daher als politische nie existiert hat. Dadurch wurde es zum Endpunkt eines Bündels von »Straßen«, die im Fernen Osten beginnen und auf denen seit unvordenklichen Zeiten Austausch stattgefunden hat, Austausch zwischen den ostasiatischen, indischen, vorderasiatisch-islamischen und europäischen Hochkulturzonen sowie von ihnen allen mit den Völkern der eurasiatischen Steppen, von denen ebenfalls wichtige Impulse ausgegangen sind. Daher die besondere Bedeutung jener Landwege, die mit dem Kürzel »Seidenstraße« bezeichnet werden, neben der maritimen Welt-Achse des Indischen Ozeans mit seinen Nebenmeeren sowie dem europäischen Mittelmeer[1]. Aber andere Teile dieser Alten Welt waren lange von solchen Austauschvorgängen ausgeschlossen und wurden erst durch die Europäer gewaltsam einbezogen, teilweise mit katastrophalen Folgen für ihre Vorbewohner: Australien und die pazifischen Inseln auf der einen Seite, Sibirien auf der anderen. Die Kernzone selbst ist in sich nicht etwa in homogene Blöcke gegliedert, vielmehr bieten die vier Hochkulturen bei klarer Abgrenzung gegeneinander in sich ein buntes Bild: die ostasiatische gliedert sich in einen chinesischen und einen japanischen Zweig, von Korea und Vietnam zu schweigen[2]; in Südostasien überlagern sich seit langem chinesische und indische Einflüsse, während in Indien selbst eine Differenzierung nach Religionen stattgefunden hat, wobei der Buddhismus »exportiert« wurde[3], um in seinem Ursprungsland heute kaum noch eine Rolle zu spielen; arabische, persische und türkische Moslems unterscheiden sich erheblich voneinander, und der Islam hat heute seine zahlreichsten Bekenner in ehemals hinduistischen Zonen wie Pakistan und Indonesien; schließlich ist für Europa Vielfalt in jeder Hinsicht zum eigentlichen weltgeschichtlichen Wettbewerbsvorteil geworden[4]. Der Austausch, der solcher Differenzierung bereits zu

Grunde liegt, hat aber für lange Zeit direkt nur zwischen benachbarten Kulturen stattgefunden, was darüber hinaus wanderte, wurde indirekt von Hand zu Hand weitervermittelt. Der Alexanderzug, der römische Indienhandel und die chinesischen Westfahrten blieben Ausnahmen, die Regel war Abschließung wie in China, Japan und vielen Moslemstaaten. Erst die europäische Expansion hat seit dem 16. Jahrhundert im Interesse von Handel und Mission diese uralten Spielregeln geändert, die bisherigen Vermittler ausgeschaltet und Direktkontakte mit der gesamten übrigen Welt hergestellt, bei Widerstand auch mit Gewalt.

Aber unter diesen neuen Bedingungen können wir genauere Angaben über die einfachste Art von Austausch machen, über den Warenhandel, denn dieser wird durch Direktabwicklung über See quellenmäßig besser greifbar. Nachfrage, Angebot und Transportkosten haben Asien zunächst zum Lieferanten hochwertiger Agrar- und Gewerbeerzeugnisse gemacht, denen kein nennenswerter europäischer Warenexport, sondern ein Abströmen von Edelmetall nach Asien gegenübersteht, Edelmetall, das seit dem 16. Jahrhundert aus Amerika kommt. Die Herrschaft über Amerika ist also eine notwendige Bedingung des neuen europäischen Asienhandels, denn Asien erhält von Europa nicht dessen eigene Güter, sondern solche Amerikas, was keineswegs nur für den Warenhandel gilt. Bei Asiens Lieferungen handelt es sich neben Luxusgütern wie Seide und Porzellan, die Europa bald selbst herzustellen lernt, um Massenwaren, die es zunächst nur in Asien gibt, zuerst Gewürze, dann Baumwollwaren, schließlich Kaffee und Tee. Dabei ist europäische Nachfrage durchaus in der Lage, die asiatische Produktion zu verändern, nicht nur durch Anbau bestimmter Pflanzen, sondern auch in der Geschmacksrichtung von Luxuswaren. Die chinesische Porzellanerzeugung folgt der europäischen Vorliebe für die blaue Farbe oder arbeitet sogar nach westlichen Vorlagen[5]. Die Orientteppiche werden immer mehr zu einer Mischung aus westlichen Formaten und Farben mit nach westlicher Vorliebe ausgesuchten einheimischen Mustern[6].

Nachfrage, Angebot und Transportkosten des eurasiatischen Handels erfahren eine grundlegende Veränderung infolge der Industrialisierung Europas. Dort werden jetzt große Mengen von Rohstoffen benötigt, während man die Fertigwaren künftig selber erzeugt; im Gegenteil, man sucht jetzt Märkte, um sie massenweise abzusetzen, was durch die Transportrevolution inzwischend lohnend geworden ist. So wird Asien zum Nachfrager für westliche Industriewaren und Lieferanten von Rohstoffen. Spielt sich dieses neue Verhältnis nicht von selbst ein, setzt der inzwischen überlegene Europäer seine Macht ein. Dem steht aber keine entsprechende Abhängigkeit Europas von Asien gegenüber, noch nicht einmal bei den Rohstoffen, denn die Europäer sind inzwischen in der Lage, sich in anderen Teilen der Welt Ersatz zu verschaffen, falls Asien ausfallen sollte. Schließlich gehen mit dieser veränderten Handelsstruktur erstmals massive europäische Investitionen im Osten einher, die aber nur in Malaya, Australien und Neuseeland einen radikalen wirtschaftlichen Wandel bewirken, anderswo bleiben sie nach Umfang oder Dauer zu gering[7].

Anders als der Warenhandel tendiert der wie immer zustande kommende Austausch von Lebewesen (Mikroorganismen, Pflanzen, Tieren, Menschen) stärker dazu, bleibende Ergebnisse hervorzubringen, ist aber gerade deshalb infolge der offenen Grenzen zwischen Orient und Okzident schwer zu rekonstruieren. Mit vieler Mühe konnte ermittelt werden, wo dieses oder jenes Lebewesen herstammen *kann*, selten genug, wo es herstammen *muß*. Ins isolierte Australien, Neuseeland, Ozeanien und zum Teil auch Sibirien haben die Europäer wie seinerzeit nach Amerika Krankheitserreger importiert und damit die Vorbewohner, denen der entsprechende Immunschutz fehlte, kräftig dezimiert. Was hingegen die asiatischen Hochkulturzonen angeht, dürfte Europa eher der nehmende Teil gewesen sein. Das Zusammenleben einer großen Menschenzahl auf engem Raum mit Haustieren sowie Mäusen und Ratten ist die ideale Brutstätte für neue Mikroparasiten, vor allem wenn ein gleichmäßig feuchtwarmes Klima, der Naßfeldbau von Reis und das Düngen mit Menschenkot hinzukommen. Man kann daher annehmen, daß Infektionskrankheiten wie die Pocken und die Pest ihren Ursprung in Süd- und Vorderasien hatten und von dort aus mit bemerkenswerter zeitlicher Parallelität die jüngeren Hochkulturzonen Chinas und des Mittelmeerraums heimgesucht haben, so die »Justinianische Pest« (541–767 im Mittelmeergebiet) und der »Schwarze Tod« (ab 1346)[8]. Der von Europa etablierte Direktkontakt zwischen den Teilen der Welt hat seither die Seuchenverbreitung weiter gefördert. Die in Bengalen endemische Cholera wurde ab 1817 zur See und zu Land nach Vorderasien, Europa und Amerika gebracht, in viele Gebiete zum ersten Mal. Im Pilgerzentrum Mekka wurde sie erneut endemisch, um sich von diesem Subzentrum in immer neuen Wellen über die Welt des Islam zu verbreiten[9].

Nach einem Austausch von Pflanzen und Tieren zu fragen, ist für nicht-domestizierte Arten wenig sinnvoll, weil Europa seine drei Hauptvegetationszonen mit Asien gemeinsam hat und Wildtiere beliebig wandern konnten, während Flora und Fauna anderer Gebiete des Ostens aus klimatischen Gründen zum Austausch mit europäischer wenig geeignet erscheint. Aber der Mensch hat diese eindeutige Situation mit seinen Kulturpflanzen und Haustieren grundlegend verändert, zum größten Teil freilich in vorgeschichtlicher Zeit, deren Vorgänge nur mühsam mit archäologischen, biologischen und linguistischen Methoden zu rekonstruieren sind. Immerhin, die Getreidearten Weizen, Gerste und Roggen dürften aus Vorderasien kommen, die Hirse eher aus Zentralasien. Die Ursprungszone des Reises liegt zwischen Thailand und China, jene der Weinrebe in den Bergen zwischen Armenien und dem Hindukusch. Die Olive ist mediterranen Ursprungs, während die Hülsenfrüchte aus Vorderasien stammen. Gemüse wie Kohl und Zwiebeln tauchen überall auf und auch bei den Obstbäumen gibt es solche europäischen (Apfel, Birne), vorderasiatischen (Pflaume) und chinesischen Ursprungs (Pfirsich). Eine Baumwollart wurde in Vorderasien oder Indien domestiziert, eine andere im vorkolumbianischen Amerika. In historischer Zeit sind dann die aus Hinterindien stammenden Zitrusfrüchte nach Europa gelangt; die Zitrone durch die Araber im Mittelalter, die Apfelsine durch die Portugiesen im 16. Jahrhundert. Die Araber haben auch das Zuckerrohr aus Indien in den Westen gebracht[10]. Erst im Zeitalter seiner Expansion wird Europa aus dem nehmenden zum gebenden Teil, als es Erdnuß, Mais, Süßkartoffel und dergleichen nach Asien bringt, wo diese Pflanzen eine gewaltige Bedeutung für die Ernährung bekommen haben. Nur – es handelt sich nicht um europäische, sondern um amerikanische Kulturpflanzen. Mit seiner eigenen Flora hat Europa hingegen Australien und Neuseeland geprägt, denn diese fand dort optimale Bedingungen. Als wichtige »Gegengabe« wäre der australische Eukalyptusbaum zu nennen, der inzwischen rund um die Erde anzutreffen ist[11].

Für die wichtigsten Haustiere Hund, Rind und Schwein wird ebenso wie für Geflügel parallele Mehrfachdomestikation angenommen, während Ziege, Schaf und Dromedar zuerst im Nahen Osten gezähmt wurden. Das Pferd stammt wie das zweihöckerige Kamel aus Innerasien. In historischer Zeit haben kaum mehr Veränderungen stattgefunden; auch Amerika hatte hier nichts zu geben[12]. Nur in Australien und Neuseeland hat Europa die Fauna dramatisch verändert. Infolge der Artenarmut bei größeren Säugetieren konnten sich Schafe und Rinder in dem günstigen Klima explosionsartig vermehren, aber auch eingeschleppte Wildtiere gediehen mangels natürlicher Feinde ausgezeichnet. Die Kaninchen wurden in Australien zur Landplage – bis zur Myxomatose von 1950[13].

Selbst der Mensch folgt ähnlichen Regeln. Von vorgeschichtlichen Wanderungen abgesehen, hat es in historischer Zeit drei große Zuwanderer- oder Erobererwellen aus Asien gegeben, die spätantike Völkerwanderung, die arabische Expansion und die mongolische. Europäische Gegenbewegungen wie die Wikingerfahrten oder die Kreuzzüge blieben stecken; erst die europäische Expansion der Neuzeit hatte Erfolg. Doch auch sie hat nirgends in der asiatischen Kernzone größere Ansiedlungen hervorgebracht, mit Ausnahme Israels. Die Hochkulturgebiete waren besetzt und verfügten darüber hinaus über jenen Schutzwall aus Infektionskrankheiten, der die Europäer auch anderswo an der Niederlassung in den Tropen gehindert hat. Dagegen haben die von ihnen eingeschleppten Infektionen in Randzonen gemäßigten oder kalten Klimas Platz geschaffen: Australien, Neuseeland und Sibirien wurden im 19. und 20. Jahrhundert durch Einwanderung in neue Europa verwandelt[14]. Zusätzlich haben die Europäer allerhand Bevölkerungsbewegungen unter den Menschen der Hochkulturzone ausgelöst, insbesondere durch den Arbeitskräftebedarf der von ihnen geschaffenen tropischen Plantagenwirtschaft in Asien selbst, in Amerika und Afrika. Erst einmal im Land, konnten die Zuwanderer häufig Marktnischen in Handel und Gewerbe für sich nutzen. So gelangten Chinesen nach Nord- und Südamerika, nach Malaya und Samoa, Inder nach Ceylon, nach Süd- und Ostafrika, nach Mauritius, Fidji und Guayana, wo sie heute die Mehrheit bilden. Schließlich kommen immer mehr Asiaten nach Europa selbst, als politische Flüchtlinge oder auf der Suche nach besseren Lebenschancen[15]. Die Folgen sind nicht nur neuartige Konflikte, sondern auch Asiaten, die einer westlichen Umwelt enkulturiert der Kultur ihrer Väter mit einer kritischen Schärfe gegenübertreten, die Europäern inzwischen fremd ist[16].

Der grundsätzliche Wandel der eurasiatischen Wechselwirkung vom indirekten zum direkten Kontakt seit dem 16. Jahrhundert bringt natürlich auch Veränderungen im Informationsfluß und in der gegenseitigen Wahrnehmung mit sich. Gewiß, die Hochkulturvölker hatten voneinander gewußt, aber diese Information blieb häufig dünn und verzerrt, es sei nur an Indien als europäisches Märchenland erinnert. Vorurteile dominieren; zur Vermeidung einer Auseinandersetzung wird die durch die eigene Unsicherheit gegenüber dem anderen entstandene Spannung in solche Vorurteile eingefangen und dadurch auf die Fremdgruppe projiziert[17]. Daran scheint sich aber auch mit zunehmender Information dank der unersättlichen Neugier und des philologischen Fleißes der Europäer zunächst wenig zu ändern. Nach wie vor sieht man, was man sehen möchte, und ersetzt höchstens alte Vorurteile durch neue[18]. Der Wille zur wissenschaftlichen Objektivität und zur mitmenschlichen Offenheit hat es schwer, wie die Geschichte der Ethnologie, Indologie, Islamkunde, Japanologie und Sinologie lehrt. Auf der anderen Seite sahen die asiatischen Hochkulturvölker lange keinen Anlaß, sich intensiv mit den anfangs ja nur in kleiner Zahl auftretenden Besuchern aus dem Westen zu befassen. Es genügte, mit ihnen Geschäfte zu machen, ihnen bestimmte nützliche Fertigkeiten abzuschauen und ihre aufdringlichen Missionare abzuwehren. Erst als die westliche Übermacht offenkundig wurde, ließ sich diese selbstbewußte Gelassenheit nicht länger aufrechterhalten. Jetzt waren immer breitere Kreise bereit, jedes Wissen über den Westen aufzunehmen, freilich nicht wie dort zur wissenschaftlichen Information oder allenfalls zu Herrschaftszwekken, sondern zur unmittelbaren praktischen Verwertung im eigenen Interesse. Information gerät infolgedessen zur Akkulturation. Da sich dieser Rezeptionsvorgang weithin im Zeichen westlicher Herrschaft abspielt, wird er teilweise vom Westen organisiert und gesteuert. Nur Japan hat ihn unter eigener Kontrolle halten können[19].

Mit dem islamischen Kulturkreis hatte der europäische seit alters Direktkontakt, der durch arabische Übermittlung antiker wie asiatischer kultureller Errungenschaften an den Westen hochbedeutsam gewesen ist[20]. Vielleicht war es gerade die Nähe einer zunächst überlegenen fremden Kultur, die vom 12. bis 14. Jahrhundert jene antiislamische Polemik ausgelöst hat, deren Topoi bis ins 20. Jahrhundert eine Rolle spielen sollten[21]. Der Koran wurde höchstens für missionarische, meistens aber für polemische Zwecke zur Kenntnis genommen[22]. Nach den Pionierleistungen von Guillaume Postel im 16. Jahrhundert[23] entwickelte sich dann im 17. Leiden zum Mekka der Orientalistik, während gleichzeitig orientalische Motive in der Literatur Mode wurden. Durch die enzyklopädische »Bibliothèque orientale« von d'Herbelot (1697), eine neue Koranübersetzung (1698) und die Übertragung von »Tausendundeine Nacht« durch Galland (1704–1717) wurde dann das Bild des Orients für lange geprägt[24]. Übersetzungen persischer Lyrik haben Goethes Orientbegeisterung inspiriert, die trotz gelegentlichen Aufgreifens indischer oder chinesischer Anstöße durchaus auf die islamische Welt beschränkt blieb[25]. Hegels Aufstieg des Geistes zum Selbstbewußtsein erfolgt ja auf dem Weg von Ost nach West[26] – die philosophische Stilisierung der europäischen Gewißheit, daß Antike und Christentum den absoluten Gipfel der Weltzivilisation darstellen[27]. Das brauchte der praktischen Forschung nicht im Wege zu stehen, die durch Napoleons Ägypten-Feldzug wichtige Anstöße erhielt! 1821 entstand die »Société asiatique«, 1834 die »Royal Asiatic Society«, 1842 die »American Oriental Society«, 1845 die »Deutsche Morgenländische Gesellschaft«, die sich freilich nicht nur dem Nahen Osten widmeten. Die internationale »Enzyklopädie des Islam« (1908–1938) faßte die Forschung zusammen, die inzwischen durch Erweckung des kulturellen Selbstbewußtseins einer neuen Generation im Orient selbst Grundlagen für die Emanzipation Asiens gelegt hatte[28].

Eine entsprechende Wissenschaft vom Westen hat es im Islam nie gegeben, denn strenggenommen verkehrte man mit »Ungläubigen« nur durch Krieg oder Unterwerfung. Schon das Erlernen ihrer Sprache war eine Art Beschmutzung – der Gott des Islam sprach im Gegensatz zum polyglotten Christengott nur Arabisch. Erst unter dem Druck westlicher Übermacht kam es zu dem üblichen, mit dem Militärbereich beginnenden rezeptorischen Interesse. Am Ende stand der totale Laizismus Atatürks und als Alternative ein islamischer Modernismus, der die technischen und wissenschaftlichen, sozialen und politischen Errungenschaften des Westens im Koran entdeckte und dadurch legitimierte – eine Technik, auf die selbst die heutigen Fundamentalisten nicht ganz verzichten können[29].

Weiter im Osten waren die europäischen Kontaktgruppen lange gering an Zahl, die Information entsprechend gefiltert[30]. Die wichtigsten Informanten blieben zunächst die Jesuitenmissionare, weniger wegen ihrer Vorbildung, denn solche kann ja gerade informationsverzerrend wirken[31], sondern weil sie sich am intensivsten mit den fremden Kulturen einließen und vor allem die ersten Wörterbücher und Grammatiken für die Sprachen Indiens, Chinas und Japans erarbeiteten. Für Indien und Japan wurden diese Arbeiten allerdings kaum bekannt, so daß für die Indologie und Japanologie ein Neuansatz im 18. beziehungsweise 19. Jahrhundert erforderlich wurde. Im Falle Chinas aber haben sie dank des Ritenstreits soviel Aufsehen erregt, daß eine regelrechte Chinamode entstand. An deren Brennpunkt Paris sammelten sich chinesische Bücher an, so daß nach dem Ende der Jesuiten dort um einen 1814 am »Collège de France« geschaffenen Lehrstuhl eine »Schule« philologischer Sinologie entstehen konnte. Daneben haben sich evangelische und katholische Vertreter der neuen Chinamission des 19. Jahrhunderts Verdienste erworben, auch wenn im Westen inzwischen Sinophobie statt Sinophilie dominierte. Auch Gebildeten galt China als »verwesende Halbkultur am Ende der Welt« (Friedrich Engels). Und als dann 1898 die »École française d'extrême-orient« und 1909 der erste deutsche Sinologie-Lehrstuhl in Hamburg gegründet wurden, stand wie bei den Forschungsreisen unverkennbar das imperialistische Interesse im Vordergrund. »Linguistischer Imperialismus« versuchte in der großen chinesischen Grammatik des Georg von der Gabelentz 1881 das Chinesische in griechisch-lateinische Kategorien zu zwängen[32].

In China verschwand das im 17. Jahrhundert noch lebendige Interesse am Westen, bis politische Bedrängnis im 19. Jahrhundert neues Informationsbedürfnis auslöste, das sich dann ganz wie im Islam vom technisch-militärischen Bereich bis zur totalen Verwestlichung ausweitete. Dabei blieb sogar das beliebte Legitimationsverfahren auf der Strecke, den Ursprung von Einrichtungen westlicher Inspiration in den chinesischen Klassikern nachzuweisen[33]. Seither hat die Kenntnisnahme vom Westen abwechselnd unter dem Gesetz revolutionärer Innovation und Rückbesinnung auf die eigene Tradition gestanden – bis heute[34].
Trotz der jesuitischen Pionierleistungen, trotz Kaempfer, Titsing und Siebold[35] geriet Japan in Europa in Vergessenheit. Erst nach der »Öffnung des Landes« kam es vor allem in Frankreich zu einer künstlerischen und literarischen Japan-Mode, die sich durch die Weltausstellung 1862 weiter ausbreitete. Der japanische Holzschnitt übte beträchtliche Wirkung auf Impressionisten und Expressionisten, bekannte Naturalisten und Symbolisten schrieben über Japan, und noch der russische Filmkünstler Eisenstein machte Anleihen beim Kubaki-Theater. Eine wissenschaftliche Japanologie auf philologischer Grundlage konnte aber erst um die Jahrhundertwende durch Vermittlung westlicher Diplomaten und »Entwicklungshelfer« entstehen[36].
Obwohl Japan im Gegensatz zu China die Kenntnisnahme westlicher Errungenschaften auch nach Schließung des Landes behutsam fortgesetzt hat, hat auch hier die Überwältigung durch den Westen den Anstoß zu intensiver Informationsaufnahme gegeben, zweimal, 1853 und 1945. Auch hier wechselte Begeisterung mit nativistischer Reaktion, aber es gelang, die politische und wirtschaftliche Unabhängigkeit des Landes zu behaupten[37]. Das ohnmächtige Korea hingegen wurde trotz eindrucksvoller Auseinandersetzung mit dem Westen dort wissenschaftlich erst gegen 1950 zur Kenntnis genommen[38].
Am deutlichsten ist der Machtfaktor in Indien zu greifen, wo erst die britische Herrschaft eine wissenschaftliche Indologie von bleibender Bedeutung hervorbrachte und eine kurzlebige Indienbegeisterung in Europa auslöste. Die Romantiker, Heine und Emerson wurden von ihr beeinflußt, die altindische Idee arischer Rassenreinheit wurde von den europäischen Rassisten seit Gobineau aufgegriffen, eine seriöse Sanskritphilologie (1815 und 1818 erste Lehrstühle in Paris und Bonn) brachte die vergleichende Sprachwissenschaft und Indogermanistik hervor, die aber ihrerseits dem Rassenmythos dienen mußten. Harmloser war die Indienmode in der Architektur (Brighton Pavilion seit 1812) oder die Begeisterung für Kaschmir-Schals ...[39]. Einen tiefergehenden indischen Einfluß ließ europäisches Superioritätsbewußtsein einstweilen nicht zu[40]. Für die Inder hingegen hatte Information über den Westen existentielle Bedeutung, ihre Aufnahme lief stets auf Umgestaltung der eigenen Welt hinaus[41].
Dies ist ja der entscheidende Unterschied: für die Europäer konnte die mehr oder weniger zutreffende Wahrnehmung Asiens bei allem Engagement doch letztlich unverbindlich bleiben, während für die Asiaten seit dem 19. Jahrhundert die Kenntnisnahme von Europa automatisch mit enormem kulturellem Anpassungsdruck verbunden war. Was man aus der Information über den Westen praktisch zu machen verstand, wurde zur Frage von Sein oder Nichtsein. Hier ging es nicht nur um Information, sondern um Rezeption. Freilich waren dabei die Barrieren der Tradition unterschiedlich hoch[42], so daß der Kulturkontakt zwischen Ost und West in verschiedenen Bereichen sehr unterschiedlich ausgefallen ist; sogar Richtungsumkehr der Akkulturation ist zu beobachten!
Recht eindeutig ist das Bild im Bereich von Naturwissenschaft, Technik und Medizin. In früheren Zeiten sind technische Errungenschaften von Ost nach West gewandert, um vielleicht kreativ abgewandelt zu werden, wenn etwa aus der horizontal drehenden

orientalischen Windmühle die vertikal drehende europäische wird[43]. Während der frühen Direktkontakte wählte man aus, was man brauchen konnte, die Japaner das Schießgewehr[44], die Chinesen die Federuhr, die Europäer das Porzellan. Im Zeichen der europäischen Vorherrschaft aber wird dann die gesamte Wissenschaft und Technik des Westens vom Osten übernommen, einschließlich Organisationsformen und Ideologie[45].
Die unterschiedlichen Systeme von Ernährung, Landwirtschaft und Gewerbe blieben hingegen trotz aller Kontakte lange unverändert oder wandelten sich aus endogenen Gründen. Ostasien setzte seit alters auf pflanzliche Ernährung und menschliche Energie, Europa hingegen auf gemischte Ernährung und tierische Energie[46]. Errungenschaften anderer Kulturkreise konnten bei Bedarf in diese Systeme eingefügt werden. Mit der Anpflanzung von Maulbeerbäumen für die Seidenraupenzucht änderte die europäische Landwirtschaft so wenig ihren Charakter wie die asiatische durch Übernahme amerikanischer Kulturpflanzen. Auch die europäische Nachfrage nach Tee, Teppichen, blauem Porzellan oder Baumwollwaren konnte anscheinend ohne tiefgreifende Veränderung der Produktionsverhältnisse bewältigt werden. Erst die europäische Übermacht induzierte massiven wirtschaftlichen Wandel. Eine wichtige Voraussetzung dafür war die Übernahme der westlichen Rechtskultur, nicht nur der vielberufenen Rechtssicherheit, sondern vor allem des europäischen Privatrechts mit seinem uneingeschränkten Privateigentum und seiner Gläubigerfreundlichkeit[47]. Man bezweifelt heute aber mit Recht, daß die elementaren Lebensbedingungen der ländlichen Bevölkerung Asiens dadurch so einschneidend verändert wurden, wie es optimistische »Modernisierer« und deren pessimistische Kritiker einst haben wollten. Aber *neben* dem traditionellen Agrarsektor entstanden durch westliche Initiative ganz neue landwirtschaftliche Bereiche wie die großen Bewässerungsprojekte Indiens, die Teeplantagen Ceylons, die Kautschukplantagen Malayas.
Auf dem Gewerbesektor mußte die westliche industrielle Produktionsweise revolutionär wirken, obwohl die Kolonialmächte bei deren Übernahme aus Eigeninteresse eher zu bremsen versuchten, so daß das unabhängige Japan auf diesem Gebiet einen gewaltigen Vorsprung erringen konnte. Heute wird ja der Weltanschauung als solcher keine ausschlaggebende Bedeutung für die Industrialisierung mehr zugesprochen. Derselbe Konfuzianismus, den Max Weber als entwicklungshemmend angesehen hatte, gilt heute in anderem sozialem Kontext als entwicklungsfördernd. Entscheidend ist die soziokulturelle Gesamtkonstellation, das Aufbrechen der traditionalen Gesellschaftsordnung und die Rolle der ländlichen Massen dabei. Die Ideologie paßt sich an – wie einst in Europa[48]. Hingegen ist grundlegend für die Industrialisierung der Wandel des Zeitbewußtseins, ein Fundamentalprozeß, der natürlich weit über die Wirtschaft hinausgreift. Grundlegend ist die jüdisch-christliche Vorstellung einer linearen Zeit, die einen Anfang und ein Ende hat. Nur sie macht die für Naturwissenschaft und Technik wesentliche Vorstellung unbedingter Kausalität möglich. Sie erlaubt Zukunftspläne von der individuellen Chance bis zum allgemeinen Fortschrittsgedanken und der Utopie, wodurch bestimmte moderne wirtschaftliche Verhaltensweisen wie das Sparen gegen Verzinsung oder der Schutz durch Versicherung erst sinnvoll werden. Diese Zeit ist meßbar und, weil sie kostbar ist, auch messenswert. Damit wird Pünktlichkeit und koordinierte Disziplin industrieller Arbeitsabläufe machbar. Dies alles fehlt der zyklischen Zeitvorstellung, die in Indien dominierte und in Ostasien eine große Rolle spielte[49]. Die Zeit des Islam ist zwar linear, aber nicht kalkulierbar, weil jederzeit der Neubestimmung durch den Allmächtigen unterworfen. Damit wird der natürliche Zyklus des Jahres wieder zur Obergrenze des Planbaren[50]. Die teilweise erzwungene Übernahme der westlichen Zeitvorstellung kommt im Alltag zum Ausdruck durch Kalender und Wocheneinteilung. Der gregorianische Kalender wurde von Japan 1873 eingeführt, von China 1912, von der neuen Türkei

1927; im islamischen Bereich konkurriert er mit dem traditionellen. Ebenso der Ruhetag, der in Algerien und Saudi-Arabien der Freitag, in der Türkei und Tunesien aber der westliche Sonntag ist[51].

Die neue Wirtschaft läßt neue gesellschaftliche Gruppen entstehen, die nicht ohne weiteres in die hergebrachte Gesellschaft Asiens passen, auch wenn sie sich wie in Japan (einstweilen?) perfekt an deren Regeln anpassen. Aber der moderne westliche Unternehmer ist in Asien ebenso neu gewesen wie sein Pendant, der Industriearbeiter. Mit solchem sozialen Wandel hängt eine Teil-Verwestlichung der Siedlungsstruktur zusammen. Mancherorts mag zwar der Eindruck entstehen, als seien die ländlichen und sogar die städtischen Siedlungen unverändert geblieben, von Einrichtungen wie öffentlichen Verkehrsmitteln, Wasser- und Abwasserleitungen, Elektrizitätsnetzen einmal abgesehen. Aber es gibt eben doch nicht nur aufwendige neue Herrschaftsbauten und Wohnviertel für Europäer und wohlhabende verwestlichte Asiaten, sondern auch Industriestädte wie überall auf der Welt. Und daneben den Zustrom ländlicher Massen in die Städte, der ganz neue, bisweilen aus Abfällen der westlichen Zivilisation erbaute Viertel entstehen läßt[52].

In einer solchen städtischen Industriegesellschaft wird die Frau eine ganz andere Rolle spielen als in der traditionalen, obwohl man sich hier ganz besonders vor Klischeevorstellungen hüten muß. Denn die europäische Kultur hat so gut ihre frauenfeindliche Tradition wie auf der anderen Seite die asiatischen Kulturen neben notorischer Geringschätzung der Frau bemerkenswerte Frauengestalten und Alternativrollen aufzuweisen haben. Tendenziell freilich war in Asien die Geringschätzung der Frau stärker ausgeprägt, bis hin zur regelmäßigen Tötung neugeborener Mädchen in Indien. Unzweifelhaft hat westlicher Einfluß zu einer Verbesserung des Status der Frau geführt, auch wenn wohlmeinende Gesetze umgangen wurden und werden. Dabei mochten Impulse des Westens Anreiz zur Beschäftigung mit Alternativen in der eigenen Kultur gegeben haben: war nicht die Stellung der Frau in den Veden sehr viel günstiger? Spricht nicht der Koran immer wieder von gläubigen Frauen? So konnte in Libyen die Emanzipation der Frau im Namen des Islam erfolgen[53]!

Emanzipation bedeutet nicht nur Bildungsanspruch, sondern auch politische Partizipation der Frau, bis zu Premierministerinnen vom Schlage Indira Gandhis (1966–1977, 1980–1984), die im traditionellen Rollenmuster nicht vorgesehen waren. Wie die Rechtskultur, so wandelt sich auch die politische Kultur Asiens unter westlichem Druck. Vorher konnte von gegenseitiger Beeinflussung kaum die Rede sein, wenn schon, dann eher von Mißverständnissen. Die Bewunderung europäischer Absolutisten und Aufklärer für das Osmanische oder das Chinesische Reich vermochte ihren ideologischen Zweckcharakter nicht zu verleugnen, und die Versuche der Jesuiten, den japanischen Feudalismus im Sinne des europäischen umzudeuten, trugen nur zu ihrem Scheitern bei. Allerdings ist auch im Zeitalter westlicher Übermacht auf diesem Gebiet die Akkulturation weniger radikal als im Bereich von Wirtschaft und Technik. Die Japaner wählten sorgfältig aus, was am besten zur Modernisierung ihres reorganisierten Kaiser-Systems geeignet war. Auf der anderen Seite haben Niederländer und Engländer traditionale Fürstenherrschaft in ihre Kolonialsysteme eingebaut und dadurch sogar bis zur Dekolonisation konserviert. Selbst die französische Verwestlichungspolitik war nicht völlig konsequent. Außerdem hat auch die Durchsetzung westlicher Prinzipien nicht zu einem Verschwinden aller asiatischen Institutionen geführt, sondern manchmal nur zu einem Funktionswandel. So sind Indiens Kasten nicht etwa den westlichen Gleichheitsprinzipien erlegen[54], sondern haben nur stärker politische als soziale Aufgaben übernommen[55]. Noch zu prüfen wäre die Frage, was vom Personal und der Ideologie kriegerischer Kasten und Gemeinschaften wie der Samurai oder der Sikhs in jene wichtige politische

Institution westlichen Ursprungs eingegangen ist, die das Berufsmilitär heute in der Dritten Welt darstellt.
Nationalismus und Demokratie, Sozialismus und Kommunismus Asiens sind unzweifelhaft westliche Importartikel. Dennoch gehört es zu den Ausnahmen, wenn in Indien zugegeben wird, daß man die nationale Idee und die nationale Einheit den Briten zu verdanken habe[56]. Häufiger sind mehr oder weniger überzeugende Integrationsversuche ins heimische Weltbild, etwa wenn Marx für birmanische Sozialisten als Lehrer der Erlösung vom wirtschaftlichen Leiden eine Art Vorläufer der vollständigen Erlösung vom Leiden auf dem Weg des Buddha wird[57]. Oder wenn islamische Gesetzesexegese in Tunesien 1957 das Problem der so unwestlichen Polygamie mit der forschen Begründung löst, die vom Koran für sie vorgesehenen Bedingungen seien heute nicht mehr gegeben, ergo sei sie verboten[58].
Der Erfolg derartiger rechtlicher und politischer Synkretismen hängt natürlich von ihrer sprachlichen Bewältigung ab, denn jede Übersetzung von Terminologie muß mit semantischen Differenzen auskommen. Welches arabische Wort soll man etwa für die europäische »Republik« wählen, wenn man die vorgegebenen Konnotationen der angebotenen Wörter berücksichtigt[59]? Oder ist die Lage eindeutiger, wenn wie in Indien aus politischer Notwendigkeit die Sprache der Kolonialmacht mit ihrem politischen Begriffsapparat Staatssprache bleibt[60]? Ihr indischer Benutzer kann mit einem englischen Begriff ja eine andere Vorstellung verbinden als ein Brite.
Das Erlernen der Sprache des anderen setzt aber nicht nur Kontakt, sondern auch Interesse voraus. Denn die Europäer scheinen von den gegebenen Möglichkeiten mehr Gebrauch gemacht zu haben als die Asiaten, waren sie doch die Kaufleute, die Waren verkaufen, und die Missionare, die ihre Botschaft anbringen wollten. Aber vielleicht ist über diese praktischen Bedürfnisse hinaus das philologische Interesse als solches eine Eigentümlichkeit der westlichen Kultur, vielleicht sogar Ursache ihrer zeitweiligen Überlegenheit[61]? Es sollte zu denken geben, daß die Japaner, die sich durch Kontrolle des Akkulturationsprozesses zu behaupten wußten, die einzigen Asiaten gewesen sind, die analog zur Situation der Europäer gewohnt waren, mit einer anderssprachigen Mutterkultur, der chinesischen, zu leben. Freilich ist die Kenntnis asiatischer Sprachen in Europa nach wie vor eine Ausnahmeerscheinung. In Asien hingegen kündigte sich der Siegeszug der europäischen Sprachen zunächst im Handelsmilieu an, das sich seine Lingua franca schuf; Pidgin- und Kreol-Sprachen auf der Grundlage des Portugiesischen, Niederländischen, Französischen und Englischen entstanden[62]. Später wurden die Sprachen der Kolonialherren gelernt. Die Machtorientierung dieses Vorgangs ist an der immer noch andauernden Verdrängung des Spanischen durch das Englische auf den Philippinen besonders deutlich zu erkennen. Auf der anderen Seite ist die Verbreitung einer einheitlichen westlichen oder einheimischen Herrschaftssprache durch die Kolonialmacht nicht selten zum Werkzeug der Dekolonisation geworden; dem Englischen in Indien entspricht das Malayische in Indonesien. Doch auch in etablierten Sprachen hat der Kulturkontakt Spuren hinterlassen, vor allem natürlich Lehnwörter, deren Häufigkeit anscheinend ebenfalls von den Machtverhältnissen abhängt. So hat das Englische ca. 900 indische Wortstämme assimiliert, während die englischen Lehnwörter in indischen Sprachen sehr viel zahlreicher sind. Das fremde Sprachgut ist dann in Sprachen weitergewandert, deren Sprecher nicht unmittelbar am Kontakt beteiligt waren, in Europa etwa auch ins Deutsche. Wer weiß heute noch, daß »Joppe« von arabisch »Djubba« kommt[63]?
Häufig bedeutet dies, daß das Wort mit der Sache gewandert ist. Der Nachweis einzelner Kulturelemente fremden Ursprungs in Sprache und Alltagsleben, bildender Kunst und Literatur ist ein reizvolles Unternehmen, das immer neue Überraschungen bereithält, vor

allem wenn es sich um Übernahmen aus der Zeit bloß indirekter Kontakte handelt. So haben sich die katholischen Heiligen Barlaam und Josaphat (27. November) als die Hauptpersonen einer alten Buddhalegende entpuppt[64]. Im Zeitalter der Direktkontakte aber werden Europa und Asien einander bewußt zum Gegenstand künstlerischer Darstellung. Gegenstände und Menschen asiatischer Herkunft begegnen uns in der europäischen Kunst[65], bis nacheinander der Moslem, der Chinese, der Inder und der Japaner zum Helden der Literatur wird. Auf der anderen Seite präsentieren japanische Wandschirme und indische Miniaturen schon früh die fremdartigen Menschen aus dem Westen[66]. Freilich wird auf beiden Seiten durch Übertreibung der als charakteristisch geltenden Merkmale bisweilen die Grenze zur Karikatur überschritten, manchmal durchaus in polemischer Absicht. Oder der vorgebliche andere ist nichts als eine Maske des eigenen Selbst, eine Erscheinung, die aus dem europäischen »Exotismus« sattsam bekannt ist. Und was an exotischen Stilmitteln und Gegenständen aufgegriffen wird, erlebt häufig genug eine Anverwandlung an die als überlegen empfundenen westlichen ästhetischen Prinzipien antiker Herkunft[67]. Erst das Abrücken vom klassischen Kanon hat in jüngerer Zeit eine unbefangenere Rezeption asiatischer Kunst im Westen ermöglicht.
Umgekehrt gelang es aber auch europäischen Malern und Architekten des 18. Jahrhunderts, die in China tätig waren, keineswegs, den dortigen weltanschaulich zementierten Kanon der Stilmittel und Vorwürfe zugunsten der Perspektive oder der mehrstöckigen Bauweise aufzubrechen. Inzwischen hat zwar Asien europäische Kunstformen vollständig übernommen[68], aber selbst wo es sich um neue Medien westlicher Herkunft wie den Spielfilm handelt, ist eine Indisierung oder Japanisierung von Stil und Inhalt nicht zu verkennen. Sollten sich hier wie in Europa die wichtigsten hergebrachten Grundmuster der Kultur doch behauptet und eine Assimilation der westlichen Kulturelemente an die asiatischen zuwege gebracht haben, statt, wie man meinen möche, selbst von der westlichen Kultur assimiliert zu werden[69]?
Medium dieser vielberufenen Verwestlichung des Ostens wäre in erster Linie das Bildungswesen, das in der Tat in Indien und Japan rasch und begeistert, in China und vielen islamischen Ländern zögernd angesichts des Unvermeidlichen auf westliche Formen und Inhalte umgestellt wurde, häufig mit der erklärten Absicht, die eigene kulturelle Identität durch eine westlich geprägte zu ersetzen. Während in Europa Asien an den Schulen keine und an den Hochschulen nur eine marginale Rolle spielte und spielt, war in Asien durch Sprache und Schule die Möglichkeit gegeben, nicht nur Ergebnisse, sondern Grundmuster westlichen Denkens zu vermitteln, europäische Mentalität und europäisches Verhalten zu verbreiten. Doch wie sah das Ergebnis aus, in hervorragenden Einzelfällen wie im Durchschnitt? Ein Gandhi war durch sein Hindu-Milieu wie durch westliche Bildung geprägt. Was war er? Ein indischer Heiliger, der westliche Rationalität für seine Zwecke zu nutzen gelernt hatte? Oder ein indisch drapierter Agitator für Ziele, die indischem Wesen zutiefst fremd waren? Weist seine Art von Kultursynthese zurück in die indische Vergangenheit oder vorwärts in die Zukunft Asiens und der Welt?
Fragen dieser Art lassen sich nur unter Rückgriff auf die Religion angehen, die hier verstanden wird als die kulturspezifische Art und Weise, mit dem Unbedingten umzugehen. Nun sind alle Hochreligionen der Menschheit, auch das Christentum, asiatischer Herkunft. Dabei besteht aber ein Gegensatz zwischen den vorderasiatischen Monotheismen Judentum, Christentum, Islam, deren transzendenter Gott eifersüchtig keinen neben sich duldet, und den süd- und ostasiatischen Immanenzreligionen Hinduismus, Buddhismus, chinesischer Universismus, Shintoismus mit ihrem polytheistisch-synkretistischen Charakter. Freilich ist das Christentum nach Europa gewandert und dabei von griechischer Philosophie, römischem Recht und europäischer Mentalität so überformt

worden, daß es als kultureller Inbegriff Europas nach Asien zurückkehrte. Seine Prinzipien erwiesen sich dabei als unvereinbar mit den asiatischen Hochreligionen, so daß es Bekehrungserfolge vor allem außerhalb des Hochkulturgürtels in Gebieten wie den Philippinen und der Südsee erzielte. Als dann die asiatischen Kulturvölker infolge europäischer Übermacht hinreichend verunsichert waren, um westliches Denken auch für andere als Randgruppen interessant werden zu lassen, da hatte das Christentum im Westen selbst seine führende Rolle eingebüßt; seine Nachfolgeideologien wie Positivismus und Pragmatismus, Sozialismus und Kommunismus waren damit für modernisierungseifrige asiatische Eliten interessanter. Wenn 1985 5% der Asiaten Christen waren, dann kommt dieser Anteil durch die Philippinen und andere Randzonen zustande, während sich die Hochkulturgebiete gegen christlich geprägtes westliches Denken weitgehend als immun erwiesen haben, auch Indien trotz langer christlicher Tradition.

Unüberwindliche Fremdheit und geschickte Anpassung, die sich in diesem Fall nur auf den ersten Blick widersprechen, sind dafür verantwortlich. Der Gott des Islam ist zwar ein enger Verwandter des christlichen, aber regiert auf eine Weise, die nur Gehorsam und keine planende Gestaltung einer unfertigen Welt gestattet. So muß jedem Asiaten, dem Moslem wie erst recht dem Anhänger einer monistischen Weltanschauung, für die Gott und Welt eins sind, das jüdisch-christliche »machet sie euch untertan« (Genesis 1,28) des westlichen Herrschaftswillens über die Natur schlicht als blasphemisch erscheinen. Der Moslem empfindet darüber hinaus seinen strengen Monotheismus als dem verkappten Polytheismus der Trinitätslehre überlegen; der Koran spricht mit Ehrfurcht von Jesus und Maria, aber bei gleichzeitiger scharfer Ablehnung jeder Gottessohnschaft. Mit der von Maria verkörperten gehorsamen Gottergebenheit als Grundtugend des Moslem mag es zu tun haben, daß sein Persönlichkeitsideal mehr auf ganzheitliche seelische Vervollkommnung als auf aggressive Intellektualität und Willenskraft gerichtet ist und er die Einbindung in die »natürlichen« Gebilde Familie und Stamm höher schätzt als das Handeln des gesellschafts- und staatsunmittelbaren Individuums westlichen Zuschnitts[70].

Solche Folgerungen ergeben sich in noch höherem Maße aus den süd- und ostasiatischen Religionen, die sämtliche im Gegensatz zu den westlichen von Ganzheits- und Einheitsvorstellungen ausgehen. Wo Kosmos, Natur und Mensch als ein Ganzes gesehen werden[71], in dem alles seinen Platz hat, selbst die Götter, ist ein transzendenter persönlicher Gott ebenso fremdartig wie der Dualismus von Geist und Materie, von Subjekt und Objekt, von Individuum und Gesellschaft. So fehlt in China die formale Logik, die die ontologische Differenzierung zwischen Subjekt und Objekt voraussetzt[72]. Im Extremfall sind hier »Raum« und »Zeit« als reinlich getrennte abstrakte Begriffe sowenig vorhanden wie als kontinuierliche und damit meßbare Größen. Es gibt nur konkrete Zeiteinheiten von unterschiedlicher Qualität und »Dichte«; das heißt selbst der Unterschied von Quantität und Qualität gerät ins Schwimmen[73]. Kein Wunder, daß chinesische Historiographie eine andere Konzeption hat als westliche[74] und daß man Indien Geschichtsbewußtsein im westlichen Sinn überhaupt abgesprochen hat[75]. Der christliche Gott wird entweder als einer von vielen ins System integriert[76], was seinem eifersüchtigen Wesen widerspricht, oder er wird als Überbleibsel einer längst überholten, primitiven Gottesvorstellung abgetan[77]. Dann bleibt aber auch der christliche Sündengedanke unbegreiflich. Selbst indische »Erlösungsreligionen« sind nur nebenbei »Sündenreligionen«, und der Buddhismus will von Leiden erlösen, nicht von Sünde[78]. Die durch sittliche Freiheit konstituierte Personalität des Individuums spielt keine zentrale Rolle wie im Westen, statt dessen findet der Mensch Erfüllung durch vollkommene Verwirklichung seiner Rolle in der Gemeinschaft, wenn nicht auf höherer Ebene durch Aufgehen im Urgrund

des Kosmos[79]. Individualismus gilt infolgedessen als Inbegriff von Verwestlichung[80] und es wurde behauptet, das typische psychische Leiden des Fernen Ostens sei Depression, Schizophrenie hingegen komme kaum vor[81]!
Zwar sind die Religionen des Ostens toleranter als jene des Westens, weil sie infolge ihres weltimmanenten Monismus eine große Integrationsbreite besitzen. Nichtsdestoweniger tendieren sie zur Intoleranz gegen Bewegungen, die sich nicht synkretistisch integrieren lassen wollen. So wurde das Christentum verboten und verfolgt, bis sich die Machtverhältnisse geändert hatten. Dann wurde eine andere Strategie erforderlich, die die Inder, denen gar nichts anderes übrig blieb, zuerst entwickelt hatten, die »Modernisierung« der eigenen Religion durch selektive Übernahme westlichen Gedankenguts, wenn irgend möglich mit der Behauptung, es handle sich nur um eine Rückkehr zu den gereinigten eigenen Quellen, dem Koran, den Veden, den Schriften des Konfuzius oder den Reden des Buddha. Als erste haben Ram Mohan Roy und seine Nachfolger in Indien angeregt durch westliche Unitarier unter Rückgriff auf die Vedanta-Philosophie einen modernisierten Hinduismus entwickelt, der es dem gebildeten Inder der neuen Mittel- und Oberschichten gestattete, »modern« zu sein und doch Hindu zu bleiben[82]. Etwas später begannen sich in verschiedenen Ländern Reformbewegungen eines buddhistischen Modernismus zu regen[83]. Bei diesen Anpassungsversuchen konnte sich ein merkwürdiges Hin und Her von Einflüssen ergeben, zuweilen nicht ohne Täuschungen oder Selbsttäuschungen. Gandhi wurde durch englische Nachdichtungen indischer Werke und den Einfluß Tolstois auf den Weg eines bereits westlich beeinflußten Hinduismus gelenkt, den er und die Welt dann als typisch indisch begriffen haben. Und mit beträchtlicher Gelehrsamkeit konnte nachgewiesen werden, daß Schopenhauers identitätsphilosophische Begründung der Ethik des Mitleids auf einem Mißverständnis der altindischen Quellen beruht. Nichtsdestoweniger wurde sie von Schopenhauers Schüler Paul Deussen auch vor Indern propagiert. Dort kam sie gerade recht zur Begründung eines altruistischen Aktivismus, der dem Hinduismus von Haus aus fremd ist. So wurde sie von Vivekananda einerseits, von Tilak andererseits ohne Angabe der Quelle übernommen und gilt heute als genuin hinduistisch[84]. Sicher ein produktives Mißverständnis, aber auch eine Illustration für die Komplexität der Begegnung von Ost und West!
Mit dieser Strategie wurde es den asiatischen Hochreligionen dann möglich, zum »Gegenangriff« überzugehen und ihrerseits den Westen zu missionieren. Keineswegs nur Fremdarbeiter stellen dort heute die Moslems. Ostasiatisches aber gehört beinahe zur neuen Allgemeinbildung. Wo werden keine Yoga-Übungen angeboten, auch wenn der Zusammenhang mit dem indischen Asketentum nicht mehr zu erkennen ist? Wer hätte nicht mit dem dank D. T. Suzukis Büchern weltbekannten Zen-Buddhismus geliebäugelt[85]? Dabei muß östliche Weisheit sowohl okkultistische als auch rationalistische Bedürfnisse des Westens befriedigen. 1875 wurde die »Theosophische Gesellschaft« gegründet, die abendländischen Okkultismus mit östlichen »Geheimlehren« anreicherte und schließlich ihren Sitz nach Indien verlegte. Erst als Mrs. Besant einen Inder zum Lehrer der Welt proklamierte, spaltete sich 1913 unter Rudolph Steiner die »Anthroposophische Gesellschaft« ab, um sich wieder stärker an abendländischen Traditionen zu orientieren[86]. Einen mächtigen Impuls gab das im Anschluß an die Weltausstellung von Chicago 1893 veranstaltete »Weltparlament der Religionen«. Hier erregte Swami Vivekananda Aufsehen, der dann 1897 seine neu-hinduistische »Ramakrishna-Mission« gründete, nicht zuletzt für die Arbeit im Westen[87]. Hier hatte eine Rede des wichtigen buddhistischen Erneuerers Anagarika Dharmapala sofortige Bekehrungen zur Folge[88]. Nach dem Ersten Weltkrieg wurde Beschäftigung mit dem Osten ein weitverbreitetes Bedürfnis. Ein schönes Zeugnis ist Hermann Hesses »Siddharta« (1922), unter Hinweis auf die allgemeine »Atemnot des Geistigen« demselben Romain Rolland gewidmet, der

dem neu-hinduistischen Dichter und Nobelpreisträger Rabindranath Tagore schrieb, Europa brauche Asiens Denken wie die zweite Hälfte seines Gehirns[89], und der zu den wichtigsten Bewunderern Gandhis gehörte. Wahrscheinlich hat Gandhis enorme Publicity Asiens Mission in Europa erst richtig massenwirksam gemacht.

Der auf Grund westlicher Impulse reformierte Buddhismus, der längst soviel Zulauf hat, daß sich unter den wohllautenden asiatischen Namen mancher Autoren schlichte europäische Geburtsnamen verbergen[90], präsentiert sich dem Westen gerne als *die* dogmenfreie, vernünftige, tolerante, anthropozentrische Religion[91], die den im nachchristlichen und nach-rationalistischen Abendland üblichen Agnostizismus legitimiert und doch zugleich mystisch überhöht. Denn asiatische Religionen im allgemeinen und der Buddhismus im besonderen stehen im Ruf, der menschlichen Seele bereits gerecht geworden zu sein, als den Westen noch Jahrtausende von Freud trennten. (Wobei die Feststellung nicht ohne Interesse sein mag, daß Freud durch Reden heilt, Buddha aber durch Schweigen!) Mit anderen Worten, neben Befriedigung gnostischer Ursehnsüchte sucht der Westen im Osten ein Weltbild, das sich mit den Ergebnissen der modernen Wissenschaft, die für einen persönlichen transzendenten Gott so wenig Platz hat wie für einen Geist-Materie-Dualismus, besser in Einklang bringen läßt als die Lehren der christlichen Tradition[92].

Der Austausch zwischen Ost und West ist also noch lange nicht zu Ende, doch können wir rückblickend vier deutlich unterschiedene Phasen identifizieren:

1. Die Phase der indirekten Kontakte, vom Islam abgesehen, die bis ins 16. Jahrhundert unserer Zeitrechnung reicht. Hier dürfte Asien der gebende, Europa der empfangende Teil gewesen sein. Sowohl die »neolithische Revolution« mit der »Erfindung« von Ackerbau und Viehzucht als auch die Hochkultur mit dem Städtewesen haben ihren Ursprung in dem Raum zwischen Nil und Indus. Das Christentum kommt aus Asien, und noch im Mittelalter empfängt Europa eine Fülle von Anregungen aus dem Osten. Die chinesischen Westexpeditionen lassen sogar die Vorstellung einer »Entdeckung« Europas durch Asien als gar nicht abwegig erscheinen.

2. Die zweite Phase vom 16. bis 18. Jahrhundert ist diejenige der von Europa hergestellten Direktkontakte zu fast allen Gebieten des Ostens. Die Bedingungen werden der europäischen Minderheit allerdings immer noch von den Asiaten diktiert, denn Europa hat ihnen immer noch wenig zu bieten. Dennoch kann man auf lange Sicht von Gleichgewicht sprechen, das sich durch die merkwürdige Konvergenz der Desintegration asiatischer Reiche mit dem weiteren Aufstieg Europas allmählich zu dessen Gunsten verschiebt. Dabei haben die Europäer bereits Positionen bezogen, die eine weitere Expansion ermöglichen.

3. Nun folgt die europäische Herrschaft über Asien und seine Nachbargebiete, mag es sich um direkte Kolonialherrschaft oder informelle Hegemonie handeln. Diese Phase dauert vom späten 18. bis zum frühen 20. Jahrhundert. Sie ist nicht nur durch politische Überwältigung und ökonomische Ausbeutung, sondern zusätzlich durch kulturelle Durchdringung Asiens gekennzeichnet, denn im Interesse ihrer Selbstbehauptung entscheiden sich viele Asiaten für eine mehr oder weniger weitgehende Anpassung an den Westen. Es lassen sich aber mindestens vier Typen westlicher Kontrolle unterscheiden:

3a. Die *Siedlungskolonie vom nordamerikanischen Typ,* wo eine zahlenmäßig schwache und kulturell unterlegene Urbevölkerung ausgerottet oder auf geringe Reste reduziert und das Land neu besiedelt wird, so in Australien, Neuseeland, Sibirien. Kolonien dieses Typs sind nicht mehr dekolonisierbar; es handelt sich um restlose Europäisierung.

3b. Die *Herrschaftskolonie vom lateinamerikanischen Typ,* wo eine Minderheit von Administratoren, Soldaten, Großlandwirten und Missionaren eine stabile Herrschaft über eine eingeborene Mehrheit errichtet und durch deren lange Dauer eine anscheinend vollständige Akkulturation dieser Mehrheit zustande bringt. Allerdings kann deren ursprüngliche Kultur aus sub-kulturellen Zonen wieder an die Oberfläche der Geschichte gelangen. Einen solchen Fall haben wir auf den Philippinen vor uns, einen anderen, noch nicht so weit entwickelten in Sowjetisch-Mittelasien.

3c. Die *Herrschaftskolonie vom asiatisch-afrikanischen Typ,* die zuerst hier auf Java und in Indien entwickelt wurde, wo eine verschwindende Minderheit von nicht permanent ansässigen Weißen eine überwältigende Mehrheit von Asiaten beherrscht.

3d. Die *Halbkolonie* vom Typ des Chinesischen oder des Osmanischen Reiches, die bei formeller Bewahrung einer Rest-Souveränität doch politisch, wirtschaftlich und kulturell unter die Kontrolle des Westens geraten ist. Von regelrechten Protektoraten, die zu den Herrschaftskolonien zu rechnen sind, unterscheiden sich die Halbkolonien durch die Beteiligung mehrerer imperialistischer Mächte an ihrer Kontrolle. Nur diese Rivalität verhindert ihre Aufteilung und Überführung in den Status einer Herrschaftskolonie.

Bei den beiden zuletzt genannten Typen sind die Akkulturationsprozesse von besonderer Bedeutung, wegen ihrer starken Wirkung bei relativ kurzer Dauer infolge des enormen Machtdrucks, weil es sich um die volkreichsten Länder der Erde handelt und wegen der Auswirkungen nach der Dekolonisation. Es zeigt sich, daß im westlichen Sinn »moderne« Eliten dabei eine wichtige Rolle spielten, so daß wir dem Bildungssystem, das sie hervorgebracht hat, unsere besondere Aufmerksamkeit schenken müssen. Es zeigt sich aber auch, daß die Anpassung keineswegs total war, so daß die Frage offen bleibt, wie tief der Einfluß der westlichen Kultur im Durchschnitt *wirklich* reicht.

4. Das wird sich in der vierten Phase herausstellen, die um die Jahrhundertwende begonnen hat und sich in eine unbekannte Zukunft erstreckt. Hier geht es um die Gegenbewegung zur europäischen Expansion, um die Kontraktion Europas im Zeichen der Dekolonisation und der »Gegenangriffe« ehemaliger Kolonien. Japan, das allerdings von der europäischen Expansion nur gestreift wurde, ist heute zur stärksten wirtschaftlichen Konkurrenz des Westens geworden. Die größte Kolonie der Welt, Sibirien-Mittelasien, hat sich zur Kraftquelle einer Weltmacht entwickelt, die ihre Hegemonie über einen beträchtlichen Teil Europas ausgedehnt hat. Wenn Westeuropa sich dagegen behaupten konnte (und wenn Südostasien vom japanischen Imperialismus befreit wurde), dann nur dank einer anderen ehemaligen Kolonie Europas, der USA, was mit der Unterwerfung unter deren Hegemonie bezahlt werden mußte. China und Indien mögen im Augenblick noch weniger bedrohlich erscheinen, aber auch sie sind zumindest mit ihren »Missionaren« längst zum »Gegenangriff« angetreten. In einem dialektischen Prozeß ist Europa durch den von seiner eigenen Expansion ausgelösten weltweiten kulturellen Anpassungsprozeß auf sein ursprüngliches Maß reduziert worden, und zwar nicht nur, wie längst evident, gegenüber Amerika, sondern in zunehmendem Maß auch gegenüber Asien.

Abgekürzt zitierte Quellen und Literatur

Adas: Prophets = *M. Adas:* Prophets of Rebellion. Millenarian Protest Movements against the European Colonial Order, Cambridge 1979.

AGN 11, 14, 15 = Algemene geschiedenis der Nederlanden, Bd. 11, Weesp 1983; Bd. 14, Weesp 1979; Bd. 15, Weesp 1982.

Albertini: Dekolonisation = *R. von Albertini:* Dekolonisation. Die Diskussion über Verwaltung und Zukunft der Kolonien 1919–1960, Köln-Opladen 1966.

Albertini: Kolonialherrschaft = *R. von Albertini:* Europäische Kolonialherrschaft 1880–1940, 2. unveränderte Aufl., Stuttgart 1985.

Andaya: Malaysia = *B. W. and L. Y. Andaya:* A History of Malaysia, London 1982.

Ansprenger: Auflösung = *F. Ansprenger:* Auflösung der Kolonialreiche, 4. Aufl., München 1981.

Appadorai: Documents = *A. Appadorai* (Hg.): Documents on Political Thought in Modern India, Bd. 1, Delhi 1973.

Bagchi: Investment = *A. K. Bagchi:* Private Investment in India, 1900–1939, Cambridge 1972.

Banerjee: Documents = *A. C. Banerjee* (Hg.): Indian Constitutional Documents (1757–1947), 4 Bde., Calcutta 1945–1965.

Bayly–Kolff = *C. A. Bayly – D. H. A. Kolff* (Hg.): Two Colonial Empires. Comparative Essays on the History of India and Indonesia in the Nineteenth Century (Comparative Studies in Overseas History 6), Dordrecht 1986.

Beasley: Imperialism = *W. G. Beasley:* Japanese Imperialism, 1894–1945, Oxford 1987.

Betts: False Dawn = *R. F. Betts:* The False Dawn. European Imperialism in the Nineteenth Century (Europe and the World in the Age of Expansion VI), Minneapolis 1976.

Betts: Uncertain Dimensions = *R. F. Betts:* Uncertain Dimensions. Western Empires in the Twentieth Century (Europe and the World in the Age of Expansion X), Oxford 1985.

Bhattacharya = *S. Bhattacharya:* A Dictionary of Indian History, Calcutta 1972, Ndr. Westport 1977.

Bouvier-Girault = *J. Bouvier – R. Girault* (Hg.): L'impérialisme français d'avant 1914. Recueil de textes, Paris 1976.

Brackmann: Communism = *A. Brackmann:* Indonesian Communism. A History, New York 1963.

Braunstein: Kolonialpolitik = *D. Braunstein:* Französische Kolonialpolitik 1830–1852. Expansion – Verwaltung – Wirtschaft – Mission, Wiesbaden 1983.

Bray: Rice Economies = *F. Bray:* The Rice Economies. Technology and Development in Asian Societies, Oxford 1986.

Breman: Village = *J. Breman:* The Village on Java and the Early-Colonial State, Rotterdam 1980.

Brötel: Vietnam = *D. Brötel:* Französischer Imperialismus in Vietnam. Die koloniale Expansion und die Errichtung des Protektorats Annam–Tongking 1880–1885, Wiesbaden 1971.

Brown: Modern India = *J. M. Brown:* Modern India. The Origins of an Asian Democracy, Oxford–New York 1985.

Burger: Indonesia = *D. H. Burger:* Sociologisch-economische geschiedenis van Indonesia, 2 Bde., Wageningen 1975.

Burma 1–2 = *H. Tinker u. a.* (Hg.): Burma. The Struggle for Independence 1944–1948, 2 Bde., London 1983/84.
Busch: Persian Gulf = *B. C. Busch:* Britain and the Persian Gulf, 1894–1914, Berkeley-Los Angeles 1967.

Cain: Economic Foundations = *P. J. Cain:* Economic Foundations of British Overseas Expansion, 1815–1914, London 1980.
CEcHI = *D. Kumar* (Hg.): The Cambridge Economic History of India, Bd. 2: c. 1757–c. 1970, Cambridge-London 1983.
Charlesworth: Peasants = *N. Charlesworth:* Peasants and Imperial Rule. Agriculture and Agrarian Society in the Bombay Presidency, 1850–1935, Cambridge 1985.
Chaudhuri-Dewey = *K. N. Chaudhuri – C. J. Dewey* (Hg.): Economy and Society. Essays in Indian Economic and Social History, Delhi 1979.
CHBE 2, 3, 7/1, 7/2 = The Cambridge History of the British Empire, Bd. 2: The Growth of the New Empire, 1783–1870, Cambridge 1940, Ndr. 1968; Bd. 3: The Empire-Commonwealth, 1870–1919, Cambridge 1959, Ndr. 1967; Bd. 7/1: Australia, Cambridge 1933; Bd. 7/2: New Zealand, Cambridge 1933.
CHC 10, 11, 12, 13 = The Cambridge History of China, Bd. 10–11: Late Ch'ing, 1800–1911, Cambridge 1978–1980; Bd. 12–13: Republican China, 1912–1949, Cambridge 1983–1986.
Chesneaux: Vietnam = *J. Chesneaux:* Geschichte Vietnams, Berlin 1967.
CHI 5, 6 = The Cambridge History of India, Bd. 5: British India, 1497–1858, Cambridge 1929, Ndr. Delhi 1968; Bd. 6: The Indian Empire, 1858–1918, Cambridge 1932 (zugleich Bde. 4 und 5 von CHBE).
Clark: Documents 1–2 = *C. M. H. Clark* (Hg.): Select Documents in Australian History, Bd. 1: 1788–1850, Sydney 1950, Ndr. 1977; Bd. 2: 1851–1900, Sydney 1955, Ndr. 1975.
Clark: History 1–4 = *C. M. H. Clark:* A History of Australia, Bd. 1: From the Earliest Times to the Age of Macquarie, Cambridge 1962, Ndr. Melbourne 1978; Bd. 2: New South Wales and Van Diemen's Land, 1822–1838, Cambridge 1968, Ndr. Melbourne 1975; Bd. 3: The Beginning of an Australian Civilization, 1824–1851, Cambridge 1973, Ndr. Melbourne 1978; Bd. 4: The Earth Abides for Ever, 1851–1888, Cambridge 1978, Melbourne 1980.
Clark: Short History = *C. M. H. Clark:* A Short History of Australia, London 1964, 2. Aufl. 1969, Ndr. 1977.
Constitutions = Foreign Office: The Constitutions of All Countries, Bd. 1: The British Empire, London 1938.
Cook-Paxton = *C. Cook – J. Paxton:* Commonwealth Political Facts, Basingstoke 1979.
Cordier: Relations 1–3 = *H. Cordier:* Histoire des relations de la Chine avec les puissances occidentales 1860–1902, 3 Bde., Paris 1901–1902.
Creutzberg: Ekonomisch beleid = *P. Creutzberg* (Hg.): Het ekonomisch beleid in Nederlandsch-Indië. Capita selecta. Een bronnenpublikatie (Uitgaven van de commissie voor bronnenpublicatie betreffende de geschiedenis van Nederlandsch-Indië 1900–1942, Bde. 5, 6, 7/1, 7/2), Groningen 1972–1975.

Dahm: Emanzipationsversuche = *B. Dahm:* Emanzipationsversuche von kolonialer Herrschaft in Südostasien. Die Philippinen und Indonesien. Ein Vergleich, Wiesbaden 1974.
De Kat Angelino = *A. D. A. De Kat Angelino:* Colonial Policy, Bd. 1: General Principles, Bd. 2: The Dutch East Indies, Chicago 1931.
De Klerck = *E. S. De Klerck:* History of Netherlands East India, 2 Bde., Rotterdam 1938, Ndr. Amsterdam 1975.
Desika Char: Readings = *S. V. Desika Char* (Hg.): Readings in the Constitutional History of India, 1757–1947, Delhi 1983.
De Silva: Sri Lanka = *K. M. De Silva:* A History of Sri Lanka, Berkeley–Los Angeles 1981.
Dritte Welt = *P. Halblützel – H. W. Tobler – A. Wirz* (Hg.): Dritte Welt. Historische Prägung und politische Herausforderung. Festschrift ... R. von Albertini, Wiesbaden 1983.

Edwards: Diplomacy = *E. W. Edwards:* British Diplomacy and Finance in China, 1895–1914, Oxford 1987.
Eldridge: Imperialism = *C. C. Eldridge* (Hg.): British Imperialism in the Nineteenth Century, London 1984.
Elson: Javanese Peasants = *R. E. Elson:* Javanese Peasants and the Colonial Suger Industry. Impact and Change in an East Java Residency, 1830–1940, Singapore 1984.

Fairbank: Revolution = *J. K. Fairbank:* The Great Chinese Revolution, 1800–1985, New York – London 1986.
Fairbank–Reischauer = *J. K. Fairbank – E. O. Reischauer:* China. Tradition and Transformation, Sydney 1979.
Fairbank–Reischauer–Craig = *J. K. Fairbank – E. O. Reischauer – A. M. Craig:* East Asia. Tradition and Transformation, London 1973.
Fall: Viet-Minh = *B. Fall:* Le Viet-Minh. La République Démocratique de Viet-nam 1945–1960, Paris 1960.
Fessen-Kubitschek = *H. Fessen – H. D. Kubitschek:* Geschichte Malaysias und Singapurs, Berlin 1984.
Fieldhouse: Economics and Empire = *D. K. Fieldhouse:* Economics and Empire, 1830–1914, London 1973, Ndr. 1976.
Flapan: Zionism = *S. Flapan:* Zionism and the Palestinians, London–New York 1979.
Fortescue 3, 4, 4 A, 5, 7, 7 A, 11, 12, 12 A, 13, 13 A = *J. W. Fortescue:* A History of the British Army, 13 Bde. u. 6 Atlasbände, London 1899–1930, Bde. 3, 4, 4 Atlas, 5, 7, 7 Atlas, 11, 12, 12 Atlas, 13, 13 Atlas.
Franke: Revolution = *W. Franke:* Das Jahrhundert der chinesischen Revolution, 1851–1949, 2. Aufl. München 1980.
Fraser: Middle East = *T. G. Fraser* (Hg.): The Middle East, 1914–1979 (Documents of Modern History), London 1980.
Furnivall: Colonial Policy = *J. S. Furnivall:* Colonial Policy and Practice. A Comparative Study of Burma and Netherlands India, Cambridge 1948.

Gainsborough: Conflict = *J. R. Gainsborough:* The Arab-Israeli Conflict. A Politico-Legal Analysis. Aldershot 1986.
Ganiage = *J. Ganiage:* L'expansion coloniale de la France sous la Troisième République (1871–1914), Paris 1968.
Gillard: Struggle = *D. Gillard:* The Struggle for Asia 1828–1914. A Study in British and Russian Imperialism, London 1977.
Gorny: Zionism = *Y. Gorny:* Zionism and the Arabs, 1882–1948. A Study of Ideology, Oxford 1987.
Guillen = *P. Guillen:* L'expansion 1881-1898, Paris 1985.

Harlow–Madden: Documents = *V. Harlow – F. Madden* (Hg.): British Colonial Developments, 1774–1834. Select Documents, Oxford 1953.
HDO = *R. D. Craig – F. P. King* (Hg.): Historical Dictionary of Oceania, Westport–London 1981.
Hentschel 1–2 = *V. Hentschel:* Wirtschaftsgeschichte des modernen Japans, 2 Bde., Stuttgart 1986.
Hoffmann: Untergang = *R. Hoffmann:* Der Untergang des konfuzianischen China. Vom Mandschureich zur Volksrepublik, Wiesbaden 1980.
Holland: Decolonization = *R. F. Holland:* European Decolonization, 1918–1981. An Introductory Survey, New York 1985.
Hou: Investment = *Chi-ming Hou:* Foreign Investment and Economic Development in China, 1840–1937. Cambridge/MA 1965.
Howe: South Sea = *K. R. Howe:* Where the Waves Fall. A New South Sea Islands History from First Settlement to Colonial Rule, Sydney–London 1984.
Hsiao: Foreign Trade = *Liang-lin Hsiao:* China's Foreign Trade Statistics, 1864–1949, Cambridge 1974.
Hutada: Korea = *Takashi Hutada:* A History of Korea, Santa Barbara 1969.
Hutchins: Quit India = *F. G. Hutchins:* Spontaneous Revolution. The Quit India Movement, Delhi 1971.
Hyam: Imperial Century = *R. Hyam:* Britain's Imperial Century, 1815–1914. A Study of Empire and Expansion, London 1976.

Jansen: Japan and China = *M. B. Jansen:* Japan and China. From War to Peace, 1894–1972, Chicago 1975.
Jansen–Rozman = *M. B. Jansen – G. Rozman* (Hg.): Japan in Transition. From Tokugawa to Meiji, Princeton 1986.
Jenks: Migration = *L. H. Jenks:* The Migration of British Capital to 1875, London 1971, Ndr. New York 1973.

Kahin: Nationalism = *G. M. Kahin:* Nationalism and Revolution in Indonesia, Ithaca–London 1952, Ndr. 1970.

Kazemzadeh = *F. Kazemzadeh:* Russia and Britain in Persia, 1864–1914. A Study in Imperialism, New Haven–London 1968.
Keith: Constitutional History = *A. B. Keith:* A Constitutional History of India, 1600–1935, 2. Aufl. 1937, Ndr. New York–London 1969.
Keith: Dominions = *A. B. Keith* (Hg.): Speeches and Documents on the British Dominions, 1918–1931. From Self-Government to National Sovereignty, London 1932, Ndr. Westport 1976.
Keith: Indian Policy = *A. B. Keith* (Hg.): Speeches and Documents on Indian Policy, 1750–1921, 2 Bde., Ndr. Delhi 1985.
Kelly: Gulf = *J. B. Kelly:* Britain and the Persian Gulf, 1795–1880, Oxford 1968.
Kennedy: Samoan Tangle = *P. M. Kennedy:* The Samoan Tangle. A Study in Anglo-German Relations, 1878–1900, Dublin–St. Lucia 1974.
Khanh: Communism = *Huynh Kim Khanh:* Vietnamese Communism, 1925–1945, Ithaca–London 1982.
Kindermann = *G.-K. Kindermann:* Der Ferne Osten in der Weltpolitik des industriellen Zeitalters, München 1970.

Laqeur: Zionismus = *W. Laqueur:* Der Weg zum Staat Israel. Geschichte des Zionismus, Wien 1975 (engl. 1972).
Laqueur–Rubin = *W. Laqueur – H. Rubin* (Hg.): The Israeli-Arab Reader. A Documentary History of the Middle East Conflict, 4. Aufl. New York–London 1984.
Laves: Foreign Investment = *W. H. C. Laves:* German Governmental Influence on Foreign Investment, 1871–1914, Chicago 1927, Ndr. New York 1977.
Lemon-Pollock = *A. Lemon – N. C. Pollock* (Hg.): Studies in Overseas Settlement and Population, London 1980.
Louis: Imperialism at Bay = *W. R. Louis:* Imperialism at Bay. The United States and the Decolonization of the British Empire, 1941–1945, Oxford 1977.
Louis–Stookey = *W. R. Louis – R. W. Stookey* (Hg.): The End of the Palestine Mandate, London 1986.
Low: Congress = *D. A. Low* (Hg.): Congress and the Raj. Facets of the Indian Struggle, 1917–1947, London 1977.
Lowe: Far East = *P. Lowe:* Britain in the Far East. A Survey from 1819 to the Present, London–New York 1981.
Lu: Sources = *D. J. Lu* (Hg.): Sources of Japanese History, Bd. 2, New York 1974.

Madden-Fieldhouse: Reconstruction = *F. Madden – D. Fieldhouse* (Hg.): Select Documents on the Constitutional History of the British Empire and Commonwealth, Bd. 3: Imperial Reconstruction 1783–1840, London 1987.
Mansergh: Documents = *N. Mansergh* (Hg.): Documents and Speeches on British Commonwealth Affairs, 1931–1952, 2 Bde., London 1953.
Mansvelt–Creutzberg 1–4 = *W. M. F. Mansvelt – P. Creutzberg:* Changing Economy in Indonesia. A Selection of Statistical Material from the Early 19th Century up to 1940, 4 Bde., Den Haag 1975–1978.
Markovits: Indian Business = *C. Markovits:* Indian Business and Nationalist Politics, 1931–1939. The Indigenous Capitalist Class and the Rise of the Congress Party, Cambridge 1985.
Marks-Richardson = *S. Marks – P. Richardson* (Hg.): International Labour Migration. Historical Perspectives, Hounslow 1984.
McIntyre: Commonwealth = *W. D. McIntyre:* The Commonwealth of Nations. Origins and Impact, 1869–1971 (Europe and the World in the Age of Expansion IX). Minneapolis 1977.
McIntyre: Frontier = *W. D. McIntyre:* The Imperial Frontier in the Tropics, 1865–1875. A Study of British Colonial Policy in West Africa, Malaya and the South Pacific in the Age of Gladstone and Disraeli, London 1967.
McMurray: Treaties = *J. V. A. McMurray:* Treaties and Agreements with and Concerning China, 1894–1919, 2 Bde., New York 1921, Ndr. 1973.
Melaka = *K. S. Sandhu – P. Wheatley* (Hg.): Melaka. The Transformation of a Malay Capital, c. 1406–1980, 2 Bde., Kuala Lumpur 1983.
Mitchell: Statistics = *B. Mitchell:* International Historical Statistics, Bd. 2: Africa and Asia, London 1982.
Molina 1–2 = *A. M. Molina:* Historia de Filipinas, 2 Bde., Madrid 1984.
Moore: Crisis = *R. J. Moore:* The Crisis of Indian Unity, 1917–1940, Oxford 1974.
Moore: Liberalism = *R. J. Moore:* Liberalism and Indian Politics, 1872–1922, London 1966.
Morley: Japan's Foreign Policy = *J. W. Morley* (Hg.): Japan's Foreign Policy, 1868–1941. A Research Guide, New York–London 1974.

Morrell: Colonial Policy = *W. P. Morrell:* British Colonial Policy in the Mid-Victorian Age. South Africa, New Zealand, The West Indies, Oxford 1969.
Morse: Relations = *H. B. Morse:* The International Relations of the Chinese Empire, 3 Bde., London 1910–1918, Ndr. Taipeh 1971.
Morton: Conflict = *J. N. Morton* (Hg.): The Arab-Israeli Conflict, 3 Bde., Princeton 1974.
Moses–Kennedy = *J. A. Moses – P. M. Kennedy* (Hg.): Germany in the Pacific and Far East, 1870–1914, Englewood Cliffs 1977.
Murray: Capitalism = *J. M. Murray:* The Development of Capitalism in Colonial Indochina, 1870–1940, Berkeley 1980.
Myers-Peattie = *R. H. Myers – M. R. Peattie* (Hg.): The Japanese Colonial Empire, 1895–1945, Princeton 1984.

Newbury: Tahiti Nui = *C. Newbury:* Tahiti Nui. Change and Survival in French Polynesia, 1767–1945, Honolulu 1980.
Nish: Foreign Policy = *I. Nish:* Japanese Foreign Policy. Kasumigaseki to Migakazaka, London 1977.

Oceania and Beyond = *F. P. King* (Hg.): Oceania and Beyond. Essays on the Pacific since 1945. Westport–London 1976.
OHNZ = *W. H. Oliver – B. R. Williams* (Hg.): The Oxford History of New Zealand, Oxford–Wellington 1981.

Palästina-Frage = *H. Mejcher – A. Schölch* (Hg.): Die Palästina-Frage, 1917–1948. Historische Ursprünge und internationale Dimensionen eines Nationenkonflikts, Paderborn 1981.
Pandey: Movement = *B. N. Pandey* (Hg.): The Indian National Movement, 1885–1947. Select Documents, London 1979.
Perlmutter: Israel = *A. Perlmutter:* Israel, the Partitioned State. A Political History since 1900, New York 1985.
Philippine Social History = *A. W. McCoy – C. de Jesus* (Hg.): Philippine Social History. Global Trade and Local Transformation, Manila–Sydney 1982.
Pluvier = *J. M. Pluvier:* South-East Asia from Colonialism to Independence. Kuala Lumpur 1974.
Pluvier: Indonesië = *J. M. Pluvier:* Indonesië. Kolonialisme, onafhankelijkheid, neo-kolonialisme. Een politieke geschiedenis van 1940 tot heden, Nijmwegen 1978.
Price: Western Invasions = *A. G. Price:* The Western Invasions of the Pacific and Its Continents. A Study of Moving Frontiers and Changing Landscapes, 1513–1958, Oxford 1963.

Ratenhof: Chinapolitik = *U. Ratenhof:* Die Chinapolitik des Deutschen Reiches 1871 bis 1945. Wirtschaft – Rüstung – Militär, Boppard 1987.
Ray: Industrialization = *R. J. Ray:* Industrialization in India. Growth and Conflict in the Private Corporate Sector, 1914–1947, Delhi 1979.
Ricklefs = *M. C. Ricklefs:* A History of Modern Indonesia, c. 1300 to the Present, Bloomington 1981.
Roberts = *S. H. Roberts:* The History of French Colonial Policy, 1870–1925, 2. Aufl. London 1963.
Ross: New Zealand = *A. Ross:* New Zealand Aspirations in the Pacific in the Nineteenth Century, Oxford 1964.
Rothermund: Entwicklung = *D. Rothermund:* Indiens wirtschaftliche Entwicklung. Von der Kolonialherrschaft bis zur Gegenwart, Paderborn 1985.
Rothermund: Government = *D. Rothermund:* Government, Landlord, and Peasant in India. Agrarian Relations under British Rule, 1865–1935, Wiesbaden 1978.
Rothermund: Willensbildung = *D. Rothermund:* Die politische Willensbildung in Indien 1900–1960, Wiesbaden 1965.

Sachar: Middle East = *H. M. Sachar:* Europe Leaves the Middle East, 1936–1954, New York 1972.
Saunders: Indentured Labour = *K. Saunders* (Hg.): Indentured Labour in the British Empire, 1834–1920, London-Canberra 1984.
Scalapino–Yu = *R. A. Scalapino – G. T. Yu:* Modern China and Its Revolutionary Process. Recurrent Challenges to the Traditional Order, 1850–1920, Berkeley–Los Angeles 1985.
Schöllgen: Imperialismus und Gleichgewicht = *G. Schöllgen:* Imperialismus und Gleichgewicht. Deutschland, England und die orientalische Frage 1871–1914, München 1984.
Schwartzberg = *J. E. Schwartzberg:* A Historical Atlas of South Asia, Chicago 1978.

Semmel: Free Trade Imperialism = *B. Semmel:* The Rise of Free Trade Imperialism. Classical Political Economy, the Empire of Free Trade and Imperialism, 1750–1850, Cambridge 1970, Ndr. 1978.
Snyder: Macro-Nationalisms = *L. L. Snyder:* Macro-Nationalisms. A History of the Pan Movements, Westport–London 1984.
Spear = *P. Spear:* The Oxford History of Modern India, 1740–1947, 2. Aufl. Delhi 1978.
Stoler: Capitalism = *A. L. Stoler:* Capitalism and Confrontation in Sumatra's Plantation Belt, 1870–1979, New Haven–London 1985.

Tate 1, 2 = *D. J. M. Tate:* The Making of Modern South–East Asia, 2 Bde., Kuala Lumpur 1971–1979.
Thomas: Intervention = *S. C. Thomas:* Foreign Intervention and China's Economic Development, 1870–1911, Boulder–London 1984.
Thompson: Australian Imperialism = *R. C. Thompson:* Australian Imperialism in the Pacific. The Expansionist Era, 1820–1920, Melbourne 1980.
Tomlinson: Political Economy = *B. R. Tomlinson:* The Political Economy of the Raj, 1914–1947. The Economics of Decolonization in India, Basingstoke 1979.
Transfer 1–12 = *N. Mansergh u. a.* (Hg.): Constitutional Relations Between Britain and India. The Transfer of Power 1942–1947, 12 Bde., London 1970–1983.
Tung: China = *W. L. Tung:* China and the Foreign Powers. The Impact of and the Reaction to Unequal Treaties, Dobbs Ferry 1970.
Turnbull: Singapore = *C. M. Turnbull:* A History of Singapore, 1819–1975, London 1977.

Van Briessen = *F. van Briessen:* Grundzüge der deutsch-chinesischen Beziehungen, Darmstadt 1977.
Vlekke: Nusantara = *B. H. M. Vlekke:* Nusantara. A History of the East Indian Archipelago, Cambridge/MA 1949, Ndr. New York 1977.

Wakeman: Fall = *F. Wakeman:* The Fall of Imperial China, New York–London 1975.
Ward-Rustow = *R. E. Ward – D. A. Rustow* (Hg.): Political Modernization in Japan and Turkey, Princeton 1964, Ndr. 1970.
Wight: Constitutions = *M. Wight:* British Colonial Constitutions 1947, Oxford 1952.
Winks: Historiography = *R. W. Winks* (Hg.): The Historiography of the British Empire–Commonwealth. Trends, Interpretations and Resources, Durham 1966.
*Wood:*Economists = *J. C. Wood:* British Economists and the Empire, 1860–1914, London 1983.

Anmerkungen

Kapitel 1
Britisch-Indien

1 *A. H. Bilgrami:* Afghanistan and British India, 1793–1907, Delhi 1972; *P. C. M. S. Braun:* Die Verteidigung Indiens 1800–1907, Köln–Graz 1968; *G. Curzon:* Frontiers, Oxford 1907; *R. Robinson–J. Gallagher:* Africa and the Victorians: the Official Mind of Imperialism, London 1961; *Gillard:* Struggle; *G. S. Graham:* Tides of Empire, London 1972; *ders.:* Great Britain in the Indian Ocean. A Study of Maritime Enterprise, 1810–1850, Oxford 1967; *P. Högemann:* Die Bedeutung des Indischen Ozeans für die Weltmächte von Altertum und Neuzeit, in: Saeculum 37 (1986) S. 34–44; *R. A. Huttenback:* British Relations with Sind, 1799–1843, Berkeley 1962; *E. Ingram:* The Rules of the Game: a Commentary on the Defence of British India, 1798–1829, in: Journal of Imperial and Commonwealth History 3 (1974/75) S. 257–279; *ders.:* The Beginning of the Great Game in Asia, 1828–1834, Oxford 1979; *ders.:* In Defence of British India. Great Britain in the Middle East, 1775–1842, London 1984; *H. Jaeckel:* Die Nordwestgrenze in der Verteidigung Indiens 1900–1908, Köln–Opladen 1968; *Kazemzadeh; Kelly; D. McLean:* Britain and her Buffer State. The Collapse of the Persian Empire, 1890–1914, London 1979; *C. Marwin:* The Russians at Merv and Herat, London 1883, Ndr. Nendeln 1978; *V. C. Moidu:* A Survey of British Policy in the Persian Gulf, in: Journal of Indian History 56 (1978) S. 365–375; *J. A. Norris:* The First Afghan War, 1838–1842, Cambridge 1967; *H. Oncken:* Die Sicherheit Indiens, Berlin 1937; *M. E. Yapp:* Strategies of British India: Britain, Iran and Afghanistan, 1798–1850, Oxford 1980.

2 Vgl. *R. Owen:* Die indischen Erfahrungen Lord Cromers, in: *R. von Albertini* (Hg.): Moderne Kolonialgeschichte, Köln–Berlin 1970, S. 174–202.

3 *G. Abbattista:* James Mill e il problema indiano, Mailand 1979; *C. Bolt:* Victorian Attitudes to Race, London 1971; *F. Hutchins:* The Illusion of Permanence, Princeton 1967; *Hyam* S. 38–40; *J. Leopold:* British Applications of the Aryan Theory of Race to India, 1850–1870, in: English Historical Review 89 (1974) S. 578–603; *J. Mill:* The History of British India, 3 Bde., London 1817, Ndr. Delhi 1972; *P. B. Rich:* Race and Empire in British Politics, Cambridge 1986; *E. Stokes:* The English Utilitarians and India, Oxford 1963; *B. V. Street:* The Savage in Literature, London 1975.

4 CHBE 2, S. 123–127; *Fortescue* 4–5; *V. L. B. Mendis:* The Advent of the British to Ceylon, 1762–1803, Dehiwala 1971.

5 *Andaya:* Malaysia; *C. F. Behrman:* Victorian Myths of the Sea, Athens/OH 1977; CHBE 2, S. 125, S. 603f.; CHI 5, S. 400–408; *C. C. Eldridge:* England's Mission, London 1973; *ders.:* Victorian Imperialism, London 1978; *A. Frost:* Convicts and Empire: a Naval Question, 1776–1811, Melbourne 1980; *B. Knox:* British Policy towards the Ionian Islands, 1847–1864, in: English Historical Review 99 (1984) S. 503–529; *B. Semmel:* Liberalism and Naval Strategy, London 1986; *C. M. Turnbull:* The Straits Settlements, 1826–1867, London 1972; *Turnbull:* Singapore; *Wight:* Constitutions S. 79, S. 133–169.

6 *Eldridge* 1973 (Anm. 5) S. 6f. referiert einschlägige Autoren, von denen aber *C. A. C. Bodelsen:* Studies in Mid-Victorian Imperialism, London 1928, 2. Aufl. 1960, und *K. E. Knorr:*

British Colonial Theories, 1570–1850, London 1944, Ndr. 1964 die Gegenstimmen bereits berücksichtigen, ebenso: The Concept of Empire, Burke to Attlee, 1774–1947, London 1953, 2. Aufl. 1962.

7 *J. Gallagher–R. Robinson:* The Imperialism of Free Trade, in: Economic History Review 6 (1953) S. 1–15, seither häufig neu abgedruckt.

8 Vgl. *Betts:* False Dawn; *D. K. Fieldhouse:* Die Kolonialreiche seit dem 18. Jahrhundert (Fischer Weltgeschichte 29), Frankfurt 1965, engl. Neuausgabe 1982; *Harlow-Madden:* Documents S. 1–77; *Hyam:* Imperial Century; *W. R. Johnston:* Great Britain, Great Empire, St. Lucia 1981; *Lowe:* Far East; *T. O. Lloyd:* The British Empire, 1558–1982, Oxford 1984; *McIntyre:* Frontier; *D. L. Mackay:* Direction and Progress in British Imperial Policy, 1793–1801, in: Historical Journal 17 (1974) S. 487–501; *P. Marshall:* The First and Second British Empires. A Question of Demarcations, in: History 49 (1964) S. 13–23, *W. J. Mommsen:* Das britische Empire, in: Historische Zeitschrift 233 (1981) S. 317–361; *W. P. Morrell:* Britain in the Pacific Islands, Oxford 1960; *W. D. Smith:* European Imperialism, Chicago 1982.

9 *Mackay* (Anm. 8) S. 500.

10 *C. J. Lowe:* The Reluctant Imperialists. British Foreign Policy, 1878–1902, Bd. 1, London 1967, S. 13.

11 CHBE 2, S. 143–145, S. 696. – Zur Diskussion über Gallagher-Robinson vgl. die Sammlungen *W. R. Louis* (Hg.): The Robinson and Gallagher Controversy, London 1976; *A. G. Shaw* (Hg.): Great Britain and the Colonies, 1815–1865, London 1970; wichtig *P. Bloomfield:* Edward Gibbon Wakefield, London 1961; *J. S. Galbraith:* Myths of the »Little England« Era, in: American Historical Review 67 (1961/62) S. 34–48; *ders.* in: *Winks:* Historiography; *D. C. M. Platt:* The Imperialism of Free Trade: Some Reservations, in: Economic History Review 21 (1968) S. 296–306; *W. M. Mathew:* The Imperialism of Free Trade: Peru 1820–1870, in: ebd. S. 562–579; *J. L. Sturgis:* John Bright and the Empire, London 1969; *B. Semmel:* The Rise of Free Trade Imperialism, Cambridge 1970, Ndr. 1978; *Jenks:* Migration; *D. C. M. Platt:* Further Objections to an »Imperialism of Free Trade«, 1830–1860, in: Economic History Review 26 (1973) S. 77–91; *Eldridge* 1973 (Anm. 5); *G. W. Martin:* »Anti-Imperialism« in the Mid-Nineteenth Century, in: *R. Hyam-G. W. Martin* (Hg.): Reappraisals in British Imperial History, London 1975, S. 88–120; *R. W. Winks:* On Decolonization and Informal Empire, in: American Historical Review 81 (1976) S. 540–556; *D. C. M. Platt:* Business Imperialism, 1840–1930, Oxford 1977; *Cain:* Economic Foundations; *P. J. Cain-A. G. Hopkins:* The Political Economy of British Expansion Overseas, 1750–1914, in: Economic History Review 33 (1980) S. 463–490; *dies.:* Gentlemanly Capitalism and British Expansion Overseas: I. The Old Colonial System, 1688–1850, in: Economic History Review 39 (1986) S. 501–525, deutsch in: *J. Osterhammel* (Hg.): Britische Übersee-Expansion und Britisches Empire vor 1840, Bochum 1987, S. 207–256, mit wichtiger Einführung des Hg. S. 9–49; *J. C. Wood:* British Economists and the Empire, 1860–1914, London 1983; *Eldridge:* Imperialism; *B. Knox:* The Concept of Empire in the Mid-Nineteenth Century, in: Journal of Imperial and Commonwealth History 15 (1987) S. 242–263.

12 *Brown:* Modern India S. 71.

13 *C. W. Dilke:* Problems of Greater Britain, London 1890, S. 399.

14 Ebd. S. 349f.

15 *Betts:* False Dawn S. 243.

16 *Dilke* (Anm. 13) S. 349f.; *S. Ambirajan:* Classical Political Economy and British Policy in India, Cambridge 1978, S. 50f.; *W. J. Barber:* British Economic Thought and India, Oxford 1975; *Sturgis* 1969 (Anm. 11).

17 CHI 5, S. 589–607; *Spear* S. 140.

18 *Spear* S. 134–137, 203.

19 *J. Ahvenainen:* The Far East Telegraphs (Suomalaisen Tiedeakatemian Taimituksia B. 216), Helsinki 1981; *P. M. Kennedy:* Imperial Cable Communications and Strategy, 1870–1914, in: *ders.* (Hg.): The War Plans of the Great Powers, 1880–1914, London 1979, S. 75–98.

20 CHI 6, S. 131–142; *C. H. Phillips* (Hg.): The Correspondence of Lord William Cavendish Bentinck, 2 Bde., Oxford 1977, Bd. 1 passim; *A. Glucklich:* Conservative Hindu Response to Social Legislation in Nineteenth Century India, in: Journal of Asian History 20 (1986) S. 33–53; *Appadorai:* Documents S. 77–86; *Keith:* Indian Policy Bd. 1, S. 208–226.

21 *Phillips* (Anm. 20); *A. A. Yang* (Hg.): Crime and Criminality in British India, Tucson 1985.

22 CHI 6, S. 127; *Spear* S. 203f.

23 *A. Bash:* The Growth of Education and Political Development in India, 1898–1920, Delhi 1974; *Brown:* Modern India S. 75–79; CHI 6, S. 95–120; *R. E. Frykenberg:* Modern Education in South India, 1784–1854, in: American Historical Review 91 (1986) S. 37–65; *Keith:* Indian

Policy Bd. 2, S. 226–266; *J. Lütt:* Hindu-Nationalism in Uttar Pradeś, 1867–1900, Stuttgart 1970, S. 20f.; *R. Muir:* The Making of British India, 1756–1850, Manchester 1915, S. 296–301; *S. Neill:* A History of Christianity in India, Bd. 2: 1707–1858, Cambridge 1985; *Phillips* (Anm. 20) Bd. 2, S. 1393–1414; *J. Rosselli:* Lord William Bentinck, Berkeley 1974, S. 208–225; *C. Witz:* Religionspolitik in Britisch-Indien 1793–1813, Wiesbaden 1985.

24 *H. R. Hardless:* The Indian Gentleman's Guide to English Etiquette, Conversation and Correspondence, 2. Aufl. Chimar 1920; *B. B. Misra:* The Indian Middle Classes, Delhi 1961; *R. K. Ray:* Evolution of the Professional Structure in Modern India, in: Indian Historical Review 9 (1982/83) S. 121–192; *M. Roberts:* Caste Conflict and Elite Formation. The Rise of a Karava Elite in Sri Lanka, Cambridge 1982.

25 *R. Roy:* The Only True God, Newcastle 1982; *D. Kopf:* The Brahmo Samaj and the Shaping of the Modern Indian Mind, Princeton 1979.

26 *J. P. Halstead:* The Second British Empire: Trade, Philanthropy and Good Government, 1820–1890, Westport 1983, S. 59.

27 Zur Vorgeschichte *V. B. Lieberman:* Burmese Administrative Cycles, Princeton 1984.

28 *A. C. Banerjee:* The Eastern Frontier of British-India, 1784–1826, Calcutta 1943, Ndr. 1964; *H. K. Barpujari:* Assam in the Days of the Company, 1826–1856, Ganhati 1963; *W. S. Desai:* History of the British Residency in Burma, Rangoon 1939; *Fieldhouse:* Economics and Empire S. 175–180; *Fortescue* 11, S. 269–351; *Halstead* (Anm. 26) S. 67–75; *Phillips* (Anm. 20) Bd. 2, S. 1014–1020.

29 Nach *Halstead* (Anm. 26) S. 90.

30 *C. W. Dilke:* Greater Britain, London 1868, 2. Aufl. 1894, S. 497f.; *Phillips* (Anm. 20) Bd. 1, S. 311; *M. A. Yapp:* British Perceptions of the Russian Threat to India, in: Modern Asian Studies 21 (1987) S. 647–665.

31 *G. Khurana:* British Historiography on the Sikh Power in the Punjab, London 1985; *Khushwant Singh:* A History of the Sikhs, Bd. 1, Princeton 1963; *J.-M. Lafonte:* La présence française dans le royaume Sikh du Penjab 1799–1849, in: Journal asiatique 275/1–2 (1987) S. 131–138.

32 Kriege allgemein: *Fortescue* 12, S. 1–280, 12 A; Afghanistan: *Bilgrami* (Anm. 1); *S. Chakravarty:* From Khyber to Oxus, Delhi 1976; CHI 5, S. 483–520; *P. Macrory:* Kabul Catastrophy, Oxford 1986; *C. Miller:* Khyber. British India's North West Frontier, London 1977; *Muir* (Anm. 23) S. 312–326; *Norris* (Anm. 1); Nordwestgrenze allgemein: *Oncken* (Anm. 1) noch ohne Aktenkenntnis; *Braun; Gillard; Ingram* 1974/75; *ders.* 1979; *ders.* 1984 (S. 204–217 Kritik an Gillard und Yapp); *Jaeckel* (alle Anm. 1); *H.-J. Krautheim:* Öffentliche Meinung und imperiale Politik. Das britische Rußlandbild 1815–1854, Berlin 1977; *Yapp* 1980 (Anm. 1); *ders.* 1987 (Anm. 30); Persien und Persischer Golf: *S. M. Al-Qasimi:* The Myth of Arab Piracy in the Gulf, Beckenham 1986; *Kelly; Marvin; Moidu* (alle Anm. 1); *Phillips* (Anm. 20) passim; *M. Volodarsky:* Persia's Foreign Policy between the two Herat Crises, 1831–1856, in: Middle Eastern Studies 21 (1985).

33 CHI 5, S. 522–537; *Fortescue* 12, S. 281–326, 12 A; *Huttenback* (Anm. 1); *Muir* (Anm. 23) S. 327–331; *Spear* S. 163–165.

34 CHI 5, S. 539–555; *Fortescue* 12, S. 343–391, S. 420–474, 12 A; *Khushwant Singh* (Anm. 31) Bd. 2, S. 3–97; *Muir* (Anm. 23) S. 331–336, S. 343–351.

35 *J. G. Baird* (Hg.): Private Letters of the Marquess of Dalhousie, Edinburgh-London 1911; *Desai* (Anm. 28); *Fieldhouse:* Economics and Empire S. 177–180; *Fortescue* 12, S. 475–499; *Halstead* (Anm. 26) S. 75–83; *O. B. Pollak:* Empires in Collision. Anglo-Burmese Relations in the Mid-Nineteenth Century, Westport 1979.

36 *Muir* (Anm. 23) S. 331.

37 *M. Edwardes:* The Orchid House. Splendours and Miseries of the Kingdom of Oudh, 1827–1857, London 1960.

38 *Baird* (Anm. 35); *R. J. Moore:* Sir Charles Wood's Indian Policy, 1853–1866, Manchester 1966; *Spear* S. 210–218.

39 *V. D. Savarkar:* The Indian War of Independence, 1909, Ndr. Bombay 1947; nach *Brown:* Modern India S. 81–89; *S. B. Chaudhuri* 1957 noch ebenso.

40 *C. Ball:* The History of the Indian Mutiny, 2 Bde., London-New York 1858–1859, Ndr. 1981; *C. A. Bayly* in: *Bayly-Kolff;* CHI 6, S. 167–205; *J. A. de Moor:* Contrasting Communities: Asian Soldiers of the Dutch and British Colonial Armies, in: Itinerario 11/1 (1987) S. 35–60; *M. Edwardes:* A History of India, London 1961, S. 269; *Fortescue* 13, S. 237–403, 13 A; *C. Hibbert:* The Great Mutiny, London 1978; *S. Kartodirjo:* Peasant Insurgents Revisited, in: Itinerario 11/1 (1987) S. 277–290; *Keith:* Indian Policy Bd. 1, S. 298–386; *V. G. Kiernan:* European Empires from Conquest to Collapse, 1815–1960 (War and Society), Leicester 1982; *Hyam:* Imperial Century S. 221–223; *J. Morris:* Heaven's Command, London 1973,

S. 218–248; *R. Mukherjee:* Awadh in Revolt, 1857–1858, Delhi 1984; *K. M. Panikkar:* A Survey of Indian History, Bombay 1947, 4. Aufl. 1971, S. XI; *E. Stokes:* The Peasant and the Raj, Cambridge 1978; *ders.:* The Peasant Armed, Oxford 1986; *H. Tytler:* An Englishwoman in India. The Memoirs of H.T., Oxford 1986.

41 *Schwartzberg* S. 62.

42 *Desika Char:* Readings S. 441–445; *B. Hettne:* The Political Economy of Indirect Rule. Mysore 1881–1947, London-Malmö 1978.

43 *Bash* (Anm. 23); *Hyam:* Imperial Century S. 226–229; *Moore* (Anm. 38); *Muir* (Anm. 23) S. 381–389; *Spear* S. 227–237; zum heutigen Ergebnis vgl. *J. Cameron–P. Hurst* (Hg.): International Handbook of Educational Systems, Bd. 3, Chichester 1984, S. 129–159.

44 *R. Kumar:* Nationalism and Social Change, in: *ders.:* Essays in the Social History of Modern India, Delhi 1983, S. 1–30; *R. Robinson:* Non-European Foundations of European Imperialism: Sketch for a Theory of Collaboration, in: *R. Owen–B. Sutcliffe* (Hg.): Studies in the Theory of Imperialism, London 1972, und in: *W. R. Louis* (Anm. 11) S. 128–151.

45 *B. Martin:* New India 1885, Berkeley 1969; *R. J. Moore:* Liberalism and Indian Politics, 1872–1922, London 1966.

46 Wie Anm. 32, dazu CHI 6, S. 448–475; *Curzon* (Anm. 1); *D. Dilks:* Curzon in India, Bd. 1, London 1969, S. 162–193; *R. N. Kumar:* A Reappraisal of Lord Curzon's Policy towards Afghanistan, Persia and the Persian Gulf Region, in: Journal of Indian History 56 (1978) S. 540–551.

47 *Dilks* (Anm. 46) Bd. 2, London 1970, S. 74–101; *A. Lamb:* British India and Tibet, London 1986; *Chih H. Lu:* The Sino-Indian Border Dispute, Westport-London 1986, S. 11–42; *P. Mehra:* The McMahon Line and After, Madras 1974; *ders.:* The North-Eastern Frontier, 2 Bde., Delhi 1979–1982.

48 *Fieldhouse:* Economics and Empire S. 180–185, S. 385–393.

49 *L. D. Wurgaft:* The Imperial Imagination: Magic and Myth in Kipling's India, Middletown 1983.

50 *Dilks* (Anm. 46); *L. Fraser:* India under Curzon and After, London 1911.

51 *Keith:* Constitutional History S. 125–140; *Keith:* Indian Policy Bd. 1, S. 266–274; *Madden-Fieldhouse:* Reconstruction S. 253–261; *B. B. Misra:* The Administrative History of India, 1834–1947, London 1970, S. 316f.

52 *Moore* 1966 (Anm. 38) S. 27–35, S. 43.

53 *Misra* (Anm. 51) S. 23, S. 93.

54 CHI 6, S. 206–225; *A. P. Kaminsky:* The India Office, 1880–1910, London 1986.

55 *Misra* (Anm. 51) S. 294.

56 Ebd. S. 281.

57 *Schwartzberg* S. 55.

58 Vgl. aber *Hettne* (Anm. 42).

59 *N. Patnaik:* A Second Paradise: Indian Courtly Life, 1590–1947, London 1985; *Albertini:* Kolonialherrschaft S. 23.

60 *W. Barton:* The Princes of India, London 1934, Ndr. 1983; CHI 5, S. 570–587; 6, S. 489–510; *I. Copland:* The British Raj and the Indian Princes, Bombay 1982; *M. H. Fisher:* Indirect Rule in the British Empire: The Foundations of the Residency System in India (1764–1858), in: Modern Asian Studies 18 (1984) S. 393–428; *V. J. H. Houben:* Native States in India and Indonesia, in: Itinerario 11/1 (1987) S. 107–134; *Keith:* Constitutional History S. 212–225; *Schwartzberg* S. 77.

61 *Misra* (Anm. 51) S. 114–133, S. 139–162.

62 Ebd. S. 37; CHI 6, S. 226–244.

63 CHI 6, S. 379–395; *Misra* (Anm. 51) S. 528; *L. S. S. O'Malley* (Hg.): Modern India and the West, Oxford 1941, S. 107–137, S. 615–635; vgl. *L. Rocher:* Can a Murderer Inherit His Victim's Estate? in: Journal of the American Oriental Society 107/1 (1987) S. 1–10.

64 *P. A. Howell:* The Judicial Committee of the Privy Council, 1833–1876, Cambridge 1979; *Keith:* Constitutional History S. 203–212.

65 *Misra* (Anm. 51) S. 485; Karte: *R. Hunt–J. Harrison:* The District Officer in India, 1930–1947, London 1980, S. 256.

66 *D. Arnold:* Police Power and Colonial Rule. Madras 1859–1947, Delhi 1986; CHI 6, S. 245–293; *Hunt-Harrison* (Anm. 65); vgl. *D. Rothermund:* Regionale Differenzierung in Indien, in: *H. Kulke–D. Rothermund* (Hg.): Regionale Tradition in Südasien, Wiesbaden 1985, S. 205–218.

67 *Brown:* Modern India S. 141.

68 *J. H. Hanham:* The Nineteenth Century Constitution, Cambridge 1969, S. 334.

69 *Albertini:* Kolonialherrschaft S. 27–32; *Brown:* Modern India S. 52–58, S.92f., S. 95; CHI 6,

S. 357–378; *S. B. Cook:* The Irish Raj: Social Origins and Careers of Irishmen in the Indian Civil Service, in: Journal of Social History 20 (1986/87) S. 141–173; *A. Ewing:* The Indian Civil Service 1919–1924, in: Modern Asian Studies 18 (1984) S. 33–53; *P. Mason* alias *P. Woodruff:* The Men Who Ruled India, 2 Bde., New York 1953–54; *Misra* (Anm. 51); *ders:* The Bureaucracy in India, Delhi 1977; *D. Potter:* India's Political Administrators, 1919–1983, Oxford 1986; *R. Symonds:* The British and Their Successors, London 1966, S. 25–97; *ders.:* Oxford and India, in: *F. Madden–D. Fieldhouse* (Hg.): Oxford and the Idea of Commonwealth, London 1982, S. 49–73.

70 *R. G. Irving:* Indian Summer. Lutyens, Baker and Imperial Delhi, London 1981; *A. D. King:* Colonial Urban Development, London 1976, S. 180–276; *J. Morris:* Pax Britannica, London 1968, S. 317–332; *ders.:* The Spectacle of Empire, London 1982; *J. Pieper:* Die anglo-indische Station oder die Kolonialisierung des Götterberges, Bonn 1977; *Schwartzberg* S. 136; vgl. auch *P. Kanwar:* The Changing Profile of the Summer Capital of British India: Simla 1864–1947, in: Modern Asian Studies 18 (1984) S. 215–236; *V. T. Oldenburg:* The Making of Colonial Lucknow, 1856–1877, Princeton 1984.

71 *P. Griffiths:* The History of the Indian Tea Industry, London 1967.

72 CEcHI S. 89.

73 *Ambirajan; Barber* (beide Anm. 16).

74 CEcHI S. 153; *Rothermund:* Entwicklung S. 61–64.

75 *Albertini:* Kolonialherrschaft S. 44.

76 *Rothermund:* Entwicklung S. 113–118.

77 Vgl. vor allem *Charlesworth:* Peasants.

78 *Rothermund:* Entwicklung.

79 Konsultiert wurden *I. Ali:* Malign Growth? Agricultural Colonization and the Roots of Backwardness in the Punjab, in: Past and Present 114 (1987) S. 110–132; *B. H. Baden-Powell:* The Land-Systems of British-India, 3 Bde., Oxford 1892; *C. J. Baker:* An Indian Rural Economy, 1880–1955: the Tamilnad Countryside, Delhi 1984; *C. A. Bayly:* Creating a Colonial Peasantry: India and Java c. 1820–1880, in: Itinerario 11/1 (1987) S. 93–106; *C. J. Bliss–N. H. Stern:* Palanpur. The Economy of an Indian Village, Oxford 1982; *S. Bose:* Agrarian Bengal, Cambridge 1986; *Breman:* Village; *N. Charlesworth:* British Rule and the Indian Economy 1800–1914, London 1982, S. 17–31; CEcHI; *A. N. Chowdhury-Zilly:* The Vagrant Peasant, Wiesbaden 1982; *N. B. Dirks:* From Little King to Landlord, in: Comparative Studies in Society and History 28 (1986) S. 307–333; *S. Guha:* The Land Market in Upland Maharashtra c. 1820–1960, in: Indian Economic and Social History Review 24 (1987) S. 117–144, S. 291–322; *D. Kumar:* Land and Caste in South India, Cambridge 1965; *D. Ludden:* Peasant History in South India, Princeton 1985; *T. R. Metcalf:* Land, Landlord and the British Raj, Berkeley 1979; *N. Mukherjee:* A Bengal Zamindar, Calcutta 1975; *V. K. Ohri:* How Custom-Bound is the Indian Farmer? in: Indian Economic and Social History Review 18 (1981) S. 159–188; *S. Prakash:* Models of Peasant Differentiation and Aspects of Agrarian Economy in Colonial India, in: Modern Asian Studies 19 (1985) S. 549–571; *J. F. Richards:* The Indian Empire and Peasant Production of Opium, in: Modern Asian Studies 15 (1981) S. 59–82; *B. Robert:* Economic Change and Agrarian Organization in »Dry« South India 1890–1940, in: Modern Asian Studies 17 (1983) S. 59–78; *ders.:* Structural Change in Indian Agriculture, in: Indian Economic and Social History Review 22 (1985) S. 281–306; *D. Rothermund:* Die historische Analyse des Bodenrechts, in: *R. von Albertini:* Moderne Kolonialgeschichte, Köln-Berlin 1970, S. 293–309; *Rothermund:* Government; *M. Rudner:* Development Policies and Patterns of Agrarian Dominance in the Malaysian Rubber Export Economy, in: Modern Asian Studies 15 (1981) S. 83–105 (von allgemeiner Bedeutung); *Schwartzberg* S. 61, S. 119; *D. A. Washbrook:* Law, State and Agrarian Society in Colonial India, in: Modern Asian Studies 15 (1981) S. 649–722.

80 *Brown:* Modern India S. 112; CEcHI S. 528–532 Liste der Hungersnöte 1759–1943; CHI 6, S. 294–313; *I. D. Derbyshire:* Economic Change and the Railways in North-India, 1860–1914, in: Modern Asian Studies 21 (1987) S. 521–545.

81 CEcHI S. 466, S. 469–488; *E. M. Domschke–D. S. Goyer:* Handbook of National Population Censuses. Africa and Asia, London 1987; *J. C. Hume:* Colonialism and Sanitary Medicine, in: Modern Asian Studies 20 (1986) S. 703–724; *I. Klein:* When the Rains Failed: Famine, Relief, and Mortality in British India, in: Indian Economic and Social History Review 21 (1984) S. 185–214; *M. B. McAlpin:* Subject to Famine. Food Crises and Economic Change in Western India, 1860–1920, Princeton 1983; *A. Mody:* Population Growth and Commercialisation of Agriculture: India, 1890–1940, in: Indian Economic and Social History Review 19 (1982) S. 237–266.

82 CEcHI S. 677–737; *Schwartzberg* S. 127; *I. Stone:* Canal Irrigation in British India, Cambridge

1984; *B. Wallach:* British Irrigation Works in India's Krishna Basin, in: Journal of Historical Geography 11 (1985) S. 155–173.

83 *Brown:* Modern India S. 102–111; CEcHI S. 520; *King* (Anm. 70).

84 CEcHI S. 511–517; verschiedene Beiträge in den Sammelwerken von *P. C. Emmer* u. a.: Colonialism and Migration. Indentured Labour Before and After Slavery, Dordrecht 1986; *Lemon–Pollock; Marks–Richardson; Saunders:* Indentured Labour; *Schwartzberg* S. 115f.; *H. Tinker:* A New System of Slavery. The Export of Indian Labour Overseas, 1830–1920, London 1974; vgl. *M. Twaddle* (Hg.): Expulsion of a Minority. Essays on Ugandan Asians, London 1975.

85 Vgl. *Griffiths* (Anm. 71).

86 Nach *H. Kulke–D. Rothermund:* Geschichte Indiens, Stuttgart 1982, S. 289f.; zu der Kontroverse allgemein vgl. *Charlesworth* 1982 (Anm. 79) S. 11–16.

87 *L. Lajpat Rai:* England's Debt to India, New York 1917, Ndr. Delhi 1967, S. 135; *D. A. Farnie:* The English Cotton Industry and the World Market, 1815–1896, Oxford 1979, S. 91.

88 *P. Harnetty:* Imperialism and Free Trade: Lancashire and India in the Mid-Nineteenth Century, Vancouver 1972, S. 7–35.

89 *C. Dewey:* The End of the Imperialism of Free Trade: The Eclipse of the Lancashire Lobby and the Concession of Fiscal Autonomy to India, in: *C. Dewey–A. G. Hopkins* (Hg.): The Imperial Impact, London 1978, S. 35–67; *Tomlinson:* Political Economy S. 62, S. 82, S. 123.

90 *Charlesworth* 1982 (Anm. 79) S. 33.

91 CEcHI S. 379, vgl. aber dazu die Kritik von *I. Habib:* Studying a Colonial Economy – Without Perceiving Colonialism, in: Modern Asian Studies 19 (1985) S. 355–381, und die Bemerkungen von *P. Robb:* British Rule and Indian »Improvement«, in: Economic History Review 34 (1981) S. 507–523; dessen Empfehlung von Detailstudien kann freilich Ergebnisse nach Bedarf produzieren, je nachdem, ob man betroffene oder nicht betroffene Gewerbe studiert, vgl. *D. Haynes:* The Dynamics of Continuity in Indian Domestic Industry: »Jari« Manufacture in Surat, 1900–1947, in: Indian Economic and Social History Review 23 (1986) S. 125–149.

92 *Alavi* nach *K. Specker:* Weber im Wettbewerb. Das Schicksal des südindischen Textilhandwerks im 19. Jahrhundert, Stuttgart 1984, S. 204.

93 CEcHI S. 572–583, S. 603–605, S. 616–624; *Charlesworth* 1982 (Anm. 79) S. 36; *Mitchell:* Statistics S. 343f.

94 CEcHI S. 566–572, S. 602f., S. 611–616.

95 CEcHI S. 583–592, S. 599, S. 605f., S. 624–632.

96 *Ray:* Industrialization S. 343f.

97 *W. Keller:* Strukturen der Unterentwicklung: Indien 1757–1914, Zürich–Freiburg 1977, S. 116.

98 Vgl. *D. Judd–P. Slinn:* The Evolution of the Modern Commonwealth, 1902–1980, London 1982, S. 34.

99 Nach *Keller* (Anm. 97), vgl. aber Kritik von *R. von Albertini:* Colonialism and Underdevelopment. Critical Remarks on the Theory of Dependency, in: *L. Blussé* (Hg.): History and Underdevelopment, Leiden 1980, S. 42–52, und von *P. Bairoch:* Le bilan économique du colonialisme: mythes et réalités, in: ebd. S. 29–41; zu den Eisenbahnen *Derbyshire* (Anm. 80); *N. Sanyal:* Development of Indian Railways, Calcutta 1930; *M. Satow–R. Desmond:* Railways of the Raj, London 1980.

100 *Tomlinson:* Political Economy S. 18.

101 *A. M. Covindassamy:* Foreign Trade of India, 1860–1940, PhD Thesis, University of Pennsylvania 1980, S. 81f.

102 CEcHI S. 874.

103 *Tomlinson:* Political Economy S. 155f.

104 *J. Gallagher–A. Seal:* Britain and India between the Wars, in: Modern Asian Studies 15 (1981) S. 387–414.

105 *Ray:* Industrialization S. 348–352.

106 *Rothermund:* Entwicklung S. 57.

107 CEcHI S. 763–796; *Rothermund:* Entwicklung S. 90, S. 93–95, S. 120–126; *ders.:* The Great Depression and British Financial Policy in India, 1929–1934, in: Indian Economic and Social History Review 18 (1981) S. 1–13.

108 *Ray:* Industrialization S. 10–14, S. 355–359.

109 *Rothermund:* Entwicklung S. 138f.

110 *Tomlinson:* Political Economy S. 157–167.

111 Zur indischen politischen Ökonomie wurden ferner konsultiert: *H. Alavi:* Indien und die koloniale Produktionsweise, in: *D. Senghaas* (Hg.): Kapitalistische Weltökonomie, Frankfurt 1979, S. 235–279: *Bagchi:* Investment; *ders.:* Anglo-Indian Banking in British India: From the Paper Pound to the Gold Standard, in: Journal of Imperial and Commonwealth History 13

(1985) S. 93–108; *C. A. Bayly:* Rulers, Townsmen and Bazaars. North Indian Society in the Age of British Expansion, 1770–1870, Cambridge 1983; *ders.:* The Middle East and Asia during the Age of Revolutions, 1760–1830, in: Itinerario 10/2 (1986) S. 69–84; *R. Chandavarkar:* Industrialization in India before 1947: Conventional Approaches and Alternative Perspectives, in: Modern Asian Studies 19 (1985) S. 623–668; *N. Charlesworth:* The Problem of Government Finance in British India: Taxation, Borrowing and the Allocation of Ressources in the Inter-War Period, in: ebd. S. 521–548; *B. Chatterji:* Business and Politics in the 1930s: Lancashire and the Making of the Indo-British Trade Agreement, 1939, in: ebd. 15 (1981) S. 527–573; *K. N. Chaudhuri:* The Economic Development of India under the East India Company, 1814–1858, Cambridge 1971; *Chaudhuri-Dewey; M. Collins:* Sterling Exchange Rates, 1847–1880, in: Journal of European Economic History 15 (1986) S. 511–533; *K. de Schweinitz:* The Rise and Fall of British India, London 1983; *I. M. Drummond:* Imperial Economic Policy, 1917–1939, London 1974; *C. R. Fay:* Imperial Economy and Its Place in the Formation of Economic Doctrine, 1600–1932, Oxford 1934; *D. Fieldhouse:* Unilever Overseas. The Anatomy of a Multinational, 1895–1965, London 1978, S. 172–174; *Hettne* (Anm. 42); India in 1917 – India in 1935. Social, Political and Economic Developments, 17 Bde., Ndr. Delhi 1985 (Berichte); *I. Inkster:* The »Manchester School« in Yorkshire: Economic Relations between India and Sheffield in the Mid-Nineteenth Century, in: Indian Economic and Social History Review 23 (1986) S. 313–321; *J. Krishnamurti:* Deindustrialization in Gangetic Bihar, in: ebd. 22 (1985) S. 359–416; *ders.:* Handicrafts in India and Indonesia in the Nineteenth Century, in: Itinerario 11/1 (1987) S. 253–264; *D. Kumar:* The Taxation of Agriculture in British India and Dutch Indonesia, in: *Bayly-Kolff* S. 203–228; *Markovits:* Indian Business; *F. Perlin:* Proto-Industrialization and Pre-Colonial South Asia, in: Past and Present 98 (1983) S. 30–95; *D. Rothermund–D. C. Wadhwa* (Hg.): Zamindars, Mines and Peasants. Studies in the History of an Indian Coalfield and Its Rural Hinterland, Delhi 1978; *A. K. Sen:* Die Investitionen britischer Unternehmungen in der Frühzeit der Industrialisierung Indiens 1854–1914, in: *R. von Albertini* (Hg.): Moderne Kolonialgeschichte, Köln–Berlin 1970, S. 310–332; *C. Simmons:* »De-industrialization«, Industrialization and the Indian Economy c. 1850–1947, in: Modern Asian Studies 19 (1985) S. 593–622; *ders.:* The Great Depression and Indian Industry, in: ebd. 21 (1987) S. 585–623; *B. R. Tomlinson:* Colonial Firms and the Decline of Colonialism in Eastern India, 1914–1947, in: ebd. 15 (1981) S. 455–486; *ders.:* Writing History Sideways: Lessons for Indian Economic Historians from Meiji Japan, in: ebd. 19 (1985) S. 669–698; *E. Weede:* Dependenztheorien und Wirtschaftswachstum. Eine international vergleichende Studie, in: Kölner Zeitschrift für Soziologie und Sozialpsychologie 33 (1981) S. 690–707.

112 *M. Adas:* The Burma Delta. Economic Development and Social Change on an Asian Rice Frontier, 1852–1941, Madison 1974; *Furnivall:* Colonial Policy, bes. S. 1–216; *R. K. Ray:* Chinese Financiers and Chetti Bankers, in: Itinerario 11/1 (1987) S. 209–234.

113 *A. Bandarage:* Colonization in Sri Lanka. The Political Economy of the Kandyan Highlands, 1833–1886, Berlin–New York–Amsterdam 1983; *de Silva:* Sri Lanka S. 268–314, S. 402f.; *E. Haeckel:* A Visit to Ceylon (1883), Dehivala 1975; *E. F. C. Ludowyk:* The Modern History of Ceylon, London 1966, S. 57–98; *C. K. Meek:* Land Law and Custom in the Colonies, London 1946, 2. Aufl. 1949, Ndr. 1968, S. 57–61.

Kapitel 2
Niederländisch-Indien und die Philippinen

1 Zu den immer wiederkehrenden strukturellen Parallelen mit Britisch-Indien vgl. künftig: Comparative History of India and Indonesia, 4 Bde., Leiden, ferner die Beiträge bei *Bayly-Kolff* und in: Itinerario 11/1 (1987).

2 *Turnbull:* Singapore S. 1–33; vgl. *Fortescue* 7, S. 608–630.

3 *N. Tarling:* Imperial Britain in South-East Asia, London 1975, S. 20.

4 Ebd. S. 24.

5 *N. Tarling:* The Burthen, the Risk, and the Glory. A Biography of Sir James Brooke, Kuala Lumpur 1982.

6 *G. Irwin:* Nineteenth-Century Borneo. A Study in Diplomatic Rivalry, Den Haag 1955.

7 CHBE 2, S. 597–608; *Tarling* (Anm. 3) S. 15–25.

8 *Tate* 1, S. 313.

9 *De Klerck* Bd. 2, S. 140–153.

10 *P. B. R. Carey* (Hg.): Babad Dipanagara. An Account of the Outbreak of the Java War, Kuala Lumpur 1981 (indonesische Quelle mit Übersetzung); *Adas:* Prophets S. 3–11, S. 93–99;

C. A. Bayly: Two Colonial Revolts: The Java War, 1825–1830, and the Indian Mutiny of 1857–1859, in: *Bayly-Kolff* S. 111–136; *P. Carey:* The Origins of the Java War (1825–1830), in: English Historical Review 91 (1976) S. 52–78; *ders.:* Waiting for the »Just King«: The Agrarian World of South-Central Java from Giyanti (1755) to the Java War (1825–30), in: Modern Asian Studies 20 (1986) S. 59–138; *de Klerck* Bd. 1, S. 155–177; *Ricklefs* S. 111–113.

11 *De Klerck* Bd. 2, S. 248–271.

12 *Ders.* S. 272–286; *C. Fasseur:* Een koloniale paradox. De Nederlandse expansie in de Indonesische archipel in het midden van den negentiende eeuw (1830–1870), in: Tijdschrift voor Geschiedenis 92 (1979) S. 162–186.

13 *De Klerck* Bd. 2, S. 195–327; zur portugiesischen »Hinterlassenschaft« vgl. *R. Daus:* Die Erfindung des Kolonialismus, Wuppertal 1983.

14 AGN 11, S. 356; *de Klerck* Bd. 2, S. 329–340; *A. Reid:* The Contest for North Sumatra. Atjeh, the Netherlands and Britain 1858–1898, Kuala Lumpur 1969, S. 1–78, S. 291 f.

15 *E. Gobée–C. Adriaanse* (Hg.): Ambtelijke adviezen van C. Snouck Hurgronje 1889–1936, 3 Bde. (Rijks Geschiedkundige Publicatiën, Kleine Serie 33–35), Den Haag 1957–1965, bes. Bd. 1, S. 47–126.

16 *De Klerck* Bd. 2, S. 342–397; *Reid* (Anm. 14) S. 79–283; *Tate* 1, S. 230–239; *Vlekke:* Nusantara S. 297–313; *J. C. Witte:* J. B. van Heutsz, leven en legende, Bussum 1976, bes. S. 55–139.

17 *De Klerck* Bd. 2, S. 224; vgl. *J. G. Taylor:* The Social World of Batavia: European and Eurasian in Dutch Asia, Madison–London 1983.

18 *De Klerck* Bd. 2, S. 202–205; *C. van Vollenhoven:* Staatsrecht overzee, Leiden 1934, S. 170 f.

19 *H. Sutherland:* The Making of a Bureaucratic Elite. The Colonial Transformation of the Javanese Priyayi, Singapore 1979; vgl. *T. Kerstiens:* The New Elite in Asia and Africa. A Comparative Study of Indonesia and Ghana, New York 1966.

20 *De Kat Angelino* Bd. 2, S. 36–193, S. 209–215; *de Klerck* Bd. 2, S. 232–247; *J. C. Heesterman:* Sate and Adat, in: *Bayly-Kolff* S. 189–202; *J. W. B. Money:* Java; or, How to Change a Colony. Showing a Practical Solution to the Questions Now Affecting British India, 2 Bde., London 1861, Ndr. Kuala Lumpur 1984; *L. Schreiner:* Adat und Evangelium. Zur Bedeutung der altvölkischen Lebensordnungen für Kirche und Mission, Gütersloh 1972; *C. van Vollenhoven:* Het Adatrecht van Nederlandsch-Indië, Leiden 1908–1918 (in Lieferungen).

21 *Schreiner* (Anm. 20).

22 *De Klerck* Bd. 2, S. 502–527; *S. C. van Randwijck:* Enkele opmerkingen over de houding der zending tegenover de expansie van het Nederlands gezag, in: Bijdragen en Mededelingen betreffende de Geschiedenis der Nederlanden 86 (1971) S. 55–61.

23 AGN 11, S. 349; *D. W. van Welderen Rengers:* The Failure of a Liberal Colonial Policy. Netherlands East Indies, 1816–1830, Den Haag 1947.

24 *A. M.Djuliati Suroyo:* Conditions and Systems of Exploitation. Some Preliminary Remarks on Colonial Exploitation Systems in Java and India in the Nineteenth Century, in: Itinerario 11/1 (1987) S. 61–82.

25 Vgl. *P. Boomgaard:* Multiplying Masses. Nineteenth Century Population Growth in India and Indonesia, in: ebd. 135–147; aber auch die älteren kritischen Bemerkungen von *A. Peper:* Population Growth in Java in the Nineteenth Century, in: Population Studies 24 (1970) S. 71–84.

26 *Breman:* Village.

27 AGN 11, S. 362.

28 *L. Blussé:* Labour Takes Root. Mobilization and Immobilization of Javanese Rural Society under the Cultivation System, in: Itinerario 8/1 (1984) S. 77–117; *F. J. A. Broeze:* De Stad Schiedam. De Schiedamsche Scheepsreederij en de Nederlandse vaart op Oost-Indië omstreeks 1840, Den Haag 1978; *de Klerck* Bd. 2, S. 178–201; *R. E. Elson:* The Cultivation System and »Agricultural Involution«, Monash 1978; *Elson:* Javanese Peasants; *ders.:* Sugar Factory Workers and the Emergence of »Free Labour« in Nineteenth-Century Java, in: Modern Asian Studies 20 (1986) S. 139–174; *C. Fasseur:* Kultuurstelsel en koloniale baten. De Nederlandse exploitatie van Java 1840–1860, Leiden 1975, Ndr. 1978; *ders.* in: AGN 11; *ders.:* The Cultivation System and Its Impact on the Dutch Colonial Economy and the Indigenous Society in Nineteenth-Century Java, in: *Bayly-Kolff* S. 137–154; *Mansvelt-Creutzberg; Money* (Anm. 20) Bd. 1, S. 103–189; *J. van Klaveren:* The Dutch Colonial System in the East Indies, Rotterdam 1953; *R. van Niel:* Measurement of Change under the Cultivation System in Java, 1837–1851, in: Indonesia (Cornell) 14 (1972) S. 89–109; *ders.:* The Effect of Export Cultivations in Nineteenth-Century Java, in: Modern Asian Studies 15 (1981) S. 25–58; *Vlekke:* Nusantara S. 255–288.

29 AGN 11, S. 150–205; *de Kat Angelino* Bd. 2, S. 427–491; *R. Reinsma:* Het verval van het cultuurstelsel, Den Haag 1955; *van Klaveren* (Anm. 28).

30 *Burger:* Indonesia, bes. Bd. 1, S. 127–141; *de Kat Angelino* Bd.2, S. 492–610; *Mansvelt-Creutzberg; Stoler:* Capitalism S. 14–46; *F. Tichelman:* Problems of Javanese Labour, in: Itinerario 11/1 (1987) S. 155–192.
31 AGN 11, S. 359; *Burger:* Indonesia Bd. 2, S. 78–117; *Mansvelt-Creutzberg.*
32 *Elson:* Javanese Peasants; *Tate* 2, S. 34–117; *van Klaveren* (Anm. 28).
33 Philippine Social History S. 131–153, S. 361–444; *Molina* 1, S. 207–215, S. 233, S. 263f., S. 278f.; *Tate* 1, S. 345–350; *W. von den Driesch:* Grundlagen einer Sozialgeschichte der Philippinen unter spanischer Herrschaft (1565–1820), Frankfurt 1984.
34 *Tate* 2, S. 429.
35 Ebd. S. 425–471.

Kapitel 3
Australien, Neuseeland und der Pazifik

1 Vgl. *A. R. Ekirch:* Great Britain's Secret Convict Trade to America, 1783–1784, in: American Historical Review 89 (1984) S. 1285–1291; *M. Gillen:* The Botany Bay Decision, 1786: Convicts, not Empire, in: English Historical Review 97 (1982) S. 740–766.
2 *Clark:* Short History S. 23, S. 40.
3 *G. J. Abbott–N. B. Nairn* (Hg.): Economic Growth of Australia, 1788–1821, Melbourne 1969, bes. S. 219–244.
4 *Clark:* History 1; zur Kultur: *J. A. Ferguson* (Hg.): Bibliography of Australia, 7 Bde., Sidney 1941–1963, Ndr. Canberra 1975–1977 (1784–1900); zur teilweise recht poetischen künstlerischen Wahrnehmung des frühen Australien: *B. Smith:* European Vision and the South Pacific, New Haven–London 2. Aufl. 1985; zur Literatur allgemein: *Winks:* Historiography S. 137–210.
5 *Clark:* Documents 1, S. 318; *Clark:* History 2; *Harlow-Madden:* Documents S. 158–166; *Madden-Fieldhouse:* Reconstruction S. 802–815; *J. M. Ward:* Colonial Self-Government. The British Experience, 1759–1855, London 1976, S. 130–171; *Wight:* Constitutions; *ders.:* The Development of the Legislative Council, 1606–1945, London 1946.
6 CHBE 7/1, S. 147–183, S. 209–243; *Clark:* History 33, S. 17–41; *Clark:* Short History S. 54f.; *E. Jenks:* The History of the Australian Colonies, Cambridge 1895, S. 113–128; *J. Rutherford:* Sir George Grey, London 1961, S. 8–20.
7 *Clark:* Short History S. 47.
8 *Clark:* Documents 1, S. 77.
9 CHBE 7/1, S. 185–207; *Clark:* Documents 1, S. 270; *P. Deane–W. A. Cole:* British Economic Growth, 1688–1959, 2. Aufl. Cambridge 1969, S. 196; *J. M. Ward:* Empire in the Antipodes: the British in Australasia, 1840–1860, London 1966, S. 12.
10 *Clark:* History 2; *Clark:* Short History S. 67; *D. Denoon:* Settler Capitalism. The Dynamics of Dependent Development in the Southern Hemisphere, Oxford 1983; *T. M. Perry:* Australia's First Frontier. The Spread of Settlement in New South Wales, 1788–1829, Melbourne 1963; *Ward* (Anm. 9) S. 14f.
11 *Clark:* Short History S. 76.
12 *P. Bloomfield:* Edward Gibbon Wakefield. Builder of the British Commonwealth, London 1961, S. 88–143; *Cain:* Economic Foundations; *Eldridge:* Imperialism; *H. J. M. Johnston:* British Emigration Policy, 1815–1830. »Shovelling the Paupers«, Oxford 1972; *Semmel:* Free Trade Imperialism.
13 *O. McDonagh–W. F. Mandle* (Hg.): Ireland and Irish-Australia. Studies in Cultural and Political History, Beckenham 1986; *Ward* (Anm. 9) S. 90–92.
14 CHBE 7/1, S. 209–243; *Clark:* Documents 1, S. 203–213; *Clark:* History 3, S. 42–83; *Harlow-Madden:* Documents S. 426–450; *Jenks* (Anm. 6) S. 128–138; *Rutherford* (Anm. 6) S. 21–71.
15 Nach *K. H. Metz:* »The Survival of the Unfittest«: Die sozialdarwinistische Interpretation der britischen Sozialpolitik vor 1914, in: Historische Zeitschrift 239 (1984) S. 578.
16 Was neuerdings bestritten wird: *L. Ryan:* The Aboriginal Tasmanians, Vancouver–London 1981, gegen *Clark:* Short History S. 62, S. 86f., und *J. Morris:* Heaven's Command. An Imperial Progress, London 1973, S. 447–467.
17 *V. Windeyer:* Australia in the Commonwealth, Cambridge 1978, S. 11–13; dazu: *J. D. Bollen:* English Missionary Societies and Australian Aborigines, in: Journal of Religious History 9 (1976/77) S. 263–291; *H. Middleton:* Aborigines, in: *A. F. Davies* u. a.: Australian Society. A Sociological Introduction, London 1965, 3. Aufl. 1977, S. 356–384; *A. Moorehead:* The Fatal Impact. An Account of the Invasion of the South Pacific, 1767–1840, New York o. J. (1966), S. 99–177; *T. R. Reese:* Australia in the Twentieth Century. A Short Political Guide, New York 1964, S. 24–36, S. 166f.; *F. Rose:* Australien und seine Ureinwohner. Ihre Geschichte und

Gegenwart, Berlin 1976; *E. Supp:* Australiens Aborigines. Vom Ende der Traumzeit? Bonn 1985.

18 Nach *Clark:* Short History S. 100.

19 Vgl. *P. Robinson:* The Hatch and the Brood of Time. A Study of the First Generation of Native-Born White Australians, 1788–1828, Melbourne 1985.

20 *Clark:* Documents 1, S. 103–168; *Clark:* Short History S. 68, S. 116; *I. Donnachie:* The Convicts of 1830: Scottish Criminals Transported to New South Wales, in: Scottish Historical Review 65 (1986) S. 34–47; *McDonagh-Mandle* (Anm. 13); *G. Rudé:* Protest and Punishment. The Story of the Social and Political Protesters Transported to Australia, 1788–1868, Oxford 1978; *A. G. I. Shaw:* Convicts and the Colonies. A Study of Penal Transportation from Great Britain and Ireland to Australia and Other Parts of the British Empire, London 1966.

21 *Clark:* Short History S. 106.

22 Ebd. S. 104.

23 CHBE 7/1, S. 147–183, S. 273–295; *Clark:* Documents 1, S. 301–387; 2, S. 321–373; *Clark:* History 3, S. 317–353; *Jenks* (Anm. 6) S. 139–165; *Ward* 1966 (Anm. 9) S. 73–87; *Ward* 1976 (Anm. 5) S. 130–171, S. 208–246, S. 291–329.

24 CHBE 7/1, S. 245–272; *Clark:* Documents 2, S. 1–92, S. 98–175, S. 240–295, S. 664–671; *Clark:* History 4, S. 5–83; *Jenks* (Anm. 6) S. 205–227; *Ward* 1966 (Anm. 9) S. 23–30.

25 *P. C. Campbell:* Chinese Coolie Emigration to Countries within the British Empire, London 1923, Ndr. New York 1969, S. 56–84; *K. S. Inglis:* The Australian Colonists. An Exploration of Social History, 1788–1870, Melbourne 1974; *M. Williams:* Non-British Immigration to Australia, in: *Lemon-Pollock* S. 187–208; *H. R. Woolcock:* Rites of Passage. Emigration to Australia in the Nineteenth Century, London 1986.

26 CHBE 7/1, S. 297–426; *Clark:* Documents 2, S. 52–66, S. 374–407; *Clark:* History 4, S. 240–270; *Clark:* Short History S. 127; *Inglis* (Anm. 25) S. 46–53, S. 191–206.

27 *Clark:* Short History S. 154.

28 *A. Graves:* The Nature and Origins of Pacific Labour Migration to Queensland, 1863–1906, in: *Marks-Richardson* S. 112–139; *ders.:* Colonialism and Indentured Labour Migration in the Western Pacific, 1840–1915, in: *P. C. Emmer* u. a.: Colonialism and Migration. Indentured Labour Before and After Slavery, Dordrecht 1986, S. 237–259; *R. Evans:* »Kings« in Brass Crescents. Defining Aboriginal Labour Patterns in Colonial Queensland, in: *Saunders:* Indentured Labour S. 183–212; *K. Saunders:* The Workers' Paradox: Indentured Labour in the Queensland Sugar Industry to 1920, in: ebd. S. 213–259.

29 *Clark:* Short History S. 158.

30 *Clark:* Documents 2, S. 477–479.

31 Ebd. S. 443–538.

32 CHBE 7/1, S. 427–492; Constitutions S. 57–89; *I. M. Cumpston* (Hg.): The Growth of the British Commonwealth, 1880–1932, London 1973; *J. Garner:* The Commonwealth Office, 1925–1968, London 1978; *H. D. Hall:* Commonwealth. A History of the British Commonwealth of Nations, London 1971; *P. A. Howell:* The Judicial Committee of the Privy Council, 1833–1876, Cambridge 1979; *Jenks* (Anm. 6) S. 292–316; *Keith:* Dominions; *L. A. La Nauze:* The Making of the Australian Constitution, Melbourne 1974; *W. S. Livingston:* Federalism in the Commonwealth, London 1963, S. 29–57; *Mansergh:* Documents Bd. 1, S. 1–35; *N. Mansergh:* Das britische Commonwealth, München 1969; *ders.:* The Commonwealth Experience, Bd. 1, 2. Aufl., London 1982, S. 111–135; *G. Marshall:* Parliamentary Sovereignty and the Commonwealth, Oxford 1957, Ndr. 1962, S. 76–86, S. 103–117; *K. C. Wheare:* The Constitutional Structure of the Commonwealth, Oxford 1960.

33 *Clark:* Short History S. 192; *R. A. Huttenback:* Racism and Empire. White Settlers and Coloured Immigrants in the British Self-Governing Colonies, 1830–1910, Ithaca 1976; *Reese* (Anm. 17) S. 11–23, S. 38–40, S. 165f.; *Windeyer* (Anm. 17) S. 18f.

34 *Howe:* South Sea S. 3–24, S. 40–43; OHNZ S. 6; *M. P. K. Sorrenson:* Maori Origins and Migrations, Auckland 1979.

35 OHNZ S.11.

36 *Ward* 1966 (Anm. 9) S. 50.

37 CHBE 7/2, S. 47–60; *Harlow-Madden:* Documents S. 519–524; OHNZ S. 38f.; *E. J. Tapp:* Early New Zealand. A Dependency of New South Wales, 1788–1841, Melbourne 1958, S. 1–64.

38 OHNZ S. 46.

39 OHNZ S. 42.

40 *Bloomfield* (Anm. 12) S. 204–237; *J. Miller:* Early Victorian New Zealand, London 1958, Ndr. 1974, S. 1–32.

41 OHNZ S. 50.

42 *Madden-Fieldhouse:* Reconstruction S. 873f.

43 *Ward* 1966 (Anm. 9) S. 54.
44 *Bloomfield* (Anm. 12); CHBE 7/2, S. 61–94; *Miller* (Anm. 40) S. 33–69; *Tapp* (Anm. 37) S. 65–179; *Ward* 1966 (Anm. 9) S. 57f.
45 *J. Belich:* The New Zealand Wars and the Victorian Interpretations of Racial Conflicts, Oxford 1986, S. 29–70; *Fortescue* 12, S. 394–419; *Miller* (Anm. 40) S. 70–96; *Ward* 1966 (Anm. 9) S. 59–61.
46 *Rutherford* (Anm. 6) S. 73–289.
47 *Ward* 1966 (Anm. 9) S. 64.
48 CHBE 7/2, S. 35–120; OHNZ S. 117.
49 *A. W. Crosby:* Ecological Imperialism. The Biological Expansion of Europe, 900–1900, Cambridge 1986, S. 217–268, aber schon früher *A. G. Price:* The Western Invasion of the Pacific and Its Continents. A Study in Moving Frontiers and Changing Landscapes, 1513–1958, Oxford 1963, bes. S. 193–201.
50 OHNZ S. 154f., S. 180.
51 *Ward* 1966 (Anm. 9) S. 70.
52 *Adas:* Prophets S. 11–19, S. 109–112; *Belich* (Anm. 45); *ders.:* The Victorian Interpretation of Racial Conflict and the New Zealand Wars, in: Journal of Imperial and Commonwealth History 15 (1987) S. 123–147; CHBE 7/2, S. 95–147; *Fortescue* 13, S. 475–517, 13 A; *Miller* (Anm. 40) S. 97–160; *Morrell:* Colonial Policy S. 202–376; *Rutherford* (Anm. 6).
53 OHNZ S. 185.
54 Ebd. S. 296, S. 298; *I. Pool:* The Maori Population of New Zealand, 1769–1971, Auckland 1977.
55 *Mansergh* 1969 (Anm. 32) S. 189.
56 OHNZ S. 125.
57 Die SPD hat es überhaupt erst 1891 in ihr Programm aufgenommen!
58 CHBE 7/2, S. 173–200; *J. B. Condliffe:* The Welfare State in New Zealand, London 1959.
59 CHBE 3, S. 399, S. 427.
60 *Mansergh* 1969 (Anm. 32) S. 200.
61 *C. H. Grattan:* Australia and New Zealand and Pacific Asia, in: Oceania and Beyond S. 79–116; *Ross:* New Zealand; *Thompson:* Australian Imperialism.
62 *E. Dodge:* Islands and Empires. Western Impact on the Pacific and East Asia (Europe and the World in the Age of Expansion 7), Minneapolis 1976, S. 64; *F. X. Hezel:* The First Taint of Civilization. A History of the Caroline and Marshall Islands in Pre-Colonial Days, 1521–1885, Honolulu 1983, S. 82–86, S. 135f. u. ö.; *Howe:* South Sea S. 91–95, S. 103–108; *Tapp* (Anm. 37) S. 177; *J. M. Ward:* British Policy in the South Pacific (1786–1893), Sidney 1948, Ndr. Westport 1976, S. 1–49.
63 The Journal of William Lockerby, Sandalwood Trader in the Fijian Islands During the Years 1808–1809 (Hakluyt Society II 52), London 1922, Ndr. 1967.
64 *Dodge* (Anm. 62) S. 55–84.
65 Vgl. *H.-W. Gensichen:* Missionsgeschichte der neueren Zeit, in: Die Kirche in ihrer Geschichte, Bd. 4, Lieferung T, Göttingen 2. Aufl. 1969.
66 *Dodge* (Anm. 62) S. 91.
67 *L. J. Bouge:* Première législation tahitienne. Le Code Pomare de 1819, in: Journal de la société des océanistes 8 (1952) S. 5–26; *J. A. Boutilier–D. T. Hughes–S. W. Tiffany* (Hg.): Mission, Church, and Sect in Oceania, Lanham–London 1978, Ndr. 1984; *Braunstein:* Kolonialpolitik S. 255–276; *J. Davies:* The History of the Tahitian Mission, 1799–1830 (Hakluyt Society II 116), London 1961, Ndr. 1974; *Dodge* (Anm. 62) S. 168f.; *E. N. Ferdon:* Early Tahiti As the Explorers Saw It, 1767–1797, Tucson 1981; *Fieldhouse:* Economics and Empire S. 231f.; *N. Gunson:* Messengers of Grace. Evangelical Missionaries in the South Seas, 1797–1860, Melbourne 1978; *W. P. Morrell:* Britain in the Pacific Islands, Oxford 1960, S. 39–43, S. 57–87; *C. Newbury:* Tahiti Nui. Change and Survival in French Polynesia, 1767–1945, Honolulu 1980; *E. Sagan:* Tyrannei und Herrschaft. Die Wurzeln von Individualismus, Despotismus und modernem Staat. Hawaii – Tahiti – Buganda, Reinbek 1987; *P.-Y. Toullelan:* Tahiti Colonial (1860–1914), Paris 1984; *Ward* 1948 (Anm. 62) S. 117–137; *K. R. Wernhart:* Auswirkungen der Zivilisationstätigkeit und Missionierung in den Kulturen der Autochthonen. Am Beispiel der Gesellschaftsinseln, in: Europäisierung der Erde? Wiener Beiträge zur Geschichte der Neuzeit 7 (1980) S. 120–146, *R. M. Wiltgen:* The Founding of the Roman Catholic Church in Oceania 1825 to 1850, Canberra 1979.
68 *Dodge* (Anm. 62) S. 170f.; *R. Dousset-Leenhardt:* Colonialisme et contradictions. Nouvelle-Calédonie, 1878–1978. Les causes de l'insurrection de 1878, Paris 2. Aufl. 1978, bes. S. 88–93: seit 1872 wurden 3942 ehemalige Kommune-Anhänger deportiert; *Thompson:* Australian Imperialism S. 16–19; *Ward* 1948 (Anm. 62) S. 147–156.
69 *Fieldhouse:* Economics and Empire S. 242–244; *Hezel* (Anm. 62) S. 210–216; *Howe:* South Sea

S. 255–277; *McIntyre:* Frontier S. 211–265, S. 317–355; *Morrell* (Anm. 67) S. 117–170; *D. Scarr:* Fiji. A Short History, Sydney–London 1984, S. 30–76; *Thompson:* Australian Imperialism S. 21–34; *Ward* 1948 (Anm. 62) S. 157–294; Daten zu anderen Inselgruppen: *Cook-Paxton;* HDO; *Morrell* (Anm. 67).

70 *Hezel* (Anm. 62) S. 233–243; *Howe:* South Sea S. 329–343; *Ross:* New Zealand S. 89–130; *Thompson:* Australian Imperialism S. 35–67; *Ward* 1948 (Anm. 62) S. 218–237.

71 *Dodge* (Anm. 62) S. 174–177; *Fieldhouse:* Economics and Empire S. 234f., S. 244f.; *Howe:* South Sea S. 230–254; *Kennedy:* Samoan Tangle S. 1–25; *Morrell* (Anm. 67) S. 205–238; *Moses-Kennedy.*

72 *Howe:* South Sea S. 177–197; *Morrell* (Anm. 67) S. 48–53, S. 310–329; *C. F. Urbanowicz:* Motives and Methods: Missionaries in Tonga in the Early Nineteenth Century, in: Journal of Polynesian Society 86 (1977) S. 145–163.

73 *Dodge* (Anm. 62) S. 119–128, S. 181–183; *Howe:* South Sea S. 152–176; *C. Ralston:* Early Hawaiian Contact History 1778–1854: What Happened to the Ordinary Hawaiians? in: *F. Krantz* (Hg.): History from Below. Festschrift G. Rudé, 1985, S. 361–380.

Kapitel 4
China und Japan

1 CHC 10, S. 178.

2 *B. Wiethoff:* Grundzüge der neueren chinesischen Geschichte, Darmstadt 1977, S. 93.

3 CHC 10, S. 172.

4 CHC 10, S. 165f.

5 CHC 10, S. 173; *Franke:* Revolution S. 41.

6 *J. K. Fairbank-Teng Ssu-yü:* China's Response to the West. A Documentary Survey, 1839–1923, Cambridge 1954, S. 25.

7 CHC 10, S. 223.

8 *Hsiao:* Foreign Trade S. 52f.

9 *A. D. Blue:* The China Coast: a Study of British Shipping in Chinese Waters, 1842–1914, PhD Thesis, Strathclyde University 1982; *G. B. Endacott:* A History of Hongkong, London 1964; *J. K. Fairbank:* Trade and Diplomacy on the China Coast. The Opening of the Treaty Ports, 1842–1854, Cambridge 1953; *Fairbank-Reischauer* S. 271–289; *P. W. Fay:* The Opium War, 1840–1842, Chapal Hill 1975; *Fortescue* 12, S. 302–325, 12 A; *Franke:* Revolution; *W. Franke:* China und das Abendland, Göttingen 1962; *G. S. Graham:* The China Station. War and Diplomacy, 1830–1860, Oxford 1978; *B. Inglis:* The Opium War, London 1976; *Morse:* Relations Bd. 1, S. 171–318, S. 539–556; Der Opiumkrieg, Peking 1977; *J. F. Richards:* The Indian Empire and Peasant Production of Opium in the Nineteenth Century, in: Modern Asian Studies 15 (1981) S. 59–82; *M. Seefelder:* Opium. Eine Kulturgeschichte, Frankfurt 1987; *R. Shannon:* Gladstone, Bd. 1: 1809–1865, London 1982, S. 106f.; *J. Spence:* Opium Smoking in Ch'ing China, in: *F. Wakeman–C. Grant* (Hg.): Conflict and Control in Late Imperial China, Berkeley 1975, S. 143–173; *Tung:* China S. 19–23; *F. Wakeman:* Strangers at the Gate. Social Disorder in South China, 1839–1861, Berkeley 1966; *ders.* in CHC 10, S. 163–212; *J. Y. Wong:* Anglo-Chinese Relations 1838–1860. A Calendar of Chinese Documents in the British Foreign Office Records, New York 1983.

10 *K. R. Chong:* Americans and Chinese Reform and Revolution, 1898–1922, Lanham 1984, S. 1–21; *M. Hunt:* The Making of a Special Relationship. The United States and China to 1914, New York 1983; *E. R. May–J. K. Fairbank:* America's China Trade in Historical Perspective, Cambridge 1986; *Morse:* Relations Bd. 1, S. 319–341.

11 Zahlen, an denen sich die segensreiche Auswirkung des Opiums für die englische Handelsbilanz ablesen läßt!

12 *Braunstein:* Kolonialpolitik S. 254f.; CHBE 2, S. 269; *J. B. Sägmüller:* Das französische Missionsprotektorat in der Levante und in China, in: Zeitschrift für Missionswissenschaft 3 (1913) S. 118–133; *J. Schmidlin:* Zum »Imperialismus« der französischen Missionare, in: Zeitschrift für Missionswissenschaft 19 (1929) S. 247–250; *L. Wei Tsing-sing:* La politique missionaire de la France en Chine 1842–1856, Paris 1960; *ders.:* Le premier concile du Vatican et les problèmes missionaires en Chine, in: Revue d'histoire ecclésiastique 57 (1962) S. 500–523: 1870 kontrollierten Franzosen 14 von 24 katholischen Missionsbezirken in China.

13 *J. K. Fairbank–K. F. Bruner–E. M. Matheson* (Hg.): The I. G. in Peking. Letters of Robert Hart, Chinese Maritime Customs, 1868–1907, 2 Bde., Cambridge/MA 1975; *K. F. Bruner–J. K. Fairbank–R. J. Smith* (Hg.): Robert Hart's Journals, 1854–1863, Cambridge 1986; vgl. *R. Hart:* Land Tax: Inspector General's Suggestions, Shanghai 1904; CHC 10, S. 242; *Fairbank-*

Reischauer S. 310f.; *Morse:* Relations Bd. 2, S. 1–48; *V. Schmidt:* Aufgabe und Einfluß der europäischen Berater in China. Gustav Detring (1842–1913) im Dienste Li Hung-changs, Wiesbaden 1985; *J. Spence:* The China Helpers. Western Advisers in China, 1620–1960, London o. J., S. 93–112.

14 CHC 10, S. 246.

15 CHC 10, S. 257; *Fortescue* 13, S. 404–422, 13 A.

16 *Franke* 1962 (Anm. 9) S. 67.

17 *Masataka Banno:* China and the West, 1858–1861. The Origins of the Tsungli Yamen, Cambridge/MA 1964.

18 Vgl. *P. C. Campbell:* Chinese Coolie Emigration, London 1923, Ndr. 1969; *Cordier:* Relations Bd. 1, S. 508–524; *Morse:* Relations Bd. 2, S. 169–184.

19 Unter anderen zog Preußen 1861 nach, vgl. *van Briessen* S. 32; *H. Stoecker:* Deutschland und China im 19. Jahrhundert, Berlin 1958; *Wen-tang Yü:* Die deutsch-chinesischen Beziehungen von 1860–1880, Bochum 1981; allgemein: *Blue* (Anm. 9); *H. Cordier:* L'expédition de Chine, 2 Bde., Paris 1905–1906; *M. Degros:* La création des postes diplomatiques et consulaires français de 1815 à 1870, in: Revue d'histoire diplomatique 100 (1986) S. 25–64, S. 219–273; *Fairbank* in: CHC 10, S. 213–263; *Morse:* Relations Bd. 1, S. 419–618; *Wakeman; Wong* (beide Anm. 9).

20 CHC 10, S. 208f.

21 *Chung-li Chang:* The Chinese Gentry. Studies on their Role in Nineteenth-Century Chinese Society, Seattle 1956; *ders.:* The Income of the Chinese Gentry, Seattle 1962; *Fei Hsiao-tung:* The Role of the Gentry, in: *W. T. Liu* (Hg.): Chinese Society under Communism, London 1967; *A. Yuen-chung Lui:* The Hanlin Academy. Training Ground for the Ambitious, 1644–1850, Hamden 1981; *J. Polachek:* Gentry Hegemony, in: *Wakeman-Grant* (Anm. 9) S. 211–256; *Wen-yuan Qian:* The Great Inertia: Scientific Stagnation in Traditional China, Beckenham 1985; *Kai-fu Tsao:* The Relationship between Scholars and Rulers in Imperial China, Lanham 1984; *Hsiu-fen Chou Vetter:* Korruption und Betrug im traditionellen Prüfungssystem Chinas, Freiburg 1985.

22 *Bray:* Rice Economies; CHC 10, S. 1–34; *Fairbank:* Revolution S. 41–62; *A. Feuerwerker* in: CHC 11, S. 68f.; *Yen-p'ing Hao:* The Commercial Revolution in Nineteenth-Century China, Berkeley 1986; *J. Osterhammel:* Semi-Colonialism and Informal Empire in Twentieth-Century China: Towards a Framework of Analysis, in: *W. J. Mommsen–J. Osterhammel* (Hg.): Imperialism and After. Continuities and Discontinuities, London 1986, S. 292–295; *P. C. Perdue:* Exhausting the Earth. State and Peasant in Hunan, 1500–1850, Cambridge/MA 1987; *W. T. Rowe:* Hankow. Commerce and Society in a Chinese City, 1796–1889, Stanford 1984; *G. Rozman:* Population and Marketing Settlements in Ch'ing China, Cambridge 1982; *Thomas:* Intervention; *Wakeman:* Fall S. 5–54.

23 *Franke* 1962 (Anm. 9) S. 89.

24 Zu Volksaufständen und Geheimgesellschaften als Überdruckventil der Gesellschaft vgl. *J. Chesneaux* (Hg.): Mouvements populaires et sociétés secrètes en Chine aux XIXe et XXe siècles, Paris 1970, bes. S. 144–164 von *F. Davis; J. Chesneaux:* Secret Societies in China, Ann Arbor 1971; *ders.:* Peasant Revolts in China, 1840–1949, London 1973; *S. Naquin:* Millenarian Rebellion in China. The Eight Trigramm Uprising of 1813, New Haven 1976; *Wakeman* 1966 (Anm. 9); *C. K. Yang:* Some Preliminary Statistical Patterns of Mass Actions in Nineteenth-Century China, in: *Wakeman-Grant* (Anm. 9) S. 174–211.

25 *Chong* (Anm. 10) S. 6f.; *P. Clark–J. S. Gregory:* Western Reports on the Taiping, London 1982; *C. A. Curwen* (Hg.): Taiping Rebel. The Deposition of Li Hsiu-ch'eng, Cambridge 1977; *Fairbank–Reischauer* S. 289–297; *Franke:* Revolution S. 37–75; *G. Franz–Willing:* Das Vorspiel der chinesischen Revolution. Der Taiping-Aufstand 1850–1864, in: Saeculum 22 (1971) S. 227–273; *ders.:* Die Ideologie der Taiping, in: Zeitschrift für Religions- und Geistesgeschichte 24 (1972) S. 316–336; General Gordon's Private Diary of his Exploits in China, London 1885, Ndr. New York 1971; *Hoffmann:* Untergang S. 50–66; *Jen Yu-wen:* The Taiping Revolutionary Movement, New Haven–London 1973; *P. H. Kuhn* in: CHC 10, S. 264–317; *F. Michael–Chung-li Chang* (Hg.): The Taiping Rebellion. History and Documents, 3 Bde., Seattle–London 1966–1971; *Morse:* Relations Bd. 2, S. 64–112; *ders.:* In the days of the Taipings, Salem 1927 (romanhaft, aber weitgehend authentisch!); *So Kwan-wai–E. P. Boardman–Ch'iu P'ing:* Hung Jen-kan, Taiping Prime Minister, 1859–1864, in: Harvard Journal of Asiatic Studies 20 (1957) S. 262–294; *Spence* (Anm. 13) S. 57–92; Die Taiping-Revolution, Peking 1977; *S. Y. Teng:* The Taiping Rebellion and the Western Powers, Oxford 1971; *R. G. Wagner:* Reenacting the Heavenly Vision: the Role of Religion in the Taiping Rebellion, Berkeley 1982; *Wakeman:* Fall S. 143–156; *Yuan Chung Teng:* The Failure of Hung Jan-k'an's Foreign Policy, in: Journal of Asian Studies 28 (1968) S. 125–138.

26 *P. A. Kuhn:* Rebellion and Its Enemies in Late Imperial China. Militarization and Social

Structure, 1796–1864, Cambridge 1970; *S. Spector:* Li Hung-chang and the Huai Army, Seattle 1964; *Wakeman:* Fall 165–174.

27 *Fairbank:* Revolution S. 111–113.

28 *E. Baumberger-Korbmacher:* Chinas Traum von Reichtum und Macht. Ansätze zu autozentrierter Entwicklung im Jahrhundert der chinesischen Revolution, Frankfurt 1981; *K. A. Carl:* With the Empress Dowager of China, London 1906, Ndr. 1986 (enttäuschend); *R. Y. Eng:* Chinese Entrepreneurs, the Government and the Foreign Sector: the Canton and Shanghai Silk-Reeling Enterprises, 1861–1932, in: Modern Asian Studies 18 (1984) S. 353–370; *J. D. Frodsham* (Hg.): The First Chinese Embassy to the West, Oxford 1974; *Yen-p'ing Hao:* The Comprador in Nineteenth-Century China, Cambridge/MA 1970; *ders.* (Anm. 22); *Hoffmann:* Untergang S. 67–99; *R. W. Huenemann:* The Dragon and the Iron Horse. The Economics of Railroads in China, 1876–1937, Cambridge/MA 1984; *Noriko Kamachi:* Reform in China, Huang Tsun-hsien and the Japanese Model, Cambridge/MA 1981; *J. Kehnen:* Cheng Kuan-ying, Unternehmer und Reformer der späten Ch'ing-Zeit, Wiesbaden 1975; *J. K. Leonard:* Wei Yuan and China's Rediscovery of the Maritime World, Cambridge/MA 1984; *Kwan-ching Liu* in: CHC 10, S. 409–490; *J. K. Ocko:* Bureaucratic Reform in Provincial China. Ting Jih-ch'ang in Restoration Kiangsu, 1867–1870, Cambridge/MA 1983; *Schmidt* (Anm. 13); *Scalapino-Yu* S. 98–404; *Thomas:* Intervention; *Wakemann:* Fall S. 163–198.

29 *A. A. Bennett:* Missionary Journalist in China. Young J. Allen and His Magazines, 1860–1883; *P. A. Cohen:* China and Christianity. The Missionary Movement and the Growth of Chinese Antiforeignism, 1860–1870, Cambridge/MA 1963; *ders.* in CHC 10, S. 543–590; *Cordier:* Relations Bd. 1, S. 324–390; *Fairbank-Reischauer* S. 319–324; *Hunt* (Anm. 10) S. 24–32, S. 154–168; *J. Langlais:* Les jésuites du Québec en Chine, Quebec 1979; *K. S. Latourette:* A History of Christian Missions in China, London 1929; *R. F. McClellan:* Missionary Influence on American Attitudes Toward China at the Turn of this Century, in: Church History 38 (1969) S. 475–485; Missionary Periodicals from the China Mainland (Microfilm); *Morse:* Relations Bd. 2, S. 220–261; *J. Schütte:* Die katholische Chinamission im Spiegel der rotchinesischen Presse, Münster 1957 (aufschlußreich Vgl. mit der Polemik bei *Cohen*); *A. Sohier:* La diplomatie belge et la protection des missions en Chine, in: Neue Zeitschrift für Missionswissenschaft 23 (1967) S. 266–283; *L. Wei Tsing-sing:* Le Saint-Siège et la Chine de Pie IX à nos jours, Allais 1971; *B. Wirth:* Imperialistische Übersee- und Missionspolitik dargestellt am Beispiel Chinas, in: Zeitschrift für Missions- und Religionswissenschaft 51 (1967) S. 105–132, S. 209–231, S. 320–339, separat Münster 1968.

30 *Hou:* Investment S. 154–162.

31 *D. H. Bays:* China Enters the Twentieth Century. Chang Chih-tung and the Issue of a New Age, 1895–1909, Ann Arbor 1978; *Hao Chang* in CHC 11, S. 274–338; *M. E. Cameron:* The Reform Movement in China, 1898–1912, Stanford–London 1931; *Chong* (Anm. 10); *Fairbank–Reischauer* S. 370–376; *Franke:* Revolution S. 65–80; *L. S. K. Kwong:* The Mosaic of the Hundred Days, Cambridge 1984; *Morse:* Relations Bd. 3, S. 128–156; *S. Nagata:* Untersuchungen zum Konservatismus im China des späten 19. Jahrhunderts. Dokumentation zur Reaktion gegen K'ang Yu-wei, Wiesbaden 1978; Die Reformbewegung von 1898, Peking 1978; *Scalapino-Yu*; *Wakeman:* Fall S. 199–224.

32 Zu den Geheimgesellschaften vgl. Anm. 24. – Affaires de Chine. Négociations de Pékin 1900–1902, o. O. o. D.; *Chesneaux* 1971 (Anm. 24) S. 115–125; *Cordier:* Relations Bd. 2, S. 451–554; *De Pélacot:* Expédition de Chine de 1900 jusqu'à l'arrivée du général Voyrou, Paris o. D.; *Fairbank–Reischauer* S. 376–383; *Franke:* Revolution S. 80–85; *L. Giles:* The Siege of the Peking Legislations. A Diary, Nedlands 1970; *T. Grimm:* Die Boxerbewegung in China 1898–1901, in: Historische Zeitschrift 224 (1977) S. 615–634; *Kuang-sheng Liao:* Antiforeignism and modernization in China, 1860–1980, Hongkong–New York 1984; *J. Mabire:* Blutiger Sommer in Peking. Der Boxeraufstand in Augenzeugenberichten, Wien 1978; *W. A. Martin:* The Siege in Peking, Edinburgh–London 1900, Ndr. Shannon 1972; *Morse:* Relations Bd. 3, S. 157–408; *R. O'Connor:* Der Boxer-Aufstand, München 1980 (engl. 1973); *P. Pelliot:* Carnets de Pékin, 1899–1901, Paris 1976; *V. Purcell:* The Boxer Uprising. A Background Study, Hamden 1974; Die Yihotuan-Bewegung von 1900, Peking 1978. Nicht zugänglich: *D. D. Buck* (Hg.): Chinese Studies of the Boxer Movement, 1987.

33 *W. Eberhard:* Geschichte Chinas, Stuttgart 1971, S. 370–373; *Fairbank:* Revolution S. 151–163. – Seit *Franke:* Revolution 1. Aufl. 1958 mehren sich Darstellungen, die von einem »revolutionären« Langzeitprozeß ausgehen: *Wakeman:* Fall 1975; *Hoffmann:* Untergang 1980; *J. Spence:* Das Tor des himmlischen Friedens. Die Chinesen und ihre Revolution 1895–1980, München 1985 (engl. 1981); *Scalapino-Yu* 1985; *Fairbank:* Revolution 1986 (aber auf Basis früherer Arbeiten). – Die Pekinger Darstellung von *Ho Kan-chih:* A History of the Modern Chinese Revolution, Peking 1959, hingegen beginnt dezidiert mit der Mai-Bewegung 1919.

34 So konnte sich Japan angeblich sogar den Verzicht auf die bereits übernommenen Feuerwaffen leisten, laut *N. Perrin*: Keine Feuerwaffen mehr. Japans Rückkehr zum Schwert 1545–1879, Frankfurt 1982.
35 *C. D. Sheldon:* The Rise of the Merchant Class in Tokugawa Japan, 1600–1868, Locust Valley 1958.
36 *H. Hammitzsch* (Hg.): Japan-Handbuch, Wiesbaden 1981, S. 372f.; *S. B. Hanley–Kozo Yamamura:* Economic and Demographic Change in Preindustrial Japan, 1600–1868, Princeton 1977; *S. B. Hanley* (Hg.): Family and Population in East Asian History, Stanford 1985; *Masaaki Kosaka:* The Meiji Era: the Forces of Rebirth, in: Cahiers d'histoire mondiale 5 (1959/60) S. 621–633; *Y. Yasuba:* Standard of Living in Japan before Industrialization: from what Level did Japan Begin? in: Journal of Economic History 46 (1986) S. 217–224; *S. B. Hanley* dazu ebd. S. 225–226.
37 *P. Akamatsu:* Meiji 1868. Revolution and Counter-Revolution in Japan, London 1972; *W. G. Beasley:* The Meiji Restoration, Stanford 1973; *H. A. Dettmer:* Einführung in das Studium der japanischen Geschichte, Darmstadt 1987; *J. W. Hall:* Das japanische Kaiserreich (Fischer Weltgeschichte 20), Frankfurt 1968; *D. Krusche:* Japan konkrete Fremde, 2. Aufl. Stuttgart 1983; *J. P. Lehmann:* The Roots of Modern Japan, Basingstoke 1982; *A. Piper:* Japans Weg von der Feudalgesellschaft zum Industriestaat, Köln 1976; *Ward-Rustow; P. Weber-Schäfer* in: *Hammitzsch* (Anm. 36) S. 448–451. *J. W. Hall* bereitet eine sechsbändige Cambridge History of Japan vor.
38 *Hammitzsch* (Anm. 36) S. 158.
39 *G. C. Schwebell* (Hg.): Die Geburt des modernen Japan in Augenzeugenberichten, München 1981 (zuerst Düsseldorf 1970), S. 101f., S. 106f.
40 Die Datierungen variieren nach Vertragsabschluß oder Ratifizierung.
41 *W. G. Beasley* (Hg.): Select Documents on Japanese Foreign Policy, 1853–1868, London 1955; *Morinosuke Kajima:* Geschichte der japanischen Außenbeziehungen, Bd. 1, Wiesbaden 1976; *F. A. Lühdorf:* Acht Monate in Japan nach Abschluß des Vertrages von Kanagawa, Stuttgart 1987; *H. Stahncke:* Die diplomatischen Beziehungen zwischen Deutschland und Japan 1854–1868, Stuttgart 1987, S. 38–152; zum Hintergrund: *Beasley:* Imperialism S. 14–26; *R. P. Toby:* State and Diplomacy in Early Modern Japan. Asia in the Development of the Tokugawa Bakufu, Princeton 1984; *B. T. Wakabayashi:* Anti-Foreignism and Western Learning in Early-Modern Japan. The New Theses of 1825, Cambridge/MA 1986.
42 *M. G. Mori* (Hg.): The First Japanese Mission to America (1860), New York 1938.
43 *Schwebell* (Anm. 39) S. 350f.
44 Ebd. S. 249, S. 277.
45 *B. Martin:* Japans Weg in die Moderne, Frankfurt 1987, S. 22–27.
46 Vgl. *Michio Kitahara:* The Rise of the Four Mottoes in Japan, in: Journal of Asian History 20 (1986) S. 54–64.
47 *Akamatsu; Beasley* 1973 (beide Anm. 37); *Schwebell* (Anm. 39).
48 *Beasley* 1973 (Anm. 37) S. 318–320; *C. E. Black–M. B. Jansen:* Modernization of Japan and Russia, New York 1975; *P. Heng-chao Ch'en:* The Formation of the Early Meiji Legal Order. The Japanese Code of 1871 and Its Chinese Foundation, Oxford 1981; *Dettmer* (Anm. 37) S. 282; *Fairbank–Reischauer–Craig; R. F. Hackett:* Yamagata Aritomo in the Rise of Modern Japan, 1838–1922, Cambridge 1971; *Hall* (Anm. 37) S. 261f.; *T. M. Huber:* The Revolutionary Origins of Modern Japan, Stanford 1981; *Jansen-Rozman,* bes. S. 68–90; The Diary of *Kido Takayoshi*, 3 Bde., Tokyo 1984–1986; *Yoshitake Oka:* Five Political Leaders of Modern Japan, Tokyo 1986; *Piper* (Anm. 37) S. 78–81; *B. S. Silberman:* Ministers of Modernization. Elite Mobility in the Meiji Restoration, 1868–1873, Tucson 1964; *Ward–Rustow.*
49 *Schwebell* (Anm. 39) S. 412.
50 *Dettmer* (Anm. 37) S. 261–263; *Jansen-Rozman* S. 13–22, S. 91–110; *Lu:* Sources S. 34–50.
51 Vgl. *W. W. Lockwood:* The Economic Development of Japan, Princeton 1968, Ndr. 1974, S. 248, S. 253.
52 *F. Friedensburg:* Münzkunde und Geldgeschichte, Berlin 1926, Ndr. Darmstadt 1972, S. 166.
53 *Lockwood* (Anm. 51) S. 18.
54 *Hammitzsch* (Anm. 36) S. 450; *Hentschel* 1, S. 49–55; *B. Moore:* Soziale Ursprünge von Diktatur und Demokratie, Frankfurt 1969, S. 270–364; *Piper* (Anm. 37) S. 101–134; *Yamamura* und *Saito* bei *Jansen-Rozman* S. 382–420.
55 *G. Kerst:* Jacob Meckel, sein Leben, sein Wirken in Deutschland und Japan, Göttingen 1970; *Lu:* Sources S. 46f.; *D. E. Westney:* The Military, in: *Jansen-Rozman* S. 168–194.
56 *Lockwood* (Anm. 51) S. 14; *W. W. Wray* in: *Jansen-Rozman* S. 267.
57 *T. C. Smith:* Political Change and Industrial Development in Japan: Government Enterprise, 1868–1880, Stanford 1955, S. 25f.

58 *Lockwood* (Anm. 51) S. 532.

59 *Hentschel* 1, S. 130–141; *J. Hirschmeier:* The Origins of Entrepreneurship in Meiji Japan, Cambridge/MA 1964; *J. Hirschmeier–Tsunehiko Yui:* The Development of Japanese Business, 1600–1973, London 1975; *Lu:* Sources S. 78–85; *E. H. Norman:* Japan's Emergence as a Modern State. Political and Economic Problems of the Meiji Period, New York 1940; *A. Okasaki:* Histoire du Japon: L'économie et la population. Paris 1958, S. 81; *Piper* (Anm. 37) S. 88–90, S. 154–174; *H. Rosovsky:* Capital Formation in Japan, 1868–1940, Glencoe 1961; *O. D. Russell:* Das Haus Mitsui. Der Aufstieg des größten Handelshauses Japans, Zürich 1940; *W. D. Wray:* Mitsubishi and the N.Y.K., 1870–1914. Business Strategy in the Japanese Shipping Industry, Cambridge/MA 1984.

60 *Hentschel* 1, S. 57–59; *Kotaro Ikeda-Yoshitaro Kato-Junishi Taiyoji:* Die industrielle Entwicklung in Japan unter besonderer Berücksichtigung seiner Wirtschafts- und Finanzpolitik, Berlin 1970, S. 29–39; *Rosovsky* (Anm. 59) S. 21–34.

61 Vgl. *R. T. Chang:* The Justice of the Western Consular Courts in Nineteenth-Century Japan, Westport 1984; *Hammitzsch* (Anm. 36).

62 *Lockwood* (Anm. 51) S. 16–25.

63 *Hentschel* 1, S. 97–99, S. 111.

64 *A. Gordon:* The Evolution of Labor Relations in Japan. Heavy Industry, 1853–1955, Cambridge/MA 1985, S. 17–79.

65 *R. W. Bowen:* Rebellion and Democracy in Meiji Japan. A Study of Commoners in the Popular Rights Movement, Berkeley 1980; *Irokawa Daikichi:* The Culture of the Meiji Period, Princeton 1985; The Autobiography of *Yukichi Fukuzawa* (1899), New York 1966, Ndr. 1968; *H. Hillenbrand:* Europa im Geographiebuch der japanischen Meiji-Restauration (ab 1868), dargestellt am Beispiel eines Werkes von Fukuzawa, Y., in: Festschrift W. Hausmann, Augsburg 1982, S. 235–249; *Lu:* Sources S. 53–60, S. 74–78; *H. Wray–H. Conroy* (Hg.): Japan Examined. Perspectives on Modern Japanese History, Honolulu 1983, S. 90–103.

66 *R. A. Miller:* Japan's Modern Myth. The Language and Beyond, New York–Tokyo 1982.

67 *Daikichi* (Anm. 65) bes. S. 113, S. 154, S. 245–311; *C. Gluck:* Japan's Modern Myths. Ideology in the Late Meiji Period, Princeton 1985; *Lu:* Sources S. 90f.; *E. Luckowandt:* Die rechtliche Entwicklung des Staats-Shinto in der ersten Hälfte der Meiji-Zeit, 1868–1890, Wiesbaden 1977; *J. Pittau:* Political Thought in Early Meiji Japan, 1868–1889, Cambridge 1967; *H. Wittig* (Hg.): Pädagogik und Bildungspolitik Japans. Quellentexte und Dokumente, München 1976.

68 *A. A. Altman:* The Press and Social Cohesion during a Period of Change: the Case of Early Meiji Japan, in: Modern Asian Studies 15 (1981) S. 865–876; *R. H. Mitchell:* Censorhip in Imperial Japan, Princeton 1983; *J. Rubin:* Injurious to public morals: Writers and the Meiji State, Seattle 1984.

69 Vgl. *Pittau* (Anm. 67).

70 *G. M. Beckmann:* The Making of the Meiji Constitution. The Oligarchs and the Constitutional Development of Japan, 1868–1891, Lawrence 1957, Ndr. Westport 1975; *P. Eubel* u. a.: Das japanische Rechtssystem, Frankfurt 1979; *Hirobumi Ito:* Commentaries on the Constitution of the Empire of Japan, Tokyo 1906, Ndr. Westport 1978; *D. F. Henderson:* Law and Political Modernization in Japan, in: *R. E. Ward* (Hg.): Political Development in Modern Japan, 2. Aufl. Princeton 1969; *K. Kroeschell:* Das moderne Japan und das deutsche Recht, in: *Martin* 1987 (Anm. 45) S. 45–67; *R. H. Minear:* Japanese Tradition and Western Law, Cambridge/MA 1970; *Y. Okuba:* Gustave Boissonade, père français du droit japonais moderne (1825–1910), in: Revue d'histoire du droit français et étranger 1981, S. 29–54; *J. Siemes:* Hermann Roesler und die Einführung des deutschen Staatsrechts in Japan, in: Der Staat 2 (1963) S. 181–196; *ders.:* Hermann Roesler and the Making of the Meiji State, Tokyo 1968 (mit dem Verfassungstext und R.s Kommentar dazu); *ders.:* Die Gründung des modernen japanischen Staates und das deutsche Staatsrecht. Der Beitrag Hermann Roeslers, Berlin 1975; *Miyazawa Toshijoshi:* Verfassungsrecht (Kempō), Köln 1986, S. 12–30; *G. E. Uyehara:* The Political Development of Japan, 1867–1909, London 1910, Ndr. 1973.

71 Gewichtsverschiebungen zwischen den Herkunftsländern spielen kaum eine Rolle.

72 *C. L. Beck–A. W. Burks* (Hg.): Aspects of Meiji Modernization. The Japan Helpers and the Helped, New Brunswick 1983; *A. W. Burks* (Hg.): The Modernizers. Overseas Students, Foreign Employees, and Meiji Japan, Boulder–London 1985, bes. S. 224–232; *H. Cortazzi* (Hg.): Dr. Willis in Japan, 1862–1877. British Medical Pioneer, London 1985; *Dettmer* (Anm. 37) S. 212f.; *Kerst* (Anm. 55); *Masaki Miyake:* German Cultural and Political Influence on Japan, 1870–1914, in: *Moses-Kennedy* S. 156–182; *Noboru Umetani:* The Role of Foreign Employees in the Meiji Era in Japan, Tokyo 1971; *W. Wenz–A. Vogt:* Der Einfluß der deutschen Schulmedizin auf die Herausbildung einer modernen Medizin in Japan, in: *Martin* (Anm. 45) S. 69–85.

73 *L. Frédéric:* La vie quotidienne au Japon au début de l'ère moderne (1868–1912), Paris 1984; *Krusche* (Anm. 37); *A. Schölch:* Ägypten in der ersten und Japan in der zweiten Hälfte des 19. Jahrhunderts: ein entwicklungsgeschichtlicher Vergleich, in: Geschichte in Wissenschaft und Unterricht 33 (1982) S. 333–346; *Masao Watanabe:* Die Japaner und die moderne Wissenschaft, Wiesbaden 1981.

74 *Beasley* (Anm. 37); *E. F. Vogel:* Nation Building in Modern East Asia: Early Meiji (1868–90) and Mao's China, in: *A. M. Craig* (Hg.): Japan. A Comparative View, Princeton 1979, S. 130–153.

Kapitel 5
Russische Kontinentalexpansion gegen asiatischen Imperialismus

1 Vgl. u. a. *E. Allworth:* Soviet Asia Bibliographies, New York-London 1975; *A. Bennigsen:* Colonization and Decolonization in the Soviet Union, in: Journal of Contemporary History 4/1 (1969) S. 141–151; *H. Bliss:* Die Entwicklungspolitik der Sowjetregierung innerhalb der Sowjetunion. Maßnahmen ... bei den Völkern Nordostsibiriens, in: Saeculum 13 (1962) S. 179–210; *D. N. Collins:* Russia's Conquest of Siberia: Evolving Russian and Soviet Interpretations, in: European Studies Review 12 (1982) S. 17–44; *S. M. Horak:* Guide to the Study of the Soviet Nationalities: Non-Russian Peoples of the USSR, Littleton/COL 1982.

2 *D. Geyer:* Der russische Imperialismus. Studien über den Zusammenhang von innerer und auswärtiger Politik 1860–1914, Göttingen 1977, grundlegend für den »mutterländischen« Rahmen; enttäuschend hingegen: *O. Hoetzsch:* Rußland in Asien. Geschichte einer Expansion, Stuttgart 1966, und: *B. Nolde:* La formation de l'empire russe, 2 Bde., Paris 1952–1953.

3 *Geyer* (Anm. 2) S. 34.

4 Ebd. S. 20–98 passim.

5 Ebd. S. 110.

6 *G. von Rauch* in: Handbuch der europäischen Geschichte, Bd. 6, Stuttgart 1968, S. 327.

7 *Geyer* (Anm. 2) S. 99, S. 110.

8 Lehrreich ist m. E. ein Vergleich von Wittes 1899 niedergeschriebenen Vorstellungen (*Geyer* S. 114) mit der Diskussion über »abhängige Entwicklung« und »Abkopplung vom Weltmarkt« etwa bei *D. Senghaas:* Von Europa lernen. Entwicklungsgeschichtliche Betrachtungen, Frankfurt 1982.

9 *F.-X. Coquin:* La Sibérie. Peuplement et immigration paysanne au XIXe siècle, Paris 1969, S. 16.

10 Ebd. S. 218.

11 Ebd. S. 224–231, S. 310.

12 Ebd. S. 385–389; *D. W. Treadgold:* The Great Siberian Migration: Government and Peasant in Resettlement from Emancipation to the First World War, Princeton 1957, S. 73–80.

13 Ebd. S. 67–105; *Coquin* (Anm. 9) S. 390–434, S. 747 f.; allerdings gab es zeitweise ein Drittel bis zwei Fünftel Rückwanderer.

14 *Coquin* (Anm. 9) S. 372.

15 Ebd. S. 379 f.; *J. des Cars-P. Caracalla:* Die Transsibirische Bahn. Geschichte der längsten Bahn der Welt, Zürich 1987 (französisch 1986), S. 17–34.

16 *Des Cars-Caracalla* S. 35–66.

17 *Coquin* (Anm. 9) S. 464–466.

18 Nach ebd. S. 468.

19 Ebd. S. 480, S. 482.

20 *Treadgold* (Anm. 12) S. 107–151.

21 Ebd. S. 32–34; *Coquin* (Anm. 9) S. 740.

22 Vgl. *W. K. Arsenjew:* Russen und Chinesen in Ostsibirien, Berlin 1926.

23 *G. J. Demko:* The Russian Colonization of Kazakhstan, 1896–1916, Den Haag 1969, S. 79, S. 108–122.

24 Ebd. S. 37.

25 Vgl. z. B. *E. Spencer:* Travels in Circassia, Krim Tartary, 2 Bde., London 1837.

26 *Geyer* (Anm. 2) S. 248.

27 *Fieldhouse:* Economics and Empire S. 167.

28 *Demko* (Anm. 23) S. 32, S. 38.

29 Ebd. S. 36–49.

30 *Fieldhouse:* Economics and Empire S. 167 f.

31 *T. C. Owen:* The Russian Industrial Society and Tsarist Economic Policy, 1867–1905, in: Journal of Economic History 45 (1985) S. 587–606.

32 *Geyer* (Anm. 2) S. 78.

33 *Fieldhouse:* Economics and Empire S. 168f.; *R. A. Pierce:* Russian Central Asia, 1867–1917. A Study in Colonial Rule, Berkeley 1960, S. 17–45.
34 *Geyer* (Anm. 2) S. 79f.
35 Vgl. *Busch:* Persian Gulf; *R. W. Ferrier:* The History of the British Petroleum Company, Bd. 1: The Developing Years 1901–1931, Cambridge 1982; *Geyer* (Anm. 2) S. 81f., S. 250–254; *C. Issawi:* The Economic History of Iran, 1800–1914, Chicago 1971, bes. S. 311–333, S. 335–372; *Kazemzadeh; D. McLean:* Britain and her Buffer State. The Collapse of the Persian Empire, 1890–1914, London 1979.
36 *Demko* (Anm. 23) S. 132, S. 138, S. 144.
37 *Pierce* (Anm. 33); *Geyer* (Anm. 2) S. 245–247.
38 1939 wurde das kyrillische Alphabet auch für die einheimischen Sprachen verbindlich.
39 *Arsenjew* (Anm. 22); CHC 10, S. 35–106, S. 351–408; *M. Sanjdorj:* Manchu Chinese Colonial Rule in Northern Mongolia, London 1980 (antichinesisch); nicht zugänglich: *Sheng Luen Tsai:* Chinese Settlement of Mongolian Land. Manchu Policy in Inner Mongolia, PhD Thesis, Brigham Young University Provoh 1983.
40 Vgl. CHC 10, S. 335.
41 *Fieldhouse:* Economics and Empire S. 160–165; *J. Fletcher* in: CHC 10, S. 318–350; *R.K.I. Quested:* Sino-Russian Relations, A Short History, London 1985, S. 71–77; *P. A. Tikhmenev:* A History of the Russian-American Company, Seattle 1978 (russisch 1861–63 in 2 Bdn.), S. 247–314.
42 *McMurray:* Treaties Bd. 1, S. 18.
43 Ebd. S. 53, S. 81; *Beasley:* Imperialism S. 39–68; *Fairbank-Reischauer-Craig* S. 609–618; *Takashi Hatada:* A History of Korea, Santa Barbara 1969, S. 90–111; *Jansen:* Japan and China S. 103–128; *ders.:* Japanese Imperialism: Late Meiji Perspectives, in: *Myers-Peattie* S. 61–79; *P. Duus:* Economic Dimensions of Meiji Imperialism: the Case of Korea, in: ebd. S. 128–171; *Morinosuke Kajima:* Geschichte der japanischen Außenbeziehungen, Bd. 2, Wiesbaden 1979; *Jang-Soo Kim:* Korea und der »Westen« von 1860 bis 1900, Frankfurt 1986; *G. A. Lensen:* Balance of Intrigue. International Rivalry in Korea and Manchuria, Bd. 1, Tallahassee 1982, bes. S. 229–307; *Mutsu Munemitsu:* Kenkenroku. A Diplomatic Record of the Sino-Japanese War, 1894–1895, Princeton 1982; *Nish:* Foreign Policy S. 29–41; *R.-H. Wippich:* Japan und die deutsche Fernostpolitik 1894–1898, Stuttgart 1987, S. 59–170; *H. Wray-H. Conroy:* Japan Examined, Honolulu 1983, S. 125–148.
44 *McMurray:* Treaties Bd. 1, S. 35, S. 40, S. 74, S. 84; *des Cars-Caracalla* (Anm. 15) S. 56–60.
45 *McMurray:* Treaties Bd. 1, S. 119–123, S. 326–331; *Beasley:* Imperialism S. 69–100, *Hatada* (Anm. 43) S. 112–130; *Kajima* (Anm. 43) Bd. 3, 1980; *Kim* (Anm. 43); *Lensen* (Anm. 43) Bd. 2; *A. Malozemoff:* Russian Far Eastern Policy, 1881–1904. With Special Emphasis on the Causes of the Russo-Japanese War, Berkeley 1958; *Morley:* Japan's Foreign Policy S. 340f.; *Myers-Peattie; Nish:* Foreign Policy S. 69–77; *Quested* (Anm. 41) S. 78–89; *B. A. Romanov:* Russia in Manchuria (1892–1906), Ann Arbor 1952; *R. Storry:* Japan and the Decline of the West in Asia, 1894–1943, London 1979; *Wray-Conroy* (Anm. 43) S. 150–169; *E. H. Zabriskie:* American-Russian Rivalry in the Far East: a Study in Diplomacy and Power Politics, 1895–1914, Philadelphia 1946, Ndr. Westport 1973.
46 Nach: *Irokawa Daikichi:* The Culture of the Meiji Period, Princeton 1985, S. XI.
47 *H. Gollwitzer:* Die Gelbe Gefahr, Göttingen 1962.

Kapitel 6
Imperialistische Rivalität der Seemächte

1 *W. Baumgart:* Der Imperialismus, Wiesbaden 1975, S. 23–28.
2 *Fieldhouse:* Economics and Empire S. 408f.
3 *F. von Richthofen:* China, 5 Bde., Berlin 1877–1912; *E. Tiessen* (Hg.): Ferdinand von Richthofens Tagebücher aus China, 2 Bde., Berlin 1907; *J. Osterhammel:* Forschungsreise und Kolonialprogramm. Ferdinand von Richthofen und die Erschließung Chinas im 19. Jahrhundert, in: Archiv für Kulturgeschichte 69 (1987) S. 150–195; vgl. *N. Broc:* Les voyageurs français et la connaissance de la Chine (1860–1914), in: Revue historique 276 (1986) S. 85–131.
4 *V. Schmidt:* Deutsche Eisenbahnpolitik in Shantung 1898–1914, Wiesbaden 1976, S. 43.
5 Ebd. S. 58.
6 *McMurray:* Treaties Bd. 1, S. 112–116.
7 *J. Artelt:* Tsingtau. Deutsche Stadt und Festung in China 1897–1914, Düsseldorf 1984; *A. Esser:* Bibliographie zu den deutsch-chinesischen Beziehungen, 1860–1945, München 1984; *H. Gründer:* Christliche Mission und deutscher Imperialismus 1884–1914, Paderborn 1982, S. 258–270;

ders.: Geschichte der deutschen Kolonien, Paderborn 1985, S. 99f., S. 188–205; *E. R. Huber:* Deutsche Verfassungsgeschichte seit 1789, Bd. 4, Stuttgart 1969, S. 604–635; *Heng-yü Kuo* (Hg.): Von der Kolonialpolitik zur Kooperation. Studien zur Geschichte der deutsch-chinesischen Beziehungen, Berlin 1986; *W.H.C. Laves:* German Governmental Influence on Foreign Investment, 1871–1914, PhD Thesis Chicago 1927, Ndr. New York 1977, S. 125–149; *K. Müller:* Christliche Mission und Kolonialismus im 19. und 20. Jahrhundert, in: Zeitschrift für Missions- und Religionswissenschaft 64 (1980) S. 192–207; *W. Petter:* Die überseeische Stützpunktpolitik der preußisch-deutschen Kriegsmarine 1859–1883, Diss. phil. Freiburg 1975; *Ratenhof:* Chinapolitik; *K. J. Rivinius:* Mission im Zeitalter von Kolonialismus und Imperialismus. Dokumente aus dem Carl Bachem-Nachlaß zur Geschichte der deutschen katholischen Mission in Süd-Shantung, in: Neue Zeitschrift für Missionswissenschaft 34 (1978) S. 18–47; *ders.:* Die katholische Mission in Süd-Shantung, Sankt Augustin 1979; nicht zugänglich: *ders.:* Weltlicher Schutz und Mission. Das deutsche Protektorat über die katholische Mission von Süd-Shantung, Köln-Wien 1987; *J. Schmidlin:* Missions- und Kulturverhältnisse im Fernen Osten, Münster 1914; *J. E. Schrecker:* Imperialism and Chinese Nationalism. Germany in Shantung, Cambridge/MA 1971; *ders.:* Kiautschou and the Problems of German Colonialism, in: *Moses-Kennedy* S. 185–208; *W. Stingl:* Der Ferne Osten in der deutschen Politik vor dem Ersten Weltkrieg 1902–1914, Frankfurt 1978; *H. Stoecker:* Deutschland und China im 19. Jahrhundert, Berlin 1958; *ders.:* Germany and China, 1861–1894, in: *Moses-Kennedy* S. 26–39; *van Briessen; H. Vogt:* Die Überseebeziehungen von Felten und Guilleaume (1874–1914), Stuttgart 1979; *B. Wirth:* Imperialistische Übersee- und Missionspolitik dargestellt am Beispiel Chinas, in: Zeitschrift für Missions- und Religionswissenschaft 51 (1967) S. 105–132, S. 209–231, S. 320–339, separat Münster 1968.

8 *McMurray:* Treaties Bd. 1, S. 123–128.

9 Ebd. S. 104, S. 130, S. 152; *P. Atwell:* British Mandarins and Chinese Reformers. The British Administration of Weihaiwei, Hongkong 1985; *A. D. Blue:* The China Coast: a Study of British Shipping in Chinese Waters, 1842–1914, PhD Thesis, Strathclyde University 1982; *Edwards:* Diplomacy; G. B. Endacott: A History of Hongkong, London-Hongkong 1964; *G. Haines:* Gunboats on the Great River. A History of the Royal Navy on the Yangtse, London 1976; *N. A. Pelcovits:* Old China Hands and the Foreign Office, New York 1948; *Schmidt* (Anm. 4) S. 63; *P. Wesley-Smith:* Unequal Treaty, 1898–1997. China, Great Britain and Hong Kong's New Territories, 2. Aufl. Hongkong 1984; *L. K. Young:* British Policy in China, 1895–1902, Oxford 1970.

10 *McMurray:* Treaties Bd. 1, S. 221f.; CHC 11, S. 113f.; *M. H. Hunt:* The Making of a Special Relationship. The United States and China to 1914, New York 1983, S. 157–226; *W. LaFeber:* The New Empire. An Interpretation of American Expansion 1860–1898, Ithaca-New York 1963, Ndr. 1975, S. 300-311, S. 352–362; *E. R. May-J. K. Fairbank:* America's China Trade in Historical Perspective, Cambridge/MA 1986; Papers Relating to the Foreign Relations of the US, 1901 Appendix: Affairs of China, Washington 1902; *C. Vevier:* The United States and China, 1906–1913, New York 1955, Ndr. 1968.

11 *Blue* (Anm. 9) S. 479–482; CHC 11, S. 130; *McMurray:* Treaties Bd. 1, S. 278–320; *Tung:* China S. 71–73, S. 107–144; *van Briessen* S. 62: für Deutschland 240 Mio Mark Kosten.

12 *E. Baumberger-Korbmacher:* Chinas Traum von Reichtum und Macht. Ansätze autozentrierter Entwicklung im Jahrhundert der chinesischen Revolution, Frankfurt 1981; *Blue* (Anm. 9); *H. Dubois:* Die Schweiz und China, Bern 1978; *Edwards:* Diplomacy; *R. Y. Eng:* Chinese Entrepreneurs, the Government and the Foreign Sector: the Canton and Shanghai Silk-Reeling Enterprises, 1861–1932, in: Modern Asian Studies 18 (1984) S. 353–370; *Yen-p'ing Hao:* The Comprador in Nineteenth-Century China, Cambridge/MA 1970; *ders.:* The Commercial Revolution in Nineteenth-Century China, Berkeley 1986; *Hou:* Investment; *Hsiao:* Foreign Trade; *R. W. Huenemann:* The Dragon and the Iron Horse. The Economics of Railroads in China, 1876–1937, Cambridge/MA 1984, S. 251–257 Liste aller Bahnbauten; *J. Kehnen:* Cheng Kuan-ying, Unternehmer und Reformer der späten Ch'ing-Zeit, Wiesbaden 1975; *G. Kurgan-van Hentenryk:* Leopold II et les groupes financiers belges en Chine. La politique royale et ses prolongements (1895–1914), Brüssel 1971; *M. Möhring:* Die chinesischen Anleihen von 1896 und 1898, in: Zeitschrift für Unternehmensgeschichte 29 (1984) S. 180–184; *F. V. Moulder:* Japan, China, and the Modern World Economy, Cambridge/MA 1977; *J. Osterhammel:* Semi-Colonialism and Informal Empire in Twentieth-Century China: Towards a Framework of Analysis, in: *W. J. Mommsen-J. Osterhammel* (Hg.): Imperialism and After, London 1986, S. 290–314; *C. Remer:* Foreign Investment in China, New York 1968 (nach Ländern, aufschlußreich die Erfassung des Missionsbesitzes!); *Thomas:* Intervention (jüngste »interventionistische« Studie).

13 *H. W. Kettenbach:* Lenins Theorie des Imperialismus I.: Grundlagen und Voraussetzungen,

Köln 1965; *R. Koebner:* Empire, Cambridge 1961; *R. Koebner-H. D. Schmidt:* Imperialism. The Story and Significance of a Political Word, 1840–1960, Cambridge 1964.

14 *H. Gollwitzer:* Geschichte des weltpolitischen Denkens, Bd. 2: Zeitalter des Imperialismus und der Weltkriege, Göttingen 1982, S. 20.

15 Ebd. S. 86.

16 CHBE 3; *C. C. Eldridge:* Victorian Imperialism, London 1978; *Hyam:* Imperial Century; *B. Porter:* The Lion's Share, London 1975; konsultiert wurden außerdem: *M. Balfour:* Britain and Joseph Chamberlain, London 1985; *M. Beloff:* Imperial Sunset, Bd. 1: Britain's Liberal Empire, 1897–1921, London 1969; *J. Bowle:* The Imperial Achievement, London 1974; *T. Boyle:* The Liberal Imperialists, 1892–1906, in: Bulletin of the Institute of Historical Research 52 (1979) S. 48–82; *H. Browne:* Joseph Chamberlain, Radical and Imperialist, London 1974; *D. P. Crook:* Benjamin Kidd. Portrait of a Social Darwinist, Cambridge 1984; *I. N. Cumpston:* The Discussion of Imperial Problems in the British Parliament, 1880–1885, in: Transactions of the Royal Historical Society 5/13 (1963) S. 29–47; *P. J. Durrans:* The Two-Edged Sword: the Liberal Attack on Disraelian Imperialism, in: Journal of Imperial and Commonwealth History 10 (1982) S. 262–284; *H. J. Field:* Toward a Programme of Imperial Life. The British Empire at the Turn of the Century, Westport 1982; *J. A. Froude:* Oceana, or England and Her Colonies, London 1886; *D. A. Hamer:* Liberal Politics in the Age of Gladstone and Rosebery, Oxford 1972; *R. Hyam-G. Martin:* Reappraisals in British Imperial History, London 1975; *R. Jay:* Joseph Chamberlain, Oxford 1981; *R. M. Kesner:* Economic Control and Colonial Development: Crown Colony Financial Management in the Age of Joseph Chamberlain, Oxford 1981; *M. W. Kirby:* The Decline of British Economic Power since 1870, London 1981; *P. Knaplund:* Britain, Commonwealth and Empire, 1901–1955, London 1956; *R. V. Kubicek:* The Administration of Imperialism: Joseph Chamberlain at the Colonial Office, Durham/NC 1969; *C. J. Lowe:* The Reluctant Imperialists. British Foreign Policy 1878–1902, 2 Bde., London 1967; *J. M. Mackenzie* (Hg.): Imperialism and Popular Culture, Manchester 1986; *J. J. McLean:* Campbell-Bannerman: the New Imperialism and the Struggle for Leadership within the Liberal Party, 1892–1906, PhD Thesis, University of Connecticut 1974; *J. Marlowe:* Milner, Apostle of Empire, London 1976; *G. Martel:* Imperial Diplomacy. Rosebery and the Failure of Foreign Policy, London 1986; *R. Marx:* Le déclin de l'économie britannique (1870–1929), Paris 1972; *H.C.G. Matthew:* The Liberal Imperialists, Oxford 1973; *W. Mock:* Imperiale Herrschaft und nationales Interesse, »Constructive Imperialism« oder Freihandel, Stuttgart 1982; *W. J. Mommsen:* Nationale und ökonomische Faktoren im britischen Imperialismus vor 1914, in: Historische Zeitschrift 206 (1968) S. 618–664; *W. H. Parker:* Mackinder. Geography as an Aid to Statecraft, Oxford 1982; *R. Price:* An Imperial War and the British Working Class, London 1972; *R. J. Scally:* The Origins of the Lloyd George Coalition. The Politics of Social Imperialism, 1900–1918, Princeton 1975; *H.-C. Schröder:* Imperialismus und antidemokratisches Denken. Alfred Milners Kritik am politischen System Englands, Wiesbaden 1978; *J. R. Seeley:* The Expansion of England, London 1883; *B. Semmel:* Imperialism and Social Reform. English Social-Imperial Thought, 1895–1914, London 1960; *J. Springall:* Youth, Empire and Society, London 1977; *S. R. Stembridge:* Parliament, the Press, and the Colonies, 1846–1880, New York-London 1982; *W. L. Strauss:* Joseph Chamberlain and the Theory of Imperialism, *Washington 1942; P. F. Thiede:* Chamberlain, Irland und das Weltreich 1880–1895, Bern 1977.

17 *J. A. Hobson:* Imperialism. A Study, London 1902, deutsch 1968.

18 *Semmel:* Free Trade Imperialism.

19 *C. Held-Schrader:* Sozialismus und koloniale Frage. Die überseeische Expansion im Urteil früher französischer Sozialisten, Göttingen 1985.

20 Vgl. *H. Feis:* Europe. The World's Banker, 1874–1914, New Haven 1930, Ndr. New York 1974; *A. R. Hall* (Hg.): The Export of Capital from Britain, 1870–1914, London 1968; *M. Edelstein:* Overseas Investment in the Age of High Imperialism. The United Kingdom, 1850–1913, London 1982; *L. Davis-R. A. Huttenback:* The Export of British Finance, 1865–1914, in: Journal of Imperial and Commonwealth History 13 (1985) S. 28–76.

21 *Fieldhouse:* Economics and Empire; *R. Robinson:* Non-European Foundations of European Imperialism: Sketch for a Theory of Collaboration, in: *R. Owen-B. Sutcliffe* (Hg.): Studies in the Theory of Imperialism, London 1972.

22 *P. J. Cain-A. G. Hopkins:* The Political Economy of British Expansion Overseas, 1750–1914, in: Economic History Review 33 (1980) S. 463–490; *dies.:* Gentlemanly Capitalism and British Expansion Overseas, I. The Old Colonial System, 1688–1850, II. New Imperialism, 1850–1945, in: ebd. 39 (1986) S. 501–525, 40 (1987) S. 1–26; *P. Cain:* J. A. Hobson, Financial Capitalism and Imperialism in Late Victorian and Edwardian England, in: Journal of Imperial and Commonwealth History 13/3 (1985) S. 1–25.

23 *L. Abrams-D. J. Miller:* Who were the French Colonialists? A Reassessment of the Parti Colonial, 1890–1908, in: Historical Journal 19 (1976) S. 685–725; *C.-R. Ageron:* L'anticolonialisme en France de 1871 à 1914, Paris 1973; *C. M. Andrew:* The French Colonialist Movement during the Third Republic, in: Transactions of the Royal Historical Society 5/26 (1976) S. 143–166; *ders.-A. S. Kanya-Forstner:* The French »Colonial Party«. Its Composition, Aims and Influence, 1885–1914, in: Historical Journal 14 (1971) S. 99–128; *dies.:* The »Groupe Colonial« in the French Chamber of Deputies, 1892–1932, in: ebd. 17 (1974) S. 837–866; *R. Betts:* Tricouleur. The French Overseas Empire, London-New York 1978; *J. Bouvier-R. Girault:* L'impérialisme français d'avant 1914, Paris 1976; *dies.-J. Thobie:* L'impérialisme à la française. La France impériale 1880–1914, Paris 1982; *D. Brötel:* Zur französischen Imperialismusforschung und Kolonialhistorie, in: Francia 11 (1983) S. 688–692; *H. Brunschwig:* Mythes et réalités de l'impérialisme colonial français 1871–1914, Paris 1960; *L. L. Clark:* Social Darwinism in France, o. O. 1984; *Ganiage; R. Girardet:* L'idée coloniale en France de 1871 à 1962, Paris 1972, 2. Aufl. 1986; *P. Grupp:* Theorie des Kolonialimperialismus und Methoden imperialistischer Außenpolitik bei Gabriel Hanotaux, Bern-Frankfurt 1972; *ders.:* Frankreich, Deutschland und die Kolonien. Der französische »Parti colonial« und Deutschland von 1890–1914, Tübingen 1980; *Guillen; J. Marseille:* Empire colonial et capitalisme français. Histoire d'un divorce, Paris 1984; *ders.:* The Phases of French Colonial Imperialism: Towards a New Periodization, in: Journal of Imperial and Commonwealth History 13/3 (1985) S. 127–141; *A. Murphy:* The Ideology of French Imperialism, 1871–1881, Washington 1948, Ndr. 1968; *S. M. Persell:* The French Colonial Lobby, 1889–1938, Stanford 1983; *T. F. Power:* Jules Ferry and the Renaissance of French Imperialism, 2. Aufl. New York 1966, Ndr. 1977; *Roberts; H. Sieberg:* Eugène Etienne und die französische Kolonialpolitik (1887–1904), Köln-Opladen 1968; *H. L. Wesseling:* Het Franse imperialisme, 1871–1914. Een decennium van discussie, 1960–1970, in: Tijdschrift voor geschiedenis 86 (1973) S. 544–559; *G. Ziebura:* Neue Forschungen zum französischen Kolonialismus. Ergebnisse und offene Fragen, in: Neue politische Literatur 21 (1976) S. 156–181.

24 *K. J. Bade:* Friedrich Fabri und der Imperialismus in der Bismarckzeit, Freiburg 1975; *G. D. Crothers:* The German Elections of 1907, New York 1941; *H. Fenske:* Imperialistische Tendenzen in Deutschland vor 1866, in: Historisches Jahrbuch 97/98 (1978) S. 337–383; *Gollwitzer* (Anm. 14); *Gründer* 1985 (Anm. 7); *W. Reinhard:* »Sozialimperialismus« oder »Entkolonisierung der Historie«? Kolonialkrise und »Hottentottenwahlen« 1904–1907, in: Historisches Jahrbuch 97/98 (1978) S. 384–417; *W. Schiefel:* Bernhard Dernburg, 1865–1937, Zürich-Freiburg 1974; *W. D. Smith:* The German Colonial Empire, Chapel Hill 1978; *M. E. Townsend:* The Rise and Fall of Germany's Colonial Empire, 1884–1918, New York 1930; *H.-U. Wehler:* Bismarck und der Imperialismus, Köln-Berlin 1969, 4. Aufl. München 1976; *A. Zimmermann:* Geschichte der deutschen Kolonialpolitik, Berlin 1914.

25 *E. Angermann:* Der Imperialismus als Formwandel des amerikanischen Expansionismus, in: Jahrbuch für Geschichte ... Lateinamerikas 4 (1967) S. 694–725; *Gollwitzer* (Anm. 14); *H.-U. Wehler:* Der Aufstieg des amerikanischen Imperialismus. Studien zur Entwicklung des Imperium Americanum 1865–1900, Göttingen 1974; *ders.:* Grundzüge der amerikanischen Außenpolitik 1750–1900, Frankfurt 1983; *W. A. Williams:* The Tragedy of American Diplomacy, New York 1959.

26 *R. Hilferding:* Das Finanzkapital, Wien 1910, Ndr. Frankfurt 1968; *R. Luxemburg:* Die Akkumulation des Kapitals. Ein Beitrag zur ökonomischen Erklärung des Imperialismus, Berlin 1913, Ndr. Frankfurt 1966; *V. I. Lenin:* Der Imperialismus als höchstes Stadium des Kapitalismus, in: Werke Bd. 22, Berlin 1960, S. 191–309; dazu *H.-C. Schröder:* Sozialismus und Imperialismus I, Hannover 1968; *ders.:* Sozialistische Imperialismusdeutung, Göttingen 1973; *ders.:* Gustav Noske und die Kolonialpolitik des Deutschen Kaiserreichs, Berlin 1979.

27 Zur Einführung: *W. J. Mommsen:* Imperialismustheorien, 3. Aufl. Göttingen 1987.

28 *R. Robinson* (Anm. 21); *ders.:* Imperial Theory and the Question of Imperialism after Empire, in: Journal of Imperial and Commonwealth History 12/2 (1984) S. 42–54.

29 *Fieldhouse:* Economics and Empire, mit einem höchst bemerkenswerten Lernprozeß gegenüber seinen europa- und politikzentrierten früheren Arbeiten!

30 *L. Lanier:* Etude historique sur les relations de la France et du royaume de Siam de 1662 à 1703, Versailles 1883, Ndr. 1969; *C. R. Maybon:* Histoire moderne du pays d'Annam (1592–1820), Paris 1920.

31 *Braunstein:* Kolonialpolitik S. 42–44; *Brötel:* Vietnam S. 13f.; *J. F. Cady:* The Roots of French Imperialism in East Asia, Ithaca-New York 2. Aufl. 1967; *E. Vo Duc Hanh:* La place du catholicisme dans les relations entre la France et le Viet-Nam de 1851 à 1870, 3 Bde., Leiden 1969.

32 *Brötel:* Vietnam S. 14f.

33 *Cady* (Anm. 31); *M. Osborne:* River Road to China. The Mekong River Expedition 1866–73, London 1979.

34 *Brötel:* Vietnam S. 13–23; *Fieldhouse:* Economics and Empire S. 189–208; *Roberts* S. 421–424.

35 *C.-R. Ageron:* France coloniale ou parti colonial? Paris 1978, S. 100-113; *Brötel:* Vietnam S. 23–64.

36 *Fieldhouse:* Economics and Empire S. 403.

37 *Brötel:* Vietnam S. 65–343, S. 521–523; *C. Fourniau:* La fixation de la frontière sino-vietnamienne 1885–1896, in: Institut d'histoire des pays d'outre-mer. Etudes indochinoises, Aix-en-Provence 1981, S. 114–142; *Ganiage* S. 45–59, S. 120–139; *Guillen* S. 178–197.

38 *Fieldhouse:* Economics and Empire S. 404–407; *Ganiage* S. 198–202, S. 355–372; *Guillen* S. 325–327, S. 363–369; *D.G.H. Hall:* A History of South-East Asia, 2. Aufl. London 1964, S. 643–664; *P. Le Boulanger:* Histoire du Laos français, Paris 1931, Ndr. 1969; *D. K. Wyatt:* Thailand. A Short History, New Haven-London 1984, S. 204f.

39 *Chatthip Nartsupha-Suthy Prasartset* (Hg.): The Political Economy of Siam 1851–1910/1910–1932, 2 Bde., o. O. 1978; *dies.:* Socio-Economic Institutions and Cultural Change in Siam, 1851–1910, o. O. 1977; *Hong Lysa:* State and Society in Thailand, 1767–1873, Singapore 1983; *ders.:* Thailand in the Nineteenth Century. Evolution of the Economy and Society, Singapore 1984; *Wyatt* (Anm. 38) S. 181–222.

40 *E. Petit:* Organisation des colonies françaises et des pays du Protectorat, Bd. 1, Paris 1894, S. 69–83, S. 242–248, S. 280f., S. 433–453, S. 564–573; *Roberts* S. 451–466; *B. Eli:* Paul Doumer in Indochina (1897–1902). Verwaltungsreform, Eisenbahnen, Chinapolitik, Heidelberg 1967.

41 *Nguyen The Anh:* The Vietnamese Monarchy under French Colonial Rule, 1884–1945, In: Modern Asian Studies 19 (1985) S. 147–162.

42 *Albertini:* Kolonialherrschaft S. 167.

43 *Pham Cao Duong:* Vietnamese Peasants under French Domination, 1861–1945, Berkeley 1985, S. 153f.

44 Ebd.; *Bray:* Rice Economies S. 95f.

45 Vgl. *Tate* 2, S. 360.

46 Vgl. ferner: *Albertini:* Kolonialherrschaft S. 159–175; *P. F. Baugher:* The Contradictions of Colonialism. The French Experience in Indochina, 1860–1940, PhD Thesis, University of Wisconsin Madison 1980; *D. Brötel:* Frankreichs ökonomische Penetration auf dem China-Markt 1885–1895, in: Dritte Welt S. 29–56; *Ganiage* S. 372–381; *J. Marseille:* L'investissement français dans l'empire colonial: l'enquête du gouvernement de Vichy (1943), in: Revue historique 252 (1974) S. 409–432; *Chesneaux:* Vietnam S. 139–202; *A. Eckardt-Nguyen Tien Huu:* Vietnam. Geschichte und Kultur, Freudenstadt 1968; *A. Forest:* Le Cambodge et la colonisation française, Paris 1980; *Murray:* Capitalism; *M. Osborne:* The French Presence in Cochinchina and Cambodia. Rule and Response, 1859–1905, Ithaca-London 1969; *The Quyen Vu:* Die vietnamesische Gesellschaft im Wandel, Wiesbaden 1978.

47 *Turnbull:* Singapore S. 81f.

48 *Tate* 2, S. 189.

49 *Fieldhouse:* Economics and Empire S. 194.

50 *Lowe:* Far East S. 45.

51 *R. Heussler:* British Rule in Malaya. The Malayan Civil Service and its Predecessors, 1867–1942, Oxford 1982.

52 *Andaya:* Malaysia S. 154–184, S. 191–200; *C. D. Cowan:* Nineteenth Century Malaya. The Origins of British Political Control, London 1961; *Fessen-Kubitschek; Lowe:* Far East S. 41–49; *McIntyre:* Frontier S. 152–209, S. 291–317; *G. Meyer:* Deutsches Kapital in Niederländisch-Indien vor dem Ersten Weltkrieg, in: Jahrbuch für Wirtschaftsgeschichte 1977 III, S. 67–86; *ders.:* German Interests and Policy in the Netherlands East Indies and Malaya, 1870–1914, in: *Moses-Kennedy* S. 40–58; *A. C. Milner:* Kerajaan: Malay Political Culture on the Eve of Colonial Rule, Tucson 1982; *ders.:* Colonial Records History: British Malaya, in: Modern Asian Studies 21 (1987) S. 773–792; *C. N. Parkinson:* Britisch Intervention in Malaya, 1867–1877, Singapore 1960; *E. Sadka:* The Protected Malay States, 1874–1895, Kuala Lumpur 1968; *K. S. Sandhu-P. Wheatley* (Hg.): Melaka. The Transformation of a Malay Capital c. 1400–1980, 2 Bde., Kuala Lumpur 1983; *J. S. Sidhu:* Administration in the Federated Malay States, 1896–1920, Kuala Lumpur 1980; *E. Thio:* British Policy in the Malay Peninsula, 1880–1910, 2 Bde., Singapore 1960; *C. M. Turnbull:* The Straits Settlements, 1826–1867, London 1972; *Turnbull:* Singapore.

53 *Tate* 2, S. 215, S. 217.

54 Ebd. S. 185–223; *Andaya:* Malaysia S. 210–216; *J. G. Butcher:* The British in Malaya, 1880–1941. The Social History of a European Community in Colonial South-East Asia, Kuala Lumpur 1979; *Fessen-Kubitschek* S. 80–87; *Fieldhouse:* Economics and Empire S. 55; *R. Heuss-*

ler: Yesterday's Rulers. The Making of the British Colonial Service, London 1963; *ders.* (Anm. 51); *Sandhu-Wheatley* (Anm. 52) Bd. 1, S. 568–587; Bd. 2, S. 3–283.

55 AGN 11, S. 358, 14, S. 379f.; *de Klerck* Bd. 2, S. 389.

56 *I. D. Black:* A Gambling Style of Government. The Establishment of Chartered Company Rule in Sabah, 1878–1915, Kuala Lumpur 1983; *D. S. Ranjit Singh:* Brunei 1839–1983: the Problems of Political Survival, Singapore 1984; *N. Tarling:* Britain, the Brookes and Brunei, Kuala Lumpur 1971; *ders.:* Sulu and Sabah. A Study of British Policy towards the Philippines and North Borneo from the Late Eighteenth Century, Kuala Lumpur 1978.

57 *A. Reid:* The Contest for North Sumatra, Kuala Lumpur 1969, S. 279f.; *de Klerck* Bd. 2, S. 433; *V.J.H. Houben:* Native States in India and Indonesia: the Nineteenth Century, in: Itinerario 11/1 (1987) S. 107–134.

58 *De Klerck* Bd. 2, S. 440; *M. Kuitenbrouwer:* Nederland en de opkomst van het moderne imperialisme. Kolonien en buitenlandse politiek 1870–1902, Amsterdam 1985; ferner die Beiträge in: Bijdragen en Mededelingen betreffende de Geschiedenis der Nederlanden 86 (1971) S. 21–89.

59 *De Klerck* Bd. 2, S. 430–477.

60 AGN 14, S. 379f.; *E. B. Locher-Scholten:* Ethiek in fragmenten. Vijf studies over koloniaal denken en doen van Nederlanders in de Indonesische Archipel 1877–1942, Utrecht 1981; Ricklefs S. 143f.

61 S. Kapitel 2 Anm. 18 u. 20.

62 *J. van Klaveren:* The Dutch Colonial System in the East Indies, Rotterdam 1953.

63 *Thompson:* Australian Imperialism S. 35–50.

64 *Wehler* 1969 (Anm. 24) S. 391.

65 *Cook-Paxton;* HDO; *Fieldhouse:* Economics and Empire S. 438–441; *S. Firth:* Governors versus Settlers: the Dispute over Chinese Labour in German Samoa, in: New Zealand Journal of History 11 (1977) S. 155–179; *Gründer* 1985 (Anm. 7) S. 92–94; Beiträge von *Firth, Knight, Kennedy, Hempenstall, Moses* in *Moses-Kennedy; W. P. Morrell:* Britain in the Pacific Islands, Oxford 1960, S. 238–262, S. 400–421; *Thompson:* Australian Imperialism S. 51–106; *W. Treue:* Die Jaluit-Gesellschaft auf den Marshall-Inseln 1887–1914, Berlin 1976; *Zimmermann* (Anm. 24) S. 94–106; zur Mission vgl. *K. J. Bade* (Hg.): Imperialismus und Kolonialmission, Wiesbaden 1982; *ders.:* Culture, Cash, and Christianity: the German Colonial Experience and the Case of the Rhenish Mission in New Guinea, in: Pacific Studies 10 (1987) S. 53–71.

66 *Fieldhouse:* Economics and Empire S. 448–453; *Morrell* (Anm. 65) S. 187–203, S. 280–297, S. 349–360; *Ross:* New Zealand; *Thompson:* Australian Imperialism S. 107–202.

67 *Fieldhouse:* Economics and Empire S. 442.

68 Ebd. S. 441–447; *Firth* (Anm. 65); *Gründer* 1985 (Anm. 7) S. 91, S. 95; *ders.:* Kulturkampf in Übersee. Katholische Mission und deutscher Kolonialstaat in Togo und Samoa, in: *J. Horstmann* (Hg.): Die Verschränkung von Innen-, Konfessions- und Kolonialpolitik im Deutschen Reich vor 1914, Schwerte 1987, S. 111–130; *P. M. Kennedy:* The Samoan Tangle. A Study in Anglo-German Relations 1878–1900, Dublin-St. Lucia 1974; *ders.* in *Moses-Kennedy* S. 89–114; *Morell* (Anm. 65) S. 297–310.

69 *Brown* in *Moses-Kennedy* S. 137–155; *Gründer* 1985 (Anm. 7) S. 94f.; *F. X. Hezel:* The First Taint of Civilization. A History of the Caroline and Marshall Islands in Pre-Colonial Days, 1521–1885, Honolulu 1983; *M. Köhler:* Akkulturation in der Südsee. Die Kolonialgeschichte der Karolinen-Inseln im Pazifischen Ozean und der Wandel ihrer sozialen Organisation, Frankfurt 1982, S. 264–333.

70 *E. S. Dodge:* Islands and Empires. Western Impact on the Pacific and East Asia (Europe and the World in the Age of Expansion 7), Minneapolis 1976, S. 181–183.

71 *B. Dahm:* Emanzipationsversuche von kolonialer Herrschaft in Südostasien, Wiesbaden 1974, S. 11–60; *E. Glaser-Schmidt:* »Die Philippinen den Filipinos«. Die amerikanische Debatte über die Wirtschafts- und Verwaltungspolitik auf den Philippinen, 1898–1906, Frankfurt 1986; *L. J. Halle:* The United States Acquires the Philippines, Lanham 1985; *U. Mahajani:* Philippine Nationalism. External Challenge and Filipino Response, 1565–1946, St. Lucia 1971; *S. C. Miller:* »Benevolent Assimilation«. The American Conquest of the Philippines, 1899–1903, New Haven-London 1982; *Molina* 1, S. 274–307, 2, S. 329–512; Papers Relating to the Foreign Relations of the US, 1900, Washington 1902, S. 887f.; *G. Rystad:* Ambiguous Imperialism. American Foreign Policy and Domestic Politics at the Turn of the Century, Stockholm 1975; *D. R. Sturtevant:* Popular Uprisings in the Philippines, 1840–1940, Ithaca-London 1976; *Tate 1, S. 359–384; E. B. Tompkins:* Anti-Imperialism in the United States: the Great Debate 1890–1920, Philadelphia 1970; *Wehler* 1974 u. 1983 (beide Anm. 25); *R. E. Welch:* Response to Imperialism. The United States and the Philippine-American War, 1899–1902, Chapel Hill 1979.

72 *P. W. Stanley* (Hg.): Reappraising an Empire. New Perspectives on Philippine-American History, Cambridge/MA 1984.
73 *G. A. May:* Social Engeneering in the Philippines: the Aims, Execution and Impact of American Colonial Policy, 1900–1913, Westport 1980; *Molina* 2, S. 515–548; *R. E. Ofeneo:* The Structure of the Economy during the American Colonial Period, in: Journal of History (Manila) 27 (1982) S. 1–39; *P. W. Stanley:* A Nation in the Making. The Philippines and the United States, 1899–1921, Cambridge/MA 1974; *Sturtevant* (Anm. 71); *Tate* 2, S. 472–484.

Kapitel 7
Orientalische Frage und Erster Weltkrieg

1 *P. Renouvin:* La question d'Exrême-Orient 1840–1940, 3. Aufl. Paris 1953.
2 *A. Goldschmidt:* A Concise History of the Middle East, Boulder 1979, S. 147.
3 *M. Bernath* in: Handbuch der europäischen Geschichte, Bd. 5, Stuttgart 1981, S. 993.
4 *M. S. Anderson:* The Eastern Question, 1774–1923. A Study in International Relations, London 1966, 2. Aufl. 1983; *C. L. Brown:* International Politics and the Middle East. Old Rules, Dangerous Game, Princeton 1984, S. 197.
5 Vgl. *S. N.Fisher:* The Middle East. A History, 3. Aufl. New York 1979, S. 226–232; *H. Islamoglu-Ç. Keyder:* Ein Interpretationsrahmen für die Analyse des Osmanischen Reiches, in: *D. Senghaas* (Hg.): Kapitalistische Weltökonomie, Frankfurt 1979, S. 201–234; *S. Pamuk:* The Ottoman Empire in the »Great Depression« of 1873–1896, in: Journal of Economic History 44 (1984) S. 107–118.
6 *J. C. Hurewitz* (Hg.): The Middle East and North Africa in World Politics. A Documentary Record, 2 Bde., 2. Aufl. New Haven 1975, Bd. 1, S. 1–5.
7 Vgl. *A. Thevet:* Cosmographie de Levant, Tours 1556, Faksimile Genf 1985.
8 *E. Oberländer* in: Handbuch (Anm. 3) S. 666–670; *M. Bernath* ebd. S. 1004.
9 *Fisher* (Anm. 5) S. 300; *R. Owen:* The Middle East in the World Economy, 1800–1914, London-New York 1981, S. 85f.
10 *C. Issawi:* An Economic History of the Middle East and North Africa, London 1982, S. 18–20, S. 150–154; vgl. *J. McCarthy:* The Arab World, Turkey, and the Balkans (1878–1914). A Handbook of Historical Statistics, Boston 1982 (Statistiken osmanischer Herkunft!).
11 *Fisher* (Anm. 5) S. 301f.; *G. Pélissié du Rausas:* Le régime des capitulations dans l'empire ottoman, 2 Bde., Paris 2. Aufl. 1910–11; *J. Thobie:* Intérêts et impérialisme français dans l'empire ottoman (1885–1914), Paris 1977, S. 14–28.
12 *Adel Ismail* (Hg.): Documents diplomatiques et consulaires relatifs à l'histoire du Liban et des pays du Proche-Orient du XVIIe siècle à nos jours, Bd. 22–Bd. 31, Beirut 1980–1982; *A. J. Abraham:* Lebanon at Mid-Century: Maronite-Druze Relations in Lebanon, 1840–1860, Washington 1981; *W. Baumgart:* Die europäischen Großmächte und die französische Intervention in Syrien 1860/61, in: Historisches Jahrbuch 106 (1986) S. 361–385; *M. Burrows:* »Mission civilisatrice«. French Cultural Policy in the Middle East, 1860–1914, in: Historical Journal 29 (1986) S. 109–135; *E. Franz:* Minderheiten im Vorderen Orient. Auswahlbibliographie, Hamburg 1978; *C. A. Frazee:* Catholics and Sultans: the Church and the Ottoman Empire, 1453–1923, Cambridge 1983; *H. Gründer:* Religionsprotektorate und europäische Mächterivalitäten im Zeitalter des Imperialismus, in: Geschichte in Wissenschaft und Unterricht 34 (1983) S. 416–433; *J. Hajjar:* Le Vatican, la France et le catholicisme oriental (1878–1914), Paris 1979; *C. Issawi:* The Economic History of Turkey, 1800–1914, Chicago-London 1980, S. 54–73; *K. H. Karpat:* Ottoman Population, 1830–1914. Demographic and Social Characteristics, Madison 1985, S. 45–59, S. 191–200; *J. McCarthy:* Muslims and Minorities. The Population of Ottoman Anatolia and the End of the Empire, New York 1983; *T. Nagel:* Staat und Glaubensgemeinschaft im Islam. Geschichte der politischen Ordnungsvorstellungen der Muslime, 2 Bde., München 1981; *J. B. Sägmüller:* Das französische Missionsprotektorat in der Levante und in China, in: Zeitschrift für Missionswissenschaft 3 (1913) S. 118–133; *A. Schlicht:* The Role of Foreign Powers in the History of Lebanon and Syria, 1799–1861, in: Journal of Asian History 14 (1980) S. 97–126; *ders.:* Frankreich und die syrischen Christen 1799–1861, Berlin 1981; *ders.:* Die Rolle der europäischen Missionare im Rahmen der Orientalischen Frage am Beispiel Syriens, in: Neue Zeitschrift für Missionswissenschaft 38 (1982) S. 187–201; *ders.:* Religiöse und soziale Faktoren im Vorfeld des Libanon-Konflikts, in: Geschichte in Wissenschaft und Unterricht 38 (1987) S. 418–426; *J. P. Spagnolo:* France and Ottoman Lebanon, 1861–1914, London 1977; *M. Zamir:* The Formation of Modern Lebanon, Beckenham 1985.
13 *M. Bernath* in: Handbuch (Anm. 3) S. 1005; *W. Bußmann* ebd. S. 52–54; *E. Obermeier* ebd. S. 671–673; *Y. Ben-Arieh:* Jerusalem in the Nineteenth Century, Bd. 1 New York 1984,

S. 169–264; *A. Bombaci-S. J. Shaw:* L'impero ottomano, Turin 1981, S. 519f.; *Fisher* (Anm. 5) S. 302–304; *Gründer* (Anm. 12); *ders.:* Die Kaiserfahrt Wilhelms II. ins Heilige Land 1898, in: *H. Dollinger* u. a.: Weltpolitik, Europagedanke, Regionalismus. Festschrift H. Gollwitzer, Münster 1982, S. 363–388; *Schlicht* 1981 (Anm. 12) S. 237–248; *A. Schölch:* Palästina im Umbruch 1856–1886. Untersuchungen zur wirtschaftlichen und sozio-politischen Entwicklung, Stuttgart 1986, S. 47–72.

14 *Hurewitz* (Anm. 6) Bd. 1, S. 320.

15 Ebd. S. 315–318.

16 *H. von Moltke:* Unter dem Halbmond, Stuttgart 3. Aufl. 1984; *ders.:* Briefe über Zustände und Begebenheiten in der Türkei aus den Jahren 1835–1839, Nördlingen 1987.

17 *Hurewitz* (Anm. 6) Bd. 1, S. 269–271.

18 *Bombaci-Shaw* (Anm. 13) S. 494–528; *R. H. Davison:* Reform in the Ottoman Empire, New York 1963, Ndr. 1973; *Fisher* (Anm. 5) S. 259–261, S. 276–278, S. 322–328; *J. E. Matuz:* Das Osmanische Reich, Darmstadt 1985, S. 224–237.

19 *Hurewitz* (Anm. 6) Bd. 1, S. 315.

20 *C. V. Findley:* Economic Bases of Revolution and Repression in the Late Ottoman Empire, in: Comparative Studies in Society and History 28 (1986) S. 81–106; *McCarthy* 1983 (Anm. 12) S. 157–206; *Owen* (Anm. 9) S. 58–62.

21 *Fisher* (Anm. 5) S. 308.

22 *J. Ducruet:* Les capitaux européens en Proche-Orient, Paris 1964, S. 80–97; *Issawi* 1980 (Anm. 12) S. 343–366; *Owen* (Anm. 9) S. 100–105.

23 *Owen* (Anm. 9) S. 106–110.

24 *Fisher* (Anm. 5) S. 333; *J. Mazenreiter:* Die Bagdadbahn als Beispiel für die Entstehung des Finanzimperialismus in Europa (1872–1903), Bochum 1982, S. 213f.

25 *Owen* (Anm. 9) S. 197; *Thobie* (Anm. 11) S. 106.

26 *Owen* (Anm. 9) S. 194.

27 *Fisher* (Anm. 5) S. 333.

28 *D. C. Blaisdell:* European Financial Control in the Ottoman Empire. A Study of the Establishment, Activities, and Significance of the Ottoman Public Debt, New York 1929; *Ducruet* (Anm. 22); *M. P. Hiller:* Krisenregion Nahost. Russische Orientpolitik im Zeitalter des Imperialismus, 1900–1914, Frankfurt 1985; *Issawi* 1980 (Anm. 12); *Jenks:* Migration S. 294–310; *Owen* (Anm. 9) S. 191–200; *D. Quataert:* Social Disintegration and Popular Resistance in the Ottoman Empire, 1881–1908, New York 1983; *Thobie* (Anm. 11); *B. Witschi:* Schweizer auf imperialistischen Pfaden. Die schweizerischen Handelsbeziehungen mit der Levante 1848–1914, Stuttgart 1987.

29 *A. Kössler:* Aktionsfeld Osmanisches Reich. Die Wirtschaftsinteressen des Deutschen Kaiserreichs in der Türkei 1871–1908, New York 1981; *W.H.C. Laves:* German Governmental Influence on Foreign Investment, 1871–1914, PhD Thesis Chicago 1927, Ndr. New York 1977, S. 95–124; *Mazenreiter* (Anm. 24); *R. Poidevin:* Les relations économiques et financières entre la France et l'Allemagne de 1898 à 1914, Paris 1969; *Quataert* (Anm. 28) S. 71–93; *L. Rathmann:* »Volldampf vorwärts nach Euphrat und Tigris«. Die planmäßige Vorbereitung des deutschen Imperialismus auf den Endkampf um die Beherrschung des Osmanischen Reiches in den Jahren 1897 bis 1903, in: *W. Markov* u. a.: Kolonialismus und Neokolonialismus in Nordafrika und Nahost, Berlin 1964, S. 91–167; *Schöllgen:* Imperialismus und Gleichgewicht; *Thobie* (Anm. 11).

30 Vgl. British Documents on Foreign Affairs I B: The Near and Middle East, 1856–1914, 20 Bde., Frederick/ML 1984–1985; *Busch:* Persian Gulf; *S. A. Cohen:* British Policy in Mesopotamia, 1903–1914, London 1976; *J. Heller:* British Policy towards the Ottoman Empire, 1908–1914, Totowa 1983; *M. Kent:* Oil and Empire. British Policy and Mesopotamian Oil, 1900–1920, London 1976; *H. Lemke:* Die Deutsche Bank in der Auseinandersetzung um die Erteilung der Erdölkonzessionen in Mesopotamien 1911–1914, in: Jahrbuch für Geschichte 34 (1987) S. 211–247 (sachlicher als *Rathmann* (Anm. 29), der 1903 aufhört, vielleicht um den Imperialismus nicht von seiner friedlichen Seite zeigen zu müssen!?); *C. J. Lowe-M. L. Dockrill:* The Mirage of Power, Bd. 1: British Foreign Policy 1902–1914, London-Boston 1972, S. 86–92, S. 131–133; *G. Schöllgen:* Imperialismus und Gleichgewicht.

31 *Ben-Arieh* (Anm. 13) S. 250–264; *A. Carmel:* Der Missionär Theodor Fliedner als Pionier deutscher Palästina-Arbeit, in: Jahrbuch des Instituts für deutsche Geschichte 14 (1985) S. 191–220; *Gründer:* Kaiserfahrt (Anm. 13); *ders.:* Religionsprotektorate (Anm. 12) S. 425–429.

32 *A. Bein* u. a. (Hg.): Theodor Herzl. Briefe und Tagebücher, 3 Bde., Berlin 1983–1985; Bd. 2, S. 656–670.

33 *Ben-Arieh* (Anm. 12); *M. Eliav:* Die Juden Palästinas in der deutschen Politik. Dokumente aus

dem Archiv des deutschen Konsulats in Jerusalem, 1842–1914, Tel Aviv 1973; *S. S. Friedman:* Land of Dust. Palestine at the Turn of the Century, Washington 1982 (polemisch); *I. Geiss:* Die jüdische Frage auf dem Berliner Kongreß 1878, in: Jahrbuch des Instituts für deutsche Geschichte 10 (1981) S. 413–422; *Laqueur:* Zionismus; *Laqueur-Rubin; G. Smith:* Jewish Settlement in Palestine between 1882 and 1948, in: *Lemon-Pollock* S. 291–321; Palästina-Frage; *Schölch* (Anm. 13).

34 Wie Anm. 12, dazu: *W. I. Shorrock:* French Imperialism in the Middle East. The Failure of Policy in Syria and Lebanon 1900–1914, Madison 1976.

35 Die Meinungsverschiedenheiten über diese Angelegenheit werden nicht nur mit tendenziösen Publikationen, sondern auch mit Intrigen und Terror ausgetragen. Ich habe konsultiert: *A. Beylerian* (Hg.): Les grandes puissances, l'empire ottoman et les Arméniens dans les archives françaises (1914–1918), Paris 1983; *G. Chaliand-Y. Ternon:* The Armenians, from Genocide to Resistance, London 1981; Documents on Ottoman Armenians, 2 Bde., Ankara o. J. (1983); *Fisher* (Anm. 5) S. 336f., S. 401f.; *R. G. Hovannisian* (Hg.): The Armenian Genocide in Perspective, New Brunswick 1986; *Karpat* (Anm. 12); *McCarthy* (Anm. 12); *A. Nassibian:* Britain and the Armenian Question, 1915–1923, London 1984; *B. N. Şimşir* (Hg.): British Documents on Ottoman Armenians, 2 Bde., Ankara 1982–1983; *Y. Ternon:* Les Arméniens. Histoire d'un génocide, Paris 1977; *C. J. Walker:* Armenia. The Survival of a Nation, New York 1980. Eine der Episoden mit günstigem Ausgang dichterisch gestaltet von *F. Werfel:* Die vierzig Tage des Musa Dagh, 1933.

36 *G. Antonias:* The Arab Awakening, London 1938, Ndr. 1945, S. 13–100; *A. Hourani:* The Emergence of the Modern Middle East, London 1981, bes. S. 36–66; *R. Khalidi, S. Mousa, A. Lesch* in: *W. W. Haddad-W. Ochsenwald* (Hg.): Nationalism in a Non-National State. The Dissolution of the Ottoman Empire, Columbus/OH 1977; *N. R. Keddie:* An Islamic Response to Imperialism. Political and Religious Writings of Sayyid Jamal ad-Din »al-Afghani«, Berkeley 1968; *A. Schölch* in: *U. Haarmann* (Hg.): Geschichte der arabischen Welt, München 1987, S. 387–403; *H. Sharabi:* Arab Intellectuals and the West. The Formative Years, 1874–1914, Baltimore 1970; *Snyder:* Macro-Nationalisms, S. 129–157.

37 *Nagel* (Anm. 12); *R. Peters:* Islam and Colonialism. The Doctrine of Jihad in Modern History, Den Haag-Paris 1979.

38 *Bombaci-Shaw* (Anm. 13) S. 537–575; *Davison* in: *Haddad-Ochsenwald* (Anm. 36); *Fisher* (Anm. 5) S. 343–352, S. 372; *D. Kushner:* The Rise of Turkish Nationalism, 1876–1908, London 1977; *Matuz* (Anm. 18) S. 249–261; *Snyder:* Macro-Nationalisms S. 114–128; *E. J. Zürcher:* The Unionist Factor. The Role of the Committee of Union and Progress in the Turkish National Movement, 1905–1926, Leiden 1984.

39 *Fisher* (Anm. 5) S. 372–375; *W. Ochsenwald:* Religion, Society and the State in Arabia. The Hijaz under Ottoman Control, 1840–1908, Colombus/OH 1984; *Schölch* (Anm. 36).

40 *Hurewitz* (Anm. 6) Bd. 2, S. 1f.

41 *Betts:* Uncertain Dimensions S. 13.

42 *Bombaci-Shaw* (Anm. 13) S. 575–582; *Fisher* (Anm. 5) S. 352, S. 397–400; *Matuz* (Anm. 18) S. 262–269.

43 *A. J. Barker:* The Neglected War. Mesopotamia 1914–1918, London 1967; *G. Buchanan:* The Tragedy of Mesopotamia, Edinburgh-London 1938; CHBE 3, S. 605–617.

44 *Hurewitz* (Anm. 6) Bd. 2, S. 47–56, bes. S. 52.

45 Ebd. S. 60–64.

46 Ebd. S. 101–106; Übersetzung nach: Palästina-Frage S. 11.

47 *C. M. Andrew-A. S. Kanya-Forstner:* France Overseas. The Great War and the Climax of French Imperial Expansion, London 1981, bes. S. 65–164; *Antonias* (Anm. 36) S. 126–275, S. 412–430; The Arab Bulletin (Bulletin of the Arab Bureau in Cairo, 1916–1919), Ndr.; *J. L. Bacharach:* Near East Studies Handbook, Seattle 1984, S. 111f.; CHBE 3, S. 609, S. 637–640; *D. Harvey:* British Imperialism in the Middle East of World War One. A Psychosocial History of the Arab Revolt, PhD Thesis, University of Texas Austin 1982; *E. Kedourie:* England and the Middle East. The Destruction of the Ottoman Empire, 1914–1921, London 3. Aufl. 1987; *R. H. Lieshout:* »Keeping Better Educated Moslems Busy«. Sir Reginald Wingate and the Origins of the Husayn-McMahon Correspondence, in: Historical Journal 27 (1984) S. 453–463; *C. J. Lowe-M. L. Dockrill:* The Mirage of Power, London-Boston 1972, Bd. 2: British Foreign Policy 1914–1922, S. 208–233, Bd. 3: The Documents, S. 524–554; *J. E. Mack:* A Prince of Disorder. The Life of T. E. Lawrence, London 1976; *H. Mejcher* in: Haarmann (Anm. 36) S. 435–450; *K. Morsey:* T. E. Lawrence und der arabische Aufstand 1916/18, Osnabrück 1976; Palästina-Frage S. 40–46; *F. Robinson:* Atlas of the Islamic World since 1500, Oxford 1982, S. 141f.

48 CHBE 3, S. 609.

49 *McMurray:* Treaties Bd. 2, S. 1232–1237; *Beasley:* Imperialism S. 108–114; CHC 13, S. 92–100; *Jansen:* Japan and China S. 209–218; *Lo Hui-min* (Hg.): The Correspondence of G. E. Morrison, 2 Bde., Cambridge 1976–1978, Bd. 2, S. 331–473 passim; *Nish:* Foreign Policy S. 96–103; *Tung:* China S. 154–158.

50 CHBE 3, S. 607–609; *W. R. Louis:* Das Ende des deutschen Kolonialreiches, Gütersloh 1971, S. 39–47; *Lowe:* Far East S. 73–76, S. 79–81, S. 99–115; *Thompson:* Australian Imperialism S. 203–208.

51 CHBE 3, S. 641–643.

52 Ebd. S. 645–666.

53 Kapitel 3 Anm. 32 sowie *Betts:* Uncertain Dimensions S. 12–46; *J. Gallagher:* Nationalisms and the Crisis of Empire, 1919–1922, in: Modern Asian Studies 15 (1981) S. 355–368; *R. F. Holland:* Britain and the Commonwealth Alliance, 1918–1939, London 1981; *A. P. Thornton:* The Imperial Power and Its Enemies, London 2. Aufl. 1966.

54 *R. G. Gregory:* India and East Africa, New York 1972, S. 156; *K. Jeffrey:* »An English Barrack in the Oriental Seas?« India in the Aftermath of the First World War, in: Modern Asian Studies 15 (1981) S. 369–386; *Moore:* Crisis S. 7–9; *A. Rumbold:* Watershed in India, 1914–1922, London 1979, S. 20–68.

55 CHBE 3, S. 658.

56 *Hurewitz* (Anm. 6) Bd. 2, S. 179.

57 *Andrew-Kanya-Forstner* (Anm. 47); *P. Blaustein* u. a. (Hg.): Independence Documents of the World, 2 Bde., New York-Leiden 1977, S. 417–420; *P. S. Khoury:* Urban Notables and Arab Nationalism. The Politics of Damascus 1860–1920, Cambridge 1983; *ders.:* Syria and the French Mandate. The Politics of Arab Nationalism, 1920–1945, Princeton-London 1987; *Shorrock* (Anm. 34); *Zamir* (Anm. 12); nicht zugänglich: *J. K. Tannenbaum:* France and the Arab Middle East, 1914–1920, Philadelphia 1978.

58 *Fisher* (Anm. 5) S. 415.

59 *G. J. Darwin:* Britain, Egypt and the Middle East: Imperial Policy in the Aftermath of the War, 1918–1922, London 1981; *Fisher* (Anm. 5) S. 573–575; *Kedourie; Lowe-Dockrill* (beide Anm. 47); *E. Monroe:* Britain's Moment in the Middle East, 1914–1971, London 1981; für die Folgezeit: *C. A. Leatherdale:* Britain and Saudi Arabia, 1925–1939, London 1983.

60 *Hurewitz* (Anm. 6) Bd. 2, S. 309; *G. G. Jones:* The British Government and the Oil Companies 1912–1924: the Search for an Oil Policy, in: Historical Journal 20 (1977) S. 647–672; *M. Kent:* Development in British Government Oil Policy in the Inter-War Period, in: *K. J. Gantzel-H. Mejcher* (Hg.): Oil, the Middle East, North Africa and the Industrial States, Paderborn 1984, S. 61–78; zum Irak: *P. Marr:* The Modern History of Iraq, Boulder-London 1985, S. 29–94; *D. Silverfarb:* Britain's Informal Empire in the Middle East. A Case Study of Iraq, 1929–1941, New York-Oxford 1986; zum Iran: *F. Fesharaki:* The Development of the Iranian Oil Industry, London 1976; *G. Lenczowski* (Hg.): Iran under the Pahlavis, Stanford 1978; *W. Zürrer:* Persien zwischen England und Rußland 1918–1925, Frankfurt 1978; nicht zugänglich: *Moberly:* Operations in Persia 1914–1919, London 1987.

61 *Y. N. Miller:* Government and Society in Rural Palestine, Austin 1985.

62 Nach *Fisher* (Anm. 5) S. 463.

63 *F. R. Nicosia:* The Third Reich and the Palestine Question, London 1986, S. 212f.; *A. Schölch:* Das Dritte Reich, die zionistische Bewegung und der Palästina-Konflikt, in: Vierteljahreshefte für Zeitgeschichte 30 (1982) S. 646–674.

64 S. Flapan: Zionism and the Palestinians, London-New York 1979.

65 *B. Ben-Avram:* Das Dilemma des Zionismus nach dem Ersten Weltkrieg, in: Historische Zeitschrift 244 (1987) S. 605–631; *S. Eliash:* The Political Role of the Chief Rabbinate of Palestine during the Mandate, in: Jewish Social Studies 47 (1985) S. 33–50; *Fraser:* Middle East; *I. Friedman:* The Question of Palestine, 1914–1918, New York 1973; *ders.:* The Response to the Balfour Declaration, in: Jewish Social Studies 35 (1973) S. 105–124; *ders.:* Germany, Turkey and Zionism, 1879–1918, Oxford 1977; *Gainsborough:* Conflict; *Gorny:* Zionism; *W. K. Hancock:* Survey of British Commonwealth Affairs I: Problems of Nationality, 1918–1936, London 1937, S. 432–485; *A. M. Hyamson:* Palestine under the Mandate, 1920–1948, London 1950, Ndr. Westport 1976; *T. Jbara:* Palestinian Leader. Hajj Amin Al-Husayni. Mufti of Jerusalem, Princeton 1985; *A. W. Kayyali:* Palestine. A Modern History, London o. J.; *P. S. Khoury:* Divided Loyalities? Syria and the Question of Palestina, 1919–1939, in: Middle Eastern Studies 21 (1985) S. 324–348; *Laqueur:* Zionismus; *Laqueur-Rubin; J. J. McTague:* British Policy in Palestine, 1917–1922, Lanham 1983; Memorandum Submitted to the Palestine Royal Commission on Behalf of the Jewish Agency for Palestine, London 1936, Ndr. Westport 1975; *J. N. Moore* (Hg.): The Arab-Israeli Conflict, 3 Bde., Princeton 1974; *C. C. O'Brien:* The Siege. The Saga of Israel and Zionism, New York 1986; *P. Ofer:* The Commission on the Palestine

Disturbances of August 1929, in: Middle Eastern Studies 21 (1985) S. 349–361; Palästina-Frage; *Perlmutter:* Israel; *Y. Porath:* The Emergence of the Palestine Arab National Movement, 1918–1929, London 1974; *ders.:* The Palestine Arab National Movement. From Riots to Rebellion, 1929–1939, London 1977; *Sachar:* Middle East; *G. Smith* (Anm. 33); *P. A. Smith:* Palestine and the Palestinians, 1876–1983, New York 1984; *K. W. Stein:* The Land Question in Palestine, 1917–1939, Chapel Hill-London 1984; *S. Wasserstein:* The British in Palestine. The Mandatory Government and the Arab-Jewish Conflict, 1917–1929, London 1978; The Letters and Papers of Chaim Weizman, Series A: Letters, 23 Bde., Jerusalem 1968–1980, Series B: Papers, 2 Bde., Jerusalem 1983/84; *Wight:* Constitutions S. 99–138.

66 *Hurewitz* (Anm. 6) Bd. 2, S. 219–228.

67 Ebd. S. 325–337; *Bacharach* (Anm. 47) S. 112–120; *Bombaci-Shaw* (Anm. 13) S. 583–591; *Darwin* (Anm. 59) S. 205–242; *Fisher* (Anm. 5) S. 414–422; *G. Jäschke* in: Handbuch der europäischen Geschichte, Bd. 6, Stuttgart 1968, S. 544 f.; *P. C. Helmreich:* From Paris to Sèvres. The Partition of the Ottoman Empire at the Peace Conference of 1919–1920, Columbus 1974; *K. H. Kappat:* The Personality of Atatürk, in: American Historical Review 90 (1985) S. 893–899; *M. Kent* (Hg.): The Great Powers and the End of the Ottoman Empire, London 1984; *J. M. Landau* (Hg.): Atatürk and the Modernization of Turkey, Leiden 1984; *Matuz* (Anm. 18) S. 269–278; *J. L. Miège:* L'impérialisme colonial italien de 1870 à nos jours, Paris 1968, S. 111–126; *M. Petricioli:* L'Italia in Asia Minore. Equilibrio mediterraneo e ambizioni imperialiste alla vigilia della prima guerra mondiale, Firenze 1983 (zur Vorgeschichte).

68 *Brown* (Anm. 4).

Kapitel 8
Neue Impulse zwischen den Kriegen

1 *B. Martin:* Die Verselbständigung der Dritten Welt. Der Prozeß der Entkolonisierung am Beispiel Indiens, in: Saeculum 34 (1983) S. 166.

2 Vgl. *Schwartzberg* S. 100–102, S. 106–108.

3 *D. Arnold:* The Congress in Tamilnad. Nationalist Politics in South India, 1919–1937, Delhi 1977; *C. A. Bayly:* The Local Roots of Indian Politics. Allahabad 1880–1920, Oxford 1975; *J. Gallagher:* Congress in Decline: Bengal, 1930 to 1939 (1973), jetzt in: *ders.:* The Decline, Revival and Fall of the British Empire, Cambridge 1982, S. 155–211; *Z. Hasan:* The Congress in a District, 1930–46: Problems of Political Mobilization, in: Indian Economic and Social History Review 23 (1986) S. 41–61; *D. Hellmann-Rajanayagam:* Tamil. Sprache als politisches Symbol. Politische Literatur in der Tamilsprache in den Jahren 1945 bis 1967, Wiesbaden 1984; *Low:* Congress, bes. *J. M.Brown:* The Role of a National Leader, S. 133–164; *J. Lütt:* Hindu-Nationalism in Uttar Pradeś 1867–1900, Stuttgart 1970; *J. R. McLane:* Indian Nationalism and the Early Congress, Princeton 1977, hält stärker an der nationalen Komponente fest; *Markovits:* Indian Business; *ders.:* Indian Business and the Congress Provincial Governments, 1937–1939, in: Modern Asian Studies 15 (1981) S. 487–526; *R. K. Ray:* Social Conflict and Political Unrest in Bengal, 1875–1927, Delhi 1984; *H. Spodek:* Review Article. Pluralist Politics in British India: the Cambridge Cluster of Historians of Modern India, in: American Historical Review 84 (1979) S. 688–707.

4 *A. R. Desai:* Social Background of Indian Nationalism, London 1948, 4. Aufl. Bombay 1966; *J. McGuire:* The Making of a Colonial Mind: a Quantitative Study of the Bhadralok in Calcutta, 1857–1885, Canberra 1983; *B. B. Misra:* The Indian Middle Classes. Their Growth in Modern Times, Delhi 1961; *ders.:* The Indian Political Parties, Delhi 1976, S. 32–98; *Ray* (Anm. 3).

5 *M. N. Jha:* Modern Indian Political Thought. Ram Mohan Roy to the Present Day, Meerut o. J.; *D. Lelyveld:* Aligarh's First Generation, Princeton 1978; *H. Malik:* Sir Sayyid Ahmad Khan and Muslim Modernization in India and Pakistan, New York 1980; *Misra* 1976 (Anm. 4) S. 63–67; *Rothermund:* Willensbildung S. 33; vgl. auch *D. H. Evans:* The »Meanings« of Pan-Islamism: the Growth of International Consciousness among the Muslims of India and Indonesia in the Nineteenth and Early Twentieth Century, in: Itinerario 11/1 (1987) S. 15–34; *M. Hasan:* Pan-Islamism versus Indian Nationalism: a Reappraisal, in: ebd. S. 1–14.

6 *Keith:* Indian Policy Bd. 2, S. 20–46, S. 76–81, S. 100–108; *Misra* 1976 (Anm. 4) S. 41 f.; *Moore:* Liberalism.

7 *Misra* 1976 (Anm. 4) S. 44 f.; *Moore:* Liberalism; *Rothermund:* Willensbildung S. 23.

8 *B. Martin:* New India 1885. British Official Policy and the Emergence of the Indian National Congress, Berkeley 1969; *Pandey:* Movement S. 6 f.

9 *Brown:* Modern India S. 173–183; *H. Kulke – D. Rothermund:* Geschichte Indiens, Stuttgart 1982, S. 305; *Misra* 1976 (Anm. 4) S. 45–63, S. 102–116; *Rothermund:* Willensbildung S. 38;

A. M. u. S. Zaidi (Hg.): The Encyclopedia of Indian National Congress, Bd. 1 (1885–1890), Delhi 1976.

10 *Rothermund:* Willensbildung S. 20.

11 Kapitel 1 Anm. 25; *Jha* (Anm. 5) S. 12–21.

12 *Lütt* (Anm. 3); *G. R. Thursby:* Hindu-Muslim Relations in British India. A Study of Controversy, Conflict, and Communal Movements in Northern India, 1923–1928, Leiden 1975.

13 Nach *Rothermund:* Willensbildung S. 23–50 passim, vgl. *Brown:* Modern India S. 147–160.

14 *B. R. Nanda:* Gokhale. The Indian Moderates and the British Raj, Delhi-London 1977.

15 *M. Harvey:* The Secular as Sacred? The Religio-Political Rationalization of B. G. Tilak, in: Modern Asian Studies 20 (1986) S. 321–331; *Jha* (Anm. 5) S. 74–100.

16 *Misra* 1976 (Anm. 4) S. 116–137; *Zaidi* (Anm. 9) Bde. 4–5.

17 *J. Nehru:* An Autobiography, London 1936, S. 118f.; *Rothermund:* Willensbildung S. 61 Anm. 138.

18 *Brown:* Modern India S. 142–145, S. 183–185; CHI 6, S. 538–573; *Desika Char:* Readings S. 314–324; *Keith:* Constitutional History S. 228–232; *H. Krüger – J. Heidrich:* Hundert Jahre Indischer Nationalkongreß 1885–1985, Berlin 1985, S. 24–54; *H. Krüger:* Die internationale Arbeiterbewegung und die indische nationale Befreiungsbewegung, 4 Bde., Berlin 1984ff., Bd. 1, S. 147–182; *B. B. Misra:* The Administrative History of India, 1834–1947, London 1970, S. 54–58; *Moore:* Liberalism; *Pandey:* Movement S. 14–19; *R. Renford:* The Non-Official British in India to 1920, Delhi 1987; *Rothermund:* Willensbildung S. 47–68; vgl. *C. A. Bayly:* The Pre-History of »Communalism«? Religious Conflict in India, 1700–1860, in: Modern Asian Studies 19 (1985) S. 177–203; *G. C. Kozlowski:* Muslim Endowments and Society in British India, Cambridge 1985 (zu Islam im »Alltag«).

19 *S. A. Khan:* The Khilafat Movement, in: Journal of the Pakistan Historical Society 34 (1986) S. 33–73; *S. Wolpert:* Jinnah of Pakistan, New York–Oxford 1984, S. 9, S. 37–49.

20 *Schwartzberg* S. 91; *Pandey:* Movement S. 20–22.

21 *Appadorai:* Documents S. 149–158; *Banerjee:* Documents Bd. 2, S. 194–200; *Brown:* Modern India S. 190–195; CHI 6, S. 574–586; *Misra* 1976 (Anm. 4) S. 139–161; *Moore:* Liberalism S. 114; *Rothermund:* Willensbildung S. 69–78; *A. Rumbold:* Watershed in India, 1914–1922, London 1979, S. 31–53; *Zaidi* (Anm. 9) Bde. 6–7.

22 *G. Martin:* The Influence of Racial Attitudes on British Policy towards India during the First World War, in: Journal of Imperial and Commonwealth History 14/2 (1986) S. 91–113.

23 Vgl. den Indikator »Literatur«: *K. S. McDorman:* Image of Empire: British Imperial Attitudes in Fiction 1900–1939, PhD Thesis, Vanderbilt University Nashville 1977.

24 *W. J. Mommsen:* Das britische Empire. Strukturanalyse eines imperialistischen Herrschaftsverbandes, in: Historische Zeitschrift 233 (1981) S. 317–361.

25 *Pandey:* Movement S. 105.

26 *J. E. Kendle:* The »Round Table« Movement and Imperial Union, Toronto 1975, S. 224–247; *F. Madden – D. Fieldhouse* (Hg.): Oxford and the Idea of Commonwealth, London 1982, S. 97–121 *D. Lavin* über Curtis.

27 Vgl. jetzt *Arnold* (Anm. 3).

28 Zur weiteren Entwicklung der Sikhs vgl. *C. Effenberg:* Die politische Stellung der Sikhs innerhalb der indischen Nationalbewegung, 1935–1947, Wiesbaden 1984; *R. G. Fox:* Lions of the Punjab. Culture in the Making, Berkeley 1985; *R. A. Kapur:* Sikh Separatism. The Politics of Faith, London 1986.

29 *Rothermund:* Willensbildung S. 88.

30 *Brown:* Modern India S. 197–202; CHI 6, S. 587–604; *Desika Char:* Readings S. 457–479; India in 1917 – India in 1935, 17 Bde., Ndr. Delhi 1985; Indian Annual Register. An Annual Digest of Public Affairs . . ., Calcutta 1919–1947; *Keith:* Constitutional History S. 243–273; *Keith:* Indian Policy Bd. 2, S. 116–341; *Misra* 1970 (Anm. 18) S. 70–76; *D. Page:* Prelude to Partition. The Indian Muslims and the Imperial System of Control 1920–1932, Delhi 1982; *P. G. Robb:* The Government of India and Reform. Policies towards Politics and the Constitution, 1916–1921, London 1976; *Rothermund:* Willensbildung S. 77f., S. 86–89; *Schwartzberg* S. 67.

31 *Rothermund:* Willensbildung S. 89.

32 *G. Woodcock:* Who Killed the British Empire? An Inquest. London 1974, S. 350: »Undoubtedly, if one had to choose any individual as more responsible than others for the death of the Empire, it would be Gandhi.«

33 *D. Duman:* The English and Colonial Bars in the Nineteenth Century, London 1983, S. 130–139.

34 *H. W. Kaufmann:* Südafrikas Inderpolitik und das Empire, 1907–1915, Hamburg 1981.

35 *J. M. Brown:* Gandhi's Rise to Power. Indian Politics 1915–1922, Cambridge 1972; *M. Chatterjee:* Gandhi's Religious Thought, London 1983; *M. H. Desai:* Day-to-Day with Gandhi

(Secretary's Diary), hg. *N. D. Parikh – H. G. Nilkanth*, 9 Bde., 1968–1974 (1917–1927); *ders.:* The Diary of M. D., hg. *V. G. Desai,* Ahmedabad 1953 (1932); *E. H. Erikson:* Gandhis Wahrheit. Über die Ursprünge der militanten Gewaltlosigkeit, Frankfurt 1978; *L. Fischer:* Gandhi. Prophet der Gewaltlosigkeit, 6. Aufl. München 1982; *Mahatma Gandhi:* Die Geschichte meiner Experimente mit der Wahrheit, Freiburg–München 1960; *ders.:* Mein Leben, Frankfurt 1983 (Taschenbuchausgabe); *ders.:* Collected Works, Bd. 1, Delhi 1958ff.; *R. N. Iyer* (Hg.): The Moral and Political Writings of Mahatma Gandhi, Bd. 1, Oxford 1986ff.; *S. Grabner:* Mahatma Gandhi. Politiker, Pilger und Prophet, Berlin 1983; *D. Kantowsky:* Indien. Gesellschaftsstruktur und Politik, Frankfurt 2. Aufl. 1986; *W. E. Mühlmann:* Mahatma Gandhi. Der Mann, sein Werk und seine Wirkung, Tübingen 1950; *B. R. Nanda:* Mahatma Gandhi. A Biography, Oxford 1981; *N. Pyarelal:* Mahatma Gandhi, Bd. 1: The Early Phase, Ahmedabad 1965 (bis 1896), Bd. 2/1: The Discovery of Satyagraha. On the Threshold, Bombay 1980 (1896–1902), Bd. 5: The Last Phase, Bd. 1/1–2, 2. Aufl. Ahmedabad 1965–66, Bd. 6: The Last Phase, Bd. 2, Ahmedabad 1958 (von der Entlassung 1944); *U. Schneider:* Asketenethik und Politik in Indien, in: Hannoversche Beiträge zur politischen Bildung 4 (1967) S. 233–252; *J. S. Sharma:* Mahatma Gandhi, a Descriptive Bibliography, Delhi 1955; *D. G. Tendulkar:* Mahatma. Life of Mohandas Karamchand Gandhi, 8 Bde., o. O. o. D. (1951ff.); *S. C. Thakur:* Christian and Hindu Ethics, London 1969; *O. Wolff:* Mahatma Gandhi, Göttingen 1963.

36 *H. Enayat:* Modern Islamic Political Thought, London 1982, S. 52–68; *Khan* (Anm. 19); *B. D. Metcalf:* Islamic Renewal in British India, Deoband, 1860–1900, Princeton 1982; *G. Minault:* The Khilafat Movement, New York 1982; *T. Nagel:* Staat und Glaubensgemeinschaft im Islam. Geschichte der politischen Ordnungsvorstellungen der Muslime. 2 Bde., München 1981; *Page* (Anm. 30).

37 *Rothermund:* Willensbildung S. 169.

38 *Brown* (Anm. 35); *Brown:* Modern India S. 202–223; *Holland:* Decolonization S. 19–23; *McIntyre:* Commonwealth S. 209–224; *Misra* 1976 (Anm. 4) S. 175–188; *Pandey:* Movement S. 52–59; *Robb* (Anm. 30); *Rothermund:* Willensbildung S. 91–115; *Rumbold* (Anm. 21); *Zaidi* (Anm. 9) Bde. 7–8.

39 *Brown:* Modern India S. 229–231; *Misra* 1976 (Anm. 4) S. 188f.; *Thursby* (Anm. 12); *Wolpert* (Anm. 19) S. 76f.

40 *Rothermund:* Willensbildung S. 130; vgl. *P. Chatterjee:* The Colonial State and Peasant Resistance in Bengal 1920–1947, in: Past and Present 110 (1986) S. 169–204.

41 *S. Gopal:* Jawaharlal Nehru. A Biography, 2 Bde., London 1975–1984, Bd. 1, S. 97–116; *ders.* (Hg.): Jawaharlal Nehru. An Anthology, Delhi 1983; *J. Nehru:* An Autobiography, London 1936; *ders.:* Selected Works of J. N., hg. *S. Gopal,* Series 1, 15 Bde. (bis 1946), Delhi 1972–1982, Series 2, Bd. 1, Delhi 1984 – Bd. 5, Delhi 1987 (bis 1948); J. N.'s Speeches, 5 Bde., Delhi 2. Aufl. 1983; *B. N. Pandey:* Nehru, London 1976, S. 114–142; *G. Prashad:* Nehru. A Study in Colonial Liberalism, Delhi 1976.

42 Vgl. *B. Pradhan:* The Socialist Thought of Jawaharlal Nehru, Gurgaon 1974; zum Radikalismus sozialistischer und anderer Richtungen vgl. die Fortsetzung von *Krüger* (Anm. 18); *M. Nicholson:* TUC Overseas, London 1986; *R. O'Hanlon:* Caste, Conflict and Ideology. Mahatma Jotirao Phule and Low Caste Protest in Nineteenth-Century Western India, Cambridge 1985 (eine noch kaum erforschte Nebenlinie); *B. Prasad:* A Revolutionary's Quest. Selected Writings of Jayaprakash Narayan, Delhi 1980; *B. Schorr:* Das politisch-ideologische Profil des indischen Nationalkongresses in der ersten Phase der antiimperialistischen Massenbewegung (1917–1922), in: Jahrbuch für Geschichte 33 (1986) S. 111–131.

43 CEcHI S. 879f., S. 904; zur politischen Entwicklung *Brown:* Modern India S. 224–228; *Ray* (Anm. 3).

44 *Moore:* Crisis S. 92f.

45 *Pandey:* Movement S. 110f.; *Rothermund:* Willensbildung S. 134.

46 *Albertini:* Dekolonisation S. 76–100; *E. Barker:* The Ideas and Ideals of the British Empire, Cambridge 1941; *Brown:* Modern India S. 260–265; *J. Darwin:* Imperialism in Decline? Tendencies in British Imperial Policy between the Wars, in: Historical Journal 23 (1980) S. 657–679; *Keith*: Constitutional History S. 288–318; *H.-J. Leue:* Britische Indien-Politik 1926–1932, Wiesbaden 1981; *Moore:* Crisis S. 41–164; *Zaidi* (Anm. 9) Bde. 9–10. *Moore* sieht geplante Emanzipation am Werk, während *Darwin* und *Leue* in den Fakten mit ihm übereinstimmen, aber betonen, es habe sich eher um Versuche gehandelt, Indien auf neue Weise ans Empire zu binden.

47 *Banerjee:* Documents Bd. 2, S. 320–326.

48 *Brown:* Modern India S. 265–283; *Kantowsky* (Anm. 55) und *G. Kitching:* Development and Underdevelopment in Historical Perspective, London 1982, zu den Perspektiven von Gandhis Dorferneuerungspolitik; *Moore:* Crisis S. 208–292; *Nehru:* Works (Anm. 41) Bd. 1/4,

S. 271–483; *Pandey:* Movement S. 66–75; *D. Rothermund* in: *ders.* (Hg.): Die Peripherie in der Weltwirtschaftskrise, Paderborn 1982, S. 127–143.

49 Constitutions S. 243–329.

50 *McIntyre:* Commonwealth S. 234.

51 *Schwartzberg* S. 67.

52 *Brown:* Modern India S. 286–305; *S. Chander:* Congress-Raj Conflict and the Rise of the Muslim League in the Ministry Period, 1937–1939, in: Modern Asian Studies 21 (1987) S. 303–328; *Desika Char:* Readings S. 532–597; Indian Annual Register (Anm. 30); *A. Jalal – A. Seal:* Alternative to Partition: Muslim Politics between the Wars, in: Modern Asian Studies 15 (1981) S. 415–454; *A. Jalal:* The Sole Spokesman. Jinnah, the Muslim League and the Demand for Pakistan, Cambridge 1985; *E. Jansson:* India, Pakistan or Pakhtunistan. The Nationalist Movements in the North-West Frontier Province, 1937–47, Stockholm 1981; *Keith:* Constitutional History S. 319–477; *Misra* 1970 (Anm. 18) S. 86–93; *ders.* 1976 (Anm. 4) S. 324–330; *Rothermund:* Willensbildung S. 170f., S. 182; *Schwartzberg* S. 67, S. 73; *Wolpert* (Anm. 19) S. 134–154.

53 *De Kat Angelino* Bd. 2, S. 374–417; *de Klerck* Bd. 2, S. 476–478; *D. K. Emmerson:* Indonesia's Elite, Ithaca 1976, S. 43, S. 51; *H. Grimal:* La décolonisation, Paris 1965, S. 76f.; *S. L. van der Wal* (Hg.): De Volksraad en de staatkundige ontwikkeling van Nederlands-Indië. Een bronnenpublicatië, 2 Bde. (Uitgaven van de commissie voor bronnenpublicatie betreffende de geschiedenis van Nederlandsch-Indië 1900–1942, Bde. 2–3), Groningen 1964–1965; *C. van Vollenhoven:* Staatsrecht overzee, Leiden 1934.

54 Vgl. *E. B. Locher-Scholten:* Ethiek in fragmenten. Vijf studies over koloniaal denken en doen van Nederlanders in de Indonesische Archipel 1877–1942, Utrecht 1981.

55 *P. Creutzberg* (Hg.): Het ekonomisch beleid in Nederlandsch-Indië. Capita selecta. Een bronnenpublicatie, 3 Bde. in 4 Teilen (Uitgaven ... Bde. 5–7/2), Groningen 1972–1975, hier Bd. 2 gegen *J. van Klaveren:* The Dutch Colonial System in the East Indies, Rotterdam 1953, und gegen *Grimal* (Anm. 53); vgl. ferner *D. H. Burger:* Sociologisch-economische geschiedenis van Indonesia, 2 Bde., Wageningen 1975; *Mansvelt-Creutzberg; H. Sieberg:* Colonial Development, Stuttgart 1985, S. 92–99, S. 112–122.

56 AGN 14, S. 380–386; *Grimal* (Anm. 53) S. 76–81.

57 *H. J. Benda:* Decolonization in Indonesia. The Problem of Continuity and Change, in: American Historical Review 70 (1964/65) S. 1069f.; vgl. AGN 14, S. 386–389; *Albertini:* Kolonialherrschaft S. 151f.; *I. J. Brugmans:* Geschiedenis van het onderwijs in Nederlandsch-Indië, Groningen-Batavia 1938; *Kahin:* Nationalism S. 31; *S. L. van der Wal* (Hg.): Het onderwijsbeleid in Nederlands-Indië 1900–1940 (Uitgaven ... Bd. 1), Groningen 1963.

58 *Grimal* (Anm. 53) S. 84f.; *A. Reid* in: Asia – The Winning of Independence, London 1981, S. 122.

59 Auch jenseits der »Straits« scheinen die Anfänge des malayischen Nationalismus auf die Verbindung von Islam und antichinesischem Ressentiment zurückzugehen: *W. R. Roff:* The Origins of Malay Nationalism, New Haven 1967.

60 *H. J. Benda:* The Crescent and the Rising Sun. Indonesian Islam under the Japanese Occupation, 1942–1945, Den Haag-Bandung 1958; *J. T. P. Blumberger:* De communistische beweging in Nederlandsch-Indië, 2. Aufl. Haarlem 1935; *A. Brackman:* Indonesian Communism, New York 1963; *H. H. Dengel:* Darul Islam. Kartosuwirjos Kampf um einen islamischen Staat in Indonesien, Wiesbaden 1986; *Kahin:* Nationalism; *S. Kartodirdjo:* Political Transformation in the Nineteenth Century, in: *H. Soebadio – C. A. du Marchie Sarvaas* (Hg.): Dynamics of Indonesian History, Amsterdam 1978, S. 237–256; *A. P. E. Korver:* Sarekat Islam 1912–1916, Amsterdam 1982; *R. C. Kwantes* (Hg.): De ontwikkeling van de nationalistische beweging in Nederlandsch-Indië (Uitgaven ... Bde. 8–11), Groningen 1975–1982, hier Bde. 1–2; *R. T. McVey:* The Rise of Indonesian Communism, Ithaca 1965; *A. Nagazumi:* The Dawn of Indonesian Nationalism. The Early Years of Budi Utomo, 1908–1918, Tokyo 1972; *A. Reid:* The Indonesian National Revolution, 1945–1950, Hawthorn 1974, S. 1–9; *ders.:* The Blood of the People. Revolution and the End of Traditional Rule in Northern Sumatra, Kuala Lumpur 1979, S. 22f.; *Ricklefs* S. 155–171; *S. L. van der Wal* (Hg.): De opkomst van de nationalistische beweging in Nederlands-Indië (Uitgaven ... Bd. 4), Groningen 1967.

61 *M. Hatta:* Portrait of a Patriot. Selected Writings, Den Haag–Paris 1972.

62 *B. Dahm:* Sukarnos Kampf um Indonesiens Unabhängigkeit. Werdegang und Ideen eines asiatischen Nationalisten, Frankfurt 1966; *J. D. Legge:* Sukarno. A Political Biography, New York–Washington 1972.

63 *R. Abdulgani:* Nationalism, Pancasila, Soekarno, in: *Soebadio* (Anm. 60) S. 257–276; *J. T. P. Blumberger:* De nationalistische beweging in Nederlandsch-Indië, Haarlem 1931; *Dahm* (Anm. 62) S. 1–157; *J. Ingleson:* Road to Exile. The Indonesian Nationalist Movement,

1927–1934, Singapore 1979; *Kahin:* Nationalism S. 37–97; *Kwantes* (Anm. 60) Bd. 3, S. 317–332, S. 349–431, S. 870–883, Bd. 4, S. 189–220, S. 277–284; *Legge* (Anm. 62) S. 16–148.

64 AGN 14, S. 380–386, S. 397–399; *Albertini:* Kolonialherrschaft S. 154–158; *Grimal* (Anm. 53) S. 86–90; *Kwantes* (Anm. 60) Bd. 4 passim; *Reid* in: Asia (Anm. 58) S. 128–134; *van der Wal* 1964/65 (Anm. 53) Bd. 2, S. 377–614 passim.

65 Herriot nach *Ansprenger:* Auflösung S. 83.

66 Vgl. *R. Girardet:* L'idée coloniale en France de 1871 à 1962, Paris 2. Aufl. 1986; *Roberts;* Kapitel 10 dieses Bandes.

67 *R. E. O'Melia:* French Communists and Colonial Revolutionaries, PhD Thesis, City University of New York 1980.

68 *Grimal* (Anm. 53) S. 28–36.

69 *Albertini:* Kolonialherrschaft S. 177–182; *W. J. Duiker:* The Rise of Nationalism in Vietnam, 1900–1941, Ithaca 1976; *D. G. Marr:* Vietnamese Anticolonialism, 1885–1925, Berkeley 1971; *ders.* in: Asia (Anm. 58) S. 170; *The Quyen Vu:* Die vietnamesische Gesellschaft im Wandel, Wiesbaden 1978, S. 217–263; *Truong Buu Lam:* Patterns of Vietnamese Response to Foreign Intervention, 1858–1900, Detroit 1967 (Texte); *J. Unselt:* Viet-nam: die nationalistische und marxistische Ideologie im Spätwerk von Phan-boi-Chau (1867–1940), Wiesbaden 1980; *A. B. Woodside:* Community and Revolution in Modern Vietnam, Boston 1976, S. 28–67.

70 *Marr* 1981 (Anm. 58/69) S. 172f.

71 Ebd. S. 165–167; *M. J. Murray:* The Development of Capitalism in Colonial Indochina, 1870–1940, Berkeley 1980; *Pham Cao Duong:* Vietnamese Peasants under French Domination, 1861–1945, Berkeley 1985; *Hue-Tam Ho Tai:* Millenarianism and Peasant Politics in Vietnam, Cambridge/MA 1983.

72 *Albertini:* Kolonialherrschaft S. 181f.; *Chesneaux:* Vietnam S. 203–247; *Duiker* (Anm. 69) S. 191–292; *Hue-Tam Ho Tai* (Anm. 71); *Huynh Kim Khanh:* Vietnamese Communism, 1925–1945, Ithaca-London 1982; *J. Lacouture:* Ho Chi Minh, Paris 2. Aufl. 1977, S. 17–60; *Marr* 1981 (Anm. 58/69) S. 163f., S. 292; *O'Melia* (Anm. 67); *The Quyen Vu* (Anm. 69) S. 315–335; *Woodside* (Anm. 69) S. 173–182.

73 *Albertini:* Kolonialherrschaft S. 182f.; *Marr* 1981 (Anm. 58/69) S. 164f.; *J. S. Werner:* Peasant Politics and Religious Sectarianism: Peasant and Priest in the Cao Dai in Viet Nam, New Haven 1981; *Woodside* (Anm. 69) S. 182–200.

74 *Albertini:* Kolonialherrschaft S. 183; *Huynh Kim Khanh* (Anm. 72) S. 205–211; *Marr* 1981 (Anm. 58/69) S. 175–181; *J. Marseille:* La conférence des gouverneurs généraux des colonies, novembre 1936, in: Mouvement social 101 (1977) S. 66.

75 *T. Friend:* Between Two Empires: the Ordeal of the Philippines, New Haven 1965, S. 57–148; *A. W. McCoy* in: Asia (Anm. 58) S. 52–55; *Molina* 2, S. 515–572; *C. M. Petillo:* Douglas Mac Arthur: the Philippine Years, PhD Thesis, University of New Jersey, New Brunswick 1979; *Pluvier* S. 160.

Kapitel 9
Japanischer Imperialismus und Zweiter Weltkrieg

1 *J. Schumpeter:* Zur Soziologie der Imperialismen, in: Archiv für Sozialwissenschaft und Sozialpolitik 46 (1919) S. 1–39, S. 275–310.

2 *J. W. Hall:* Das japanische Kaiserreich (Fischer Weltgeschichte 20), Frankfurt 1968, S. 309.

3 *Beasley:* Imperialism S. 101–174; *Hall* (Anm. 2) S. 301–324; *Holland:* Decolonization S. 28–47; *Kindermann; Lu:* Sources S. 130–136; *M. R. Peattie:* Ishiwara Kanji and Japan's Confrontation with the West, Princeton 1975; *H. Wray – H. Conroy* (Hg.): Japan Examined, Honolulu 1983, S. 172–198.

4 CHC 11, S. 465–534, 12, S. 209–321; *J. W. Esherick:* Reform and Revolution in China. The 1911 Revolution in Hunan and Hubei, Berkeley 1976; *Fairbank:* Revolution S. 141–181; *Fairbank-Reischauer* S. 409–427; *Franke:* Revolution S. 86–136; *Hoffmann:* Untergang S. 98–151; *Ho Kan-chih:* A History of the Modern Chinese Revolution, Peking 1959; Die Revolution von 1911, Peking 1911; *E. J. M. Rhoads:* China's Republican Revolution. The Case of Kwangtung, 1895–1913, Cambridge/MA 1975; *Wakeman*: Fall. – *G. K. Kindermann* (Hg.): Sun Yat-sen, München–Wien 1982; *H. Z. Schiffrin:* Sun Yat-sen and the Origins of the Chinese Revolution, Berkeley 1968; *C. M. Wilbur:* Sun Yat-sen, Frustrated Patriot, New York 1976; *J. Y. Wong:* Three Visionaries in Exile: Yung Wing, K'ang Yu-wei and Sun Yat-sen, 1894–1911, in: Journal of Asian History 20 (1986) S. 1–32; *Young-ming Yeh:* Sun Yat-sens Regierung in Südchina von 1917–1922, München 1983. – *J. Ch'en:* Yuan Shih-k'ai, 2. Aufl. Stanford 1972; *Lo Hui-min* (Hg.): The Correspondence of G. E. Morrison, 2 Bde., Cambridge 1976–1978; *E. P. Young:*

Yuan Shih-k'ai's Rise to the Presidency, in: *M. C. Wright:* China in Revolution, New Haven 1971, S. 419–442. – *A. J. Nathan:* Peking Politics, 1918–1923, Berkeley 1976.

5 CHC 12, S. 322–451, S. 515; *Chow Tse-tsung:* The May Fourth Movement, Cambridge/MA 1960; *Fairbank:* Revolution S. 182–203; *Fairbank-Reischauer* S. 428–439; *Franke:* Revolution S. 136–173; *S. P. Ogden:* The Sage in the Inkpot: Bertrand Russell and China's Social Reconstruction in the 1920s, in: Modern Asian Studies 16 (1982) S. 529–600; *Scalapino-Yu* S. 486–569; *J. Spence:* Das Tor des Himmlischen Friedens. Die Chinesen und ihre Revolution 1895–1980, München 1985.

6 *Fairbank:* Revolution S. 205–216; *Kindermann* S. 176, S. 193, S. 196, S. 204–210, S. 235–252; *Tung:* China S. 185–222; CHC 12, S. 527–721 *C. H. Wilbur:* The Nationalist Revolution; *Chiang Kai-shek:* China's Destiny, New York 1947; *B. Crozier:* The Man Who Lost China, New York 1976; *G. Franz-Willing:* Neueste Geschichte Chinas, Paderborn 1975, S. 200f., *P. P. Y. Loh:* The Early Chiang Kai-shek, New York 1971. – *Heng-yü Kuo:* Die Komintern und die chinesische Revolution. Die Einheitsfront zwischen der KP Chinas und der Kuomintang 1924–1927, Paderborn 1979; *R. K. I. Quested:* Sino-Russian Relations, London 1985, S. 90–105; *Scalapino-Yu* S. 570–625. – *E. S. K. Fung:* The Chinese Nationalists and the Unequal Treaties 1924–1931, in: Modern Asian Studies 21 (1987) S. 793–819. – *J. K. Fairbank:* The United States and China, Cambridge/MA 4. Aufl. 1984; *J. Reed:* The Missionary Mind and American East Asia Policy, 1911–1915, Cambridge/MA 1983. – *J. Osterhammel:* Britischer Imperialismus im Fernen Osten. Strukturen der Durchdringung und einheimischer Widerstand auf dem chinesischen Markt, 1932–1937, Bochum 1983; *Chi Wang:* Endphase des britischen Kolonialismus in China ... 1922–1928, Frankfurt 1982.

7 Guandong ist die Südspitze der Halbinsel Liaodong.

8 *Beasley:* Imperialism S. 175–197; *C. Blickenstorfer:* Die Haltung der englischen Regierung während der manschurischen Krise (1931–1933), Zürich 1972; CHC 13, S. 499–504; *A. D. Coox:* Nomonhan. Japan against Russia, 1939, 2 Bde., Stanford 1985, Bd. 1, S. 1–73; *T. Grimm:* Geschichtszusammenhänge im Ostasien der dreißiger Jahre, in: *G. Schulz* (Hg.): Die Große Krise der Dreißiger Jahre, Berlin 1985, S. 215–232; nicht zugänglich: *Kenichiro Hirano:* The Japanese in Manchuria, 1906–1931, PhD Thesis, Harvard 1983; *W. F. Morton:* Tanaka Giichi and Japan's China Policy, New York 1980; *Nish:* Foreign Policy S. 152–193; *Pu Yi:* Ich war Kaiser von China, München 1973, S. 235–300; *G. Ratenhof:* Das Deutsche Reich und die internationale Krise um die Mandschurei 1931–1933, Frankfurt 1984; *Wray-Conroy* (Anm. 3) S. 241–330.

9 *J. Chesneaux:* Geschichte Ost- und Südostasiens, Köln 1969; CHC 13, S. 116–167 *L. E. Eastman:* Nationalist China during the Nanking Decade; *E. S. K. Fung:* Nationalist Foreign Policy, 1928–1937, in: *D. Pong – E. S. K. Fung* (Hg.): Ideal and Reality: Social and Political Chance in Modern China, 1860–1949, Lanham 1985, S. 185–217; *ders.* (Anm. 6); *Kindermann* S. 313–333; *M. Schaller:* The US Crusade in China, 1938–1945, New York 1979; *A. Shai:* Britain and China, 1941–47, London 1984; *ders.:* La Grande-Bretagne en Chine pendant et après la Seconde Guerre Mondiale, in: Revue d'histoire moderne et contemporaine 33 (1986) S. 670–677.

10 *O. Braun:* Chinesische Aufzeichnungen (1932–1939), Berlin 1973; *J. Chesneaux:* Le mouvement ouvrier chinois de 1919 à 1927, Paris 1962; *P. Gäng – R. Reiche:* Modelle der kolonialen Revolution, Frankfurt 1967; *F. Galbiati:* P'eng P'ai and the Hai-lu-Feng Soviet, Stanford 1985; *K. Gernant:* Attrition Sustained by the First Front Army of the Chinese Red Army on the Long March, 1934–1935, in: Journal of Asian History 19 (1985) S. 166–187; *J. Guillermaz:* Histoire du parti communiste chinois I (1921–1949), Paris 1968; *J. P. Harrison:* Der lange Marsch zur Macht, Die Geschichte der kommunistischen Partei Chinas, Stuttgart 1977; *R. Hofheinz:* The Broken Wave. The Chinese Communist Peasant Movement, 1922–1928, Cambridge/MA 1977; *C. A. Johnson:* Peasant Nationalism and Communist Power, Stanford 1962; *Heng-yü Kuo:* Maos Weg zur Macht und die Komintern am Beispiel der Bildung der »Antijapanischen Nationalen Einheitsfront« 1931–1938, Paderborn 1975; *ders.* (Anm. 6); *C. Lux:* Der politisch-ökonomische Entscheidungsprozeß in China 1937–1945. Die Yan'an-Periode, Bochum 1986; Neueste Geschichte Chinas, Berlin 1979 (russisch 1972); *P. Rule:* Mao Zedong, New York 1984; *H. Salisbury:* The Long March, New York 1985 (deutsch Frankfurt 1985); *S. R. Schram:* Das Mao-System, München 1972; *ders.:* Mao Tse-tung's Thought to 1949, in: CHC 13, S. 782–870; *E. Snow:* Red Star over China, London 1937; *ders.:* So fing es an, Stuttgart 1978; *J. D. Spence:* The China Helpers, London o. J. S. 216–227; *R. Thaxton:* China Turned Rightside Up, New Haven-London 1983; *Wang Fanxi:* Erinnerungen eines chinesischen Revolutionärs (1919–1949), Frankfurt 1983 (Trotzkist im Exil); *D. Wilson*: Mao Tse-tungs Langer Marsch 1935, Wiesbaden 1974; *P. P. Wladimirow:* Das Sondergebiet Chinas 1942–1945, Berlin 1976.

11 *P. M. Coble:* The Shanghai Capitalists and the Nationalist Government, 1927–1937, Cam-

bridge/MA 1980; *J. Domes:* Vertagte Revolution, Berlin 1969; *R. Y. Eng:* Chinese Entrepreneurs, the Government and the Foreign Sector, in: Modern Asian Studies 18 (1984) S. 353–370; *Fairbank:* Revolution S. 217–225; *Hoffmann:* Untergang S. 142–150; *S. Seagrave:* Die Soongs. Eine Familie beherrscht China, Köln 1986; *J. E. Sheridan:* China in Disintegration, New York–London 1975; *A. N. Young:* China's Nation-Building Effort, 1927–1937. The Financial and Economic Record, Stanford 1971.

12 *Akira Iriye:* Japan's Aggression and China's International Position, 1931–1949, in: CHC 13, S. 492–546; *Beasley:* Imperialism S. 198–219; *Hsi-sheng Ch'i:* Nationalist China at War, Ann Arbor 1982; *Hsu Long-hsuen – Chang Ming-kai:* History of the Sino-Japanese War, Taipei 1971; *Jansen:* Japan and China S. 391f.; *Kindermann* S. 333–399; *Lu:* Sources S. 130f.; *Morley:* Japan's Foreign Policy; *Nish:* Foreign Policy; *Saburo Ienaga:* Japan's Last war, Oxford 1979; *Tatsua Kawai:* The Goal of Japanese Expansion, Tokyo 1938, Ndr. Westport 1973 (Selbstdarstellung); *Yu-hsi Nieh:* Die Entwicklung des chinesisch-japanischen Konfliktes in Nordchina und die deutschen Vermittlungsbemühungen 1937–1938, Hamburg 1970, bes. S. 5–79.

13 *Pluvier* S. 98–103.

14 Ebd. S. 107f.; *Beasley:* Imperialism S. 226.

15 *G. Krebs:* Japans Deutschlandpolitik 1935–1941, Hamburg 1984, S. 609.

16 *Pluvier* S. 108–120.

17 Ebd. S. 121–130.

18 Ebd. S. 134–144.

19 Ebd. S. 145–150; *Chesneaux:* Vietnam S. 247–262; *G. Haas:* Französisch-Indochina zwischen den Mächten 1940–1945, Diss. phil. Berlin 1970, S. 1–155; *J. Martin:* L'économie indochinoise pendant la guerre 1940–1945, in: Revue d'histoire de la deuxième guerre mondiale 138 (1985) S. 63–92.

20 Bekanntlich folgte am 11. Dezember 1941 die Kriegserklärung Deutschlands und Italiens an die USA, nachdem schon seit Oktober im Atlantik Kriegszustand herrschte.

21 *Pluvier* S. 179.

22 *Beasley:* Imperialism S. 220–232; *Kindermann* S. 400–455; *Lu:* Sources S. 145–154. – *Akira Iriye:* The Origins of the Second World War in Asia and the Pacific, Harlow 1987; *P. Herde:* Pearl Harbour, Darmstadt 1980; *L. Ireland-Kunze:* Die Pearl-Harbour-Kontroverse, in: Militärgeschichte 23 (1984) S. 313–318; *Krebs* (Anm. 15); *Mamoru Shigemitsu:* Die Schicksalsjahre Japans ... 1920–1945, Frankfurt 1959 (ehemaliger Außenminister); Papers Relating to the Foreign Relations of the US: Japan 1931–41, 2 Bde., Washington 1943; *Saburo Ienaga:* The Pacific War, New York 1978; Japan's Road to the Pacific War. Selected Translations from: Taikeiyō sensō e no michi: kaisen gaikō shi, 3 Bde., New York 1976–1984. – *W. R. Louis:* British Strategy in the Far East, 1919–1935, Oxford 1971; *ders.:* The Road to Singapore: British Imperialism in the Far East, 1932–1942, in: *W. J. Mommsen – L. Kettenacker* (Hg.): The Fascist Challenge, London 1983, S. 352–388; *S. W. Kirby* u. a.: History of the Second World War. The War against Japan, 5 Bde., London 1957–1969; *D. S. Detwiler – C. B. Burdick* (Hg.): War in Asia and the Pacific, 15 Bde., New York–London 1980 (übersetzte u. kopierte japanische Materialien). – *T. A. Agoncillo:* The Fateful Years. Japan's Adventure in the Philippines, 1941–1945, Quezon City 1965, Bd. I, S. 83–231; *T. Friend:* Between Two Empires. The Ordeal of the Philippines, New Haven 1965, S. 199–210. – *L. Allen:* Singapore 1941–1942, London 1977; *Turnbull:* Singapore S. 162–189.

23 *Pluvier* S. 191f.; *Myers-Peattie; Snyder:* Macro-Nationalisms S. 202–224; *C. Thorne:* The Issue of War. States, Societies, and the Far Eastern Conflict of 1941–1945, London 1985.

24 *R. Heussler:* Completing a Stewardship: the Malayan Civil Service, 1942–1957, London 1983, S. 41–75; *Turnbull:* Singapore S. 190–219.

25 *Pluvier* S. 204, S. 209.

26 Ebd. S. 191–202.

27 Ebd. S. 237–240, S. 269–281; *Agoncillo* (Anm. 22) Bd. 2, S. 513–591; *Beasley:* Imperialism S. 233–250; *Ricklefs* S. 187–190.

28 *Ba Maw:* Breakthrough in Burma, New Haven–London 1968; *Pluvier* S. 204–206, S. 223–228, S. 243–245; *A. Selth:* Race and Resistance in Burma, 1942–1945, in: Modern Asian Studies 20 (1986) S. 483–507.

29 *Andaya:* Malaysia S. 247–254; *Fessen-Kubitschek* S. 114–117; *Pluvier* S. 214–217, S. 254–257; *K. S. Sandhu – P. Wheatley* (Hg.): Melaka. The Transformation of a Malay Capital, Bd. 1, Kuala Lumpur 1983, S. 311–387.

30 *H. J. Benda:* The Crescent and the Rising Sun. Indonesian Islam under the Japanese Occupation, 1942–1945, Den Haag-Bandung 1958, S. 102–194; *B. Dahm:* Sukarnos Kampf um Indonesiens Unabhängigkeit, Frankfurt 1966, S. 159–180; *R. de Bruin:* Islam en nationalisme in door Japan bezet Indonesië, 1942–1945, Den Haag 1982; *Kahin:* Nationalism S. 101–133; *J. D. Legge:*

Sukarno, London 1972, S. 149–180; *Pluvier* S. 217–222, S. 248–254; *Pluvier:* Indonesië S. 33–50; *A. Reid:* The Indonesian National Revolution, Hawthorn 1974, S. 10–17; *Ricklefs* S. 191–196.

31 *Agoncillo* (Anm. 22); *Friend* (Anm. 22) S. 210–245; *Molina* 2, S. 577–640; *Pluvier* S. 228–234, S. 245–247; *D. J. Steinberg:* Philippine Collaboration in World War II, Ann Arbor 1967.

32 *G. Boudarel:* Giap, Paris 1977, S. 23–45; De Gaulle et l'Indochine, 1940–1946, Paris 1982; *B. Fall:* Le Viet-Minh, Paris 1960, S. 17–61; *J. Horlemann – P. Gäng:* Vietnam. Genesis eines Konflikts, 2. Aufl. Frankfurt 1968; *Huynh Kim Khanh:* Vietnamese Communism, 1925–1945, Ithaca-London 1982, S. 256–272; *J. Lacouture:* Ho Chi Minh, Paris, 2. Aufl. 1977, S. 60–71; *P. L. Lamant:* La révolution nationale dans l'Indochine de l'amiral Decoux, in: Revue d'histoire de la deuxième guerre mondiale 138 (1985) S. 21–41; *J. Valette:* Le gouvernement des Etats-Unis et l'Indochine, 1940–1945, ebd. S. 43–62; *Pluvier* S. 258–266, S. 285–298; *The Quyen Vu:* Die vietnamesische Gesellschaft im Wandel, Wiesbaden 1978, S. 336–370; *A. B. Woodside:* Community and Revolution in Modern Vietnam, Boston 1976, S. 215–225.

33 *Pluvier* S. 298–305.

34 Ebd. S. 305–311; *Agoncillo* (Anm. 22) Bd. 2, S. 645–777; *B. J. Kerkvliet:* The Huk Rebellion, Berkeley 1977, S. 61–109; *D. R. Sturtevant:* Popular Uprisings in the Philippines, 1840–1940, Ithaca–London 1976.

35 *Ba Maw* (Anm. 28); *M. Collis:* Last and First in Burma (1941–1948), London 1956, S. 232–252; *Pluvier* S. 312–321, S. 346–349; *F. N. Trager:* Burma from Kingdom to Republic, London 1966, S. 57–64.

36 *Pluvier* S. 322–325.

37 Ebd. S. 325–330, S. 349–356; *Legge* (Anm. 30) S. 181–202.

38 *Agoncillo* (Anm. 22) Bd. 2, S. 825–883; *Molina* 2, S. 641 f.; *Pluvier* S. 336–339, S. 349.

39 *Haas* (Anm. 19) S. 246–255; *Pluvier* S. 339–346; vgl. Anm. 32.

40 *Pluvier* S. 201 f.

41 *B. B. Misra:* The Indian Political Parties, Delhi 1976, S. 478–489; *Pandey:* Movement S. 129–132; *A. M. u. S. Zaidi* (Hg.): The Encyclopedia of Indian National Congress, Bde. 11–12, Delhi 1980–81.

42 *M. Hauner:* India in Axis Strategy, Stuttgart 1981, S. 237–258, S. 357–376, S. 406–493, S. 561; *J. H. Voigt:* Indien im Zweiten Weltkrieg, Stuttgart 1978, S. 33–36, S. 101–109, S. 151, S. 154, S. 205–211, S. 249–255, S. 297–301.

43 *Schwartzberg* S. 74.

44 *Rothermund:* Willensbildung S. 192; *Voigt* (Anm. 42) S. 71–82.

45 Vgl. Kapitel 1 und: *C. Baker:* Colonial Rule and the Internal Economy in Twentieth Century Madras, in: Modern Asian Studies 15 (1981) S. 590 f.; *Voigt* (Anm. 42) S. 85–95.

46 *Louis:* Imperialism at Bay S. 198–210; *Misra* (Anm. 41) S. 332 f., S. 350–362; *Pandey*: Movement S. 118 f.

47 *Pandey:* Movement S. 154.

48 *Banerjee:* Documents Bd. 4; *Brown:* Modern India S. 321–327; *Holland:* Decolonization S. 56–63; *A. Jalal:* The Sole Spokesman. Jinnah, the Muslim League and the Demand for Pakistan, Cambridge 1985, S. 4–125; *Mansergh:* Documents Bd. 2, S. 609; *R. J. Moore:* Escape from Empire. The Attlee Government and the Indian Problem, Oxford 1983; *Rothermund:* Willensbildung S. 182–195; *S. A. Salahuddin:* Muslim League-Indian National Congress Relations 1937–1940, in: Journal of the Pakistan Historical Society 34 (1986) S. 241–264; *S. Wolpert:* Jinnah of Pakistan, New York–Oxford 1984, S. 173–188.

49 *S. Gopal:* Jawaharlal Nehru, Bd. 1, London 1975, S. 267–275; *Misra* (Anm. 41), S. 362–376; *B. N. Pandey:* Nehru, London 1976, S. 221–275; *Rothermund:* Willensbildung S. 185 f.

50 *R. J. Moore:* Churchill, Cripps, and India, 1939–1945, Oxford 1979, S. 41.

51 *J. Glendevon:* The Viceroy at Bay. Lord Linlithgow in India, 1936–1939, London 1971; *Louis:* Imperialism at Bay; *Mansergh:* Documents Bd. 2, S. 614–633; *Moore* (Anm. 50); *Pandey:* Movement S. 175–181; *G. Rizvi:* Linlithgow and India, London 1978; Transfer 1 passim.

52 *Brown:* Modern India S. 311–314.

53 *Gopal* (Anm. 49) S. 288–299; *F. G. Hutchins:* Spontaneous Revolution: the Quit India Movement, Cambridge/MA 1971; *H. Kulke – D. Rothermund:* Geschichte Indiens, Stuttgart 1982, S. 325 f.; *Misra* (Anm. 41) S. 386–394; *Pandey* (Anm. 49) S. 231–235; *Rothermund:* Willensbildung S. 193 f.; Transfer 2–4, bes. 2, S. 621–624, 3, S. 439, S. 444 f., S. 451–453, S. 457–460, S. 558, 4, S. 556.

54 *Kulke-Rothermund* (Anm. 53) S. 326 f.

55 *Banerjee:* Documents Bd. 4, S. 182–195; *Misra* (Anm. 41) S. 503–516; Transfer 4 passim.

Kapitel 10
Dekolonisation

1 *Albertini:* Dekolonisation S. 28.
2 Ebd. S. 34.
3 Vgl. *P. Akamatsu* u. a.: Das moderne Asien (Fischer Weltgeschichte 33), Frankfurt 1969; *Albertini:* Dekolonisation bes. S. 36f.; *Ansprenger:* Auflösung; *A. Burns:* In Defence of Colonies, London 1957 (von einem bedeutenden »Kolonialisten«!); *J. Chesneaux:* Geschichte Ost- und Südostasiens im 19. und 20. Jahrhundert, Köln 1969, bes. S. 246 (Kritik am Begriff D.); *H. Deschamps:* La fin des empires coloniaux, Paris 1969; *Y. El-Ayouty:* The United Nations and Decolonization, Den Haag 1971; *G. Goldsworthy:* Colonial Issues in British Politics, Oxford 1971; *H. Grimal:* La décolonisation, Paris 1965; *Holland:* Decolonization; *W. R. Johnston:* Great Britain, Great Empire, St. Lucia 1981, S. 163–204; *M. Kahler:* Decolonization in Britain and France, Princeton 1984; *Louis:* Imperialism at Bay, bes. S. 68–87, S. 259–273, S. 351–377, S. 522; *D. Marr* u. a.: Asia – the Winning of Independence, London 1981; *B. N. Pandey:* South and South East Asia. Problems and Policies 1945–1978, Basingstoke 1980; *T. Smith* (Hg.): The End of European Empire, Boston 1975; *ders.:* A Comparative Study of French and British Decolonization, in: Comparative Studies in Society and History 28 (1978) S. 70–102; *R. W. Winks:* On Decolonization and Informal Empire, in: American Historical Review 81 (1976) S. 540–556.
4 *T. Friend:* Between Two Empires. The Ordeal of the Philippines, 1929–1946, New Haven 1965, S. 246–263; *B. J. Kerkvliet:* The Huk Rebellion, Berkeley 1977; *A. W. McCoy* in: Asia (Anm. 3) S. 23–69; *Molina* 2, S. 674–679; *Pluvier* S. 382–386; *D. R. Sturtevant:* Popular Uprisings in the Philippines, Ithaca–London 1976.
5 *Albertini:*Dekolonisation S. 37–39; *El-Ayouty* (Anm. 3); *Grimal* (Anm. 3) S. 156–168.
6 *J. C. Hurewitz:* The Middle East and North Africa in World Politics, 2 Bde., New Haven 2. Aufl. 1979, Bd. 2, S. 577–595; *A. B. Gaunson:* The Anglo-French Clash in Lebanon and Syria, 1940–45, London 1987; weiter: *J. Abadi:* Britain's Withdrawal from the Middle East, 1947–1971: The Economic and Strategic Imperatives, Princeton 1982; *W. R. Goria:* Sovereignty and Leadership in Lebanon, 1943–1976, Ithaca 1985; *M. Kuderna:* Christliche Gruppen im Libanon, Wiesbaden 1983; *W. R. Louis:* The British Empire in the Middle East 1945–1951, Arab Nationalism, the United States, and Postwar Imperialism, Oxford 1984; *H. Mejcher:* Die Politik und das Öl im Nahen Osten, Bd. 1: Der Kampf der Mächte und Konzerne vor dem Zweiten Weltkrieg, Stuttgart 1980; *H. Rahman:* British Post-Second World War Military Planning for the Middle East, in: Journal of Strategic Studies 5 (1982) S. 511–530.
7 *Hurewitz* (Anm. 6) S. 596f.; Palästina-Frage S. 66.
8 *B. Morris:* The Causes and Character of the Arab Exodus from Palestine: the Israel Defence Forces Intelligence Branch Analysis of June 1948, in: Middle Eastern Studies 22 (1986) S. 5–19.
9 *Hurewitz* (Anm. 6) S. 732–738.
10 Konsultiert wurden: *M. Adams – C. Maybew:* Publish it not ... The Middle East Cover Up, London 1975; *D. Ben Gurion:* Israel. Die Geschichte eines Staates, Frankfurt 1973; *M. J. Cohen:* Palestine. Retreat from the Mandate, 1936–1945, New York 1978; *ders.;* Palestine and the Great Powers, 1945–1948, Princeton 1982; *ders.:* Churchill and the Jews, Totowa 1985; *S. Flapan:* Zionism and the Palestinians, London–New York 1979; *Fraser:* Middle East, bes. S. 33–68; *Gainsborough:* Conflict; *G. B. Glubb:* A Soldier with the Arabs, London 1957; *ders.:* The Changing Scenes of Life. An Autobiography, London 1983; *Gorny:* Zionism (wichtig); *M.-J. Haron:* Palestine and the Anglo-American Connection, 1945–1950, Bern 1986; *C. Herzog:* Kriege um Israel 1948–1984, Berlin–Frankfurt 1984, S. 17–132; *R. L. Jasse:* Great Britain and Abdallah's Plan to Partition Palestine, in: Middle Eastern Studies 22 (1981) S. 505–519; The Jewish Plan for Palestine, Jerusalem 1947, Ndr. München 1981; *M. Jones:* Failure in Palestine, London–New York 1986, bes. S. 336–339; *M. El-Khawas-Samir:* American Aid to Israel, Brattlebord 1984; *A. Koestler:* Promise and Fulfilment, Palestine 1917–1949, London 1949; *Laqueur:* Zionismus, bes. S. 570–577; *Laqueur-Rubin* S. 113–128; *Louis-Stockey* (grundlegend); *J. Lunt:* Glubb Pasha, a Biography, London 1984; *T. Mayer:* Arab Unity and the Palestine Question, 1945–48, in: Middle Eastern Studies 22 (1986) S. 331–349; *ders.:* Egypt's 1948 Invasion of Palestine, in: ebd. S. 20–36; *J. N. Moore* (Hg.): The Arab-Israeli Conflict, 3 Bde., Princeton 1974; *C. C. O'Brien:* The Siege, New York 1986, bes. S. 259–309; *R. Ovendale:* The Origins of the Arab-Israeli Wars, London–New York 1984; *Perlmutter:* Israel; *Y. Porath:* In Search of Arab Unity, 1930–1945, London 1986; *M. Rodinson:* Israel and the Arabs, 2. Aufl. Harmondsworth 1982 (französisch 1968, grundlegend); *ders.:* Israel: a Colonial Settler State? New York 1973; *G. Rowley:* Israel into Palestine, London 1984; *Sachar:* Middle East; *P. A. Smith:*Palestine and the Palestinians, 1876–1983, New York 1984; *S. Teveth:* Ben-

Gurion and the Palestine Arabs, Oxford 1985; *L. Wagenaar – H. Spehl:* Briefe vom anderen Israel, Freiburg 1969; The Letters and Papers of *Chaim Weizmann,* Series A: Letters, 23 Bde., Jerusalem 1968–1980, Series B: Papers, 2 Bde., Jerusalem 1983/84; *R. W. Zweig:* Britain and Palestine during the Second World War, London 1986.

11 *B. B. Misra:* The Indian Political Parties, Delhi 1976, S. 516–524; Transfer 5, S. 1157–1263, bes. S. 1213; *S. Wolpert:* Jinnah of Pakistan, New York–Oxford 1984, S. 237–246.

12 *Misra* (Anm. 11) S. 552–560.

13 *J. Darwin:* British Decolonization since 1945: a Pattern or a Puzzle? in: Journal of Imperial and Commonwealth History 12/2 (1984) S. 187–209; *A. E. Hinds:* Sterling and Imperial Policy, 1945–51, in: ebd. 15 (1987) S. 148–169; *A. I. Singh:* Keeping India in the Commonwealth, Journal of Contemporary History 20 (1985) S. 469–481; *B. R. Tomlinson:* Indo-British Relations in the Post-Colonial Era: the Sterling Balances Negotiations, 1947–49, in: Journal of Imperial and Commonwealth History 13 (1985) S. 142–162.

14 Beachte die Interpretation von *Rothermund:* Willensbildung S. 205f.

15 *A. Jalal:* The Sole Spokesman. Jinnah, the Muslim League and the Demand for Pakistan, Cambridge 1985, S. 174–207; *Misra* (Anm. 11) S. 560–599; *R. J. Moore:* Escape from Empire. The Attlee Government and the Indian Problem, Oxford 1983, S. 1–144; *Pandey:* Movement S. 186–198; Transfer 6–7; *Wolpert* (Anm. 11) S. 256–287; *ders.:* A New History of India, 2. Aufl. New York–Oxford 1982, S. 342–349.

16 *Sardar Patel's* Correspondence 1945–1958, 10 Bde., Ahmedabad 1971–1974; *D. N. Pathak – P. N. Sheth:* Sardar Vallabhai Patel, Ahmedabad 1980; *D. V. Tahmankar:* Sardar Patel, London 1970.

17 *S. Gopal:* Jawaharlal Nehru, Bd. 1, London 1975, S. 335–341; *Jalal* (Anm. 15) S. 208–240; *Misra* (Anm. 11) S. 588–612; *Moore* (Anm. 15) S. 145–214; *Pandey:* Movement S. 202; *ders.:* Nehru, London 1974, S. 270–275; Transfer 8–9, bes. 8, S. 138; *Wolpert* (Anm. 11) S. 292–305.

18 *R. Hough:* Mountbatten, Wien 1981; *P. Ziegler:* Mountbatten. The Official Biography, London 1985.

19 *T. G. Fraser:* Partition in Ireland, India and Palestine. Theory and Practice, Basingstoke 1984; *H. V. Hodson:* The Great Divide. Britain – India – Pakistan, London 1969, Ndr. 1986 (mit Nachtrag); *Jalal* (Anm. 15) S. 241–293; *A. Jalal:* Inheriting the Raj: Jinnah and the Governor-Generalship Issue, in: Modern Asian Studies 19 (1985) S. 29–54; *E. Jansson:* India, Pakistan or Pakhtunistan. The Nationalist Movements in the North-West Frontier Province, 1937–1947, Stockholm 1981; *McIntyre:* Commonwealth S. 355–364; *Moore* (Anm. 15) S. 211–326; *Pandey:* Movement S. 211–218; Transfer 10–12, bes. 11, S. 89–94, S. 779–797; *Wolpert* (Anm. 11) S. 333; *A. M. u. S. Zaidi* (Hg.): The Encyclopedia of Indian National Congress, Bde. 12–13, Delhi 1981.

20 *H. Kulke – D. Rothermund:* Geschichte Indiens, Stuttgart 1982, S. 334; vgl. *Wolpert* (Anm. 11) S. 334, S. 339.

21 *Schwartzberg* S. 92.

22 *Moore* (Anm. 15) S. 327; vgl. *Hodson* (Anm. 19), und Kapitel 8 Anm. 28.

23 *L. Fischer:* Gandhi, München 1983, S. 241.

24 *M. S. Chaudry:* Der Kashmirkonflikt, 3 Bde., München 1976; *Hodson* (Anm. 19) S. 441–474; *Schwartzberg* S. 87.

25 Auch wenn man ihn mit guten Gründen für die Spaltung verantwortlich machen kann: *G. Rizvi:* Transfer of Power in India: a »Restatement« of an Alternative Approach, in: Journal of Imperial and Commonwealth History 12/2 (1984) S. 127–144.

26 *D. Kantowsky:* Indien. Gesellschaftsstruktur und Politik. Frankfurt, 2. Aufl. 1986; *Kulke-Rothermund* (Anm. 20) S. 341–345; *H. C. Hart:* India. The Political System Reappraised, Boulder 1976; *B. B. Misra:* Government and Bureaucracy in India, 1947–1976, Oxford 1986.

27 *B. Hettne:* The Political Economy of Indirect Rule. Mysore 1881–1947, London–Malmö 1978; *Hodson* (Anm. 19) S. 475–493; *W. S. Livingstone:* Federalism in the Commonwealth, London 1963, S. 87–143; *Mansergh:* Documents Bd. 2, S. 705–707; *Misra* (Anm. 26) S. 17–29; *Moore* (Anm. 15) S. 290–314; *Pandey:* Movement S. 222–247; *W. von Pochhammer:* Indiens Weg zur Nation, Bremen 1973, S. 717–730; *Schwartzberg* S. 77f., S. 224f.; Transfer 10–12 passim, bes. 10, S. 1008 u. 12, S. 679f., S. 767f.

28 *M. Ahmed:* Bangladesh, Wiesbaden 1978; *C. Baxter* in: *F. L. Shiels:* Ethnic Separatism and World Politics, Lanham–London 1984, S. 209–262; *L. L. Snyder:* Global Mini-Nationalisms, Westport 1982, S. 240.

29 Vgl. *G. Chaffard:* Les carnets secrets de la décolonisation, 2 Bde., Paris 1965, Bd. 1, S. 199–250.

30 *T. Ali:* An Indian Dynasty. The Story of the Nehru-Gandhi Family, New York 1985; *M. Brecher:* Nehru's Mantle. The Politics of Succession in India, New York 1966; *E. Ehrenberg:* Die indische Aufrüstung 1947–1974, Saarbrücken 1974; *S. Mansingh:* India's Search for Power.

Indira Gandhi's Foreign Policy, 1966–1982, London 1984; *V. Mehta:* A Family Affair. India under Three Prime Ministers, New York 1982.

31 Burma 1–2, bes. 2, S. 378–382; *M. Collis:* Last and First in Burma, London 1956, S. 253–291; *Lowe:* Far East S. 210f.; *McIntyre:* Commonwealth S. 364–368; *H. Tinker:* The Union of Burma, 4. Aufl. London-Oxford 1967; *ders.:* Burma's Struggle for Independence: the Transfer of Power Thesis Re-examined, in: Modern Asian Studies 20 (1986) S. 461–481; *F. N. Trager:* Burma from Kingdom to Republic, London 1966, S. 65–91.

32 CHBE 3, S. 381.

33 *De Silva:* Sri Lanka S. 430–461; *Y. Gooneratne:* Relative Merits. A Personal Memoir of the Bandaranaike Family, London 1986; *E. F. C. Ludowyk:* The Modern History of Ceylon, London 1966, S. 167–202; *McIntyre:* Commonwealth S. 368–371; *M. Roberts* (Hg.): Documents of the Ceylon National Congress and National Politics in Ceylon, 1929–1950, 4 Bde., Colombo 1977; *ders.* (Hg.): Collective Identities, Nationalism and Protest in Modern Sri Lanka, Colombo 1979; *J. Russell:* Communal Politics under the Donoughmore Constitution, 1931–1947, Dehiwala 1982.

34 AGN 15, S. 421–435; *B. R. O'G. Anderson:* Java in a Time of Revolution, Ithaca 1972; *B. Dahm:* Sukarnos Kampf um Indonesiens Unabhängigkeit, Frankfurt 1966, S. 233–239; *H. H. Dengel:* Darul Islam. Kartosuwirjos Kampf um einen islamischen Staat Indonesien, Stuttgart 1986; *Kahin:* Nationalism S. 134–146; *J. D. Legge:* Sukarno, New York–Washington 1972, S. 181–202; *A. H. Nasution:* Fundamentals of Guerilla-Warfare and the Indonesian Defence System Past and Future, o. O. o. J.; *Pluvier:* Indonesië S. 51–55; *A. Reid:* The Indonesian National Revolution, 1945–1950, Hawthorn 1974; *ders.:* The Blood of the People: Revolution and the End of Traditional Rule in Northern Sumatra, Kuala Lumpur 1979; *Ricklefs* S. 201, S. 206; *J. R. W. Smail:* Bandung in the Early Revolution, 1945–1946, Ithaca 1964; *A. D. Smith:* The Ethnic Origins of Nations, Oxford 1986; *A. L. Stoler:* Capitalism.

35 *Legge* (Anm. 34) S. 215f.; *Pluvier* (Anm. 34) S. 58–60; *Reid* 1974 (Anm. 34) S. 19–53; *Ricklefs* S. 204f.

36 AGN 15, S. 421–427; *E. Luard:* A History of the United Nations, Bd. 1, London 1982, S. 132–159; Officiële bescheiden betreffende de Nederlands-Indonesische betrekkingen 1945–1950, Bd. 1, Den Haag 1971ff., derzeit bis Bd. 12, 1985: 26. Nov. 1947–19. Feb. 1948 (= Rijks geschiedkundige publicatiën. Kleine Serie, Bde. 36–39, 41, 44–48, 50, 52, 54, 58), hier bes. Bd. 6; *Pluvier:* Indonesië S. 69–75; *Reid* 1974 (Anm. 34) S. 104–112; *Ricklefs* S. 212; *E. J. Sady:* The United Nations and Dependent Peoples, Washington 1956; Het dagboek van *Schermerhorn*, 2 Bde., Groningen 1970, bes. Bd. 2, S. 873–881; *C. Smit:* Het akkoord van Linggadjati uit het dagboek van ... Schermerhorn ..., Amsterdam 1959; *ders.:* De dekolonisatie van Indonesië, Groningen 1976; *A. M. Taylor:* Indonesian Independence and the United Nations, 2. Aufl. Westport 1975, S. 28–33.

37 *Smit* 1976 (Anm. 36).

38 *P. Heijboer:* De politionele acties, Haarlem 1979.

39 AGN 15, S. 426–432; *A. Brackman:* Indonesian Communism, New York 1963, S. 46–101; *Kahin:* Nationalism S. 211–229, S. 233; *Legge* (Anm. 34) S. 227–232; *R. J. Leupold:* The US and Indonesian Independence, 1944–1947, PhD Thesis, University of Kentucky Lexington 1976; *R. J. McMahon:* The US and Decolonization in South East Asia, the Case of Indonesia, 1945–1949, PhD Thesis, University of Connecticut 1977; Officiele bescheiden (Anm. 36) Bde. 7–12; *Pluvier:* Indonesië S. 83–98; *Reid* 1974 (Anm. 34) S. 121–148; *Ricklefs* S. 216–218; *L. A. Rose:* Roots of Tragedy: the United States and the Struggle for Asia, 1945–1953, Westport 1976, S. 78–97; *Taylor* (Anm. 36) S. 143–156.

40 *A. A. Schiller:* The Formation of Federal Indonesia, 1945–1949, Den Haag 1955; Karte: *A. Reid* in: Asia (Anm. 3) S. 149.

41 *Heijboer* (Anm. 38); *Nasution* (Anm. 34).

42 AGN 15, S. 426–435; *H. Baudet:* The Netherlands after the Loss of Empire, in: Journal of Contemporary History 4/1 (1969) S. 127–139; *Kahin:* Nationalism S. 332–469; *Leupold; McMahon* (beide Anm. 39); *Pluvier:* Indonesië S. 98–109; *Reid* 1974 (Anm. 34) S. 149–168; *Ricklefs* S. 218–221; *B. van Kaam:* The South Moluccans, London 1980 (niederländisch 1977); *H. L. Wesseling:* Post-Imperial Holland, in: Journal of Contemporary History 15 (1980) S. 125–142; *ders.:* Les Pays-Bas après la décolonisation: politique extérieure et forces profondes, in: Opinion publique et politique extérieure III: 1945–1981, Paris 1985, S. 219–239.

43 AGN 15, S. 436–438; *K. Lagerberg:* West Irian and Jakarta Imperialism, London 1979; *A. Lijphart:* The Trauma of Decolonization. The Dutch and West New Guinea, New Haven–London 1966.

44 *Lagerberg* (Anm. 43) bes. S. 27f.

45 Verankert in Titel VIII, Artikel 60 der Verfassung von 1946.

46 *R. D. Burns – M. Leitenberg:* The Wars in Vietnam, Cambodia and Laos, 1945–1982: a Bibliographic Guide, Santa Barbara 1984; *C.-R. Ageron:* France coloniale ou parti colonial? Paris 1978, S. 268–294; *Ansprenger:* Auflösung S. 219–224; *T. A. Cassilly:* The Anticolonial Tradition in France, PhD Thesis, Columbia University New York 1975, S. 703–768, bes. S. 719–731; *Chesneaux:* Vietnam S. 263–291; *P. M. Dunn:* The First Vietnam War, London 1985 (Titel irreführend, bezieht sich auf Konflikt in Saigon im Spätsommer 1945); *B. Fall:* Le Viet-Minh, Paris 1960; *Huynh Kim Khanh:* Vietnamese Communism, 1925–1945, Ithaca–London 1982, S. 322–338; *J. Lacouture:* Ho Chi Minh, 2. Aufl. Paris 1977, S. 72–142; *J. T. McAlister:* Vietnam, the Origins of Revolution, New York–London 1969; *G. Madjarian:* La question coloniale et la politique du parti communiste français 1944–1947, Paris 1977 (deutsch 1980); *B. D. Marshall:* The French Colonial Myth and Constitution Making in the Fourth Republic, New Haven 1973; *A.-G. Marsot:* The Crucial Year: Indochina 1946, in: Journal of Contemporary History 19 (1984) S. 337–354; *J. Moneta:* Le Parti communiste français et la question coloniale, 1920–1963, Paris 1971; *J. Rous:* Chronique de la décolonisation, Paris 1965, S. 13–42; *P. C. Sorum:* Intellectuals and Decolonization in France, Chapel Hill 1977; *A. B. Woodside:* Community and Revolution in Modern Vietnam, Boston 1976, S. 225–234; *X. Yacono:* Les étapes de la décolonisation française, Paris 1971.

47 *Marsot* (Anm. 46) S. 347.

48 *G. Boudarel:* Giap, Paris 1977, S. 57–80; *G. Chaffard:* Les carnets secrets de la décolonisation, 2 Bde., Paris 1965, Bd. 1, S. 11–27, S. 61–98; *Chesneaux:* Vietnam S. 292–348; *Fall* (Anm. 46) S. 151–226; *J. Horlemann – P. Gäng:* Vietnam. Genesis eines Konflikts, 2. Aufl. Frankfurt 1968; *J. Lacouture:* Vo Nguyen Giap, London 1970; *T. Smith* (Anm. 3) S. 123–128; *Vo Nguyen Giap:* The Military Art of the People's War, New York–London 1970, S. 39–160; *Woodside* (Anm. 46) S. 234–245.

49 CHC 13, S. 723–788, bes. S. 737–751; *Fairbank:* Revolution S. 245–268; *Franke:* Revolution S. 262–271; vgl. *E. O. Clubb:* Twentieth-Century China, New York 3. Aufl. 1978; *B. D. Larkin:* China and Africa, 1949–1970, Berkeley 1971; *Y. Shichor:* The Middle East in China's Foreign Policy, 1949–1977, Cambridge 1979.

50 Vgl. *E. R. Drachman:* United States Policy Toward Vietnam, 1940–1945, Rutherford 1970; *Horlemann-Gäng* (Anm. 48) S. 50–75; *J. J. Sbrega:* The Anticolonial Policies of Franklin D. Roosevelt, in: Political Science Quarterly 101 (1986) S. 65–84.

51 *P. Darcourt:* De Lattre au Vietnam, Paris 1965.

52 *Vo Nguyen Giap:* Dien Bien Phu, Hanoi 4. Aufl. 1984, S. 128 Plan.

53 *Ansprenger:* Auflösung S. 225–231; *Fall* (Anm. 46); *Grimal* (Anm. 3) S. 233–254. – *J. Cable:* The Geneva Conference of 1954 on Indochina, London 1986; *P. Devillers – J. Lacouture:* End of War: Indochina 1954, London 1969 (französisch 1960); *R. F. Randle:* Geneva 1954, the Settlement of the Indochinese War, Princeton 1969. Die Erpressung Frankreichs durch Rußland während der Genfer Konferenz zur Ablehnung der E. V. G. im selben Jahr ist Legende!

54 *R. B. Smith:* An International History of the Vietnam War, Bd. 1, London 1983.

55 Unverdächtiges Urteil: *Fessen–Kubitschek* S. 131.

56 *R. Ampalavanar:* The Indian Minority and Political Change in Malaya, 1945–1957, Kuala Lumpur 1981; *Andaya:* Malaysia S. 257–261; *J. Cloake:* Templer. Tiger of Malaya. The Life of Fieldmarshal Sir Gerald Templer, London 1985; *R. Heussler:* Completing a Stewardship: The Malayan Civil Service, 1942–1957, London 1983, S. 143–186; *Lowe:* Far East S. 216; *K. S. Sandhu – P. Wheatley* (Hg.): Melaka. The Transformation of a Malay Capital, Kuala Lumpur 1983, Bd. 1, S. 388–420; *A. Short:* The Communist Insurrection in Malaya, 1948–1960, London 1975.

57 *Andaya:* Malaysia S. 254–275; *Ansprenger:* Auflösung S. 173–175, S. 205 f.; *S. S. Bedlington:* Malaysia and Singapore. The Building of New States, Ithaca–London 1978; *S. C. Easton:* The Twilight of European Colonialism, London 1961, S. 67–78 ungünstige Prognose, die seither falsifiziert; *Fessen–Kubitschek* S. 118–158; *Grimal* (Anm. 3) S. 229–232; *W. P. Kirkman:* Unscrambling an Empire. A Critique of British Colonial Policy, 1956–1966, London 1966, S. 162–166 ähnlich Easton; *Lowe:* Far East S. 211–218; *Sandhu-Wheatley* (Anm. 56) Bd. 1, S. 421–436; *T. Schönenberger:* Der britische Rückzug aus Singapore 1945–1976, Zürich–Freiburg 1981; *Turnbull:* Singapore S. 229–232.

58 *P. Wesley-Smith:* Unequal Treaty, 1898–1997. China, Great Britain and Hong Kong's New Territories, 2. Aufl. Oxford 1984; Archiv der Gegenwart 1984, S. 28 093.

59 Archiv der Gegenwart 1987, S. 30 898.

60 Ebd. S. 31 545.

61 Ebd. S. 31 595.

62 Ebd. passim; vgl. *A. P. Blaustein* u. a. (Hg.): Independence Documents of the World, 2 Bde., New York–Leiden 1977; *Cook-Paxton;* Handbuch der Dritten Welt, 8 Bde., 2. Aufl. Hamburg

1982–83, Bd. 8; HDO; *F. P. King* (Hg.): Oceania and beyond. Essays on the Pacific since 1945, Westport–London 1976; *G. Siemers:* Südpazifik: Entkolonialisierung und neue Identität, in: Aus Politik und Zeitgeschichte B 10/1985, S. 26–39.

63 *Grimal* (Anm. 3) S. 287f., S. 396f.; *Rous* (Anm. 46) S. 355–370.

Kapitel 11
Orient und Okzident. Eurasiatische Wechselwirkungen

1 *I. Geiss:* The Intercontinental Long-Distance Trade, in: Itinerario 10/2 (1986) S. 33–51.

2 *K. Hubert:* Japan und China – Tochterkultur und Mutterkultur, in: Saeculum 1 (1950) S. 560–612.

3 *H. Schmidt-Glintzer:* Der Buddhismus im frühen chinesischen Mittelalter, in: Saeculum 23 (1972) S. 269–294.

4 Zuletzt: *E. L. Jones:* The European Miracle. Economies and Geopolitics in the History of Europe and Asia, Cambridge 1981.

5 *D. Howard – J. Ayers:* China for the West. Chinese Porcelain and other Decorative Arts for Export, 2 Bde., New York 1978.

6 *K. Erdmann:* Europa und der Orientteppich, Berlin 1962; *E. Wirth:* Der Orientteppich und Europa, Erlangen 1976.

7 *J. Ch'en:* China and the West. Society and Culture, 1815–1937, London 1979, S. 332–348; *W. Woodruff:* The Impact of Western Man: a Study of Europe's Role in the World Economy, 1750–1980, New York 1966, S. 125–133, S. 138–145.

8 *J.-N. Biraben:* Les hommes et la peste en France et dans les pays européens et méditerranéens, Bd. 1, Paris 1975, S. 25–55; *W. H. McNeill:* Seuchen machen Geschichte, München 1978, S. 63f., S. 182f.; *J. Ruffié – J.-C. Sournia:* Die Seuchen in der Geschichte der Menschheit, Stuttgart 1987.

9 *D. Arnold:* Cholera and Colonialism in British India, in: Past and Present 113 (1986) S. 118–151; *McNeill* (Anm. 8) S. 293–296.

10 *Bray:* Rice Economies S. 9f.; *H. Kulke:* Gibt es ein indisches Mittelalter? in: Saeculum 33 (1982) S. 221–239; *L. Reinhardt:* Kulturgeschichte der Nutzpflanzen, 2 Bde., München 1911, Bd. 1, S. 245–251, S. 439–443; *I. G. Simmons:* Biogeography, Natural and Cultural, London 1979, S. 164–176, S. 188; vgl. ferner: *K. u. F. Bertsch:* Geschichte unserer Kulturpflanzen, Stuttgart 1948; *V. Hehn:* Kulturpflanzen und Haustiere in ihrem Übergang aus Asien nach Griechenland und Italien sowie das übrige Europa, 8. Aufl. Berlin 1911, Ndr. Darmstadt 1963; *H. Hobhouse:* Fünf Pflanzen verändern die Welt, Stuttgart 1987; *F. Schwanitz:* Die Entstehung der Kulturpflanzen, Berlin 1957; *N. J. Vavilov:* Studies on the Origins of Cultivated Plants, Leningrad 1926; *ders.:* The Origin, Variation, Immunity and Breeding of Cultivated Plants, Waltham 1951.

11 *A. W. Crosby:* The Columbian Exchange: Biological and Cultural Consequences of 1492, Westport 1972; *ders.:* Ecological Imperialism. The Biological Expansion of Europe, 900–1900, Cambridge 1986.

12 *F. Hančar:* Zur Frage der Herdentier-Erstdomestikation. Ziegenzuchtbeginn im Lichte prähistorischer und früher historischer Daten, in: Saeculum 10 (1959) S. 21–37; *Simmons* (Anm. 10) S. 178–182, S. 187–191; *F. E. Zeuner:* Geschichte der Haustiere, München 1967.

13 *Crosby* 1986 (Anm. 11); *A. G. Price:* The Western Invasions of the Pacific and its Continents. A Study of Moving Frontiers and Changing Landscapes, 1513–1958, Oxford 1963; *McNeill* (Anm. 8) S. 69.

14 *Crosby* 1986 (Anm. 11); vgl. *A. Lommel:* Fortschritt ins Nichts. Die Modernisierung der Primitiven Australiens, Zürich–Freiburg 1969.

15 *G. C. Bolton:* Britain's Legacy Overseas, London 1973, S. 44; *R. Madan* (Hg.): Coloured Minorities in Great Britain. A Comprehensive Bibliography 1970–1977, London 1979; *H. Tinker:* A New System of Slavery. The Export of Indian Labour Overseas 1830–1920, London 1974, vgl. auch Kapitel 1, 3 und 4; es handelt sich um ein im Aufschwung begriffenes neues Forschungsfeld.

16 Vgl. *V. S. Naipaul:* India: a Wounded Civilization, London 1977 u. a. Bücher desselben Verfassers; dazu *C. von Barloewen:* Zur Kulturphilosophie V. S. Naipauls, in: Neue Rundschau 93/4 (1982) S. 124–144.

17 *G. W. Allport:* Die Natur des Vorurteils, Köln 1971.

18 Vgl. *J. Fisch:* Der märchenhafte Orient. Die Umwertung einer Tradition von Marco Polo bis Macaulay, in: Saeculum 35 (1984) S. 246–266.

19 Einzige Gesamtdarstellung dieses Prozesses *G. Borsa:* La nascita del Mondo moderno in Asia

Orientale. La penetrazione europea e la crisi delle società tradizionali in India, Cina e Giappone, Mailand 1977; reicht aber nur bis ca. 1900.

20 Reiche Literatur, z. B.: *F. Gabrieli* (Hg.): Mohammed in Europa, München 1983; *S. Hunke:* Allahs Sonne über dem Abendland: Unser arabisches Erbe, Stuttgart 1977; Kulturaustausch zwischen Orient und Okzident. Über die Beziehungen zwischen islamisch-arabischer Kultur und Europa (12.–16. Jhdt.), Bonn 1985; *E. Littmann:* Morgenland und Abendland, Tübingen 1930; *A. Mencier* (Hg.): Islam und Abendland: Geschichte und Gegenwart, Bern 1976; *J. Vernet:* El Islam y Europa, Barcelona 1982; *W. M. Watt:* The Influence of Islam on Medieval Europe, Edinburgh 1972; *A. Zimmermann* (Hg.): Orientalische Kultur und europäisches Mittelalter, Berlin 1985.

21 *N. Daniel:* Islam and the West. The Making of an Image, Edinburgh 1960, Ndr. 1980; *ders.:* Islam, Europe and Empire, Edinburgh 1966; *ders.:* The Arabs and Medieval Europe, London 1975; *E. Rotter:* Abendland und Sarazenen. Das okzidentale Araberbild und seine Entstehung im Frühmittelalter, Berlin–New York 1986.

22 *H. Clark:* The Publication of the Koran in Latin. A Reformation Dilemma, in: Sixteenth Century Journal 15/1 (1984) S. 3–12; *G. Endreß:* Einführung in die islamische Geschichte, München 1982, S. 16; *L. Hagemann:* Die erste lateinische Koranübersetzung – Mittel zur Verständigung zwischen Christen und Muslimen im Mittelalter? in: *A. Zimmermann* (Hg.): Miscellanea Medievalia 17 (1985) S. 45–58 (s. Anm. 20).

23 *W. J. Bouwsma:* Concordia Mundi: the Career and Thought of Guillaume Postel (1510–1581), Cambridge 1957.

24 *M. Edwardes:* East-West Passage. The Travel of Ideas, Arts and Inventions between Asia and the Western World, New York 1971, S. 136f.; *Endreß* (Anm. 22) S. 19; *P. Martino:* L'Orient dans la littérature française au XVIIe et au XVIIIe siècle, Paris 1906.

25 *P. Meinhold:* Die Begegnung der Religionen und die Geistesgeschichte Europas, Wiesbaden 1981, S. 32.

26 *G. W. F. Hegel:* Vorlesungen über die Philosophie der Weltgeschichte, Bd. 1: Die Vernunft in der Geschichte (Philosophische Bibliothek 171 a), 5. Auflage Hamburg 1955, S. 156f., S. 235, S. 243.

27 *H. H. Schaeder:* Die Orientforschung und das abendländische Geschichtsbild, in: *ders.:* Der Mensch in Orient und Okzident, München 1960, S. 397–423; *E. Schulin:* Die weltgeschichtliche Erfassung des Orients bei Hegel und Ranke, Göttingen 1958.

28 *V.-V. Barthold:* La découverte de l'Asie. Histoire de l'orientalisme en Europe et en Russie, Paris 1947 (zuerst russisch, bereits 1913 deutsch); *J. W. Fück:* Die arabischen Studien, Leipzig 1955; *Endreß* (Anm. 22) S. 13–31; höchst kritisch der palästinensische Anglist *E. W. Said:* Orientalismus, Frankfurt 1981 (amerikanisch 1978).

29 *H. Busse:* Tradition und Akkulturation im islamischen Modernismus, in: Saeculum 26 (1975) S. 157–165; *K. Durán:* Moderne Wirtschaftsgesellschaft und islamisches Dogma, in: Asien und wir: Gegenwart und Tradition. Vorträge im Wintersemester 1983/84, Heidelberg 1985, S. 140–160; *W. Ende – U. Steinbach* (Hg.): Der Islam in der Gegenwart, München 1984, S. 91–131, S. 155–197; *B. Lewis:* The Muslim Discovery of Europe, New York–London 1982 (deutsch 1984); *G. Renda:* Europe and the Ottomans, in: *O. Grabar – E. Liskar* (Hg.): Europa und die Kunst des Islam: 15. bis 18. Jahrhundert, Wien 1985, S. 9–32; *G. Schweizer:* Abkehr vom Abendland. Östliche Traditionen gegen westliche Zivilisation, Hamburg 1986; *B. Tibi:* Der politische Islam als Reaktion auf den rapiden sozialen Wandel, in: Asien (wie Durán) S. 21–28; *R. Wielandt:* Das neuzeitliche Christentum aus islamischer Sicht, ebd. S. 128–139.

30 *D. F. Lach:* Asia in the Making of Europe, Chicago 1965ff. (bisher 5 Bde. zum 16. Jahrhundert).

31 Michel de Montaigne: Essais I 30.

32 *J. Beckmann:* Zum Wandel vom positiven zum negativen Chinabild in Europa, in: Neue Zeitschrift für Missionswissenschaft 22 (1966) S. 126–128; *Ch'en* (Anm. 7) S. 39–59; *H. Franke:* Sinologie (Wissenschaftliche Forschungsberichte 19: Orientalistik 1), Bern 1953; *W. Franke:* China und das Abendland, Göttingen 1962; *W. Reinhard:* Sprachbeherrschung und Weltherrschaft. Sprache und Sprachwissenschaft in der europäischen Expansion, in: *ders.:* Humanismus und Neue Welt, Weinheim 1987, S. 1–36; *B. Wiethoff:* Grundzüge der älteren chinesischen Geschichte, Darmstadt 1971, S. 15.

33 *A. Chih:* L'occident »chrétien« vu par les Chinois vers la fin du XIX siècle (1870–1900), Paris 1962; *C. Hana:* Die Frage der Tradition bei der Rezeption des westlichen Völkerrechts im China der späten Manchu-Dynastie, in: Saeculum 32 (1981) S. 90–101.

34 *W. Bauer* (Hg.): China und die Fremden. 3000 Jahre Auseinandersetzung in Krieg und Frieden, München 1980; *ders.:* Das heutige China in der Auseinandersetzung mit seiner kulturellen Tradition, in: Asien (Anm. 29) S. 104–115; *K. Biggerstaff:* Modernization – and Early Modern China, in: Journal of Asian Studies 25/4 (1966) S. 607–619; *Borsa* (Anm. 19) S. 177–315; *Ch'en*

(Anm. 7) S. 59–91, S. 426–452; *Chih* (Anm. 33); *J. Gernet:* Chine et christianisme, action et réactions, Paris 1982 (italienisch 1984, englisch 1985); *Franke:* Revolution; *ders.* 1962 (Anm. 32); *E. R. Hughes:* The Invasion of China by the Western World, London 1937; *T. Leuenberger:* Chinas Durchbruch in das Zwanzigste Jahrhundert, Zürich 1971; *B. Nelson:* Sciences and Civilizations, »East« and »West«: Joseph Needham and Max Weber, in: Boston Studies in the Philosophy of Science 11, hg. *R. S. Cohen,* Dordrecht–Boston 1974, S. 445–493; *E. Rosner:* Medizin in China, in: Asien (Anm. 29) S. 116–127; *S. Y. Teng – J. K. Fairbank:* China's Response to the West, Cambridge/MA 1954; *D. W. Treadgold:* The West in Russia and China, Bd. 2: China, 1582–1949, Cambridge 1973.

35 *P. F. von Siebold:* Nippon. Archiv zur Beschreibung von Japan, 2 Bde., Leyden 1823, 2. Aufl. Würzburg–Leipzig 1897 (!).

36 *H. Cortazzi* (Hg.): Mitford's Japan. The Memoir and Recollections, 1866–1906, of A. B. Mitford, London 1985; *Edwardes* (Anm. 24) S. 120–131; *W. T. Elwert:* Die Entdeckung Japans für die europäische Literatur, in: Archiv für Kulturgeschichte 53 (1971) S. 264–301; *J.-P. Lehmann:* The Image of Japan: from Feudal Isolation to World Power, 1850–1905, London 1978; *B. Lewin:* Kleines Wörterbuch der Japanologie, Wiesbaden 1968; *G. Pulverer:* Japanische Holzschnittkunst und Impressionismus, in: Alexander-von-Humboldt-Stiftung Mitteilungen Nr. 50 (1987) S. 1–14; *T. Yokoyama:* Japan in the Victorian Mind, London 1987.

37 *Borsa* (Anm. 19) S. 317–459; *Kennosuke Ezawa:* Japan und die Weltzivilisation, in: Saeculum 13 (1962) S. 363–379; *H. Hammitzsch* (Hg.): Japan, Nürnberg 1975; *K. Harms–Baltzer:* Forschungen zum Kulturwandel bei den Japanern und ihren Nachkommen in Brasilien, in: Jahrbuch für die Geschichte ... Lateinamerikas 5 (1968) S. 422–431; *M. B. Jansen* (Hg.): Changing Japanese Attitudes toward Modernization, Princeton 1965; *Masao Maruyama:* Kaikoku – Öffnung des Landes. Japans Modernisierung, in: Saeculum 18 (1967) S. 116–145; *J. Numata:* Historical Aspects of the Acceptance of Western Culture in Japan (pre-Meiji Period), in: East Asian Cultural Studies 6 (1967) S. 110–123; *T. Tanaka:* The Acceptance of Western Civilization in Japan (Meiji Period), in: ebd. S. 124–142; *G. B. Sansom:* The Western World and Japan: a Study in the Interaction of European and Asian Cultures, New York 1950.

38 *D. Seckel:* Asien – und wir? in: Asien (Anm. 29) S. 8.

39 *Edwardes* (Anm. 24) S. 146–168; *H. von Glasenapp:* Das Indienbild deutscher Denker, Stuttgart 1960, S. 146f.; *R. Inden:* Orientalist Constructions of India, in: Modern Asian Studies 20 (1986) S. 401–446; *H. G. Rawlinson:* Indian Influences on Western Culture, in: Journal of the R. Asiatic Society 1947, S. 142–150; *ders.* in: *L. S. S. O'Malley* (Hg.): Modern India and the West, Oxford 1941, S. 535–566; *R. Schwab:* La renaissance orientale, Paris 1950 (amerikanisch 1984); *F. Wilhelm:* Das Indienbild Heinrich Heines, in: Saeculum 10 (1959) S. 208–212; *E. Windisch:* Geschichte der Sanskrit-Philologie und der indischen Altertumskunde, 2 Bde., Straßburg–Berlin–Leipzig 1917–1920.

40 *G. D. Bearce:* British Attitudes toward India, 1784–1858, Oxford 1961; *A. J. Greenberger:* The British Image of India. A Study in the Literature of Imperialism, 1880–1960, London 1969; *E. Stokes:* The English Utilitarians and India, Oxford 1963.

41 *R. Gopal:* British Rule in India. An Assessment, London 1963; *P. Griffiths:* The British Impact on India, London 1952; *W. Halbfaß:* Indien und Europa, Stuttgart 1981; *O'Malley* (Anm. 39); *M. S. Rajan:* The Impact of British Rule in India, in: Journal of Contemporary History 4 (1969) S. 89–102; *Schwartzberg; S. Tripathi:* Cultural Resistance under Conditions of Planned Change, in: Political Science Review (Jaipur) 5/1 (1966) S. 107–117.

42 *G. M. Foster:* Traditional Cultures and the Impact of Technological Change, New York 1962.

43 *Edwardes* (Anm. 24) S. 7.

44 Vgl. aber *N. Perrin:* Keine Feuerwaffen mehr. Japans Rückkehr zum Schwert 1545–1879, Frankfurt 1982.

45 *Woodruff* (Anm. 7) S. 164–222; *A. A. Ziadat:* Western Science in the Arab World. The Impact of Darwinism, London 1986. In der Medizin allerdings finden chinesische Methoden seit 1972 auch im Westen Anklang, vgl. *Rosner* (Anm. 34).

46 *Bray:* Rice Economies.

47 *Griffiths; O'Malley* (beide Anm. 41).

48 Vgl. *U. Menzel – D. Senghaas:* Europas Entwicklung und die Dritte Welt. Frankfurt 1986, S. 73–86.

49 Nach *Joseph Needham:* Science and Civilization in China, Bd. 2: History of Scientific Thought, Cambridge 1956, haben zumindest die chinesischen »Legalisten« des dritten vorchristlichen Jahrhunderts auch lineare Zeitvorstellungen gekannt.

50 *I. C. Smith:* Peasant Time and Factory Time in Japan, in: Past and Present 111 (1986) S. 166–197; *R. Wendorff:* Dritte Welt und westliche Zivilisation, Opladen 1984, S. 232–240, S. 271–324.

51 *Schweizer* (Anm. 29) S. 54.

52 *Betts:* Uncertain Dimensions S. 114–146; *Ch'en* (Anm. 7) S. 208–234; *R. G. Irving:* Indian Summer. Lutyens, Baker and Imperial Delhi, London 1981; *T. G. McGee:* The Urbanization Process in the Third World, London 1971; *A. S. Oberai – H. K. Manmohan Singh:* Causes and Consequences of Internal Migration. A Study in the Indian Punjab, Delhi 1983; *J. Pieper:* Die anglo-indische Station oder die Kolonialisierung des Götterberges, Bonn 1977; *R. J. Ross* (Hg.): Colonial Cities, Den Haag 1985.

53 *A. J. Almenas–Lipowsky:* The Position of Indian Women in the Light of Legal Reform, Wiesbaden 1975; *M. Borthwick:* The Changing Role of Women in Bengal, 1849–1905, Princeton 1984; *J. Borthwick:* Changing Concepts of the Role of Woman from the Late Qing to the May Fourth Period, in: *D. Pong – E. S. K. Fung* (Hg.): Ideal and Reality: Social and Political Change in Modern China, Lanham 1985, S. 63–91; *Ch'en* (Anm. 7) S. 119, S. 164–166, S. 380–399; *M. Maskiell:* Social Change and Social Control: College-Educated Punjabi Women 1913 to 1960, in: Modern Asian Studies 19 (1985) S. 55–84; *O'Malley* (Anm. 41) S. 357–363, S. 445–483, S. 686–697; *I. Otto – M. Schmidt-Dumont:* Frauenfragen im modernen Orient. Eine Auswahlbibliographie, Hamburg 1982; *Schweizer* (Anm. 29) S. 107–127, S. 219–229; *R. Siriwardena* (Hg.): Equality and the Religious Tradition of Asia, London 1987; *B. Southard:* Bengal Woman's Education League: Pressure Group and Professional Association, in: Modern Asian Studies 18 (1984) S. 55–88.

54 Vgl. *D. B. Forrester:* Caste and Christianity. Attitudes and Policies on Caste of Anglo-Saxon Protestant Missions in India, London 1980.

55 *M. N. Srinivas:* Social Change in Modern India, London 1966, bes. S. 162.

56 *B. B. Kachru:* The Indianization of English. The English Language in India, Delhi 1983, S. 91; vgl. *H. Goetz:* Die Entstehung des indischen Nationalismus, in: Saeculum 6 (1955) S. 368–396; *S. Labib:* Grundlagen der Nationbildung im arabischen Orient, in: ebd. 15 (1964) S. 350–364; *J. Romein:* Das Jahrhundert Asiens. Geschichte des modernen asiatischen Nationalismus, Bern 1958.

57 *M. Sarkisyanz:* Zur buddhistischen Geistesgeschichte des birmanischen Sozialismus, in: Saeculum 15 (1964) S. 260–272.

58 *J. N. D. Anderson – N. J. Coulson:* Islamic Law in Contemporary Change, in: Saeculum 18 (1967) S. 13–92; *Ende–Steinbach* (Anm. 29) S. 176.

59 *A. Ayalon:* Semantics and the Modern History of Non-European Societies, in: Historical Journal 28 (1985) S. 821–834.

60 *Kachru* (Anm. 56) S. 83–93; *W. Rau:* Die indische Staatssprache während der letzten fünf Jahre, in: Saeculum 6 (1955) S. 180–185; *Schwartzberg* S. 100–102, S. 112, S. 234–236.

61 *Reinhard* 1987 (Anm. 32).

62 *D. Hymes* (Hg.): Pidginization and Creolization of Languages, Cambridge 1968; *A. Bauer:* Die soziolinguistische Status- und Funktionsproblematik von Reduktionssprachen, Frankfurt 1975; *A. Valdman* (Hg.): Pidgin and Creole Linguistics, Bloomington–London 1977; *J. Meisel* (Hg.): Langues en contact, Tübingen 1977; *M. K. Adler:* Pidgins, Creoles and Lingua francas. A Sociolinguistic Study, Hamburg 1977; *L. Todd:* Modern Englishes, Oxford 1984.

63 *O. Spieß:* Orientalische Kultureinflüsse im Abendland, Braunschweig 1949, S. 9f.; vgl. *E. Littmann:* Morgenländische Wörter im Deutschen, Tübingen 2. Aufl. 1924; *R. A. Miller:* Levels of Speech (keigō) and the Japanese Linguistic Response to Modernization, in: *D. H. Shively* (Hg.): Tradition and Modernization in Japanese Culture, Princeton 1971, S. 601–667; *G. S. Rao:* Indian Loanwords in English, Oxford 1954, Ndr. 1969; *H. Yule – A. C. Burnell:* Hobson-Jobson: a Glossary of Colloquial Anglo-Indian Words and Phrases, London 1886, Ndr. 1969.

64 *Kuhn* 1893 nach *H. Kulke:* Gibt es ein indisches Mittelalter? in: Saeculum 33 (1982) S. 221–239; vgl.: Vie des Saints, Bd. 11, Paris 1951, S. 925–932; Bibliotheca Sanctorum, Bd. 2, Rom 1962, S. 789–797; *N. Standaert:* The Jesuits' Preaching of the Buddha in China, in: China Mission Studies Bulletin 9 (1987) S. 38–41.

65 *H. Hammerschmidt:* Waren aus Übersee in Dramen und Gemälden, in: Forschung. Mitteilungen der DFG 1980/1, S. 13–16.

66 *C. A. Burland – W. Forman:* So sahen sie uns. Das Bild der Weißen in der Kunst der farbigen Völker, Wien 1968.

67 *J. Meyer zur Capellen:* Gentile Bellini im Orient, in: *Grabar–Liskar* (Anm. 29) S. 142; Exotische Welten – Europäische Phantasien, Stuttgart 1987; Exotische Welten – Europäische Phantasien: Exotische Architekturen im 18. und 19. Jahrhundert, Stuttgart 1987.

68 *I. Hacker:* Die künstlerischen Beziehungen zwischen Japan und der westlichen Welt seit der Mitte des 19. Jahrhunderts, in: Saeculum 16 (1965) S. 283–295; *Sansom* (Anm. 37) S. 395–420; *G. Stilz:* Indien, in: *J. Schäfer* (Hg.): Commonwealth-Literatur, Düsseldorf 1981, S. 174–192.

69 Vgl. *Shunsuke Tsurumi:* A Cultural History of Postwar Japan, London–New York 1984.

70 *G. E. von Grunebaum:* Das geistliche Problem der Verwestlichung in der Selbstsicht der

arabischen Welt, in: Saeculum 10 (1959) S. 289–326; *H. H. Schaeder:* Das Individuum im Islam (1929), in: *ders.* 1960 (Anm. 27), S. 239–306; *Schweizer* (Anm. 29) S. 16f.

71 *H. Franke* 1953 (Anm. 32) S. 67.

72 *R. Trauzettel:* Modernisierung der Logik und Logik der Modernisierung, in: Saeculum 30 (1979) S. 304–315.

73 *L. Abegg:* Ostasien denkt anders, Zürich 1949, nach *Granet; H. O. H. Stange:* Chinesische und abendländische Philosophie, in: Saeculum 1 (1950) S. 380–396; *R. Trauzettel:* Probleme der Modernisierung in Ostasien, in: Saeculum 26 (1975) S. 191–204.

74 *J. H. Zimmermann:* Die Zeit in der chinesischen Geschichtsschreibung, in: Saeculum 23 (1972) S. 332–350.

75 *H. Kulke:* Geschichtsschreibung und Geschichtsbild im hinduistischen Mittelalter, in: Saeculum 30 (1979) S. 100–112; *K. Quecke:* Der indische Geist und die Geschichte, ebd. 1 (1950) S. 362–379; *G. Stephenson:* Ansätze zum geschichtlichen Denken im Reformwerk Swami Vivekanandas, ebd. 23 (1972) S. 90–108.

76 *Halbfass* (Anm. 41) S. 394, S. 430.

77 Vgl. Zitat bei *Abegg* (Anm. 73) S. 190.

78 *G. Lanczkowski:* Zur Unterscheidung indischen und biblischen Denkens, in: Saeculum 8 (1957) S. 110–119.

79 *R. Benedict:* The Chrysanthemum and the Sword. Patterns of Japanese Culture, Boston 1946, Ndr. London 1977; *H. Dumoulin:* Das Problem des Bösen im Buddhismus, in: Saeculum 31 (1980) S. 78–91; *S. Körber:* Die »Verteufelung« des Ego und des Verstandes bei Rajneesh, in: Saeculum 34 (1983) S. 351–362.

80 *H.-J. Becker:* Die frühe Nietzsche-Rezeption in Japan (1893–1903). Ein Beitrag zur Individualismusproblematik im Modernisierungsprozeß, Wiesbaden 1983.

81 *Abegg* (Anm. 73) S. 278–280.

82 *H. von Glasenapp:* Alt-indische und modern-abendländische Elemente im heutigen Hindutum, in: Saeculum 6 (1955) S. 307–328; *Halbfass* (Anm. 41) S. 222–279 u. ö.; *D. Kopf:* The Brahmo Samaj and the Shaping of the Modern Indian Mind, Princeton 1979; aber zu den Grenzen des Erfolgs: *S. N. Hay:* Asian Ideas of East and West. Tagore and his Critics in Japan, China, and India, Cambridge/MA 1970.

83 *H. von Glasenapp:* Der Buddhismus in der Krise der Gegenwart, in: Saeculum 4 (1953) S. 250–266; *H. Dumoulin* (Hg.): Buddhismus der Gegenwart, Freiburg 1970.

84 *P. Hacker:* Schopenhauer und die Ethik des Hinduismus, in: Saeculum 12 (1961) S. 366–399; vgl. *Halbfass* (Anm. 41) S. 122–136, S. 145–151, und *J. W. Sedlar:* India in the Mind of Germany: Schelling, Schopenhauer and their Times, Washington 1982.

85 *Daisetsu Teitaro Suzuki:* Der westliche und der östliche Weg, Berlin 1960; *ders.:* Die große Befreiung, Frankfurt 1975; *ders.:* Leben aus Zen, Frankfurt 1982 (bezeichnenderweise sämtliche Taschenbücher!); *Benz* nach *K.-J. Notz:* Der Buddhismus in Deutschland in seinen Selbstdarstellungen. Eine religionswissenschaftliche Untersuchung zur religiösen Akkulturationsproblematik, Frankfurt 1984, S. 98; *C. Chapple* in: *Z. P. Thunday* (Hg.): Religions in Dialogue. East and West Meet, Lanham–London 1985, S. 101–110.

86 *H. P. Blavatsky:* Die Geheimlehre, London 1975; *R. Steiner:* Westliche und östliche Weltgegensätzlichkeit (1922), Düsseldorf o. J.; *ders.:* Geheimwissenschaft im Umriß (1910), 26. Aufl. Stuttgart 1955; *Glasenapp* (Anm. 39) S. 186–218.

87 The Complete Works of *Swami Vivekananda,* 4 Bde., Mayariti 1965–1966.

88 *Benz* in: *Dumoulin* (Anm. 83); *Notz* (Anm. 85).

89 Nach *Betts:* Uncertain Dimensions S. 153f.

90 Z. B. *Lama Anagarika Govinda (= Ernst Lothar Hoffmann):* Lebendiger Buddhismus im Abendland, Bern–München–Wien 1986; vgl. *Benz* und *Notz* (Anm. 88); *Meinhold* (Anm. 25) S. 33–55.

91 *Notz* (Anm. 85) S. 213–223.

92 Von *Joseph Needham* (Anm. 49) bis *Fritjof Capra:* Das Tao der Physik. Die Konvergenz von westlicher Wissenschaft und östlicher Philosophie, 2. Aufl. München 1984.

Verzeichnis der Abbildungen und Tafeln, Bildquellenhinweis

Abbildungen

Tafeln

Bildquellennachweis

Wir danken folgenden Verlagen, Institutionen und Personen für die Abdruckgenehmigungen: Abbildungen 2, 23, 27 (Fischer Taschenbuch GmbH, Frankfurt/Main), 3 (Dr. Rudolf Habelt GmbH, Bonn), 16 (Verlag Ploetz GmbH, Freiburg)

Tafeln

1 (BBC Hulton Picture Library, London), 2, 3, 4, 5 (National Portrait Gallery, London), 6 (Koninklijk Instituut voor Taal-, Land- en Volkenkunde, Leiden), 7 (Gail L. Berk, Kampen, Niederlande), 8 (Aus: Die Taiping Revolution. Verlag für fremdsprachige Literatur, Peking 1977), 9 (Library of Congress, Washington), 10, 11 (Skogakukan Inc., Tokio), 12 (Aus: E. Kiyooka: The Autobiography of Yukichi Fukuzawa. Columbia University Press, New York, London 1966), 13 (BBC Hulton Picture Library, London), 14 (Kurt Blumentritt, Kufstein), 15 (Bodleian Library, Oxford), 16 (Imperial War Museum, London), 17 (Onk Ltd./Cemal Isin, Istanbul), 18 (Aus: B. R. Nanda: Gokhale, The Indian: Moderates and the British Ray. Oxford University Press, Oxford 1977), 19 (Aus: P. Spear: The Oxford History of Modern India 1740–1975. Oxford University Press, Oxford 1978, Foto: Magret Bourke-White), 20 (Ebd., Foto: Margaret Bourke-White), 21 (Aus: D. Keer: Dr. Ambedkar. Life and Mission. Popular Prakashan, Bombay 1962), 22, 23, 24, 26, 33 (Foto dpa), 25, 28 (Camera Press Ltd., London), 27 (Aus: S. Suyin: China 1890–1938. Eine historische Foto-Reportage, hrsg. von E. Baschet. Swan Verlag, Kehl a. Rhein 1979), 29 (Aus: M. Collis: Last and First in Burma, 1941–1948, Faber and Faber Ltd., London 1956), 30 (Netaji Research Bureau, Calcutta), 31 (Aus: Ch. Miller: Khyber. British India's North West Frontier. The Story of an Imperial Migraine. Macdonald and Jane's, London 1977), 32 (Aus: G. Sarvepalli: Jawaharlal Nehru. A Biography. Vol. II. Jonathan Cape Ltd., London 1979), 34 (Aus: M. C. Wilson: King Abdullah, Britain and the making of Jordan. Cambridge University Press, Cambridge 1978).

Orts- und Personenregister